Pierre Riché

ECOLES ET ENSEIGNEMENT DANS LE HAUT MOYEN AGE

ヨーロッパ成立期の学校教育と教養

ピエール・リシエ著
岩村清太訳

知泉書館

Ecoles et enseignement dans le Haut Moyen Age
by
Pierre Riché

凡　例

一、原著の本文では、補足的説明と思われる部分は一段小さな活字で印刷されているが、邦訳では、読みやすさを考慮し、著者の了解を得て、活字の大きさを統一することにした。
一、原著の文体はきわめて簡潔であるが、内容によっては意味不明になりがちな点もあり、その場合、本文中に括弧〔　〕を入れて訳注を加えた。また本文の主意を明確にするため、説明句はハイフンでつなぐこともある。
一、本書の取り扱う時代がラテン語からロマンス語への過渡期であるだけに、人名、地名の表記には多少の混乱は不可避であった。原則として、古代および古代にまたがる中世の人名、地名はラテン語読みにし、その他は、著者がフランス人であることを考慮して、フランス語読みを中心にしたが、現代の各国語の表記を用いたものも少なくない。また、テオドリック、ベネディクトなど、半ば日本語化したものは、それを用いた。なお誤解を少なくするため、索引では、人名、地名、事項の各項目に原語（フランス語）を書き加えることにした。
一、聖書の書名、引用は、新共同訳（一九八七年版）に従った。
一、史料の訳出にあたっては、邦訳のあるものは、それを引用ないし参照させていただいた。ここでお礼を述べたい。
一、著者は、原著の版を重ねるごとに、当年までの新しい研究成果を巻末にまとめて付記しているが、邦訳においては、参照時の煩雑さを避けるため、註および参考文献の該当箇所（番号）に組み込むことにした。

SMGB	Studien und Mitteilungen zur Geschichte des Benediktinerordens und seine Zweige.

II　叢書・辞典

AA.	Auctores Antiquissimi, dans *Monumenta Germaniae Historica* (*MGH*)
AS.	Acta Sanctorum Bollandistarum, Anvers-Bruxelles, 1643 s.
ASOB.	Acta Sanctorum Ordinis s. Benedicti, éd. J. Mabillon et Th. Ruinart, Paris, 1668-1701.
BN.	Manuscrits latins de la Bibliothèque Nationale.
Capit.	*Capitularia,* dans *MGH, Leges.*
Catalogue,	本書巻末文献 n. 179 参照.
CCL.	Corpus Christianorum, series latina
CCLCont.	Corpus Christianorum, Continuatio Medievalis.
CGL.,	本書巻末文献 n. 410 参照.
CLA.,	本書巻末文献 n. 49 参照.
Colloques,	本書巻末文献 n. 82 参照.
Conc.	*Concilia aevi karolini,* dans *MGH, Leges.*
CSEL.	Corpus Scriptorum Ecclesiasticorum Latinorum
DACL.	Dictionnaire d'Archéologie Chrétienne et de Liturgie, éd. Cabrol (F.) et Leclercq (H.), 1947 年以降は Marrou (H. I.), Paris, 1903-1958 参照.
DHGE	Dictionnaire d'Histoire et de Géographie Ecclésiastique, éd. Baudrillart (A.), Aubert (R.), Cauwenbergh (E. Van), De Meyer (A.), Paris, 1912 s.
DSp.	Dictionnaire de Spiritualité, ascétique et mystique, éd. M. Viller, Paris, 1937 s.
Epist.	*Epistolae,* dans *MGH.*
Formulae,	dans *MGH, Leges.*
GL.	Grammatici Latini, éd H. Keil, Leipzig, 1855-1880.
Gil,	*Corpus,* 本書巻末文献 n. 262 参照.
GS.	本書巻末文献 n. ＊478 参照.
Kenney,	本書巻末文献 n. 174 参照.
Lattin,	本書巻末文献 n. 294 参照.
PAC.	Poetae Latini aevi carolini, dans *MGH.*
PG.	Patrologia Graeca, éd. Migne, Paris 1856-1866.
PL.	Patrologia Latina, éd. Migne, Paris, 1844-1855.
SRL.	*Scriptores rerum Longobardicarum et italicarum saec. VI - IX,* dans *MGH.*
SRM.	*Scriptores rerum Merovingicarum,* dans *MGH.*
SS.	*Scriptores,* dans *MGH*, in-fol.

略 号 表

I　専門誌

AB.	Analecta Bollandiana.
ACIB.	Comptes rendus des séances de l'Académie des Inscriptions et Belles-Lettres.
AKG.	Archiv für Kulturgeschichte.
ALMA.	Archivum Latinitatis Medii Aevi (Bulletin du Cange).
BECh.	Bibliothèque de l'Ecole des Chartes.
BSAF.	Bulletin de la Société Nationale des Antiquaires de France.
CArch	Cahiers Archéologiques, fin de l'Antiquité et Moyen Age.
CHM.	Cahiers d'Histoire Mondiale.
CCM.	Cahiers de Civilisation Médiévale.
DA.	Deutsches Archiv.
FS.	Frühmittelalterliche Studien.
HJ.	Historisches Jahrbuch.
HZ	Historische Zeitschrift.
MA.	Le Moyen Age.
MEFR.	Mélanges d'archéologie et d'histoire de l'Ecole française de Rome.
MIOG.	Mitteilungen des Instituts für österreichische Geschichtsforschung.
MS.	Mediaeval Studies.
RAC.	Reallexikon für Antike und Christentum.
RB.	Revue Bénédictine.
RBPh	Revue belge de Philologie et d'Histoire.
REAug.	Revue des Etudes Augustiniennes.
REL.	Revue des Etudes Latines.
RHE.	Revue d'Histoire Ecclésiastique.
RHEF.	Revue d'Histoire de l'Eglise de France.
RHT.	Revue d'Histoire des Textes.
RMAL.	Revue du Moyen Age latin.
RPh.	Revue de Philologie.
RTMA.	Recherches de Théologie ancienne et médiévale.
SE.	Sacris Erudiri.
SM.	Studi Medievali.

日本語版に寄せて

この度、訳者岩村清太氏と出版社知泉書館のご努力により、拙著 Ecoles et enseignement dans le Haut Moyen Age の日本語訳が出版の運びになったことは、著者として望外の栄誉に存じます。私は一九九〇年、日本学術振興会のお招きにより、日本各地の大学で学術講演をもつことができましたが、今また本書を介して、日本の西欧中世史研究者の方々にお目にかかることになりました。

従来、西欧中世に関する歴史研究とくに子ども、教育に関する研究は、史料が乏しく、あっても断片的なものにすぎないこともあって、長い間なおざりにされ、一般史における常識的な認識で満足してきた感がありました。しかし近年になってようやくこうした歴史研究のアンバランスが修正されるようになり、拙著の末尾にあげた参考文献から推測されるように、多くの中世史研究者がその業績を競うようになって参りました。

とくに最近では、ＥＵ（欧州連合）の発足と拡大、紀元一〇〇〇年の問題は、中世史の研究に新たなインパクトを与えたと言っていいでしょう。こうした、時代背景ないし研究動向を踏まえて本書を世に問うことにしました。本書が、できるだけ多くの研究者の関心に応え、新たな西欧中世研究への踏み台となれば幸いです。

二〇〇二年三月

パリにて
ピエール・リシェ

はしがき

西欧史のなかでもとくに不透明であるとされている時代の学校と教育について、ここで検討しようというのであるが、それは、残存する史料が乏しくしかも四散していることから見て、無謀なことのようにも思われる。初期中世において教育や教授の任にあたっていたのは聖職者や修道者たちであるが、かれらは理論より実践の人であり、自分たちの仕事についてほとんど語ってくれない。かれらの活動を知るには、世俗や教会の法、修道会則、聖人伝、図書目録など、多種多様な史料にあたる必要があるが、これらの史料をどれほど繰り返し検討しても、往々にして、大した成果は得られない。そうした研究上の困難もあって、これまでの中世教育史はややもすると、一般の文化史や文学史に関する大家の研究を繰り返すにとどまっていた。

本書において著者が目指したことは、これまで発表してきた自分の研究を修正しかつ発展させることによって史料間の間隙を埋め、古代末期からヨーロッパが最初の飛躍を遂げるまでの五〇〇年間、キリスト教的西方においていかなる教育が行われたかを明らかにすることである。なおこの五世紀の間には、ゲルマン民族の移動とかれらのキリスト教への改宗、カロリング朝による領土の再統一の試み、封建社会の始まりと民族別の王国の誕生があった。

この五〇〇年の長きにわたって西方は、隣接のビザンツ、アラビア帝国のような輝かしい文明こそもたなかったものの、少なくとも自分たちの知的、道徳的統一は保っていた。それは、修道院あるいは司教座教会のそばで活躍した教養人たちの、目立たない忍耐づよい働きのおかげであった。いまさら言うまでもないが、初期中世の教育史の特徴をなすものは、聖職者や修道者たちの活躍である。かれらは、教育と教授を独占し、聖書の学習に熱中し、そうした知識を伝達するための教育方法を案出していった。本書の大部分は、教会関係の学校の誕生と発展、しばしば論争されてきた古代教養の存続の問題、聖学の教養と俗学の教養との対決、教授方法などの考究にあてられている。とはいえ、貴族であれ大衆であれ、初期中世の忘れられた世俗の有力者を無視することはできなかった。そのため、本書では、俗人がどのような状況のもとで、あるものは能動的に、あるものは受動的に、教養・文化の営みに参加できたのか、また文字文化やラテン語を知らなかった俗人は、どの程度まで、聖職者が提供する教養を受け入れることができたのか、これらの点も明らかにしようとした。ただ、こうした論究も、本書の紙数から考えて、その端緒を開いたにすぎず、今後、教養人のラテン語による教養と民族のことばによる教養との比較という形で続行する必要がある。

本書は、古代の教養が漸次消滅していく時期を起点とするしかなかったが、終点を確定するにはためらいを感じた。それは、一二世紀ルネッサンスと呼ばれる時期におくこともできるが、本書では、西方世界が深甚かつ急速に変化していく一一世紀中葉で筆をとめることにした。七世紀から一一世紀の教育を取り巻く状況はほとんど変わっていないのに対し、一一世紀中葉の学校を襲った危機は、明らかに、もうひとつの中世が始まったことを示しているからである。

なお、本書の内容は、現在続行中の研究の成果を集め、暫定的にまとめたものである。こうした総合が、初期中世の教育に関心をもつ研究者だけでなく、幸いにも以前にまして増加しつつある、広く学校や教育の歴史的研究にいそしむ人々の励ましともなれば幸いである。

第二版付記（一九八八年）

初版（一九七九年）の序言を補うにあたって、わたしは、初期中世の教養と教育の歴史研究の分野における、ここ一〇年間のめざましい進歩を指摘しておきたい。かつて著者を鞭撻してくれたアンリー・マルー、ピエール・クルセル、ガブリエル・ブラは今は世にないが、その弟子たちはわたしの同僚となり、師の名を高からしめる働きをしている。ジャック・ラフォンテーヌは、一九八三年、セビリャのイシドルスに関する学位論文に重要な補完を加え、ルイ・オルツは初期中世のラテン文法教師に関するみごとな研究を成し遂げ、他のものも、大グレゴリウス、ベネディクト、アイルランドの教師たち、カロリング期およびそれ以後の著述家について、それぞれ研究成果を世に問うている。スポレトで発行される『セッティマネ誌』（*Settimane*）には、毎年、教養史に関する新たな研究成果が載せられている。一九八七年の「カペー朝の千年」に関する討論では、これまでひどく評判の悪かった一〇世紀が名誉を回復し、一九八八年の「一〇世紀のラテン教養」に関するハイデルベルクの研究会でも、同様の成果が得られた。一九八〇年以降、クラウディオ・レオナルディとその研究仲間が刊行している『ラテン中世』（*Medioevo Latino*）に目を通すものは、そこに、教養・文化史研究の進歩のほどを看取されるであろう。従って本書の再版では、参考文献の補完が不可欠であった。とはいえ、カロリング期の教育における古典教育の位置づけ、西方におけるギリシア語の知識、教養に対するアイルランド人の影響、民衆の教育など、まだ満足のいく答えが出されていない問題も多く残されている。

本書の再版は、ピカール出版社のご好意によるものであり、心から感謝申し上げる。また、本書がこうした形で、なお、初期中世史研究者のお役に立ちうることを希望して、筆をおきたい。

第三版付記

第二版でも同様であったが、第三版では巻末の注および参考文献に新たな参考書、研究書、論文を付加することにより、読者の研究を援助することにした。というのも、初期中世における教育、教養に関する歴史研究は、幸いにも、多くの史料、研究書、論文の刊行により、日毎に長足の進歩を遂げつつあるからである。この第三版において読者は、ここ二〇年間の研究を跡づけることができるであろう。もちろんこれだけの発展も、その完成からはほど遠いものであるが。

著者記す

パリにて　一九九九年六月一五日

訳者のことば

本書は、Pierre Riché, Ecoles et enseignement dans le Haut Moyen Age, fin du Ve siècle–milieu XIe siècle, 3e éd., Paris, 1999 の邦訳である。初版は、一九七九年にパリの Aubier-Montaigne 社から、第二版は一九八八年にパリの Picard 社から出版されている。本文の内容から言うと、三版とも同じである。しかし注および参考文献は版を重ねるごとに補充され、とくに第三版の巻末にある注と参考文献は、一九九九年までに刊行された主要な研究を網羅し、本書をして、西欧初期中世の教育、教養を研究するものにとり至便かつ不可欠な書たらしめている。

本書の構成は、序説と四部から成る。序説は、本書の内容と古代教育とをつなぐ部分で、六世紀から七世紀の西欧各地における学校教育、教養について述べる。これは、先に刊行された著者の博士論文 Education et culture dans l'Occident barbare, 4e éd., Paris, 1995（初版は一九六二年、岩村清太訳『中世における教育・文化』東洋館出版社、一九八八年）を、本書の視点に立って要約したものである。

本論の第一部は、八世紀から九世紀までの教育を取り扱う。そこでは、カロリング朝とくにカール大帝の文教政策をカロリング・ルネッサンスへと開花させていった、君主およびキリスト教会による教育活動を取り上げる。第二部は一〇世紀中葉から十一世紀中葉までの教育を取り扱う。そこでは、カロリング・ルネッサンスにおける教育の西欧全体への普及、具体的には、修道院学校、司教座教会学校、司祭学校、都市（の）学校における教育と教養を中心に取り上げる。第三部は、第一、第二部を総括する形で、まず教師、生徒といった学校の組織を取り上げ、次に読み書きの初歩から自由学芸、さらにそれを応用した聖書注解といった教授内容について述べ、同時に、その教授方法を取り扱う。第四部は、中世において教育対象から除外されがちな俗人を貴族と一般大衆とに分け、修道者、聖職者のそれに劣らぬ貴族の教育と、初歩的宗教教育に限定された一般大衆の教育を取り上げる。

読書という点から言うと、本書の第一、第二部は、史料の探索と解説を中心に書かれているため、一般の読者には、似たような事実の繰り返しないし羅列のように思われ、読みづらいかもしれない。しかし、著者も言うように、史料が乏しくかつ四散している初期中世教育史の研究においては、この煩瑣な史料による史実の確認こそ、基礎的かつ不可欠な要素であり、本書の特徴も、この第一部と第二部にある。これに対して第三、第四部は、だれもが予想するような項目別にまとめられているため、読みやすく、従って、ここから本書に取り組むという手もある。

しかし著者の主眼点は、やはりこの第一、第二部におかれている。この二部は、いま言ったような、史料による初期中世教育史の解明ということのほかに、初期中世史のもつ今日的意義を強調しようとする著者リシェの意図を言外に表明しているからである。リシェによると、今日の「欧州連合」(EU)の原型は、初期中世のカロリング帝国にある。かれはこうした視点を、すでに、かれの代表的著作のひとつである『ヨーロッパの形成者としてのカロリング朝』(Les Carolingiens : une famille qui fit l'Europe) において明らかにしている。そこでかれは、武力、策略、結婚などによるヨーロッパの統一を取り扱っているが、本書では、西欧の連合、一体化をもたらす精神的要素としての宗教、教養と、それを育成していく学校教育を歴史的に跡付け、強調しようとしている。

カロリングの君主たちは、西方における宗教的道徳的紐帯であったキリスト教会を軸に西欧世界の制覇を図り、まずその一策として、当時の教養をほぼ独占していた聖職者を登用し、また各地に宗教会議を開催させ、かれらの力の結集を図った。しかしカロリング初期の宗教会議は、聖職者の学識、教養をめぐる改革よりもむしろ、かれらの道徳的生活の刷新と聖職位階制度の再建にあった。これに対してカール大帝は、一歩進めて、聖職者や修道者が正統な同一の方法(典礼)をもって神を賛美することを求め、そのため、聖書の学習とその基礎教養としての俗学の学習を奨励した。こうして修道院学校、司教座教会学校学校、司祭学校がきわめて緩慢にではあったが、諸所に開設され、帝国内の教養、文化の拠点となり、教養、文化による帝国統一に貢献することになる。

学校教育における西欧の一体化は学校網の展開と、そこにおける、宗教、教養といった教授内容のほかに、学校教育の指導にあたった教師ないし教養人（かれらのほとんどは修道者であった）の交流によってもたらされた。かれらは、その宗教的熱意から、あるいは君主たちの招聘に応じて、西欧各地の学校で教鞭を執り、教養、文化の普遍化、統一に寄与したからである。こうした教師の交流は、文化、教養の中心であったカロリングの宮廷（学校）において顕著である。カロリングの宮廷の教養には、多様な教養人が影響を与えた。地元フランクの教養人のほかに、各地の教養人が入れ替わり立ち替わり宮廷においてそれぞれの役割を演じた。カール大帝の治世の当初には、パウルス・ディアコヌスなどのイタリア人が王の寵遇を得、七八三年から七九六年にかけては個性的なアングロ・サクソン人アルクィンが君臨した。アルクィンがトゥールに移ったあとスコット人のクレメンス、ドゥンガル、ディクイルが宮廷に入り、八世紀末にはスペイン人テオドゥルフが宮廷に姿を見せている。その他教師の交流はジェルベール、フュルベール、オドなど、カロリング期の代表的な教師の移動と教職を見ても明らかである。なお、教師の移動に付言するならば、学生たち（教師のなかには、一地方では教師でありながら他地方では学生として、自分の知識の欠如を補うものもいた）にも国境など存在しなかった。旅の危険、異国での孤独、言語の問題、そうした困難も学生たちには苦にならず、こうした若い教養人たちの往来が、西方全体に共通の精神的、知的意識を作り出すのに貢献したことは言うまでもない。

教師の交流は、写本の流通を促した。これらの著名な教師たちは、赴任先にあるいは写本を持ち込み、あるいは取り寄せ、あるいは作成させたからである。また、権力者たちは、修道院の開設ないし学校の開設には、必ずといっていいほど写本を集めて、図書室を設置し、また写字室の活動を活発にした。こうして、カロリング帝国外においても西方ではスペイン、イギリス、アイルランド、東方では、ギリシア、ビザンツ、アラビア、ユダヤというように、広地域にわたって写本の交流が見られた。たとえば、スペインのテオドゥルフやスコット人の到来により、自由学芸の三学、四科の写本は数を増し、その学習は新たな飛躍を遂げた。カール大帝のころの蔵書目録を見ると、サルスティウス、キケロ、クラウディアヌス、ルカヌス、スタティウス、テレンティウス、ユヴェナリス、マルティアリス、ティブッルスなど、それまでの図書室にほとんど見られなかった写本が持ち込まれている。つまり、西欧は写本の流通ということによって、共通の知的遺産をもつことになったのである。

カール大帝の後継者ルートヴィヒ敬虔王の死から三年後、ヴェルダン条約によってカロリング王国は大体、今日のイタリア、フランス、ドイツに三分された。しかし政治上の分裂は、教養の発展と普及にあまり影響していない。それぞれの王国では、カール大帝の意志が継承され実現された。たとえばロタール一世およびその子ロタール二世のころのアーヘンの宮廷には、各地の教養人の司教や修道院長たちが出入りし、また当時の代表的な学者であったスコット人セドゥリウス・スコトゥスやアルクィンの弟子ラバヌス・マウルスは、王に自作の詩や注解書を送り、宮廷での教養の維持、発展に努めている。司教たちも、先代の皇帝の宗教会議での決定を実践に移し、聖・俗の学問を教える「公の」学校を開設するように要請している。こうして、西欧史において教養、文化の一つの架け橋となる「カロリング・ルネッサンス」が実現されたのであった。

このように、著者リシェは、カロリング帝国による西欧の宗教、教養、文化の同一性、一体化を浮き彫りにすると同時に、他方、「欧州連合」における多様性、独自性をカロリング帝国における種々の言語の誕生に見ている。リシェによると、カール大帝は、戦場において敵を打ち倒すのと同じような意欲をもって、言語（ラテン語）における不正確さを駆逐しようとした。たしかに、かれが推進した学校教育における文法教師たちの活躍により、八世紀における言語の退廃は食い止められたが、その一方で、教養人たちが相互の交流において重宝した、教養と文化の言語としての中世ラテン語が創り出されていった。九世紀になると、西方における言語状況はいっそうはっきりしてくる。つまりカロリング・ルネッサンスによって古典語にもどったラテン語に対して、教養人たちが「粗野なラテン語」と呼ぶロマンス語の祖語になったものと、「チュートン語」あるいは「蛮語」と呼ばれドイツ語になったものとの二つの俗語があった。しかしその後、文章ラテン語と話しことばのラテン語との溝は深まる一方で、九世紀初頭のカロリングの教養人たちは、かれらが話すラテン語は民衆にはすでに、理解不可能であることに気づいている。こうしてカロリング期の文化活動ないし教育は、ロマンス語の祖語である「粗野なローマ語」つまり俗語のひとりだちに一役買ったことになり、各民族間には言語の障壁が誕生することになった。リシェによると、ことばの違いは、お互いを対立させせがちで、こうして言語の違いは中世ヨーロッパに徐々に民族的感情を育んでいった。

大雑把な説明で、著者、読者の双方からお叱りを受けそうであるが、本書には、このような、リシェによる構想の下敷きがあることを指摘し、同時に本書の表題に「ヨーロッパ成立期」と付記した理由の説明に代えたい。

次に、著者について。著者ピエール・リシェ（一九二一ー）は、西洋初期中世史とくに、カロリング研究の権威者としてつとに著名である。かれは、フランス内外の各地で教鞭をとられた後、一九六七年から一九八八年までパリ第十大学（ナンテール）で、中世史を担当された。現在は同大学名誉教授として後輩の指導に当たられる一方、左の著書目録に見られるように、なおご自身でも、研究、著述活動に精出され、多くの成果を世に問うておられる。なお、リシェ教授は、一九九〇年に来日され、いくつかの大学で学術講演を行い、参加された中世史研究者たちに多大な知的感銘を残された。

リシェ教授の著作のうち、国際的に注目されている主要著作として、次のものをあげておこう。

（1） Les invasions barbares, 9e éd., Paris, 1996（ポルトガル語訳 一九七八年、久野浩訳『蛮族の侵入——ゲルマン大移動時代』白水社、一九七四年）。

（2） Education et culture dans l'Occident barbare, 4e éd., Paris, 1955（伊語訳 一九六六年、英語訳 一九七六年、ポーランド語訳（準備中）、岩村清太訳『中世における教育・文化』東洋館出版社、一九八八年）
（3） De l'éducation antique à l'éducation chevaleresque, Paris, 1968（伊語訳 一九七八年、スペイン語訳 一九八三年）
（4） La vie quotidienne dans l'empire carolingien, 4e éd., Paris, 1994（英語訳 一九七八年、米語訳 一九七八年、ポーランド語訳 一九七九年、独語訳 一九八一年、岩村清太訳『中世の生活文化誌』東洋館出版社、一九九二年）
（5） Les Carolingiens. Une famille qui fit l'Europe, 3e éd., Paris, 1992（独語訳 一九八七年、伊語訳 一九八八年）
（6） Gerbert d'Aurillac, le pape de l'An Mil, 2e. éd., Paris, 1991（伊語訳 一九八八年）
（7） Petite vie de saint Bernard, 3e éd., Paris, 1993（稲垣良典・秋山知子訳『聖ベルナール小伝』創文社、一九九四年）
（8） L'enfance au Moyen Age（D. Alexandre-Bidon と共著）, Paris, 1994
（9） Les Grandeurs de l'An Mil, Paris, 1999.

最後になったが、出版事業多難な昨今、このような専門書の出版を快くお引き受けいただいた知泉書館の小山光夫社長、種々の煩瑣な実務を担当された髙野文子両氏にあつくお礼を申し上げたい。

二〇〇二年七月

岩村清太

目　次

凡　例 …… v
略　語　表 …… vi
日本語版に寄せて …… ix
はしがき …… x
訳者のことば …… xv
史料目次 …… xxvii
序説　古代教育の終焉とキリスト教学校の始まり（六世紀―七世紀） …… 3
一　ゲルマン民族と古代ローマの学校 …… 3
二　貴族階級における古典教養の存続 …… 11
三　六、七世紀における古典教養の特徴 …… 18
四　キリスト教的教養に奉仕する古典文学 …… 21
五　新たなキリスト教的教養の模索 …… 29
六　イギリスの島々におけるキリスト教学校の始まり …… 35

第Ⅰ部　カロリング・ルネッサンス期の学校（八世紀―九世紀）

第一章　カロリング・ルネッサンスの先触れ …… 43

一　教養をめぐる新たな状況……43
二　宗教的教養の新たな中心……48
第二章　カロリングの君主たちと教養……60
一　カール大帝以前……60
二　カール大帝の文教政策……64
三　九世紀における教育政策……72
第三章　外来文化の影響……77
一　八、九世紀におけるスペインの教養……77
二　イギリスの島々における教養……85
三　西方におけるギリシアの教養……90
四　西方におけるユダヤ的教養……95
第四章　主要な学問の中心……97
一　カール大帝の時代……97
二　九世紀……99
第五章　カロリング・ルネッサンスの総括……107

目　次

第II部　西方における学校の発展（一〇世紀—一一世紀中葉）

第一章　知的教養の状況…………118
一　修道院の改革…………118
二　王たちと知的教養…………122
三　東西間の文化の交流…………129
第二章　学問の中心としての修道院…………136
一　フランク王国における修道院学校…………138
二　イギリスの島々における修道院の教養…………145
三　ゲルマニアにおける修道院学校…………149
四　イタリアの修道院における教養…………153
五　キリスト教的スペインにおける修道者の教養…………156
第三章　都市の学校…………161
一　ゲルマニア王国における都市の学校…………161
二　イタリアにおける都市の学校…………175
三　フランク王国における都市の学校…………180

第Ⅲ部　学習の手段と方法

第一章　学校、教師、生徒……191
一　種々の学校……191
二　教　師……197
三　生　徒……204
四　教師による教授とその準備……220
第二章　初歩教育と専門教育……227
一　初歩教育……227
二　専門教育……244
第三章　中等教育　三学……254
一　文　法……254
二　修辞学……262
三　法　学……267
四　弁証学……270
第四章　中等教育　四科……277

一　数・形の諸学……277
二　幾何学と算術……279
三　天文学……282
四　音　楽……284
五　医　学……286
六　高等教育の始まり……290

第Ⅳ部　俗人の教育と教養

第一章　貴族の教育と教養……**297**
一　『鑑』……298
二　貴族の教育の手段……302
三　俗人の知的水準……307
四　ラテン語以外の貴族の教養……317

第二章　民衆の宗教教育……**327**
一　宗教教育の実情……328
二　キリスト教入門……330
三　説教による宗教教育……333

四　聖画像による宗教教育……339
五　大衆的な歌……342
六　キリスト教的呪文……346
七　民衆の司牧……348

結び　一一世紀中葉における知的生活の新たな展開……350

史　料……361
原　注……107
文　献……72
年　表……58
地　図……52
索　引……1

史料目次

I　古代ローマの学校の終焉……362
1　元老院あてのアタラリックの書簡
2　マルティアヌス・カペラの写本に書かれた署名
3　高等宗教教育の学校をローマに設置する計画（五三四年）
4　司教に対する俗学教授の禁止
II　六、七世紀におけるキリスト教学校……363
5　田舎の学校の創設
6　六世紀の修道院における学習
7　七世紀における修道女の教育
8　尊者ベダの自伝
9　ローマにおけるウィルフリドの勉学（六五三年）
III　カロリング期の学校……368
10　カール大帝の教育政策
11　九世紀における教育政策
12　学問の中心としてのカール大帝の宮廷
13　アインハルトあてのフェリエールのルプスの書簡
IV　一〇、一一世紀における学校……373
14　フルーリのアッボの教育
15　ランスにおけるジェルベールの教授活動
16　ジェルベールとオトリック
17　シャルトルのフュルベールの学校
18　ヒルデスハイムのベルンハルトの教育
19　一一世紀初頭におけるイタリアの若者の教育
20　異教的詩文の学習による害悪
21　一一世紀の無学な司祭たち
22　ランフランクに対するトゥールのベランジェの果し状（一〇四九年）
V　教育方法……378
23　子どもの純真さ
24　規律におけるやさしさ
25　教師の厳しさを正す
26　苛酷な一教師の不安
VI　教養のための設備……381
27　写字生の仕事
28　モンティエ・アン・デールのアドソンの蔵書
29　写本を探し求めるジェルベール
VII　初歩教育と専門教育……384
30　ラテン語教授用のアエルフリックの『対話編』（抜粋）
31　キリスト教徒学童の第一の学習書
32　七世紀における書記の学校
33　八〇〇年頃のリヨンにおける聖歌隊と読師の学校
34　ザンクト・ガレンにおける歌唱の学習

VIII 中等教育……388
一 文法
35 若いフランクとサクソとの対話
36 「文法教師」ヴェルギリウスによる文法教師の系譜
37 ガウトベルトによる文法教師の系譜
二 修辞学
38 定義
39 詞姿一覧表
三 弁証学
40 弁証学の目的
四 科学の教授
41 セビリャのイシドルスによる世界の説明
42 シャルトルにおける幾何学の学習
43 音楽
44 ルートヴィヒ四世の宮廷におけるサレルノの医者
45 ジェルベールと医学
IX 宗教的学問の学習……396
46 アウグスティヌスによる自由学芸と予備教養
47 大グレゴリウスによる自由学芸の有用性
48 自由学芸の限界
49 聖書を読むこと
50 聖書注解
X 王たちと知的教養……401
51 ヒルペリック王の学識と自惚れ
52 科学に対するシセブートの関心
53 若いメロヴィング王に対する一司教の勧告
54 カール大帝の教養
55 ラヴェンナにおけるオットー三世の訓話
56 オットー三世のジェルベールあての書簡
57 コンラート二世皇帝の教育政策への助言
58 翻訳王、アルフレッド大王
XI 俗人貴族の教養……408
59 五世紀末におけるガロ・ロマン人の読書
60 俗人の信徒も聖書を読むべきこと
61 カオールのデシデリウスの母の手紙（抜粋）
62 西ゴート貴族の教育内容
63 ドゥオダの『提要』の序言
64 フリウルのエーベルハルト公の蔵書
65 アキテーヌのギヨームの教養
XII 民衆の宗教教育……413
66 民衆の信仰と慣習
67 民衆の司牧に関する勧告
68 ボニファティウスに対するウィンチェスターのダニエルの勧告（七二三年）
69 民衆に対する説教

ヨーロッパ成立期の学校教育と教養

序説　古代教育の終焉とキリスト教学校の始まり（六世紀－七世紀）

一　ゲルマン民族と古代ローマの学校

五世紀末、ゲルマン民族の大侵入によってローマ帝国は崩壊し、その廃墟の上にゲルマンの諸王国が建設された。イタリアには東ゴート王国、スペインとガリア南部には西ゴート王国、アフリカ北部にはヴァンダル王国、ガリアにはブルグンドとフランク王国、ブリタニアにはアングロ・サクソン王国がそれぞれ建設された。また北方地域では、ローマ文明は徐々に消滅し、人々は異教に立ち戻り、部族独自の生活様式を取り戻していったが、地中海地方では、侵入者の数はごく僅かで、それも限られた地方に逗留していたにすぎない。(1) ゲルマンの首領たちは、征服した地方に自分たちの文明を押し付けようとはせず、むしろローマの偉大さに圧倒され、その制度を維持し活用したため、人々は、「ローマの平和」の再来を幻想したほどであった。(2)

ゲルマンの王宮では、すでに五世紀から、伝旨官、書記、財務官、宰相が活躍していた。またゲルマン民族は、ローマの徴税制度を極力、維持しようとした。かれらは、測量師たちの技術を利用して地台帳を見直すことにより土地税の徴収を図り、またオスピタリテ（hospitalité）の慣習に従ってローマ人土地所有者と征服者との間の土地の配分を按配していった。こうして六世紀初頭、ローマ人の著作をもとに測量術の提要が編纂され、初期中世の教養人たちはこれを利用している。(3) ゲルマンの王たちはまた、度重なる侵入によって荒らされた記念建造物を再建するため、職人たちを集め、建築家の指図のもとに働かせた。これらの技術者は、ギリシア語幾何学提要のラテン語訳を利用し、とくに書式集に頼ったが、それはこれ以後も使用された。(4) またゲルマンの王たちは、文書重視の世界に暮らすことによって、それまで口承によっていた民族の慣習を書き留めさせる必要を感じている。トゥールーズでは西ゴートのテオドリック二世とその兄弟エウリックが、ゴート族のための法典を編纂させ、ブルグンドのグンドバッドは、かれの登位以前に発せられた規定を集めて、『ゴンベッタ法典』を編纂させている。王たちはその一方で、ローマ法を新たな状況に適応させるため『法学提要』つまり『テオドシウス法典』の要約を作成させ、配下のローマ人の使用に供した。(5) ゲルマン王国では、古典的な法よりも地方の「通俗法」がより多く参照されているが、それは取るに足りない。重要なのは、かれらが有能な法学者たちを重用したこと、またその結果、ローマ法がゲルマン支配下の西方において長期にわたり存続しえたということである。(6)

ところで、当時のゲルマン王たちは、それ以上のものを求めたのであろうか。かれらは四、五世紀のローマ皇帝に仕えた部族の首領たちにならい、みずから教養人になろうとし、またゲルマンの貴族の子弟に古典教養の学習を許したのであろうか。(7) これまでしばしば言われてきたことに反して、トゥールーズ、ヴィエンヌ、ジュネーヴにおけるゲルマンの宮廷は、文学的教養の中心ではなかった。西ゴートやブルグンドの王たちはアリウス派のキリスト教徒で、かれらが興味を示したのは神学上の問題だけであった。またゲルマンの貴族のうち、ガリアの教養あるローマ人と文通したものはひとりもいない。ゲルマンの貴族階層は、あくまで民族の独自性を固持し、子どもたちには部族の伝統に合致した教育を受けさせようとした。かれらは若者たちに、まず武器の操作を学ばせ、民族の英雄の美徳を語り伝えてこれを模倣させた。すでに、叙事詩による物語や伝説が作成され、カロリングの人々もそれを受け継いでいく。さらに、ゲルマン民族は自分たちの教会と聖職者をもち、カトリック派聖職者の伝道に対抗するため、またアリウス主義の信奉者を増やすためにも、若者たちにアリウス派の信仰にもとづく教育を与える必要があった。(8)

したがって、ゲルマン民族は古典教養の成り行きについては無関心で、五世紀中葉になおガリアのいくつかの都市に残存していた学校も、衰退し消滅していくにまかせた。実際、これまで言われてきたこととは逆に、[9]四七四年ごろのリヨン、ヴィエンヌでは、学校はなお残存していたようである。シドニウス・アポリナリスはクラウディアヌス・マメルトゥスあての書簡のなかで、都市立の弁論講座の教師たちにふれている。[10]また都市が教師の俸給を負担できなくなると、都市に代わって親たちが、個人の肩書で教える教師たちに俸給を支払っていた。

北アフリカに移動した狂信的なアリウス派のヴァンダル族も、ラテン教養に好意的ではなかった。しかし、宗教で非妥協的であったかれらも、徐々にローマ風の生活に魅了され、五世紀末には、「ヴァンダル・ルネッサンス」(Renaissance vandale) と言われるほどのものをもたらした。[11]それ以前にマルティアヌス・カペラは、有名な『言語学とメルクリウスの結婚』(*De nuptiis Philologiae et Mercurii*) を著したが、かれは、むすこの教育のために書いたこの寓意的な物語が、中世全体にわたって学童たちの座右の書となるなど、思いもよらなかったことであろう。この書では、花かごに独自の贈物を入れて言語学とメルクリウスの結婚式に参列する七つの自由学芸が紹介されている。まず文法が自分の所作について説明し、そのあと修辞学、弁証学、算術、幾何学、天文学、音楽がこれに続く。『言語学とメルクリウスの結婚』を読むものは、それが自由学芸に関するいわば百科全書的な便覧であるだけでなく、読み方によっては、異教的新プラトン主義の伝統に含まれる救いの使信の書でもあることを発見する。[12]

一時かげりを見せたカルタゴの学校は、グンタムンド（四九六年没）の支配下において活動を再開した。文法教師フェリキアヌスは、「逃亡した文学をアフリカに連れ戻した」として、ドラコンティウスの称賛を浴びている。[13]われわれは、種々の詩を採集した『ラテン詩華集』をとおして、カルタゴの教養人の社会がどのようなものであったか想像できるし、また何人かのアフリカ人教師の名前をあげることもできる。たとえば、フォルムに学校を開設し詩人ルクソリウスを生徒にもっていたファウストゥスのほか、[14]ポンペイウス、コロナトゥス、カトー、カルキディウス、そして、初期中世の学校で愛読された約一〇〇のなぞ歌の作者、「学校教師」(scholasticus) シンポシウスがいた。カルタゴだけが、詩人フロレンティヌスが言うような「教師と学問の都市」であったわけではない。地方の教養人も、古典教養を身につけるための手段をもっていた。のちのルスパエの司教フルゲンティウスは、家庭内で読み書きを習い、そのあと文法教師の学校に送られ(15)、一方、コッリプスは、まず地方で教えはじめ、ビザンツの軍隊がカルタゴを再征服したあと、そこで教えている。

ヴァンダル族の手からアフリカを奪回したユスティニアヌス帝は、学校がなお存続しているのを見て、カルタゴの都市に対しふたりの文法教師とふたりの弁論教師の扶養を命じたが、これは、教育の再興というよりその国有化を意味していた。そして六九八年アラビア人がカルタゴを占拠するまで、アフリカ人は教養人として重要な役割を果し、古代教養の存続に貢献したのである。

イタリアでは、古代ローマの学校はゲルマン支配下にあってもなお維持されていたが、それは、ラテン教養に好意的であった東ゴート王の政策のおかげであった。テオドリックは、ゲルマン王のなかでただひとり古典教養の将来に関心を寄せ、すすんで学校の存続を図った。こうした政策は例外的で、それはこの君主の個性と、かれがローマ皇帝の後継者を自任していたことによるものであった。

かれは、四九三年ラヴェンナに都を定めて以来、教養人としてまた文芸の庇護者として振る舞った。かれの権力のもとに馳せ参じたローマの教養人たちは、ローマの記念建造物を破壊から守り、著述家を保護し、ローマの学校教師たちに俸給を保証したテオドリックを「第二のトラヤヌス帝」としてたたえた。ある学者たちによると、こうした政策は、テオドリック自身から出たものではなく、元老院議員階級のローマ人でかれの顧問であったボエティウスとカッシオドルスの発意によるものであった。いかにも、ふたりの影響は否定すべくもない。しかし、テオドリックについて明らかにされているもろもろのことから考えて、かれ自身、教養を身につけていたことはたしかである(16)。実際、この東ゴートの君主は、一八歳までコンスタンティノープルに人質として留め置かれ、古代教養の一端にふれることもできた。かれはまた、娘や甥たちにラテン語だけでなくギリシア語も学ばせようとしている。カッシオドルスによると、テオドリックは好んで、古代の賢人たちの格言集を読ませてこれに耳を傾け、また星辰の運行、潮の干満について学んだが、それは「注意深く事物の本性を探求することによって、緋色の衣をまとった哲学者になろうと考えたからであった」（*Variae* Ⅸ, 24：AA Ⅻ, p. 290）。こうして、ゲルマン民族の世界においてはじめて、哲人にして王あるいは王にして哲人という、プラトンの有名な古諺が実現されたのであった。ゲルマン民族にして教養人であったこのテオドリックは、のちのロンゴバルトの諸王、カロリングの君主たちの憧憬の的であったことを忘れてはならない。

われわれはまた、パヴィアのエンノディウスの著作をとおして、(17) 北イタリアの学校、とくに、デウテリウスが文法と弁論術を教えていたミラノの学校について、知ることができる。(18) エンノディウスは、弁論術を学ぶ貴族の若者たちのために、『語法』（*Dictiones*）つまり架空の弁論と想像にもとづく演説を書き、かれらがパヴィアを去って王国の首都ラヴェンナに移ってからも、遠くからかれらを見守り、勧告を与え励ました。そのラヴェンナでは、王の宮廷や役所にいた教養人たちが、古典教養に関心をもち、あれこれの著者の作品を校訂して文法教師の仕事を続けていた。(19)

ローマは、いぜんとして、「自由学芸に好意的な都市、文芸誕生の都市、すぐれたことばの故郷」（Ennodius, *Epist.* Ⅵ：*AA* Ⅶ, p. 222；Cassiodorus, *Variae*：AA Ⅻ, p. 156, 177, 302）で、大部分の地方の学生は、ローマに出て学業の仕上げをした。エンノディウスは、ミラノの文法教師デウテリウスの生徒たちがミラノを去る際には、かれらに紹介状をもたせ、ローマの教養人のサークルに加入できるように計らった。かれは、文学を楽しむ教養ある元老院議員たちが、育ちの良さを発揮しようと励む若者たちを喜んで受け入れることを知っていたからである。エンノディウスは、『教育上の勧告』（*Praenesis didascalia*）という小著のなかで（*AA* Ⅶ, p. 310）、もっとも推薦に値する教養人を何人か数え上げている。

これらの教養人は、ふたつのグループ、より詳しくは政治的に対立する二派に分かれていた。ひとつは元老院議員ファウストゥスのサークルで、もうひとつは元老院議員シンマクスのそれであった。シンマクスはギリシア語に通じ、ビザンツ帝国と交流があり、とくにコンスタンティノープルの文法教師プリスキアヌスと親しかった。このシンマクスは、ギリシアの学問をラテン人に伝達しようと骨折る娘婿のボエティウスを援助した。[20] ボエティウスは、ゲラサのニコマクスの『算術入門』と『音楽論』に注釈を加え、のちには、エウクレイデスの『幾何学論』、プトレマイオスの『天文学』も注釈し、さらに、アリストテレスとプラトンの全著作のラテン語訳を企画し、両者の哲学が、言われているほど対立しないことを証明しようと考えていた。この壮大な計画の成否については後述することにしよう。ボエティウスは、さらに遠大な夢を抱き、哲学と学問を政治に役立てるべく、テオドリックがかれに託した使命を引き受けている。かれはまた、水時計や日時計を取り寄せて、ブルグンド王グンドバッドに献上し、テオドリックの義兄弟クロヴィスにはキタラ奏者を世話した。五二二年テオドリックは、ボエティウスを宰相に任命したが、残念なことに、栄枯盛衰は世の常である。ボエティウスは哲学から学んだことを行政にあてはめ、ゲルマン民族の不正や強欲からローマ人を守ろうとしたため、王に対して陰謀を企てビザンツに通じているとしてざん訴された。かれは元老院からも見放され、投獄され刑死した。しかしかれが牢獄において著した『哲学の慰め』(*De consolatione philosophiae*)は、知的遺書として後世に伝えられ、中世をもっとも魅了した古代末期の著作のひとつとなった。[21]

ボエティウスと並んで、カッシオドルスがいる。かれもまた教養あるローマ人で、典型的な元老院議員であった。かれは、ゲルマン民族と手を組んだ貴族階級の名門の出で、五〇七年からテオドリック王に仕え、学問と政治上の顧問職を歴任した。かれは任務のためラヴェンナ滞在を余儀なくされながらも、ラテン文学の首都ローマを忘れることはなく、王の名において、記念建造物の再建、種々の競技の開催を命じ、テオドリックの後継者アタラリックの治世においては、元老院に書簡を送り、教師たちに規定どおりの俸給を与えさせ、ローマの学校の再興を図らせた(史料1)。これらの教師は、有名なウルピアヌスの図書館がまだ残存していたトラヤヌスのフォルム(広場)で教え、数名のものは名前が知られている。[22] ここでは、五三四年、弟子デウテリウスの手をかりて『言語学とメルクリウスの結婚』を筆写したセクールス・メリオール・フェリクスだけをあげておこう（史料2）[23]。かれは、われわれが知る限り、さいごのローマ人弁論教師である。一年後、ユスティニアヌスの軍隊がイタリアの再征服に取り掛かり、イタリアは戦乱に巻き込まれたからである。二〇年にわたる再征服の戦いは、イタリアを荒廃させた。東ゴート支配下においてなお存続した古代ローマの経済的、社会的組織も崩壊した。ローマは敵、味方の間でやりとりされ、一時は無人の里と化し、元老院の威信は地に落ち、余命いくばくもなかった。しかし勝利を収めたユスティニアヌスは、イタリアの深手を癒すべく、五五四年の「プラグマティック・サンクション」（Pragmatique Sanction）をもって、政治、社会、経済、そして文化について対策を打ち出した。かれは、その第二二項において、「自由学芸を身につけた若者たちが帝国内に輩出することを願って」、かつてテオドリックが決定したとおりに、文法教師、弁論教師、医学教師、法学教師に俸給を現物で支給するように命じている[24]。

こうした措置がどこまで実施されたのか、確認はむずかしい。少なくとも、『法学概論』（*Institutes*）、『新勅法』（*Novelles*）といったビザンツの法関係の書がイタリアで注釈されたことはたしかであり[25]、あちこちの都市では、公正証書係や書記がいぜんとして、伝統的な法的慣習にもとづいて種々の証書を作成していた。また、ラヴェンナ、ローマでは相変わらず医者たちが開業し、アレクサンドリアやビザンツの医者たちと交流をもっていた[26]。文法教師、弁論教師の名前はまったく伝わっていないが、ラヴェンナやローマでは、いぜんとして古典文学が教授されていたことはわかっている。トレヴィーゾ生まれの詩人フォルトゥナトゥスは、五五〇年ごろ学業のためラヴェンナに出て、文法、弁論術、また法学も学んでいる（*Vita Martini* Ⅰ, 29-33 : *AA* Ⅳ, p. 297）[27]。ローマでは、「プラグマティック・サンクション」公布時に一五歳未満であったはずの、のちの教皇大グレゴリウスが、文法教師、弁論教師に師事していた。トゥールのグレゴリウスによると、「かれ〔教皇大グレゴリウス〕は、文法、弁証学、修辞学を学び、その教養においてローマ市のだれよりもすぐれていた」（*Historia Francorum* Ⅹ, 1）。

大グレゴリウスは元老院議員階級の名門の出で、行政官を目指し、実際三〇歳ごろまでその職にあった。五七三年ごろつまり三〇歳ごろ、かれは遅ればせながら修道生活に方向転換し[28]、モンテ・カエリオにあった生家に引きこもり、後述するような宗教的学問に没頭した。かれは世俗との交わりを断ち、若いころのことや、学んできた古典教養について一切、言及することを避けた。しかし、著作がかれに代わって語ってくれる。グレゴリウスは、当時、正確なラテン語を書くことのできる稀有な教養人のひとりであった。かれは cursus〔アクセントに即した末尾〕、結句、韻文を用い、修辞学の若干の詞姿を忠実に守っている。現存する八四八通の書簡のうち多くのものは行政関係の文書で、聖・俗の教養人にあてられ、書式集に依拠しながらも、確かな筆致をもってとりわけ入念に書かれている。たとえばシチリアの一貴族にあてた書簡のなかで、グレゴリウスはセネカを引用しているが、これはたまたま引用したというようなものではない。その他かれの書簡のなかには、慰藉、祝詞を述べるものが多く、また書く楽しみを求めあるいは友情を温めるために書かれたものもある。グレゴリウスはまた、聖書に関する大著作や説教においても文体に凝っている。

『ヨブ記講解』(*Moralia in Job*) の献呈文を読み返してもらいたい。そこでグレゴリウスは、修道者たちに対する注解講話をもとに本書を書いた経緯を説明して、次のように言う。「わたしは暇になると、多くのことを書き加え、少し削除し、若干のものはそのままにした。わたしは最初の注解講話の速記に手を加え、きちんとした著作にまとめた……口頭による注解を注意深く見直し、注解書としての体裁を入念に整えながらも、あまり対話調を失わないように配慮した」(*Epist.* I, p. 356)。こうした作業のあとも、グレゴリウスは満足せず、自分の力不足を認め、文通相手に対し「味気無い、ぞんざいな」点は寛恕してほしいと懇願している。かれの健康状態もそれ以上のことをゆるさず、かれは自分を調子っぱずれの楽器をもった楽人にたとえている。「楽器のひびは文体の優美さを逃してしまい、いかなる技芸、才能もそれを拾い集めることはできない。わたしは、あなたが本書に目を通しながら、葉叢《はむら》だけに気を取られないよう、お願いする。聖書は、神の神殿に樹木を植えることを禁じているが、それは、注解者たちが実のない、無定見なおしゃべりをしないように戒めているのである」。こうしたへりくだった言い方そのものが、古代修辞学の話法のひとつである。

われわれは、グレゴリウスがアウグスティヌスやカッシオドルスに比肩しうるほどの教養人であったとは言わないまでも、たしかにローマ貴族の知的伝統に連なるひとりであったことは認めなければならない。[29] かれは、古代の学校教師に学んださいごのローマの教養人である。新参のゲルマンの部族ロンゴバルトがローマを攻囲していた五九三年、この教皇は説教のなかで、元老院や人民の消滅を嘆き、各地の若者が青雲の志を胸にローマに蝟集していた時代を懐かしんでいる(*PL* 76, 1011)。

しかし古代文明がイタリアにおいて死滅し学校が消滅したと言っても、それは古典教養の終焉を意味していたわけではない。すでにガリア、スペインでは、古代の教養を固執する貴族階級は、若者たちに伝統的教育を与えるための手段を見出していたのである。

二　貴族階級における古典教養の存続

ガリア

ガリアは六世紀前半、クロヴィスとその後継者たちによって征服され、統一された。メロヴィングの君主たちは王国全体を権力下においたものの、大まかに言って、ロアール川以南およびラングル平原以南における行政、社会組織を変えることはできなかった。大部分のフランク族の墓が残存するガリア北部つまり「蛮風の」ガリアと、ローマの教養が維持されていたアキテーヌ、プロヴァンス、ブルグンドとは、まったく対照的である。これらの地方に見られる豊富な碑文や、あらゆる公文書を登録する役所の活動は、文書による文明が残存していたことを証明している。これらの地方ではまた、都市生活も維持され、内外の商人たちが商いを続けていた。元老院議員階級に属する名家は、帝政期における祖先の生活様式を受け継ぎ、教育をもって新参者との差をつけようとした。[30]

プロヴァンスとブルグンドがフランク王国に併合されたあとも、教養ある貴族たちの状況にはなんの変化も見られなかった。逆に、かれらはフランクの王たちに仕えはじめた。この時代について最高の証言をもたらすトゥールのグレゴリウスとフォルトゥナトゥスによると、王の顧問たちはその教養を買われて、顕職についたのであった。かつてラヴェンナの学校で学んだ貴族パルテニウスは、テオデベルト一世に召し抱えられたが、かれの死から二〇年後、なお人々はかれの能弁を噂していたほどである。[31] 六世紀末のもうひとりのプロヴァンスの貴族マルセーユのディナミウスは、六世紀初頭の人々と同じような巧みな筆致で著述し、また技巧的な書簡、ひねった文体、伝統的な寓話など、似たような趣味をもっていた。かれの友人で元老院議員であったマルセーユのフェリクスは、ヴェルギリウス、ローマ法、計算法をひとりの奴隷の手をかりて学んだが、これはいかにも古代風なやり方である。学識を積んでいたこの奴隷は、その学に溺れて主人を捨ててシゲベルト王に仕えたが、これも、フランク王の宮廷に仕えた南部の教養人の一例である。

五九九年ごろヴィエンヌの司教であったデシデリウスは、とくに注目に値する。この貴族は、家庭内教育ですぐれた教養を身につけ、その伝記作者によると、文法を完全に習得していた。ヴィエンヌの都市そのものは代々、知的教養の中心で、そこには六世紀初頭まで文学の教師たちがいた。[32] デシデリウスは、この教育の中心が衰退していくのを見るに忍びず、何人かに文法を教授しようとしたが、それは大グレゴリウスの非難するところとなった（史料4）。

このように、ガリア南東部では教養人が死に絶えたわけではなかった。だからこそ、アルルのカエサリウスの伝記作者たちは、プロヴァンスの「教師たち」(scolastici) の批判をおそれたのであった。また五六一年ごろ、パリのサン・ローランの修道院長が「口のうまい元老院議員や理屈をこねる役人たち」(*Historia Francorum* Ⅵ, 9) の冷笑をおそれ、アヴィニョンの司教座への就任を拒否したのも理解できる。七世紀のレランスの一修道者は、人々がいぜんとして異教徒の著作、詩人たちの喜劇や詩を学んでいるのを見て憤慨している。[33] 七世紀中葉まで韻律の教授が行われていたが、それは、人々が相変わらず優雅なラテン詩文を書くことができたことを立証している。このように古典教養は、フランク族の征服によって消滅するどころか、ブルグンドとプロヴァンスの併合後も、なお一世紀の間存続したのであった。

これは、フランク族が決して根をおろすことのできなかったアキテーヌ地方でも同様であった。北部の人々から見たアキテーヌ人はいぜんとして「ローマ人」であり、実際に、かれらの生活様式もきわめて古代風で、それはかれらの知的教育にも反映されていた。(34) 七世紀中葉まで、アポリナリス家、レオンティウス家、スルピキウス家、シアグリウス家といった名門の貴族の教養人たちが幾世代にもわたって続き、伯や司教の座を占めていた。(35) 早くから両親を失ったトゥールのグレゴリウスは、貴族でありながら、家庭内で世俗的教育を受けることができず、再三、それを残念がっている。のちかれは、その欠落を埋め合わせるため、ヴェルギリウスその他の古典の読書に励んだ。その甲斐あってかれの文体は、当時の人々のそれに比べて簡潔ではあるが、なお、若干の修辞学的要素を含むものとなっている。(36) カオールのデシデリウス（六五五年没）とかれの文通相手が取り交わした三七通の書簡は、古代の書簡文体に酷似している。(37) 次代を代表する人物として、のちのクレルモンの司教ボニトゥスがいるが、かれは故郷の教養人たちを驚かせるほどの法学、文学の教養があった。かれの兄弟アヴィトゥスも、その伝記作者が大グレゴリウスから借用した表現によると、「外部の学問」を修めていた。ここで注意してもらいたいのは、ボニトゥスとアヴィトゥスはガロ・ロマンの名門シアグリウス家の出身で、カオールのデシデリウス、またおそらくヴィエンヌのデシデリウスも、同家の出身であったことである。そしてわれわれが知る限り、アキテーヌにおけるラテン教養人の系譜はクレルモンのボニトゥスをもって終わる。ガリア南東部と同じくここでも、その系譜は七世紀中葉を越えることはない。

したがって「ローマ風の」ガリアは、この頃まで地中海地方の教養共同体に属していたが、時がたつにつれ、過去との連帯を弱めていった。つまりガリアはその遺産を食いつぶし、「再生」〔ルネッサンス〕まで持ち堪えられなかったということである。公の学校が消滅したあと、親たちは自分で子どもたちに読み書きを教え、あるいは家庭教師にその仕事を委ねた。こうして若者たちは、家庭において父祖伝来の蔵書を用いて教育され、古代の著者たちを知った。しかし世代を重ねるにつれ、その学問は活力を失い、七世紀後半にはもはや痕跡さえとどめなくなっている。われわれが知る限り、このころのアキテーヌ、プロヴァンス、ブルグンドで、古代風の教育を受けたものは見当たらない。「蛮風」の影響は、「ローマ風」の抵抗を上回ったようである。しかし、それ以前のガリア南部の教養は、ゲルマン的要素に支配されたガリア北部に影響を与えるだけの力をもっていたのであり、これこそ特記すべき点である。

たしかにガリア北部はゲルマンの大侵入によって荒らされた。しかしこの地方の「ローマ風」の教養が一夜にして消滅したわけではない。「ローマ風」の飛び地があちこちに残存し、「蛮風」のガリアに教養をもたらす足場となった。当初、無教養であったフランクの貴族たちは、カトリック派に改宗したあと、文書による文明とローマの法慣習のとりこになっている。こうして、ゲルマン人が知らなかった遺書の作成がフランクの社会では普通になり、その最大の受益者であった教会は、これを奨励していった[38]。貴族たちはラテン語で話すことを学び、さらに書くことも学んだ。五六六年ごろメッスの宮廷に入ったイタリア人フォルトゥナトゥスは、そこで、かれの詩を評価しうるだけの教養をもった男女に出会っている。フォルトゥナトゥスによると、かれらのひとりアウストラシアの宮宰ゴゴは、詩人であり修辞学教師であった。実際、現存するかれの書簡は、当時のガロ・ロマン人のそれに比べて遜色がない（*Epist.* Ⅲ, 128-130）。

ガリア南部出身の役人たちの教養に接したフランクの王たちは、地中海世界に目を向け、ゴートの君主、さらにビザンツの皇帝を模倣しようとした。フォルトゥナトゥスは、シゲベルトとブルンヒルダとの結婚に際し、古代風の祝婚歌を書き、いくらか人々の耳目を引くことに成功した。ネウストリアの王キルペリックは、ソアソンやパリの円形競技場において競技を開催させ、作詩力のあることをひけらかし、神学に関する小著も書いている。かれは、かつてローマ皇帝が学校教育について法的措置をとったことに注目し、アルファベットに新しく三文字を加え、王国の諸都市に巡察使（missi）を送ってそれを子どもたちに教えさせるようにし、また以前の写本は軽石で消して再利用するように命じた（史料51）。多くの歴史家は、トゥールのグレゴリウスが伝えるこの逸話をまじめに受けとめていない。しかしこれは年代記作者（トゥールのグレゴリウス』によるまったくの作り話ではない。おそらくキルペリックは、クラウディウス帝がアルファベットに三文字を加えたことを知り、この点でもローマ皇帝をまねしようとしたのであろう。またキルペリックは、ラテン語の発音の変化に伴い、新発音に合わせた綴字法を導入しようとしている。(39)こうした命令が出されても、おそらく実施されなかったであろうが、しかしそれは、ゲルマン王国においても「ローマ風」の伝統がまったく放棄されていなかったことを示すものである。

フランク族は教養人たちと交わることにより、自分たちも古代文明の伝統に連なりうることを示してくれた。フォルトゥナトゥスは、ラデグンダの名において認めた書簡のなかで、臆することなく、クロタールのチューリンギア征服をトロイアの攻略になぞらえている。フランク人の起源はトロイアにあるという、偽フレデガリウスが伝える有名な伝説は、おそらくこのころ現れたらしい。こうしてフランク人は、文明世界の市民権を渇望する新参者がこぞってするように、高貴な出自という箔をつけようとしたのである。しかし、かれらがいかに意欲的に努力したとしても、当時の西ゴート支配下のスペインの貴族たちの水準に達することは不可能であった。

スペイン

スペインはガリア南部と同じく、ゲルマンの侵入後も「ローマ風」を維持していた。とくにスペイン南部は、一時的にせよ、ビザンツの勢力下におかれることにより、他の地方よりも長く古代の制度を保持することができた。(40)都市はいぜんとして社会生活の重要な中心で、セビリャ、コルドバ、タラゴナ、セゴビア、バルセロナ、メリダでは、ローマの記念建造物が維持され利用されていた。西ゴートの王たちはローマの事業を引き継ぎ、レッコポリス、ヴィトリア、オリトといった新しい都市を建設している。ビザンツ支配下のイタリアやガリア南部と同じくスペインでも、文書による文明は六、七世紀をとおしてなお存続している。レセスビント王が六五四年に編纂させた『西ゴート法典』一二巻を見ると、ローマ法の場合と同じく、文書が人々の社会的つながりの手段であったことがわかる。サラマンカとアビラの間で発見された約百枚の石板は、伝統的な「ローマ風」の書体を思わせる草書体で書かれ、この地方でも都市と同じく、文字が日常的に使用されていたことを証明している。(41)

古代の学校が消滅しても、医学や法学、古典文学の教授が放棄されたわけではない。『西ゴート法典』は、その一章で医者について述べ、かれらが要求できる診療報酬と、医学教授の謝礼の額を決めている。医学の提要も、現地で編纂されあるいはアフリカから持ち込まれた。セビリャのイシドルスは、『語源誌』(*Etymologiae*) 第四巻を医学つまり「第二の哲学」にあてているが、その内容はカエリウス・アウレリアヌス、カッシウス・フェリクス、偽ソラヌスの書から取り入れている。(42)

西ゴートの王たちは、ビザンツの政治、行政の組織をまねしようとし、他所よりもたしかな法学の知識を取り入れていた。『西ゴート法典』は世俗の裁判制度について教えてくれるが、そこには、やはり裁判官や弁護士が登場してくる。スペインではローマ法がつねに施行され、役人たちは『法学提要』を手元においていた。セビリャのイシドルスも法学学習用の書籍を頻用し、またかれの『語源誌』第五巻の前半〔法学を取り扱う〕そのものが提要となり、イタリア、ガリアに流布したのであった。人々は、法を学ぶだけでなく、その意味についても究明した。『西ゴート法典』の最初の数章を読んでもらいたい。それは立法者と法とを取り扱っているが、そこには法の用法だけでなく、法の本質を究めようという努力が認められる。これは、西方の他の地方には見られなかったことである。(43)

厳密な意味での古典教養つまり文学、弁論術を中心とする教養も、世俗の貴族の間で維持されていた。レカレド王がカトリックに改宗するまで（五八九年）、ローマと西ゴートの上流家庭は互いに交わらなかった。ゴート族の信奉するアリウス主義が、越えがたい障壁となっていたのである。イスパノ・ローマ人は学問を尊重し、これに対し、アリウス主義信奉者たちは自分たちの宗教や民族固有の教養を固持し、学問を敬遠していたようである。しかし六世紀末から七世紀初頭にかけて、双方の貴族は融合していく。西ゴートの上流家庭は元老院議員階級の生活様式を取り入れ、名前もローマ風に改め、文学的教養を受け入れはじめた。セビリャのイシドルスの表現をかりると、ゲルマン民族は「純正なラテン語」を発見したのである。七世紀初頭セプティマニアの総督ブルガール伯が書いた何通かの書簡が現存しているが、それらは、優雅なしかも気取った文体を用いている点で、このころイタリアやガリアの俗人の貴族が書いた「技巧的な書簡」に酷似している。[44]

われわれが知っている教養人は、イスパノ・ローマ人であれゲルマン人であれ、みな、最終的にトレドに落ち着いた宮廷を中心に活躍し、宮廷はその組織と栄華とをもって大いに威信を高めた。六一二年に王座についたシセブート以降、西ゴートの君主たちは、テオドリック大王や東方の皇帝たちにならって文芸の庇護者となり、著述家たちを保護し、著述を依頼した。こうしてセビリャのイシドルスは、シセブート王のために『事物の本性について』（*De natura rerum*）を書き、シセナンド王のために『ゴート史』（*Histoire des Goths*）を編纂したのであった。[45]

また、王たちは、宮廷の蔵書のなかから手本になる書を捜し出し、自ら著述をはじめた。シセブートは、ルクレティウスの著作をまねて、月食について六脚詩による六一行の天文詩を書いたが、[46]その詩は、ルクレティウスの詩の簡潔さを欠くだけでなく、当時の趣味に合わせて飾り立てられ、かなり意味不明なものになっている。ただ、同時代のキルペリック王の詩と違って、少なくとも韻をふんでいる点は買ってよい。

トレドは、七世紀末まで学問と教育の中心であった。誤ってセビリャのイシドルスの書とされた小著『君主の鑑』（*Institutionum disciplinae*）が書かれたのも、たしかにこのころである。この書は、教育の課程を取り扱い、教養に関するゴート人の理想を要約したもので、たぶん若い王子のために著されたものであろう（史料62[47]）。それによると若者は、聴くものをして栄光へと駆り立てずにはおかない祖先礼讃の叙事詩を歌わなければならず、また、ブラガのマルティヌスがスエビーの王ミロに勧めた四つの美徳を修め、[48]さらに、カッシオドルスがテオドリックにあてはめたプラトンの古諺にならって七自由学芸を学び、こうして高潔な生活態度と権威を身につけなければならない。

図書室には、法学、医学、また古代の詩人たちの書の写本が保管されていた。また、アフリカおよびスペインの詩人たちの詩を抜粋した『イスパニカ詩華集』が編纂されたのは、七世紀末である。[49] トレドの司教エウゲニウス（六五七年没）は、王の依頼を受けて、アフリカの詩人ドラコンティウスの著作を校訂した。かれはまた、病気、老年期、夏、風、鶯《うぐいす》などを題材にした一連の魅力的な詩や、プリスキアヌスの『予備演習』（*Praeexercitamina*）を改作した教科書も残している。[50] こうして古典文学は、内紛に攪乱され外敵の侵入に脅かされたスペインに、さいごの避難所を見出したのであった。トレドの司教ユリアヌス（六九〇年没）もまだ歴史家、文法教師として活躍していたが、[51] かれの死から二〇年後、トレドはイスラム教徒の手に落ちている。

三　六、七世紀における古典教養の特徴

文法、詩、修辞学、この三つが、学校が閉鎖されるまで生き延び、貴族階層の間に残存した古典教養のおもな要素であった。したがって自由学芸で残ったのは最初の二学科だけで、教養といっても、それは文法と雄弁術を中心とするものであった。

文法は、古代末期におけるように代表的な学科で、知識の全分野を含み、[52] ドナトゥスの文法書とその注解書は、教養人になるための基本的な書であった。カッシオドルスによると、生徒は文法をもって著名な詩人や著述家を手本に上手に話す術を学び、同時に古典の読書をとおして一般教養を身につけ、物知り的な知識を蓄えていく。その古典とは、当時の著述に出てくる引用から見て、テレンティウス、ホラティウス、オヴィディウス、ティブッルス、ルカヌス、スタティウス、キケロ、サルスティウス、カエサル、とくにヴェルギリウスというように、かつて四世紀および五世紀初頭に学習された

著述家たちの書であったことがわかる。

メロヴィング期のガリアでも、ヴェルギリウスはもっとも人気の高い詩人であった。フォルトゥナトゥスは作詩において絶えずヴェルギリウスを引用し、トゥールのグレゴリウスも自分の著作を引き立たせるため、臆することなく、五〇以上のヴェルギリウスの詩文をちりばめている。[53] 教養人は古代詩人の作品を暗記し、著述には、散文体よりもむしろ詩文体を用いている。折りにふれての詩、世俗あるいは教会の記念建造物のための碑文、韻をふんだ墓碑銘は、ガリアでは七世紀中葉、スペインでは七世紀末まで、多くの人が目にすることができた。教養人は、話しことばと書きことばとの乖離が進行しつつあった当時にあって、文法の学習をとおして、話しことばと対峙する文学的ラテン語（sermo scholasticus）を身につけた。一方、著述家たちは、優雅なことばを固守しようとして意図的に文型を複雑にし、上品過多語法（hyper-urbanismes）と呼ばれる間違いを犯した。かれらは稀有なことばや物知り的な新造語を寄せ集めて用いている。こうして、アフリカだけでなくイタリア、ガリアの著述家たちの作品にも、ヴィルテュオジテ（virtuosité 技巧）とマニエリスム（maniérisme 気取り）——ラテン文学において普通アジアニスムと呼ばれるものの特徴をなす——が見られる。[54] かれらはしばしば、複雑な文型をもって思想の貧困さを覆い隠そうとしているのである。

古代末期においてもそうであったが、このころの教養人は「きわめて能弁な人」（eloquentissimus）を目指すだけでなく、「きわめて物知り的な人」（doctissimus）にもなろうと努めた。かれらは、旺盛な好奇心の赴くままに多くの読書をとおして、記憶に詰め込みうる限りのものを掻き集めた。カッシオドルスの『書簡集』（*Variae*）を見ると、かれは王名による公文書のなかに、事物の起源、自然現象、動物の生態などに関する余談を織り込んでいる。大グレゴリウスは、古典教育をとおして科学に対する興味を身につけ、『ヨブ記講解』においては動物の習性、鉱物の特質をもとに道徳的思索を進めている。かれと同時代のトゥールのグレゴリウスは、世界と創造の不思議を数え上げ、四世紀のソリヌスがしたように、「驚異的なもの」（mirabilia）を好んで取り上げる。[55] ただそうしたものはすべて、明らかに、科学的というより文学的なもので、古代から中世へと受け継がれた怪異趣味にほかならない。

古典教養は、文法、修辞学、物知り的な知識に限定された結果、皮相的なものになり下がった。さらに、ギリシア語や哲学の放棄はこれに拍車をかけた。いわゆる「東ゴート支配下のギリシア文化の再生」[56]も、実は、ボエティウス〔アリストテレスとプラトンの書の〕翻訳とその注解書に限られていた。この哲学者〔ボエティウス〕が立てた壮大な計画も、かれの刑死によって一頓挫した。たしかにかれは『範疇論』(*Categoriae*)、『命題論』(*De interpretatione*)、『トピカ』(*Topica*)、『分析論』(*Analytica*)といったアリストテレスの論理学関係の書全部を翻訳したが、これらの翻訳書もすぐに忘れられ、それがLogica Vetus〔旧論理学〕の名のもとに再発見され、弁証学学習の再生をもたらすのは、九世紀以降のことである(本書二七一頁参照)。ビザンツが西方を再征服し、ラヴェンナに太守の管区を設定したが、それでもギリシア語の学習はイタリアでは復活せず、七世紀末のラヴェンナでは、コンスタンティノープルから送られて来る書簡をラテン語に訳しうる書記は、容易に見出せなかった[57]。ビザンツの修道者たちが居住していたローマでさえ、聖職者たちはギリシア語を理解できず、東方の神学上の新説に反論することができなかった。東西に分かれたキリスト教世界は、相互不理解の道をたどりつつあったのである。

このように、六、七世紀に残存していた古典教養も、学校教育の惰性的な伝統に強く影響され、形式と物知り的知識の追求に明け暮れて、独創的な作品を生み出すことはできなかった。それは、貴族集団と結びついた世俗的な教養であり、その目標は、頭に知識を詰め込み性格を形成することのほかに、上流社会加入の資格を獲得することにあった。したがって貴族がその威信を失い、政治的役割を離れ、さらにゲルマン的要素と融合することによって、この古典教養は、キリスト教徒の教養人がその宗教的教養に利用しなかったならば、滅びゆく運命にあったのである。

四　キリスト教的教養に奉仕する古典文学

異教的教養とキリスト教との間には種々の対立要素があったにもかかわらず、古代末期のキリスト教徒は、古典教育とその人文主義的価値を受け入れていた。[58]古代ローマの学校で教育された教父たちは、信徒に対し、世俗文学のもつ不道徳に警戒させ、真の神の信仰を離れてミューズの神々〔学芸〕の崇拝に走らぬよう戒める一方、古典学習に取り組むキリスト教徒の良心の悩みを取り払った。五世紀初頭のアウグスティヌスは、『キリスト教の教え』(*De doctrina christiana*)において、聖なる学問とくに聖書注解の原理を明確にし、また、自由学芸は神が創作したものであり、多くの利点をもつことに注目させた。

かれによると、聖書を正しく理解しようと思うキリスト教徒の知識人は、しっかりした文法教育を受け、ラテン語、ギリシア語さらにヘブライ語に通じ、修辞学と弁証学の規則を弁え、自然学、算術、歴史、地理などについてある程度の知識をもたなければならない（史料46）。アウグスティヌスにとって自由学芸の学習は聖書学習のためのいわば準備で、ギリシア語から派生した用語で言うなら、「予備教育」(propédeutique) のようなものであった。[59]キリスト教徒が自由学芸を学ぶのは、ヘブライ人がエジプト脱出に際して、契約の櫃を作るためエジプト人の財宝を奪い取ったようなものである。ヘブライ人がエジプト人からせしめた戦利品を利用したように、キリスト教徒も、異教徒の教えに含まれる諸真理を活用する権利がある。それらの真理は神のものであるからである。しかし、ヘブライ人が異教徒の女奴隷を妻にするまえに爪を切らせ、髪を下ろさせたように、キリスト教徒は学問の内容を選別し、最良のものだけを摂取しなければならない（「申命記」二一、一二―一三）。つまり古典教育が多くの価値をもち、神の恩恵を受容しうるだけの成熟した人間を形成しうることは〔教父たちによって〕すでに立証ずみのことであった。

「キリスト教的教養の基本憲章」とも呼ばれた『キリスト教の教え』は、聖職者だけでなく俗人をも対象にしている。実際、五世紀には聖職者用、俗人用とふたつの宗教的教養があったわけではない。それは、六世紀になっても同様であった。多くの俗人の貴族が、聖書の学習や読書をもって信仰を深めるのを自分の義務と心得ていた。かれらの蔵書のなかに宗教書が多数含まれていることも稀ではなく、それは、書籍に恵まれず、それほど教養もない聖職者たちを羨ましがらせた（史料59）。俗人はまた、聖人伝やキリストをたたえる詩を書いている。[60]〔俗人〕ボエティウスはそのギリシア教養を神学に役立て、ネストリウスとエウティケスの思想を反駁する『小著』（*Opuscula*）を著した。かれは、信仰と理性の領域を区別しながらも、三位一体の問題をアリストテレスの論理学をもって考察し、中世のスコラ学への道を開いたのであった。[61]西ゴート支配下のスペインの貴族たちは、ビザンツの俗人たちが神学論争において重要な役割を演じるのを見てこれにならい、好んで宗教問題を論じた。かれらはまた、聖書についてすぐれた知識をもっていた。たとえばレセスビント王は、「自分の面前で信仰箇条について論じてくれる教養人を探し求め、聖書を読むのを喜びとしていた」。ある年代記作者は、七世紀末の西ゴートのある公の教養を表現して、「かれは聖書を愛読し、雄弁術に秀で、戦技に長けていた」と書いている。そこには、西ゴートの俗人の教養を特徴づける宗教、学問、軍事の三領域が列挙されている。[62]しかし俗人の宗教的教養という古来の伝統も、さいごの時期を迎えている。これ以後、いぜんとして俗人の神学者が存続する東方に対して、西方では、俗人はほとんどの場合、かれらの無知あるいは聖職者のあからさまな反対から、宗教問題の学習から遠ざけられていったからである。

六世紀における俗人や聖職者のキリスト教的教養は、かれらが受けた古典教育を反映して、とくに文学的、修辞学的なものであった。六脚詩による聖書の改作は、東方と同じく西方においても成功を収め、六世紀においても続行されている。アフリカではドラコンティウスが、ガリアではヴィエンヌのアヴィトゥスが、旧約聖書の最初の数巻を詩文体に改作している。文法教師の生徒たちは、ユピテルのように雷光を轟かせる神、神々の使者イリスのようにノアに神意を伝える天使、婚姻の喜びにひたるアダムとエヴァを登場させるこれらの詩を読み、いかに楽しんだことか。このように、異教、キリスト教を取り混ぜた文学作品が、ふたつの教養を融和させていったのである。そこでは、最高の教科書であったヴェルギリウスの詩と並んで、キリスト教的叙事詩が重要な役割を果した。「詩人たちの虚言」の代わりに真理が語られ、しかも、福音書の粗野な言い方ではなくより詩的な言い回しが用いられた。六世紀中葉、すぐれた古典教養を身につけていた副助祭アラトルは、ビザンツ対ゴートの戦のさなかに「使徒言行録」を約二、〇〇〇行の六脚詩に改作した。この著作は大成功を収め、かれはサン・ピエール・オー・リアン教会で、聖職者や俗人の聴衆をまえに、四日間にわたって自作の詩を繰り返し読んで聞かせた。つまりローマにとって重大なこの時期に、ひとりのキリスト教徒のヴェルギリウスが、古代における「朗誦」(recitationes)の伝統を、これをさいごに繰り返したのであった。(63) 宗教詩や、古典の用語、形式に対するキリスト教教養人の好みは、たいていはヴェルギリウスを無意識的に借用した韻律による碑文となって、多くの教会の壁や墓石にも見られる。他方、教養人の司教たちは説教に雄弁術を取り入れたが、これは四世紀以降、伝統として確立され、信徒たちは、説教者の流麗な話し方に魅せられ、あたかも弁論教師の学校にいるかのように、拍手を送ることさえあった。(64)

このように、キリスト教徒の教養人は文体に気を取られ、形式のために内容を犠牲にし、アウグスティヌスが意図したような聖書学習による啓示の使信の探求はおろそかにされた。もともと西方には、三世紀のアレクサンドリアでオリゲネスが教えていたような、あるいは五世紀中葉以降ネストリウス派支配下のニシビスに開設されていたような、キリスト教的高等教育の学校はなかった。東ゴートの宰相カッシオドルスがローマに高等教育の中心を開設しようとしたのも、こうした学校を考えていたからである。かれが言うには、「わたしは、世俗の著述家をもてはやす講義がみごとに行われているのに対し、公の聖書講義が行われていないことに深い悲しみをおぼえた」(史料3)。かれは、教師を雇うための基金を集め、モンテ・カエリオに豊富な蔵書をもっていた教皇アガピトゥスを自分の計画に誘い込んだ。(65) しかし不測の事態が起こり、学校開設の計画は挫折した。五三五年、ビザンツのユスティニアヌス帝と東ゴートの間に戦端が開かれたからである。この「キリスト教大学」の構想は、実現こそされなかったものの、きわめて示唆に富んでいる。それは、俗学を基礎とする聖書教授の学校の必要性を立証しているからである。さらに強調しておきたいことは、こうした学校の開設を必要としたのは、世俗の学校が消滅したためではなかったということである。古代の学校はいぜんとして繁栄しており、そのことがカッシオドルスをして、これと比肩しうるキリスト教学校の創設を目指させたのであった。[66]

カッシオドルスは、その構想を全面的に放棄したわけではなかった。かれは、ビザンツによる再征服戦争のあと修道生活に入り、イタリア南部、北部において聖書学習の中心を徐々に組織しつつあった。このころ、人々は聖書学習の必要性をますます痛感し、ヴィヴァリウム修道院を創設して、年来の計画を実現させた。カッシオドルスも、ローマにあった蔵書の一部をカラブリアの父祖の家に移し、さらにアフリカにまで手を延ばして書籍を買い求め、写字生を集めて写本を筆写させ、蔵書を増やしている（史料27 a）。

カッシオドルスの蔵書については、いみじくも「参考図書目録」とも呼ばれるかれの『聖・俗学教範』（*Institutiones*）をとおして知ることができる。[67] かれは、第一巻の「聖学」（Institutiones divinae）の部において、聖書の各書のほか、かれが「案内人」と呼ぶ著述家たちの書――そのなかには、アウグスティヌスの『キリスト教の教え』も含まれている――のほか、ヒラリウス、キプリアヌス、アンブロシウス、ヒエロニムス、アウグスティヌスといった重要な聖書注解者たちの書をあげ、第二巻の「俗学」（Institutiones humanae）の部では、文法教師、修辞学教師、弁証学教師の著作のほか、算術、音楽、幾何学、天文学に関する著作をあげ、また歴史、地理、自然学の書について若干の指示を与えている。ヴィヴァリウムの修道者たちは、聖・俗の書籍を含む豊富な蔵書を自由に利用できる立場にあり、カトリック派注解者による聖書注解の規則と方法を身につけ、さらに自由学芸の知識をもとに宗教的教養を修得するよう求められていた。

カッシオドルスは、生涯さいごの日まで文法学習を推進していった。かれは、修道者たちにドナトゥスの文法書とその注解書を勧め、また、写字生が写本を正しく筆写しうるように、九三歳で『正書法』（*Orthographia*）を著した。かれによると、写字生は、つねに、古いしかもすぐれた写本に頼るべきであり、一方、写本に含まれるある程度の初歩的な誤りはためらうことなく校訂すべきである。しかし修道者たちは、聖書は文法教師の規則を墨守したものではないことも知っておくべきである。神のみことばは人間の規則に制約されることはない[68]。この点カッシオドルスは、大グレゴリウスその他の初期中世の教養人たちと同じく、教父たちの伝統を継承している。

カッシオドルスは五八三年ごろ世を去り、かれの事業は挫折した。かれの豊富な蔵書は、ラテランにあった教皇たちの図書室に移され、のち西方各地、イギリスにまで運ばれていった。かれは、永続的な教養の中心の開設には失敗したものの、かれの努力なしには消滅したはずの写本を筆写させ、その存続に大きく貢献した。ヴィヴァリウムの修道院は教養人たちに模範を示し、『聖・俗学教範』に示された学習課程はカロリング期の教養の中心において活用されることになる[69]。

カッシオドルスがカラブリアで生涯を終えつつあったころ、ローマの貴族グレゴリウスはモンテ・カエリオの生家を修道院に変え、修道者たちに聖学に専念するように勧めている。しかしこのふたりは、種々の点で異なっている。カッシオドルスは修道生活に入ったとはいえ、いぜんとして古典学者であったのに対し、グレゴリウスは神の直観に憧れる神秘家であった。〔大グレゴリウスの〕サン・タンドレ修道院では、学問は「詩編」の詠誦や聖務と同じく、宗教的活動の一部と見なされていた。またそこには、学問のある修道者だけでなく、「学問的な聖書注解よりも、涙と痛悔とをもって聖書を瞑想する」（*Dialogues* Ⅳ, 49）純朴な修道者もいた[70]。

しかし、古代ローマさいごの学校で教育されたグレゴリウスは、これまで言われてきたような古典教養の敵対者ではない。かれは、セビリャのレアンデルあての書簡において、「天来の神託のみことばをドナトゥスの規則に従わせることは、いかにも不遜なことであると思う」と書いているが、それはただ、教父たちの伝統に従ったまでである。また教皇座に就いてからのグレゴリウスは、ヴィエンヌのデシデリウスが文法を教授したとしてかれを非難したが、これも、司教に教師職を禁じる教会の伝統を取り上げているにすぎない（史料4）[71]。むしろ、かれが「外部の学問」と呼ぶ自由学芸は、キリスト教徒の知識人の助けとなりうる。グレゴリウスは『列王記注解』において、次のように述べている。「世俗の書に含まれている教養は、そのままでは聖なる人々の霊的戦さには役立たないが、聖書の理解を深めるのに有用であり、ここに自由学芸の唯一の目標がある。つまり自由学芸のもたらす教養のおかげで、われわれは神のみことばをいっそう正しく理解するようになる。悪魔は、ある人々が俗学の知識の欠如から、霊的事柄を微細にわたって究めることのないよう、俗学学習の意欲をかれらの心から奪う」(*In I Reg.* V, 84 : *CCL* 144, p. 471)。[72] グレゴリウス自身、聖書注解とりわけ『ヨブ記講解』において、学校での学習内容を利用し、〔学校における〕伝統的な古典注解の方法を用いている。つまり、一節ごとに注解をつけ、歴史的あるいは文学的説明のほか道徳的、寓意的説明を加えている。カッシオドルスは前者の説明に力点をおいたが、グレゴリウスはむしろ、道徳的、寓意的説明に関心をもっている。他方、グレゴリウスは神秘神学の豊かな内容を示してくれる。その説明は、アウグスティヌス、オリゲネスの著作をもとにしながらも、それ以上に、かれ自身の霊的体験にもとづいている。[73] つまり修道者の道を進むグレゴリウスは、聖書学習をとおして人々を最高の知恵に向かわせようとして、聖職者、修道者だけでなく、貴族の俗人たちに対しても(史料60)「あらゆる知識と教えにまさる」聖書の学習を訴えたのであった。

五九〇年教皇座に就いたグレゴリウスは、宗教的、世俗的用件に忙殺され、他の宗教的教養の中心を開設することはできなかった。[74] そのこともあって、七世紀のローマの聖職者、さらに教皇でさえ平凡な教養しかもたず、ビザンツの皇帝や総司教たちが唱える教義上の革新に対応することはできなかった。対抗するにしても、かれらは七世紀中葉の教皇マルティヌス一世がしたように、学識あるアフリカ人に頼らざるをえなかった。

実際アウグスティヌスのころから、アフリカの聖職者たちの宗教的教養の水準は高かった。かれらは、アリウス主義を奉ずるヴァンダル族と戦い、アフリカ再征服後のユスティニアヌスの宗教政策にも抵抗した。それから一世紀後のアフリカの修道者たちは、正統信仰の擁護に積極的に参加している。ビザンツの偉大な神学者マクシムス・コンフェッソールが、有名な討論のあと、ビザンツの総司教キルスに自説を撤回させローマと和解させたのも、カルタゴの修道院においてであった。アフリカの諸修道院の図書室には、多くの聖・俗の書籍が所蔵されていた。六世紀末、アフリカの修道者たちは修道院長ドナトゥスに率いられてスペインのバレンシアの近くに渡ったが、そのときかれらは大量の書籍を持ち込み、自分たちの修道院をアフリカのそれに比肩しうるような重要な学問の中心に仕立てた。こうしてかれらは、アリウス主義と戦うスペインの聖職者たちを援助することになる(75)。

レカレド王がカトリックに改宗するまで（五八七年）、スペインのカトリック派の司教たちは、宗教的知識のすべてを駆使して信仰の擁護に努めた。もとパレスティナの修道者であったブラガのマルティヌスは、異端者のスエビー族にカトリックの信仰を伝え、修道院を創設して教養の重要な中心にした。コンスタンティノープルに滞在し、そこでのちの教皇大グレゴリウスと友情を結んだセビリャのレアンデルは、レカレド王を改宗させ、王国の宗教的統一を可能にした。そのころ、カトリック教会は政治的、世俗的権力として組織され、宗教的教養も新たな発展を遂げている。教養ある聖職者たちは、長い戦乱の間忘れられていた古典教養に再び取り組み、レアンデルの弟セビリャのイシドルス、サラゴサの司教ブラウリオおよびその弟子たちは、四世紀の著述家たちを彷彿させるような、多様な著作を著した。かれらは、聖書注解者、神学者、モラリストであり、また詩人、書簡作成者、文法教師、音楽教師でもあった。こうして見ると、ゲルマン支配下の西方の教養史のなかで、「イシドルス時代」はいかにも恵まれた時期であったように思われる(76)。

教養あるスペインの司教たちはもと修道者で、セビリャ、トレド、メリダ、サラゴサといった大都市に近い大修道院で教育を受けている。セビリャのイシドルスは兄レアンデルの修道院の図書室で、最初の文学的、科学的知識を修得し、ブラウリオはサラゴサの修道院で、その兄弟の指導のもとに「俗学の学習」に取り組んだ。またトレドの司教は、ほとんど全員がアガリ修道院の出身者であった。これらのもと修道者は、いったん司教座に就くと、かつて修道院で経験したような知的条件を司教館にも創り出そうとした。セビリャの司教館の写字室に書かれていた詩文によると、この司教館には聖・俗の多数の書籍があったことがわかる。イシドルスの著作から推察して、セビリャの図書室ではヴェルギリウス、ホラティウス、オヴィディウス、ペルシウス、ルカヌス、スタティウス、マルティアリス、ルクレティウスなど、異教徒の詩人の書が優位を占め、散文家では、今は散逸してしまったラテン語の提要はもちろん、キケロ、サルスティウスのほか、セルヴィウス、クィンティリアヌス、マルティアヌス・カペラの書があった。(77)

こうした蔵書を利用してイシドルスは、初期中世においてもっとも愛読された『語源誌』を一〇年の歳月をかけて著した。この二〇巻からなる大著は、異教徒による百科全書に取って代わるはずのものであった。(78)最初の三巻は七自由学芸を取り扱い、第四巻は医学、第五巻は法学と年代記を取り扱い、次の三巻は聖なる学問にあてられている。つまり第六巻は教会の聖務日課について、第七巻は神と天使、教会の成員について、第八巻は教会、異端、諸宗教を取り扱っている。また第九巻は諸民族の言語、国、家族について、第一〇巻は名詞と形容詞について、第一一、一二巻は人間とその本性、人生のそれぞれの時期、そして動物について、第一三、一四巻は世界と地球、第一五巻は記念建造物、交流の手段、第一六巻は鉱物、第一七巻は農事と植物、第一八巻は戦争、競技、演劇、円形劇場での闘技、さいころ遊び、第一九巻は海運、建設業、衣服、そしてさいごの第二〇巻は料理、食料、家政術、農機具について説明する。

カッシオドルスが古代の写本の保存に努めたように、イシドルスも学習可能な一部の世俗の学問を保存し、キリスト教的学問に役立てた。かれは、知的水準でははるかに劣るとはいえ、アウグスティヌスの学問の伝統を受け継いでいる。イシドルスがキリスト教的教養に大きく寄与した点と言えば、『語源誌』のほか、固有名詞、聖書の地名、数意学、教会の諸制度、歴史、自然学などに関する種々の知識を集め、実用的な提要を編纂したことである。こうしてスペインでは古代教養の伝統が継承され、当時の人々は、イシドルスのなかに古代教養の再発見者を見る思いがした。それは錯覚であったが、しかしイシドルスが中世の教養に大きく寄与したことはたしかである。(79)

イシドルスによる教養の再生はたしかにごく狭いサークル内のことではあったが、かれの死後（六三六年）も継続された。サラゴサやトレドでは、エウゲニウス、タイオ、ユリアヌスといった司教たちが、やはり異教、キリスト教双方の学問を学んでいる。ただかれらが多用したのは教父たちの著作よりも古典が多く、またかれらが残してくれた聖書注解、神学に関する多くの著作は独創性に欠けている。スペインの聖職者たちは大グレゴリウスに非常な敬意を払ったが、それは、この偉大な教皇の文体に古代の要素が色濃く残存するのを認め、また自分たちの手に負えないかれの聖学に感服したからであった。かれらは、もはや独創的な作品を生み出しえない古代の伝統を墨守することによって、精密かつ個性的な聖書学習を基礎とする、宗教的教養の開花をおくらせたと言える。さらにこれら西ゴートの教養人たちは、自分たちの教養の高さに慢心し、その学習者はごく少数であったことに気づいていない。一方、若干の聖職者は、発展性のないように見える人文主義的教養に背を向けた[80]。こうしてブラガのフルクトゥオスス（六六七年没）、ビエルツォのヴァレリウス（六九五年没）は、六世紀初頭以降、厳格主義の修道者たちが大半の聖職者、修道者に押し付けた、もっぱら宗教中心の禁欲的な教養を取り入れている。

五　新たなキリスト教的教養の模索

古典教養への敵対は、すでに古代末期の修道者の間にも見られたが、五世紀になると、これに加担するものが漸増していった。古代の学校が衰退し消滅していくとともに学問もまた衰微し、何人かの貴族だけがその恩恵に浴するころになると、古典教養とキリスト教的教養とが両立しえないことがいっそう鮮明になっていく。厳格主義に徹する人々は学問の外見だけに気をとられ、古典教養のもつ利点は世俗的なものであれ宗教的なものであれ、これを理解することはできず、むしろ古典教養に含まれる異教的要素と、あまりに複雑かつ技巧的な文体とを非難した。かれらによると、異教の詩人たちの作品は、読む人の官能的欲望をかきたてる以外になんの益もなく、哲学者たちの所説は頭の弱い人々を欺き、謬説を引き起こすだけである。また、司教たちが説教を飾り立てる修辞学の技法は、話の内容を理解不可能なものにしてしまう。しかし、教会が徐々に民衆の宗教教育に乗り出していくこの時期にこそ、簡潔な文体を用いて書き、話すことが必要であった。「福音は罪人に向けて述べられたもので、修辞学教師に向けられたものではない」という古くからの命題は、まさにこの時代にあてはまるものであった。(81)

厳格主義者たちに言わせれば、古典教養とキリスト教的教養との妥協はありえない。自分の知能を神のために役立てようと思うものは、まず古典文学を放棄しなければならない。ミューズの神々の祭儀と、キリスト教の神の祭儀の双方でいけにえを捧げることは許されない。修道生活を目指すものがまずなすべきことは、「回心する」こと、つまり家族、財産、職業といった世俗とのかかわりを一切放棄し、世俗の知恵を締め出すことである。古典教養は世俗の知恵の一要素であり、他の一切の世俗的要素とともに犠牲にしなければならない。ガロ・ロマンの修道者カエサリウスとイタリアの修道者ベネディクトは、ほぼ同じ時期に、こうした態度をとっている。レランスの修道者であったカエサリウスは、偶然やってきたアルルの町で、文法教師ポメリウスの教えを受けるよう友人たちに勧められたが、これを拒んだ。一方ヌルシアのベネディクトは、かれの伝記作者大グレゴリウスによると、五〇〇年ごろローマの学校で学問をはじめたが、そこから逃げ出した。「かれは、世俗の入り口に足を踏み入れただけでそこを立ち去り、文学の学習には目もくれず、父親の家と財産を放棄し、神だけによみせられるよう修道者になろうとした」。のち有名になった大グレゴリウスの表現をかりると、その時のベネディクトは「知識をもちながら無知なものになり、知恵をもちながら愚かなものになった」(scienter nesciens et sapienter indoctus)。しかしこの「知ある無知」は、後述するように、一切の教養の否定を意味するものではない。西方の修道者たちはいつも、聖書の学習に必要な最小限のものを修得しようとしたからである。

修道者たちの影響は大きく、聖職者でもまず司教たちが、世俗的教養とキリスト教的教養とが両立しえないことを意識しはじめた。たしかに教会は、司教に対し異教徒の著作を読むのを禁じていたが、この古くからの規定はほとんど守られていなかった。ところが、五世紀末になって『古代教会規定』(*Statuta Ecclesiae Antiquae*) の編纂者は、再び、司教に対し異教徒の著作を読むのを全面的に控えるように命じた[82]。なおこの読書の禁止は、他の多くの禁止事項と併記されている。つまり他の条項において、司教は、贅沢な食事、婦人との交際、華美な服装など、一切の俗世間的なものを禁じられている。大部分の司教は貴族階級の出身者で、司教就任まで送ってきた大土地所有者あるいは上級役人としての華麗な生活を、司教就任後も続けがちであった。そのため教会は、司教叙階前に一年の試験期間をおくことを定めた。その間、候補者は「生活態度を改め」(conversio morum)、知的回心を遂げ、世俗の教養、少なくとも以前の知的習慣を放棄しなければならなかったのである。

上級位階の助祭とくに司祭も、聖職に入った以上、世俗を放棄しなければならなかった。宗教会議は、聖職者が世俗と妥協し俗人と同じような活動、気晴らしに走り、同じような欠点に陥っているとしてかれらを非難している。しかし特別な宗教教育も受けず、俗人からすぐに聖職者にあげられたかれらにして見れば、これ以外の態度をとることができたであろうか。聖職者になるものは家庭で初歩教育を受けたあと、ある教会付きの聖職者になり、読師、歌唱師、書記として働き、司教から受けたのは専門教育だけであった。

教養と品位とを兼ね備えた聖職者を得るためには、若い修道者が修道院で受けるような、充実した宗教的教養を保証する専門教育が必要であり、そのための措置として、六世紀初頭、修道院学校とは別に司教学校、司祭学校が誕生した。

修道制は、当初から独創的な教育の課程をもたざるをえなかった。世俗の教養や生活習慣を身につけたまま修道院に入る人々を、全面的に造り変える必要があったからである。祈り、典礼、読書、肉体労働といった修道院の種々の活動も、それを目指していた。修道院の規律も、それ自体が目的ではなく、完徳にいたるための手段にすぎなかった。修道院はまた、広義の学校でもあった。修道者はそこで、禁欲という実践的知識を修め、それをもって観想という理論的知識に到達するのであった。東方の修道院長たちと同じく六世紀初頭の西方の修道者たちにとっても、修道院は、世俗の教養など比較にならない霊的教養を修得するための学校であった。ベネディクトは会則の序文において、「主に奉仕するための学校」(dominici scola servitii) を設置したい、と述べているが[83]、おそらくかれはこの学校を、若いころ逃げ出した〔世俗の〕学校と意識的に対比させている。この学校では、修道院長は父親であり教師である。ベネディクトも、「子よ、師の教えを聞き、心の耳を傾けよ」と、弟子たちに語りかけている。

古代の学校教育の基本教科は自由学芸であったが、修道者が用いた教科書は聖書だけで、それにはすべての学問が含まれるとされていた。重大な影響力をもった三世紀の『使徒の教え』(*Didascalia Apostolica*) が指摘しているように、詩を好むものは「詩編」を読み、自然学に関心をもつものは「創世記」のなかに満足すべきものを見出し、歴史家は旧約聖書の年代記を利用できる。修道者は、明らかに異端の源となった古代の哲学を学ぶよりも、福音書や書簡の意味を究めるべきであるというのである[84]。

修道会則の起草者たちは、修道者に神のみことばを教え込むため、なによりもまず「詩編」の詠唱を命じた。読み方を知らない修道者は、詩編集からそれを学ばなければならない。「名実ともに修道者たらんと欲するものは、非識字者であってはならず、すべての「詩編」を暗記しなければならない」(*PL* 66, 957)(史料6)。修道者は、いったん「詩編」を完全に暗記したあと、砂漠の禁欲者たちがしたように、日夜、聖なることばを「反芻する」のであった。「詩編」はまさに、神の奉仕者にとって武器である。「「詩編」に通じているものは、敵を恐れることはない (Caesarius, *Sermo* 238)。

修道者は詩編集を暗記し、共同の朗読を聞くほかに、個人的読書にも励まなければならない。現代のわれわれにはありきたりのこの方法も、当時は相当の努力を要し、おそらく教養人にとっても同様であった。当時の教養人は、人を使って読ませるかあるいは自分で音読していた。修道者は、修道院の静寂な雰囲気を保つため黙読 (lectio tacita) の習慣をつけなければならなかったが、こうした読み方は、まさに読書術の一大改革であったようである。たしかに、多くの修道者にとって読書はひとつの難行であったらしく、修道会則では、それを怠るものあるいは雑談に耽るものには罰則が決められている。修道者は、贖罪の時期である四旬節の始めに一冊の本を渡され、それを「全部」(in extenso) この期間中に読み終わらなければならない。それは、聖書や聖務日課の抜粋であったり、あるいは東方の聖人たちの伝記や殉教録であった。したがって、「聖なる書の読書」(lectio divina) は、知的学習である以上に霊的修業であった。[85] 六世紀の修道院や、これまでしばしば宗教的学問の中心と見なされてきたレランスの修道院においても、アウグスティヌスが目指したような「キリスト教的学問」のための組織はなく、[86] 東方修道制の原理を西方に伝えた修道者カッシアヌスが言うように、聖書の意味を把握するためには、「学問よりも心の純潔さが望ましい」とされていた。謙遜、従順、愛徳は、真の「読書」(lectio) のため、さらに神を観想する「瞑想」(meditatio) にいたるための根本条件である。読む、瞑想するということは、理解すること以上に「味わう」ことを意味し、したがって、修道者の宗教的教養の出発点は、もっぱら禁欲的なものであった。聖職者の模範として提示されたのは、まさにこのような教養である。

修道者の司教職への任用は六世紀にはひんぱんに行われたが、かれらは司教就任後も以前の生活習慣を続け、ともに働く聖職者たちに対しても、修道生活をまねて共同生活を営み、祈りと学習に励むように勧めた。もとレランスの修道者であったアルルの司教カエサリウスは、聖職者に対し自分と生活をともにし、司教座教会で斉唱される三時課、六時課、九時課の聖務に参加するように求めた。かれはまた、聖職者が個人的に聖書を読み、食事中の朗読に耳を傾け、夕方にはそれらについて報告するようにさせ、助祭を目指す聖職者には、旧・新約聖書を少なくとも四回、順を追って通読することを義務づけた。こうして見ると、六世紀初頭のアルルには司教学校があり、聖職者はそこで、専門教育だけでなく知的、道徳的教育を受けている。

やや遅れてスペインでは、こうした制度が正式に発足している。五二七年、トレドの宗教会議に集まった司教たちは、親が聖職を希望して捧げる年少の子どもたちを受け入れ、剃髪したあと、「教会の家」(domus ecclesiae) に住まわせることにした。子どもたちは、そこで、司教の監督のもとに担当の教師から教育を受け、一八歳ごろになると、結婚生活か上級位階のいずれかを選ぶことができた(*PL* 84, 335)。

こうした司教学校は、六、七世紀の間に普及していった。[87] 司教は自ら聖職者たちの教育にあたることができない場合、助祭長(archidiaconus)にこの仕事を託した。若者たちは聖なる書の読み方、「詩編」や聖歌の歌い方を学び、また司教の事務所に入り、書記の仕事をすることもあった。司祭職を希望するものは、秘跡の授け方も学んだ。スペインでは、司祭は叙階の際に小本を手渡されたが、それは、「かれが無知のために聖なる秘跡を損なうことのないように」するためであった。その内容は、『司教定式書』(*Ordo episcopalis*)の要約で、司祭は、この提要を決して手放してはならなかった。若い聖職者たちは、純粋に専門的な教育のほかに「聖なる学問」の手ほどきも受け、聖書、殉教録、聖人伝の読書を義務づけられた。しかし世俗の学問は、司教学校の教育内容からまったく除外されていた。トゥールのグレゴリウスはクレルモンの司教であった叔父から教育を受けたが、文法や古典を学ぶことはできず、かれは一度ならずこれを後悔している。したがって、西ゴートの教会に栄誉をもたらした教養ある司教たちは、司教学校ではなく、学問の中心つまり先にあげたような(本書二七頁参照)大修道院において学問を修めたのであった。

司教学校を終えた聖職者は、普通、教育を与えた司教のもとで一生涯、奉仕した。一方、教会が田舎の福音伝道に乗り出してくると、新たな小教区を設置し、そこで働く教養ある聖職者の確保が必要になり、こうして、司祭の家における聖職者の教育が案出されていった。アルルのカエサリウスは、以前からイタリアで行われていたことをまね、五二九年のヴェゾンの宗教会議において、小教区の司祭はそれぞれ自分の家に読師を集め、詩編集、聖なる書、神の掟を教えるよう決議させた(史料5)。司祭たちは、当初、聖職者の教育だけに専念していたが、間もなく、世俗に戻るはずの子どもたちも受け入れていった。つまり、中世の田舎の学校の誕生である。たしかに、この学校がいたるところに普及したと考えるのは誤りである。その数はまだわずかで、生徒も少なかった。あるところでは隠遁者が、あるところでは司祭が何人かの子どもを預かり、読み方、歌い方、そしておそらく書き方も教えていた。教師は、知的教育と同時に道徳教育にも努め、徳の励行を勧めた。キリスト教学校における教師は、教師であると同時に霊父の役割を果したのである。[88]

司教は司牧巡回の折、子どもたちの教育の成果を確かめ、聖職位階にふさわしいものにはそれを約束した。しかし聖職叙階のための基準は低く、しかも低下する一方であった。アルルのカエサリウスは、助祭になるものには聖書を四回通読するように求めたが、六世紀中葉のある司教は、詩編集の暗記だけを要求している(*Vita Gauserici* : *SRM* Ⅲ, 652)。このように、聖職者の知的教養が衰退の一途をたどりつつあったとき、イギリスの島々から修道者たちが渡来し、宗教的教養の再生をもたらしたのである。

六　イギリスの島々におけるキリスト教学校の始まり

ケルト族の世界

五世紀初頭、ローマ人が放棄した「ローマ風」のブリタニアでも、アングル、ジュート、サクソンといった異教徒の諸部族が侵入し、残存していたローマ文化の痕跡は徐々に消滅しつつあった。しかしキリスト教徒のケルト族はコーンウォール、キュンバーランド、ウェールズに踏み止どまり、さらに、「ローマ風」の圏外にあったアイルランドをキリスト教に引き入れた。[89] ケルト人、ブルトン人、アイルランド人の地方では、今日なおほとんど不明な状況のもとで隠遁所や男女の修道院が建設され、それはすぐに熱心な宗教生活の中心になっていった。ただかれらは、大陸から孤立して外部との交流もなく、独自の伝統と典礼とを保持していた。

ケルトの修道院の教養も主として宗教的なもので、大陸のそれと異なる点は、修道者たちがラテン語を新規に学ばなければならなかったということである。典礼の挙行、聖書の読書に不可欠なラテン語は、かれらにとって外国語であった。ラテン語の学習は、異民族の侵入以前あるいは五世紀にイギリスに持ち込まれた聖書や、教父たちの著作をもとに、[90] さらに、六世紀にアイルランドから取り入れられ修道者用に改作された文法教師の著作、ドナトゥスの文法提要を用いて行われた。六世紀末になると、[91] ケルト人は徐々にラテン語に通じるようになったが、しかし古典はまったくもたず、ヴェルギリウス、テレンティウス、セネカの引用も、文法書にある例文をもとに学習したにすぎない。イギリスの島々のラテン語は、五五〇年ごろのウェールズ人ギルダスや、[92] かれより一世代あとのアイルランド人コルンバヌスの著作をとおして知られるが、[93] それは文法的には正確で、文体にはマニエリスムが認められる。このマニエリスムは、古代末期の著述家とくに母国語を用いて作詩した詩人たちの複雑な用語法に影響されたもので、初期中世文学の特異な作品のひとつである『イスペリカ・ファミナ』（*Hisperica famina* 七世紀中葉）において頂点に達する。[94]

このころ、スコット〔アイルランド〕人の修道者たちは、大陸とくにスペインから聖・俗の著作を受け入れ、[95] イシドルスの著作の一部は、ガリアより先にアイルランドで知られていた。またアイルランドの修道院では、最近その重要性が注目されてきた[96] 一連の聖書注解書のほか、教会法に関する著作、新しい個人的贖罪法を伝える贖罪規定書（pénitentiel）が著されている。[97] さらに話を進めて、このころすでに写字生は、アイルランドに栄光あらしめたあの芸術に取り組んでいたと言えるだろうか。それについては、『カタック』（*Cathack*）のほかはなにも伝わっていない。[98]

アイルランドの教養は、復活祭算定法の学習にも及んでいる。ケルト人は、長いこと他のキリスト教世界から孤立し、アキテーヌのヴィクトリウスの暦年に従って復活祭の日を算定していたが、ローマ教会は六世紀初頭、小ディオニシウスの算定法を取り入れていた。[99] ケルト人は、「ローマ式に従う人々」と交流していくなかで自分たちの方法の正当化に努め、それは果てしない論争を惹起し、いくつかの著述を促した。七世紀初頭、イギリスの福音伝道に活躍したスコット、ローマ双方の修道者たちが重大な衝突を引き起こしたのも、実はこの問題をめぐってであった。

イギリス

六世紀末、教皇大グレゴリウスは、アングロ・サクソン伝道のため、モンテ・カエリオの修道院から修道院長アウグスティヌスをかしらとする一団の修道者を送った。かれらはケント王を改宗させたあと、カンタベリーに居を定め、ローマにいたころと同じく聖書学習、典礼生活に励み、最初のアングロ・サクソン人の弟子たちにも聖書を学ばせた。またローマ式の聖歌も教えたが、のちイギリスの聖職者たちはこれを「グレゴリオ聖歌」と呼ぶようになった。(100) カンタベリーの宗教的教養は、カトリックを受け入れつつあったイギリス南部の他の王国にも徐々に普及していった。司教学校、修道院学校も、ロンドン、ロチェスター、ダンウィッチ、ドーチェスターに開設されたが、それはまださやかなもので、厳密な意味での宗教的学問の中心というよりむしろ福音伝道の拠点であった。歴代の教皇は書籍を送って新興の教会を援助し続けたが、イギリスはローマから余りに遠く、アングロ・サクソンの聖職者たちはしばしば自力に頼らざるをえなかった。

一方イギリス北部に目を移すと、大グレゴリウスはヨークの首都司教座を再興するため、ここにも宣教師団を送ったが、かれらは異教の復興に押され、六三三年ごろ撤退せざるをえなかった。イギリスでの福音伝道に乗り出していたアイルランド人にとり、この失敗はまたとない好機となった。ケルト人のもとで教育されたオズワルド王は、アイオナの大修道院からアイダンを王国に招聘し、司教かつ修道院長としてリンディスファーンの島に任命した。以後この島は宗教的教養の重要な中心となり、尊者ベダによると、ここでは修道者、聖職者だけでなく俗人も聖書を学習し、詩編集を学んでいた。アイダンの死後（六五一年）、弟子たちはマーシアや北海沿岸に宗教的教養の中心を開設し、なかでも有名であったのがウィトビーの修道院である。これは男女ふたつの修道院で、女子修道院長ヒルダが創設し、指導にあたっていた。これらの修道院はアイルランドと直接に交流し、ケルト式の復活祭算定法を用いていた。(101)

七世紀中葉になると、「ローマ人」は再びイギリス北部の伝道に取り掛かり、典礼問題をめぐってイタリア人、アイルランド人、フランク人が対決することになる。そこで、北部のアングロ・サクソン人は海の彼方に目を向け、ローマへの道を取りはじめた。その旅行者のうちもっとも有名な人物がウィルフリドである。(102) かれはリンディスファーンで「詩編」を暗記し、その他の多くの書を読んだが、そうした教育内容に満足できなかった。かれは、典礼をめぐるケルト人とローマ人との対立を気にすることもなく、カンタベリーに移って学び、その後六五三年ごろ、もうひとりのアングロ・サクソン人ビスコプ・バドゥシング——のちのベネディクト・ビスコプ——とともに、意を決してローマに旅立った（史料９）。ウィルフリドが「永遠の都」でなにを見出したのか、それは後述するとして、とりあえず、事実とその結果だけに注目しよう。ローマから戻ったウィルフリドは、六六四年のウィトビーの宗教会議に列席し、復活祭の算定法をめぐる討議に参加した。かれは反対者を説き伏せ、少なくともイギリス北部におけるケルト人との対立に終止符を打たせた。(103) こうして、ノーサンブリアは漸次ローマの文化圏に入り、イギリスにおける宗教的教養は新たな時代を迎えることになる。

大陸において

アイルランドの修道者たちがイギリス北部の伝道に取り組んでいる間に、かれらの何人かはガリア、イタリアにおける宗教的教養の復興に尽くしている。五九〇年ごろ、バンゴールの修道者コルンバヌスと一二名の仲間は、ブルゴーニュ奥地の静寂な森林地帯に位置するリュクスイユに移住した。大陸に渡ったケルト人はかれらが最初ではない。それ以前に、イギリスの修道者たちはアルモリカ地方に修道院を創設していた。しかし、聖サムソン、聖マロ、聖ゲノレの弟子たちは自分たちの半島に閉じこもり、外部との接触はもたなかった。(104) これに対しコルンバヌスは、移住当初から、禁欲生活に憧れる若者たちをひきつけ、ガリアを旅する間に多くのものを修道生活に引き込んだ。かれは新参のために会則を書いたが、そこでかれは学問についてはごくわずかしかふれず、しかも肉体労働より知的仕事を好む修道者を非難している。(105) 会則の何行かは修道院学校に言及しているが、それでも詩編集の学習や毎日の読書を暗示するのは一箇所にすぎない。コルンバヌスの言う「文学の楽しみ」(delectatio litterarum) つまり聖書の学習は、魂の葛藤を解決し、肉的欲望に打ち勝つための手段にすぎない。コルンバヌス自身その模範を示し、伝記作者ヨナスによると、かれは決して聖書を手放さなかった。コルンバヌスは禁欲、祈り、聖書の読書を強調し、当時の人々の宗教的意識を急速に高めていった。当初、聖職者とくに司教たちは、かなりの「はみ出しもの」に見えるこの異国人を警戒したが、メロヴィングの宮廷に近い何人かの男女の貴族は、とりわけ厳格なかれの修道生活に魅了され、その結果、ガリア北部に多くの修道院が創設されていった[106]。コルンバヌスは長い間、ガリア、ライン河谷地方を遍歴したあと、イタリア北部のボッビオに居を定め、まもなく世を去った（六一四年）。このボッビオの修道院は、のち西方における修道生活の重要な中心のひとつになるのであるが、当初は、きわめてささやかなものであった。コルンバヌスの後を継いだ修道院長たちは、アリウス派のロンゴバルトをカトリックに改宗させようと努め、またボッビオの図書室に所蔵されていたのは、福音書、〔聖書のなかの〕書簡、教父たちの聖書注解書、宗教会議議事録、大グレゴリウスの著作というように、主として宗教関係の書であった。しかもこれらの写本は、ほとんどがパリンプセスツス写本で、異教徒やアリウス派の著作を消したあとに書かれたものである。つまりボッビオはまだ、宗教的学問の中心にすぎなかったということである[107]。

七世紀中葉、ボッビオの修道院は、イギリス、フランス経由でアイルランドとイタリアを結ぶ中継点となり、ローマ巡礼に赴く旅人たちの宿駅になった。さらにこの修道院は、教皇座の影響のもとにベネディクトの会則を採用し、コルンバヌスが創設したガリアの諸修道院にこれを広めた[108]。ところで、ベネディクトの会則の普及は、西方の教養史にとって重要な意味をもっている。生国を離れたアイルランドの修道者たちにとりケルトの会則に従って生きることは困難で、他方ベネディクトの会則は、形式、節度、慎重さ（discretio）から、成功の可能性がきわめて高いように思われた。たしかにアイルランド人の手になる修道制は、ベネディクトの会則を導入することによってはじめて、永続することを保証されたのである。さらに教養の点でベネディクトの会則は、とくに異教徒への福音伝道や荒野の開拓に取り組む修道者たちに対し、聖なる学問の重要性を意識させた。学問についてごく控え目なコルンバヌスの会則と、ブザンソンのドナトゥスやリュクスイユのワルデベルトの会則とを比較してもらいたい。後者は、個人また共同での読書の時間を明確に規定し、子どもたちの教育を命じ、会則の一章全体を子どもの教育にあてている（*PL* 87, 273；88, 1053）。このように、イギリスの島々の霊性とベネディクトの宗教的教養とが融合することにより、西方の修道制は目を見張るほどの発展を遂げていくのである。

このころになると、古代の学校はもはや存在せず、長い間学問を愛好してきた貴族たちも、文学よりも戦さに専念するようになっていく。またイタリア、アフリカ、スペインで学問の中心であった修道院も、イタリアへのロンゴバルトの侵入、アフリカ、スペインへのイスラムの侵攻によって潰滅する（七世紀中葉から八世紀初頭）。教養は何人かの聖職者、修道者の独占するところとなり、しかもそれは聖書学習、典礼、聖務の挙行に限られていた。しかし、種々の打開策、間断なき試み、古代の著作を存続せしめた写字生たちの苦労、それらは無駄ではなかった。西方が政治的混乱を脱し、数世紀にわたって維持されるはずの形態を整えるとき、新たなキリスト教的教養が最初の開花期を迎えるのである。

第I部　カロリング・ルネッサンス期の学校（八世紀―九世紀）

「カロリング・ルネッサンス」(Renaissance carolingienne)という表現は、普通、八、九世紀における教養の開花を示すために用いられるが、近年になって多くの論議の的になった。ある人々によれば、それはとくに、宗教的要素の再生を指す。つまり教会から聖別されて王座に就いた歴代の王は、キリスト教的国家を目指して教会改革に取り組み、全土で同一の典礼を施行させ、すべての臣下に教会の掟を守らせ、宗教生活の刷新に努めたのであった。一方、他の人々によると、この表現は、予想以上の絢爛たる芸術の発展を意味する。それは、約一〇箇所の司教座教会の新設、何百という修道院の創設、貴金属細工師や象牙細工師、とくに、写本にみごとな細密画を描いた芸術家たちの活動となって現れた。さらにあるものは、「ルネッサンス」という表現を、古代の著作の再発見とそれに伴う知性の目覚め、新たなヒューマニズムの出現に当てようとする。

アンペール(J. J. Ampère)が、一八三九年に刊行した『一二世紀以前のフランス文学史』(*Histoire littéraire de la France avant le* XIIᵉ *siècle*)において「カロリング・ルネッサンス」という表現を用いたのも、さいごの意味においてであった。かれは、そこで、学芸復興の立役者であったカール大帝の業績をたたえ、それ以前の西方の人々は暗黒のなかをさ迷いつつあったことを示そうとした。かれは、こうした考えを植え付けることに成功し、人々はほぼ一世紀この方、学問の再興はカール大帝の統治に始まると考えてきた。

しかし、これほど広範な文化運動が、わずか数年の間に、突如として起こりうるはずはない。カール大帝やその後継者たちの功績を減ずるつもりはないが、後述するように、かれらは学芸復興の立役者であったとはいえ、この復興はすでに七世紀末から、イタリア、イギリスの島々、生彩を欠いたメロヴィング末期のガリア、さらにキリスト教を受け入れつつあったゲルマニアにおいて始まっていたことを思い起こすべきであろう。

第一章　カロリング・ルネッサンスの先触れ（七世紀末―八世紀中葉）

一　教養をめぐる新たな状況

七世紀末、西方における生活の中心は、地中海地方から北方に移っていく。アラビア人の侵攻により、北アフリカ、次いでスペインの大部分はキリスト教世界から切り離され、一方ゲルマン支配下のヨーロッパでは、イギリスがキリスト教集団に加入することにより、北地中海世界が実現されることになった。北海沿岸と英仏海峡沿岸との間には、永続的な形で交易が行われ、(1)また七〇〇年ごろにはいたるところで教養の復興が見られた。(2)イギリスの島々、ガリア、イタリアで、彫刻家や、写本を筆写する写字生、それを装飾する画師が活躍しはじめるのはこのころである。イタリアを目指すアングロ・サクソン人やアイルランド人はガリアを経由し、また、より多くのものがガリア北部に定住した。こうした旅や交易が学芸の復興をもたらさないはずはない。一地方の富は他の地方を豊かにした。七一一年、スペインはアラビア人に征服され、多くの難民がイベリア半島北部のみならずピレネー以北にまで殺到した。聖職者や修道者は写本を持ち込み、それまでスペイン内部に秘蔵されていた文化を紹介した。修道者の世界では、伝道と開拓に専念した世代に代わって、裕福な教養人の修道者が現れた。修道院都市は物的富を蓄えることによって写字室や図書室を次々に開設し、修道者の仕事も専門化され、あるものは肉体労働から解放され全面的に知的活動に専念するようになった。

西方における教養の復興に寄与したのは、フランクとロンゴバルトというふたつの俗権と、教皇の宗教的権力であった。

ガリアでは、貴族階層のピピン一族の活動のおかげでメロヴィング王国はやっと分裂を免れ、大土地所有者で、司教や修道院長たちと親交のあったアウストラシアの宮宰たちが、王国の再統一を成し遂げた。ヘルスタルのピピンは、テルトリの勝利（六八七年）後、アウストラシア、ネウストリアの宮宰職を一手に収めた。かれはまた、一時的ではあったがフリースラントを征服し、アラマン族、ババリア人に対して覇権を確立し、ゲルマニアにおけるアングロ・サクソン人のカトリック伝道を援助した。かれの死（七一四年）後、カール・マルテルとも呼ばれたその子カールは、父王の事業を推進し、君主としての地位を固めていった。かれが、フランク王国の知的復興においていかなる役割を果したかについては、後述する。カールは七三二年、ポアティエの戦でアラビア人の侵攻を阻止して威信を高め、教皇グレゴリウス二世は、イタリアのロンゴバルトに対抗するためかれの援助を求めたほどである。[3]

イタリア北部では、ロンゴバルトの権勢は絶頂期にあった。王たちはカトリックに改宗し、首都パヴィアを政治、学芸の中心に仕上げた。そこはまた、アングロ・サクソン人、ローマ人、東方人の出会いの場でもあった。クニンクペルト王（六八八—七〇〇年）は、ステファヌスという人物に命じて奉祝の詩を作らせている（*PAC* Ⅳ, p. 781）。[4] つまりイタリア北部において宮廷詩人が復活したというわけである。パウルス・ディアコヌスによると（*Hist. Longob.* Ⅵ, 7）、同じころ助祭フェリクスはパヴィアで文法を教えていたが、王はかれを高く評価し、金銀で装飾した杖——教師の権能を象徴する——をかれに贈っている。フェリクスはまた自分の甥［フラヴィアヌス］を教育したが、この甥はのち「カロリング・ルネッサンス」の立役者のひとりパウルス・ディアコヌスの教師になっている。そしてこのパウルス・ディアコヌスは、パヴィアの司教座教会が文学学習の中心であったことを教えてくれる。かれによると、この教会では、「自由学芸を学んだ」（*Ibid.* Ⅴ, 38）司教ダミアヌスを中心に、教養ある助祭たちが活躍し、かつてはカロリング期のものとされたが、実は八世紀初頭の作である一連の碑文を書いたのもかれららしい。[5]

ロンゴバルトの王でもとくに偉大であったリウトプランド（在位七一三—四四年）は、教養ある聖職者たちをパヴィアに集めて寵遇した。王はかれらに命じて、韻文による碑文をもって新設した教会を装飾させ、先任者ロタールが手がけたロンゴバルト法典の編纂を継続させた。(6) 王はまた、六世紀にサルデーニャに移送されていたアウグスティヌスの聖遺骸がアラビア人の手に渡るのをおそれ、パヴィアのサン・ピエール・デュ・シエル・ドール教会に移送させた。ややおくれて、ボエティウスの遺骸もこの教会に運ばれ、こうして、古代末期の二大思想家がロンゴバルトの教会で相会することになった。なおアウグスティヌスの聖遺骸とともに、サルデーニャに疎開されていたアフリカやスペインの写本も、イタリアに搬入されたようである。(7)

ロンゴバルトとフランクの宮廷は、親密な関係にあった。七三五年、カール・マルテルはその子ピピンをロンゴバルト王〔リウトプランド〕のもとに送り、「養子にしてくれるよう」依頼している。こうしてピピンは、パヴィアに第一回目の逗留をすることになった。かれはそこで、詩人、文法教師、医者、建築家と交わり、教養を大いに深め、またロンゴバルト王国の円滑な行政にもふれ、多くのことを学んだ。実際、ロンゴバルト王に関する史料や王の尚書局から出された文書によると、ロンゴバルトの君主や公たちはローマ風の文書管理方式をとっていたことがわかる。

フリウルやベネヴェントにいたロンゴバルトの公たちもまた、自分たちの館を芸術と学問の中心にしようとした。七二〇年から七二五年の間に貴族の家庭に生まれたパウルス・ディアコヌスは、若いころフリウルのチヴィダーレで過ごし、のちパヴィアで文法教師フラヴィアヌスの指導のもとに学業を続けた。(8) その後かれは、七五八年ベネヴェントの公に任命された同郷人のアリキスと行動をともにし、アリキスが建てさせた教会や館の壁に碑文を書いて、これを飾った。一方アリキスも「知恵」を熱心に探求し、むすこに文法、法学、宗教を教え、妻のアデルペルガは詩、哲学、歴史を好み、パウルス・ディアコヌスに対し、エウトロピウスの著作をもとにローマ史を編纂するよう依頼している。(9)

八世紀前半、ロンゴバルトの君主たちはイタリア全土の支配を狙い、ユスティニアヌスの再征服以来ビザンツの権力下にあった地方を手に入れようとした。一方ロンゴバルトとビザンツの間には、教皇という宗教的権力が控えていた。七世紀の教皇たちはビザンツの権勢下に立たされ、その威信を傷つけられたが、七世紀末になると、徐々にビザンツの庇護を離れて世俗的権力を回復し、ビザンツの役人の暴政からイタリア人を守った。

六五三年、教皇マルティヌス一世はビザンツ皇帝の命令により東方に連行されたが、六九二年、教皇セルギウス一世はローマとラヴェンナの軍隊のおかげで、同じような悲劇に遭わずにすんだ。また、皇帝レオ・イサウリアヌスが聖画像破壊政策をイタリアに及ぼそうとしたとき（七二六年）、歴代の教皇は、イタリアの民衆に支えられてこれと戦った。[10] また知的な面でも、当時の教皇は七世紀の先任者たちにまさっていた。大部分のものは、シチリアあるいは東方の出身者で、ギリシアの教養を重視し、こうして八世紀初頭ラテラン〔教皇座〕では、ヘレニズムが息を吹き返した。レオ二世（六八三年没）は、聖書、歌唱、雄弁術、さらにギリシア、ラテン両言語に精通していた（*Lib. Pont.* I, p. 359）。ベネディクト二世（六八五年没）の顧問ボニファティウスは、『聖クロスと聖ヨハネスの奇跡』をラテン語に翻訳し、シリア出身のグレゴリウス三世の在位中（七三一―四一年）に、教皇マルティヌス一世の『伝記』がギリシア語で書かれ、また、ヨハネス・マララスの年代記にもとづく著作も著された。[11] グレゴリウスの後継者ザカリアス教皇（在位七四一―五二年）は、ラテン語を知らない聖職者や修道者のために、自ら大グレゴリウスの『対話編』をギリシア語に翻訳している。ラテン語を知らない聖職者や修道者の数は七世紀にはいっそう増加し、しかもアヴェンティーノやパラティーノにあったギリシア人修道者の植民団は、新参を加えて増大する一方であった。これらの避難者は写本を持ち込み、写字室の仕事を組織していった。パウロ一世がピピン短躯王に贈ったギリシア語の書籍は、おそらくこうした避難者から入手したものであろう（本書九一頁参照）。

教皇たちはビザンツの攻撃にさらされながらも、西方ではますます威信を高めていった。ローマには使徒たちの墓に詣でる巡礼者が絶えず、初代教皇ペトロに捧げられた教会が数多く建てられ、新設の修道院は教区勤務免除の特権を得て教皇直属になることを願い出た。教皇たちはまた、ゲルマニアにおける福音伝道の発展に強い関心を示した。ババリア公は領内における教会の組織化をローマに呼びかけ、教皇はアングロ・サクソン人のふたりの宣教師、つまり六九五年にはウィリブロルド、七二二年にはボニファティウスを司教に任命している[12]。

ローマは、巡礼地であるだけでなく宗教的教養の中心でもあり、西方の聖職者や修道者をひきつけた。すでに六五三年、アングロ・サクソン人ウィルフリドがイタリアに旅したのも、「歌唱者の学校」(schola cantorum) で教授されていたローマ式典礼を学ぶためであった。大グレゴリウスの創設によるとされるこの「学校」では、聖職者たちが年少のころからローマ式の聖歌を学んでいた。

『ローマ典礼書』(*Ordines romani*) によると、「詩編」を修得したものは寄宿生になり、「聖歌隊」(ordo cantorum) に組み入れられていた。かれらは歌唱を学び、初歩的な宗教教育を受けたあと、聖職位階の最初の諸段階に進んでいた[13]。教皇ベネディクト二世(六八五年没)は、ごく若いころからローマ教会で奉仕し、聖書と歌 (cantilena) を学び、かれの後継者セルギウス(七〇一年没)も、若いころから同じような教育を受けている。こうして「聖歌隊」(schola) は、上級聖職者の苗床になった。そこで優秀な成績をおさめたものは、ラテランの「尚書局」(cubiculum) に入って宗教、行政に関する教育を受けた。したがってローマは西方における典礼の学校であり、カロリング初期の人々が、ガリアにおける典礼の改組にあたってローマの聖職者の手をかりたのもごく当然のことであった。

ローマはまた、写本の豊富なことでも有名であった。手元にない写本も、ローマに行けばほとんど入手できた。七世紀には、ニヴェルの女子修道院長と聖アマンドゥスは、フランス北部に新設した修道院のためにローマから書籍を取り寄せている[14]。教皇はラテランの書籍を気前よく配布しているが、上述したように、その一部はヴィヴァリウム修道院の図書室から運ばれたものであった。なおヴィヴァリウムの写本は、ノーサンブリアのウェアマスやジャローの修道院のため書籍を探していた、ベネディクト・ビスコプにも与えられている。ベネディクトは幾度となくローマに渡り、そのつどかなりの書籍を持ち帰っている。八世紀前半、フルーリ・シュール・ロアール、サン・マルタン、とくにコルビーの修道院にもローマの写本が運ばれている。こうして、ラテランの書庫に眠っていた聖・俗の書籍は西方各地に送られ、諸修道院の知的組織化に大いに貢献したのであった。

八世紀中葉、教皇は、つのりゆくロンゴバルトの脅威をまえにカロリング朝に頼ることを決断した。こうして教皇とフランクが手を結ぶことにより、ローマ教会は以後一二世紀もの永きにわたって「西欧化」され、ヨーロッパ文化は中世において見せるような様相を帯びることになる。

二　宗教的教養の新たな中心

イタリア

七世紀末以降、イタリアの北部、中部では修道生活が再び盛んになった。ロンゴバルトの君主たちは修道院の建設を奨励し、ノヴァリエンスム、チヴァーテ、ノナントラ、またベネヴェントに近いサン・ヴァンサン・ド・ヴォルトゥルノの修道院が造られたのも、このころである。これらの修道院では、修道者はベネディクトの会則を守り、写本を作成し、聖なる書の学習に励んだ。やがて、これらすべての修道院は修道生活の手本をもつことになる。それは、かつて聖ベネディクトによって創設されながら五八〇年のロンゴバルト侵攻以来放棄され、七二〇年ごろ再建されたモンテ・カッシーノの修道院である。再建にあたったのは、ペトロナクスというブレシアのロンゴバルト人と、教皇グレゴリウス二世である。モンテ・カッシーノには徐々に外国人もやって来たが、そのなかには、アングロ・サクソン人のウィリバルド、ボニファティウスの弟子ストゥルミウスもいた。ラテランが典礼の学校であったとするならば、モンテ・カッシーノは修道生活の学校で、人々がそこにやって来たのも、ベネディクトの会則の守り方を学ぶためで、学問のためではない。モンテ・カッシーノが重要な知的中心になるのは、八世紀中葉パウルス・ディアコヌスがここに移ってからである。(15)

これに反して、ボッビオにあったアイルランド系の修道院――その起源については上述した――は、学問の中心であった。七世紀末以降、それまで宗教関係の書だけを筆写していた写字生たちは、世俗の書も取り扱うようになっている。こうして修道者たちは、文法や韻律の書、語彙集、また歴史書の抜粋集を筆写し、さらに、聖書を筆写した写本を削り、その上に文法教師の書を筆写したほどである。ボッビオの修道院は、学問への熱意を取り戻しつつあったパヴィアの宮廷の影響を受け、一方、イギリスの島々とも交流をもっていたのである。(16)

イギリスの島々

六六四年のウィトビーの司教区会議は、イギリスの教会史に一時期を画した。従来のケルト典礼に代えて、ローマ典礼の使用を決定したからである。これは、イギリスとローマの聖職者が漸次、交流を深めていった結果であった。この司教会議の直後、イギリスの教会はペストで多くの聖職者を失い、ローマに新しい司教の派遣を要請した。教皇は、東方からローマに避難していた修道者テオドルスをカンタベリーの司教に任命し、テオドルスは、同じ避難者でナポリの近くに住んでいたアフリカの修道者ハドリアヌスを伴ってイギリスに渡った。

尊者ベダは、聖・俗の学問を身につけたふたりの来島を熱狂的に祝い、イギリスがこれほど恵まれた時代はかつてなかったと述べている。かれらのおかげで、聖職者や修道者たちは、韻律、天文学、「教会関係の算術」つまり算定法のほか医学、聖書注解、そしてギリシア語を学ぶことができた。(17) このときはじめてイギリスでは、教会関係の学校でギリシア語が教えられ、それはケントの諸学校の特徴をなすにいたった。これらの学問がどの程度の水準にあったのか、その確言は困難であるが、テオドルスは生徒たちの用に供するためギリシア語の書籍を持参したに違いなく、またかれは、東方のギリシア語の世界と交流があったようである。イギリスではコプトやシリアの器、ビザンツの宝石が発見されたが、これは、当時イギリスと東方との間に交易があったことを物語っている。(18) しかし実は、ケントに移植されたギリシアの教養は根が浅く、短命であった。

テオドルスは司教座教会の学校を再組織し、一方修道者ハドリアヌスは、サン・ピエール・サン・ポール修道院の学校に活気を与えた。双方の教育内容は同一で、生徒は韻律、歌唱、数え方、天文学、そして法学も学んでいる（Aldhelm, *Epist.* 1 : *AA* XV, p. 476)。なお、これらカンタベリーの学校は、テオドルスとハドリアヌスの死後も発展を続け、多くの教養ある聖職者や修道者を世に送り出したが、そのなかには、文法に関する小著や六脚詩の『なぞ歌』（*Enigmes*）を書いたタトウィンがいる。[19]

イタリアとくにローマの影響は、リポンの修道院長でヨークの大司教になったウィルフリドと、その弟子でヘクサムの司教になったアッカの活動によってイギリス北部に及んでいる。ウィルフリドとアッカは、ふたりとも、大建造物に取り組み、注目すべき図書室をつくり、また書籍の筆写を盛んにした。[20] 修道院でもっとも活発だったのは、ベネディクト・ビスコプが創設したウェアマスのサン・ポールとジャローのサン・ピエール修道院であった。ベネディクトは、このふたつの修道院を建てるため「ローマ風」建築の才能をもつ石工を大陸から呼び寄せている。またラテランの先唱聖歌隊員を招聘して、修道者その他の希望者にローマ式の歌唱を教えさせている。かれはまた、図書室の充実をはかり、先に述べたように、何回かのローマ旅行のたびに写本を持ち帰っている。[21] 現在なおフィレンツェにある有名な『アミアティヌス写本』（*Amiatinus*）を作成した写字生や画師が手本にしたのは、ヴィヴァリウムの写本であった。[22] こうしてイタリアの人文的教養は、ノーサンブリアにおいて再現されたのである。

こうした環境のなかで、当代きっての教養人、尊者ベダは生涯を送ったのである。かれは七歳でウェアマスの修道院に入り、まずベネディクト・ビスコプの教えを受けた。そして六八五年ジャローの修道院に移り、そこで約四〇年間「学び、教え、書くことを喜びとした」（史料８）。ベダは修道院の蔵書を利用して、かれが列挙するところによると約四〇の著作を著し、それをもとに多くの写本が作成されていった。その内訳は、文法、算定法、年代記、自然学や歴史、聖書注解に関する書のほか、聖地〔パレスティナ〕の案内書、聖人伝、殉教録、さらに福音書のアングロ・サクソン語訳など多岐にわたっている。かれは聖・俗の古典に通じていて、幸いにも、スコット人の著述家やアイルランドの学校の流れを汲む著述家とは異なり、明晰かつ韻律的な文体を身につけている。(23)

アイルランドは、六六四年から六六八年の伝染病の大流行のあと、新たな繁栄期を迎え、大修道院は宗教、文学、芸術の分野で多くの作品を生み出していった。母国語による最初の文学作品が著され、ケン・ファラド（Cenn Faelad）（六七九年没）のものとされているアイルランド初の文法書が書かれたのも、このころである。(24) こうしてラテンとケルトの教養は融合していく。しかもラテン語の著作に限って言うと、「七、八世紀のアイルランドで書かれた聖書注解、文法に関する著作の数は、スペイン、イギリス、イタリアで書かれたものよりはるかに多い」(25) とされているが、それは正しい。キルデアやアルマーの修道院では、修道者コギトススとその弟子で司教であったティレシャンが、聖女ブリジッド、聖パトリックの『伝記』を著し（Kenney, no 127, 128, 147）、(26) バンゴールでは六九〇年ごろ、有名な「交唱聖歌集」が編纂され、装飾されている。アイオナ――『デュロー写本』（*Book of Durrow*）もおそらくここで作成された(27)――では、六七九年から七〇四年にかけて修道院長であったアダムナンが、修道院の創設者コルムキレの『伝記』を書いている。かれはまた、フランクの巡礼者アルクルフの証言をもとに『聖地案内』（*De locis sanctis*）を著したが、これは多くの人に読まれた。さらにかれは、ヴェルギリウスの『牧歌』（*Eglogae*）の注釈も書いたようである。(28) 匿名の一文法教師は、クィムナヌス（Cuimnanus）という人物に対し自由学芸学習の正当性を弁ずるにあたって、ヒエロニムスやアンブロシウスの論証を借用している。(29) かつて九世紀の人物であるとされたマルサカヌスは、ドナトゥス、プリスキアヌス、カリシウス、ポンペイウスの著作を取り混ぜて、総合的な著作を書いている。(30) かれはまた、文法教師ヴェルギリウス――『イスペリカ・ファミナ』（*Hisperica famina*）の流れを汲む『書簡集』（*Epistulae*）や『提要』（*Epitomae*）を著した――の書も引用している。(31) このヴェルギリウスは、自分を文法教師たちの系譜に組み入れている（史料36）。その著作は、奇妙さ、文字合わせの趣味という点で意表をつく作品であるが、しかしやはり、文法のもつ効力をよく示している。

アイルランド人の著作は、イギリスでもとくにノーサンブリア、ウェセックスでよく知られ、イギリスの修道者たちはアイルランドの学校に遊学した。ベダによると、アイルランドの修道者たちはアングロ・サクソンの若者たちを歓迎し、毎日の食事と必要な書籍とを無償で供与した。こうしてノーサンブリアのエグベルト、ウィリブロルド、ケアッダその他多くのものがアイルランドに渡って学んだ。アングロ・サクソンの教師たちはこれに反発し、アイルランド遊学の無駄を強調した。マームズベリーの修道院長アルドヘルムは、スコット人のもとで「英知の乳房にかぶりついて」六年間過ごして来たばかりの若いエーフリドに書簡を送り、多くの若者は文法、幾何、自然学、聖書を学ぶためアイルランドくんだりまで出向いているが、その必要はないと非難している。「アイルランドには、学生たちが船を連ねて殺到しているが、なぜアイルランドだけがこうも特別視されるのか。あたかも、この緑したたる豊かなブリタニアには、天来の書（聖書）の難問に答えうるギリシア人やローマ人の教師がいないかのように」。そしてかれは当然のことながら、ハドリアヌス、テオドルスといった教師の名をあげ、両者を天空に輝くふたつの明星にたとえている（*Epist*. 5 : *AA* XV, p. 489-492）。しかしアルドヘルム自身、最初はスコット人に師事し、その文体や思想にはケルトの学者たちの影響が認められる。かれは、文法教師ヴェルギリウスの著作や、マニエリスムを色濃くとどめるイスペリカの書を読んだ。また、ギリシア語の語彙集や新造の稀出語を用い、そのためかれの文体は、明快かつ洗練された尊者ベダのそれとはひどくかけ離れている。かれは同時にその著作においては、アフリカやイタリアにおけるラテン文学の一部を手本にして、『ラテン詩華集』の詩やシンポシウスのなぞ歌を模倣し、古代の著述家たちが好んで用いた神話的引喩をちりばめている[32]。

次代の教養人たちも、こうした伝統を受け継いだ。そのなかからボニファティウスをあげておこう。かれも同じウェセックスの生まれで、大陸に出発する七一六年まで著名な教師として活躍した。かれは、文法教師ヴェルギリウス、ドナトゥス、プリスキアヌス、アウダクスの書を用いて、ふたつの文法書を著した。かれも、その著作に稀出語をちりばめ、ギリシア語の表現をラテン語に混ぜ、なぞ歌や遊戯詩、気取った文体を用いて著作を飾り立てている。かれはまた、四世紀に一種の文学的クロス・ワードとも言える『形象詩』（*Carmina figurata*）を作り出したポルフィリウス（Porfyrius）の著作も利用している。(33)

ノーサンブリアでは、ジャローとウェアマスといったふたつの「ローマ風」の中心から遠くないリンディスファーンに、ケルトの修道者たちが一世紀まえに創設した修道院があったが、ここもやはり、主として宗教的教養の中心であった。修道院長クトベルトは、修道者たちに「詩編」の詠唱、徹夜、肉体労働、聖書の朗読を課したが、これはすべて、東方修道制の流れを汲むものである。この修道院では、重要な文学作品はなにも著されず、クトベルトの伝記が書かれただけであるが、修道院長エアドフリドはそれを聖人に不相応な作品と考え、ベダに改作を求めている。またこの修道院長のもとで、リンディスファーンのものとされるミサ用福音書抄録も編纂されている。この写本は『アミアティヌス写本』とほぼ同じころの作で、芸術史家たちはみな、この二写本の類似点に注目してきた。(34)『リンディスファーン写本』（*Book of Lindisfarne*）は、アイルランド、ノーサンブリアのいずれで描かれたにせよ、「島のものらしい」装飾が施されているが、どちらかと言えば、『デュロー写本』によく似ている。こうして、イギリス南部と同じく北部でも、教養のふたつの流れが真っ向から対立している。われわれは、カロリングの世界においてこのふたつの流れに再びお目にかかる。

イギリスの島々からガリアに戻るまえに、島々の教養の特徴を見ておこう。まずケルト人やアングロ・サクソン人は、古代の自由学芸を教育内容として取り入れていない。ジャローの修道院にはヴィヴァリウムの書籍が持ち込まれたが、ベダはカッシオドルスの教授課程は採用しなかった。かれは、自由学芸をキリスト教思想に役立てる必要は認めず、この点、アウグスティヌス、カッシオドルス、大グレゴリウスによって明示された教父たちの伝統から外れている。一方、島々の人々は、大グレゴリウスをヒエロニムス、アウグスティヌス、アンブロシウスに続く第四の教父として認め、自分たちの教師と見なしていた。大グレゴリウスはなお古代伝統の社会に生きた人物であったが、しかし島々の人々は、こうした古代の伝統は受け入れていない。大グレゴリウスの『列王記注解』と尊者ベダの同名の注解書を比較してみるとおもしろい。前者は、自由学芸の学習を基礎教養としてのみ認めたが（史料47）、ベダは、キリスト教徒が悪魔に唆され、高貴な神のことばを放棄し、世俗の学問へと堕落するのを非難することはあっても、自由学芸から神へと上昇する逆の運動にはふれていない。つまり大グレゴリウスが「外部の学問」（exteriora studia）と呼んだものは、かれにとって大した意味はない。厳格主義の修道者たちと同じく島々の教養人にとっても、聖書は他のすべての書にまさる書であり、あらゆる知識を含有する書である。ベダによると、「聖書は神の書であるというその権威において、また永遠の生命をもたらすというその有用性において、さらに、その古さ、表現形式において他のすべての書にまさる」（*PL* 90, 195）。

しかしケルトやアングロ・サクソンの教養人が厳格主義の修道者と異なる点もある。それは、かれらが聖書中心の教育課程の必要性を見てとったことである。かつてかれらが読み、注解し、模倣した古代の文法教師の書は、聖書の理解には不可欠であると考えていた。「聖書におけることばの組み合わせは、全部あるいはほとんど全部が文法にもとづいている。したがってあなたは、文法を形成する種々の規則を習得することにより、神のことばの深遠かつ聖なる意味を聖書の読書から容易に引き出すことができる」（*Epist.* 8：*AA* XV, p. 500）。これは、アルドヘルムが弟子エセルワルドに与えたことばである。こうして文法教授はキリスト教化され、文法書における古典著述家の例文は文脈から切り放されて毒消しされ、修道者たちは、ただ構文の技法だけを学んだ。また異教徒の詩人の作品も、言語の仕組みを説明する例文としてのみ文法書に取り入れられ、無害なものになった。ベダも古典を読んだが、それは文学的作品として味わうためではなく、文体の明晰さと正確さだけを求めたのであった。かれは詩人でもあったが、その詩才も神と聖人たちのためにのみ用いられた。こうしてかれは、異教徒の作品を模倣したのではなく、先にアイルランド人たちがしたように、新たなキリスト教的宗教詩を創作したのである。

また、島々の人々が自然学の学習に興味をもったのも、やはり宗教的動機によるものであった。かれらは理論的思索はさせておき、主要な宗教上の祝日とりわけ復活祭の日取りの算出に役立つ学問だけを修めた。かれらはこの〔限定された〕分野において進歩をもたらし、かれらが用いた提要はすぐに古典になった。ベダは『暦について』（*De temporibus liber*）で、古代の先駆者たちが取り上げた動物、植物、星にまつわる逸話は無視して、復活祭の算定法、天文学、宇宙形状誌を取り扱っている。その成果はめざましく、子午線、緯線、帯、星の運行、潮の干満に関するベダの説明の正確さには、中世の人々だけでなく、現代のわれわれも驚嘆の念を禁じえない。島々の人々は、「日時の算定」（Ratio temporum）を中心に、古代の学校でも教授されていなかった新たな自然学的教授内容をすでに組織したのである。(35)

このように、島々の教養人たちは東方修道制の禁欲的教養を敬遠すると同時に、カッシオドルスやイシドルスの人文主義的教養も見放している。かれらは独自の仕方でキリスト教的学問を組織し、当時の人々および後継者たちにその方式を提示したのであり、これはのち、カロリング期の教養の形成に役立つことになる。

ベダは、七三五年五月二七日に世を去った。そのころかれは教師として教え、「ヨハネによる福音書」をアングロ・サクソン語に訳し、セビリャのイシドルスの著作の詞華集を編纂しつつあった。かれの弟子で、のちヨークの司教になったエグベルトは、アルクィン（七三〇年頃生）を教えた。つまり、のちカール大帝の顧問になるアルクィンは、ノーサンブリアの学校の知的雰囲気を十分に身につけていたということである。アルクィンはまた、宗教教育を全土に広めようとするイギリス教会の法的措置も体験していた。七四七年クロヴシュウの宗教会議に参集した司教たちは、決議のなかの一章全部を修道院の教育にあて、子どもたちには幼少のころから聖なる学問を学ばせ、その学識を教会のために活用させるように求めている。(36) アルクィンは、かなりの年齢に達してからイギリスを去って大陸に渡り、その経験と深い宗教的学識とをもってガリアの教会を助けた。とはいえ、すでに八世紀初頭からガリアとゲルマニアの修道院は学問への意欲を取り戻し、大修道院は知的、芸術的教養の中心に変貌しつつあった。

ガリア

ガリア南部つまり「ローマ風」のガリアは、他所よりも長く古代の教養を維持し、七〇〇年から七三〇年にかけて、いくつかの修道院では教養人がなお活躍していた。このころオータンやリヨンでも、所蔵されていた写本をもとに学習するものがいた。(37) しかしガリア南部に対するアラビア人の侵攻とこの地方の自主独立的な態度は、カロリングの君主たちの介入を招き、南部は突如としてフランク王国に組み入れられ、種々の施設は破壊され、何世紀もの間、文化活動を営む一切の手段を失うことになった。

ロアール川以北の修道院も、八世紀前半における戦乱の被害を受けた。修道院の物的資産はフランクの君主たちの世俗化政策によって減少し、また俗人の修道院長就任は宗教生活を促進するはずもなかった。しかし七世紀末に起こった修道院教養復興の運動はその後も継続され、一般の聖職者はもちろん司教までが徐々に無教養に落ちていく当時にあって、修道者だけが教養人として踏みとどまったのである。

一方、聖・俗の書を筆写していた写字室の活動については、残存する写本をとおして推測できる。活動を続けていた写字室はすべてロアール川以北、とくに、かつてのネウストリアの境界内に位置している。リュクスイユの修道院はサラセン人のブルゴーニュ侵入によって被害を受けたが（七三一年）、活動をまったく停止したわけではなかった。七五四年に作成されたオータンのミサ用福音書抄録は、たしかにここで書かれたと思われるからである。しかしその活動も、分院のコルビー修道院のそれには及ばない。コルビーの写字生たちは、当初リュクスイユ式の書法を用いたが、やがて島々とローマの書法を組み合わせて、新たな書法を考案している。またカール・マルテルの従兄弟でコルビーの修道院長であったグリモは、イタリア旅行の帰りに多種多様な書籍を運び、修道院の図書室に収めた。それは聖書の写本、教父たちの著作の抜粋、聖書注解書（オリゲネス、グレゴリウス、ヒエロニムス、カッシオドルス）、聖人伝、シンポシウスのなぞ歌、オリバシウスの医学書、ティトゥス・リヴィウスの著作の断片などであった。(38) より南に位置するランの修道院にも写字室があり、そこでは、アングロ・サクソン人のもとで養成された写字生たちが、オリゲネス、アウグスティヌス、オロシウスの著作やイシドルスの『事物の本性について』（*De natura rerum*）の写本を作成している。[39] また、カール・マルテルの愛顧を受けたサン・ドニの修道院は漸次、注目されつつあったが、ここにも活発な写字室と図書室があり、イタリアから多くの写本が持ち込まれている。さらにロアール川沿いのフルーリとトゥールのサン・マルタン、このふたつの修道院も同様であった。フルーリの修道院は七世紀中葉に創設され、まもなくイタリアとの交流を始めたようである。六七〇年ないし六七二年ごろ、修道者たちは聖ベネディクトのものと信じられていた聖遺物をモンテ・カッシーノ修道院から持ち帰り、また修道院の図書室には七世紀末から八世紀にかけてイタリアの写本があったからである。なおフルーリの修道者たちは、ランの修道者たちと同じく、イシドルスの『事物の本性について』に興味をひかれ、これを筆写している。[40] 一方サン・マルタン・ド・トゥール修道院も、他の地方の恩恵を受けている。ここは巡礼地であり、イギリスの島々からイタリアに赴く人々の宿駅でもあった。八世紀前半の三つの写本――そのひとつは、ドナトゥスによる『アエネイス』の注釈――には、それがアイルランド人の作品であることを示す痕跡がある。七二五年から七五〇年にかけて、二〇人ほどの写字生が、六世紀の修道者エウギッピウスがアウグスティヌスの著作をもとに作成した詞華集を、協力して筆写している。[41] 修道者たちの最大の関心事は、図書室の充実であった。サン・ワンドリーユ修道院では、四七四年ワンドンが一連の書籍を購入したが、年代記作者によると、そのなかにはアウグスティヌス、ヒエロニムス、グレゴリウス、イシドルスの著作のほか、ルフィヌスの『教会史』、ヨルダネスの『ゴート史』、『ティロのアポロニウスの物語』も含まれていた。[42]

ところで、メロヴィング期の修道院の文化活動を、独創的芸術を生み出した画師、[43] 写本を筆写した写字生、あるいは書籍を集めた修道院長の働きだけに限定してよいものだろうか。たしかにガリアには、イギリスの島々の著述家に比肩しうるほどの著述家はだれもいなかった。しかし目立たないながらも、あちこちで文学的活動が再開されていた。写字生の技術的な仕事もさることながら、教養ある修道者は禁欲目的の聖書学習に満足せず、聖人伝大系、年代記を編纂し、作詩するものさえいた。しかしこうした活動は、当時の聖職者の能力を越えていた。(44) つまりかれらは、ゲルマニアのやっとキリスト教化されたばかりの地方に住む修道者たちよりも、教養が低かったということである。

ゲルマニアで活動した宣教師たちがおもにイギリスの島々出身の修道者であったことを考えるとき、それは容易に理解できる。かれらは、宣教に対する熱意と学究心とを併せもっていた。たとえば、ウィルフリドに師事しアイルランドで学問を修めたフリースラントの使徒ウィリブロルドは、ベダもその宗教的学識をたたえた「黒人」へワルドを伴っていた。ウィリブロルドは、六九八年エヒテルナハの修道院を創設したが、それは大陸における島々の教養の重要な中心のひとつになった。かれはまた、イギリスの島々や地元の修道者たちにミサ用福音書抄録、殉教録、暦を筆写させている。(45) ウィリブロルドは七一九年、フリースラントでボニファティウスと合流したが、このボニファティウスは、先にも述べたように、ウェセックスの文法教師であった。かれはまた、ゲルマニアに創設した修道院の指導者として同郷人を選ぶにあたって、「読み方の知識と同じくらいの聖書その他の学芸の知識を身につけたもの」という条件をつけている（*Vita* 6）。

男子だけでなく、教養ある女子もまた新設の修道院の指導にあたり、イギリスやイタリアから書籍を取り寄せ、図書室を設置していった。ボニファティウスの書簡によると、かれは絶えず、宗教書だけでなく世俗の書も要請し、またローマへの旅行を好機に、手元になかった写本を集めた。ボニファティウスは多忙の身ではあったが、自ら文法書を書き、弟子たちから送られてくる詩を添削し、韻律や文法の規則を教授するだけの余裕をもっていた。また詩作にふけり、教皇ザカリアスの戴冠を祝って若干の詩を贈り、徳に関するなぞ歌も作っている。かれは七四四年、約八〇年後に大規模な学校に発展するフルダの修道院を創設したあと、小さな書箱をもって再びフリースラントの伝道に出発した。かれがかの地の異教徒に撲殺されたとき、その手には一巻の書が握られていたという。(46)

このころ、ゲルマニアにあったその他の伝道の中心も、書籍を集めている。ユトレヒトでは、ボニファティウスの仲間のグレゴリウスや、アルクィンの弟子リウトゲルがローマやヨークから書籍を持ち込んでいる。アラマニアの使徒であった修道院長ピルミンは、ライヘナウの修道院を創設して五〇巻ほどの写本を持参し、一部はミュールバッハやヴィッセンブルクの修道院に送っている。(47)コルンバヌスによって創設され、それまで目立たなかったザンクト・ガレン修道院も、修道院長オトマールの指導のもとに大きく発展し、八世紀中葉には写字室をもつまでになっている。

目を東に転ずると、ロンゴバルトと手を結び教皇と友好関係にあったババリア公は、ニーダー・アルタイヒ、クレムズミュンスター、モントゼーの新修道院にイタリア人、アイルランド人、アングロ・サクソン人の修道者たちを呼び寄せている。こうしてイギリスの島々の教養はババリア地方に浸透し、七六四年フライジングの司教アルベオはスコット人の著作を知り、これを模作している。(48)七六七年ザルツブルクの司教に任命されたアイルランド人〔文法教師〕ヴェルギリウスは、『宇宙形状誌』（Cosmographie）を著し、対蹠地点の存在を唱えて、名をあげた。(49)ババリアの司教や公たちは教養ある聖職者を求め、七七二年のノイシングの宗教会議は、司教たちに対し、司教学校を開設し、教師を集めることを義務づけている。なおこうしたババリア人の文教政策は、カロリングの君主たちの模倣するところとなったのである。

このように、七世紀末および八世紀中葉の西方における教養の状況を検討してみると、イギリス、イタリア、ガリア北部、ゲルマニアその他いたるところで、宗教的、知的再生があったことがわかる。欠けていたのは、四散した力を結集しうる政治的権力であったが、そこに登場したのがカロリング朝である。

第二章　カロリングの君主たちと教養

一　カール大帝以前

カール・マルテルは七一九年から宮宰の地位にあった。かれは、聖・俗の貴族階層の暴政に対抗し、フリースラント人、ザクセン人の侵攻を斥け、ババリアとアラマニアを征服して、七四一年死去するまでの間に王国の再統一に成功した。かれはまた、アラビア人の侵入を好機にアキテーヌ、ブルゴーニュ、プロヴァンスを再び従えた。

長いこと、カール・マルテルは知的生活にはまったく無関心な「荒武者」であったと考えられてきた。しかしかれの宮廷は、すでに教養人たちのたまり場であった。かれは新たな法典を編纂させ、母国語同様ラテン語に巧みであったアウストラシアのクロデガングを伝旨官として用いている。その他のカロリングの君主たちも、その家族、民族が歴史において果すべき役割を自覚し、こうして、カールの子ジェロームは九歳で一修道者の指導のもとに先祖のひとりアルヌールの伝記を筆写した（*PAC* I, 89）。またカール・マルテルの兄弟ヒルデブランドは、偽フレデガリウスの著作の続編として『フランク族の武勲詩』（*Geste des Francs*）を書かせ、そのころ『フランク史』（*Liber historiae Francorum*）の著者がしたように、フランク族をトロイア人の末裔として位置づけた(1)。『サリカ法典』も筆写され、その序文にはフランク族の栄光をたたえる詩が書かれているが、とくに、この序文をしめくくる「フランク族を愛されるキリスト、万歳」ということばは、注目に値する(2)。

カール・マルテルは教会に敵対したというのが、伝統的な見方であった。たしかにかれは、後継者たちと同じく教会財産を「世俗化して」家臣に与え、自分に刃向かう司教たちと戦ったが、政策遂行における最大の援助者は修道者であることも弁えていた。かれは、父ヘルスタルのピピンがアングロ・サクソン人ウィリブロルドの宣教を援助したことを受けて、ゲルマニアにおけるボニファティウスの伝道を認可した。またかれは、とくにサン・ドニの修道者たちと交際をもったが、それはカロリング朝の将来を大きく左右することになる。

サン・ドニ修道院は、フランス北部の主要な学問の中心のひとつであった。ローマから戻る巡礼者が、サン・ドニ初の古典の写本を持ち帰り、こうして収集された書籍（ヴェルギリウスの著作の写本二巻、ヒラリウスの著作の写本一巻、アウグスティヌスの著作の写本一巻など）は古典収集の基礎となり、この修道院を有名にした。(3) またサン・ドニの修道者たちは、年代記や典礼書も編纂している。こうして見ると、カール・マルテルがその子ピピンの教育をかれらに託したわけもうなずける。またかれはメロヴィングの君主たちの後継者をもって自任し、かれらとともにこのサン・ドニ修道院に埋葬されることを希望した。

宮宰職を分担していたピピンとその兄弟カールマンは、要職についた当初から、フランク教会の改革に取り掛かった。そのため改革宗教会議を招集したが、その狙いは聖職者の学識、教養をめぐる改革よりもむしろ、かれらの道徳生活の刷新と聖職位階制度の再建にあった。とはいえ司教たちは、定期的に聖職者の学識を確認する義務を負わされ、聖職者がどのように信仰を教え、洗礼を授け、ミサを執り行うか、その調査を義務づけられた。外国生まれの司教や司祭たち、とくにアイルランド人は、聖職の権能を授かるにあたって試験を課された。しかしこうした状況において、学校教育についてまだ言及がないのは、宗教的教養刷新の運動がどの段階にあるかをよく示すものである。(4)

カール・マルテルのもとで伝旨官を勤め、七四二年メッスの司教にあげられたクロデガングの特殊な試みも、宗教的教養の刷新という考え方に立つものであった。(5) かれは、聖職者の知的、道徳的品位の回復には修道者のような生活の規則が必要であると考えた。すでに六世紀のアルルのカエサリウスは、配下の聖職者に修道者のような生活様式を求めたが、この試みは永続しなかった。これに対してクロデガングは、ベネディクトの会則をもとに『司教座教会参事会員のための規則』(*Règle des chanoines*) をまとめ、それは、まずひとつの教会に適用されたあと全王国に広まっていった。それによると、メッスの聖職者たちは、修道者と同じように共同生活をおくり、清貧を実行し、ローマ典礼を用いて、日夜、聖務日課を歌うように義務づけられている。またかれらは長時間、聖書や教父たちの著作を学習することによって司牧の任務を準備し、さらに少なくとも月二回は信徒に説教しなければならなかった。

ピピンの要望にもかかわらず、フランクの司教たちはすぐにはクロデガングの改革を取り入れなかったが、少なくとも聖職者たちは、知的活動に興味を示すようになった。ジャンティイーの司教区会議 (七六七年) では、ビザンツの神学者たちが三位一体の教義と聖画像の崇敬について論争を挑み、フランクの司教たちはこれと対等に渡り合っている。翌年、教皇ステファヌス三世は「聖書と聖なるカノン法に精通した司教たち」をローマの宗教会議に送るようピピンに求めているが (*Liber Pont.* I, p. 473)、これは、フランク王の改革に対するかれの評価を示している。

ピピンは、教養ある聖職者に頼る一方で、かつての学友でもあるサン・ドニの修道者たちにも期待した。かれらのおかげでカロリングの尚書局は刷新され、以後、サン・ドニの修道者たちはこの尚書局の指揮にあたることになる。こうした役人の交替は長期にわたり、俗人が再び王の役所を支配するのは一三世紀末のことである。メロヴィング末期の王たちの文書とカロリング初期の宮宰たちのそれとを比較してみると、後者の書記の方が均整のとれた書き方をし、正確なラテン語を用いるようになっていることがわかる。また、法的活動はすでにカール・マルテルのころ再び活発になり、ピピンの治下でも同様であった。この君主は、顧問や「法の博士」(legis doctores) を身辺においていた。この「法の博士」という表現は新しく、七五一年の特許状に見られ、ピピンが法や文書を統治の手段として再び利用したことを示している(6)。

ピピンの宮廷には外部からの影響もあった。のちザルツブルクの司教になったアイルランド人〔文法教師〕ヴェルギリウスは、二年間、王のもとにとどまり、「かれの文芸の知識と説教師としての才能」に王は魅了されたという。またピピンはバグダッドの太守の使者やビザンツ帝国の使節を迎え、とくにビザンツとは「友好関係を結ぼうとした」。ビザンツ人は、カロリングの聖職者たちを教皇に反対させ聖画像破壊論者の陣営に引き込もうとしたようで、当時の史料によると、王の周辺にも圧力がかけられたようである。

しかしピピンは、自分の信念にもとづきまた利害関係も考慮して、教皇を忠実に支持し続けた。教皇の尚書局からピピンの宮廷あてに出された四三通の書簡を集めた『カロリング書簡集』(*Codex carolinus*)(*Epist.* Ⅲ, 476-657)には、使節としてローマに派遣された聖職者、修道院長、俗人の有力者の名前が出ている。かれらが見たローマは活気に溢れ、教会は新築ないし補修され、ラテランの宮廷は改築されていた。かれらは図書室を訪れ、そこから写本を持ち帰った。一方、〔カロリングの〕宮廷に滞在したイタリア人もあり、かれらは、〔カロリングの〕教養に対しますます影響を与えていった。そのあるものは、教皇座の行政にたずさわる官吏であり、あるものは教養ある司祭、司教であった。そして、サンスの司教になったノメンターナのヴィルタリウス、七六八年にアミアンの司教になったオスティアのゲオルギウス、さらに教皇パウロ一世の要望により司教になった司祭マリヌスなど、若干のものはガリアに永住した。

またこれらのイタリア人は、フランク王国の典礼をローマ化するのに大いに寄与した。ここで、この問題を詳述するつもりはないが、ただ、ピピンは教皇と同意の上で、また自分の兄弟レミギウスとメッスのクロデガングの力をかりて、典礼改革を断行したことに注目してもらいたい。実際ローマ教会の典礼様式をメッスに取り入れたのは、クロデガングであった。かれは、ヘロナの写本に現存する『ゲラシウス典礼書』の著者ではないとしても、その推進者であったことはたしかである。この典礼書の編纂はたしかに宮廷周辺で行われたが、典礼改革の実施までにはなおしばらくかかった。聖歌隊(schola cantorum)の第二先唱者(secondinus)であったシメオンがルーアンに来て、ローマ式の詩編斉唱法を聖職者たちに手ほどきし、のち、ルーアンとメッスの聖職者たちはローマに赴いてそれを学習した。[7]

ピピンと顧問のイタリア人やフランク人がガリア典礼に代えてローマ典礼を導入したわけは、これまでしばしば言われてきたように、教会改革を実現するための典礼の統一、教皇座に対する敬意、フランク族と教皇座との政治的、宗教的盟約の実行にあった。実際、ピピンは七五〇年、サン・ドニの修道院長をローマに送り、フランク王としての選出に教皇の同意を取り付けた。一方、教皇にとってピピンは、教会改革とゲルマニア伝道を推進し、ロンゴバルトの攻撃とビザンツの策略から自分を守護してくれる、有力な君主であった。こうした状況のもとで、七五四年、ステファヌス二世の注目すべきフランス旅行が計画されたのである。歴代の教皇のうち、ゲルマン支配下の西方へと旅立ったのはかれが最初である。ビザンツがヒエラの宗教会議を開催し、聖画像の排斥を決定したそのとき、ポンティオンにいた教皇はピピンからふたつの約束を取り付けた。それは、ロンゴバルト討伐のためイタリアに遠征すること、ビザンツ人が手中にしていたラヴェンナの太守領を教皇座に戻すことであった。この約束のあと、教皇はサン・ドニ教会でピピンとむすこたちを祝聖し、「ローマのパトリキウス」という称号を与えた。こうしてフランクと教皇座は正式に同盟を結び、それは以後、西方の政治、文化に影響を及ぼしていくことになる。

二　カール大帝の文教政策

若いカール（大帝）が教育を受けたころの宮廷には、すでに知的、宗教的教養が取り入れられていた。かれがだれから、どのような教育を受けたか知りたいところであるが、残念ながら、かれの伝記作者アインハルトも語ってくれない。「カール大帝の誕生、幼年期、さらに少年期についてはだれもなにも知らない」とかれは言う（*Vita Caroli* 4)。ただ、カールが幼少のころから宗教心に富んでいたこと、また、周知のことではあるが、かなりあとになって書き方を学んだが、その成果は平凡なものであったことが分かっているだけである（*Ibid.* 25, 26)。しばしば、かれは非識字者であったとされているが、実はラテン語に通じ、ギリシア語を理解し、生涯、知識欲は旺盛であった。

七七一年兄カールマンが他界したあと、カールは単独の支配者となった。かれは、再度ロンゴバルトに脅かされ援助を求めて来た教皇の要請に応じ、敵を倒してロンゴバルト王となり、ローマに第一回目の巡礼をした（七七四年）。その後かれは七八一年、七八六年、そして帝冠を受けた八〇〇年にもローマに行っている。なかでも最初のローマ滞在によって、かれは父王と同じく強い影響を受けた。かれは、ピサの文法教師ペトルスとファルドゥルフを伴ってフランスに戻り、七七六年には、のちアクィレイアの大司教になったもうひとりの文法教師パウリヌスを〔カロリングの〕宮廷に迎え、六年後には、パウルス・ディアコヌスもやって来ている。さらに七八一年カール大帝は、パルマでアングロ・サクソン人アルクィンと出会い、アルクィンは、ほどなくして王の文芸顧問になっている。七八五年カール大帝は、教皇ハドリアヌスからカノン法を集めた『教会法令集』（*Dionysiana Hadriana*）を贈られ、これをもとに法改正に取り組んだ。

カロリングの王〔カール大帝〕は、王冠を受けることにより、配下の民衆を救いに導く使命を与えられた。王は、旧約のヨシュア王をまね、「神から託された王国の民を監督し、矯正し、励ましつつ、神に対する真の礼拝に連れ戻そう」とした（*Admonitio generalis* の序文、*Capit.* I, p. 52）。そのためかれは、父王が手がけた典礼改革を推進していった。またフランク世界の統一は、典礼の統一にかかっていると見たからでもある。かれは、教皇から贈られた『ローマ典礼書』をもとに、ガリア風の古い慣習を排除し、「教会に一致と平和をもたらそうとした」。聖職者はみなローマ式聖歌の学習を義務づけられ、それぞれの教会で神を礼拝し賛美するときだけでなく、王と王家のために神の恵みを願う場合にも、同じ典礼を用いなければならなかった。

祈るだけでは不十分で、説教し、教えることも必要である。カールは、民衆がいまだに異教の慣習にとらわれ、真の宗教についてほとんど無知であることを見抜いていた。福音伝道と信徒指導の第一の条件は、なによりもまず、聖職者がキリスト教の教義を伝えうるだけの教育を受けていることであった。つまり都市や田舎の民衆のもとに、有徳な、学識ある司祭を配置する必要があった。[8]

第三の目標は、おそらく文書には明記されていないが、しかし現実的なもので、かつてのローマやメロヴィングにあったような、文書による行政を復活させることであった。カールは、それまで口承によっていた慣例集を文書化し、王の尚書局の活動を盛んにして、報告書や財産目録を作成させ、また資産管理上の収支を記録させ、さらに、王の指示を役人の間に徹底させた。伯や巡察使（missi）、司教に対する質問集、また勅令など、いくつかの文書が残存しているが、それらは、文書による行政が再開されたことを明示している。そのためには、教育を受けた役人や、伯のもとで働く書記、君主の指示を解釈しうるだけの学識を身につけた聖職者、俗人の存在が前提となる。つまり王は、領土を拡張していくにつれ、行政機能も高めていく必要があった。[9]

カール大帝の初期の勅令は、先王による規定をもとに、聖職者の教育に配慮するよう司教たちに求めたにすぎなかったが、七八九年、かれは聖・俗のかしらたちに、より広範な改革案を示した。つまり、以前の決定に加えて、新たに二一箇条の規定を付加し、そのうちの一条は、学校教育にあてている（史料10ａ）。

王は司祭たちに対し、奴隷身分の子どもだけでなく自由人の子どもにも関心を向けるように求めている。実際、多くの司祭は、奴隷身分の子どもたち――いったん解放されたあとは、社会階層の向上も可能であった――のなかから、聖職者を集めていたからである。第二に、王は子どもたちに読み方を教えるための学校の開設を命じ、第三に、それぞれの司教館、修道院には「詩編」、速記術（notes）、歌唱、算定法、文法に関する書籍を備え、また宗教関係の書を正確に校訂するように命じている。さらに王は、筆写の仕事は、子どもではなく熟年の人々に委ねるように求めている。[10] ひんぱんに引用されるこの勅令は、王国内のすべての司教座、修道院あてに発せられたものであるが、それが果してどれだけ実施されたかは、不明である。ただこれ以後も、王はしばしば学校の問題を取り上げざるをえなかった。

七九四年、フランクフルトの宗教会議において、カール大帝は司教たちに対し、教区民にすぐれた教育を与えるように求めている（*Capit.* I, 169)。かれはまたこのころ、たしかにアルクィンの筆になる回勅を司教、修道院長に送ったが、フルダの修道院長バウグルフ（八〇二年没）が修道者たちに回送したその写しが今も残っている。[(11)] 回勅の標題は、『文学の振興について』（*De litteris colendis*）となっているが、これは王の意図するところをよく表している（史料10b）。かれは、自分のために祈っていると伝えて来た修道者たちが、きわめて稚拙なラテン語しか書きえないことをその文面から見て取り、かれらが文学教養の初歩さえ知らず、聖書も理解できずにいるのではないかと憂慮した。そこでかれは、修道院長や司教たちに対し、文字を学ぶ能力のあるものにはそれを教え、正しい生活をもって神によみせられようと望むものは、また正しい話し方をもって神によみせられるようにすべきである、と命じている。これこそ、ローマにキリスト教学校を創設しようとしたカッシオドルスの狙いでもあった（本書二三頁参照）。

この回勅は教会のかしら全部を説き伏せるまでにはいかなかった。やや後になってカールは、教育をなおざりにするある大司教に対して規定の遵守を迫り、聖職者には教育を受けるよう厳しく説得すること、貧しさを口実に教育を拒むものには奨学金を出すべきである、と繰り返している（*Epist.* IV, 532)。

九世紀初頭、巡察使に与えられた指令書もみな、聖職者や修道者の教育を強調している。司教たちは、聖職者を叙階するまえ、また司祭たちが毎年、聖木曜日に司教座教会に集まる際に、かれらの学識を確認するように求められている（*Capit.* I, p. 95, 109, 110, 115)。こうした機会を利用して司教は、聖職者たちが秘跡を正しく執り行っているか、新しい典礼に従って洗礼を授けているかを、ただすことができた。また他の条項によると、司祭は「読み方、歌唱、書き方、書記術（art du notariat）その他の学問、算定法、医学」を知っていなければならず（*Ibid*. p. 121)、また親は子どもを学校に入れ、司祭はこれを教育しなければならない（*Ibid*. p. 235)。

このように、カール大帝は絶えず教育問題に深い関心を寄せ、王の側近や司教たちも同様であった。まず改革の立役者であったアルクィンは、書簡をとおして学校の開設を促している（*Epist.* IV, 74；347)。かれの友人でザルツブルクの大司教であったアルヌは、七九八年ババリアの宗教会議において、各司教はそれぞれの都市に学校を開設し、聖職者に「ローマ人の伝統」つまりローマ式典礼を教える能力のある教師をおくように要請している。一方リヨンの大司教であったババリア人レイドラドは、カール大帝に対し、自分の都市〔リヨン〕に聖歌隊の学校と読師の学校を開設したことを誇らしげに報告している（史料33）。リエージュとバーゼルの司教は、司教区会議の決定のなかで司祭の教養と俗人の教育を取り上げ[12]、オルレアンの司教テオドゥルフは七九八年、司祭学校に関する措置を決めている。かれは、教区会議決議の最初の項で小教区学校の開設を取り扱っている（*PL* 105, 191）。しかし教育内容は明示していない。子どもたちはたしかに、読み方のほかおそらく書き方も学び、さらに「主禱文」、「使徒信経」など、いろいろな祈りを学んだに違いない。

これほど多くの対策がとられ勧告が繰り返されたからには、それらは実を結び、帝国全土に学校網が作り出されたのではないかと考えたくなる。実は、カール大帝と司教たちは、かれの在位中絶えず同じような勧告を繰り返したが、まともに聞き入れてもらえなかった。それほど聖職者や修道者たちは消極的であった。八一三年、トゥール、シャーロン、マインツ、アルルで開催された主要な改革宗教会議でも、まだ学校開設の問題が取り上げられている[13]。「われわれの主君にして皇帝のカールが命じたように、司教は、聖書と世俗の学問とを学ぶための学校を開設しなければならない」（Concile de Châlon, can. 3 : *Conc*. I, 274）。「また、子どもたちを修道院や司祭の学校に送り、かれらが学校で学んだ祈りを家族にも教えうるようにしなければならない」（*Ibid*. p. 250）。

八一四年カールが他界したとき、カロリング改革初期の成果はまだ微々たるもので、学問の中心もわずかであった。しかしカールは事業の成功を確信し、「わたしは、先祖が怠慢によって衰退せしめた学問の学習を再び盛んにしようと努め」、「自ら模範を示し、臣下にも自由学芸を修めるように勧めた」と述べている（*Capit*. I, 80）。

ところで、カール大帝が目指した「学芸の復興」（renovatio）においてもっとも活発であった教養の中心は、王自身が統率する「宮廷」であった。宮廷の教養については証言に事欠かない。教養ある廷臣たちがカール大帝のあらゆる発意を先を争って取り上げ、これに賛辞を呈しているからである。下心のあるお世辞は差し引くとしても、アルクィン、パウルス・ディアコヌス、テオドゥルフ、アンギルベルトその他の著作から、また王に対する献辞から、宮廷においてさまざまな知的活動のあったことがわかる（史料12）。[14]

カールは、父王およびパヴィア、ベネヴェント、ババリアの君主たちの模範にならい、治世当初から、宮廷に著述家や芸術家を迎え入れた。アインハルトによると、大帝自身、年老いたピサのペトルスに師事し、またアルクィンにも教えを乞い（史料54）、文法、修辞学、天文学、神学について際限なく好奇心を燃やした。かれは、かつてのゴート王、より身近なところではロンゴバルトの君主たちと同じく、「哲人君主」たらんと欲し、「宮廷内のあらゆる要件、王国の務めをとおして、哲学者たちの秘められた奥義を究めようとした」（Alcuin, *Epist.* Ⅳ, p. 308）。かれはまた、自分の子どもたちだけでなく、宮廷に住む若者にも充実した教育を受けさせようとした。しかし、カール大帝が怠惰な貴族の若者を叱責し、〔学習に熱心な〕身分の低い子弟を誉めたというザンクト・ガレンのノートケルによる有名な逸話は、まったくの作り話である（*Gesta* Ⅰ, 3）。ただそれが、不適切な呼称ではあるが、いわゆる「宮廷学校」と呼ばれるものの活動を裏付けていることに変わりはない。[15] Schola つまり速記者、書記、歌唱長、写字生から成る集団に属し、アルクィンが「宮廷の子どもたち」（pueri palatini）（*Epist.* Ⅳ, p. 177, 232, 282, 285）と呼ぶ若者たちは、役所のなかで、勅令の作成、歌唱、書き方を学んでいた。一方、王子や王女、宮廷に出仕する貴族の若者たちは、王が招聘した教師たちから教えを受け、また王やその友人たちが暇な時間に、また食卓で、時にはプールで闘わす議論に熱心に聴き入っていた（*Epist.* Ⅳ, p. 262）。[16] これが、アルクィンの表現をもとに「宮廷アカデミー」と呼ばれたものである（*Ibid.* p. 279, 471）。教養人たちは、お互いを呼ぶのに古代人やユダヤ人から借用した諢名を用い、さまざまな話題について論じ合った。たとえば、ホメロス＝アンギルベルトはある語の意味についてフラックスつまりホラティウス＝アルクィンにたずね、ダヴィデ＝カール大帝は福音書の矛盾するように見える箇所について、フラックス＝アルクィンに説明を求めた。ピサのペトルスは文法書や

「ダニエル書」に関するいくつかの問題に答え（*PL* 96, 1347 ; *CLA* X, 1553）、スコット人ドゥンガルは、八一〇年の二度にわたる日食のわけをカールに説明している（*Epist.* Ⅳ, p. 570）。またフリデギススは、カール大帝の求めに応じて、宮廷人たちが論議していた闇と無の存在について論じた（*Ibid*. p. 552）。

しかしかれらの対話の大半は、それほどまじめなものではない。かれらは折々の詩や、アングロ・サクソン人が流行らせたなぞ歌を作り、政治問題による気疲れをいやした。アルクィンが少年ピピンのために書いた詩はあまりにも有名で、今さら持ち出すまでもないが、ひとつだけあげておこう。「わたしは、鉄の頭、木の体、羽のついた尻尾を持った、死をもたらす女を見た。答えは、その女は戦士のもつ矢である」。カール大帝の友人たちは、詩人たちのことばの術に魅せられ、たとえばアルクィンは、弟子ドドに次のような詩を書き与えている（*Epist.* Ⅳ, p. 107）。

Dodo juxta nomen totum tibi tu mihi dada（ドドよ、お前は名前のとおりに、わたしに与えよ、与えよ）

Do tibi me totum sed tu, Dodo, mihi te da.（わたしはお前にわたしのすべてを与える。しかしドドよ、お前はお前をわたしに与えよ）

このように、カール大帝とその友人たちは、文学的な遊びに興じ、いつの時代の王宮でもそうであるが、気取った文体を用いていた。

三〇年にわたった宮廷の教養には、当然、多様な、相対立する要素が作用していた。後述するように、カロリングの人々に学問を教えた〔フランク以外の〕教養人たちは、入れ替わり立ち替わり宮廷においてそれぞれの役割を演じた。そこには、グループ間の党派争いや対立があったことが推断される。治世の当初はイタリア人が王の寵遇を得、七八二年から七九六年にかけては個性的なアングロ・サクソン人アルクィンが君臨した。アルクィンがトゥールに移ったあと、スコット人のクレメンス、ドゥンガル、ディクイルが宮廷に入った。年老いたアルクィンは、いかにもアングロ・サクソン人らしく、かれらの改革運動をうさん臭い目で眺め、一方ギリシア人たちの明敏さをおそれた（*Epist.* Ⅳ, p. 437, 307）。八世紀末にはスペイン人テオドゥルフが宮廷に姿を見せている。かれもまたスコット人を嫌い、それは「愚かな」(sottus) カダク (Cadac) に対するかれの非難にも示されている。[17] テオドゥルフやスコット人の到来により、自由学芸の三学 (trivium)、四科 (quadrivium) の学習は新たな飛躍を遂げた (*PAC* Ⅰ, 547)。カールは七九五年以降アーヘンの宮廷に滞在し、豪華な写本を作成させ、図書室を作らせた。その蔵書目録は最近になって刊行されたが、[18] そこには、サルスティウス、キケロ、クラウディアヌス、ルカヌス、スタティウス、テレンティウス、ユヴェナリス、マルティアリス、ティブッルスなど、当時の他の図書室にほとんど見られなかった写本が含まれている。詩人モドインは、ヴェルギリウス、ルカヌス、エンニウスが再び活躍するこの「新たなローマ」をたたえる詩を書いている (*PAC* Ⅰ, 384)。また無名の一詩人は、パーダーボーンにおける教皇レオ三世とカール大帝の会見を取り上げ、自由学芸を復活させた王をたたえている (*PAC* Ⅰ, 367)。実際、帝冠を受けたカール大帝は、ビザンツ皇帝に対して対抗意識を燃やし、文芸の庇護者、第二のアウグストゥスを目指したのであった。[19]

こうしてカールは、九世紀の教養人たちの記憶のなかに生き続け、「カロリング・ルネッサンス」の創始者と仰がれることになる。かれは、「すべての王のなかでももっとも熱心に学者たちを探し求め、かれらに哲学に励むための手段を提供し」(W. Strabo, *Vita Caroli*, praef. p. 10)、「灰のなかから炎を燃え上がらせた」(Héric d'Auxerre, *Vita Germani*, praef. : *PAC* Ⅲ, 429)。「文学は永遠にかれの記憶を留め、その栄誉をたたえるべきである」(Loup de Ferrière, *Epist.* Ⅰ, p. 5)。教養人たちはカール大帝をたたえる一方で、過去を美化し現代を卑下するきわめて人間的な傾向に従い、かつての黄金時代を思い、当時の知的凡庸さを嘆いている。しかしそのかれらも、かなりの教養の持ち主であった。カール大帝の後継者たちは、かれが手がけた事業を継続し発展させていったからである。

三　九世紀における教育政策——立法者、文芸の庇護者としての君主

ルートヴィヒ敬虔王の最初の数年は、期待を抱かせるものであった。かれは、きわめて高い教養の持ち主であったが、その関心は、若いころ読んだ世俗の詩人の書よりも教会関係の書に向けられていた（Thégan, *Vita Ludovici*, 19）。かれは、宮廷礼拝堂のため詩編集やミサ用福音書抄録を作成させ、ビザンツ皇帝ミカエルから贈られたディオニシウス・アレオパギタの書をサン・ドニの修道院長ヒルドゥインに翻訳させている。つまり、これまで言われてきたように、宮廷の知的活動は衰退していたわけではない。王の図書室には多くの蔵書があり[20]、またディクイルや「教師」(magister) トマス (Kenney, no 352-355)、アインハルト、ワラフリド・ストラボといったスコットの教養人たちが王と親しく交わっていた。八一九年、ルートヴィヒ敬虔王の二番目の后ユディトの輿入れにより、宮廷はますますその輝きを増していった。ワラフリド・ストラボと黒人エルモルドは新しい女王をたたえているが、それによると、かの女の美貌と詩や音楽に対する趣味は皆が認めるところであった[21]。

ルートヴィヒ敬虔王は、アニアヌのベネディクトの勧告のもとに、八一七年アーヘンに全国集会を招集し、あらためて教会改革のための手段を講じたが、そのなかには学校の開設も含まれていた。さらに集会は、皇帝がいたるところに広めようとした司教座教会参事会の、会員教育だけでなく、その他の聖職者の教育にも配慮した（*Conc.* I, 318）。他方、修道院には修道生活に予定されている子どもだけを受け入れることが決定された（*Capit.* I, 346）。こうした措置がどのように実施されたかについては後述する。八二二年アッティニーに集まった司教たちは、学校教育に対する努力が不十分であったことを認め、司教座教会のそばに学校を開設することを約束し、大規模な司教区では、その他の場所にも学校を設置することにした。それから三年後、ルートヴィヒ敬虔王は司教たちに約束の履行を迫っている（史料11aとb）。これ

に対して八二九年、司教たちは、ルートヴィヒ敬虔王にあてた報告書で、帝国の三箇所に「公の学校」(scholae publicae）を開設するように要望している。この scholae publicae という表現は、聖職者、俗人を問わず、すべてのものが入学できる学校の意味ではなく、八二五年ロタール一世が北イタリアに開設させたような、王権の庇護のもとにある教育の中心を指していることはたしかである。

実際、かつてアインハルトとスコット人クレメンスに師事したロタールは、イタリアに到着すると、人々を驚かすような大規模な措置を講じた。かれは、方々の司教座教会から送られてくる生徒・教師たちが学問の仕上げをする、九つの学問の中心を開設した（史料11 d）。それは、パヴィア、イヴレア、トリノ、クレモナ、ヴィチェンツァ、ヴェローナ、チヴィダーレ、フィレンツェ、スポレト公領のフィルモにあった。一年後、教皇は王をまねて領内に学校を開設することにしている。しかしロタールは間もなくフランスに戻って政争に巻き込まれ、こうした措置の施行を見届けるわけにはいかなかった。

実際これらの教育政策も、八三〇年、八三三年におけるルートヴィヒ敬虔王の子どもたちの反乱とそれに伴う混乱により、その実施を阻まれた。司教たちは学校の衰退を目の当たりにして憂慮し（*Epist.* V, p. 392)、フェリエールのルプスも、アインハルトあての書簡のなかで、教師の不足と、学習の困難さを訴えている（史料13)。八四〇年ルートヴィヒ敬虔王は死去し、三年後、ヴェルダン条約によって王国は三分された。リヨンのフロルスは、『帝国の分割を嘆く』(*Déploration sur la division de l'Empire*）という書において、とりわけ、子どもたちが文字を学び、若者たちが聖書の手ほどきを受けていたころを懐かしがっていている（*PAC* Ⅱ, p. 559)。では、これで「カロリング・ルネッサンス」は終末を迎えたのであろうか。

逆説的な言い方ではあるが、政治上の分裂は、教養の発展にあまり影響していない。ロタール一世（八五五年没）およびその子ロタール二世（八六九年没）のころのアーヘンの宮廷には、教養ある司教や修道院長たちが出入りしていた。セドゥリウス・スコトゥスやラバヌス・マウルスは、王に自作の詩や注解書を贈っている。ロタール一世は、プリュムのワンダルベルトには詩文体の殉教録を、リュクスイユのアンゲロムには「雅歌」の要約を求め、それによって、妻を失った悲しみから逃れようとしている（*PL* 115, 551）[22]。八五五年、司教たちはロタール一世を議長にヴァランスの宗教会議を開催し、その決議の一項で学校の開設を取り扱っている。それから四年後、トゥルに近いサヴォンニエールの宗教会議において、司教たちはこの決議を再び取り上げ、ロタール二世、カール禿頭王に対し、先王たちの事業を継承して聖・俗の学問を教える「公の学校」を開くよう要請している（史料11ｆ）。

イタリアでは、ルートヴィヒ二世とその后アンギルベルガ——かの女の名前はセドゥリウスのサークルに由来するふたつの写本に出てくる（Kenney, no 364, p. 560）——が、王国の宗教、教養の維持に努めている。教皇領では、教皇たちが王たちの決定に示唆を得て学校の復興に取り組み、八二六年教皇エウゲニウス二世は、ローマ宗教会議の一条において「学問のための学校の開設」を取り上げ、各司教館に学問の中心を開設するように命じている。また、八六三年レオ四世は先任者の決定を継承し、新たな状況に適応させつつ、その実現を図っている。かれは、小教区には自由学芸を教える教師が稀有なことを考慮して、聖職者が少なくとも宗教的知識を学ぶように命じ、教師たちには教授活動について報告するように求めている（史料11ｅ）。

ゲルマニアの王国では、少なくともわれわれが知る限り、ルートヴィヒ二世（八七六年没）は学校に関する勅令は出していない。しかしこの君主は、兄弟たちに劣らぬほどの教養を身につけていた[23]。ラバヌス・マウルスは種々の注解書と、大著『宇宙論』（*De universo*）を王に贈り、弟子のひとりエルメンリヒは、王のために自由学芸に関する書の執筆を計画しているからである。セドゥリウスもまた、王をたたえ、「王のおかげで野蛮な舌もキリスト教的な歌唱を学ぶ」と述べている（*PAC* Ⅲ, 195）。実際、ルートヴィヒ二世は他のカロリングの王以上に、ドイツ語の詩、ヴィッセンブルクのオトフリートの福音詩、『ムスピリ』（*Muspilli*）に興味をもっていた（本書三二四頁参照）。

もっとも教養の高かった君主は、たしかに、ルートヴィヒ敬虔王の末子で八四〇年から八七七年までフランスを治めたカール禿頭王であった。(24) かれは、母后ユディトとワラフリド・ストラボからすぐれた教育を受け、自然学、地理、歴史、聖書注解などあらゆる学問に関心を寄せた。とくに神学に熱心で、聖体や救霊予定など当時の重要な教義上の諸問題に自ら取り組んでいる。またかれは、ウズアールの『殉教録』を献呈され、また、西方の聖人たちの伝記の刊行やギリシア語の聖人伝の翻訳を奨励し、さらにヨハネス・スコトゥス・エリウゲナに対し、ディオニシウス・アレオパギタの著作とマクシムス・コンフェッソールのいくつかの小著の翻訳を求めている。

カール禿頭王は、広範な政治活動に忙殺され、またノルマンの侵攻、貴族たちの反抗に悩まされながらも、つねに学問の時間だけは確保していた。図書室には、かれに献呈された約五〇巻の献呈本や、かれ自身がサン・ドニやランスの写字生たちに筆写させた写本など、多くの蔵書があった。

哲人君主を目指したこの王は、八七五年教皇ヨハネス八世から王冠を受けたが、かれはまさにそれにふさわしい人物であった。二年後教皇は、皇帝を称賛することばのなかで、かれが宗教のために戦い、聖職者の教育に尽くしたことを強調している。しかしカールは多くの勅令を出しながらも、学校については、もはやその必要は感じないと言わんばかりに、まったくふれていない。フェリエールのルプスがフランスの諸地方における学問の再生を見て喜び (*Epist.* 133)、オーセールのヘリックがカールの宮廷を、「だれもが毎日軍事と学業に励む」まことの学校として紹介したのも当然である (*PAC* III, 429)。

このように、カロリングの君主たちは学問の復興に尽力したのであり、「カロリング・ルネッサンス」は、まさにかれらの業績であった。ただかれらは司教、修道院長、そして八四三年の〔ヴェルダンの〕条約以降は、西方における宗教的、道徳的一致の紐帯となっていた、教皇たちに支えられていたことを忘れてはならない。またカロリングの君主たちは、フランクの世界に外国人を受け入れ、帝国の域外に発展しつつあった教養をもってフランク世界の開化を図ったことも記憶すべきである。

第三章　外来文化の影響

カロリング帝国の版図がいかに広大であったとはいえ、カール大帝の権力はスペイン、イギリスの島々には及んでいない。しかし七、八世紀の再生に重要な役割を果したこれらの地方は、その後も学問の中心としての役割を果し、カロリングの文芸復興にも寄与した。他方ギリシア、ユダヤといった東方の教養がカロリングの人々の思想に与えた影響も見逃してはならない。

一　八、九世紀におけるスペインの教養

キリスト教徒の地方

八世紀初頭以降、西ゴートの貴族たちは、アラビア人の侵攻を逃れてイベリア半島北西部に避難し、そこに西ゴート王国を再建し、王たちは幾多の困難のあとオヴィエドに居を定めた。アルフォンソ二世（在位七九一―八四二年）、ラミロ一世（在位八四二―五〇年）は首都を「新しいトレド」に定め、そこに教会を建て、都市の宮廷や田舎の館、公共浴場を建設した。(1) かれらはまた、西ゴートの伝統を取り入れて宮廷や役所を組織した。サモスの修道院で育てられたアルフォンソ二世は書籍を集め、それはかれの死後オヴィエドのサン・ソーヴール修道院に遺贈されている。現存するその目録から、かれの教養についておよそのことはわかる。蔵書のなかには、教会関係の書のほか、語彙集、地理関係の書、ヴェ

ルギリウスとユヴェナリスの書が含まれていた。(2)

アルフォンソ三世大王（在位八六八－九一〇年）は、貴金属細工師や画師を使って、宮廷やオヴィエドの教会を飾らせた。また、かれの求めに応じて『語源誌』の写本も作成され、(3)カヴァの豪華な聖書も王の周辺で生まれたというのが真実らしい。(4)またかれの在位中に、いくつかの西ゴートの年代記が編纂され、王自身そのひとつに筆をとった。(5)こうしてアストゥリアの王やナバーラの君主たちは、イスラム教徒から奪回した地方に修道院を建て、カロリングの君主たちと同じく、これに土地や書籍を与え、会則に即した修道生活を送るようにさせた。

また、学問の中心もいくつか知られている。七八六年ごろリエバナのサン・トリビオでは、修道者ベアトゥスが『黙示録注解』を著し、それは急速に流布していった。かれはまた、友人でのちオスマの司教になったエテリウスとともに、トレドの大司教エリパンドゥスが唱えたキリスト養子説に反論している。ナバーラ地方にあった「西方の光」サン・ザカリアス、(6)レールのサン・サルヴァドール、キラのサン・マルタン、ペナのサン・ファンの修道院も学問の中心であった。コルドバのエウロギウスは八四八年頃、これらの修道院を訪問し、『神の国』、『アエネイス』、またユヴェナリス、ホラティウス、ポルフィリウスの詩や、アングロ・サクソン人アルドヘルムの風刺詩、アヴィアヌスの寓話集、カトリックの聖歌集を持ち帰っている。(7)

アラビア支配下のスペイン

エウロギウスが写本を求めて他所に旅したとは言っても、それは、七一一年のアラビア人の侵攻により、スペイン南部の学問の中心がすべて消滅していたからではない。ウマイア朝の太守領――アブド・アル・ラーマン（在位七五六－八八年）がコルドバに開き、その後継者のころ最初の「黄金時代」を迎えた(8)――には、相変わらず多くのキリスト教徒が残っていた。かれらは、税を納め福音伝道をしない限り太守の手厚い保護を受け、司教――その選出には太守が介入した

——、聖職者、修道院ももっていた。たとえば、コルドバのアルヴァールと友人エウロギウスの著作は、コルドバとその周辺にある約二〇の教会や修道院のことを教えてくれる。

これらの宗教上の中心には、スペイン北部や東方のキリスト教徒が巡礼と学問のために訪れ[9]、写本を発見している。今日なお若干の写本が残存しているが、そのなかには、八二五年コルドバで筆写され注釈を付されたイシドルスの著作を含む、レオンの司教座教会の写本二二（あるいはOvietensis）——そのひとつはアラビア語による注釈——がある。八八二年の日付のあるコルドバやトレドの目録をとおして、モサラベの図書室の内容もいくらか知ることができる。そこには約五〇巻の書籍があり、そのなかにはヴェルギリウス、ユヴェナリス、文法、幾何学などの書があった（Gil, *Corpus* p. 707）。つまりトレドやコルドバの聖職者、修道者は、聖・俗の教養の手段を持っていたということである。

八世紀後半のトレドにおける教養についても、いくつかの史料が残っている。たとえば七五四年の『年代記』、チクシラが書いた『聖イルデフォンススの伝記』（Gil, *Corpus* p. 60-65）、とくに、八〇歳を越えても一部の司教とともにキリスト養子説を主張した大司教エリパンドゥスの戦闘的な書簡がある。たしかに聖書や教父に関するエリパンドゥスの教養はかなりなもので、ラテン語によるその雄弁も迫力に欠けているとは思われない。しかし、かれが受けた教育についてはなにもわからない[10]。

コルドバではアルヴァール、エウロギウス、サムソン、また、「文法教師」（grammaticus）と呼ばれたヨハネスはすぐれた学識を身につけていた。俗人で、一家の父親であり大土地所有者であったアルヴァールは、エウロギウスとともに、スペランデオが修道院長であったサン・ゾイル修道院で教育されている。アルヴァールは『聖エウロギウス伝』を著し、そのなかで、エウロギウスとともに学んだ学問、ふたりの間の討論、共通してもっていた詩趣を、感情を込めて次のように思い起こしている（Gil. *Corpus* p. 331-332）。「カトリックはもちろん異端、異教の哲学を取り扱う書籍で、かれ〔エウロギウス〕が知らなかったものがなにかあったろうか。詩や散文による著作、歴史書で、かれが学ばなかったものがなにかあったろうか。またかれが音楽、韻律を解さないような詩、かれが知らなかった外国の書籍がどこかにあったろうか」。さらにアルヴァールは、エウロギウスが韻律を知らなかったスペインの学者にそれを教えた、とも言っている（*Vita Eulogii* 4, 8 : éd. Gil, *Corpus* p. 333, 335）。

エウロギウスの著作としては、残念ながら、三通の書簡とコルドバの殉教者たちに関する著作しか残っていない。これに対しアルヴァールの著作は、種類も数も多い。かれは、ヨハネスあての書簡では文法の過大評価に不満を述べ、ドナトゥスの規則を拒み、自由学芸を非難しているが（史料48）、その著作はかれがれっきとした教養の持ち主であったことを示している。かれは、少々気取ったラテン語で書き、当時の語彙集を用い（Gil, *Corpus* p. XLIII-XLIV, p. 200）、作詞法をうまく利用している。鶯を題材にしたかれの詩は、かれがおそらく知っていたカロリングの詩人の作に優るとも劣らない。アルヴァールはまた、当時のカロリングの世界においても議論されたユダヤ人問題や、三位一体、魂の起源などの宗教上の論争にもその才能をいかんなく発揮し（Gil, *Corpus* p. 144-270）、ヒエロニムス、アンブロシウス、アウグスティヌス、大グレゴリウスといった教父たちの著作と、イルデフォンスス、イシドルスといった西ゴートの司教たちの著作を武器に戦った。修道院長サムソン――かれは、自分に反対するマラガの司教に文法を教えたことがある（*Apologeticum*, II, 7 : éd. Gil, *Corpus* p. 569-572）――もすぐれた詩人で、キプリアヌスという弟子に学問を教えている（Gil, *Corpus* p. 665, 685 s.）。また当時の諸問題に取り組むアル・アンダルーの教養あるキリスト教徒たちが、自分たちの宗教的教養に磨きをかけようとしていることは明白である。

たしかに教会の活動は容易ではなく、多くの障害に直面していた。まず教会活動の原動力であるべき聖職者はまったく凡庸で、エギラが教皇ハドリアヌスの同意のもとに取り組んだ教会改革も、期待したほどの成果を収めえなかった。八六五年ごろ、コルドバのレオビヒルドは『聖職者の生活態度』（*De habitu clericorum*）を著し、古くからの教会法令集をもとに聖職者のための生活指針を提示した（Gil, *Corpus* p. 667-684）。一方、あらゆる種類の異端がはびこっていた。八三九年のコルドバの宗教会議は、そのいくつかを断罪している（*Ibid.* 135-141）。ピンナメラリアの修道院長サムソンは、マラガの司教が神人同形論を唱えているとしてこれを非難し（*Ibid.* 545 s.）、アルヴァールは、コルドバには三位一体を否定する異端者がいるのではないかと、不安を述べている（*Lettre à Sperandeo* : *Ibid.* p. 203-210）。

また、キリスト教徒に対するユダヤ人の影響も危険であった。七九四年教皇ハドリアヌスは、「カトリックと自称する多くのものが、洗礼を受けていないユダヤ人や異教徒と共通の生活を送っている」という報告を受けている（*PL* 98, 385）。ルートヴィヒ敬虔王の宮廷にいたもと助祭ボド＝エレアザールは、ユダヤ教に改宗してコルドバに逃げ、他のキリスト教徒も改宗させようとした。これに対し、ユダヤ人の血を引くアルヴァールは、八四〇年ごろ、ユダヤ人論争についてきわめて興味深い書簡を交わして、ボドと渡り合っている[11]。

これに劣らず危険だったのは、多くのキリスト教徒が、利害関係や思想的確信から、回教やアラビア文化にひかれていたことである。あるものは改宗し、あるものは回教君主に仕え、コルドバの役所で働いていた。またアラビア語がキリスト教徒の間に浸透し、アルヴァールを嘆かせている。かれは、『回教反駁』（*Indiculus luminosus*）の巻末で、キリスト教徒がアラビア語の寓話や詩を楽しみ、聖書よりもイスラムの哲学者の書籍を好むといって慨嘆している。「こうしたキリスト教徒の若者はみな、顔貌は美しく、ことばもなめらかで、服装や態度で人々の目を引きたがる。かれらはまた、異教徒の博識やアラビアの雄弁術を身につけ、カルデア人の書籍を奪い合うようにして読み耽り、それについて情熱をこめて討議し、互いに集まって熱心に研究し、文体の緻密さをたたえて、その普及を図る。しかしかれらは教会のことばの美しさは知らず、楽園から流れる教会の大河を卑しいものとして軽んずる。なんと痛ましいことか。いまやキリスト教徒は、もはや自分の掟を知らず、ラテン人は自分たちのことばがわからない。キリスト教徒のうち、しっかりした書簡を友人に書きうるものは千人に一人。多くのものが博識を傾けて華美なカルデア語で書こうとしている」（Gil, *Corpus* p. 314-315）。

たしかにアラビア語が普及していった。しばらくは二言語が使用されたが、ついに何人かのキリスト教徒はアラビア語の聖書を読むようになり、八八六年バレンシアの司教は「詩編」をアラビア語に翻訳させている。

アル・アンダルーのキリスト教徒は信仰を固く守り、回教徒を説き伏せようとしたが、その論証はかなり貧弱なものであった。それについては、たとえばアルヴァールの『回教反駁』や、まったく反回教的な小著『ムハンマド小伝』(*Annotatio Mahometi*)——エウロギウスはスペイン北部で発見したと言うが、実はシリアから持ち込まれたらしい——を見てもらいたい。(12)

何人かのキリスト教徒は信仰の証しを立てるため、すすんで殉教という極端な道を選んだ。男女の俗人や修道者が公然とムハンマドとアラビア人の信仰を非難し、望みどおりに殺害された。エウロギウスは『聖人たちの記念』(*Memoriale Sanctorum*)のなかで、殉教者たちの受難について述べているが、かれ自身、八五八年処刑された。(13)

スペインとフランク王国の関係

モサラベのキリスト教徒は、孤立無援であったわけではない。アストゥリアの王たちは、かれらを支援するだけの物的手段はもたなかったが、ふたつのスペインの間にはいぜんとして交流があり、旅行者、商人、巡礼者をとおして産物や写本の交易が行われていた。一方モサラベの避難民は、九世紀に再征服された地方に移り住み、古代の著述家の書だけでなく、アストゥリアの年代記作者が用いていた年代記を持ち込んでいる。(14)他方カロリングの人々も、まず政治的理由からスペインに関心をもち、カール大帝はエブロ川以北の土地の奪回を目指して、バルセロナまで進出した。そこにはまた、宗教的動機もあった。トレドのエリパンドゥスが唱えたキリスト養子説は、アストゥリアでは排撃されたが、スペイン辺境領のウルヘルでは熱心に信奉されていたからである。カール大帝と顧問の聖職者たちはスペインの聖職者たちと長期にわたって論争し、ついに七九四年のフランクフルトの宗教会議で決着をつけた。(15)この事件は、一方では、カロリング朝とオヴィエドの君主たちとの結び付きを深めることになった。後者は自主独立を固執しながらも、カールの援助を必要としていたからである。[16] 人的交流もあり、七九九年オルレアンのヨナスはアストゥリアに滞在し、またテオドゥルフもやって来た。西ゴート人であったテオドゥルフはフランク王国に逗留していたが、九世紀初頭のオヴィエドの宗教会議には参加したようである。

カール大帝の後継者の時代になると、スペインとの交流は拡大されていった。コルドバとカロリングの宮廷は使節を交換し、また交易、巡礼による交流もあった。当時のいくつかの史料は、九世紀初頭コンポステッラで発見されたばかりの聖ヤコブの聖遺物に言及している。[17] また八五八年、修道者ウズアールは、聖遺物を探すためサン・ジェルマン・デ・プレの修道院長ヒルドゥイン二世からサラゴサに送られた。かれは、そこからコルドバに向かい、エウロギウスやモサラベのキリスト教徒と交わり、コルドバで殉教したばかりのキリスト教徒の遺物を貰い受けている（Aimoin, *Translatio martyrum Georgii et Aureli* : *PL* 155, 939-961)。[18] このように、スペインとカロリングの世界は互いに見知らぬ仲ではなく、スペインの教養は、避難民をとおして直にフランクの世界に影響を与え、さらに間接的により北方の教養にも影響を及ぼした。

フランク王国における西ゴート避難民の存在は、アラビア人の侵入後まもなく、アルビ、オータン、ザンクト・ガレン、ボッビオ、ヴェルチェッリ、ヴェローナの図書室にかれらの写本が入っていることで明らかである（*CLA* Ⅵ, 727, 728, 729 ; Ⅶ, 918 ; Ⅰ, 44 ; Ⅳ, 468, 515)。古文書学者たちが指摘する「スペイン的徴候」（spanish symptoms）をとどめる写本は、それがスペインで筆写されたか、あるいはガリアやイタリアで働いたスペインの写字生の手に成ることを証明している。たとえば八世紀末の、ルッカの写本四九〇がそうである（*CLA* Ⅲ, 303 a)。

西ゴートの写本がカロリングの教養に与えた影響については、歴史学者たちもその重要性を評価するようになってきた。こうした写本の形で、教父たちの著作やイシドルス、イルデフォンスス、ユリアヌスの著作が知られるようになり、また

『ラテン詩華集』のような世俗の著作も持ち込まれたのであった。さらに、教会法令集、[19] 典礼書、[20] 修道会則が、ガリアの聖職者たちに知られるようになっている。

アラビア支配下のスペインやキリスト教信奉のスペインを脱出する西ゴート人の流れは、八世紀後半も続いた。どのような人物が来たのか、その名前はわかっている。ピルミンはおそらく西ゴート人であり、アニアヌのベネディクトはたしかにそうであった。テオドゥルフは七六〇年ごろスペインに生まれ、七九八年オルレアンの司教になっている。テオドゥルフの著作はスペイン的特徴を色濃く含み、精密な研究に値する。かれは西ゴートの詩の伝統をガリアに持ち込み、ヘブライ語版をもとに聖書を校訂し、聖霊に関する重要な著作を書いている。また聖画像の崇敬を断罪する『カールの書』(*Libri Carolini*) を編纂し、スペインの芸術家や、東方の影響を受けた芸術家を用いて、かれがジェルミニに建設させた礼拝堂を装飾させている。[21]

テオドゥルフがガリアに移住したころ、のちトリノの司教になるクラウディウスがリヨンにやって来た。かれの著作は、ある面ではテオドゥルフのそれに似ており、これについても総括的な研究が欲しいところである。クラウディウスは当時もっともすぐれた神学者のひとりで、かれもまた、聖画像崇敬に反対した。[22]

クラウディウスがリヨンに移住したのは、その少し前からスペイン人がこの町に避難し、司教座教会の図書室で働いていたからである。[23] リヨンの大司教レイドラドは、ウルヘルのフェリクスを監視するためカール大帝からスペインに派遣され、スペインの写本を持ち込んで図書室の蔵書を増やした。七六九年にスペインに生まれたかれの後継者アゴバルドも、スペインの写本を多数、取り寄せている。[24] かれは、アフリカの論客テルトゥリアヌスの写本――それは、テルトゥリアヌスの著作の最良の写本と見なされている――を持ち込んだようで、のちかれは、これを教会に遺贈している。アゴバルドは豊かな宗教的教養を身につけ、ユダヤ人をひどく毛嫌いし敵愾心を剝き出しにした数少ない司教のひとりであったが、それはどれも、かれが西ゴート出身であったからである。

とはいえ、スペインの教養はカール大帝が奪回した地方にも生き残っていたことを忘れてはならない。この西ゴートの飛び地は、時として言われているように、直ちにフランクの法のもとにおかれたわけではない。西ゴートの法は、いぜんとして効力をもち、[25] ウルヘル、パッラール、リバルゴルザといった伯領では、修道生活や典礼では古い慣習が維持されていた。こうして「スペインの辺境領」は、カロリング世界において独特の位置を占めていたのである。

二　イギリスの島々における教養（八世紀後半―九世紀）

イギリス

八世紀前半に大陸に渡ったアングロ・サクソンの修道者たちは、ガリアにおける宗教、文化の再生に貢献し、ゲルマニアに修道院を建設した。かれらは、ピピン、カール大帝のころも引き続き渡来し、カール大帝はかれらを司教や修道院長に任命した。[26] ボニファティウスの弟子たちは、故国の人々と緊密な交流を保ち、フルダの修道院長になったルルは、カンタベリーの司教に対しオプタティアヌス・ポリフィリウスの詩集を求め、ウースターの司教には医学書を送っている（*Epist.* Ⅲ, 245)。またタキトゥス、スエトニウス、コルメラ、ルクレティウス、トレドのユリアヌス、イシドルスの著作を含む多くの写本が、イギリスの島々から大陸に運ばれ、筆写されている。[27] トゥールに引退したアルクィンは、トゥールの修道者の不満を気にすることもなく、アングロ・サクソン人の写字生を用い、また身辺には英仏海峡を渡ってきた弟子たちをおいた（*Vita Alcuini* 18)。かれは、かつてヨークで所有していたほどの書籍がないことに不満で、カール大帝の許しを得た上で数名の弟子をヨークに送り、書籍を取り寄せた。こうしてかれは、「エデンの園は、閉鎖されたままヨークにとどまるのではなく、このフランスのトゥールの地においても、楽園の木の若芽が萌え出すであろう」と述べている（*Epist.* Ⅳ, 177)。

実際、よく言われていることとは逆に、アングロ・サクソンにおける教養の中心は、八世紀後半には、まださかんに活動していた。アルクィン自身、故国の人々と交流を保ち、七八六年には、オッファのもとに派遣された教皇の使者とともにイギリスに渡り、その後七九〇年、七九三年にも帰国している。七五七年から七九六年にかけてマーシア王であったオッファは、アングロ・サクソンの君主のなかでも、傑出していた。かれは、政治、交易においてカール大帝とつながりをもち、かれを模倣した。さらにカロリングのしきたりに従って息子に戴冠させ、文人を宮廷に招聘し、各地に修道院を建てさせた。[28] ケント王国では、カンタベリーの大司教がクロデガングの会則を導入し、また写本の作成を奨励している（*CLA* Ⅱ, 122 ; Ⅺ, 1605, 1642, 1661 ; suppl. 1675）。アングロ・サクソンの芸術家の力量がいかほどのものであったか、それを知るためには、サンクト・ペテルブルグの『ミサ用福音書抄録』のような豪華な写本を見てもらいたい。

ノーサンブリアでは、七八六年ローマの使節が大規模な改革宗教会議を招集し、アルクィンは、ヘクサムの司教、リンディスファーンの司教兼修道院長に書簡を送って、かれらを激励した（*Epist.* Ⅳ, p. 73, 181）。九世紀初頭のある詩は、リンディスファーンの学校について若干ふれている（*PAC* Ⅰ, 582-604）。九世紀中葉、フェリエールのルプスは、ヨークの教会には多くの蔵書があり、修道院長アルトシグとかいう人物の指導により学問への熱意も高いことを知り、かれに対しヒエロニムスとベダの著作の写本、クィンティリアヌスの『弁論家の教育』（*Institutio oratoria*）一二巻を送ってくれるように求め、筆写したあと、必ず送り返すと約束している。[29]

ところで八三五年以降、デーン人は周期的にイギリスに侵攻し、王たちの防戦も空しく、イギリス全体が徐々にかれらの支配下におかれていった。マーシアの教養ある聖職者たちは南方に避難し、アルフレッド王の有能な協力者となった。イギリスがある程度安定してくるのは、アルフレッド（在位八七一－九九年）が王座に就き、ロンドン・チェスターの線より以北の地方を一時的にデーン人の手に委ねてからである。二度ローマを訪れ、またカール禿頭王の宮廷に滞在したこともあるアルフレッドは、王国を物質的に豊かにし、宮廷をイギリス南部の宗教と教養の中心にしようと考えた。こうしてかれのころ、アングロ・サクソンの教養の歴史は新たな段階を迎えることになる。九世紀のイギリスで教養が維持されていたとは言っても、すでにかつての栄光は失われ、アングロ・サクソンの聖職者たちも大陸には渡っていない。アルクィンが世を去り（八〇四年）、その弟子で後継者であったフリデギススが死去してからは（八三四年）、教養あるアングロ・サクソン人は大陸から姿を消した。かれらの時代は終わり、アイルランド人の世が始まったのである。

アイルランド

カロリング世界へのアイルランドの影響を研究する歴史学者たちによると、アイルランドの修道者たちが故国を後にしたのは、この地方が部族間の争いや他民族の侵攻によって荒らされ、教養生活がまったく枯死したからであった。しかし七九二年アルクィンは、「アイルランドの島で修道生活に励み、英知の学習に努める聖なる教会の子どもたち」（*Epist.* Ⅳ, p. 437）に書簡を送り、かれらの学習意欲をほめ、いっそうの努力を勧めている。かれ自身、メーヨーの修道院に住むアングロ・サクソン人の一司教や（*Ibid*. p. 19）、弟子ヨゼフを伴ってヨークに教えに来た教師コルクと交流があった（*Ibid*. p. 31, 33）。つまりイギリス北部に対するアイルランドの影響は、九世紀初頭、いぜんとして続いていたのである。[30]

七九八年に始まったヴァイキングの侵攻は、八二三年以降いっそう荒廃を広げ、海岸近くの大修道院は荒らされた。しかしアイルランド人はこれにもめげず、二度の侵攻の合い間をぬって祈りと学習の生活を続けた。八世紀中葉、ガリアで教会改革が推進されていたころ、タラートで始まったクルデの修道者たちの改革運動は、修道院長マエル・ルアインの死後（七九二年）も続行され、九世紀中葉まで他の修道院に波及していった。[31]

これらの祈りと学問の中心から、ラテン語の著作や、またそれ以上にゲール語の著作が多数、著された。そのなかには修道会則、殉教録、贖罪規定書、聖人伝だけでなく、詩、教科書、文法書も含まれ、それらはのちに大陸に持ち込まれた。[32]

たとえばライデンやザンクト・ガレンに残存するプリスキアヌスの文法書の『注解書』(*Commentaires*) には、ゲール語による注釈が無数に書き込まれている (Kenney, no 364, 533)。さらに、アイルランドの絵画術は、八世紀および九世紀初頭に最盛期を迎えている。ビールの修道院長マク・レゴルのミサ用福音書抄録、『アルマー写本』、とくにヴァイキング侵攻以前にアイオナで書き始められケルズで完成された『ケルズ写本』(*Livre de Kells*) は、アイルランド人が創作能力を持続していたことを証明している。[33]

またアイルランドの修道者たちは、ウェールズやコーンウォールのケルト人の中心と学問的交流をもち、ラン・カルヴァンの修道院長は、八八三年アルマー修道院における学問の復興を援助し、この修道院で、ウェールズ語とアイルランド語の注釈を付されたユヴェンクスの写本が作成されている (Kenney, no 530)。アイルランド人はまた、メルヴィン・ヴレク王 (八二四年没) の宮廷にも出入りしている。ウェールズ南部では、ネンニウスが大陸の年代記やスコット人、アングロ・サクソン人の『歴史』(*Annales*) をもとに『ブリタニア史』(*Historia Brittonum*) を著している。[34] なお、コーンウォールの学問の中心はほとんど知られていないが、アイルランド人はこの地方を経由してイギリスに入ったことに注目すべきであり、またエウティケス、オヴィディウスの書のほか学習帳を含むオックスフォードの写本は、そこに付記された注釈から推測して、コーンウォールの学問の中心から来ているように思われる。[35]

大陸におけるアイルランド人

八世紀中葉、大陸に渡ったアイルランド人たちは、すでにガリア北部 (ペロンヌ、フォス)、アラマニア (ザンクト・ガレン)、ババリアに定住していた植民団のなかに居を定めたが、かれらの渡来と活動は、聖・俗双方の権力者たちに不安をもたらした。これらスコット人のなかには、異端を伝達するはみ出し人間、またあらゆる統制を逃れ、贖罪規定書のような非認可の書籍を持ち込む聖職者、偽司教たちも紛れ込んでいたからである。たしかにスコット人に対する敵対的な態度は、「放浪」修道者や、いわゆる「移民のくず」に向けられていた。[36] 一方、アイルランド人の学識の評判は高く、カール大帝はかれらの学識に頼らざるをえなかった。かれの治世の終わりごろ、クレメンス、サン・ドニの修道者ドゥンガル一世、氏名不詳の「アイルランドの流刑者」(Hibernicus exul)、ヨゼフなど、教養あるスコット人が宮廷に入り、治世の当初イタリア人やアングロ・サクソン人が果した役割を引き継いでいる。[37]

アイルランド人は、ルートヴィヒ敬虔王とその王子たちのころも宮廷にとどまった。クレメンスとトマスは王子たちの教師を務め、ディクイルは八一六年ごろルートヴィヒ敬虔王のために天文学に関する書を著し、また、『地球の大きさについて』(*Liber de mensura orbis terrae*) を書いたが、これは、初期中世における地理書のなかでもっともすぐれている。[38] サン・ドニの修道者とは同名異人のドゥンガル二世は、八二五年パヴィアの学校の教師であった。アイルランド人は、八四〇年以降もさかんに大陸に渡って来た。オーセールのヘリックの大袈裟な表現によると、「ほぼアイルランド全体が海をものともせず、一群の哲学者とともに、われわれの岸辺にあがって来た」(Préface de la *Vie de saint Germain* : *PAC* Ⅲ, 428)。

スコット人は、帝国のあらゆる地方にいた。かれらは、イタリアではミラノ (*PAC* Ⅰ, 393)、ボッビオ、ヴェローナ (*Ibid.* Ⅲ, 685; Ⅳ, 2)、ルッカ、フィエソーレ (Kenney, no 421) に定住した。アラマニアでは、『聖ガルス伝』を著しアイオナの修道院長ブラトラクをたたえる詩を書いたワラフリド・ストラボは、スコット人とも文通していた。アイルランド人はザンクト・ガレンにとってはおなじみの客人で、そのころここに出入りするかれらの数は漸増し、エルヴァンゲンのエルメンリックが書いているように、「学問の光をもたらした」(*Epist.* Ⅴ, p. 575)。マルケッルスとも呼ばれる修道者モエンガルは、修道院長グリマルド (八七二年没) から写字室と学校の指導を託され、トゥオティロ、ラトペルト、吃音者ノートケルは、かれのもとで教育されたのであった (Kenney, no 411–413)。

ロータリンギアでは、ルートヴィヒ敬虔王の義兄弟メッスのドロゴが、ドナトゥスの書に重要な注釈を付けたムーレタックを迎え、[39] 八四五年ごろ、スコット人セドゥリウスは数人の仲間を伴ってリエージュに来ている。詩人、文法教師で、神学者、聖書注解者、モラリストでもあったかれは、すぐに、リエージュやケルン、メッスの司教たちの目を引いた(Kenney, no 553-569)。

フランク王国では、スコット人はランス(Kenney, no 377)、とくにランに移住した。ランにあったスコット人の植民団はこの都市の道路(Echos は Scots を示す)に名を残し、司教学校に積極的に協力した。マルティヌスは八七五年に死去するまで、そこで教えていた。ヨハネス・スコトゥス・エリウゲナはランや宮廷で活躍した。かれは八五〇年ごろカール禿頭王から招聘されて宮廷に入り、その後約二〇年間、王国においてもっとも著名な、またもっとも物議をかもした教養人であった。[40]

大陸の教養に対するアイルランド人の影響は、どれほど強調しても、しすぎることはない。アイルランド人は、あるものには崇拝されあるものには非難されつつ、カロリング王国の教養の水準を高めていった。かれらは写本を持ち込み、マルティアヌス・カペラのような忘れられた著者たちの書を人々に知らせ、自然学や弁証学の学習を盛んにし、ヘレニズム再興の立役者になっている。

三　西方におけるギリシアの教養

先にも述べたように(本書二〇頁参照)、古代末期以降、東西間の溝はますます深まり、教養人も、何人かの例外はあったが、ますますギリシア語にうとくなっていった。西方とビザンツは、ローマ、イタリア南部のようないくつかの幸運な地方は別として、相互不信と言えるような状態に陥っていた。[41] カロリング朝は、地中海からかなり離れた内陸部に王国を建設したが、それは、かれらもまたギリシア教養を無視したということであろうか。種々の史料に散在する手掛かりをもとに、その答えを探ることにしたい。

ピピン短躯王は、王座につくと間もなく、七世紀以降断たれていた関係を修復するため、聖職者たちをビザンツに送った。東西の宮廷は幾度となく使節を交換し、ピピンの娘とビザンツの皇子との結婚さえ計画された。また七六七年、ジャンティイーでは、三位一体の教義と聖画像の取り扱いについて、ローマの聖職者とギリシア人使節との間に議論が戦わされた。[42] 一方、ビザンツ人が宮廷に出入りすることにより、ギリシア語の知識が問題にされるようになっている。今もパリ国立図書館にあるラテン・ギリシア両言語で書かれた詩編集（*CLA* Ⅴ, 120）や、アミアンの司教ゲオルギウスが翻訳したアレクサンドリアの『年代記』（*Ibid.* Ⅴ, 560）のような、ギリシア語の写本がガリアに持ち込まれ翻訳された。もっとも著名な写本は、教皇パウロが、七五八年から七六三年の間にピピンに送ったものである。教皇は書簡のなかで、次のように述べている。「手元にある限りの書籍を陛下にお送りします。つまりギリシア語で書かれた交唱聖歌集、応唱篇、アリストリス（Aristolis）の文法書、アレオパギタのディオニシウスの著作、また幾何学、正書法、文法に関する著作です」（*Epist.* Ⅲ, 529）。この文章は種々検討されてきたが、まだ十分な解明はなされていない。[43] それは何巻かのギリシア語による教科書のことで、おそらくアリストテレスあるいは文法教師アリスタルコスの一著作と、有名な偽ディオニシウスの書のことであろう。これらの写本は、七六一年ごろローマに移住した東方の避難民たちが持ち込んだものにちがいない。そして送り先はたぶん、宮廷ではなくむしろサン・ドニ修道院の図書室であった。と言うのは、このころからサン・ドニの修道者たちは、パウロの弟子ディオニシウスとパリで殉教したディオニシウス、さらに神秘家ディオニシウス（偽ディオニシウス・アレオパギタ）の三者を同一人物と考えていたからである。

アインハルトによると、カール大帝は「ギリシア語は理解したが、話すことはできなかった」。かれは、登位したばかりのころ、ビザンツとの友好関係を保とうとして、自分の娘とイレネ女帝の皇子との縁組を考え、パウルス・ディアコヌスに命じてコンスタンティノープルに派遣する聖職者たちにギリシア語を教えさせた（*PAC* Ⅰ, 49）。たしかに、聖画像崇敬と「フィリオクェ」(Filioque)〔聖霊の発出〕の問題に関する意見の相違、さらに、カール大帝の西方の皇帝としての戴冠(八〇〇年)ということもあって、両宮廷の関係は八一二年まで断たれていた。ついでに言うと、カール大帝の顧問たちは七八七年のニケア公会議の議事録の誤訳を見抜くことができず、聖画像に対するビザンツの思想を誤って解釈したのであった。しかしカール大帝の治世末期およびルートヴィヒ敬虔王の在位中、東西間にはひんぱんに使節が行き来していた。ギリシア語を話す使節たちがカロリング帝国に送られ、ラテン語を話す聖職者たちがビザンツに滞在することによって、教養における両世界の交流は強化されていった。(44)

各地の図書室の蔵書目録に見られるギリシア語やギリシア・ラテン両言語による聖書の写本は、こうして西方に流布していったと考えられる。(45) 聖書とは言っても、それはとくに詩編集の写本で、その他福音書、〔聖書中の〕書簡の写本もあった。宮廷や修道院に滞在するギリシアの修道者たちは、ビザンツの典礼や音楽も伝えた。(46) 実際、カロリングの音楽と東方の音楽との間には若干の関連を指摘できるし、また、西方の音階記号はビザンツからの借用であるとも考えうる。(47)

文法教師の仕事にもギリシア語の知識は必要であったらしい。フライジングのエルシャンベルトは、ドナトゥス文法書の注釈において、いくつかのギリシア語のことばを取り上げ注釈している。(48) フェリエールのルプスは、文通相手からギリシア語のことばの説明を求められたが、その暇がないと逃げ、別の書簡では、「あるギリシア人」(graecus quidam)にたずねたとも言っている(*Epist.* 8)。一般に、文法教師たちは蔵書のなかにあった語彙集をもとに、ギリシア語も少しは知っていた。サン・リキエの八三一年の蔵書目録には、『ことばつまりギリシア人やラテン人のことばの書』(*Liber logon, id est graecorum sermonum vel latinorum*)という書名が出てくる。(49) 教養人たちも、こうした語彙集を用いて、ラテン語からギリシア語に翻訳した用語を文章のあちこちにちりばめたり、学者ぶった語源的説明をひけらかしたり、いくつかのギリシア語のことばで詩文を飾ったりした。(50) かれらはまた、古代のギリシア・ラテン語会話の教科書で九世紀に筆写されはじめた、偽ドシテウスの『エルメネウマタ』(*Hermeneumata*)の写本を利用することもできた。(51)

ところで、ギリシア語学習の中心がどこにあったのか、正確に突き止めることができるだろうか。コルビーには八世紀以降、翻訳の学校があったらしく、アラトスの書のラテン語訳（Aratus latinus）が作られている。またここでは、アレクサンデルに関する詩も翻訳されたのかもしれない。[52]八二七年、サン・ドニ修道院——わたしの考えでは、ここにはピピンに贈られたギリシア語の写本があった——は、ミカエル吃音皇帝がルートヴィヒ敬虔王に贈った偽ディオニシウスの著作の大文字写本を入手している。アルクィンの弟子であった修道院長ヒルドゥインは、ギリシア人の修道者あるいはギリシア語の知識のある修道者の手をかりて、その翻訳をはじめさせている。その成果は平凡なものであったが、計画そのものは注目に値する。[53]

スコット人が入って来たのはこのころである。アイルランド人のギリシア教養は確かなものであったが、かれらはそれを本国で学んだのか、あるいは大陸で磨きをかけたのか、今なお議論されている。セドゥリウスはギリシア語を知っており、たしかに、『エルメネウマタ』の紹介者のひとりであった（Kenney, no 375）。ランでは、スコット人マルティヌスが、写本四四四に含まれている語彙集——これはベルンハルト・ビショッフによると、九世紀の「ギリシア語の宝庫」（thesaurus linguae graecae）であった——を編纂している。したがって、カール禿頭王が偽ディオニシウスの著作の翻訳を、改めてひとりのスコット人〔ヨハネス・スコトゥス〕に託したのも、ごく当然のことであった。[54]

われわれはここで、八六〇年ごろヨハネス・スコトゥスが完成した翻訳について論評するつもりはないが、この翻訳はたしかにヒルドゥインのそれよりもすぐれている。この最初の仕事に気をよくしたヨハネス・スコトゥスは、カールの求めに応じて、マクシムス・コンフェッソールがディオニシウスのために書いた『ことばの両義性』（*Ambigua*）を翻訳し、次いでニッサのグレゴリウス、ナジアンズのグレゴリウス、エピファニウスの著作の抜粋の翻訳にも取り組んでいる。かれはまた、ギリシア教父たちの著作から得た知識をもとに、『自然区分論』（*De divisione naturae*）を著したが、これは、神学、哲学を総合したもので、かれをして最初の西洋中世哲学者たらしめた書である。

ヨハネス・スコトゥスによる翻訳書はイタリアでも読まれた。ここではまだギリシア語の知識が保たれていたからである。[55] ビザンツはイタリア南部と北部に領土を有していたし、また、イタリアに移住したアイルランド人もギリシア語熱をあおった。それは、ミラノ在住の一スコット人が、書簡のなかで、詩編集のギリシア語訳に言及していることによっても明らかである（*Epist.* Ⅵ, 201)。ローマでは、ギリシア人修道者たちがいぜんとしてパラティーノやアヴェンティーノの修道院で活躍していた。[56] 教皇ニコラウス一世（八五八年登位）以降、歴代の教皇はますます東方の宗教問題に関心を寄せ、コンスタンティノープルの宮廷と交流をもち、それはたいてい友好的なものであった。かれらは図書係アナスタシウス――かれは、八二五年ごろローマでギリシア語を学び、使節として幾度となく東方に派遣された――の学識に頼った。アナスタシウスはすぐれた翻訳家でもあり、ヨハネス・スコトゥスのような「蛮人」が偽ディオニシウスの書を訳出しえたことに感心しながらも、その訳書を校訂している（*Epist.* Ⅳ, 430)。かれはまた、ギリシア語による教会法典、東方教会の聖人伝、さらに、カール禿頭王の求めに応じて聖デメトリウスの伝記を翻訳している。[57]

イタリア南部では、ナポリのセルギウス公はギリシア語に秀で、ラテン語とギリシア語の同時通訳をすることもできた（*SRL* 441)。またかれは、ふたりのむすこグレゴリウス三世とアタナシウス一世にもギリシア語を教えている。後者のアタナシウス一世はのちナポリの司教になって、翻訳者の一団を身辺に集め、一方ボニトゥス、グアリンポトゥス、パウルス・ディアコヌスといった聖職者たちも、東方の聖人伝をラテン語に翻訳している。パウルス・ディアコヌスは、カール禿頭王の要望に応えて『テオフィロス物語』（*Histoire de Théophile*）も翻訳している。[58] つまりイタリア南部は、長い間、西方におけるヘレニズムの橋頭堡であったということである。

このように、西方世界は八世紀中葉の閉鎖的な態度を大きく変えている。西方におけるギリシア人の存在、宗教関係の写本の流布、翻訳書の作成は西方の教養に幅を持たせ、こうした動きは一〇、一一世紀においても維持されていく。

四　西方におけるユダヤ的教養

次に、さほど研究されていない分野に移ることにしよう。それは、キリスト教的教養とユダヤ的教養との関係である。カロリング帝国においてユダヤ人は重要な植民団を形成し、それはとくにイタリア、ラインラント、フランス南部、ローヌ川流域にあった。かれらの職業は商人、医者、貴金属細工師、金融業者などさまざまで、かれらはまた開拓者でもあった。かれらが迫害されることはまれで、むしろ君主や司教たちの周辺で活動することにより、王権によって保護されていた。

リヨンの大司教アゴバルドは、いかにも西ゴート人らしくユダヤ人と肌が合わず、ルートヴィヒ敬虔王の対ユダヤ人政策の甘さを非難している。かれの後継者アモロンは、モーの宗教会議に参集した司教たちに反ユダヤ的な規定を提案したが、カール禿頭王はその公布を拒否している(59)。しかしリヨンの司教たちはユダヤ人の伝道活動を恐れていた。ボド＝エレアザールのように、ユダヤ教に改宗するキリスト教徒もあったからである。ボドは、ルートヴィヒ敬虔王の宮廷に仕える聖職者であったが、ユダヤ教徒になりコルドバに逃亡したのであった（本書八一頁参照）。また、改宗までは行かないにせよ、司祭よりもラビの説教を好み、ユダヤ人の食習慣を取り入れ、土曜日の安息日を守るというふうに、「ユダヤ化された」ものもあった(60)。

キリスト教徒とユダヤ教の教養人は、互いに未知の仲ではなかった。ユダヤ人の多い都市では、タルムードの学校の教師たちがキリスト教徒の聖書注解者たちと交流を持ち、旧約聖書の注解について意見を交わしていた。すでに八世紀末、ピサのペトルスはパルマでユダヤ人ルルと「討論」（disputatio）を持ったが、不幸にして、その史料は散逸してしまった（*Epist.* Ⅳ, 285）。九世紀に入ると、トリノのクラウディウスは、ユダヤ人教師とキリスト教徒の教師たちが闘わした論争に言及している（*PL* 104, 918）。パスカシウス・ラドベルトゥスは、その学識の何分の一かはユダヤ人教師から受け（*PL* 120, 116）、ラバヌス・マウルスは、「現代のヘブライ人」（Hebraeus moderni temporis）――その意味については、多くの議論がある[61]――の権威に頼っている。旧約聖書のなかの三巻を注解したリュクスイユのアンゲロムは、ヘブライ語学者たちの注解に依拠し、またアマラリウスはユダヤ人との交際が過ぎるとして、リヨンのフロルスの非難を浴びている。[62]

では、カロリングの教養人はヘブライ語を知っていたのだろうか。この点に関する直接的史料はなにもない。かれらはヘブライ語を引用する場合、ヒエロニムスの著作を利用したようである。とはいえテオドゥルフは、ヴルガタ訳の校訂にあたってヘブライ語聖書をもとにヒエロニムスの誤りを正したことがわかっている。[63]またリヨンのフロルスは、ノヴァリエンスムの修道院長ヒルドラドにあてた書簡のなかで、詩編集の訳の校訂にはヒエロニムスによる訳とヘブライ語原文とを使用したと述べている（*Epist.* V, 340）。

カロリングの人々は、旧約聖書の各書を繰り返し読んだ。カロリング期の人名にはヨナス、イエッセ、ユディト、サロモン、アーロンといった名前が頻出するが、それは偶然ではない。また教養人たちは、当時の政治問題に論及する場合、ごく自然に「列王記」を引き合いに出し、ある著名な頭領は「現代のマカベウス」と呼ばれている（*Annales de Fulda*, 867）。またカロリングの君主は、イスラエルの王と同じく神から祝聖された第二の、ダヴィデ、ヨシュア、サロモンであり、帝国内に神の掟を施行する一方、祭司族とも言うべき司祭たちの忠告に従わなければならなかった。旧約聖書の影響は、カロリングの政治だけでなく、たいてい「レビ記」に示唆を得た倫理上の立法、典礼、芸術にも見られた。若干の歴史学者たちは、「キリスト教徒の良心にはユダヤ主義の隠れた影響」があると主張しているが、[64]この影響は、本当に隠れたものであったのだろうか。これについては、より広範な研究が必要であろう。

第四章　主要な学問の中心

カロリング期における法制度の成果や文芸復興の重要性を正しく評価しようと思うならば、当時の主要な学問の中心がどこにあったのか、その所在を確認しておく必要がある。ところがこうした研究は、史料がかなり欠落していることもあって、若干の困難を伴う。学校が存在するためには、継続的に教授活動を支えていく教師のほか、図書室、写字室、文学的著述が前提となる。しかし、こうした基本的な要素が揃うことはまれである。教養人の修道院長、司教がいるところもあれば、一介の教師ひとりだけのところもある。また図書室の蔵書目録しか残っていないところもあれば、残存する写本から見て写字室があったと思われるところもある。[1] しかし、写字生たちの仕事場即学校ではない。とはいえ、あれこれの史料を付き合わせ、また八世紀中葉からカール大帝の死および九世紀までの状況を検討することによって、知的中心の展開図を作成することは可能である。

一　カール大帝の時代

〔巻末第二地図で〕まず気づくことは、学問の中心のほぼ全部がロアール川以北、ブルゴーニュ、リヨン地方、イタリアに位置していることである。プロヴァンス地方、かつてアニアヌのベネディクトが修道院改革に励んだアキテーヌ地方には、見当たらない。セプティマニアでは、マギュロンヌ、アニアヌ、ヘロナ、プサルモディ[2]にいくつかの司教座教会と修道院の学校、図書室があった。またピレネー以南では、スペインの辺境部つまりのちのカタルーニャ地方では、九世紀にいくつかの修道院で学校教育が組織されていた。

カール大帝のころ、名の知れた学問の中心はまだ少なく、写字室の方が学校よりも活発であった。カール大帝や司教たちが繰り返し公布した勧告書を見ると、至るところに学校があったと予想したくもなる。たとえ存在したとしても、今はその痕跡すら残されていない。むしろ学問の中心は、すでに八世紀中葉に教養の中心がおかれていた王国の北部、つまりロアール川流域、アウストラシア、ゲルマニアにあったことがわかる。コルビーでは、修道院長モードラン（七九一年没）やカール大帝のいとこアダルハルトのころ、写字室が活動していた。[3] サン・リキエでは、カール大帝の婿アンギルベルトに託された子どもたちが、とくに「詩編」の詠唱法を学び、[4] サン・ドニでは、修道院長のファルドゥルフ（八〇六年没）やワルドン（八一四年没）が、図書館に新しい書籍を取り寄せている。[*4] 八一三年、若いヒンクマールが教育を受けたのも、この修道院であった。以前から充実した図書室を持っていたサン・ワンドリーユでは、ゲルヴォルド（八〇六年没）が学校を改築し、歌唱、算定法、筆写法を教えさせている（*Gesta abb. Fontanellensium*, XII, 2)。七九八年、オルレアンの司教であったテオドゥルフは、司教座教会とサン・テニャン、サン・リファールの修道院に学校があったと述べているが、くわしいことはわからない（*PL* 105, 196)。フルーリ・シュール・ロアールの修道院長もまた、写本の作成を奨励している。[5] ロアール川流域では、サン・マルタン・ド・トゥールに大規模な学校があり、そこでは七九六年以降、アルクィンが教鞭をとっていた。この老師――かれは当時六〇歳を越えていた――は、同郷人シグルフの助けを借りて、六つの修道院を管理し、研鑽を積み、図書室の充実を図っている。このトゥールの学校から、次代の教師になる教養人たちが輩出した。[6] 一方南東部では、いくつかの写本が作成されたフラヴィニーと、[7] 八〇〇年ごろ大司教レイドラドが聖歌隊と読師の学校を創設したリヨンに、学問の中心があったにすぎない（史料33)。

モーゼル川、ライン川流域では、クロデガングが他界した（七八六年）あとも、メッスの歌唱学校は、司教アンギルラム（七九一年没）のもとでなお人気があった。ケルンの司教ヒルデバルト（七九一年没）、マインツの司教リグルフ（八一三年没）は教養人で、写本を作成させたが、それ以上のことはわからない。ババリア地方の中心（ザルツブルク、モントゼー、キエムゼー）も、学校よりも写本の作成で知られていた。[8] フルダの大修道院は、まだ大規模な学校としての評判は得ていない。そこでは、修道院長バウグルフが死去し（八〇二年）、後を継いだラドガールは、修道者たちの教育よりも建築に熱心で、ラバヌス・マウルスやハットは学識を求めてトゥールに行っている。

イタリアに目を転ずると、ヴェローナ、ルッカ、ヴェルチェッリでは、写字生が盛んに活動しているが、しかし名のとおった教師はいない。学問が組織されていたと思われる修道院としては、七八六年パウルス・ディアコヌスが戻って来たモンテ・カッシーノと、修道院長アンブロシウス・アウトペルトゥス（七八四年没）が教えていた、サン・ヴァンサン・ド・ヴォルトゥルノだけである。[9] 他所と同じくイタリアでも、カール大帝が計画した学問の復興運動は、全面的に実を結んだわけではなかった。

二　九世紀

カール大帝の努力は、その子どもたちとくに孫の時代になって実を結んだ。後継者たちによるカール大帝の教育政策の推進、写字室の弛みない活動、スペイン人、スコット人といった外部の教養人たちのおかげで、九世紀はカロリングの学校の世紀になった。つまり九世紀に入ると、以後数十年にわたって維持されていく学校や、単なる著述家ではなく厳密な意味での教師として活躍する教養人たちが登場してくる。

ここで再び、先の地図に目を通すと〔巻末第二地図〕、やはり地中海地方には空隙があり、また帝国の西部にも希薄な地域がある。そのわけはひとつには、八四〇年ごろから始まったノルマン侵攻と修道生活の混乱がある。アルクィンのころあれほど顕著な活動を見せたトゥールの学校も、かれ亡きあとはやっと露命をつないでいる有り様で、俗人の修道院長アダルハルト（八四三年没）とヴィヴィアヌス（八五一年没）は、むしろ写字室の発展に全力を注いでいる。またフルーリ・シュール・ロアールとオルレアンの修道院は、司教ヨナスの死（八四三年）後、カロリング・ルネッサンスから離脱していっている。ル・マンには、活動的な教養人のアルドリック司教（八五八年没）がいたが、その学校は、文学的著作よりも偽聖人伝の作成で有名であった。シャルトルは、いくつかの写本を筆写させた、もと王室付書記のジスレベルト司教（八一九年没）のおかげで、やっと文芸の闇を脱出している。[10] のちノルマンディと呼ばれる地方にあったサン・ワンドリーユと、修道院長アンセギスス（八二三年没）が開設させた図書室のその後については、なにもわからない。リジューのフレクルフは、この町には聖書がない、と嘆いている（*Epist.* V, 392）。

一方、ノルマンの侵攻を免れたアルモリカ地方には、少なくとも一時的に、カロリング・ルネッサンスを推進するいくつかの修道院があった。そこでは、古いケルト系の修道生活慣習に替えてベネディクトの修道会則が用いられている。こうして八三三年、巡察使ノミノエの要請によって創設されたルドンの修道院は、ブルターニュ地方の重要な宗教生活の中心になっている。ブルターニュ地方の聖人伝の文体の研究から、ランデヴネク、ドル、レオン、アレト、ディナンに近いルオンといった修道院の修道者たちは、異教およびキリスト教の詩人たちの作品を読み、すぐれた文学的教養を身につけていたことがわかる。また写字室では、カロリング書体を用いて、文法、算定法に関する教科書やヴェルギリウスの詞華集も筆写されている。なおこれらの写本は、ブリトン語による注記が書き込まれたまま、九世紀末ブルターニュの聖人たちの聖遺物とともに、他所に持ち出されていった。[11]

先にあげた地図には、もうひとつの新たな要素が見られる。カール大帝のころ知的復興にあまり関与しなかったイタリアでも、九世紀になると学問の中心が多数出てくる。それは、聖職者教育の中心を設置するように命じたオロンナの勅令（八二五年）が実施されたためである（本書七三頁参照）。またそこではスコット人も決定的な役割を果している。ドゥンガルは、八二五年パヴィアで教え、蔵書をボッビオの修道院に遺贈した。[12] アイルランド人は、ボッビオのほか、ヴェローナのサン・ゼノン修道院、ミラノ、フィエソーレでも活躍した。トリノのクラウディウス、ブレシアとヴェローナのノッティングといった教養人の司教、修道院長は、アルプス以北の宮廷や教養の中心と交流があり、ヴェルチェッリのリウトワルド、ミラノのアンギルベルト二世は、教養人の聖職者を欲しがった。アンギルベルトが議長を務めた八五〇年の宗教会議や当時の説教を見ても、そこには同じような関心が表明されている（Mansi XIV, 889）。また小さな学校も、モデナの司教レオドイン（八九二年没）が司教区の一司祭長に送った回状から明らかなように、まったく放棄されていたわけではない。[13]

互いに友人であったふたりの教師をあげておこう。ヴェローナの助祭長パチフィクス（八四四年没）は、詩人であると同時に算定法、天文学にも関心を持ち、自分の教会のために二一八巻の写本を集めている。[14] 一方、チヴァーテの修道者ヒルデマールは、生徒たちのために、パウルス・ディアコヌスの注釈書をもとにベネディクト会則の注釈書を著し、ベネヴェントのウルススには『正読法』(*De recta legendi ratione*) という小著を送っている（*PL* 106, 395-398）。

教皇領においては、教養の復興はそれほど判然としない。先にも述べたように、教皇エウゲニウス二世とレオ四世は、諸皇帝の勅令に示唆を得て、司教館や大きな村（bourg）に学校を再興したが（本書七四頁参照）、しかし当時の教皇たちは、ラテランや教皇宮廷（patriarchum）の聖歌隊（schola）の出身者で、教養人というよりむしろ行政官であった。ただ、九世紀においてもっとも活躍したニコラウス一世（八三七年没）とヨハネス八世（八八二年没）のころ、教皇の秘書であったふたりの人物が、ビザンツ並みの教養をローマにも再生させようと夢見ていた。そのひとりは、先にあげた図書係のアナスタシウスで（本書九四頁参照）、かれはとくに歴史書、教会法、聖人伝をギリシア語から翻訳した。もうひとりはヨハネス・ディアコヌスあるいはインモニドゥスで、かれは教皇ヨハネス八世に大グレゴリウスの伝記を献呈し、教皇権を称賛している。[15] かれはとくに、『キプリアヌスの晩餐』(*Cena Cypriani*) を著したことで有名であるが、この著作は三二四行から成る一種の諷刺劇で（*PAC* Ⅳ, 857-900）、カール禿頭王の戴冠式を祝って上演されている。[16]

イタリアの説明を終わるまえに、ベネヴェントやナポリの公領に開設されていた学校にふれておきたい。ベネヴェントの司教ウルススと、ベルタリウスが修道院長であったころのモンテ・カッシーノの修道者ヒルデリックは、それぞれ文法の注解書を著している。なおモンテ・カッシーノの図書室には、医学や天文学に関する写本も集められていた。[17] しかしモンテ・カッシーノの発展も、サラセン人の侵攻によって一頓挫した。八八三年、修道院長ベルタリウスは殺害され、修道者たちはカプアに逃がれた。エルシャンベルトが『ロンゴバルト史』（*Histoire des Lombards*）を著し、算定法に関する詩を書いたのも、カプアにおいてであった。[18] ナポリでは、司教アタナシウス一世（在任八四九―七二年）が歌唱学校を再建し、文法と筆写法の教授を奨励している（*SRL* 398-434）。またナポリにはギリシア語のわかる何人かの聖職者もいて、東方の聖人伝を翻訳している。なおこのナポリの学校からは、九世紀さいごの教養人で文法教師、詩人であったエウゲニウス・ヴルガリウスとアウクシリウスが出ている。[19]

イタリア北部の教養の復興に貢献した教養人の司教や修道院長は、たいてい、知的生活の中心であったカロリング帝国中心部の出身者であった。学校がもっとも多く存在していたのは、サン・リキエ、フェリエール・アン・ガーティネ、リヨン、ザンクト・ガレン、コルビーに囲まれた地域である。この地域は、司教区で言えばランス、サンス、リヨン、ブザンソン、トリアー、ケルン、マインツで、つまりフランキア、ロータリンギア、ゲルマニアの王国のもっとも豊かな地方である。

カール禿頭王の王国の北部では、とくに三つの大修道院が際立っていた。まずサン・タマン修道院の学校では、サン・ヴァーのハイモインの弟子ミロ（八七一年没）がその指導にあたり、のち、かれの甥フクバルトが引き継いだが、かれはカロリング期において四科を教えた教師のひとりである。[20] サン・タマンでどのような書が学習されていたのか、ヴァランシエンヌの図書室に所蔵されている写本を見てもらえば見当がつく。[*20] 次にサン・リキエには、アンギルベルトが贈った多数の蔵書があり、その目録は今も残っている。またこの修道院は、弟子たちのために詩——これについては、精密な研究が欲しいところである（*PAC* Ⅲ, 351-355）——を書き残したミコン（八五三年没）がいたことで有名である。さいごにコルビーについては、神学者で聖書注解学者であったパスカシウス・ラドベルトゥス、最近、著作の研究も行われるようになったラトラムヌス、聖・俗の書をもとに詞華集を作った図書係ハドアルドの名をあげておこう。[21]

　南下すると、ランス、ランの司教座教会の学問の中心が目をひく。ランスの大司教エッボは豪華な写本の収集家であったが、その後継者ヒンクマール（在任八四五－八二年）はむしろ教父たちの著作や教会法令集を集め、これをもとに多くの教義論争において理論武装した。[22] かれはすぐれた図書室をもち、また身辺に同窓の友人たちを集めていたが、そのなかには、かれの甥でのちランの司教になったヒンクマール（八七一年没）がいた。ランの学校は、パルドゥルス（在任八四七－五七年）、ヒンクマール、ディド（在任八八三－九一五年）といった司教たちの庇護を受け、またベルンハルト、アデレルムといった教師たちが教え、とくに、サン・ヴァンサン修道院の近くに移住してきたスコット人たちの援助を受けた。今もこの都市に保存されている写本の最近の研究によると、ランは、カロリング期における教育の重要な中心のひとつであったことがわかる。[23]

　パリでは、ヒルドゥイン一世（八四一年没）のころ学問の中心であったサン・ドニ修道院は、その後、むしろ豪華な写本の作成に取り組んでいる。[*23] 一方サン・ジェルマン・デ・プレの学校は、九世紀後半、ノルマン人の侵攻に煩わされることもなく発展し続け、ウズアールは文法書を著し、詩人アッボを教えた学頭エモアンに献呈している。[24] なお九世紀末、のちクリュニーの修道院長になるオドが教育を受けたのも、このサン・ジェルマン・デ・プレの学校においてであった。

　サンスの司教区でもっとも活気があったのは、フェリエールとオーセールの学校であった。フェリエールの学校は、アルクィンが修道院長であったころから名声を博していた。かれの弟子アルドリックはアウストラシア出身の若いセルヴァトゥス・ルプスを教え、同じくアルクィンの弟子であったフルダのラバヌス・マウルスのもとに送って、学業を継続させた。ルプス（八六二年没）は、人文主義を標榜する教養人で、その一生を文法や聖書、神学の研究、写本の収集、王や有力者たちの顧問職、また弟子たちの教育に捧げた。かれの弟子で傑出していたのは、オーセールのヘリック、ヴィエンヌのアドのふたりである。

オーセールの司教学校は、司教ヘレバルド（八五七年没）のもとで発展したが、サン・ジェルマン修道院の学校ほど有名ではなかった。司教学校の建物は新築され、聖書注解者で説教家であったハイモンやスコット人の文法教師ムーレタックが教えていた。八六五年ごろヘリックがハイモンの後を継ぎ、ルプスとハイモンの教えの要点を集めた『詞華集』（*Collectanea*）を残したが、それは近年、人々の興味を集め注目されている。かれはまた、ヨハネス・スコトゥス・エリウゲナの著作を知っていたが、しかしこれまで言われてきたように、ランの学校に行ったわけではない。かれの後を継いだレミギウスもランの学校の著作を知っていた。かれは弟子たちに、ボエティウスの『哲学の慰め』、マルティアヌス・カペラの『言語学とメルクリウスの結婚』、ドナトゥスやプリスキアヌスの文法書について説明した。さらにかれは、九世紀末、ランスとパリに招聘され教鞭を執っている。[25]

ルプスのもうひとりの弟子アドは、プリュムの学校で学んだあと、リヨンに出て学業を続けた。[26] リヨンの学校は、レイドラドが司教座に就いて以来、みごとな発展を遂げていた。この大司教は、聖歌隊の学校や読師の学校を開設したほか、蔵書をこの司教座教会に遺贈し、かれの後を継いだアゴバルド（八四一年没）、アモロン（八五二年没）、レミギウス（八七八年没）もこの学校の発展に努めた。スペイン出身のアゴバルドは多作の文筆家で、聖書、神学、民間の迷信、教会組織、ユダヤ人に関する著作があり、その数は二五巻を越す。[27] リヨンの図書室には多くの蔵書があり、それを利用して助祭フロルス（八六二年没）は当時の碩学のひとりになった。かれが注釈を加えた四二の写本が今も残っているが、それは、かれの知的関心が奈辺にあったかをよく示している。かれは法学、典礼、聖書注解、教父たちの聖書注解書に興味があった。[28] かれはまた、帝国全土の教養人と交流をもち、教義論争にも積極的に参加している。一方、八六〇年ヴィエンヌの大司教になったアドの著作は、まだよく知られていない。ヴィエンヌとリヨンの聖職者の教養と知力は、救霊予定説をめぐる論争においていかんなく発揮され、またリヨンの教会は、ヒンクマールを代表とする北部の教会に対し、自らの独自性と独創性を主張したのであった。

その他ロタールの王国では、ルートヴィヒ敬虔王の義兄弟ドロゴ（八五五年没）が司教であったメッス、八四五年ごろスコット人セドゥリウスを厚遇したリエージュ、九世紀末の詩人司教ラドボドが教えたユトレヒトにも、司教学校があった。なお修道院学校における教授については、スタヴロの修道院のクリスティアンの著作やヴェルダンに近いサン・ミイエル修道院のスマラグドゥスの著作、種々の規定、ミュールバッハの図書室の蔵書目録から大体の見当がつく。[29]バーゼルに近いムーティエ・グランヴァルの修道院は教師をもたず、ブルゴーニュ伯ロドルフは、ザンクト・ガレンの学頭イソの援助を仰いでいる（*Cssus S. Galli* Ⅱ, 93）。

ゲルマニアの王国では、フルダ、ライヘナウ、ザンクト・ガレンの三箇所に大規模な学校があった。フルダの学校は、一時、消滅の危機に瀕したこともあったが、アルクィンの弟子ラバヌス・マウルスがこれを再興した。かれは、修道院長の座に就くまえ、八二二年から八四七年にかけてこの学校の学頭を務めている。かれは膨大な著作を残したが、それは、他人の著作を器用にまとめたものにすぎないとして、大方の評判が悪い。しかし、その著作を精密に検討するものは、こうした判断を変えていくかもしれない。たしかに、ラバヌスは学者であるよりもすぐれた教育者であり、実際的な頭脳の持ち主であった。かれは、『聖職者の教育』（*De institutione clericorum*）において、キリスト教的教育の原理を明示し、弟子たちのため文法、算定法、聖書注解の提要を書いている。さらに百科全書ともいうべき『宇宙論』（*De universo*）二二巻も著したが、これは、イシドルスの『語源誌』をもとに書かれたもので、それに代わるよりキリスト教的なものを提供しようという狙いが込められている。つまりかれは、ゲルマンの言語と文学の育成に強い関心を持っていたということである。[30]

すぐれた教師にはすぐれた学生が付き物である。八二九年には、フェリエールのルプス、ゴットシャルク、ワラフリド・ストラボの三人がラバヌスに師事していた。ルプスについては、すでに述べた（本書一〇三頁参照）。ゴットシャルクは、鳴物入りで修道生活を放棄し、その有名な謬説のため異端者として迫害された。とはいえ、かれはその宗教上の学識、詩才から見て、カロリング期教養の代表者のひとりであることはたしかである。[31] 一方ワラフリド・ストラボは、しばらく宮廷に滞在したあと、八三八年から八四九年にかけてライヘナウの修道院長の職にあり、修道院にあった多数の書籍を利用して、詩文学、聖人伝、歴史、典礼、聖書注解など、あらゆる分野にわたって知的活動を展開している。[32]

次に、ザンクト・ガレンの学校――この学校は、八一七年ないし八二〇年ごろに作成された修道院の平面図に出てくる――であるが、フルダとライヘナウの学校で学んだグリマルドが修道院長（在任八四一―七二年）になるまで、ここには名の通った教師はいなかった。グリマルドは、運よくスコット人マルケッルスを教師としてザンクト・ガレンに迎え、以後、この学校には教師が絶えたことはなかった。そこで、どのような教授が行われたのか、ノートケルの著作や修道者エルメンリックがグリマルドに送った書簡（*Epist.* V, 536）を見てもらえばわかる。[33]

それほど有名でないその他の学校、たとえば文法教師エルシャンベルトが教えたフライジングの学校、[34] 八二二年に創設され、第二のコルビーになったコルヴェーの学校なども研究に値しよう。コルヴェーは、短期間に多くの蔵書を貯え、ブレーメンのアンスカリウス（八三一年没）を含む教師たちをもつようになっている。なおコルヴェーは、本章の冒頭で述べた「母修道院」のコルビーと緊密な関係を保っていた。[35]

第五章　カロリング・ルネッサンスの総括

西方における知的生活は、君主たちによる奨励と外来教養人たちの支援、学校における教育活動により、一世紀半の間に大きく変わった。こうした変化は、段階を追って徐々に実現されたが、その最終結果は、初期の改革者たちが意図したこととはひどく異なっていた。

当初カール大帝が描いた計画は、かなり地味で、その範囲も限られていた。かれが各地に学校を開設しようと考えたのは、何よりもまず、父王が手がけた宗教上の改革を目指したからであった。つまりかれが意図したのは、聖職者や修道者が、正統な同一の方法〔典礼〕をもって神を賛美しうるようになること、聖書の学習に精励することであった。従って八世紀の文学作品は、典礼書、聖書注解書、教会法、聖人伝など、とくに宗教色が強く、算定法や天文学も、宗教的学問のための補助学問にすぎない。世俗的な書の写本も作成されたが、それとして学習されることはなく、カロリング初期の教養人は決して人文主義者ではなかった。サン・マルタン・ド・トゥールや宮廷など若干の教養の中心で自由学芸の学習が始まるのは、八世紀末のことである。

王とその協力者たちが目指したおもな目的は、聖職者たちに正しいラテン語の力を付けさせることで、学習全体が文法に向けられていた。カール大帝がイタリアから招聘したパウルス・ディアコヌスやピサのペトルスは文法教師であったし、宮廷に召し抱えられたスコット人クレメンスもそうであった。アルクィンが大陸に伝えたのも、アングロ・サクソンの文法の知識と伝統であった。かれは『文法提要』(*De grammatica*) を著し、ドナトゥスの文法書を教授用に改作し、一方、不純正語法、統辞誤用を除去し、正確な句読法や正書法を確立しようとした。[1] その他、それまでの著作から「誤りのあるもの」、「粗野なもの」を一切取り去る努力もなされ、ヴルガタ訳の聖書はもちろん、聖書講解説教集、聖人伝などの校訂も行われた。ある詩人が書いているように（*PAC* I, 89-90）、カール大帝は、戦場において敵を打ち倒すのと同じ意欲をもって、言語における不正確さを駆逐しようとした。

こうした改革がいかなる成果をもたらしたか、カロリング期のラテン語に関する総合的な研究が未完である現在、その判断は難しい。たしかに、文法教師たちの活躍により八世紀における言語の退廃は食い止められ、西方の教養人たちが相互の交流において重宝した、教養と文化の言語としての中世ラテン語がつくり出されていった。その結果、文章ラテン語と話しことばのラテン語との溝は深まる一方で、九世紀初頭のカロリングの教養人たちは、かれらが話すラテン語が民衆にはすでに理解不可能であることに気付いている。こうしてカロリング期の改革は、ロマンス語の祖語である「粗野なローマ語」（lingua romana rustica）つまり俗語の独り立ちに一役買ったことになる。

正しいラテン語の読み書きには、正確に筆写された写本が前提となる。そのためカール大帝は幾度となく、誤記のある写本の校訂を求め、写字生の活動を激励した。それにはまず、新しい書体を用いて筆写しうる写字生の育成が急務であった。幸いにして、カール大帝の名が冠せられた小文字体（caroline）がこのころ出現し、合字を廃止し、語間に間隔をおくことによって、以前の書き方に比べて、より規則的な形態をとり読み易くなった。この「カロリング小文字体」の誕生については、現在多くの議論がなされており、それは今後も続くことであろう。ある学者は、この書体はトゥールから始まったと言い、ある学者は、ローマあるいはコルビー、あるいはカロリングの宮廷に由来すると主張する。[2] それはともかく、この書体は緩やかに導入されたもので、もとの書体つまり大文字体、草書体、またイギリスの島々の書体も、八、九世紀にはなお方々で用いられていた。しかし「カロリング小文字体」は、徐々に古来の書法に取って代わり、西方全体に広まっていった。そして数世紀後には、ルネッサンス期の印刷術に利用され、現代の活版印刷における小文字活字を生み出すことになる。

司教座教会とくに修道院の写字室の驚異的な仕事については、どれほど強調してもしすぎることはない。こうした活動はカール大帝のころはじめられ、(3)九世紀をとおして間断なく続けられた。約八、〇〇〇もの写本が現存しているが、これは写字室で作成されたもののごく一部にすぎない。写字生たちは、聖・俗の別なく、求められる書籍はなんでも筆写した。かれらのおかげで、教父、文法教師、弁論教師、詩人、ラテン散文家たちの書が、図書室に所蔵されることになった。このように、ヨーロッパの教養がカロリングの写字生たちに負うところは大きく、古代ラテン文学の存続はかれらなしには考えられない。

カロリングの教養人たちは前世紀の人々以上に多様な蔵書を所有し、九世紀の人々はそこから古代文学の富を発見し、散文家や詩人たちの書の読書に熱中した。かれらはヴェルギリウスの書を愛読し、ある人々によると、それは度が過ぎた。テオドゥルフやモドインはオヴィディウスに魅惑されている。その他カロリングの詩には、異教徒の詩人の作品が無意識裡に、多数、借用されている。男女の神々やあらゆる神話が、新たな文学形態のもとに再登場し、そうした引用を避けようと思うものも、つい引用してしまう。エルヴァンゲンのエルメンリックなどは、ヴェルギリウスなど地獄に閉じ込めておけと叫びつつ、そのことばに釣られて、ついヴェルギリウスがプルト、「夜」、パルコス、エウメニデスに取り巻かれているさまを思い描き、さらに、クロト、ラケシス、アトロポスの意味まで説明してしまう（*Epist.* V, 563)。またスコット人プロブスなどは、「ヴェルギリウスとキケロは、選ばれた〔救われた〕人々のうちに入っている」とまで言明している（Loup, *lettre* 8)。

ここで、カロリング期の人文主義を代表するフェリエールのルプスをあげないわけにはいかない。かれは、アインハルトにあてた八三〇年の日付のある書簡で（史料13)、すでに幼少のころから心のなかに文学への情熱が沸き上がるのを感じた、と告白しているが、その情熱は死ぬまで（八六二年頃）消えることはなかった。現存する一〇〇通以上の書簡は、正確に筆写された写本を探し求めるルプスの姿を映し出してくれる。かれは、あるものにはカエサルの著作を、あるものにはスエトニウス、アウルス・ゲリウス、クィンティリアヌスの著作を求めている。ローマに旅したかれは写本を持ち帰り、またそこに多量の写本があることを確かめたあと、フェリエールに帰ってからも写本を要請している。かれがベネディクト三世教皇に送った書簡から、何行か引用しておこう（*Epist.* 100）。「なお、小さな一巻の写本に筆写されているキケロの『雄弁家論』（*De oratore*）とクィンティリアヌスの『弁論家の教育』（*De institutione oratoria*）一二巻をお願いします。このふたりの著述家のものは、部分的には持っていますが、その全部を陛下からいただきたいのです。また同じようなわけで、ドナトゥスによるテレンティウスの書の注解書もお願いします。もし神のみ旨によって、お貸しいただけるならば、これらの書はヒエロニムスの写本とともに、必ず返却致します」。ルプスは、修道院と付属施設の管理、軍務の賦役や裁判、巡察使といった要務に忙殺されながらも、ペンを片手に写本をひもとき、また教えるだけの余裕を見出していた。オーセールのヘリックはその証人で、かれから多くのことを学んでいる。

カロリングの教養人たちがたしかに古代の著作を学び、これを利用したことは、かれらの著作を見ればわかる。かれらは、このころ愛読され注解されたホラティウスの『詩学』の規則をもとに、古代の著作に見られる調和と均衡のある美文を書こうと努めた[4]。こうしてイギリスの島々から大陸に持ち込まれた「古代小アジア風」（asianique）文体の流行に対し、若干の教養人は反感を禁じえなかったほどである。

かれらが、ことばの技巧をより自由に発揮できたのは、韻律による詩の分野においてであった。ラバヌス・マウルスほどの控え目な人でさえ、四世紀のポルフィリウス・オプタティアヌスの『形象詩』（*Carmina figurata*）をまねしようとした。かれがカリグラム〔並べられた行の形が物を素描している詩〕と幾何学的諷喩をもって書いた聖十字架称賛の詩は人気を博し、かれは、求めに応じて多くの友人にその写しを送っている[5]。文頭の文字をもとに各行をアルファベット順に配列した詩、折句形式〔各行の初めの文字を縦に読むと語句になる一種の遊戯詩〕の詩、合成語分離法〔普通は一語として取り扱われる合成語の中間に他の語を挿入すること」など、さまざまな形のことばの遊びをカロリングの人々は好んだ。たとえばサン・タマンのミロは、それぞれ三七文字から成る三七行の六脚詩をカール禿頭王に贈り、またミロの甥フクバルドは禿頭主を称賛する一四六行の六脚詩を書いたが、それぞれの行はCの文字で始まっている（*PAC* Ⅳ, 267）。九世紀の教養は、文学的かつ世俗的な面をもつという点で古代末期およびそれ以後の教養を連想させ、六世紀におけるような宗教家たちの非難を浴びた。パスカシウス・ラドベルトゥスは『マタイによる福音書注解』（*Exposition sur Matthieu*）の序文において、「俗学の愛好者たち」が、聖書に含まれる神秘よりも詩人たちの子どもっぽい悲劇や作り事にうつつを抜かしていると批判している（*Epist.* Ⅵ, p. 143）。かれらが危惧しているのは、ことばの装飾や、詩の朗読の楽しみを過度に求めるものは、果して救いを全うすることができるだろうか、異教徒の著作を読む人は、その虚栄に惑わされ、滅びに瀕しているのではなかろうか、ということである。ここには、かつて古代のキリスト教徒を悩ませた問題が再び持ち出されている。要は、唯一の真理は聖書と教父たちの伝統にあることを再確認すべきであり、聖と俗の分野を混同し、福音書よりもヴェルギリウスの作品を重視してはならないということである。フロルスがモドインに書いているように、ヨルダン川の水と同時にカスタリアの泉の水を飲んではならず、同じ手をもってキリストの棕櫚〔栄冠〕とアポロの月桂冠を受け取ることは許されない（*PAC* Ⅱ, 553）。

　では、六世紀の厳格主義の修道者たちがしたように、世俗の文学の危険を避けるため、宗教的教養だけを追求すべきであろうか。カロリング期のある人々はそうした立場をとり、聖書、教義、キリスト教的道徳だけを学習しようとした(6)。チヴァーテのヒルデマールは、知的ルネッサンスのさなかにあってなお、「修道者は文法を学ぶべきか(＊6)」と問い掛けているが、こうした質問そのものが、人によっては、文法つまり文学学習のもつ影響力を恐れていたことを立証している。

　ヒルデマールはこの質問に肯定的に答え、他の多くの人々に倣い、文法は聖書の理解に大いに役立つ、と述べている。世俗の学問は、キリスト教的学問に不可欠な道具である。教養人は異教徒の詩や著作を読んでもよい。ただ、そこに含まれる毒素は除去しなければならない。ラバヌス・マウルスやコルドバのアルヴァールは、かつてイスラエルは捕虜にしたエジプトの女を妻にする場合、女の髪と爪を切らせたという故事を引き合いに出している（*De instit. clericorum* Ⅲ, 18 : *PL* 117, 396)。では、なにを排除せよと言うのか。偶像崇拝、魔術、快楽に関係するものはすべて排除しなければならない。これはまさに、アウグスティヌスその他のキリスト教的教養の創始者が明示した原則である。

カロリング期の聖職者たちは、単に世俗の学問の再生を図っただけでなく、学芸の道は聖書という頂に通じ（Alcuin, *PL* 101, 854)、神の知識という真の英知に導くことを知っていた。アルクィンも、カール大帝にあてて次のように書いている。「もし多くのものが陛下のご意向を汲むことができるならば、このフランク王国に新たなアテネが建設されることでありましょう。それは、古代のアテネ以上に美しく、キリストの教えをもって飾られ、アカデメイアの知恵全部をはるかに凌ぐアテネです。古代のアテネが、七つの自由学芸からなるプラトンの学問を修めるだけで栄光に包まれていたのに対し、われわれのアテネは、それに加えて、聖霊の豊かな七つの賜物を与えられ、世俗のすべての知恵の尊厳を越えたものとなるでしょう」（*Epist.* Ⅳ, p. 279)。アルクィンはボエティウスの著作も読み、その文法書や『真の哲学について』（*Disputatio de vera philosophia*）においては、ボエティウスの『哲学の慰め』から示唆を得ている[7]。アルクィンは、世俗の哲学の伝統には、宗教的教養が引き出しうる多大の利益が秘められていることを見抜いていたのであり、その点、かれはヨークの学校の同僚たちより一歩も二歩も先行している。

カロリングの第二世代の教養人たちは、スコット人の修道者からカペラの著作を学び、いっそう進歩的な立場を取った。カペラの『言語学とメルクリウスの結婚』は、六世紀にはすでに古典になっていたが、以後忘れられ、その写本が増えていくのは九世紀に入ってからである。フランス、ゲルマニアの主要な学問の中心における図書室には、一〇〇以上の写本が所蔵されていたことがわかっている[8]。画師たちは、言語学と、それぞれの象徴を身につけてこれに付き従う娘たち〔自由学芸〕の姿を、宮廷や修道院の壁に描いた[9]。ヨハネス・スコトゥス、マルティヌス・スコトゥス、ヘリック、オーセールのレミギウスは、自由学芸の各巻に解説を加え、注釈を付けている。[10] とくに弁証学の巻は注目された。ヨハネス・スコトゥスはカロリングの人々に対し、理性的道具は神の探求に役立つことを教え、「人間の理性は、額に汗して、自分のパンである神のみことばを手に入れなければならず、そのためには、あざみといばら、つまり巧緻で複雑な神の考えで覆われた、聖書という土地を耕さなければならない」(*PL* 122, 744 b) と述べている。こうした考えのもとにかれは、偽ディオニシウスの『自然区分論』(*De divisione naturae*) をもとに、西方における最初の哲学と神学の総合を成し遂げたのであった。かれはまた、ローマ的思想に余りに支配されたこの西方に、ギリシア教父たちの教えを取り入れている。かれは、新プラトン主義を信奉しつつも深い信仰によって生かされ、神から出発して、創造のわざについて思索しキリストについて黙想することによって、神に帰るという、壮大な思想体系を築くことができたのであった。[11] しかし『自然区分論』は、然るべき読者を引きつけることはできなかった。カロリングの教養人たちは、哲学的思考の第一歩は踏み出したものの、ラテン教父たちの伝統にあまりに拘泥していたからである。

このように、九世紀の学問の中心では、教養についてみなが同じ考え方をしていたわけではない。あるものは自由学芸をキリスト教化して「聖なる読書」(lectio divina) に役立てようとし、あるものはより楽観的な態度をとり、フェリエールのルプスが言うように「学問のために学問を求め」ようとした。[12] かれらは、異教徒の著作に美と真理を発見し、その顕示に努めた。しかしかれらが学問体系としての自由学芸の再生をはかったと言っても、それは聖書と対立させるためではなく、救いの道具として役立てるためであった。ルプスが「英知」(Sapientia) の賛美において言うように、「人はいろいろな道をとおって哲学の聖所に入ることができる」のである (*Epist.* 133)。

このように見た場合、八、九世紀におけるこの偉大な知的運動を「カロリング・ルネッサンス」と呼ぶのは妥当なことではなかろうか。[13] 君主たちの発意にせよ、あるいは学校や写字室の活動にせよ、そこには、真の目覚めがあったことは明らかである。当時の人々自身、「復興」(renovatio) について語るとき、そうした理解に立っている。かれらによると、教養の中心はカール大帝とその後継者たちによって東方から西方に移された。先に述べたように、アルクィンは「新たなアテネ」について語り、ノートケルも、「現今のガリア人やフランク人は、ローマ人やアテネ人に肩を並べるまでになった」(*Gesta* I, 2) と述べている。この時はじめて、西方中世全体においてもてはやされる、「学問の転移」(translatio studii) という主題が出てくる。[14] たしかにカロリング・ルネッサンスは、古代の学校教育の伝統への復帰ではなかったし、また「西方の知性が厳格な修道院において学童として過ごした数年[15]」とも、まったく異なるものであった。それは、創造的運動であった。制度が確立され、教養の手段が整備されることによって、ヨーロッパ文化の確固たる基礎が据えられたのであり、帝国の危機と九世紀中葉にはじまる新たな侵攻も、王、聖職者、修道者が築いたこの建築を崩壊させることはできなかった。

第II部　西方における学校の発展（一〇世紀－一一世紀中葉）

「鉄の世紀」か復興か

多くの歴史学者によると、「カロリング・ルネッサンス」はカール大帝の帝国と運命をともにし、潰滅した。一〇世紀は、西方にとっていかにも凡庸で、知的には不毛の時期であり、「鉄と鉛の世紀」と呼ばれるにふさわしい。したがって、この第二の「暗黒時代」にかかずらうことなく、一二世紀ルネサンスを準備する一一世紀にすぐに移るべきである、と。

こうした衰退の理由として、人々は西方における政治的混乱をあげる。カロリング帝国はもはや存在しなくなった。無能なカール肥満王の廃位（八八七年）は、帝国統一の夢が霧散したことを象徴していた。西方は分解し、その一致を守ろうとしたローマ教会も帝国崩壊の側杖を食った。ヨハネス八世の暗殺から一〇世紀中葉まで、教皇権はローマ貴族の手に落ち、のちゲルマンの皇帝に服することになる。西方はいくつかの王国に分解し、王国はさらに公領に細分化された。フランスでは、ロベール家の有力者たちがカロリング朝の君主たちと王冠を奪い合い、一方アキテーヌ、ブルゴーニュ、フランドル、さらに九一一年以降はノルマンディを加えた主要な公領は力を蓄え、王国の埒外にあった。ゲルマニアではフランケン、ババリア、ロレーヌ、ザクセンの公たちは、九三〇年ごろまで互いにほとんど没交渉で、イタリアもまた、多数の権力に分割、統治されていた(1)。

内部の崩壊に加えて、異民族の新たな侵入があった。九世紀に始まったノルマンの侵攻は、九三〇年ごろまで続いた。またパンノニアに移住したハンガリー人は、半世紀以上にわたってヨーロッパを恐怖に陥れ、さらに南方では、アフリカ北部のアラビア人がシチリアを拠点にしてイタリア征服を試み、周期的にこれを荒らした。

しかし、西方の混乱と災害を数え上げるだけで満足してはならない。数年前から歴史学者たちは、一〇世紀から一一世紀初頭の西ヨーロッパは、カロリングの遺産をもとに再建にとりかかっていたことを証明してくれている。中央権力の崩壊は必ずしも無政府状態を意味しない。公領の組織化は、限られた範囲内のことではあるが、勢力の再統合を可能にするものであった。またある学者たちによると、西方は、危機と侵攻を経験したあと、真の「ルネッサンス」と呼ばれるものさえ現出せしめた(2)。

したがってわれわれ教育史の研究者も、あちこちの史料にでてくる学問の中心を取り上げ、その活動の実態を再検討しなければならない。しかし修道院、司教座教会といった個々の学問の中心について述べるまえに、知的教養の存続を可能にした種々の状況を見ておく必要があろう。

第一章　知的教養の状況

一　修道院の改革

カロリング支配下の西方やイギリスの島々に侵攻した異民族が、種々の破壊をもたらしたことは言うまでもない。かれらはとくに大規模な修道院を襲い、もっとも盛んであったこれらの教養の中心を混乱に陥れた。修道者たちは、たいてい修道院を棄てて逃げ出し、文書保管所や図書室は破壊された。しかし最近の研究によると、われわれは侵入者の悪事を誇張しすぎたようである。(3) 八四五年の侵攻後のサン・ジェルマン・デ・プレ修道院やサン・タマン修道院は、世情不安な時期にあってなお学問の中心であった。カロリング期の著述家たちは侵入者についてごくわずかしかふれず、ゲルマンの大侵攻について書かれたような『文学にあらわれたノルマン大侵入』(＊3) を著すことは難しい。他方、それまで互いに接触のなかった地方は、修道者たちの移動により交流を持つようになっている。たとえば、ジュミエージュから避難してきた修道者たちのおかげで、ザンクト・ガレンのノートケルは音楽技法を完成することができたし（史料34）、ケルトのネウマ記号法はフランス北部に知られるようになった。(4) さらに、修道者たちは侵攻を免れた地方に写本を疎開させたが、それは、その地方の教養の中心を発展させることになった。サン・ヴァーの修道者たちは蔵書をボーヴェに運び、ヘントの修道者たちは、サン・バヴォンのもと修道院長アインハルトの書簡集をランに持ち込んだ。八七八年以降ノルマン人がアルモリカで略奪を働いたとき、修道者たちは写本をもって避難したが、これらの写本はサン・ブノア・シュール・ロアール、アンジェ、モントレイユ・シュール・メール、さらにイギリスにまで運ばれている。[5] 動乱が過ぎ去ったあと、これらの大修道院は再建され、修道者たちは図書室の復旧に努め、外国の写字生の援助を求めた。こうして、サン・ブノア・シュール・ロアールの修道者たちは、アルモリカ地方の修道院の再建に貢献し、[6] イギリスのアルフレッド大王は、サン・ベルタンやコルビーから来島した大陸の修道者たちに応援を依頼している。

俗人によって略奪され、異民族の侵攻によって荒らされた修道院は、単に再建するだけでは不十分で、根本的な改革を必要とした。そうした運動は、一〇世紀のごく早い時期にブルゴーニュ地方で始まる。九〇九年、トロスリーの宗教会議が規律の弛緩を非難しその対策を模索していたころ、ギヨーム敬虔公と修道者ベルノはクリュニー修道院を創設し、それはのち修道会則遵守の模範となり、改革運動の原点となった。クリュニーの修道院長たちは間もなく俗権の庇護を離れ、教皇権の支持のもとに、ブルゴーニュ、アキテーヌ、プロヴァンス、さらにイタリア中央部の修道院を改革していった。長期にわたって修道院長の座にあったオド（在任九二六―四二年）、メイユール（在任九五四―九四年）、オディロ（在任九九四―一〇四九年）の三人は、強力な指導力をもって、母修道院とつながりをもつ多くの子修道院からなる「修道会」(ordre) を組織した。しかしクリュニーの影響にも限界があり、フランスでは、北はパリに近いサン・モール・デ・フォッセ、東はスイスのジュラ山脈にあるロマンモーティエまでに限られている。一方、修道院長オドのころ、クリュニーの影響はイタリアに及び、オディロの時代にはナバーラにまで及んでいる。[7]

フランク王国の北部では、ブローニュのゲルハルト（九五九年没）の指導のもとに、もうひとつの改革運動がフランドルの諸修道院に広まり、サン・タマン、サン・リキエ、サン・ベルタン、サン・ヴァアー、ヘントの修道院は、フランドル伯の支配下にありながら、ベネディクトの会則を再び取り入れている。[8] ゲルハルトの弟子たちは、ランス、とくにノルマンの侵攻以来、修道生活が消滅していたノルマンディ地方に招聘されて改革運動を広げ、その影響はジュミエージュ、モン・サン・ミシェルにも及んだ。たしかに、この最初の改革は徹底せず、一一世紀初頭クリュニーの修道者ギヨーム・

ド・ヴォルピアーノは、リシャール公の求めに応じてフェカンに赴き、再びノルマンディ地方の大修道院の改革に取り組んだのであった。

九三〇年修道院長オドは、聖ベネディクトの聖遺骨を保持していたフルーリ・シュール・ロアールの修道者たちに規律正しい生活を送らせることに成功し、この修道院は、クリュニー修道制に属さなかったにも拘らず、すぐに改革者たちの手本になっていった。(9)

こうして各地から、修道者たちがフルーリ修道院の方式を学ぶためにやってきた。一〇世紀前半、ノルマンの侵攻に苦しむブリトン人にとってフルーリは避難所であった。イギリスに避難せざるをえなかったアラン・バルブトルトは、むすこの教育をフルーリの修道院に依頼している。そこにはまた、九五〇年ごろサン・ポル・ド・レオンの修道院長マッボが、聖遺物と写本を携えて到着し、九六五年にはナントの司教が、さらに隠修士フェリクスがこれに続いた。(10)なおこのフェリクスは、一一世紀初頭フルーリを後にして、ジルダ・ド・リュイとロクミネの修道院の改革に取り組んでいる（*Vita Gauzlini* I, 24)。またフルーリの修道院にはロレーヌの修道院改革者たち、トゥルのゴーズラン、アイルランド人カッドローが訪れているが、後者については後述する。ランスのサン・レミを改革したのも、フルーリの修道者アルシャンボーであった。シャルトルの修道者アルヴェは一時フルーリに滞在して修行し、九六二年シャルトルの司教に任命されたフルーリの修道者ヴュルファドは、サン・ピエール修道院を再興している。

フルーリの修道者たちは、アングロ・サクソンの修道院改革にも決定的な役割を果した。九世紀末、アルフレッド大王はウェセックスのいくつかの修道院の再興に取り組み、コルビーとサン・ベルタンの修道者たちの援助を求め、この改革は、一〇世紀中葉エセルスタンとエドガーの治世において達成された。(11)のちカンタベリーの大司教になるオダはフルーリで修道生活に入り、かれの甥オズワルドも、もうひとりのアングロ・サクソン人とともに、数年間フルーリで修道生活を送っている。

王命によりイギリス出国を禁じられたエセルヴォルドは、オスガーをフルーリに送ってこの修道院の生活規則を学ばせ、のち、アビングドンの修道院長に任命した。九七〇年ダンスタンとエセルヴォルドは大陸の修道者たちを前にして『修道会則一覧』(*Regularis concordia*) を公表し、それがフランドルとロアール流域の修道会則に依っていることを明らかにした。九八五年ラムゼーの修道院長になったゲルマヌスは、修道院学校の指導者として、フルーリ・シュール・ロアールからアッボを招いている。当時のフルーリの修道院はゲルマニアともつながりがあった。アモルバッハのティエリはサン・ブノワで数年間すごしたあと、フルーリの生活規則を身につけてドイツに戻っているからである。(12)

しかしゲルマニアの修道院改革は、フランスの影響によるものではなく、君主や司教たちの発意によって行われている。ゲルマニアの王たちは、カロリングの伝統に従って修道院を私物化し、しばしば王族の男女を修道院長に任命したが、同時に、規律正しい修道生活を送らせるようにした。(13) こうしてクヴェートリンブルク、マクデブルク、ゲルンローデ、エッセン、ガンデルスハイムの修道院は、修道院であると同時に貴族の若者たちの教育の場でもあった。

オットー一世の姪に教育されたフロスヴィータは、ガンデルスハイムの修道院やオットーの武勲をたたえる詩を書いている。コルヴェーでは、修道者ヴィドゥキングはオットー家の修史官でもあった。これらの修道院からは、王に忠実な役人や司教となるはずの人物が輩出したが、修道生活そのものは世俗によって汚染されがちで、王たちは定期的に改革の手を加えざるをえなかった。こうした改革運動は、クリュニーのオディロの友人であった「聖王」アンリ二世のころいっそう促進され、レーゲンスブルクのサン・タムラン、ニーダー・アルタイヒ、テゲルンゼー、ヘルスフェルト、ロルシュ、フルダ、コルヴェー、ライヘナウの修道院でも、王の名のもとに司教や修道院長は改革に取り組んでいる。

王たちはまた、メッス、ヴェルダン、トゥルの司教たちを介して、ロレーヌの伯領にも手を伸ばした。メッツのアダルベロン(在任九二九－六二年)は九三三年、荒廃した由緒あるゴルツェの修道院にヴァンディエールのヨハネスを任命し、その後ゴルツェの修道者たちはロレーヌその他の修道院の刷新にあたっている。(14) フルーリに滞在したことのあるトゥルのゴーズランは、サン・テーヴル修道院を改革し、一一世紀初頭、オディロと親交のあったサン・ヴァンヌのリシャールは、自分のヴェルダン司教区に改革運動を取り入れ、さらにフランドル地方にまで及ぼした。

一方、ロレーヌ地方に移住したアイルランド人修道者たちの活躍も忘れてはならない。かれらは、七、八世紀に渡来した先輩たちと同じく、おそらく、祖国を捨てることによって救霊を全うしようとする禁欲的な修道者たちで、多くの人々を修道生活に引き入れた。九四二年に渡来したカッドーは、ペロンヌと、アイルランド人にはおなじみのラン地方に移動したあと修道生活に入り、仲間のひとりはゴルツェに居を定めた。他のスコット人たちは、リエージュから遠くないムーズ河畔のウォールソールで修道生活を始めた。ここには、九世紀にセドゥリウスもいたことがあるが、九四六年オットー一世はこの修道院を自分の庇護のもとにおいた。メッスのアダルベロンは、メッスのサン・クレマンの改革をカッドローに依頼し、アダルベロン二世（在任九八四―一〇〇五年）は、スコット人たちをサン・サンフォリアン・ド・メッス、またサン・ヴァンヌ・ド・ヴェルダン――若いリシャールはここで修道生活を始めた――に住まわせた。スコット人はまた、ヘント、ロッブ、ケルン、フルダ、ヴュルツブルクにもいた(15)。

二　王たちと知的教養

教会改革と学問の発展とは不可分であるが、一〇、一一世紀の王たちは、カロリング朝が実現したことを引き受けるだけの意欲と手段とをもっていたのだろうか。

ゲルマニア

ザクセン家の創始者「おしゃべりの」ハインリヒは、スポーツ教育しか受けず、その子オットーの教育にはほとんど無関心であったが、このオットーは、模範と仰ぐカール大帝と同じく聡明で知識欲に溢れ、宗教心に富んでいた。かれは司教学校を開設し、聖職者を教育しうるような学識ある聖職者、司教たちを身辺におこうとした。(16)そのためかれは、イタリア征服を好機に、ノヴァラのステファヌス、グンツオのふたりの教師をゲルマニアに招聘している。九七〇年ローマ滞在中のかれは、若いジェルベールのランス行きを断念させえなかったが、しかし周知のように、のち、ジェルベールの招聘に成功している。宮廷では、王の弟で尚書、宮廷付司祭長であったブルーノが、カール大帝のもとにおけるアルクィンの役割を受け持っていた。かれは、オットーが学校を再興したことをたたえる詩を残している。(17)女王や王女たちも知的活動に参加し、クヴェートリンブルク、マクデブルク、ガンデルスハイムの修道院に貴族の若者たちのための教育の中心を開設している。(18)

若いころのオットー二世は、こうした雰囲気のなかで育てられた。かれは、幾人もの教師について学んだが、一七歳の時ローマでジェルベールに出会い、以後、かれの薫陶を受けることになった。かれは九八〇年、ランスの教師になったジェルベールとマクデブルクの学頭オトリックがラヴェンナで討論したとき、それを司会している（史料55）。またオットー二世は書籍収集に努め、九六七年ヴェローナのラテリウスはかれにティトゥス・リヴィウスの書を送り、それはのち、ヴォルムスの司教座教会の図書室に移されている。オットーはまた、九七二年ザンクト・ガレンに立ち寄った際、何巻かの写本を贈られている。かれは、きわめて教養の高かったビザンツ皇帝の親族テオファノと結婚したが、それは、ゲルマニアにビザンツの影響をもたらすことになった（本書一三三頁参照）。

この結婚から生まれたオットー三世は、その教養から期待されていたことを実現する間もなく、世を去った。(19)かれは、三歳からマインツの司教ヴィリギスに託され、七歳から、のちヒルデスハイムの司教になったベルンハルトの教育を受け、またロッサーノのヨハネス・フィラガトスからギリシア語の基礎も学んでいる。一七歳のとき、父王と親交のあったジェルベールに対し、「ザクセンの無教養を振り払い、身につけたヘレニズムの教養を結実させてくれるよう」懇願している

（史料56）。こうしてオットーは、師を相手に弁証学の諸問題について論じ、スラヴ遠征の疲れを癒している。かれはローマのパラティーノの丘に新宮殿を構え、九九九年ジェルベールを教皇に任命し、ローマを全帝国の首都にしようと夢見ていた。ヴェルチェッリのレオ、フルーリのアッボといった詩人たちは、あらゆる点で長期支配を約束されたこの王をたたえている。ところが、この「哲人皇帝」オットー三世は一〇〇二年、若年二二歳で他界した。

かれの後継者ハインリヒ二世は、オットーがジェルベールやヨハネス・フィラガトスから贈られた書籍を受け継ぎ、のちこれを利用することになる。[20] ハインリヒは当初、聖職を目指し、ヒルデスハイムでは司教ベルンハルトのもとで教育を受け、のちレーゲンスブルクでは司教ヴォルファングに師事した。かれはマインツのアリボ、クリュニーのオディロ、ユトレヒトのアダルボルドといった教養ある聖職者と交わり、かれらはハインリヒをたたえる散文や詩を残している。ハインリヒはまた、修道院改革を推進し、学校を開設させた。一〇〇七年、ハインリヒと皇后クネグンダはバンベルクに司教座を設け、その新設の教会に図書室を併置して、自分たちの書籍のほか、修道院の写字室に写本を作らせてそれを収めた。

多くの歴史学者によると、一〇二四年サリ族が帝位に就くことにより歴史は大きく転回した。つまり教養人の君主たちのあと、教養よりも権力を気にする活動家が登場した、と言うのである。たしかに、コンラート二世は聖職者たちの仕事にほとんど関心を示さなかったが、だからと言って、宮廷が教養人を見捨てたわけではない。もと学頭であったリエージュの司教ワゾは、王に請われてお抱えのユダヤ人医師の討論相手を務めている（Anselme, *Gesta* 44：SS Ⅶ, 216）。また皇后ギセラは、その子ハインリヒの教育をブルゴーニュの聖職者ヴィポに依頼した。こうしてヴィポは、宮廷詩人、修史官になり、[21] 皇帝の戴冠式、スラヴ戦争、厳寒の冬、皇帝の死など、あらゆるものに題材をとって詩を書き残した。かれはまた、弟子ハインリヒのため、一〇二八年ごろ、読み方練習用の教科書として道徳的格言一〇〇篇を編纂している。一〇三九年ハインリヒ三世が即位すると、ヴィポは、君主のためのいわば鑑として、『テトラログス』（*Tetralogus*）を書いたが、そこには、かれの古典教養と古代の著作に対する好みが示されている。かれは、かつて君主たちが文教政策を打ち出したことを思い、王にイタリア人を模倣するように勧め、一方、ドイツの若者たちには学校に行くことを義務づけている（史料57）。

ハインリヒ三世は、かれと同名の先任者に劣らず教養人であった。かれは、叔父にあたるアウグスブルクのブルーノのほか、かつてハインリヒ二世の尚書であったフライジングのエギルベルト、パヴィアの修道者で算術と天文学に長けていたアルメリックからも教育を受けている（*Chron. Farfa*：*SS* XI, 559）。かれにはビザンツの王女との結婚話もあったが、実際にはクヌート大王の娘と結婚し、かの女と死別したあと、ポアトゥのアグネスと再婚した。この再婚は若干のドイツ人の機嫌を損ねたが、この結婚によってシュパイアーの宮廷はフランスの影響を受けることになる。[22] 皇帝夫妻は学芸を奨励し、教養人を庇護し、アウグスブルクの年代記作者は、自由学芸の奨励者として王に賛辞を呈している（*SS* III, 125）。またハインリヒは、「逍遥学派のアンセルムス」と渾名のあったイタリア人を迎え入れた。このアンセルムスは、王に対し第二のヴェルギリウスをもって自認し、自著の『レトリマキア』（*Rhetorimachia*）を献呈している。[23] 少なくともかれは王にうまく取り入り、宮廷付属礼拝堂および皇帝の尚書局で働いた。

一〇五六年のハインリヒ三世の死は、ゲルマニアの王国にとり不幸なことであった。[24] 後継者の皇子は六歳にすぎず、その摂政も東方やイタリアのもたらす危機を乗り切ることはできなかった。こうしてかれ亡きあと、王たちは叙任権闘争に巻き込まれ、文芸の庇護どころではなくなった。

イギリス

よく言われるように、一〇世紀のイギリスは、スカンディナヴィア人との長い一連の戦争に明け暮れていたわけではない。当時のイギリスは、他の諸国が羨むほどの繁栄のなかにあり、ウェセックスの王たちはドイツの王たちと同じく、率先して修道院の改革に取り組み、学問の復興をはかっている。

アルフレッド大王は、ウェセックス王国における第二のカール大帝を夢見ていた。かれはデーン人の王グドルムと協定を結び、イギリスをふたつの勢力圏に分けて（八七八年）平和をもたらし、大陸の修道者たちを招き、「学識と英知」（doctrina et sapientia）に富む司教たちを側近に迎えて、修道院改革を進めた。カロリングの場合と同じく、ここでも、運動を推進したのは宮廷であった。アルフレッドの宮廷では、貴族の若者たちは王子たちとともに教育を受け[25]、また役人とその子どもたちは最小限の教育を身につけていなければならなかった。アルフレッドは、聖職者でさえラテン語の知識に乏しいことを憂え、かれが「古典」と思う著作、たとえば大グレゴリウスの『対話編』、『司牧規定』、オロシウスとベダの『歴史』、アウグスティヌスの著作の抜粋、とくにボエティウスの『哲学の慰め』を自ら翻訳し、また人を使って翻訳させた（史料58[26]）。

デーン人との再度の戦いも、アルフレッドの文芸復興運動に水をさすことはなかった。かれの孫エセルスタン（在位九二四－三五年）のころ、宮廷にはフランク人、ブリトン人、アイルランド人、ノルウェー人が集まっていた。詩人たちは、アルフレッドを「イギリス全土の王」（Rex totius Angliae）、「皇帝」（imperator あるいは basileus）と呼び、かれの偉業をアングロ・サクソン語で歌い上げた。エセルスタンは、姉妹たちをカール単純王、ユーグ大公、オットー大帝に嫁がせた。またかれは聖遺物や写本を収集し、画師たちの仕事を奨励し、各地の教会に書籍を寄贈し[27]、また修道院の改革に取り組んだ。かれの改革運動は、「全イングランドの気高き皇帝」エドガー平和王（在位九五九－七五年）によって完成された。教養人であったこの王は、偉大な立法者でもあり、聖職者たちのなかからカンタベリーの司教ダンスタン、ウースターの司教オズワルド、ウィンチェスターのエセルヴォルドなど自分の事業を援助してくれるものを選んで重用した。また王は、エセルヴォルドとともに九七〇年の宗教会議を開催し、すべての改革修道院に適応可能な『修道会則一覧』を公布している。

王による「アングロ・サクソン・ルネッサンス」も、「軽率な」エセルレッド二世（在位九七六－一〇一五年）の無能とヴァイキングの再侵攻により一頓挫したが、イギリスの王位に就いた（一〇一六年）デーン人のクヌート大王は、先任者たちによる文芸庇護の伝統を引き継いだ。かれは教養ある聖職者を身辺に置き、修道者たちによる学校の開設を援助し、教育を推進した。(28) フランドルの一修道士は女王エンマにクヌートの物語を献呈するにあたって、ヴェルギリウスがアウグストゥスに献げた以上のものを女王に献呈したいと述べている。(29) 同じころ、そこから数千キロ離れたところで、ベザーテのアンセルムスも同じようなことを皇帝ハインリヒ三世に言上している。

フランク

フランク王国には、アウグストゥスもヴェルギリウスも見当たらない。カロリング末期の王たちは、文芸庇護の思い出さえ残してくれなかった。リシェールによると、カール単純王は文芸の教養があったが、その子ルートヴィヒ四世は、エセルスタンの宮廷で海の向こうの教育を受けながら、成果はなくラテン語も知らなかった。より後代のものではあるが、アンジューの年代記作者のことばを信用するとすれば、王の家臣でアンジュー伯であったフルク（九六〇年没）は、「読み書きを知らない王は、王冠をかぶった驢馬に等しい」という格言を王にあてはめ、かれの無知をあざ笑ったという。(30)

それとは逆に、ランの司教座に就いた王の異母兄弟ロルゴンは、「英知と雄弁の鑑」(Richer, *Histoire* II, 82) と仰がれ、(31) オットー一世の姉妹で教養人であった女王ゲルベルゲは、この司教を友人とし、また顧問にした。かの女は、聖書をとおして世界に対するアンティキリストの活動を知って心配し、モンティエ・アン・デールのアドソンに、この問題に関する書籍を送ってくれるよう依頼している。ルートヴィヒ五世とロタールの教養については、まったく不明である。かれらは同時代のゲルマニアの王たちに比べ、影が薄い。かれらのライバルであったユーグ大公やユーグ・カペは信心深い人物で、修道院改革を推進した。かれらについて言えることは、これだけである。ユーグ・カペに仕え、かれらをよく知っていたジェルベールも、この点については寡黙である。ユーグ・カペは、ランスの学頭〔ジェルベール〕の学識に感嘆し、おそらく妻のアデライドの働きかけもあって、その子ロベールをランスの学校に送っている。

ロベール（一〇三一年没）は、カペー朝最初の教養人の王である。かれは宮廷にあっても旅に出ても、つねに読書を好み、『聖エリギウス伝』(*Vie de saint Eloi*) などいくつかの写本を修道院に遺贈している[32]。ランのアダルベロンとの交際、異常な気象現象についてフルーリのゴーズランやシャルトルのフュルベールと取り交わした書簡、サンスの司教リエリやオルレアンの聖職者たちが絡む異端の撲滅など、あらゆる点から見て「敬虔王」と呼ばれたこのロベールは、「聖王」と言われた同時代のハインリヒ二世に劣らぬ教養の持ち主であった。

スペイン

王たちの教養に関する説明を終えるにあたって、ごく最近の研究によって明らかにされつつある、アストゥリア・レオンの宮廷における教養を取り上げることにしよう。王たちは、九一〇年以降首都を古代ローマのレギオに定め、この都市に急速な発展をもたらした[33]。この王たちも書籍を集め、それを諸教会に配布している。オヴィエドのサン・ソーヴール教会はアルフォンソ大王の蔵書を遺贈され、シロスの修道院はオルドノ二世（九二四年没）の蔵書を引き継ぎ、そのなかにはイシドルスの『語源誌』が含まれていた。いくつかの写本に見られる十字架を画題にした装飾は、アルフォンソ三世および後継者たちの蔵書のしるしであると考えられている[34]。有力な貴族たちは王をまねて、修道院を創設し、写字室の活動を盛んにした。カッシオドルス、スマラグドゥス、タイオ、エウゲニウスの著作と聖人伝を含むいくつかの写本には、カスティリャ伯領の創始者フェルナン・ゴンザレス（九二三－九七〇年）の名が記されている。

このころのスペインの教養を研究する有能な歴史学者によると、「まずオヴィエド、次にレオンは、われわれが考えている以上の交流の中心で、古典の流布に大いに寄与した。そしてこのことは、レオンの君主たちが、宗教的教養を刺激し促進することによって西ゴートの君主たちを模倣し継承するという、当時の漸進的な傾向を支え推進することになる[35]」。

これに付言すると、王たちは引き続き年代記の編纂を援助した。アルフォンソ三世の年代記はたしかに王自身の手になると思われ、その後継者ガルシアとオルドノ二世がこれを完成させている。[36] スペインの王たちが「再征服」(Reconquista)を指揮するこの時期に、西ゴートの歴史が編纂され、またスペインの教養がコルドバの宮廷だけのものでなかったことは注目に値する。

三　東西間の文化の交流

イスラム文化の貢献

アラビア支配下のスペインにとって、一〇世紀は「偉大な世紀」であった。コルドバの地方総督アブド・アル・ラーマン三世(九六一年没)は、九二二年カリフになり、首都コルドバをバグダッドに比肩しうる都市にしようと奔走している。その子アル・ハカム二世(九七九年没)は、文法教師、詩人、神学者といった教養人を身辺におき、数千巻の蔵書をもつ図書館をコルドバに造った。[37] こうして当時のコルドバは、フロスヴィータの表現によると、まさに「英知の七つの川が流れる世界の美粧の地」であった。

コルドバのカリフとキリスト教国スペインとの間には、越えがたい境界があったわけではない。キリスト教徒による「再征服」のなかでためらいがちに二度の攻防があったが、その間にも、文化の交流は頻繁に行われていた。アンダルシアの首都の豪華さはレオンの君主たちを魅了し、かれらはそこに立ち寄って、盃、象牙製の手箱、絹織物をコルドバの商人たちから買い求め、一方カスティリャのサンチェ(一〇一七年没)のような何人かの貴族は、イスラム教徒の服装を身にまとってアラビアの大使たちを迎えている。またイスラムやモサラベの芸術家たちは北方の建築現場で働き、イスパノ・モレスク様式の装飾を導入し、[38] また、南方からやって来た教養人たちは北方に写本を持ち込み、そこに居を定めた。

ヘブライ語、ラテン語、ギリシア語に通じ、コルドバでディオスコリデスの植物学の書を翻訳したユダヤ人ハイダイ・イブン・シャプルーは、九五五年、レオンの宮廷に逗留している。こうして一〇世紀中葉には、コルドバの写本がコゴッラのサン・ミッランやリオハまで運ばれ、逆に、ドナトゥス、プリスキアヌス、セルヴィウスの著作を含む「トレド写本」(Toledanus 99-30) のようなラテン語の写本が、アラビア人の地方でも読まれている。[39] 歴史学者アル・ラジ(九五五年ごろ)は年代記を書くにあたって、セビリャのイシドルスの著作のほか、このころアラビア語に翻訳されたオロシウスの『歴史』を参照している。[40]

スペイン東部のカタルーニャも、一〇世紀中葉、アラビアの幅広い影響を受けている。九〇四年ごろ『フランク王年代記』(*Chronica regum Francorum*) を君主アル・ハカムに献呈したヘロナの司教ゴトマール四世は、コルドバに滞在したことがあったに違いない。[41] その後、カタルーニャの宮廷とカリフとの間には大使の交換が頻繁に行われ、九八五年のバルセロナの略奪によっても中断されなかった。アラビアの金はカタルーニャ地方に大量に流入し、西方で最初に、新規に金貨を鋳造したのは、この地方の伯たちである。[42] こうした交易も手伝って、カタルーニャの学問の中心にはコルドバの科学関係の書籍が持ち込まれている。リポルでは修道者たちが、マスラマの著作からアストロラーベ〔古代の天体観測儀〕に関する部分を翻訳し、あるいは翻訳されたものを筆写している。[43] バルセロナの助祭長ロベの周辺でも、アストロラーベに関する学習書が翻訳された。[44] ヴィクでは、司教ハットンが「数・形の諸学〔四科〕をくわしく」教えている。九六七年、かれは伯ボレルの依頼を受け、「奨学生として」カタルーニャに送られていたオーリャックの若い修道者ジェルベールの教育にあたっている。[45] しかしジェルベールがコルドバまで行ったと考える必要はまったくない。かれはその知的欲求を満たすだけのものをカタルーニャに見出していたからである。ジェルベールはのちランスの学頭になってからも、カタルーニャの友人たちと文通し、かれらのおかげでアラビアの学問の一部をヨーロッパ北部に移植することができたのであった(本書二八三頁参照)。

ある歴史学者たちによると、アラビアの天文学は、ジェルベールよりもはるか以前に、コルドバとカロリング帝国との交易によってロータリンギアの学校に知られていた。[46] 実際オットー一世は、九五〇年と九五六年に、ゴルツェの修道院長ヨハネスを長とする使節団をコルドバに送り、[47] カリフはそれに応えて、スペインではラビ・イブン・ザイド（Rabi Ibn Zaid）の名で知られていた、エルビラの司教レセムンドをオットーのもとに送ったが、この司教は外交官であっただけでなく、天文学者、物理学者でもあった。九六一年のコルドバの暦はかれの手になるものである。[48] リウトプランドに対し、『アンタポドシス』（*Antapodosis*）と呼ばれる年代記を書くように勧めたのもかれであった。その他多くのスペインの旅行者がフランク支配下の西方を訪れた。フロスヴィータが、童貞を貫くため命を落とした（九二五年ごろ）キリスト教徒の貴族ペラヨの悲話を聞いたのも、ザクセンを訪れたアラビア人かモサラベ人からであった。九六五年、ユダヤ人イブン・ヤクブは、フランス、ゲルマニア、さらにポーランド、ボヘミアを経由する大旅行に出かけている。[49]

イタリア南部は、キリスト教徒とアラビア人とのもうひとつの出会いの場であった。ただし、ここでの両者の関係はより緊張したものであった。アフリカから渡ってきたアラビア人は、九世紀以降シチリアと南イタリアの一部を占拠し、ケイルワーンの地方総督は、「老いぼれたへんてこなペトロの都市」（ローマ）を破壊しようとさえ考えた。教皇ヨハネス一〇世とキリスト教徒の王侯がガリグリアーノ地方からアラビア人を追い出し、またビザンツ人がイタリア南部を一部奪回したが、アラビア人はなお拠点を維持し、九八二年にはオットー二世を敗走させている。[50]

しかしこうした戦争も経済的、文化的交流の妨げにはならなかった。アマルフィの人々はファティマ朝との交易で富を築き、九七七年の一アラビア人旅行者は、アマルフィは「ロンバルディア地方」でもっとも美しい都市のひとつであると伝えている。またイスラム教徒と交わりながら暮らしていた西方の人々は、かれらの教養を身につけ、オトランテのユダヤ人ドムノロは、サラセン人に捕われたのを好機にアラビアの医学を修得した。かれはのちヘブライ語で解毒剤の書を著し、それをとおしてラテン人もこれを知るようになった。[51] 北アフリカでは、まだ残存していたキリスト教徒の共同体のなかで、修道者や聖職者がアラビア人の著作を翻訳した。たとえばアフリカ人コンスタンティヌスは、ヒッポクラテスやガレノスの書をアラビア語から翻訳し、それをサレルノに持ち込んでイタリア南部の人々に紹介している。[52]

ギリシア文化の貢献

イタリア南部は、イスラムだけでなくギリシアの影響も直接に受けやすかった。ニケフォルス・フォカス（九六九年没）以来、ビザンツはイタリア南部の領土を立て直し、アラビア、ロンゴバルトの君主たちの攻撃に抵抗した。こうして、オットー一世とその後継者たちによる奪回の努力も実らず、ギリシア人はカラブリア、アプリアを支配し続けた。そこで活躍していたのは、徴集兵やビザンツの法を施行する役人だけではない。ギリシア人はアプリア、カラブリア、さらにアマルフィ、サレルノ、ガエータの一帯に修道院を創設し、宗教、文化の中心に仕立てた。修道者たちは写本の筆写に励み、そのなかにはホメロスやテオグニスの著作、文法書のほか、哲学者の書の抜粋や医学書も含まれていた。[53] プセロスの弟子ヨハネス・イタロスは、この地方の修道院のひとつから来ている。一般教養という理念は、つねに教養ある修道者たちをつき動かし、「自分の心を聖・俗の書籍に満ちた書庫にし」、「百科全書的な」知識を身につけていたサン・タドリアンの修道院長は、その証人である（*Vie de Nil le Jeune* 6 : *PL* 120, 776）。

これまで言われてきたこととは異なり、イタリア南部に移住したこれらのギリシア人は、ラテン人の社会と没交渉であったわけではない。写本に描かれた聖画像の研究から、かれらがカロリング期およびそれ以後の写本の挿絵を知っていたことは明らかである。[54] 逆にラテン人も、ギリシア人の芸術作品に接していた。ガエータ、ベネヴェント、バーリの賛歌「エクスルテッ」（Exultet）の巻物は、ビザンツ式装飾のモティーフから影響を受けている。[55] 一一世紀中葉、モンテ・カッシーノで働いていた画師たちは、ギリシア人の修道院で描かれた作品に注目している。また何人かの教養人は、ギリシア語の聖人伝や医学書の存在を知っていて、それを翻訳させ利用している。『バルラームとヨザファトの物語』（*Roman de Barlaam et Josaphat*）は、ノルマン人メロの息子アルギロスがコンスタンティノープルに滞在した一〇四九年に翻訳されたものである。[56] サレルノの医者ガリオポンテは、一〇四〇年ごろトラレスのアレクサンドロスの翻訳を用い、サレルノのアルファーノは、ネメシウスの「人間の本性」に関する書を自分で翻訳している。[57]

ギリシア文化は、直接ビザンツからも移入された。ビザンツ帝国の首都とイタリア南部との交流は、今さら言うまでもない。アマルフィの人々はギリシアの商人たちを受け入れる一方、コンスタンティノープル、アンティオキア、アトス山に住み着いた。皇帝から「統領」（hypatos）の顕職を与えられた商人マウロは、一〇六六年以前に、ビザンツの青銅鋳造工に格間式の門を鋳造させてアマルフィの司教館に寄進し、修道院長デシデリウスも、似たようなものをモンテ・カッシーノのために依頼している。[58] アドリア海の奥に位置するヴェネツィアには、東方の産物を商う大市（emporium）があった。ピエトロ・オルソレオ公は、九九二年バシリウス二世からヴェネツィアの商人たちのために特権を取得し、かれの子どもは皇帝の姪と結婚した。すでにこのころ、ヴェネツィアには東方的な外観をもつ宮廷や教会が建設されている。

オットー一世の皇子とビザンツの王女との結婚の仲立を仰せつかったのも、ヴェネツィア人であった。ビザンツの宮廷と婚姻関係を結ぶことは、当時の政策のひとつで、九四四年イタリア王ユーグの娘はロマノス二世に嫁ぎ、ローマの「元老院議員階級の」アルベリックは、一時、ビザンツの一女性との結婚を夢見ていた。またオットー一世の姪ババリアのヘードヴィガは、コンスタンティノープルの王子と結婚するため、ギリシア語を学んでいた。オットーとビザンツ宮廷との交渉は難渋し、長引いた。ヴェネツィア人が失敗したあと、オットーはクレモナのリウトプランドを送ったが、これもうまくいかなかった。九六八年、帰国したリウトプランドがオットーにあてた報告書は、生々しい表現で交渉の失敗を伝えている。[59] しかし三年後、リウトプランドは再びビザンツに渡り、今度は、オットー二世とテオファノとの結婚話をまとめ、ふたりは、九七二年ローマで式を挙げた。

このテオファノは、きわめて博学であったコンスタンティヌス七世の親族であった。かの女は、聖職者を伴って西方に移り、側近としてロッサーノのヨハネス・フィラガトスを招き、かれはのちオットー二世の尚書になり、さらにその子オットー三世の家庭教師になっている。ヨハネスはまた、ノナントラの修道院長でもあった。なおこの修道院のために、イタリア南部の一ギリシア人がある聖人伝をギリシア語からラテン語に翻訳している。[60] ゲルマニアの宮廷は、ビザンツ人を迎えることにより、その恩恵を受けた。たとえば、パーダーボーンの新宮殿のなかに聖バルトロメオの礼拝堂を建立したのは、ギリシア人の建築家であった。またビザンツの芸術家たちの影響は、織物、象牙細工、皇帝や有力者たちの依頼に応じて作成された写本にも見られる。[61] 一方、司教や修道院長たちは、旅行中あるいは追放の身にあるギリシア人聖職者を受け入れている。[62] トゥルのゲラルド（九九四年没）は、ギリシア人が自国語で歌う典礼聖歌を聞くのが好きであった。ヘントの修道者たちは総司教マカリオス（一〇一二年没）の訪問を受け、一方ノートケルが司教であったころ、カラブリアから追放されたギリシア人の司教がリエージュに引退し（SS XI, 266）、修道者シメオンは、ルーアンの宮廷に逗留したあと、トリアーの「黒門」（Porta Nigra）の独房で隠遁生活に入っている。[63]

西方の人々は、これらギリシア人とどのようなことばで通じ合っていたのだろうか。ギリシア語を知っていたのだろうか。かれらは、日常会話においても辞書を用い、そこから日用語をいくつか取り出して間に合わせていた。たとえばモンツアのイタリア・ギリシア語の語彙集には、人間の身体、家庭用品、自然現象、曜日に関する単語が含まれている。またアヴランシュの写本にも、「パンをくれ」、「魚、チーズ、肉をくれ」、「ぶどう酒、水、乳を飲ませてくれ」というような、いくつかの日常会話の短文がある。[64] しかしそれは必ずしも、一〇、一一世紀にギリシア語の知識がいくらか普及していったという意味ではない。リウトプランド、アプトのステファヌス（AS nov. Ⅲ, 312）、ケルンのブルーノのような教養人はギリシア語を話すことができたが、大部分のものはできなかった。教養人たちは、カロリング期の人々と同様、著作、詩のなかに、ギリシア語の単語や表現を好んで取り入れているが、[65] それは語彙集にもとづくもので、そうした写本は今もロアール流域のリポル、ラン、[66] イギリスにいくつか残存している。付言すると、「偽ドシテウスの対話」の名称で知られる両言語による会話の提要は、一〇、一一世紀においても引き続き筆写されている。[67]

ギリシア文学は、聖人伝、医学書、さらに歴史書、哲学書をとおして西方に持ち込まれた。首席司祭レオはコンスタンティノープルから『アレクサンドロス物語』(*Roman d'Alexandre*)を持ち帰り、ナポリ公の要請に応じて翻訳し、それは西方において多くの読者をえた。[68] 一方ジェルベールは、ギリシア語は知らなかったが、ボエティウスの著作とその翻訳をとおしてギリシアの学問を身につけ、オットー三世は、たしかに母親やヨハネス・フィラガトスからギリシア語を少しは学んでいたが、ジェルベールに「ヘレニズムの蘊奥」を教えてもらおうとした(史料56)。九九七年ジェルベールは、「合理的なものと、理性の用法」に関する自著をオットーに献呈したが、それには「ひとりギリシアだけが、帝王の哲学とローマの権力とをほしいままにし、誇ることのないように」(Lattin 232)という狙いが込められていた。つまり弁証学の学習は、ビザンツ人と肩を並べるための手段であったが、しかし、もしコンスタンティノープルの教養人が西方の人々の思考、表現を耳にしたならば、思わず吹き出したかもしれない。

第二章　学問の中心としての修道院

修道院改革は、西方のいたるところでさまざまな形で推進され、修道生活の刷新だけでなく教養の復興をももたらした。ところで、その復興は典礼の再生だけに限られていたのか、それとも学問の再開をも引き起こしたのだろうか。それに対する意見は、まちまちである。ある歴史学者によると、クリュニーの修道者たちは教養（culture）よりも典礼（culte）の復興に努力し、こうして、フランスの「典礼〔重視〕の修道制」（Kultmönchtum）とドイツの「教養〔重視〕の修道制」（Kulturmönchtum）との対比が誕生した[(1)]。こうした考え方は、あまりにも割り切った見方で受け入れがたい。ゲルマニアでもフランスでも、典礼と教養は不可分であった。

たしかにクリュニーの修道者たちは、典礼の復興を第一の使命と心得ていた。かれらの修道院は、悪の勢力を駆逐して生者と死者の救いを確保するだけでなく、天国を前もってこの地上に実現するはずの、祈りの砦であった。神にとって美しすぎるものはなにもない。修道者たちは、努力の限り財力の限りを尽くして、以前にまして広大な建物を新築していったが、それらは、科学的に計算された均衡の美をもって宇宙の神的秩序を反映するものであった。ラウル・グラベルの主張には反するが、西方は「古き衣を脱ぎ捨て、教会の真白き衣を身にまとう」のに、一〇〇三年を待つまでもなかった[(2)]。すでに一〇〇〇年以前から、修道院の建築は真っ盛りであった。また、目に見える美から見えない美に導くため、修道者たちは彫刻家、貴金属細工師、画師の技能を利用した。さらに典礼の復興には、当然、音楽学習の再興が伴う。カロリング の修道者たちが始めた事業は一〇世紀へと受け継がれている。クリュニーの修道院長オドのものとされる音楽関係の著作がすべてかれの手によるものではないとしても、かれは若いころから、音楽教師として評判が高かった。(3)かれはリモージュのサン・マルシアル修道院を改革し、それはやがて、注目すべき音楽学校へと発展していく。一方フルーリ修道院の影響のもとに、アングロ・サクソンの修道院長ダンスタン、エセルヴォルドは、典礼に歌唱、楽器を大幅に取り入れている。

また写字室は、典礼だけでなく、修道者の教養にも大いに貢献した。ミサ用福音書抄録、詩編集、典礼書、読誦集、聖人伝は、修道院を渡り歩く一団の画師によってみごとに装飾された。一〇世紀中葉から一一世紀中葉にかけて、細密画の傑作が修道院の写字室で描かれている。ドイツではコルヴェー、フルダ、ライヘナウ、レーゲンスブルク、ザルツブルク、ケルン、エヒテルナハの学校が人々の噂に上った。スペイン北部では、名の通った画師たちが、聖書や、黙示録の注解書に装飾を施している。イギリス南部では、ウィンチェスター派と言われる画師たちが、見事な写本を作成している。しかしフランスには、それほど多くはない。とはいえ、修道院改革と同時にこうした活動が再開されたことは明らかで、たとえば一〇〇〇年ごろ、オドベルトが修道院長であったときのサン・ベルタン、ややおくれてサン・ヴァー、サン・タマン、サン・ジェルマン・デ・プレ、またモン・サン・ミシェルで細密画で装飾した写本が作成されている。(4)

写字室は、豪華な写本ばかりを作っていたわけではない。図書室のための蔵書も筆写していた。レーゲンスブルクのサン・タムランを改革したランヴォルドの最大の関心事のひとつは、図書室の再興であった。カロリングの伝統を引き継ぐ写字生がどれほど多くの写本を作成したか、それは当時の写本や目録を見てもらえばわかる。また学頭の文通を見ても、かれらが聖・俗の書籍の収集にいかに熱心であったかが窺われる。

修道院改革に取り組む修道者たちは、「神的な哲学」に導く「聖書による瞑想」(meditatio divina)で満足したのか、あるいはカロリング期の人々のように、学習の内容を広げていったのか。西方の修道院における知的活動の多様性と独創性については、教師の名前、写本の目録、著作の表題といった種々の証拠を付き合わせることによって、大体のことは把握できる。

一　フランク王国における修道院学校

「教養の敵」と非難されたクリュニーから話を始めよう。こうした非難は、一一世紀初頭、ランのアダルベロンが持ち出した。かれはロベール王に捧げた風刺詩のなかで、司教のなかには、聖書のことなどまったく無知で、生涯一日として学習したこともなく、「指を折ってアルファベットを数える」[5]のがやっとという、もと修道者がいると嘆いている。これは、クリュニーの修道者たちにはがまんならない中傷であった。修道院の創設以来、歴代の修道院長は修道者たちにすぐれた教育を受けさせようとした。オドは、トゥールですぐれた文学的教養を身につけ、パリではオーセールのレミギウスの教えを聞き、百巻の写本をたずさえてクリュニーに入り、のちボームの学校の指導を託された（*Vita* 23 : *PL* 133, 49）[6]。かれが、ヴェルギリウス風の六脚詩で書いた『オックパティオネス』〔講話〕（*Occupationes*）で言うところによると、自由学芸は精神を目覚めさせ磨くもので、修道院において恵みによって生きるものにとっても有益である（*Occupatio.* Ⅲ : éd. Swoboda, p. 64）。かれの後継者メイユールは、教養の低い修道者たちに対し「ヴェルギリウスの作り話」（*Vita* Ⅰ, 14）に警戒させつつも、かれ自身は「哲学者の書と世俗の英知」（*Ibid.* Ⅱ, 4）を適宜、利用した。アダルベロンの敵手オディロのころ、クリュニー修道院の生活にも読書が取り入れられている。一一世紀中葉の修道院の蔵書目録や四旬節に修道者たちに手渡された書籍の目録には、多様な書名が出てくる。そこに記入されている六五巻の書籍のなかには、テルトゥリアヌス、キプリアヌス、ディオニシウス、グレゴリウス、レミギウス、ハイモン、イシドルス、オロシウス、またティトゥス・リヴィウスが含まれている。[7]このころ、クリュニーはすぐれた学問の中心と見なされ、ペトゥルス・ダミアヌスは甥をこの修道院に送り、修道院長に対し「三学と四科のふたりの妻を添えて」（*PL* 144, 373）イタリアに送り返すように求めている。

なおブルゴーニュ地方には、風変わりな放浪修道者ラウル・グラベルがいた。かれは一〇四四年ごろから死ぬまで、あちこちの修道院を渡り歩いた。かれが求めた「その文学的知識を活用しうるような避難所を求めて」(*Histoire* V, 1)、ラウルは長いこと、クリュニーのメイユールの弟子であったヴォルピアーノのギヨームのもとに留まっていたが、このギヨームはディジョンに文学的知識について、現代の学者たちは種々批判しているが、しかし無視してよいものではない。ラウルは長いこと、クリュニーのメイユールの弟子であったヴォルピアーノのギヨームのもとに留まっていたが、このギヨームはディジョンにクリュニーの慣習を取り入れ、のち、ノルマンディの諸修道院を改革した人物である。またギヨームは、教養人である以上に禁欲主義者、音楽家であったが、書籍の重要性は理解していた。[8] かれはサン・ベニーニュの図書室の再建を手がけ、かれの後継者アリナール（一〇五二年没）がこれを引き継いだ。ヌヴェールでは一一世紀に、ロスタンという委細不詳の修道院長が、文法、修辞学の書のほか、ボエティウスやルカヌスの著作の抜粋を含む多くの写本を、司教座教会に遺贈している。[9]

一方、リュクスイユの修道者コンスタンティウス――興味をそそる『挽歌』(*Planctus*) では、ひとりの弟子がかれの死を悼んでいる[10]――が、一〇〇四年ボエティウスの『幾何学論』を筆写し、修道者たちに利用させている。なお、のちモンティエ・アン・デールの修道院長になるアドソン――かれの蔵書目録は現存している――は、若いころリュクスイユで過ごしている。一方、カロリング期に華々しい活動を見せたオーセールのサン・ジェルマンの学校が、一〇、一一世紀にどのようになったかは、不明である。

修道者オドランヌスによると、サンスのサン・ピエール・ル・ヴィフ修道院では、ランスのジェルベールと文通していた修道院長ルナール（一〇一五年没）のもとで、学問の復興が図られた。それを伝えるオドランヌスは、貴金属細工にも器用な教養人で、ロベール王の目にとまり一司教の教育を託された。かれはまた博識で、一〇四五年ごろ、自著の年代記や教会法、神学関係の問答集、音楽理論に関する書を集め、自らその写本を作成した。[11]

ブルゴーニュから、九三〇年、オドが改革したフルーリの修道院に移ることにしよう。この修道院は、スカンディナヴィア人の侵攻によって甚大な被害を受けたが、その豊富な蔵書は保存することができた。九五七年ごろ修道院学校に入ったアッボも、たしかにこれらの蔵書を利用している。[12] かれはのち学頭になり、文法、歌唱を教えつつ算術、弁証学を学び、その後、当時の多くの修道者がしたように、その教養にさいごの磨きをかけるため他所に移っている。アッボの伝記作者で弟子であったエモアンによると、かれは「哲学を教える教師を求めて」パリとランスの学校に赴いたが、「天文学については期待していたほどのことは学ばなかった」(史料15)。かれはオルレアンに戻り、多額の謝礼を払って音楽を学び、同じエモアンによると、修辞学と幾何学の手ほどきを受けた。つまり自由学芸の「全課程」(cursus) を学んだということである。

九七八年ごろかれは学頭になり、その教授はすぐに評判になった。九八五年、かれはラムゼーの修道院長に招かれて修道者たちに教え、修道院の年代記作者の飾り立てた表現によると、「オズワルドの小さな庭園に移植された若木を学問の露をもって潤した」(*Chron. Abb. Ramesiensis*, 21)。かれは、この地で二年間教え、アングロ・サクソンの修道者たちのために『文法問題集』(*Quaestiones grammaticales*) を書き残している。[13]

大陸に戻ったかれは、九八八年フルーリの修道院長に選ばれ、一二年間その職責を果しながら、教授と著述に活躍した。エモアンによると、かれは、学問を祈り、断食と同列に考え、自由時間はすべて、読書、著述、口述 (dictatio) にあてていた。かれが、改革を進めていたレオルの修道院で暗殺されたとき (一〇〇四年)、その手には書き板が握られていたという。

アッボはまた、すぐれた教師で、詩、聖人伝文学、文法、弁証学、算定法、天文学、音楽、教会法などあらゆる分野の学問に関心を持っていた。かれの膨大な著作は長いこと埋もれていたが、最近その研究が開始され、この学者の真価が明らかにされつつある。なおかれに師事したサン・マルシアルの修道院長オドルリックがリモージュの宗教会議 (一〇三一年) において述べたように、アッボは、「聖・俗の学問において全フランスでもっとも著名な教師」であった。

アッボの弟子にはその他、フルーリの学頭を勤めたあとミシーの修道院長になったコンスタンティヌス[14]、コンスタンティヌスの要請に応じて『フランク史』の執筆を手がけたエモアン、トゥールの司教座教会参事会員で、師アッボの伝記(*PL* 139, 387)の執筆をエモアンに依頼したエルヴェ(一〇一二年没)、ソリニャックの修道院長になり、のち一〇〇五年ごろカオールの司教座に就いたベルナール、アッボの後を継いで修道院長になったゴーズラン、暫時フルーリに滞在したことのあるアモルバッハのティエリがいる。

奇妙に思われるかも知れないが、アッボは同世代のランスのジェルベールとは直接的な交流がなかった。少なくとも、その形跡はまったく見当たらない。アッボは、ジェルベールがランスに来るまえにそこを去っている。しかしアッボの弟子コンスタンティヌスはジェルベールに師事し、「学問上のことについて」かれと文通している。このふたりの教師間には競争心があり、フルーリのため相互に沈黙を守ったのかもしれない。しかし他の分野においては、両者は対決をあらわにしている。アッボは、フルーリの修道院をオルレアンの司教管轄外に置こうとして、これをローマ教皇直属にした。またかれは、サン・バールの宗教会議(九九一年)において、ローマ側の代表者ランスの大司教アルヌールを弁護し、一方ジェルベールとオルレアンの司教は、反対の立場をとり激しく抵抗した。またアッボとジェルベールは、九九三年サン・ドニの修道者たちの反抗的態度をめぐって再び争っている。したがってジェルベールは、アッボを無視しようとしたのであり、かれの弟子ランスのリシェールも同様の態度をとっている。

アッボは、フルーリの修道院をフランスにおける修道院学習の主要な中心に仕上げた。かれは図書室に蔵書を集め、一〇世紀の約一〇〇巻の写本は、今もパリ、ベルン、ローマその他の都市に分散して保存されている。そのなかには、文法、弁論術、詩、論理学、医学に関する書が多数含まれているが、アッボの後継者たちは、これらの書籍を果して活用しえたのであろうか。

ここでもやはり肝心なのは、施設よりも人である。アッボの後を継いだ修道院長ゴーズラン(在任一〇〇四―三〇年)

は、教養よりも建築に熱心なことで有名であった。しかしかれの伝記作者によると、「フルーリは、自由学芸のほとばしる泉、主について学ぶ錬成所(gymnasium)であった」(*Vita* I, 1)[15]。実際、教養ある修道者たちの一団は、とくに聖人伝や歴史書の編纂に打ち込んだ。エモアンは『聖ベネディクトの奇跡』やフルーリの歴代の修道院長たちの『伝記』を著し、アンドレは『聖ベネディクトの奇跡』の続編を書き、ヴィタルはレオンの聖パウルスの『伝記』を[16]、ヘルゴーはロベール敬虔王の『伝記』を書き、イザンバルドは聖ジョセの聖遺物の『発見記』(*Invention*)を書いた。イザンバルドはまた、当時の人々のための提要として『子どもたちの鑑』(*Puerorum speculum*)を著したが、残念ながら散逸した。フルーリは、いぜんとしてラムゼーとのつながりを維持し、もうひとつの大きな教養の中心で、当時オリヴァー——かれについては後述する——が修道院長であったリポルの修道院とも緊密な関係を保っていた[17]。修道院長同士は互いに文通し、カタルーニャのふたりの修道者がフルーリで教育を受け、そのひとりヨハネスは修道院長に選ばれている。しかしこのころから、フルーリの学校は話題に上らなくなる。

フルーリから遠くないミシーの修道院も、短期間ではあったが、ジェルベールとアッボの弟子であったコンスタンティヌスのおかげで有名であった。ミシーの図書室は九世紀以降豊富な蔵書を備え、一〇世紀にはさらにその数を増し、今も約四〇巻の写本が残っている。レタルドが教育を受けたのは、このミシーにおいてであった。かれは、アッボを感嘆せしめるほどの「卓越した学識をもった」教養人で、聖マクシミヌスの『奇跡物語』を著し、また鯨に呑み込まれたアングロ・サクソン人の冒険を歌う、興味深い二〇〇行の六脚詩を残している[18]。こうした諷刺詩は一教養人の単なる思いつきによるものではなく、当時のルーアン、イギリスにおける流行を反映している[19]。

ロアール川を渡ると、教養の中心としての修道院はごくまれになる。アキテーヌ地方は、カロリング朝から受けた痛手からまだ立ち直っていない。一〇二八年イタリアの修道者クルーザのベネディクトによると、このころのアキテーヌ人は読み書きを知らず、少しでも文法を学んだものは自分をヴェルギリウスと思い込んでいた(史料19)。

しかしクリュニーの改革を受け入れた修道院は、同時に教養も取り入れている。ジェルベールが九五〇年ごろ教育を受け文法を学んだオーリヤックでは、修道院長ゲラルドと教師レイモンの名前がジェルベールの書簡に出てくる。[20] ランスの学頭〔ジェルベール〕はそのなかで、ふたりに対し、アラビア語から翻訳された算術の書――これはクサのガランがオーリャックに残した――を送ってくれるように依頼している。一方、莫大な富をもちながら長いこと生活に窮していたモアサックの修道院は、クリュニーの傘下に入った（一〇四八年）ころから教養の面で活躍し、クリュニーから写本が持ち込まれ、写字生が活動を始めている。もっとも古い目録には四〇巻の書名が記されているが、そのうちの一一巻は「学芸」(de arte) に関するものである。[21]

リモージュのサン・マルシアル修道院は、フルーリと交流を持ったおかげで、より早くから世に知られるようになっている。この修道院を有名にした最初の「トロパリウム」(tropaire) は、一〇世紀中葉に現れる。[22] しかしサン・マルシアルが最初の光輝を放つのは、オドルリック（在任一〇二五―四〇年）が修道院長の座に就いてからで、九八八年ごろ生まれのシャバンヌのアデマールは、この修道院の名を高めるのに大いに貢献した。かれは、幼少のころこの修道院に入り、「聖歌隊先唱者」(préchantre) であった叔父ロジェの教育を受けた。その後、生涯の大半をアングーレームのサン・シバール修道院で過ごしたかれは、サン・マルシアル修道院への恩返しとして、この修道院を教皇直轄にするために活躍している。しかしわれわれから見ると、アデマールは、とりわけ知識欲旺盛な魂の持ち主で、写本の収集家、図案家――残存する自筆文書には、いくつかのクロッキーが書かれている――であり、すぐれた『年代記』も著している。[23] かれはのち、帰国することのない旅に出たが、その前に自分の蔵書をサン・マルシアル修道院に遺贈している。

クリュニー修道院の影響は、パリ以北の地方には及んでいない。メイユールは、サン・モール・デ・フォッセを「異国のもの」と評しながらも、九八〇年、ブシャール伯の求めに応じてこの修道院の改革のため何人かの修道者を送っている。メイユールの伝記作者ユードによると、一一世紀初頭この修道院の学校は活気に溢れ、図書室には蔵書が豊富にあった。[24]

とはいえ、サン・モールは他の王立修道院つまりサン・ジェルマン・デ・プレ――九七九年ユーグ・カペはその修道院長職を放棄し、一〇二五年にはヴォルピアーノのギヨームが修道院長の座にあった――ほどの威信はなかった。フルーリのアッボは若いころここに来て学び、ジャンブルーのオルベールも一〇〇〇年ごろこの修道院で学び、のちシャルトルに行っている。図書室にはたえず写本が持ち込まれ、写字室も活動を続け、とくにアデラールが修道院長であった（在任一〇三一―六〇年）ころ活発であった。インゲラルドゥスはひとつの写本を作成し装飾しているが（*BN ms* 12117）、この写本には歴史や宇宙形状誌を取り扱う著作と世界年代記が含まれている。

以上述べてきた「ガリアの旅」（iter gallicum）を終わるにあたって、ノルマンディとフランドル伯領を取り上げることにしよう。先述したように、これらの地方には幾度となく改革の波が押し寄せた。ノルマンディ公領では、修道院教養の中心は徐々に再興されていった。モン・サン・ミシェルはメナール（九九一年没）によって改革され、一〇三三年ヴォルピアーノのギヨームの弟子フルットゥアリアのスッポが修道院長になったとき、すでに多くの蔵書を貯えていた。[25] ジュミエージュも同様で、とくにフェカンの一一世紀の目録には八七巻の写本があげられている。[26]

一〇一七年、ヴォルピアーノのギヨームの甥ヨハネスはフェカンの三位一体修道院に入り、一〇二八年には修道院長になった。かれは多数の書を残し、一一世紀における「霊生の師」と見なされている。[27]

また、ベックの修道院を創設した（一〇三七年）ヘルルイン――かれは四〇歳ごろ文法の学習に取り組んだ――は、一〇四二年ごろ、のちこの修道院に栄誉をもたらしたイタリア人ランフランクを受け入れたが、このことは、教養の歴史にとって重要な意味をもつ。

次にフランドル伯領では、サン・ヴァアー、サン・タマン、サン・リキエ、サン・ベルタンといった改革修道院において写本の作成が盛んに行われ、ヘントの修道院は、ジェルベールに写本を提供したほどである。サン・リキエのアンゲルランは、一〇世紀末シャルトルのフュルベールの学校に送られ、文法、音楽、弁証学を修めたあと、二一歳のころ修道院に戻り、学頭になって図書室を再興している（*Chron. Centul.* IV, 1）。サン・ベルタンのフォルクィンは、一〇世紀中葉この修道院の歴史を書き、自著の年代記に多種多様な文書を挿入したが、そのおかげで、これらの文書は今日まで残存することになった。この修道院は一〇世紀初頭からイギリスとつながりがあり、オトベール修道院長（在任九八六－一〇〇七年）のころには、「ウィンチェスターの学校」からひとりの愛書家と何人かのアングロ・サクソン人の芸術家が渡来している(28)。逆に、その詩才と楽才で有名であった修道者ゴスランはイギリスに渡っている(29)。

二　イギリスの島々における修道院の教養

修道院改革の成果が最初に確認されるのは一〇世紀中葉のことであるが、そのころイギリス南部では、王や修道者・司教たちの支援のもとに、偉大な改革者やその弟子たちが、活気に富む宗教的教養の中心を作り出している。ダンスタンはグラストンベリーで教育され、マーシアからコーンウォールまで影響を及ぼした(30)。かれは宗教的学問や音楽の学習を奨励し、写字室の発展を図った。かれはまずグラストンベリーの修道院長になり、一時大陸に避難したあとウースター、ロンドンの司教を歴任し、九六〇年カンタベリーの大司教になった。かれは行く先々で、修道者や聖職者の知的水準を高めていった。かれの弟子エセルワルドは(31)、王の求めに応じて、バークシャーのアビングドン修道院を改革して、フルーリ修道院の生活様式を取り入れ、コルビーから修道者を招聘して歌唱を教えさせた。さらに九六三年ウィンチェスターの司教に任命されてからは、オールドミンスターとニューミンスターの修道院を核にして、ウェセックス地方の改革を進めていった。エセルヴォルドの弟子でかれの伝記を書いたアエルフリックは、ウィンチェスターで教育を受けたあとサーヌの新修道院に送られ、のち一〇〇四年エインシャムの修道院長になっている(32)。

第三の偉大な改革者は、フルーリにいたこともあるオズワルドである。かれはウースターの司教になり（九六一年）、ラムゼーの修道院を中心に改革を進めていった。オズワルドの伝記作者によると、かれは大陸で教育された教師たちを招き、「それまで忘れられていた自由学芸は、かれのおかげで、至るところに広まっていった」(*Vita* Ⅱ, 19)。

オズワルドは、より北方に教養の中心を開設しようとして、一時はデイラにあるリポン修道院の復興に成功したが(九八〇年)、永続しなかった。アングロ・サクソンの王たちがデーヌロー地方を部分的に再征服し、ヨークのヴァイキング王国が崩壊しても、イギリス北部の諸修道院は大した活動は見せなかった。チェスター、ダービー、リンカーンを結ぶ線より北には、もはや修道院は見当たらない。八世紀のミサ福音書抄録にはノーサンブリアの方言による注釈があるが、それは何名かの修道者がリンディスファーンで学んだことを示すものかもしれない。ノーサンブリアとキュンバーランドは、スコットランドの君主たちの勢力範囲内にあったからである(33)。

これに反して、ウェールズ、アイルランドといったケルト族の地方には、いくつかの教養の中心があった(34)。ある歴史学者たちは、ダンスタンがグラストンベリーで受けた教育にはウェールズの影響があると推測し、オックスフォードの『ハンドブック』(*Handbook*)にはブリトン語の注釈のある教科書が含まれていることを指摘している(35)。アングロ・サクソン人はケルトの写本を手に入れている。たとえば、ランダフの修道院からリッチフィールドの司教座教会に移された聖チャドのミサ用福音書抄録(Kenney, no 468)、エセルスタンがカンタベリーのクライスト・チャーチに与えたマック・ドゥルナのミサ用福音書抄録(*Ibid.* no 475)がそれである。

一〇世紀のアイルランドでは、いくつかの学問の中心をあげることができる。ダブリンの南に位置するグレンダローとレイリン(*Ibid.* no 198, 223)、島の西に位置するギャルウェーのキルマクダック(*Ibid.* no 241)、とくにコークの南に位置するロスカーベリーには学校があり(*Ibid.* no 545)、そこでは「創世記」の注解書(*Ibid.* no 545)、地理詩(*Ibid.* no 546)のほか、文法や天文学に関する著作の抜粋がラテン語やゲール語で書かれている。また由緒あるアルマーの学校は若い修道者たちをいぜんとして引き付け、スコットランド生まれのカッドローもここで学問を修めている(*Vita*, 10–11 :

AS mars I, p. 491-492)。また一一世紀初頭、「アイルランド皇帝」と自称したミュンスター王ブリオン・ボルは、海の向こうの写本を買わせて学問の再興を図っている。(*35)

たしかに、アングロ・サクソンの修道者の教養にはケルトの影響が見られる。教師たちは、とくに文法書をもとにしたラテン語の学習、典礼聖歌、算定法の学習を強調した。これに反して四科は、大陸における以上に無視されていた。修道院図書室の蔵書目録を見ても、世俗の書はまれである。ウィンチェター派と言われる画師たちが装飾した見事な写本も、おもに典礼に関するもので、(36)ボエティウスの著作のうち、アングロ・サクソン語訳が知られているのは『哲学の慰め』だけである。

イギリスの修道者たちも文法を学んだが、それは、八、九世紀の先輩たちと同じく、聖書注解のためであった。アエルフリックによると、子どものころ最初に教えを受けた司祭は「創世記」を所持していたが、ラテン語は理解できなかった。したがってアングロ・サクソンの修道者たちは、ラテン語の学習に取り組んだ。フルーリのアッボはラムゼーに招かれ、『文法問題集』（*Quaestimones grammaticales*）を著したが、これは程度が高く、読者の理解力を越えていたに違いない。かれは、イギリス人のラテン語の発音を気にし、音の混同や音節の切り方の間違いを直している。アングロ・サクソンの若者たちは、ドナトゥス、プリスキアヌス、とくにベダの書をもとに正しいラテン語を学ぼうと努めた。しかしかれらはケルトの影響を受け、アルドヘルムを繰り返し読み、語彙注釈集を利用することによって、イスペリカ文体に興味を持つようになった。こうしてウィンチェスターで書かれた詩だけでなくラテン語による王の特許状でも、随所にマニエリスムが頻用されるようになっている。(37)

第二の学習内容は、以前と同じく算定法であった。それがどのようなものであったかは、アッボに師事したラムゼーの修道者ビルトフェルトの提要をとおして知ることができる。それはクロッキーを用い、例をあげて、太陽年、太陰暦、季節、黄道十二宮を学ばせるものであった（本書二八二頁参照）。

ビルトフェルトの提要は、一部はラテン語とアングロ・サクソン語で書かれているが、この事実は、一〇世紀におけるアングロ・サクソン教養のもうひとつの特徴をよく示している。先に述べたように、すでにアルフレッド大王は古典の著作を自らアングロ・サクソン語に訳し、また訳させた。一〇世紀中葉、改革者たちは、ラテン語を理解する修道者や聖職者が余りに少ないことに気付き、ウィンチェスターのエセルワルドは、翻訳者たちを激励する一方（*Vita* 3：*ASOB* V，609)、『修道会則一覧』の英語版を与えている。[38] その弟子アエルフリクも師の態度を受け継いだ。かれは初心者のために、ドナトゥス、プリスキアヌス、イシドルスの書をもとに文法書を著し、これに、語彙集——それは、鳥、魚、野獣、植物、木など、語義に従って分類されている——を付け加えた。アエルフリクはまた、偽ドシテウスによるラテン・ギリシア語の会話の提要をもとに、二言語による会話の提要を書いている。それは、生徒が職人になり、それぞれの職業に関することばを用いてその職業を紹介するという形をとっている。[39] さらにアエルフリックは、ビルトフェルトがラムゼーで提要を書いていた九九一年ごろ、ベダの『年代記』（*De temporibus*）を古英語に翻訳している。かれはまた翻訳の才能を生かして、聖職者や俗人のために聖書講解説教集、聖人伝、聖書注解書、神学書、司牧書を訳出している。[40]

アエルフリクも認めているように、ダンスタンとエセルヴォルドが学校を再興した結果、聖職者たちが再びラテン語を使用できるようになったとはいえ、学習において使用されていたのはアングロ・サクソン語であった。一〇世紀末、ある写字生は『エクセター・ブック』（*Exeter Book*）と言われる写本のなかに、[41] 古い一連の詩（叙事詩、哀歌、なぞ歌など）を筆写している。また、このころ福音書や典礼書の翻訳も増加していった。さらに『ラエケ・ボク』（*Laece Boc*）や『薬草誌』（*Herbarium*）のような医学書が刊行され、ラテン語を知らない修道者も、薬の調合や治療法を学ぶことができるようになっている。[42]

三　ゲルマニアにおける修道院学校

イギリスと同様ゲルマニア王国においても、修道院は王権と緊密に結ばれ、一〇世紀前半には、オットー朝の発祥の地ザクセン地方には修道院教養の主要な中心があった。

コルヴェーの修道院は、西方を揺るがせた危機にも影響を受けなかったようである。修道院長ボヴォ二世（在任九〇〇－一六年）は、ボエティウスの『哲学の慰め』に注釈を付け、一五歳で修道院に入ったウィドゥキントは、サルスティウス、タキトゥス、ティトゥス・リヴィウスの書を手本に『ザクセン史』(*Histoire des Saxons*) を著している。[43] またガンデルスハイムでは、女子修道院長ヴァンデルガルダ（在任九二七－五七年）が、また、オットーの姪で同じく女子修道院長であったゲルベルガが、修道女たちの教育を熱心に推進している。

一〇世紀中葉に修道院に入ったフロスヴィータは、そこで文法、修辞学、音楽を学んでいる。かの女は古代の異教徒やキリスト教徒の詩人の著作を読み、テレンティウスやボエティウスの書にも親しんだ。かの女が知り合った女子修道院長や学者たちはかの女の作詩を励まし、かの女が、読者の心を乱しかねないテレンティウスの劇詩の代用として書いた、韻律をふむ散文体の著作を喜んで貰い受けた。[44]

一〇世紀末から一一世紀初頭において教養の舞台となったのは、ザクセン地方の修道院だけではない。フルダの修道院では、ノルマン侵攻のあと、ヴュルツブルク司教区にあるアモルバッハの修道院長ライヒアルト（在任一〇一八－三九年）が修道院長の座に就き、修道院の再建にあたった。[45] ニーダー・アルタイヒのゴデラが改革した、より北方のヘルスフェルトの修道院では、「哲学に秀でた」アルブインがその学校を指導し、ここから、のち教皇レオ九世になるブルーノ、ヒルデスハイムの司教になるヴォルフヒアー、そしてとくに有名なサン・タムランのオトロが輩出している。

レーゲンスブルクのサン・タムラン修道院は、トリアーのサン・マクシマンから来たラウヴォルド修道院長（在任九七五－一〇〇〇年）によって改革され、大躍進をとげた。写字室では、かつてここで学んだことのあるハインリヒ二世の求めに応じて、一連の豪華な写本が作成されている。そのうちのひとつ、女子修道院長ウタのミサ用福音書抄録を見ると、かれらが歴史、幾何学、音楽に興味を持っていたことがわかる。最近の研究によると、修道者ハルトヴィッヒはシャルトルのフュルベールのもとで三学と四科を修め、これをサン・タムランの修道院にもたらしている。[46] 実際、サン・タムラン修道院の蔵書のなかには自由学芸の提要が多数あり、オトロは、ヘルスフェルトで何年間かの学習生活を送ったあと、サン・タムランではじめて無尽の知識の宝庫を見出したのであった。[47]

次に、同じく教養の中心であったババリアの修道院のうち、アルタイヒ、とくにテゲルンゼーの修道院をあげておこう。ニーダー・アルタイヒとも呼ばれるアルタイヒでは、ザンクト・ガレンから来た教師クニベルトが教鞭を執り、のち、ヘルスフェルト、テゲルンゼー双方の修道院長で、ヒルデスハイムの司教になったゴデハルトが教えている。

テゲルンゼーの修道院は、九七八年トリアーのサン・マクシマンのハルトヴィッヒの手で改革された。修道院長ゴズペルト（在任九八三－一〇〇一年）は書籍を筆写させ、フロムント（一〇一二年没）はこれらの写本を用いて学習し、またさせている。このフロムントは典型的な人文主義的修道者で、ケルンで学業をはじめ、ホラティウス、ペルシウス、スタティウス、キケロ、ボエティウスの書の写本を探し求めた。またかれは多くの書簡を残し、詩も書き、そのいくつかは、のちのハインリヒ二世に献呈されている。かれは少々ギリシア語の知識もあり、写字室で働き、また多くの生徒に教えている。[48] さいごに、このころドイツ語による最初の「小説」、『ルーオトリープ』(*Ruodlieb*) が書かれたのも、このテゲルンゼーの修道院であったことを指摘しておこう。

シュワーベンのライヘナウとザンクト・ガレンの二修道院でも、学問への熱意が高かった。しかしライヘナウは一〇世紀の間に衰退している。のちレーゲンスブルクの司教になったヴォルフガングは、幼少のころこの修道院の学校に送られたが、やがてそこを去ってアウグスブルクに行き、イタリア人ステファヌスの教育を受けている（*PL* 146, 397）。一〇世紀末、ヴィティゴヴォつまり「黄金の修道院長」（abbas aureus）（在任九八五－九七年）は、組織力にすぐれた人物であったが、しかしブルクハルトがある詩――それはアウギア（Augia）つまりライヘナウと詩人との対話の形をとっている――で嘆くように、修道院よりもむしろ宮廷に入りびたりであった。[49]

ハインリヒ二世の友人であったインモ（在任九九七－一〇〇八年）も学問の再興に努め、バンベルクに新築された教会のために写本を作成させている。かれの後を継いだのは、おそらくアッポに師事し、たしかにプリュムの修道者となったベルノ（一〇〇八－四八年）であった。かれは古典を愛読し、また、おもに典礼と音楽に関する書を著した。たとえば、ケルンのピルグリムの求めに応じて『トナリウス』（*Tonaire*）を書き、また修道院のふたりの教師ブルカルドゥスとゲルンクのために種々の旋法（ton）に関する著作を書いている。[50]

ベルノの最大の功績のひとつは、「当代の不思議」とあだ名された「不具者のヘルマン」を教育したことであった。小児麻痺にかかり、ほとんど口の利けなかった修道者ヘルマンは、その広範な学識をもって人々を驚かせた。かれの知的関心がいかに広範囲にわたっていたか、それは、弟子ベルトルドが作成したかれの著書目録を見てもらえばわかる。かれはアッポやジェルベールの著作にも通じ、アストロラーベについて二書を著し、算定法や算術にも興味を持ち、初歩者用の『音楽』（*De musica*）も著した。[51] かれはまた賛歌を作り、さらにメルポメナと修道女たちとの対話を想定した書を著して修道女たちの生活習慣の改善に努めている。一方、かれの弟子でコンスタンツの学頭になったマインツォは、地球の大きさを計算する方法について興味深い書簡をかれに書き送っている。[52]

ライヘナウ修道院の近くに位置し、これと競い合ったザンクト・ガレンの修道院もまた、カロリング期教養の伝統を代表していた。この修道院の学校については、エッケハルト四世の『ザンクト・ガレン修道院の歴史』（*Casus sancti Galli*）をとおして、よく知られている。[53] それによるとザンクト・ガレンは、一〇世紀において衰退することを知らなか

った唯一の修道院であった。(54)

一〇世紀初頭には、ラトペルト、トゥオティロ、吃音者のノートケルといった三人の偉大な教師が相次いで他界し、ノートケルの弟子であったコンスタンツのサロモン三世がコンラート一世王の支援のもとに修道院を治めた。かれは学頭の職務をヴァリンクとハルトマンに委ね、ハルトマンは九二一年修道院長の座に就いたあとも教え、一〇世紀中葉のザンクト・ガレンの「柱石」になる教師たちを育てた。ヴァルテリウス（Waltherius）とも呼ばれるエッケハルト一世（九七三年没）、「胡椒粒」とあだ名された自然学者のノートケル、そして、オットー一世の親族で九五八年修道院長になったブルカルドゥスがそれである。なお、この修道院の名声を知った皇帝はそこに巡察使（missi）を送り、ゲルマニアの諸学校のために教師の派遣を要請している。

ザンクト・ガレンには、いぜんとしてアイルランド人が出入りし、写字室で働いていた（Kenney, no 414）。外来者でとくに注目されたのは、九六五年ごろこの修道院に滞在したノヴァラの学頭グンツオである。かれは、自分の学識と約一〇〇巻の蔵書を鼻にかけ、修道者たちと言語学の諸問題について討論した。しかしひとりの「こわっぱ」（pusio）から文法上の誤り――奪格を用いるべきところに対格を用いた――を指摘されたグンツオは、怒り狂ってザンクト・ガレンを去り、ライヘナウの修道者たちにあてて書簡を送り、ザンクト・ガレンの修道者たちを非難するとともに自己弁明に努め、また自由学芸の利点を述べ立てている。(55)

ザンクト・ガレンの学校は、オットー二世とヘートヴィガ公女の友人であったエッケハルト二世（九九〇年没）のもとでも引き続き栄えた。かれはエッケハルト三世、一〇〇三年から一〇二二年にかけて修道院長であったブルクハルト、とくにノートケル・ラベオを教えた。一方ノートケルの教授は、生徒たちの学習課題を採録した『講話集』（*Liber benedictionum*）をとおしてよく知られている。(56) かれは、テゲルンゼーのフロムントのような人文主義者とは異なり、世俗の学芸に対する聖書の優越性を強調している。しかしかれは、一〇一七年シオンのユーグに洩らしているように、聖書注解における自由学芸の重要性を知り抜いていた。またノートケルは、多くの生徒たちがラテン語の知識に乏しいことを知り、アリストテレス、ボエティウス、マルティアヌス・カペラ、ヴェルギリウス、テレンティウス、大グレゴリウスなど、重要な古典をドイツ語に翻訳しようとしている(57)（本書二四三頁参照）。そのため、かれは「チュートン人」と渾名されることになる。ノーケトルは、とくに初心者の教育に熱心で、同時代のアングロ・サクソン人アエルフリックの訳業をはるかに上回る業績を残し、一〇二二年、名教師として惜しまれつつ世を去った。かれの弟子エッケハルト四世によると、ノートケルは、おそらくみなノートケルと同じくペストで死んだ「親切者」ルオトペルト、アンノ、エリンペルトの三人の教師とともに葬られた。これらの教師を記念してエッケハルトは、同じころリエージュのアデルマンがフュルベールとその弟子たちについて詩を書いたように、『ザンクト・ガレン修道院の歴史』を書いたのであった。

エッケハルト四世もまた、教師としてザンクト・ガレンで教え、マインツの司教アリボ（一〇三一年没）に招聘されてマインツでも教えた。なおザンクト・ガレン修道院は、ノルベール（一〇七二年没）が修道院長であったころ改革されて知的教養よりも宗教生活を重視するようになり、一〇六〇年エッケハルトが他界してからは、かつての栄光を失ってしまった。同じころ、ライヘナウも修道院長ヘルマンの死（一〇五四年）とともに、その画期的な時代に幕をおろしている。こうして、これらの修道院は外部の世界と遮断され、全面的に祈りの生活に入っていく。それはまさに、かれらにとってカロリング期の終末を意味していた。

四　イタリアの修道院における教養

ババリアやシュワーベン地方の修道院は、教養活動の盛んなイタリアの影響をつねに受けていた。したがって、次にゲルマニアの修道院教養の中心に比肩しうるようなイタリアのそれについて検討することにしよう。後述するように、イタリアの都市にはすでに重要な司教学校が開設されていて、修道院は、いくつかの例外は別として、知的教養には無縁であった。イタリアの修道院は、聖・俗の貴族の手中におかれ、政治的策謀に翻弄され、修道者の生活は弛緩していた。クリュニーのオドは、ローマ近辺のいくつかの大修道院の改革には成功したが、ファルファでは失敗した。ファルファは、貴族アルベリックの介入を受けて、やっと改革派の修道院長を受け入れている。それでも、ファルファが学問の中心になるにはなお幾多の困難があり、一一世紀中葉になっても、この修道院の図書室には五〇巻ほどの書籍しかなかった(58)。

これに反してイタリア北部のボッビオでは、一〇世紀には五〇〇巻以上の写本があり、九八二年に修道院長になったジェルベールはこれを利用している。かれはランスのアダルベロンに対し、ここにはボエティウスの天文学論、幾何学提要、図形を含む測量術書、その他貴重な書がある、と熱狂的に告げている(59)。しかしかれは、この修道院の物的発展にも取り組まねばならず、また俗人や修道者との対立もあって、オットー二世の死を口実に修道院長の座を降りた。

スサに近いノヴァリエンスムの修道院は、一一世紀初頭、かなりの教養を身につけた年代記作者のおかげで、一時は世に知られるほどになった(60)。一方、ヨハネス・フィラガトスを修道院長に迎え、マテリアのコスマスも学んだことのあるノナントラ修道院の教養については、ここで何巻かの写本が作成されたということ以外、ほとんどなにもわからない(61)。これに対し、ラヴェンナに近いポンポサの修道院については、よりくわしくわかっている。この修道院の図書室――その蔵書目録は現存する――の最初の書籍は、このころすでに集められ(62)、歴代の修道院長は、有名な学頭たちを招いて修道者たちの教育を依頼している。こうして、アレッツオのグイドは音楽を教えることになったが、大した成果はあげえなかった。またペトルス・ダミアヌスも招かれて、数か月間、神の掟について教えている。

当時のペトルス・ダミアヌスは、すでにフォンテ・アヴェッラネの修道者で、イタリアの修道院改革者のひとり聖ロムアルドが修道者の理想として掲げた禁欲的教養を受け入れていた(63)。孤独を求め苦行を実践するものはだれでもそうであるが、かれにとっても、修道生活は聖書の学習とその瞑想で十分であった。一〇六六年、モンテ・カッシーノに滞在したかれが、弁証学に熱中する若い修道者を見て驚き、躓いたのも当然である（本書三五五頁参照）。

実際イタリアにおける唯一、重要な学問の中心はモンテ・カッシーノであった。[64] この修道院は、八八三年サラセン人によって破壊され、修道者たちはカプアに逃れ、写字生はそこで筆写の仕事を続けたが、のちクリュニーのオドの勧告もあって、モンテ・カッシーノに戻った。修道院長アリゲルヌ（九四八年没）は図書室の再建に取り組み、その仕事はマンソ（一〇一一年没）、アテヌルフ（一〇二二年没）によって継続された。[65] アモルバッハのティエリが、フルーリで暮らしたあとモンテ・カッシーノにやって来たのは、このころである。

モンテ・カッシーノは、テオバルドが修道院長（在任一〇二二―三八年）になったころから、かつての栄光を取り戻していった。当時の蔵書目録に記された二〇巻の写本のうち、七巻は今もモンテ・カッシーノに残存しているが、その一巻は細密画で有名な、ラバヌス・マウルスの『宇宙論』（*De universo*）である。修道者ラウレンティウスはテオバルドの支援をえて知的活動を展開し、生徒たちのために、異教徒やキリスト教徒の詩人たちの著作、文法書、ボエティウスが翻訳したアリストテレスの『範疇論』や四科に関する著作をもとに詞華集を著した。[66] なおラウレンティウスは一〇三〇年アマルフィの司教になり、のちのグレゴリウス七世を教えている。

モンテ・カッシーノの学校と図書室は、一〇三八年以降、アルタイヒからリシェールを迎え、その恩恵を受けた。リシェールは種々の写本を持参したが、今日も残存するタキトゥスの『歴史』だけを筆写させている。こうしてモンテ・カッシーノは、デシデリウスが修道院長の座に就いたときには万事順調で、一〇五八年以降かれがヴィクトル三世教皇になる一〇八七年まで、西方最大の宗教生活の中心であった。デシデリウスは、修道院の莫大な物的資産の管理、外交使節としての役割、修道院の建物の再建、蔵書の収集、学校の発展を、同時に推し進めていった。かれは、文法、修辞学、詩、聖人伝（アルベリック）、歴史（アマトゥス）、医学（アルファーノ、コンスタンティヌス）に関心をもつ修道者を身辺においた。つまり他の修道院はひたすら聖学の教養に没頭したのに対し、モンテ・カッシーノの修道者はいぜんとして人文主

義的教養を重視していたということである。(67)

五　キリスト教的スペインにおける修道者の教養

スペインのキリスト教王国とカタルーニャ伯領では、九世紀末以降、修道院が相次いで創設ないし再建されていった。九一〇年以降、レオン王国になったアストゥリアでは、スペインの一歴史学者の表現を借用すると、「修道院の異常繁殖」があったとも言える。(68) 君主たちはイスラム教徒から奪回したガリシア、ドゥエロ川流域、カスティリャといった地方に修道者たちを住まわせた。レオン王国とナバーラの間にあるビエルツオとリオハの修道院のうち、多くのものは古い西ゴートの会則を守る一方、ベネディクトの会則を知るようになり、一一世紀初頭には、ナバーラの修道院もクリュニーの影響下におかれている。

君主や司教は、修道院を創設ないし再建するにあたって修道院に土地だけでなく書籍を贈与し、写字生や画師は、サラセンやカロリングの装飾芸術の題材を用いて豪華な写本を作成している。こうして、カスティリャ（カルデナのサン・ペドロ、コゴッラのサン・ミッラン、ヴァレラニカ）やレオン（ザモラの北にあるタバラ、アルバレス、エスカラダのサン・ミゲル）の写字室では、彩色を施した見事な写本が作成され、なかでも有名なのが『ベアトゥス』（*Beatus*）である。(69)

多くの写本が作成されたとしても、修道院を教養の中心とするにはなお不十分である。むしろわれわれが興味を引かれるのは、このころ筆写された聖・俗の写本の中味である。(70) カスティリャでは、ブルゴスの近くでテレンティウスの書が、コゴッラのサン・ミッランではヒエロニムス、アウグスティヌスの著作、西ゴートの法典、シロスではカッシアヌスの著作が、筆写され注釈されている。

八世紀以降、修道院の図書室には多くの写本があったが、そのあるものはローマから運ばれ、あるものはスペイン北部に避難したモサラベ人が南部から持ち込んだものであった。たとえば九二七年、アベラール修道院の創設者で修道院長であったキシラは、フロンティヌスやクラウディアヌスの著作、アウグスティヌスの『神の国』のほか、文法関係の書をこの修道院に残している。リオハでは、コルドバから持ち込まれたアルヴァールの書簡が一〇世紀に筆写され、修道院長サルヴス（在任九五三―六二年）のころ高い教養を誇ったアルベルダの修道院では、トレドのイルデフォンススの写本が作成されている。[71]

これらの修道院の教師や生徒については、史料不足のため大したことはわからない。特許状は、年少の子どもたちが修道院にいたことを裏づけ、[72]写本に付された注釈も、これらの書籍が教授されていたことを示しているが、それ以上のことはわからない。しかしアストルガの司教ゲンナディウス（九三六年没）は、ビエルツォの四つの修道院に典礼書、教父たちの著作、文法書、『語源誌』を贈り、同時に説明を加えて、これらの書籍は四つの修道院の共有物であり、互いに公平に分配し、修道者たちにそれを回読させなければならない、と付言している。[73]

東のカタルーニャについては、よりましな研究成果が得られる。カタルーニャの伯たちは、封主であったフランクの王たちと大した交わりはなかったが、この地方にはカロリング教養の影響が色濃く残されている。アストゥリアの写字生たちは西ゴートの書法を用いていたが、カタルーニャの修道院ではそれに代えてカロリングの書体を取り入れ、またモサラベ典礼と言われるものに代えてカロリングの典礼が行われていた。グィフレドとその後継者たちが創設したカタルーニャの諸修道院は、道徳的危機に害されることもなく、一〇世紀には宗教生活と教養の中心になっている。[74]なかでもリポルの修道院は抜きん出ていた。

アルヌルフ（在任九四八―七〇年）が修道院長であったころ、リポルの修道者たちは、かれがイタリア旅行から持ち帰ったエウギッピウスの著作その他の写本を筆写し、またピュイの司教の要望に応えてカノン法を編纂している（九五八年）。九七九年、この修道院の図書室には六〇巻以上の書籍があった。今もバルセロナの国立図書館にはリポルの写本がいくつか残っているが、それらは一〇世紀のもので、ヴェルギリウスの詩の注釈（*Ms* no 46）、韻律と算定法に関する書（*Ms* no 106, 62）、教科書、語彙集（*Ms* no 74）、アラビア語の著作から翻訳された天文書（*Ms* no 225）を含んでいる。このように、先にも述べたが、カタルーニャはイスラム支配下のスペインの影響を受けている（本書一三〇頁参照）。

グィフレドの曾孫オリヴァは、一〇〇二年、三〇歳で修道生活に入った。一〇〇八年には修道院長になり、のちクサの修道院長、さらにヴィクの司教になった（一〇一七年）。かれは一〇四六年に没するまで、宗教、政治両面に熱心に活躍するとともに、修道院学校の発展にも尽くした[75]。その書簡、説教、詩は、かれが幅広い教養の持ち主であったことを教えてくれる。これらの著作は古典的なラテン語で書かれているが、そこには、ヴェルギリウス、西ゴート、カロリングの詩人たちの影響が認められる。かれはまた、当時の慣習に従って折句、形象詩（carmina figurata）、アルファベット詩など、あらゆる作詩法を用いている。かれは写字室を利用して蔵書を増やし、かれが死んだとき、その数は二〇〇巻以上に達していた。蔵書目録では、「学芸書」（libri artium）は別にまとめられ、そのなかにはドナトゥス、プリスキアヌス、テレンティウス、ヴェルギリウス、ホラティウス、寓話作家アヴィアヌス、マクロビウス、ボエティウスの書のほか、測量術、算術、音楽などの書が含まれている。

われわれはこれらの書籍をもとに、直接にリポルの学校を知ることができる。つまりこれらの書籍は、リポルの学校教師の名前、写字室と学校との関係について教えてくれる。それによると、アルナウは書記、教師（magister）で、「哲学的」知識と自由学芸に関する学識とで有名であった。かれは、一〇二〇年に高齢で没した写字生セゴヴェとともに働いていた。またアルナウのそばには、リオハに旅行し図面を持ち帰ったグアルテル、大グレゴリウスの聖書講解説教集を筆写し、それに読者あての書簡を付記したグィフレドがいた。また一〇六五年、まだ存命中であった教師オリヴァ——リポルの修道院長とは別人——は、天文学、復活祭の算定法、算術を教え、著作の序文は詩文体で書かれている（*Ms* no 37）。

リポルの教師たちは、文法を教え、古典に注釈を加えた。写本七四の一五八枚のフォリオには、セビリャのイシドルスによる自由学芸の定義、プリスキアヌスとベダによる韻律の学習課程が書かれている。また語彙集には難解な語の説明と、それに対応するギリシア語のほか、ヘブライ語も書かれている。

またリポルにおける科学の教養については、残存する三巻の写本から窺い知ることができる。そのひとつは、修道者ギセムンドが、算定法、算術、幾何学を取り扱うベダの書から抜粋した詞華集である（*Ms* no 106）。[76] また写本一六八には、ボエティウスの『算術論』の抜粋が筆写され、西ゴート語やアラビア文字による注釈が付記されているが、それは、この写本が方々に回読されたことを示している。とくに研究者に注目された写本二二五は最古のラテン語写本で、アラビア語訳をもとにしたアストロラーベに関する著作を含んでいる。九六八年オーリャックのジェルベールがカタルーニャに遊学したとき、すでにこの図書室に科学の書があったことはたしかである。

リポルの修道者たちは、音楽にも関心をもっていた。典礼は修道生活において重要な位置を占め、一〇四七年の蔵書目録には一三の交唱聖歌集、ふたつの散文集、一一のミサ典書、一〇の賛美歌集があげられている。[77] 修道者たちは、サン・マルシアルで利用されていたアキテーヌの記号とは異なる、独創的なネウマ記号法を発明している。また、先にあげた教師オリヴァは、ボエティウスの『音楽論』やフクバルトの著作など一連の韻律の書を筆写し、音楽を研究しようとする友人のひとりに送っている。

リポルの修道院は、一〇、一一世紀には、カタルーニャの他の教養の中心と密接な交流を保っていた。リポルから二五キロ離れたところに、オリヴァが就任したヴィクの司教座教会があるが、[78] 九〇九年以降ヴィクの司教であったイダルグエルは、この教会に一〇巻ほどの書籍を遺贈している。また九五七年、司教グアディミールの死亡時に作成された遺産目録には、五五巻の書名があり、その一巻はイシドルスの著作であった。ジェルベールが若いころ師事したのは、「数・形の諸学に精通した」ヴィクのハットンで、当時のヴィクの学校と写字室は有名であった。一一世紀初頭、この学校を指導したエルメミール・キンティラは、イシドルス、アルクィン、プリスキアヌス、ヴェルギリウスの書を筆写させている。

カタルーニャ北方について言うと、コンフラン地方の、クサのサン・ミシェル修道院では、このころ、聖ロムアルド——かれはここで数年間を過ごした——の友人で活動家であったガラン（一〇〇八年没）が修道院長であった(79)。かれは、九八四年オーリャックの修道院に立ち寄り、「掛算と割算」に関するヨゼフ・イスパヌスの書を残している。ジェルベールはこれを入手しようと八方手を尽くし、オリヴァの叔父で、語彙集をもとに偽ヘレニズム的文体を多用した教養人の司教ミロ・ボンフィルにそれを依頼している。ジェルベールのもう一通の書簡は、バルセロナでも四科の学習が行われていたことを示している。かれは、九七五年から九九二年にかけて助祭長であったロベにかれがアラビア語から翻訳した天文学の書を送ってくれるよう懇願しているからである。

こうした証言はすべて、一〇世紀末から一一世紀初頭の教養の歴史において、カタルーニャが重要な役割を果したことを明示している。フランクの教養人たちは、カタルーニャの教養の中心における活動を見聞しており、またカタルーニャの教養人も、フランク王国における学校の存在を知らなかったわけではない。紀元一〇〇〇年よりややおくれて、リポルとフルーリとは交流を持つようになっている。オリヴァとゴーズランのふたりの修道院長は互いに文通し、モンセラートのサント・セシルの修道院長ヨハネスとベルナールは学業のためフルーリにやって来ている。ヨハネスはゴーズランの死後、フルーリの修道院長になり（一〇二九年）、リポルの修道者たちとつながりを維持し、オルレアンの異端者たちの問題でオリヴァに書簡を送っている。一方、フルーリの写本はリポルの図書室を充実させていった。一〇四六年、フルーリの修道者たちはその他百余の修道院に巻物を送り、オリヴァの死を告知している(80)。オリヴァの死は、リポルの歴史に一時期を画するもので、以後、教養の中心はバルセロナ、タラゴナといった都市に移っている。つまりカタルーニャの大修道院も、フランクやゲルマニアの修道院と同じく衰退の道をたどることになったのである。

第三章　都市の学校

修道院都市（cité monastique）は過去を表し、都市（ville）は未来を示す。とはいえ、西方における都市文明（civilisation urbaine）が完全に途絶したことは決してなかった。ただ、都市（ville）とは言っても、それは、イタリア以外の地方では小規模な中心に過ぎず、ヨーロッパの北部、東部では、一〇世紀になってはじめて都市生活が動き始める。キリスト教徒やユダヤ教徒の職人や商人がある地域（quartier）に集まり、そこはまもなく都市に併合され、城壁内に組み込まれていった。こうした都市の住民は数を増すにつれて、自らの力を意識するようになり、一〇世紀中葉にはあちこちで司教の権力に対抗していく。こうした都市の拡充につれ、教養生活にも新たな状況が生み出されていく。(1)

一　ゲルマニア王国における都市の学校

ゲルマニアの王たちは、ライン川流域の古い都市を発展させ、新たな都市の起源となる市を開設して、都市政策を推進していった。歴代の王は、俗人の貴族との抗争のなかで、司教の支持を得ようとしてかれらに都市の管理を委ね、司教館は、宗教のみならず政治、行政の中心になっていく。王たちはまた、司教に命じて、教養ある有能な聖職者を育成させて都市の責任ある地位に就け、とくに才能のあるものは王の役所に勤めさせ、のち司教に任命した。こうして多くの尚書、書記、王室礼拝堂付司祭が司教になっている。また、イタリアを支配下においた王たちは、イタリア北部に維持されていた華やかな都市文明をゲルマニアに導入しようとし、イタリアにおける都市の学校を手本に、ゲルマニアの学校の興隆を図った。

都市でもっとも繁栄していたのは、ロータリンギアとフランク王国の都市であった。ロータリンギアは、ロレーヌの高地も低地も、ハインリヒ一世以来、ゲルマニア王国に属していた。この伯領は、ライン、ムーズ、モーゼルの三つの川が横切り、まさにヨーロッパの要であった。長大な道路がケルン、マインツ、ストラスブール、ヴェルダンといった古代の都市や、ムーズ川沿いの交易港（portus）——一〇世紀以降、その名に値する都市を形成していく——をつなぎ、交叉していた。そこでは、キリスト教徒やユダヤ人、スラヴ地方からスペインに向かう奴隷商人、また商売や巡礼のために旅するフリースラント人、アングロ・サクソン人たちが行き交っていた[2]。

他方、ロレーヌ地方の司教たちは修道院改革にも取り組んでおり、他の地方以上に都市と大修道院とのつながりは緊密で、一方を抜きにして、他方を語るわけにはいかない。

トリアーの大司教座は、宮廷と親密な関係を持つ高位聖職者に託されていた。ハインリヒ一世の義兄弟〔で大司教の〕ロベール（九五六年没）は、高度な教育を受け、すぐれた雄弁家であった（Richer, *Histoire* II, 70）。かれは、ラテリウス、フロドアルドと交流を持ち、文法に則した詩を残したアイルランドの修道者イスラエルをトリアーに迎え入れている（Kenney, no 610）[*2]。かれの後継者ハインリヒ（九六四年没）は、トリアーの学校を、のちレーゲンスブルクの修道院長になるヴォルフガング——オトロはかれの教育者としての才能をたたえている——に委ねた（*PL* 146, 398-399）。

一〇世紀末、もとオットー二世の尚書であったエグベルトが〔トリアーの〕大司教になった（在任九七七－九三年）。政治家で、ランスのアダルベロンやジェルベールの友人であったエグベルトは、とくにその教養と文芸庇護の点でわれわれの注意を引く。イタリアでの生活が長かったかれは、ローマ帝政期のトリアーの栄光をいくらかでも回復させようとして、イタリアから、「グレゴリウスの帳簿係」（Maître du régistre）という名で知られている氏名不詳の芸術家を連れて来ている。この芸術家は、トリアーのサン・マクシマンその他で、この大司教とオットー三世のために働いている。[3] またかれは、エグベルトが『エグベルト写本』（*Codex Egberti*）に先任者たちと一緒に自分のことを記入させたことをまねて、トリアーのサン・マクシマン、サン・テュシェール、サン・マルタン修道院の聖人伝作者たちを動かして、トリアーに栄光をもたらした人々の生涯と業績とを書き残させている。[4]

トリアーの南方約四〇キロに位置し、ザール川に面する大司教所轄のメッツラハの修道院では、少数の教養ある修道者たちが活躍していたが、そのなかにはルーペルト、とくにレミギウスがいた。このレミギウスは修道院長で、プリスキアヌスとドナトゥスの書を注解し、算盤について一書を著し（*SS* XV, 2, 1231）、またジェルベールと交流があった。ランスの学頭ジェルベールはかれに算盤の使い方を説明し、スタティウスの写本と引き換えに天文学教授のための天球儀を送ることを提案している。[5]

ずっと以前からトリアーと競い合っていたのは、ケルンであった。この都市は、ユトレヒト、リエージュといった都市に近く、交流も容易であった。オットーの弟ブルーノは、九五三年ケルンの大司教座につき、この都市を学問の中心として発展させている。かれの伝記作者ルオトゲルによると、ブルーノはユトレヒトの司教バルデリックから自由学芸を学び、詩人や哲学者の書に親しみ、宮廷に来るギリシア人との論争を好み、先にあげたアイルランドの修道者イスラエルからも教えを受けていた。かれは、政務に忙殺されながらも読書に熱心で、旅行には必ず書籍を携えていた（*Vita* 8 : *SS* IV, p. 452）。[6] ブルーノの学園（gymnasium）からは、メッスのティエリー、トゥルのゲラルド、ヴェルダンのヴィクフリドなど、のち司教座に就くはずの聖職者が輩出している。ブルーノはまた、サン・パンタレオンの修道院を創設したが、ここでは、一〇世紀末、豪華な写本が作成されている。

ブルーノの後継者たちは、ケルンの学校の名声を維持していった。ラギンボルトは、シャルトルとリエージュの学校で学んだあと、二〇年間、学頭長（scholasticus generalissimus）を務めた。つまり、かれの下にほかにも学頭がいて、ケルンの諸修道院で教えていたということである。九八〇年ごろ、テゲルンゼーのフロムントは、サン・パンタレオンの学校でプリスキアヌスの文法書を注釈している。またケルンの諸学校は、大司教ヘリベルト（在任九九九―一〇二一年）の庇護を受けている。ヘリベルトは、ヴォルムスの学校で学び、オットー三世の礼拝堂付司祭、イタリア担当の尚書を務めたあとケルンの司教座に就き、ジェルベールとともに皇帝の信任の厚い顧問であった。かれのあとを継いだヘルマン（一〇五六年没）は、ケルンとリエージュとの交流を密にした。それはリエージュのアデルマンの書簡、とくにリエージュの学頭フランコがこの司教のために書いた求積法に関する著作に示されている。ケルンの学校はまた、トゥールのベランジェの反対者のひとりヴォルフェルムスを受け入れ、とくに一〇四六年には、ストゥリで皇帝から教皇座を追われたグレゴリウス六世に付き添ってドイツにやって来た、若いヒルデブランド――のちのグレゴリウス七世――を迎え入れている（*PL* 148, 352）。

リエージュの学校は、当初、ささやかなものであった。九〇一年から九二〇年にかけてリエージュの司教であったステファヌスは、聖人伝作者、とくに典礼学者として有名であった。かれはメッツの学校に学び、メッツの音楽の伝統をリエージュに導入した[7]。九五三年ラテリウスはリエージュの司教に任命されたが、その在職期間はわずか三年であった。しかもその司教職は波乱に富み人々の耳目を集めたが、それはかれが当代きっての教養人のひとりであったからである[8]。ラテリウスはロッブの修道院で学問を修め、そのため、この修道院の教養の歴史はリエージュのそれと不可分の関係にある。かれは、教師から学んだものは僅かで、多くは独学で修めたと言いながらも（*PL* 136, 569）、かつての学び舎の修道院を慕い、幾度もここを訪れている。かれは、九三一年イタリアに行き、ヴェローナの司教に任命されたが、そこにとどまることはできず、コモ、プロヴァンス、ランを経てロッブに帰り、再びイタリアに移り、再度ロッブに戻り、ついにオットーの宮廷に避難所を見出したのであった。フォルクィンによると、ラテリウスは「宮廷哲人」（palatini philosophi）のなかの第一人者で、王の兄弟ブルーノの教育にあたり、ブルーノがケルンの大司教に任命されると、かれはリエージュの司教座を与えられた。しかしかれは血の気が多く、気まぐれで、リエージュの人々から敬遠され、司教座を追われた。そこでかれはマインツに行き、次にヴェローナの司教座を奪回しようとしたが叶わず、九六一年ロッブに戻り、いくつかの修道院長職を手に入れようとたくらんだあと、ついにナミュールで八五歳の長い生涯を終えている（九七四年）。波乱万丈の生涯ではあったが、かれはつねに古典作家の書を読み、著述を続けた。かれの著作は、当時のもっとも多彩な興味深いもののひとつである。かれは辛辣な文体を用いて、同時代の人々はもちろん自分自身をも容赦なく批判している。かれは『告白』（*Dialogus confessionalis* : *PL* 136, 393-444）において、自分の魂の状態を詳細にわたって描写しているが、この著作は、それだけでも研究に値する。

ラテリウスが追われたあと、リエージュの司教座についたのはその弟子ヘラクリウスで、かれは偉大な教師として名声を博した。リエージュの年代記作者アンセルムスによると、ヘラクリウスは学校を訪問し、生徒たちに難解な箇所を説明し、リエージュを離れて宮廷やイタリアに行ってもなお、旅先から教師たちを激励した（*Gesta, SS* Ⅶ, 201）。九九八年イギリスに移住した弟子のひとりは、ヘラクリウスから学んだことについて、次のように述懐している。「わたしはこの最愛の教師が案内してくれた聖学の宴に連なり、あたかも子犬のように、会食者が落とすパンくずを食べた。わたしをはじめ多くのものに学問の果実を分け与えてくれたあのやさしい師を、残酷な死がわたしから奪い去った。それ以来、知識の祝宴から遠ざけられたわたしの魂がどれほど知的に飢え渇いているか、だれも理解できないであろう(9)」。

ヘラクリウスの後継者ノートケル（一〇〇九年没）は、王の尚書局を振り出しに、オットー二世、三世、ハインリヒ二世に相次いで仕えた(10)。かれは都市の発展に種々、手を尽くし、都市を城壁で囲み、教会を建設し、司教座教会や参事会員の住居地区を修復し、同時に、友人フォルクィンとヘリゲルが修道院長の職に就いた、ロッブの修道院の発展に努めた。

リエージュではノートケルのころ、ロッブではヘリゲルのころ、学校はかつてないほどの発展を遂げ、有名になった。ムーズ川流域の都市では、司教は司教学校とサン・ジャンの司教座教会参事会学校を事細かに監督した。かれはエグベルトを教え、エグベルトはのち学頭になり『船荷』(*Fecunda ratis*) という教科書を書いている (本書二三五頁参照)。またこのリエージュの学校から、バンベルクの司教座創設のあと、その学校を指導したデュラン、ザルツブルクの大司教座についたゴーティエ、カンブレの司教になったロタールとエルルイン、ヴェルダンの司教ハイモン、トゥルの司教へズロンが輩出している。ノートケルは弟子たちを手元に引き留めておきたがった。たとえば聖職者フクバルドは、リエージュを去ってパリのサント・ジュネヴィエーヴに行って学んだが、ノートケルは、リエージュに戻るように強要した。しかし〔パリの〕参事会員たちの願いに負け、一年に三か月間パリで教えることを認めたのであった (Anselme, *Gesta*, 29)。

リエージュとロッブは、緊密な交流を保っていた。のちのユトレヒトの司教アダルボルドは、ヘリゲルのもとに赴き、算術を学んでいる。ロッブの修道院長ヘリゲルは詩人、聖人伝作者、神学者であっただけでなく、算定法、算盤に関する著作を書いている。(11) リエージュに戻ったアダルボルドはジェルベールとの文通のなかで、ローマの測量術の写本を求め、三角形の面積について説明を求めている。(12) またこのロッブの学校から、一〇〇七年ごろリエージュの学校の指導を司教から託されたワゾが出ている。

ワゾのもとでリエージュの学校は、アデルマンの表現を借りると、「偉大な学芸の乳母」(nutricula magnarum artium) になった。このアデルマン——後述するように、かれはまずシャルトルの学校で学んだ——は、リエージュの給料に不満をもちメッスの学校に移ったゲラルドあるいはゲランのほか、アレスタン、オドゥルフなど何人かの教師の名前をあげている。なお、ラドルフもこれに加えるべきである。かれはシャルトルで学んだ人物で、リエージュ出身のケルンの教師ラギンボルトと取り交わした、算術、幾何学に関する書簡で有名である。

学頭ワゾは、一〇四一年リエージュの司教に上げられた。それ以後のかれは、学校に個人的に関与しながらも、学頭職は、求積法について一書を著した数学者フランコに委ねている。リエージュの学校には、遠方からも学生が集まった。カタルーニャの人々もこの学校に入り、(13) プラハ出身の年代記作者コスマスはフランコから文法と弁証学を学んでいる (SS

IX, 130)。のちマインツの教師になったゴッゼキンは、一〇五五年頃、同郷人の学頭ヴォーシェにあてて、リエージュは「第二のアテネ、三つの花弁からなるガリアの華、学問の乳母」であると書いている（*PL* 143, 889)。

リエージュの諸学校に比べ、他のロレーヌ地方の学校はそれほど目立たない。しかしヴェルダン、メッス、トゥルの三司教座は学問の再興に重要な役割を果した。当時のヴェルダンはすでに、ヨーロッパの主要な商業道路のひとつに位置する大都市で、その司教座には代々、教養ある司教たちが就いていた。ダド（九二三年没）は、「聖・俗の学問を修めた」助祭ベルタリウスにヴェルダンの司教に関する史料を集めさせ、司教列伝を書かせたが、これは当代きっての年代記のひとつである。[14] またかつてリエージュで学んだハイモンは、修道者ロドルフに教会法を編纂させ（BN, *Ms* 15392)、サン・ヴァンヌ修道院改革を指導したあと、一〇〇五年ごろ、これをリシャールに託している。[15]

メッスでは、オーセールのレミギウスの弟子のひとりが教えた学校も、アダルベロン一世（在任九二九－六二年）が司教区改革に取り掛かったころは、すでにかつての威信はなかった。この司教は、サン・クレマン修道院にアイルランド人たちを招聘し、ゴルツェにヴァンディエールのヨハネスを住まわせ（九三三年)、司教座教会参事会を改組した。かれの弟子には、のちランスの司教になったオルデリックとアダルベロンがいる。

改革後のメッスの諸修道院は、一〇世紀をとおして、ずっと司教と緊密に結ばれていた。別名クノとも呼ばれたサン・タヴォルのコンラート――かれは子どもたちのために詩を書き（*PAC* V, p. 382-383)、ボエティウスの著作を研究した――は、アダルベロン二世（在任九八四－一〇一五年）をたたえる韻律による碑文を書いた、メッスの助祭長と同一人物であったようである。[16] サン・サンフォリアンの修道者コンスタンティヌスはアダルベロン二世の伝記を著し、かれの弟子アルベールは、メッスの司教たちの伝記と、一〇二一年ヴォルムスのブルクハルトに献じた興味深い『歴史』（*De diversitate temporum*）を書いている。なお、これらの修道院はみな、きわめて活発な写字室を有し、フライジングの司教座教会にも写本を提供した。[17]

メッスと同じくトゥルでも、修道院改革は学習活動と相俟って推進された。司教ゴーズラン（九二二—六二年）はフルーリで学んだ教養人で、九三五年にサン・テーヴル修道院を改革し、その後継者ゲラルド（九六三—九四年）はケルンのブルーノの弟子で、トゥルにアイルランド人やギリシア人を呼び寄せている。またリュクスイユの修道者アドソンを招いたのもかれであった。アドソンは、サン・テーヴルの修道院に住みながら、トゥルの聖職者の教育にあたっている。またこのころ修道者エイナールは、ヴェルギリウス、ペルシウス、ボエティウスなどの書をもとに重要な語彙集を著し、文法の注解書を書いた。その他かれが資料として用いているのは、一〇世紀末には二七〇巻以上あった修道院の蔵書である。[18] なお、「狐物語」（Roman de Renart）の先駆をなす『一囚人の余談』（*Ecbasis cujusdam captivi*）が書かれたのは、このサン・テーヴルの修道院においてである。[19]

アドソンは、トゥルでの滞在を大いに利用した。かれは九六七年モンティエ・アン・デールの修道院長になり、ランスのジェルベール、リシェール、フルーリのアッボといった当時の教養人たちと親しく交わり、また女王ゲルベルガのために、アンティクリストについて一書を著している。[20] なお、かれの図書室に古典の写本が多数所蔵されていることは、ジェルベールも知っていた（*Epist.* 8 : Lattin 15; *Epist.* 81 : Lattin 88）（史料28）。

一一世紀初頭、のち教皇〔レオ九世〕になるブルーノはトゥルの司教に預けられ、三学と四科を学んでいる（*Vita* 23 : *PL* 143, 468）。一〇二六年司教に任命されたかれは、司教区内の修道生活の向上に努め、モアイエン・ムーティエの修道院を改革している。ブルーノの友人のひとりで、かれが一〇四八年教皇レオ九世になったとき直接にかれを援助したフンベルトは、この修道院の出身者であった。その他ルミールモンのユーグ、トゥルのユードといったロレーヌ人たちも、ローマ教会の改革にあたってこの教皇を援助したのであった。

ゲルマニア王国のフランケン地方に話を戻そう。そこでは、五つの都市が学問の中心であった。まずマインツは、ずっと以前から宗教上の首都であり、また重要なユダヤ人植民団をもつ商業都市でもあった。大司教フリートリヒ（在任九三七―五四年）はユダヤ人の改宗に熱心に取り組み、司教学校の学頭であった司祭ゲルハルトにこの問題について意見を求めている。[21] オットー一世がその子ウィルヘルムを大司教の座に任命してからは（在任九五四―六八年）、司教座教会の聖職者やサン・タルバンの修道者が、その学問と芸術をもって王家に奉仕した。いわゆる「ローマ・ゲルマニア式」によるオットーの『司教定式書』が編纂されたのもこのころであり、それは一〇〇〇年ごろイタリアに導入され、ローマの教会で使用されている。[22]

もと皇帝の尚書であった〔マインツの〕大司教ヴィリギス（在任九七五―一〇一一年）は、政治家、大の建築家としてだけでなく、すぐれた教育者としても有名であった（*SS* XV, 744）。かれは、サン・タルバン修道院の写字室に写本を作成させ、[23] ジェルベールがボエティウスの写本を依頼した司祭ティートマールも、かれのもとで働いていた（*Epist.* 123 : Lattin 132)。

しかしマインツには、大した学頭はいなかった。ベトチェコも、一〇〇六年の特許状の下方にわずかにその名を残しているにすぎない。そのためヴィリギスの後継者たちは、やむなく他所から来た修道者たちの手を借りることにし、アリボ（在任一〇二〇―三一年）は、ザンクト・ガレンのエッケハルト四世に三年間マインツで教鞭を執るように依頼している。かれの後継者バルド（在任一〇三一―五一年）は雄弁家として評判が高く「クリゾストムス」と渾名されていたが、かれのもとで、ベザーテのアンセルムスは乞われて、論理学に関する『討論』（*Disputatio*）を著している。一〇五八年以後になると、リエージュの教師であったゴッゼキンがマインツに来て教えている。一〇四〇年ごろ興味深いムハンマド伝を著した若い司祭エンブリコンはたしかにかれの同僚である。[24]

次に、ヴォルムスの都市は一〇世紀には衰退していたが、ブルカルドゥス司教（在任一〇〇〇―二五年）のころ、新たな飛躍を遂げた。この都市は、市、貨幣鋳造所、ユダヤ人街を取り込む城壁に保護され、新たな司教座教会が建設されていた。オットー二世の従兄弟で、のち教皇グレゴリウス五世になるブルーノが学んだ司教学校は、ブルカルドゥスのとりわけ入念な指導のもとにあった（*Vita* 18）。ブルカルドゥスは、ロッブの修道者オルベールを招き、オルベールは、他の聖職者とともにブルカルドゥスによるカノン法二〇巻の編纂を手伝っている（*PL* 140, 537-1058）。

次のアレコ司教（一〇二五―三四年）のころの司教学校の様子も、学生の手本に供せられた書簡集をとおして、かなりわかっている。[25] かれの書簡には、エッボ、ヴォルツオ、インモといった学頭の名前と、学生たちの関心事が記されている。なおこの書簡によると、当時ヴォルムスの学校は、サン・ビュルカールの修道院、とくにヴュルツブルクの学校と張り合っていた。

ヴュルツブルク別名ヘルビポリスの学校では、一〇世紀中葉、ノヴァラのイタリア人教師ステファヌスが二〇年間、教鞭を執り、九八五年かれがイタリアに戻るときには、多くの学生がここで学んでいた。司教座教会の図書室はハインリヒ司教（在任九九五―一〇一八年）のころ蔵書を増やし、また写字室では、オトロが最初の学業に取り組んでいる。ヴュルツブルクの学校は、教師ペルノルフのころ最盛期を迎え、ヴォルムスとヴュルツブルクの間に紛争が持ち上がったのもこのころである。「中傷者に対しヴュルツブルクの学校とその教師とを弁護する」という二〇〇〇行の詩が書かれ、それはテゲルンゼーの写本に含まれている。両者間の紛争はとくに学問上の争いで、この「弁護の書」や書簡から総合すると、ことの起こりは、ヴォルムスの一生徒がヴュルツブルクに逃亡したことにあったと考えられる。[26]

皇帝コンラド二世と教皇グレゴリウス五世〔かれの名もブルーノ〕の親族であったブルーノが司教であったころ、ヴュルツブルクの学校は、イタリアの知識階層と交流を保持していた。かれは『詩編注解』（*Commentaire sur les Psaumes*）（*PL* 142, 41）において、一〇四〇年ごろ書かれたパピアスの語彙集を用いているからである。[27]

次にシュパイアーの学校は、司教ボードリー（九八六年没）のころから著名になった。学頭ヴァルターは教育課程について述べ、教授していた著作をあげているが、それはヴェルギリウス、マルティアヌス・カペラ、ホラティウス、ペルシウス、ユヴェナリス、ボエティウス、スタティウス、テレンティウス、ルカヌスの著作のほか、ホメロスつまり『イリアス』のラテン語訳であった。[28] シュパイアーは、一〇二四年、サリ族の皇帝たちが首都として選ぶという幸運に恵まれた。また建設されたばかりの司教座教会のそばには、写字室があって充実されつつあり、学校も何名かの有名な教師を抱えていた。リエージュのアデルマンもここで教え、一一世紀中葉には教師オヌルフが、ある学頭と修辞学専攻の生徒たちのために『修辞学的文飾』(*Rhetorici colores*) を書いている。[29]

フランケン地方でさいごにあげておきたいのは、新設のバンベルクの学校である。一〇〇七年、ハインリヒ二世はここに司教座の設置を決め、司教座教会の図書室に多くの蔵書を集めたが、若干の写本は今日なおそこに残存している。この学校は当初から、リエージュの学校で学んだデュランが指導にあたり、栄えていた。ゼオンの修道院長ゲルハルトは、ヴェルギリウスやホメロスも当惑するほどの大仰なことばで、この新たなアテネをたたえている (*PAC* V, 2, 397)。一一世紀中葉、ベザーテのアンセルムスはバンベルクを、「新設ではあるが、学問に事欠かぬ都市」と呼んでいる。[30] 当時この学校で教えていたマインハルトは六六通の書簡を集め、これを修辞学の手本に用いている。[31] かれは当初、三学とくに弁証学に興味をもったが、マインツのゴッゼキンによると、のち世俗の学問を捨て神学に専念した。これはとくに、一一世紀中葉における学校教育の変化を示している。他方、バンベルクの聖職者たちはラテン語を放棄し、俗語を用いて著述している。また司教グンター(一〇六五年没)はエッツオにキリストによる贖いの歴史について作詩を求め、バンベルクのもと生徒であったヴィリラムは、一〇六五年ごろ二言語〔ラテン語と俗語〕で「雅歌」に注釈を加えている。[32]

ザクセンの公領でも、一〇世紀に建設されたり発展を遂げた都市には、学校があった。マクデブルク (Parthenopolis) の司教座はオットー一世が創設し(九六八年)、初代司教はトリアーの修道者アダルベルトであった。かれはプリュムのレギノによる年代記を継述している。

九八〇年、マクデブルクの学校はオトリックの指導に委ねられ、生徒のなかには、のちプラハの司教になりプロシアで殉教したアダルベルトがいた。オトリックは「キケロに並ぶ」雄弁家として、またとくにランスのジェルベールの競争相手として有名であった（史料16）。一〇世紀末の史料によると、その他、クヴェルフルトのブルーノの教師であったゲッド、「赤毛の」エッケハルトといった学頭がいた。メンギンフレドは、かれの求めに応じてババリアの聖人をたたえる賛歌を書いたサン・タムランのアルノルドを迎え入れている。ティートマールもこの学校について若干の情報を与えてくれる。かれは、サン・ジャンの修道院で学問を修め、のち九九一年司教座教会の参事会員になり、一〇〇九年にはメルゼブルクの司教になっている。われわれはかれの年代記の自筆の写本をとおして、古典を身につけ当時の出来事を的確に見据えたこの歴史家の仕事ぶりを知ることができる。(33)

ヒルデスハイムの学校はオトウィン司教（在任九五四―八四年）から多大の援助を受けている。この司教は、イタリアから多くの聖遺物と宗教書、さらに、タングマールの表現を借りると、「哲学的空想」の詰まった書を持ち帰った（SS Ⅳ, 249）。かく言うタングマールは、一〇世紀末、幼年期から老年に至るまで図書係、書記、学頭として、この学校のために尽くしている。かれは、のちのマイセンの司教ベルノ、とくに九九三年から一〇二二年まで、のちのヒルデスハイムの司教ベルンハルトに教えた。このふたりは長い間、師弟愛で結ばれ、タングマールはベルンハルトの死後著した伝記のなかで、そのことを取り上げている（史料18）。オットー三世の教育を託されたヒルデスハイムのベルンハルトは、帝国における活動的な教養ある司教のなかでも典型的な教養人であった。(34) かれはひんぱんにフランス、イタリアに旅し、芸術家たちを用いて、司教座教会や、九九六年に建設されたサン・ミシェル教会を装飾させ、また図書室の蔵書を増やし、写字室を活発にして豪華な写本を作成させている。

ベルンハルトの後継者ゴデハルト（在任一〇二二―三五年）は、アルタイヒのもと修道院長で、司教就任後もずっと修道院での教育に関心をもった。かれは、かつて自分の弟子であったアルノルドが修道院長を務め、教師アルブインが教えていたヘルスフェルトの修道院に、配下の聖職者ボドとヴォルフヒアーを送って教育を受けさせた。ヴォルフヒアーはゴデハルトの伝記を著しアルブインに献呈したが、この書は当時の宗教、文化に関する最高の史料である。(35) 一一世紀中葉、ヘツィロが司教であったころ（在任一〇五四－七九年）の書簡集には、ヒルデスハイムの三人の学頭の名前が出ている。それは、ライヘナウのヘルマンの弟子でのちオスナブリュックの司教になったベルノ、ヴェローナの司教になったブルーノ、もとコンスタンツの学頭で、たしかにこの書簡集を編纂したベルンハルトの三人である。[*35]

ザクセン地方のその他の司教座教会の学校は、それほど知られていない。皇帝たちが新宮殿を建立させたパーダーボーンでは、かつてヒルデスハイムの学校で学んだ司教マインヴェルク（在任一〇〇九－三六年）が、「公の学問」（études publiques）を盛んにし、自由学芸を教えている（*Vita*, SS XI, 140）。ハルバーシュタットの司教たちは活動的な人物ではあったが、その教育活動については不明である。ただ、司教ブルカルドゥス（在任一〇三六－五九年）が、のちルーアンの司教になるランスのモーリルを招聘し、暫時、ハルバーシュタットで教えてもらったことはわかっている。

ババリアについては、これ以上の研究成果を指摘することはできない。ここでは、修道院の中心が教養を独占していたからである。フライジングでは、写字室はザンクト・ガレン修道院の写字室と連絡を取り合って活動していた。司教座教会やサン・キリヌスの修道院でも写本が作成されていたのか、その答えはむずかしい。[36]何人かの教師が活動していたことはわかっている。たとえば、ゴットシャルクはアブラハム司教（九九三年没）のころ図書室で働き、また、アントリクスは何巻かの写本にその名を残している。[37]

パッサウでは、九〇三年の目録に多くの古典が含まれているが、[38]教師の名前はまったくわからない。司教座教会の再建に努めた司教ピルグリム（在任九七一－九九年）は、自著よりもその偽作で有名である。しかし偽作とはいえ、かれの知的教養を示すものではなかろうか。

ザルツブルクでは、一〇世紀末、ザンクト・ガレンから来たカリベルトとシュパイアーから来たリウドフレド、このふたりの学頭が教えていた。[39]大司教フリートリヒ（九九〇年没）は司教座教会に蔵書を遺贈したが、そのなかには、語彙集とアレクサンドロスがアリストテレスにあてた「書簡」が含まれている。[40]また、サン・ピエール修道院では、一一世紀の豪華な写本が作成されている。

アイヒシュテットでは、司教レギノルド（在任九六六―八一年）はギリシア語のほかヘブライ語にも通じていたようで、とくに典礼に関心があった（*PL* 146, 1011）。ヘリベルト（在任一〇二二―四二年）は学頭グンデラムと仲が悪く、何かにつけかれをヴュルツブルクの著名な学校教師ペルノルフと比較している（本書二〇二頁参照）。

レーゲンスブルク（Hiatospolis）の司教座教会学校については、それが、ヴュルツブルクとトリアーで学んだヴォルフガング（在任九七二―九四年）によって再興されたということ以外、べつに付言することもない。先に述べたように、当時の学問の中心は、オトロが生涯の大部分をすごしたサン・タムランで、ここではまた写本も作成されている。

シュワーベンでは、司教座教会学校はザンクト・ガレンやライヘナウといった大修道院のそれに比べて、影がうすい。アウグスブルクについては、司教ウダルリック（在任九二七―七三年）の伝記を書いたゲルハルト、またヴィゴやテゲルンゼーのフロムントの書簡をとおして、若干のことはわかる（*PL* 137, 916; 141, 1290）。それによると、ここでは自由学芸が学習され、図書室には古典の写本があった。

コンスタンツは一〇世紀初頭、ザンクト・ガレンの管轄下にあり、サロモン三世（九二〇年没）が司教と修道院長の職を兼ね、その後継者ノティンクは修道院学校で教育を受けている（SS Ⅳ, 431）。一一世紀中葉になってはじめて、コンスタンツは活動を再開し、そのとき、この都市に学頭を提供したのはライヘナウの修道院であった[41]。

ストラスブールの学校も、多少、遠方にある教養の中心に助けられた。エルシャンバルト（在任九六五―九一年）は、ザンクト・ガレンのヴィクトルに学校の指導を依頼し（SS Ⅱ, 116）、またイタリアから写本を取り寄せて図書室の蔵書を増やした[42]。かれの後継者で司教座教会を新築したヴェルナー（在任一〇〇一―二九年）は、イタリアへの旅行の折、自分で写本を持ち帰っている。

二　イタリアにおける都市の学校

ドイツにおける教養の中心について述べながら、しばしばイタリアのそれにも触れたが、それは、ドイツの聖職者たちが好んでイタリアで聖職を始めるか終わるかしているからである。ロンバルディアに維持されていた都市文化は北方の人々を引き付け、かれらはイタリア人の教養に憧れた。それはヴィポも言うように、「イタリアの子どもたちはみな、ながらがらを手放す年頃になると学校に行き、額に汗して学んだ」からである（史料57）。

一〇、一一世紀のイタリアにおける教養については、よそよりも豊富な古文書のほか、写本はもちろん年代記も多いことからかなりよく知られ、都市の学校に関する研究も盛んである[43]。ある歴史学者たちは、イタリアの書記、古文書保管人、法学者、医者、貨幣鋳造人の教養が他所よりも高いことに注目し、イタリアでは、司教座教会学校のそばに俗人用の学校もあったのではないか、と考えた[44]。しかし、こうした推測を裏付けるものはなにもない。教会関係の学校があったにすぎず、それは司教たちが、都市あるいはまれに田舎に開設したものであった。

イタリアの司教たちは、一〇世紀前半イタリア王国の内紛に乗じて都市の支配権を得ようとし、オットーによる制圧後は、王権の代行を認める特許状を手に入れようと努めた。こうしてかれらは役所を持ち、また書記を育成していた。しかし学校を維持するだけの時間と手段を持ち合わせていたのだろうか。実を言うと、ゲルマニアの重要な中心に比肩しうるようなものは見当たらない。たしかに、当時のイタリアでは学校の開設や再興は見られず、九世紀に組織された学校が正常に活動を続けていたにすぎない。

ノヴァラの学校は、聖職者ステファヌスがゲルマニアに出かけたあと、教師は一時的に不在で、九八五年かれがヴュルツブルクから帰ってから教授が再開されている（*PAC* V, 554）。クレモナの図書室には、プリスキアヌス、マルティアヌス・カペラ、オーセールのレミギウスなど、多くの古典が所蔵されていた。[45] なおこの図書室の蔵書目録は司教オルデリックのとき（九八四年）作成されたものである。司教リウトプランドは宮廷での奉仕に取り紛れ、学校のためにはなにもしなかったようである。ベルガモでは、九七三年、司教が基金を設けて文法、歌唱を教える一教師を扶養し、司教座教会のそばで教えさせている。[46] ヴェルチェッリの司教アット（九六一年没）はイタリアにおける最初の改革者のひとりで、かれもまた、聖職者の教育に配慮している。かれはカロリング期の勅令とりわけテオドゥルフの規定の実施を目指し、自分の宗教的学識と雄弁の才能を生かして改革に取り組んでいる。しかし、いくらか気取った話し方をするこの教養人の司教には、弟子はいなかったようである。[47] ヴェルチェッリが再び教養人の司教をもつのは、一〇〇〇年、レオンというもと宮廷詩人を司教座に迎えてからである。[48] 先にあげたリエージュのラテリウスはヴェローナにいたこともあるが、この都市を学問の中心にするにはその滞在は余りにも短すぎた。しかしかれは、ヴェローナの司教座教会参事会の図書室に、教養人としての趣味を満足させうるだけの書籍を見出している。写字室は活動を停止したことはなかったが、たしかにかれの来訪により新たな発展を遂げている。[49]

一一世紀前半になると、イタリア北部の都市の学校はより鮮明な姿を見せてくる。一〇〇七年ラヴェンナに生まれたペトルス・ダミアヌスと、ベザーテのアンセルムスは学業のためパルマに行っているが、当時のパルマはまだ重要な学問の中心ではなかった。しかしこのふたりをとおして、そこには弁論教師イヴォ、その仲間で「三〇年間、英知を求めて、チュートン人、ガリア人、さらにスペインのサラセン人の都市を渡り歩いた」グアルディエロと、アデルプランド、グイド、アゾ、とくに「イタリアの華にして誉れ」、哲学者にして弁証学者であった「最高の教師」(magistrissime) ドロゴがいたことがわかる。[50] アエミリア街道 (Via Aemilia) をさらに南下すると、レッジョには教師シケルムがいて、一〇四七年ごろ弁論術を教えている。[51] 次に、ペトルス・ダミアヌスが最初に学問に取り組んだファエンツァにも、何人かの学生 (scolastici) がいた。ボロニャにも学校があり、ヴェネツィア生まれのツァナドのゲルハルトは、ここで自由学芸を学んでいる。この都市には、おそらく、すでに「法学者」(legis doctores) や「弁護士」(causidici) の組合があったようであるが、このころはまだ、法律の学校はたしかに存在していない[52]。

ラヴェンナには、法律の学校はなかったとしても、少なくともローマ法を学ぶ学生や弁護士の集団がいた。ラヴェンナ生まれのペトルス・ダミアヌスは、おそらく一時、弁護士として活躍していた。かれは法律にくわしく、その著作には約三〇〇に及ぶ法律関係の引用が指摘されている[53]。またかれは、マンフレドのような法学者と交わっていたが、このマンフレドは一〇三〇年ごろ弁論術と法学を教え、名声と財を得た人物である (*PL* 145, 191-208)。ラヴェンナにはまた、一一世紀初頭、文法教師もいた。特許状には何人かの名前が出てくるが、ラウル・グラベルも、話のついでに、文法教師ヴィルガルドの名をあげている。かれによると、このヴィルガルドはヴェルギリウス、ホラティウス、ユヴェナリスの書を学んだあと、それに熱中していた（史料20）。

ラヴェンナがイタリア北部の歴史上の首都であるとすれば、パヴィアは政治上の中心であり、歴代の王の在所であった。この活気にあふれた都市には、『パヴィアの都市の基本権』(*Honorancie Civitatis Papiae*) が伝えているように (SS XXX, 1451)、ヨーロッパ各地からあらゆる商人が集まっていた。王の尚書局には多くの書記が詰め、裁判所には裁判官たちがいた。一〇、一一世紀の裁判官については、その存在だけでなく、たいてい名前もわかっているが、かれらは王の役所で教育されていた[54]。法学の教授も行われ、それはまず修辞学の学習から始められている[55]。ランフランクの伝記作者によると、かれは若いころパヴィアの学校に送られ、自由学芸と法学を学んでいる (*Vita* 5 : *PL* 150, 29)[56]。自由学芸と法学の結び付きは、一〇五八年ごろ文法教師パピアスがその子のために書いた語彙集を見ても明らかである。この語彙集は、三学および法学に関する定義、区分を取り扱い、イタリアやゲルマニアに急速に普及していった[57]。

イタリア北部の都市学校は、文学の教授に魅せられ、官界に入って学問の元手をとろうとする多くの聖職者を引きつけた。後述するように、ペトルス・ダミアヌスはこうした状況を目のあたりにし、かれらを非難している。かれに言わすれば、学業における成功は、信仰を強めるどころか危うくする。

イタリア北部から南下することにしよう。イタリア中部は急いで通過することにする。この地方には都市はわずかで、学問も盛んではない。目新しいことと言えば、トスカナ地方のいくつかの学校が世に知られるようになっていることである。たとえば、ベザーテのアンセルムスはルッカの学校を「英知の泉」としてたたえている。またシエナの学校には何人かの教師がいたが、その名前しかわかっていない。[58] アレッツオでは、一〇一五年司教アダルベルトが、司教座教会参事会員たちに一軒の家を与え、自由学芸の教授を組織させている。[59] ポンポサの修道院を去った音楽教師グイドは、テオダルド司教（在任一〇二三－三六年）のもとで厚遇され、かれの新しい歌唱法をアレッツオの聖職者たちに伝授した。グイドの名声はローマにまで達し、教皇ヨハネス一九世はかれを招聘し、一時、ローマに滞在させている。[60]

ローマでは、聖歌隊員や教皇の役所で働く書記たちが、ラテランの学校で教育を受けていた。[61] しかし自由学芸は大して尊重されていない。教皇たちは教養人ではなく、教皇使節レオによると、自由学芸を非難するものさえいた。「至福なるペトロの代理者たちがプラトン、ヴェルギリウス、テレンティウスといった異教哲学の教師以外のものに師事し、また詩人たちを知らないからといって、あなたは、かれらが守門の位階にあげられるにふさわしくないと、結論する」（*PL* 139, 338）。このレオの書簡が、サン・バールの宗教会議（九九一年）のころ、反教皇の立場を明確にしたジェルベールに狙いをつけていることは明らかである。しかしのちシルヴェステル二世教皇となったジェルベールも、ローマの聖職者の学習意欲を高めるためなにも手を打っていない。だがローマの聖職者は、ドイツ人諸教皇の手により、またロレーヌ地方の修道者たちの影響のもとに、徐々に品位ある道徳生活を取り戻し、宗教的著作の学習に興味をもつようになっている。

これに反して、イタリア南部の公領では、世俗的教養の伝統が維持されていた。ナポリ、カプア、サレルノ、アマルフィの君主たちは、オットー家とビザンツの軛を嫌って自立を求め、都市を活発な経済の中心にしていった。貴族階層の俗人や聖職者たちは教養人で、文芸を庇護し、書籍を集めていた。図書室では、ナポリの公たちのそれがもっとも有名で、一〇二二年ハイリンヒ二世はこれをバンベルクに移させている。

サレルノのアルファーノによると、一一世紀前半にはアヴェルサとサレルノに学校があり、アヴェルサの学校にはグリエルモという教師がいた。歴史学者たちは、かれは俗人であったと考えているが、しかしアルファーノが言うようにグリエルモが多くの弟子をかかえ、多額の収入を得ていたからと言って（*PL* 147, 1260）、すぐにかれは俗人であったと結論するわけにはいかない。(62)

アルファーノは、サレルノの学校で教育を受け、のちベネヴェントのサント・ソフィ、さらにモンテ・カッシーノの修道院に入り、一〇五八年サレルノの司教になった。かれは、百科全書的な知識の持ち主で、古代の詩人たちの著作を読み、それを模作し、また音楽、天文学、医学にも関心をもっていた。(63) なおサレルノの医者の評判が立つのは、一〇世紀中葉のことである。九六六年ウートルメールのルイの宮廷には、サレルノ出身の医者がいたし（史料44）、また、ヴェルダンの司教ウィクフリド（九八四年没）は病気治療のためサレルノに出かけている。(64) アルファーノによると、医学は伯グアイマール五世（在任一〇二七―五二年）のとき栄え、学者として名声のあったアルファーノ自身、皇帝ハインリヒ三世と教皇ヴィクトル二世に対し親族のひとりを弁護するにあたって、数巻の医学書と若干の薬を携え、かれらの好意をとりつけたのであった（*SS* Ⅶ, p. 701）。

地中海世界をあとにし、フランス北部に上るまえに、カタルーニャに立ち寄ることにしよう。ここでも、都市では知的活動が再開されている。ジェルベールが遊学したヴィクの司教学校には、一〇世紀中葉以降、充実した図書室があった。ヘロナでは、九八四年「聖歌隊指揮者」（capiscol）のリシェールがこの地の学校を指導していた。一一世紀初頭にバルセロナで作成された文書には、このころ活躍した何人かの文法教師の名前が出てくる。たしかに書籍は数もまだ少なく、高価で、一〇四四年バルセロナの司教は、家と土地を売ってプリスキアヌスの文法書二巻を買い求めたほどであった。バルセロナの学校の生徒たちは文法と法学を学び、さらに科学の手ほどきも受けている。アラビアの科学書の翻訳者で、ランスのジェルベールと文通のあった助祭長ロベが活躍したのも、カタルーニャ地方の学校においてであった。[65]

三　フランク王国における都市の学校

一〇世紀のフランク王国では、都市はノルマン侵攻のショックから漸く立ち直りつつあり、都市生活もまだ無気力であった。司教たちは、政治上の役目を負わされ、宗教的、文化的活動よりも世俗的な諸問題に取り紛れていた。一〇世紀のフランク王国の学校で崩壊を免れていたのは、ランスの学校だけであった。それは、ランスがロータリンギアに隣接し、ランスの大司教たちがロレーヌ地方の聖職者と緊密な交流を持っていたからである。

九世紀末、大司教フルク（九〇〇年没）は、司教座教会参事会のためにひとつ、また田舎の聖職者のためにひとつ、計ふたつの学問の中心を再組織し開校した。[66]かれはサン・タマンのフクバルトとオーセールのレミギウスを招き、聖職者たちに教えさせた。九一九年、司教座教会参事会の文書保管係であった参事会員フロドアルドは、その立場を利用して司教座教会の歴史を書き、また『年代記』に取りかかったが、それには当時の状況が克明に記されている。かれはきわめて教養に富み、ヴェローナのラテリウスと交流を保ち、暇をみては詩を書き、九三六年と九三九年のローマ旅行の際にはローマの碑文を書き写して持ち帰り、この都市の歴史を知ろうとしている。[67]フロドアルドの死（九六六年）から三年後、ロレーヌのアダルベロンがランスの大司教になった。かれはメッスの司教座教会参事会員から教育を受け、ランスに改革精神を吹き込み、参事会員たちに共同生活や共同の祈り、毎日の読書を義務づけた。かれの助祭長ゲラヌスは論理学に造詣が深く、学校の指導にあたっている。この学校には、若いころのフルーリのアッボが世俗の学問の仕上げのために来ている。九七二年、ゲラヌスは王の使節としてローマに派遣され、そこでジェルベールに出会っている。当時のジェルベールは三〇歳を越えていたが、カタルーニャからローマに移り、そこで教皇ヨハネス一三世と皇帝オットー一世の求めに応じて四科を教えていたのである。一六歳のオットー二世も、かれの講筵に連なっている。ジェルベールは、「論理学者」なるものと知り合いになったのを幸い、かれに教えを乞い、それと引き換えにランスの人々に四科を教えることを承諾した。こうして、皇帝の同意のもとにローマからランスに移り、まもなくアダルベロンによって学頭に任ぜられ、(68)九七二年から九八二年までの一〇年間、大司教アダルベロンの顧問、秘書の役を務めながら、自由学芸を教えた。(69)そして、九八三年イタリアのボッビオにしばらく滞在したあと、再びランスの仕事に戻っている。かれは、たしかに教授よりも政治に熱心で、アダルベロンとともにカペー一族が王座に就くのに貢献し（九八七年）、四年後、短期間ではあったがランスの大司教の座に就いている。(70)

ジェルベールの教授については、かなりお世辞まじりではあるが、かれの教えを受けたランスのサン・レミ修道院のリシェールが興味深い証言をしている。かれは『歴史』第三巻の実に二三章を、ジェルベールの学校の説明に当てている（史料15）。リシェールは、この学校の教育課程を取り上げ、教育上の刷新に注目させ、天空の構成、算盤の作り方について説明し、またジェルベールとマクデブルクのオトリックとの論争などにふれているが、(71)ジェルベールの著作とくに書簡集はリシェールのことばを裏付けている。ジェルベールは人文主義者で、つねに世俗の著述家たちの書を求め、大金をはたいてローマ、イタリア、ロレーヌ、ゲルマニアにある写本を筆写させている（史料79）。かれはボッビオでの逗留を好機に古代の著作を発見し、フランスに帰ったあと、修道者のひとりに命じて自分の手元にないものを秘密裡に送らせている（*Epist.* 138 : Lattin 130）。またジェルベールはたえず、書籍を送ってくれるよう教養人の友人たちに依頼している。「あなたが訳された天文学の書を送ってください……眼病に関するデモステネスの医学書を届けさせてください……プリヌスの書の写本を校訂してください……アグロエキウスの書（テレンティウスの書の注解）を校合してください。オルベやサン・バールにある書籍を筆写してください」、など（*Epist.* 8, 24, 25, 40, 86, 123, 130 : Lattin 5, 32, 33, 47, 92, 132, 138）。ジェルベールは、異教文学の害毒などまったく気にすることなく、カロリングの人々のようなためらいも見せない。

むしろカロリングの人々以上に、弁証学や四科に深い関心を寄せ、ボエティウスの論理学や四科に関する著作に取り組んでいる。ジェルベールにとってこの古代さいごの哲学者は、自分のあるべき姿を示す偉大な手本であった。

ジェルベールは古典学者であっただけでなく、すぐれた教師でもあった。かれは、独創的な教授方法を取り入れている。たとえば三六枚の羊皮紙に修辞学の詞姿を書かせ、生徒たちが暗記しやすいようにしている（史料39）。また、算盤を作らせ、一絃琴を用いて音楽を教え、天球儀――それは広く普及した――を用いて天文学を教えている。かれはまた、文通相手のひとりに、天文時計の作り方も教えている（*Epist.* 153：Lattin 161）。

こうしたジェルベールの教授方法は、当然、大成功を収め、リシェールによると、「生徒の数は日ごとに増加していった」。〔その生徒については〕残念ながら、ごくわずかのものしかわからない。リシェール、ミシーのコンスタンティヌス、九八四年ごろジェルベールに託されたのちのロベール敬虔王のほか、サン・ジェルマン・デ・プレの修道院長になったインゴ、オーセールの教師になり九九七年司教になったヨハネス、ミュールバッハの修道者たち、メッスの学頭になり夭折したアダルベロンも、かれの弟子に加えることができる（*Epist.* 77：Lattin 84）。さいごに、のちのサン・ヴァンヌの修道院長リシャールは、一〇〇四年以前にランスの助祭長、学校教師になった人物であるが、かれもたしかにジェルベールの教育を受けている。

九九七年ジェルベールは学校を去ったが、しかしこの学校は、人々が想像するように、衰退したわけではない。ゴッゼキンはヴォージュあての書簡のなかで、著名なランスの教師のひとりとしてヘリマンという人物をあげている。またケルンのブルーノはカルトゥジオ会を創設する以前の一〇六七年ごろ、ランスの学頭であった(72)。

しかし一一世紀前半には、フルーリの修道者たちが学校と図書室を再興したシャルトルが、ランスに代わって名声を博している(73)。シャルトルの市立図書館には一九四四年まで、一〇世紀に作成された約二〇巻の写本があったが、そのいくつかは医学書の写本であった(74)。

九九九年、聖職者ヘリブランドは、医学全般に強い関心をもつランスの友人リシェールに対し、シャルトルに来てヒッポクラテスの『箴言』(*Aphorismes*) その他の医学書を学ぶように勧めた。リシェールは、波乱に富む旅を続けてシャルトルにやって来たが、ヒッポクラテスの書には病気の診断方法しか見出しえず、しかも病気に関する簡単な知識で満足できず、ヒッポクラテス、ガレノス、ソラヌスをもとにした『医学一覧』(*Concordance*) の読書に励んだ。あとになってかれは、「科学に精通したものにとって、薬学、植物学、外科の分野で秘められたものは何ひとつないほどに、わたしは、望むものは何でも手に入れることができた」と述懐している (*Histoire* IV, 50, p. 225 s.)。シャルトルは、このとき以来、医学の中心となった。フュルベールがシャルトルに来たのは、まさにこのころである。

そのフュルベールであるが、かれの故郷はどこであったのか、わからない。[75] あるものはかれはイタリア人であったと言い、他のものはアキテーヌ出身であったと主張した。後代の年代記をもとに推測すると、フュルベールはジェルベールの講筵に列したと考えられるが、その確証はない。かれは、一〇〇三年から一〇〇六年にかけて司教の顧問を務めたあと、ロベール敬虔王の要請により司教座に就き、司教座教会を再建し、政治、宗教上の諸問題の解決に取り組み、一〇二八年に死去している。フュルベールの教養と教育がいかなるものであったか、それは、かれの著作とくに書簡集をとおして、また弟子たちの証言によってかなりくわしくわかっている。

リエージュのアデルマンは、かれの教師〔フュルベール〕は、ヒッポクラテス、ピタゴラス、ソクラテス三人の再来であった、と書いている。[76] 実際フュルベールは、シャルトルでの教授内容に医学を含めていた。かれと弟子のヒルデガリウスは、文通相手の健康について診断を下し薬を指示している。[77] またフュルベールはピタゴラスの向こうを張って、ラギンボルトと天文学について論争し、教師アルディヌス――ボエティウスが言及した――の著作に注釈を加え、算定法を説明する詩を作り、また音楽にも関心があった。[78] こうしてフュルベールは、「シャルトルのアカデメイアを指導する尊敬すべきソクラテス」とも呼ばれた。かれは文学的教養にすぐれていただけでなく、論理学も修めていた。当時、シャルトルの写本のひとつ（no 100）には、『範疇論入門』、『範疇論』、キケロの『トピカ』、ボエティウスの『三段論法』、ジェルベールの『理性について』（*De ratione*）、弁証学と修辞学の相違を取り扱うフュルベールの詩など、弁証学に関する著作をもとにした詞華集が筆写されている。[79]

ところでフュルベールとジェルベールの違う点は、フュルベールは、シャルトルの司教で、霊性の師でもあったということである。アデルマンがベランジェあての書簡で言うように、「かれ〔フュルベール〕は聖なる熱意に燃え、われわれがあらん限りの熱心さをもって聖なる教父たちの模範に倣い、王道をひた走り、新奇な誤謬のひそむ小径に迷い込むことのないよう、全力を注いでくれた」（史料17）。ここでアデルマンは、ベランジェの新奇な神学上の新説を示唆しているが、トゥールの聖職者〔ベランジェ〕は、教義上の論争における理性の役割について、すでにフュルベールと論争していたのかもしれない。[80]

「俗学と聖学をガリアに花咲かせた人物」〔フュルベール〕が他界したあと、アデルマンはアルファベット順の詩文体で『挽歌』（*Planctus*）を書き、そのなかでフュルベールの弟子たちを取り上げ、各自のその後について述べている。[81] それによると、師と同じく医学と音楽に関心が強く、師によく似ていたヒルデガリウスは、シャルトルを出てポアティエに移ったが、その後も師フュルベールと文通し、受けた教育を懐かしがった（*Epist.* 95, 105, 109, 114, 115, 131）。かれは、ポアティエの学校のためひとりの助手を派遣してくれるようフュルベールに依頼したが、フュルベールは、その任にふさわしい学識者をシャルトルの弟子のなかに見出すことはできなかった（*Epist.* 92）。一〇二四年、ヒルデガリウスはシャルトルに戻り、尚書と学頭とを兼任した。助祭シゴも、歌唱と音楽にすぐれ、司教の秘書を務めた。教養人というよりむしろ文学の友であったラウルとエンゲルベルトは、オルレアンに行って教え、一方ランベールはパリに出て教えている。すぐれた文法教師であったレイノーは、サン・マルタン・ド・トゥールの参事会学校の教師になっている。先にもあげたケルンのラギンボルトは、ラドルフとの文通のなかで、フュルベールによる四科の教授について回顧している。[82] アデルマンはまた、リエージュの聖職者オドゥルフ、アレスタン、メッスの聖職者ヴァリン、ヴェルダンで死去したゲラルド、さらに、学問に対する熱情の赴くままヨーロッパをかけめぐりスペインにまで足をのばしたブルゴーニュのゴーティエにもふれている。こうした名簿に、当然、アデルマン自身とベランジェを加えなければならない。

フュルベールの弟子は、その他の史料にも出てくる。たとえば、三年間アンジェで教えたあとコンクに居を定め、そこで聖女フォアの奇跡物語を書いたベルナールがいる。おそらくボニペルトも、フュルベールの弟子であった。かれはハンガリーのペーチェの司教で、プリスキアヌスの書の写本を送ってくれるようフュルベールに依頼している（*Epist.* 82）。フュルベールの学校で学んだ修道者は三人だけである。修道院長から送られて、文法、弁証学、音楽を学びに来たサン・リキエのアンゲルラン、ランスでジェルベールに師事したこともあったランス出身のユベール（*PL* 141, 224）、そしてジャンブルーのオルベールである。

ベランジェの説をめぐる論争の史料によると、シャルトルの学校には約五〇人の生徒がいたことがわかる。[83]しかしベランジェの論争相手がみな、同じシャルトルの学校の生徒であったとは確言できない。ただわれわれが知る限り、フュルベールはジェルベールよりも多くの弟子を持っていたこと、しかもかれの弟子はほぼ全部が聖職者で、一一世紀前半の都市の学校の教師になったことはたしかである。

実際、このころからフランク王国の都市における学頭の存在が明らかになってくる。それは、かれらの名前が他の聖職者のそれと並んで勅許状の下方に出てくるからである。そうしたものは、カンブレでは司教ジェラール（一〇四八年没）のころ、レンヌでは一〇三五年、ピュイでは一〇五一年、ベジエでは一〇五三年、アルビ、カオール、ポアティエ、ノアヨンでは一〇五一年に、またル・マンでも見られた。[84]パリの都市の学校も世に知られるようになっている。そこには、シャルトルで学んだランベールのほか、一〇四五年には、ベランジェに会うためトゥールに行き、またゴッゼキンが学識豊かな人物としてたたえたドロゴがいる。[85]司教座教会の図書室には多くの蔵書があり、一一世紀に作成された目録には一五〇巻の表題が記入され、その多くが俗学の書であった。[86] 修道院学校とは異なり、都市の学校の聖職者はより自由に振る舞い、より大胆な思想をもっていた。一〇二二年のオルレアンの異端者事件はおそらく極端な例であろうが、しかしその意味するところは大きい。実際、「マニ教徒」として訴えられたのは、サント・クロアの参事会員たち、司教座教会の一聖歌隊員、サン・ピエール・ル・ピュリエの学頭というように、「聖・俗の学問を身につけた聖職者たち」であった。[87]

トゥールでベランジェが教えかつ成功を収めたこと自体、都市の教師たちが独立不羈の精神を持っていたことを立証している。ベランジェは、シャルトルで学んだあとアンジェの学頭になり、一〇三二年ごろ生地のトゥールに戻って教えた。[88] かれについては、敵対者による証言しかなく、かれの人となりを知るのは困難であるが、そのうちのひとりアヴェルサのギートモンは、生徒に対するかれの態度を次のように描写している。「かれは、もったいぶった足どりで教室に入り、高所にしつらえられた教壇に上り、さも瞑想しているかのように頭巾を深々とかぶり、やや調子はずれの大声で唸るようにして語った」(*PL* 149, 1428)。しかしかれの書簡、神学書から見て、またかれが多くの聖職者の信望を集めたことから察すると、かれは聖・俗の教養に秀で、教師としての才能に恵まれていたようである。かれは最初、文学と弁証学を教え、のち一〇四八年ごろ、誤ってヨハネス・スコトゥスのものとされているラトラムヌスの聖体祭儀に関する著作を発見してからは神学に専念し、異端への道をたどったのであった。

こうして、フランク王国の都市の学校は一〇世紀以前の後れを急速に取り戻し、イタリアの学校に比肩しうるほどの重要な学問の中心へと発展していったのである。

以上、一〇、一一世紀の修道院学校、都市の学校について検討してきたが、この研究から、この間、教養の浮き沈みがあったこと、しかしそれは、本書第II部の冒頭にあげた「ルネッサンス」と呼ばれるにふさわしいものであったことが明らかにされた。当時の聖職者や修道者は古代末期の教養に立ち返り、論理学、数・形の諸学に再び取り組み、[89] ローマ法にもあらためて関心をもつようになっている。さらにかれらは、九世紀の人々よりはるかに自由な態度で古代の著作の学習に没頭している。シュパイアーのヴァルターの『教科書』(*Libellus scolasticus*)やリエージュのエグベルトの『船荷』(*Fecunda ratis*)といった当時の教育書には、ペルシウス、ユヴェナリス、ホラティウス、スタティウス、プラウトゥス、テレンティウスが数多く引用されている。ジェルベールやアドソンの蔵書には、聖学よりも俗学の書が多数、含まれていた。多くの教養人にとって世俗の学問は、宗教的学問とは異なる独自の価値をもつものであった。またかれらは五世紀の仲間たちと同じように、散文や詩文でものを書くのを喜びとしていた。

かれらの「技巧的な書簡」(lettres d'art)におけるマニエリズムや修辞学の重視、韻律による散文や詩文に対する好み、また劇作品や風刺の趣味は、古代風の文学的唯美主義が復活したことを示している[90]。弁証学は、教義の究明にはつながらず、世俗の知恵を探求する手段と見なされていた。数・形の諸学は、医学と同様、人間を宇宙の中心にすえようとした。したがって、キリスト教的学問を確立しつつあったカロリング朝の壮大な統合政策は瓦解し、聖学は、世俗的学芸に対する人々の顕著な関心をまえに色あせていった。こうして、九世紀に書かれたような神学、聖書注解に関する重要な著作はなにも生み出されず[91]、宗教的文学と言えば、道徳書、説教、聖人伝に限られている。改革者たちも、その熱意を伝える手段として詩や音楽を用い、典礼にも一種の唯美主義をもたせようとしている。なおわれわれは、地方語による文学をより詳細に知ることにより、ラテン教養とラテン外の教養との間には、かつてなかったほどの交流があったことを明らかにしうるであろう。

第Ⅲ部　学習の手段と方法

これまで、六世紀から一一世紀中葉の西方における教養と教育の中心について検討してきた。その結果、これらの中心では、時代と場所によって多種多様な試みがなされてきたことがわかる。またその実践や状況は地方によって異なっても、似たような組織があり、学校の性格も共通していたことがわかる。教師や生徒は、西方の端から端まで移動したが、そのため途方に暮れるようなこともなかった。かれらは聖職者、修道者という同じ社会集団に属し、学校では同じ言語を話し、同じ制度のなかで、同じ宗教上の規則に従って生活していた。

では次に、このような西方キリスト教世界の教師や生徒の世界をのぞき、かれらが知的学習においてとった手段や方法、学習内容を概観することにしよう。

第一章　学校、教師、生徒

一　種々の学校

まず、scholaという語をいつも学校という意味にとるのは間違いのもとである。この語はローマ帝政以来、広間など場所のほか、職人の組合、守備隊など、いくつもの意味に用いられている。(1) Magister scholaeという語もある。その場合、この語はより具体的になるが、必ずしも学校教師を指すものではない。それは、何人かの弟子をもつ、医者、法律家、写字生、書記、画師のことでもある。修道者たちも著作において、scholaという語をいろいろな意味に使っている。ベダにとってscholaは、「若者たちが、学習し、教師のことばに耳を傾けながら時を過ごす場所である」(*PL* 93, 53)。ヒルデマールは、ベネディクトの会則にある「dominici scola servitii〔主への奉仕を学ぶ学校〕を造ろう」ということばを注解して、次のように述べている。「ここで言われているのは修道生活の規律のことである。しかしその他、教会の規律の学校、自由学芸の学校、技芸と名のつくものはなんでも教える学校もある」。(*1)

学校とは宗教的権威のもとにある教師と生徒の集団である、と定義するならば、六世紀以降は三つの型の学校がある。小教区学校(écoles paroissiales)、司教学校(écoles épiscopales)、修道院学校(écoles monastiques)である。これらの学校は、消滅していく古代の学校に取って代わるものとしてだけでなく、先に述べたように(本書二九頁以降参照)、もっぱら聖書の学習を基礎とする、新たなタイプの教養を造り出そうという願望から生まれたものである。八世紀まで、これらの学校は各地に散在したが、その存在はかなり心もとないものであった。教会を揺るがした八世紀の危機のなかで、いくつかの修道院学校は生き延びたが、都市や田舎における学習の中心はほとんど消滅した。

だからこそカール大帝は学校を再興させ、あるいは少なくとも再興を試みた。司教学校は、ひとりの聖職者が指導した。かれは scholasticus〔学頭〕と呼ばれ、クロデガングの会則では司教座教会参事会員であったが、どこでも同じであったとは言えない。言うまでもないが、すべての司教座教会がそれぞれ学校を持っていたわけではない。カール大帝とその後継者たちが、たえず司教たちに学校の開設を迫っているのはそのためである。九世紀に出てくる schola publica〔公の学校〕という表現は、特別に公〔政治〕的権力の庇護を受けている学校を示し、一〇世紀になるとこの表現は司教学校にも用いられている。[2] 実際このころゲルマニアの王たちは、司教学校の庇護に乗り出している（本書一二三頁以降参照）。

司教学校は、司教館の建造物のなかに開設されていた。七六七年の勅許状によると、ルッカの schola は、司教座教会の柱廊玄関に近い小さな家のなかにあった。[3] 八世紀以降、司教学校は司教座教会参事会の居館にあったが、それ以上のことはわからない。ランスでは、大司教フルクは司教の居住区を拡張するにあたって、二つの学校を再建した。ひとつは参事会員（canonici）のため、もうひとつは田舎の聖職者のための学校であった（*SS* XIII, 57）。シャルトルのフュルベールは、天気のよいときには、好んで教会のそばの庭園で教えた。そのためアデルマンはかれを、アカデメイアの庭園に弟子たちを集めたソクラテスにたとえている（*PL* 143, 1289）。

一方、修道院学校の組織は四世紀にさかのぼる。この学校は政治、宗教上の危機にそれほど影響されることはなかった。当初この学校は、修道生活を目指す年少の子どもだけを教育したが、のち、修道院長たちは何人かの俗人の若者や聖職志願者の要望を拒みきれず、かれらにも教育と知育を与えることになった。テオドゥルフは、親たちに、子どもをオルレアンのサン・テニャンやフルーリの修道院に送るように勧めている。実際七八〇年ごろ、アインハルトはフルダの修道院学校に入ったが、かれは生涯、俗人であった（*PL* 105, 196）。

子どもたちの入学は、修道生活の規律に影響を与え、ルートヴィヒ敬虔王とその顧問アニアヌのベネディクトは八一七年、修道志願者以外のものが修道院学校に入ることを禁じた（*Capit*. I, 346）。このような措置がすべての学校に適応されたのか、確認しようもないが。多くの歴史学者によると[4]、修道院長たちは、奉献された子どもたち（oblati）の学校（école interne〔内校〕）のそばに、俗人や聖職者のための学校（école externe〔外校〕）を開設したようである。しかし残念なことに、この二種類の学校に関する史料はきわめて少ない。

その顕著な例は、八一七年よりややおくれて平面図が作成されたザンクト・ガレン修道院の学校である[5]。この学校は〔修道院〕教会の北側におかれ、修道院の他の建物とは塀で仕切られている（Haec quoque septa premunt discentis vota juventae）。建物の玄関（introitus）を通って、「学校と休憩の共同の家」（domus communis scolae idem vacationis）に入ると、そのなかにある広間の壁沿いに、広間を取り巻くようにして一二の正方形の「生徒たちの小部屋」（mansiunculae scolasticorum）つまり学習室がある。それぞれの小部屋の中央には、日光と空気を取り入れるための正方形の天窓がある。広間から通路をたどっていくと横長の小部屋があり、そこに一五人分の便所がある。生徒のための寝室も食堂もない。いくつかの史料に言われているように、かれらは宿坊（hôtelleirie）に寝起きしていたのである[6]。一方、教師はかなり広い家を持ち、それに書斎（secretum）が隣接していた。

さらにこの平面図によると、教会の東側に、修練者（novices）と奉献された者（oblats）のための居住区があり、そこには食堂、寝室、浴室、教師の家がある。なおこうした配置は、修道院内で教える教師と、学校で教える教師がいたと伝える『ザンクト・ガレン修道院の歴史』（*Casus Sancti Galli*）の一文によって裏付けられている（*Casus* : SS II, p. 96, 102）。

九世紀のそれ以外の修道院については、史料はなにも語ってくれない。したがって、こうした制度が一般的であったと言うわけにはいかない。修道院長たちは、八一七年の勅令を知らなかったか、あるいは二重の学校を造るだけの資力を欠いていたようである。

一〇、一一世紀の修道院改革は厳格な規律を課するベネディクト会則への回帰を求め、修道院における世俗の子どもたちの存在があらためて問題になった。いくつかの史料には、こうした改革の経緯が取り上げられている。

アッボは若いころ、まずフルーリの聖職者の学校に送られ、のち修道生活を希望して修道院入りを許された（*Vita*）。ロッブのサン・トゥルスメールでは、外校は修道院から離れたところに開設されていた（*Gesta abb. Lobbiens.* 23 : *SS* XXI, 327）。サン・テュベール修道院には、一一世紀中葉、「外校の学頭」(scholasticus exterior）と、「内校の学頭」(scholasticus interior）がいたことがわかっている（*Chron. S. Huberti* 8 : *ibid.*, VIII, 572）。ヴォールソールでは、修道院長エルメンベルト（一〇三三年没）は、修道生活を正常化するため、子どもたちの学校をムーズ川対岸にあるハスティアーに移すことにした（*Hist. Walciod. mon.* 44 : *ibid.* XIV, p. 260）。ペトルス・ダミアヌスは、モンテ・カッシーノの修道院長が、修道生活の邪魔になる子どもたちを拒否したことを称賛している。とはいえ、直情型のこの改革者も、一時的ではあったが、自分の甥のひとりをクリュニー傘下の一修道院に預けている（*PL* 144, 373）。なお一一世紀のクリュニーでは、傘下のいくつかの小修道院に、修道生活を志望しない子どもたちを受け入れていたことがわかっている。その他の修道院でも同様であった（本書三〇三頁以降参照）。修道院長たちは、修道者は教えるために修道者になったのではないと主張しながらも、俗人の強い要請のもとにこの原則を幾分、曲げざるをえなかったということである。

九世紀とくに一〇世紀には、多くの修道院が、司教座教会参事会の手によって参事会方式の修道院に改革され、「子どもや若者」(pueri et adolescentes)（*Conc.* II, p. 413）の知育と徳育を命ずる参事会の規則に従うようになった。こうしてトゥール、ポアティエ、リエージュでは参事会学校（écoles collégiales）が組織された。ランフランクは、カンタベリーでセント・グレゴリーの参事会を組織するにあたって[7]、参事会員に対し、文法と歌唱を教える学校を開設するように求めている。つまりこれらの学校は司教学校として機能していたのである。

第三のタイプの学校は司祭学校（école presbytérale）であるが、これについては一層不明な点が多い。カエサリウスは、ヴェゾンの宗教会議において、田舎の司祭が読師を教育し「ふさわしい後継者」として育成するように求め、すでにイタリアに存在していた組織を模倣するように決議させた（史料5）。こうして、聖職者ではない子どもたちも田舎の学校に通うようになった[8]。この制度は、六、七世紀には各地に存在したが、八世紀の危機を乗り越えることはできなかった。のちこの司祭学校の復興を目指したのが、カール大帝である。司祭学校をそれとして取り上げた勅令は二つだけであるが[9]、カールはたえず、俗人の子どもの知育に配慮した。司教たちもそのための法を決めたが、多くの困難に出会っている。オルレアンのテオドゥルフは、司祭たちに、村や町に学校を開き無償で教えるように求め（*PL* 105, 196）、かれの後継者ゴーティエは、九世紀中葉、「可能な限り」学校を開設するように命じている（*Ibid.* 121, 765）。

要するに、いかにして田舎の聖職志願者を集めそれを教育するかが問題であったが、この教育は、中世全体にわたってかなりなおざりにされていた。大部分の田舎の教会は大土地所有者の私有物で、かれらは学識ある聖職者よりも言いなりになる聖職者を手もとにおきたがったからである。これに対して司教たちは、小教区の司祭の教養を高めようと努めた。八五二年、ランスの大司教ヒンクマールが作成した質問集（*PL* 125, 777）――この文書は、プリュムのレギノがあとで利用する――には、司祭は学校を開設し、読み書き、歌唱のできる聖職者に指導させているか、かれの蔵書はいかなるものか、という設問がある。サン・レミ修道院の資産帳簿には、これこれの教会には、グレゴリウス典礼方式のミサ典書、ミサ用福音書抄録、大グレゴリウスの聖書講解説教集、贖罪規定書、算定法提要、語彙集があると記されている[10]。われわれは、こうした目録の研究を積み重ねることによって、田舎の司祭の知的水準を明らかにし、また、かれらの教える能力も窺い知ることができよう[11]。実はたいてい、田舎の司祭の蔵書はきわめて貧弱であるかあるいは皆無で、聖職者たちはラテン語がやっとわかるくらいであった。

たしかに一〇、一一世紀においても、何人かの司教や修道院長は、田舎の司祭の育成と学習に配慮している。ランスのフルクは、「田舎の聖職者たち」（rurales clerici）のために学校を開き（*SS* XIII, 57）。先述したテオドゥルフの規定は、ヴエルチェッリのアット、アングロ・サクソンの宗教会議、またエドガー王の勅令が取り上げている（九六〇年）[12]。一一世紀初頭、ヴォルムスのブルカルドゥスは、司祭たちに学校の開設を命じる一方、信徒には子どもたちをそこに送るよう勧告している（*Decret.* Ⅱ, 56）。またイタリアの教会法令集には、〔カール大帝の〕『一般布告』（Admonitio generalis）の学校に関する条項が挿入されている（*CCL* cont. Ⅵ, p. 81）。またヴォルピアーノのグリエルモは、「フランスのノルマンディその他における在俗司祭の無知や規律の弛緩に対処するため、自分の修道院内に聖職者のための学校を開設して教養ある修道者の指導に委ね、自由人、奴隷、富者、貧者を受け入れた」（*Vita Willelmi* 7）[*12]。こうした几帳面な対策は、一時的ではあったが、成果をあげたようである。しかし田舎の学校を取り巻く困難は絶えることなく、中世が終わるまで続いた。

聖職者や修道者によって開設されながら教会の統制を受けない、「私立学校」（écoles privées）と呼びうるような学校もあった[13]。たとえば、若者が聖職者としての教育を受けて郷里に戻ると、近隣の人々はむすこたちの教育をかれに依頼した（*Vita Leutfredi* : AS juin Ⅳ, 104）。また、隠遁者が人里離れたところに庵をむすぶと、子どもたちの読み書きの指導を頼みにくる親たちもいた。ネリスにおけるパトロクルス（Grégoire de Tours, *Vita Pat.* Ⅸ : *SRM* Ⅰ, p. 703）、ビエルツオにおけるヴァレリウス（*PL* 87, 448）の場合がそうであった。この隠遁者〔パトロクルス〕によると、子どもたちは、夏はかれのもとで詩編集を学び、冬になると家に戻っていた。そして、かれは親たちが贈る食べ物と引き換えに、子どもたちの教育のために書いたものを子どもたちに与えていた。ケルト地方では、多くの隠遁者が年少の子どもたちを引き受け、「育成していた」[14]。カロリング期には、『隠遁者の規則』（Règle des reclus）の著者グリムライクは、隠遁者が学校を開設するのはなんら差し支えないが、生徒の数は二、三名にとどめるように求めている（*Regula* 41 : *PL* 103, 644）。ザンクト・ガレンでは、隠遁女ヴィレボラダは、聖ウダルリクに聖書を説明している（*Vita* 6 : SS Ⅳ, 452）。初期中世の隠遁者の歴史――これから書かれるべきであるが――を書くものは、世俗と手を切ろうと切望しつつも教育活動にたずさわらざるをえなかった、これら隠遁者たちに紙数を割くべきである。

さいごに、もうひとつのタイプの学校つまり「伝道地」(pays de missions) の学校にふれておこう。ヨーロッパ中央部のゲルマニアやスカンディナヴィアで働く伝道者たちが最初に手がけたことは、若い奴隷たちを買い戻し、教育を与えて洗礼を授け、福音伝道の助手にすることであった。フリースラントではヴルフランが、ヘッセンではボニファティウスが、(15) デンマークではアンスガリウスがこのような手段をとった。アンスカリウスは、フルスティに学校を開いて当初一二人の子どもを教え、次にスウェーデンのビルカに開き、子どもたちの教育の仕上げのために、フリースラントのツゥールートの小修道院やハンブルクのかれの学校に送った (Rimbert, *Vita Anscharii* 8)。伝道に関するすべての史料がこうした教育にふれているわけではないが、一一世紀初頭、エリー、アビングドンなどいくつかのアングロ・サクソンの修道院は、ノルウェーに派遣する伝道者たちの学校であり、ドイツでは、ブレーメンの司教館とヘアフォートの修道院は、アイスランドに福音を伝えた伝道者たちの養成所であった。(16)

二　教　師

史料では、教師を示すためにいくつもの語が用いられている。もっとも多いのは scholasticus〔学頭〕で、そこからフランス語の écolâtre が出てくる。scholasticus はまた、生徒も意味するところから (本書二〇四頁)、著述家たちは primus scholae, primicerius scholae, provisor scholae, caput scholae (フランス語の capiscol の語源), magister scholae, rector scholarum, magister scholaris〔どの用語も、学校の第一人者、長を意味している〕あるいは単に magister〔教師〕という語も用いている。(17) また同義語として、preceptor, pedagogus さらに doctor, imbutor, eruditor という語もあり、教師の博識ぶりを示す語として、didascalus, sophista, philogrammus, rabbi という語も使用されている。[18] grammaticus は、元来、文法を教える教師を指す語であるが、とくにイタリアでは、教養人、ラテン文学に通じているものを意味し、弁護士という意味をもつこともある。[19]

これらの用語は、それぞれ教師の専門分野を反映しているのであろうか。アイルランドでは、一般教育を与える教師は、文字を教えるだけの教師と区別して、nutritor〔指導者〕と呼ばれた。[20] 九世紀初頭のアーヘンの宗教会議は、司教学校の子どもたちは経験豊富な年長者（ancien）の監督を受け、もうひとりの年長者から知育を受けなければならない、と規定している。[21] ある教師は幼児、年少者（impuberes）の世話をし、ある教師は、リエージュのヘラクリウスがしたように、「年長者」（majusculi）に教える方を選んだ。大規模な学校では、教師の階級があったと思われる。クリュニーでは magister principalis〔主任教師〕が、ケルンでは scholasticus generalissimus〔第一学頭〕がいた。[22] その場合の教師は、submagister〔副教師〕あるいは adjutor scholarum〔補助教師〕と呼ばれる助手を持ち、初心者をこれに託した。しばしば教師たちは生徒を分担して教えた。八世紀末のユトレヒトには四人の教師がいて、それぞれ四半期ずつ教えている（*Vita Liudgeri* 15）。またザンクト・ガレンには多くの教師がいて、かれらは生徒を分けて教え、エッケハルト四世は修道院長ブルカルドゥスに対し、ひとりの scholasticus を取り上げられたと言って不平をこぼしている。教師はしばしば互いに対抗意識を燃やし、とくに読み書き教師と歌唱教師とは張り合っていた。カタルーニャのサン・クガの写本の一文によると、両者の役割、責任は明確に分かれていて、precantor は子どもたちに読み方と「詩編」の歌い方を教え、magister は子どもたちの生活態度を監督し、食べ物を分配しなければならない。[23]

実際は、小さな学校ではたいてい、教師は、教授、歌唱、写字、図書係と、いくつもの仕事を同時にこなしていた。たとえばイタリアでは、八世紀末、ギゼルペルトゥスという人物は「十人組長」（decanus）、「受付係」（portarius）であり、歌唱者と写字生の schola の担当者でもあった。七六三年、ヴェローナの写字室で作成された写本には、司教の書記の名前が記されている。八世紀にルッカの写字室で作成された有名な写本のひとつ（写本490）は、一部ふたりの写字生が筆写しているが、両者の名前は当時の特許状にも出てくる。[24] なおこの写本には、次のような著作が含まれているが、これは若い聖職者の教授内容であったに違いない。それは、ヒエロニムスとイシドルスの年代記や、ヒエロニムスとゲンナディウスの『名士列伝』(*De viris*) といった歴史書、『教皇列伝』(*Liber Pontificalis*)、イシドルスの『聖務について』(*De ecclesiasticis officiis*) と『語源誌』(*Etymologiae*) 第八巻「教会と異端」(*De Ecclesia et Sectis*) の断片、算定法提要 (ピタゴラスの『算術論』〔*Ars numeri*〕)、プリニウスの『博物誌』の時間の区分に関する部分の断片、復活祭算定書、司教のもとで働く職人の興味をひくような貴金属細工師用のいくつかの調合法である。九世紀のトゥールでは、写字室を監督していた修道者が、学校の指導にもあたっている。[25]

したがって教師の仕事とその専門化は、生徒の数の多少にかかっていた。多くの歴史学者は、大勢の子どもや若者が学校のベンチを埋め尽くしているさまを思い描いたが、しかし数の推断はどだい無理な話で、数については慎重でなければならない。[26] 数を伝える史料はまれである。アンギルベルトによると、サン・リキエには一〇〇人の子どもがいた。ザンクト・ガレンの平面図には、それぞれ一〇平方メートルの広さをもつ一二の教室が書かれているが、それでも収容人員は一〇〇人を越えないであろう。ベダ、アルクィン、ラバヌス・マウルスといった教師たちが大規模な修道院学校で教えていた子どもたちも、多くはなかったはずである。一〇、一一世紀にジェルベールやフュルベールといった著名な教師たちが教えたランス、シャルトルの学校でも、子どもの数は一〇ないし一二人を越えることはなかった。たしかにわれわれは、のちに有名になった生徒たちしか知らないが。一一世紀の修道院改革により、修道院学校の生徒の数は減少した。クリュニーの慣例集では、神に捧げられた六人の子どもだけが入学を許可されている (*PL* 149, 742)。

教師の任命は、まだ法的行為の対象にはなっていない。Licentia docendi〔教授資格〕が出現するのは、一二世紀のことである。いくらかでも読み書きのできる聖職者や修道者は、にわか「教師」になることもあり、したがって「偽教師」(pseudo magister) の出現もありえた。リエージュのエグベルト (*Fecunda ratis* v. 1260)、ヴェローナのラテリウス

(*Praeloquia* XVI, 32 : *PL* 136, 177)、リエージュのゴッゼキン (*PL* 143, 900) は、こうした危険に対し注意を喚起している。ノジャンのギベールも、わずかな知識しかもたない放浪聖職者たちが学校を開いていたと伝えている (*De vita sua* I, 4)。実は、教えるためには司教あるいは学頭 (écolâtre) の許可が必要で、マインツのヴィリギスは、九七六年アシャッフェンブルクの助祭長あての書簡で、このことを取り上げている[27]。

教師になるには、少なくとも二五歳以上つまり助祭職の年齢に達していなければならなかった。しかしそれ以前にこの仕事に就くものもあり、ゴッゼキンは、ごく若いのにこの要務を負わされたものがいると、不満を述べている (*PL* 143, 899)。教師はいったん任命されると、長上の監督にはあまり従わなかったようで、これは多くの対立と党派とを生み出しかねなかった。ある司教は、現職の教師は力不足であると考え、かれに対抗して外部から教師を雇い入れた[28]。一方、ある修道院長は、教師の反抗的態度に苦しんだ。たとえば、一〇〇〇年ごろマルムーティエの修道者たちは、修道院長ベルニエに反対して教師フレデリックのもとに団結し (*PL* 139, 430)、リエージュではワゾが、参事会会長の攻撃にさらされた (*SS* VII, 2, p. 61)。

教師は、若い聖職者や修道者に対する知的優越感や権威に訴えて、それぞれの組織において重要な役割を果し、また栄誉ある地位を要求することもあった。magister scholarum〔学校教師〕は、司教や、時にはその秘書の信任も厚く、たいてい司教座を引き継いだ。ランスのジェルベール、フュルベールその他多くのものがそうであった。またクリュニーのオド、メイユール、フルーリのアッボなど、多くの修道院長がもと学校教師であった。教師のまま生涯を終わるものはまれで、そうした教師はたいてい聖人と見なされ、その野心と言えば、ただ知識を分け与えることだけであった。尊者ベダは、かれ自身が言うように、全生涯を教授と著述に捧げたのであった (史料８)。またオーセールのレミギウスは、六〇歳になってもなおランスで教えていた。その他ヒルデスハイムのタングマール (*Vita Bernardi* 34)、ザンクト・ガレンのラトペルトの例もある。

ラトペルトについては、エッケハルト四世がユーモアたっぷりに、その人柄を描写している。それによると、かれは若いころから教鞭を執り、生涯、修道院で教えた。そのため、靴は一年に二足以上は要らなかった。かれにとって旅行は、考えただけでも苦痛であった。かれは教授に熱中し、共同のミサにも欠席していた。かれが言うには、「ミサの正しい捧げ方を教えることは、ミサに参加したも同然である」。また修道者の集会に出席することもまれであった。かれは病気になってからも修道院内をはい回り、死ぬまで教え続けた（*Casus* 3 : *SS* II, p. 95)。

ラトペルトとは反対に、著名な教師は方々から招聘され、修道院をあとにひんぱんに旅に出た。君主や司教、修道院長は、建築家や画師を招いて教会の建築や写本の作成にあたらせる一方、外国の教師たちを招聘して、学校を開設ないし改組させた。八世紀には、カール大帝がイタリア人を呼び寄せ、またアルクィンを王国に移住させている。アイルランド人はロータリンギアやカール禿頭王の王国にやってきた。ブルグンド王ロドルフは、ザンクト・ガレンの修道院長に、グランフェル修道院のため教師をひとり送ってくれるよう依頼している。修道院長はイソを指名し、時々、ザンクト・ガレンに帰ることを条件に送り出している。グランフェルの修道院長は、イソのあとオーセールのヘルペリックを教師として迎えたが、これもずっと手元におくことはできなかった（*Casus* : *SS* II, p. 94 : *PL* 137, 17)。

九世紀末から一〇世紀にかけて、教師たちはひんぱんに移動している。アルフレッド大王は、海の向こうから教師たちを招き、アングロ・サクソンの修道院長たちもかれにならった。こうして、先述したように、アッボは二年間ラムゼーに出かけて教えた。九五二年ごろサン・ベルタンでは、ひとりのザクセン人が学頭になっている（Folcuin, *Chron*. II, 78)。サン・タマンのフクバルトはまずサン・ベルタンに移り、次に司教フルクが学校を改組していたころ、ランスに行っている（Flodoard, *Hist*. IV, 9)。そこにはまた、パリで教えていたオーセールのレミギウスもやって来ている（*Ibid*. 18)。ジエルベールはローマからランスに行っている。ゲルマニアでは、オットー一世のころイタリア人のステファヌスとグンツオが、ゲルマニアの学校を指導するために呼ばれている。またリエージュの学頭たちは、バンベルク、マインツ、メッスなどに来て教えている。

よそ者の到来は、時として地元の教師の不興を買うこともあった。たとえば、アイヒシュテットの司教ヘリベルト（一〇二二―四二年）がヴュルツブルクの教師ペルノルフを招いて算術を教えさせようとしたとき、学頭グンデラムは憤慨して、自分もマイン地方の教師たちに劣らぬ知識を持っていることを証明して見せている（*SS* Ⅶ, 2, 61）。このように、教師たちが学校を移動したのは、必ずしも教育熱心さのためだけでなく、なかには、より高額な聖職禄を目指すものもいた。

したがって、次に教師の報酬（rémunération）の問題を一瞥しておこう。[29] これまで繰り返しふれてきたが、無償で教えるというのが建て前であった。しかし多くの教師は生徒たちから報酬をとり、より高い報酬を出す生徒を探し求めた。ヴェローナのラテリウスの表現を借用すると、[30] これらの「ことばの売り手」は、最高額の入札者に自分の知識を提供した。アッボは教師たちの貪欲さを非難しているが（*PL* 139, 751）、それはかれ自身、オルレアンで音楽教育を受けたとき、多額の報酬を払わされたからであった（史料14）。教師の数が少ない場合、親たちは、ためらうことなく大金をはたいた（*Vita Johannis Gorziencis* ; *Vita Adalberti* : *SS* Ⅳ, 339, 583）。クルーザのベネディクトの叔父は、甥の教師たちに二〇〇〇スーもの大金を支払っている（史料19）。伝記作者たちが、「拝金主義」（sacra fames auri）に走らなかった教師たちを称賛するのも当然である。ケルンの学頭ヴォルフガングは、「みな知識は欲しいが、金は払いたくない」（Nosse volunt omnes mercedem solvere nemo）（ユヴェナリス）と皮肉る大部分の教師や俗人とは異なり、どの弟子からも教授のための報酬も俸給も受け取らなかった（*Vita Wolfgangi* 7 : *PL* 146, 398）。ザンクト・ガレンの一生徒は、教師が「無報酬で」教えてくれたことに感謝しているが、これは例外であったようである。

こうした悪弊を避けるため、司教や修道院長たちは教師のための聖職禄を決めている。八四一年、トゥールのサン・マルタンの参事会員アルベリックは、教師が生徒からなにも受けずに済むように基金を設置した。[31] 一〇、一一世紀には、クレルモン、リエージュ、アルビでは、参事会の財産の一部は学頭のために保留されている。聖職祿が低すぎる場合、教師はより高い学校を求めて移ることもあった。こうして一〇三三年リエージュのゲランは、自分の都市を去ってメッスに移っている。一方、修道院学校の教師たちの扶養は、それほど問題ではなかった。修道院がかれらの面倒を見たほか、後述するように、裕福な家庭の子どもたちが寄進の金品をもって修道院に入ってきたからである。

教師はみな、いつの時代でも、教え子のなかから自分の後継者を育成していく。かれらは、聖書の系図にならい、師弟間の系図を作成していた。文法教師ヴェルギリウスは『提要』(*Epitomae*) の終わりに、文法教師のリストをあげている(史料36)。また一〇世紀のガウトベルトは、タルソスのテオドルスからかれの時代まで、文法がどのように継承されてきたかを示し、多少の誤りを含みつつも、教師とその弟子の名前を列挙している(史料37)。

カロリング期およびそれ以後のいくつかの学校についても、似たような系図を描くことができる。たとえば、サン・タマンでは、ミロがフクバルトを教育し、ランではヨハネスがマルティヌスに学校を委ね、マルティヌスはマンノに委ねた。フルダでは、多くの学生を教えたラバヌス・マウルスがロドルフを後継者に立て、ロドルフはエルメンリックを教えた。オーセールでは、ハイモン、ヘリック、レミギウスといった著名な教師が続いている。一〇世紀には、フルーリのエモアンはアッボの後を継ぎ、ヒルデガリウスはシャルトルのフュルベールの後を継ぎ、ランスではジェルベールはコンスタンティヌスに期待したが、かれはミシーの学校に行って教えた。ジェルベールはランスの学校を去ったが、そのときの事情から弟子のだれかに学校を委ねることはできなかった。イギリスでは、エセルヴォルドがヴルスタンとアエルフリックを教育し、アエルフリックはアエルフリック・バタを教えた。ザンクト・ガレンについては史料も豊富で、九世紀から一一世紀の教師たちのくわしい系図を描くことができる。(32)

三　生　徒

生徒の年齢

生徒を示すためのごく一般的な用語は、scholastici, scholaresである。またdiscipuli, mathites, scholasticulus, alumniという用語もある。[33]子どもを年齢別に示す用語には不正確さの問題が伴うが、[34]一般に修道会則では、ベネディクトに倣い（会則三三章）、一五歳までは「子ども」(pueri)、それ以上は「若者」(adolescentes)と呼んだ。また他の史料では、セビリャのイシドルスが伝える伝統的な区分に従って、七歳までは「幼児期」(infantia)、七歳から一四歳までは「児童期」(pueritia)、そのあと二一歳までを「青年期」(adolescentia)と呼んだが、またそれ以降も同様に呼ばれた。

就学年齢は、人によって異なっている。たいてい子どもが七歳ぐらいになると、親は教師に委ねた。六、七世紀の修道会則によると、この年ごろの子どもは、読み方と人に従うことを学びうるからである。[35]往々にして親は、ごく年少の子どもを修道院に「奉献した」(offraient)が、これは修道院にとって問題にならなかったわけではない。アイルランドの聖人たちの伝記によると、一、二歳の男の子が女子修道院に奉献され、のち男子修道院に入り直している。[36]

その他の地方でも、宗教会議の禁令にもかかわらず、修道女たちが少年の教育にあたっていた（Concile de Salz. art. 7 (803)：*Capit.* Ⅰ, 119)。パスカシウス・ラドベルトゥスは、幼少のころソアソンの修道女たちに育てられ（*PL* 120, 995, 1367)、九七五年生まれのメルゼブルクのティートマールは、伯母にあたる修道院長エルミリンダから最初の教育を受けた。クヴェートリンブルクでは、一一世紀中葉、サン・テュベールのティエリはモーブージュ修道院の姉妹のもとで一〇歳まで過ごしている（*Vita* 6：*ASOB* Ⅵ, 2, p. 562)。

すべての修道会則や慣例集には、子どもを受け入れる際の条件および儀式が定められていた（*Regul. Benedicti* 58, 59;

Regul. Magistri 91 ; Constitutions de Lanfranc, ch. 108 ; Formule de Reichenau, *Formulae* p. 570 : *Traditio infantium*)。子どもは生涯にわたって、親の決定に拘束されていたのだろうか。それとも、「物心つく年ごろ」になると、親の約束を破棄することができたのだろうか。その点、学者たちの意見は分かれている。よく引用される六三三年のトレドの宗教会議のカノン四九は、親が捧げた子どもが世俗に戻りうるとは想定していない(37)。ラバヌス・マウルスも、ゴットシャルクという貴族の若者が両親による奉献（oblation）を非難しフルダの修道院を出ようとしたとき、この厳格な原則をたてに反対した（*De oblatione puerorum* : *PL* 107, 419-440）。しかし実際には、子どもは思春期に達した段階で誓願を立てるべきで(38)、奉献された子どもは修練者（pulsantes）にすぎず(39)、一定の試験期間のあと修道院を去ることもできる、というのが多くの修道院長の考えであった（*Regul. Benedicti* 58）。子どもの自由意志が問題にされなくなるのは、一二世紀以降のことである(40)。初期中世において、子どもの奉献には修道院への不動産の寄進が付き物で、修道者たちは、修道院の物的富の減少を防ぐため子どもたちの退出を阻止しようとしたのであった(41)。

一方、司教学校の子どもたちに対する法的規制は、より緩やかであった。かれらは、九、一〇歳のころ、「参事会生徒」（canonici scholares）の団体への加入を許され、「十人組長」あるいは助祭長の監督のもとにおかれ、一五歳ごろから下級位階だけを受けて結婚生活に入るか、あるいは教会にとどまり助祭、司祭を目指すか、どちらか選択することができた(42)。かれらは、司教座教会参事会員たちと共同生活を送り、いくつかの例外はあったが、つまり寄宿生活を送っていた。

学　資

いつの時代でもそうであるが、子どもを育て教育するためには、ひどく金がかかる。カロリング期の立法者たちは、貧困が学習の障害にならぬよう、領主、修道院長、司教、両親の寛大さに訴えた(43)。それでもなお、多くの若者が物的困難にあえいでいた。

一〇、一一世紀の書簡集には、貧乏学生の手紙が何通か含まれている。その主題は、修辞学の演習でも用いられるものであるが、それでもやはり逼迫した状況をよく映し出している。ヴォルムスのある学生は、衣服をもたなかったのかあるいは盗まれたのか、とにかく裸で歩き回るわけにはいかないので衣服を送って欲しいと訴えている（ed. Bulst, p. 23, 41）。もうひとりの学生は、聖霊降臨祭のために送られてきた食物の礼を述べている（*ibid*. p. 96）。ヴォルムスの学頭ヴォルツォは、学生たちのための食糧とぶどう酒を司教に頼み込んでいる。学生の数が日ごとに増えていく、というのがその理由であった（*ibid*. p. 27）。ヒルデスハイムの学生たちは、自分たちは飢え死にしそうなのに、サン・モーリス修道院の客人たちは毎日の食事に事欠かないと言って、これを妬んでいる（ed. Sudendorf, p. 17）。リエージュではワゾが、学生たちの物的困窮に心を痛め、衣服を供与している（Anselme, *Gesta* : SS Ⅶ, 211）。マインツのヴィリギスは、自分も若いころ苦労したことを思い、貧乏学生を受け入れ援助した（*Libellus de Willigis consuet.* : SS ⅩⅤ, 2, 744）。若者たちは、飢えと寒さから逃れるため聖職禄を探し求め、ヴォルムスの一学生は一年間の聖職禄を手に入れている（éd. Bulat, p. 36）。もうひとりの学生は、皇后ギゼラが提供する聖職禄を受諾したものかどうか、学頭に伺いを立てている（*Ibid*., p. 38）。ヒルデスハイムの一学生は、当然自分のものであるはずの聖職禄を「物資給付係」(cellarius) が幾度も取り上げたと訴え（éd. Sudendorf, Ⅲ, p. 33）、バンベルクでは、パッサウの司教の甥は規律に違反したため聖職禄を没収されている（éd. Erdmann, p. 198）。一方、レーゲンスブルクのヴォルフガングは、成績優秀な学生に聖職禄の給付を約束している（*Vita Wolfgangi* 18）。

一方、修道院の子どもたちは、物的にはそれほど苦労しなかったが、それでも若干のものは衣服の不足を訴え、友人や親たちの援助を求めている（Aelfric Bata, *Coll.* 29 ; *PL* 132, 534）。子どもを修道院に奉献する親は、土地や金銭を寄進し、子どもへの衣食の供与を期待した。ザンクト・ガレン、カンペルレ、ソーシヤンジュの証書には、こうした合意が含まれている。先にも述べたように、世俗の君主たちは学校の発展に関心を持ち、そのための基金を設けた。一〇一二年、ハインリヒ二世は、子どもの扶養と教育に足りるだけのものをフルダの修道院に与え（*Diplom.* Ⅲ, 667）、イギリスでは、デーン人のクヌート大王と次のハロルド王は、修道者が貧しい子どもたちを受け入れるのを援助した。[44]それでも、若干の生徒は金銭の欠如から学業を放棄せざるをえなかった。またあるものは自分で働いて学資を稼ぎ出そうとし（Walafrid Strabon, *Vita S. Galli* Ⅱ, 39）、あるものはあてもないまま家族の援助を待ち、あるいは慈善家の同情を買おうとしている（*Lettre d'Hildesheim*, éd. Sudendorf, Ⅲ, p. 2）。一一世紀初頭、ザンクト・ガレンの修道者バルテルスは、修道院を出ざるをえず、いくらかの「食べ物」（refectio）を求めて「放浪者」（vagantes）の群れに加わった、と述べている（*SRM* Ⅲ, 354）。すでに一一世紀には、いかなる権威にも拘束されない「放浪聖職者」（clerici vagantes）つまり放浪貧乏学生の問題が持ち上がっている。

放浪学生

当時は、生活に事欠かない学生でも、自分の学校を離れて別の教師を探そうという誘惑にかられた。ヴォルムスやヒルデスハイムの文書集には、無断で学校を飛び出した学生の詫び状が三通、含まれている（éd. Bulst, p. 25 ; éd. Sudendorf Ⅲ, p. 24, 35）。またある書簡では、ヒルデスハイムのヘツィロが、ケルンに逃げ出し「人魚の魅力」のとりこになりかねない学生たちを連れ戻してくれるよう、依頼している（*Ibid.* Ⅱ, p. 19）。このころ、パリもまた学生たちの憧れの地であった。リエージュの学生フクバルトは、パリのサント・ジュヌヴィエーヴに行って教育を受け、そこの教師になっている。一〇〇二年、司教ノートケルは、この逃亡聖職者を連れ戻すことに成功し、司教座教会参事会と和解させている。こうしてフクバルトは、一年のうちパリで三か月、リエージュで九か月、過ごすことになったのであった（Anselme, *Gesta* 40）。多くの学生は、司教や修道院長の許可を得た上で、学業の大成を期して学校をあとにした。これら旅する学生のほかに、旅する教師たちもいた。こうした移動は、一王国内のこともあるし、他国に移る場合もあった。前者についていくつか例をあげると、フルーリのアッボは、パリ、ランス、オルレアンの学校で学び、サン・リキエのアンゲルランは「自分の蜜を作るため」一〇年間シャルトルその他の学校で学び、ヒルデスハイムのヴォルフヒアーは、ヘルスフェルト、次いでニーダー・アルタイヒで学んだ。また、マインヴェルクはハルバーシュタットで学びはじめ、のちヒルデスハイムに移っている。とくにユトレヒトとケルンの間には、学生の往来が激しかった。レーゲンスブルクのオトロの場合はとりわけ興味深い。かれはテゲルンゼー、ヘルスフェルトで学び、のちヴュルツブルクの司教座教会参事会員になったが、余りにも「粗野な」聖職者たちに嫌気がさし、レーゲンスブルクに移り、そこで修道生活に入った。イタリアでは、ベザーテのアンセルムスが多くの教師たちに師事している(45)。

学生たちには、国境など存在しなかった。フェリエールの学生たちはフルダやプリュムに送られ、ゲルマニア生まれのラバヌスは、トゥールの学校に入っている。ロップの学生であったジャンブルーのオルベールは、サン・ジェルマン・デ・プレに行き(*Gesta Gembl.* SS VIII, 536)、リエージュの聖職者たちはフュルベールのもとに来て学んだ。ボッビオに滞在していたジェルベールは、トリアーの学生たちをそこに受け入れようとしている(46)。一一世紀になると、フランク各地の学校には、ヒルデスハイム、さらにイタリアの学生たち(scholastici)が訪れはじめている。クルーザのベネディクトは文法を学ぶためフランクに入り、ミラノのアリアルドは、フランクとブルグンドで自由学芸を学んでいる(*Vita Arialdi* 4: SS XXX, 1051)。若者たちは、アルクィン、アッボ、フュルベールといった教師の名声にひかれ、あるいはある学校の専門科目に魅せられて移って行った。ジェルベールは科学を学ぶためカタルーニャのヴィクやリポルに行き、医学を究めようと思う学生は南イタリアのサレルノに出かけている。旅の危険、異国での孤独、言語の問題、そうした困難も学生たちには苦にならず、一方こうした往来は、西方全体に共通の知的意識を創り出すのに貢献した。

修道院学校の一日

次に、他所に移ることもできず、何年間も同じ学校で学ぶ学生に目を向けてみよう。司教学校における日常生活は、シャルトルやゲルマニアの中心――ここには、先にあげた書簡集があった――に関するいくつかの史料に、わずかに出てくるにすぎない。しかし修道院学校の一日は、年代記、規則、教授用の対話集をもとに再現することができる。

「兄弟よ、起きて。時間です。起きて、手を洗い、身づくろいをし、いつものように教会に行き、祈りなさい」。アエルフリック・バタの『対話編』(*Colloque*) はこのように始まっている。[47] 若い修道者は、真夜中に床を離れ、急いで衣服を身につけ、朝課を歌いに行く。しかし何人かは寝たままでいる。「今日、お前はどうして、修友といっしょに朝課に来なかったのかね」。「院長さま、鐘の音が聞こえませんでした」。「鐘が鳴ったら起こしてくれるように、どうして修友に頼まなかったのかね」「頼んだのですが、かれが忘れたのです」(ch. 14)。その後、聖歌隊 (schola) に所属しているものは、聖歌隊長 (cantor) が指導するグループに加わる。

次に、学習の時間が取り扱われている。子どもたちは教師を待っている。「外に走って行って、先生がどこにいるか、そっと見張っていろ。やって来たら、すぐに知らせろ」。「うん、すぐに行く。走って行ってみよう」。「みんな、先生が教会のそばの墓地を横切って来て、俗人と話しているのが見えた」。「いま、どのへんにいるか」。「来たぞ、注意しろ。本をとって読め、歌え。怠けたり、しゃべったりしているのを見られないようにしろ。来た、来た……」(cap. 6)。こうした情景描写は、おおざっぱではあるが、いつの時代にもあてはまる。勉強が始まると、だれも教室に出入りできない。皆が沈黙を守り、年長者だけが、年少者の読み書きを手伝うため声を立てる。

六時課のあと、生徒たちは、沈黙のうちに修道者たちの列に続いて食堂に入る。少なくとも夏季の六か月は、一日二回の食事が認められていた。何人かの若い修道者が炊事、食卓の給仕、あるいは朗読を担当する。食事がすむと、子どもたちはおしゃべりや遊びは避けて、読書をしたり、午睡をとる。九時課のあと、晩課まで学業に取り組む。晩課と食事をすませたあと、もう一度しばらくの間、共同の朗読がある。「さあ、寝る時間だ。教会に行って、神を賛美し、神のご加護をお願いしなくては。若いの、燭台をもって来てくれ、ろうそくに火をつけて、先導してくれ。ほら、戸を開けて、今から終課を歌うんだ」(cap. 11)。終課のあと、みな、沈黙のうちに床に就く。

現代の教育学者たちは、当然ながら、子どもや若者がよくもこの厳しい規律に耐えられたものだと、いぶかるに違いない。実は、会則には盛り込まれていないが、子どもたちには休憩時間もあった。(48)〔アルクィンの〕文法書におけるフランクとサクソとの対話を見ると、教師は授業を一時間中断したあと、再び続けている(*PL* 101, 889)。アエルフリック・バタの『対話編』では、熱心に学習した子どもたちは疲れ果て、休憩を求めている(cap. 9)。聖人伝作者たちは、聖人の学生時代の聖徳を強調するため、かれは、学友が浮わついた遊びにふけったり、教師の食べ物を盗みに行ったりする間も、祈りに熱中していた、と述べている(*Anscharii* 2 : *SS* Ⅱ, 690 ; *Vita Adalberti* : *SS* Ⅳ, 383 ; *Vita Lobae* : *SS* XV, 1, 127 ; Alcuin, *Epist.* Ⅳ, 169)。

遊びや勝負事は学校にも入り込む。カンブレの司教ヴィボルドは、子どもたちの心をそれから引き離すため、聖職者向けの奇抜な遊びを考案した。それはさいころの点数を組み合わせて、実践すべき徳目を割り当てるというのであったが(*SS* Ⅶ, 433)、しかしこうした遊びが流行るはずがない。

世俗の子どもたちのスポーツはさしおくとして、修道院でもなんらかの運動をしたのだろうか。あちこちの史料によると、子どもたちは競走に興じ、イギリスでは競馬さえ催されている。かれらは棒や輪で遊び、パチンコで鳥をねらい、イギリスやアイルランドの学校では、水泳も行われた。(49)沐浴は、病人は別として、修道会則では認められていなかった。(50)しかしイギリスでは、『修道会則一覧』(*Concordia regularis*)、とくにアエルフリック・バタの『対話編』によると、土曜日にはサウナに入ることができた。(51)『対話編』第五二章全体が、沐浴、散髪、髭剃りについて述べている。係のものは、子どもたちが教会にいる間に湯と石鹼を用意した。また『対話編』には、子どもたちが鉛の湯舟に入り、体をこすり、髭を剃り、衣服を洗濯するときの会話も記されている。
年少の学童は、修道院の菜園で庭いじりをしたり（Aelfric Bata, *Coll.* 23）、監督者に付き添われて外出することもできた。パウルス・ディアコヌスは、教師の判断によって一週間あるいは一か月に一回、子どもたちを牧場その他の場所に連れ出し、一時間、思う存分遊ばせるように勧めている（史料24）。一週間あるいは一か月に一時間の休息など笑い話にもならないが、実は、聖人伝や年代記[52]を見ると、子どもたちは、よりひんぱんに外に出ていたようである。

他方、時間割は宗教上の祝祭日には緩和され、しかも祝祭日の数はきわめて多かった。また著名な訪問客や司教、君主の来訪の際にも、それを祝った。九一〇年コンラート一世は、ザンクト・ガレン訪問の折、学童たちに毎年三日間の休みを与えることにした。たしかにこの訪問は、休日や祝祭日の多い降誕祭のころではあったが。すでにこの頃から、幼子殉教者の祝日〔一二月二八日〕には、いかにも子どもらしい気晴らしやいたずらが行われていた。九二〇年ザンクト・ガレンを訪問したコンスタンツの司教サロモン三世は、学童たちに捕えられ――当時は、修道院の外部からくる人はだれでも捕えてよかった――釈放の条件として、肉と飲物つきの食事を日に三度、三日間、提供することを約束させられている（*Casus S. Galli* : SS p. 85-91）。ザンクト・ガレンではまた、一一世紀にはキリスト公現の祝日〔一月六日〕にも休暇が与えられていた。エッケハルト四世は、その日の情景について、次のような詩を書き残している。「パルナソス山全体が眠りのなかにあり、今日、学童たちはペルシウスの絆を切り分けることを免除される。安息日が贈り物を与える今日こそは、ヴェルギリウスの笛も黙し、ルカヌスは狂喜のうちにファルサロスの旗幟を引き降ろし、スタティウスは節食させられ、ホラティウスのとげもなんともない。オヴィディウスは流刑の地に戻り、ユヴェナリスには吐き気をもよおす」（*PAC* V, 548）。

規律

祝日や休息の時以外は、学校や修道院での規律は厳守されねばならなかった。パウルス・ディアコヌスとヒルデマールは、それぞれのベネディクト会則注解書において、子ども一〇名に対し三、四人の教師をあてるべきであると述べている。一一世紀のクリュニーでは、教師は子どもから目を離してはならず（*PL* 149, 742）、ランフランクの修道会則によると、子どもたちは読み書きを学ぶとき互いに離れて座り、手でつつき合ったり、衣服にさわったりしてはならず、また私語したり、合図し合ったりしてもならない。子どもたちは、互いにまた修道者と意思を通じ合うため、話す代わりに、尊者ベダが「手話」(manualis loquela) と呼んだものを学んだが、それは今日なお利用されている。これは文字を数で表す方法で、その数は、指算の説明で後述するように、指のまげ方で示した。(53)

ザンクト・ガレンでは、修道院の秩序を維持するための「巡視係」(circatores) ――よそでは「守護者」(custodes) と呼ばれた――がいて、若者たちの悪事を修道院長に報告する任務を負わされていた。食堂や寝室では、子どもと子どもの間にはいつもひとりの年長者が入っていた。子どもは、ひとりで外に出ることは禁じられ、便所に行く場合も同様であった。アエルフリック・バタは、『対話編』の一節を規律違反の説明にあてている。「お前は毎日、ぶらぶらして、良いことはなにひとつしない。お前がどこにいるのか、だれも知らない。お前はおしゃべりだ。口数は多いが、なにもしない。お前は怠け者で、なにも学ぼうとしない。いつも、食べ飲むことばかり考えている。お前は、聖パウロが言っていることを知らないのか。『働かざるもの食うべからず』と。聖ベネディクトも、『閑暇は霊魂の敵である』と書いている」。そのあと、話はりんご泥棒のことになってくる。ある子どもが、りんごを寝床のなかに隠していたと、仲間から訴えられた。「お前はうそつきだ。お前は、寝室や食堂で目につくものはなんでも盗む」。教師は、この若者を仲間と比較して、恥を知らせようとする。「お前は、どうして、この愛らしく賢い子どもと同じように良いことをしないのか。かれはお前よりずっと若い。しかしお前よりずっと上手に読み、歌い、話す。かれは一二歳になったばかりだが、一五、六歳のお前みたいに馬鹿じゃない。お前にそんなひどい話し方を教えたのはどこの人間で、どこの教師だ。もちろん、わたしじゃないし、ここの教師じゃない。お前は、この修道院で育ったのではないだろう。そうだね。お前の無作法と淫らなことばは、ここの子どもたちにとって悪い手本になる。お前はただただ、道化役者で、愚か者で、馬鹿者だ……」。そのあと教師はあらん限りの下卑た、突き刺すような侮蔑のことばを浴びせている（ch. 27）。

口で言ってもきかない場合、鞭を用いた。へらは、教師の権威を示す最高の記章であった。マルティアヌス・カペラ以来、文法〔を示す女性〕はいつも鞭を手にして描かれている。「教師のへらの下にいる」という表現は、学習することを意味した（*PL* 143, 887）。生徒たちは、まだ柔らかい肋骨を鞭で打たれるのを恐れて学ぶというのが、一般の考え方であった（*PAC* V, p. 17）。アエルフリック・バタの『対話編』に出てくる教師は、「勉強できるように鞭打ってもいいかね」とたずね、生徒は、「無知のままでいるよりましです」と答え、「でも、あなたはぼくがそれ相当のことをしない限り、鞭打たないことはわかっています」と付け加えている（史料30）。また、この『対話編』に出てくる教師は、右手には鞭を、左手には棒をもっている（ch. 26）。教師は規律に従わない子どもを、まず学友に鞭打たせ（ch. 31）、そのあと自分で打った。鞭打ちについては、その他多くの例をあげうる。生徒たちは、この荒々しい方法に不平をこぼしている。ヒルデスハイムの一生徒は、歌い方を間違ったばかりに余りにひどい罰を受けたとして、自分の司教に次のように訴えている。「教師は昨日、内陣で、気まぐれにわたしにげんこつを雨あられと食わせました……かれは自分の無鉄砲さを抑えうるものはなにもなく、望むことはなんでもしてよいと考えているようです」（*Epist*. 18 : éd. Sudendorf, p. 31）。またザンクト・ガレンの学生たちは、鞭打ちの罰を逃れるため大胆な手段を取り、九三七年には、鞭を保管していた納屋に放火したのであった（*Casus* 6 : *SS* II, p. 111）。

何人かの教師は、こうした残酷な方法に反対した。ラテリウスは、恐れさせるよりも愛させる方がよいと述べ（*Paral.* I, 16）、わかり易い文法書を書き、生徒たちの背中を鞭から守った（*SS* IV, 64）。リエージュではエグベルトが、ことばよりも鞭で教え、精神を形成する代わりに体を傷めつける学校を批判している。かれは『船荷』(*Fecunda ratis*)で、この点について詳述している(史料25)。カンタベリーのダンスタンは、ひじょうにやさしい教師として有名であった。子どもたちは鞭打たれそうになると、罰を加える学頭を眠らせてくれるようダンスタンの名を呼び、祈るのであった(Osbern, *Vita Dunstani* : *AS* mai IV, p. 380)。ラムゼーのある修道院長は、若干の修道者からよく思われていなかった。それはかれが、子どもを懲らしめる代わりに、子ども自身に過ちを悟らせようとしたからである(*Chronique*, ch. 64)。かれは、人口に膾炙したある勧告に従ったまでで、アエルフリック・バタはそれを、次のように述べている。「教師たちよ、過度の厳しさをもって子どもたちを怒らせてはならない。厳しさを抑え、むしろ親切に、あるときは咎め、あるときは間違いを悟らせ、こうして進歩させるようにせよ」(ch. 4)。子どもの年齢に即した罰を課し、節度と分別とをもって、罰したりゆるしたりしなければならない。オトロは、生意気な子どもに度を越えた罰を、それも学友の面前で加えたあと(史料26)、罰された子どもが意気消沈するのを見て、自分の非を悟り、かれと心を通わせようと努めている。

とはいえ、初期中世の教師たちは普通、一般に言われている以上にすぐれた教育者であった。かれらは教育論を取り扱う書など必要とせず、むしろ自分の経験から原理を引き出し、子どもの本性を見抜いていた修道者たちの伝統を忠実に守ったのであった。『パウルスとステファヌスの会則』(Règle de Paul et Etíenne)は次のように述べている。「年長者は、若者に対し父親のような愛情を持たなければならない……かれになにかを命じる場合、かれらを信頼しなければならない……」(*PL* 66, 951)。また、「もしだれかが規則にもとることをしたならば、怒りではなく畏敬と同情をもって、これを励まさなければならない」(*PL* 66, 992)。一方、ベネディクトは会則の一章を割いて、一五歳以下の若者に対してとるべき節度ある態度について述べている(*Regula Benedicti* 70)。それによると、「節度」(discretio)は教育全体を貫く大原則である。パウルス・ディアコヌスによると、鞭は有益である以上に有害で、残酷な教師は処罰されるべきである(史料24)。

ベネディクト会の教師たちは、まさに「子どもの司牧書」(Pastorale de l'enfance) とも言うべきもの〔ベネディクトの会則とその注解書〕を所有していた。[54]〔古代〕ローマ人は、子どもの年少期には関心をもたず、強制的かつ速やかに大人の道を歩ませようとしたが、修道院の教師たちは、キリストが子どもたちを愛し、弟子たちの模範にしたことを思い、子どもの豊かな本性を好意的に受けとめた。「子どもは怒りを長くとどめず、恨みを抱かず、美しい女性を見ても色情を起こさず、思ったとおりのことを口にする」。セビリャのイシドルス、尊者ベダ、コルンバヌス、サン・ミイエルのスマラグドゥスその他の者も、このことばをくり返している(史料23[55])。また、ダニエルやサムエルは子どものころから長老たちを裁いたのであるから、われわれも子どもの意見を尊重し、かれらを修道院の評議会に加えなければならない(*Regula Benedicti* 63)。

こうした教育者も、若者に対してはより慎重な態度をとった。「生涯でもっとも不安定な年頃」の思春期は、ピュタゴラスのいうYで象徴される、善と悪への分岐点(bivium)である。[56] 教師たちは、若者を信用してより大きな自由を与えるか、あるいは事細かに監督するか、二者択一を迫られていた。思春期の若者は反抗的な態度に出たり、「純潔にもとる」過ちに陥り易い。悪魔がどこでも徘徊する中世社会において、若者はいとも簡単にその餌食になりえた。

大部分の修道者や聖職者から見て、性に関することは一切悪であるというのが原則であり、かれらは厳格な躾――それを抑圧と言うものもあるだろうが――をもって、肉の弱さと誘惑に打ち勝とうとした。当時の贖罪規定書が数えあげる、自慰、同性愛、獣姦といった性的罪科はすべて、きびしく罰せられた。[57] いわゆる「性教育」としては、女性は永遠の誘惑者であると教えられ、〔聖書における〕例証として、サロメや、ポティファルの妻、あるいは世俗の例ではキルケやセイレンの物語を聞かされた。女性の美しさは、人を欺く。若い修道者はしばしば、クリュニーのオドによる『講話』(*Collationes*) から、次の有名なくだりを聞かされていた。「女性が美しいのは皮膚だけである。もし男性が、女性の皮膚の下にあるものを見たならば、吐き気を催すことだろう。女性の魅力といっても、それは血、体液、胆汁などにすぎない」

(*Coll.* Ⅱ, 9 : *PL* 133, 556)。より積極的なもうひとつの方法は、誘惑にめげることなく意志の力をもって純潔を貫いた聖人たちを模倣させることであった。砂漠の師父から一一世紀の聖人たちまで、かれらの伝記はこうした教訓に富む物語で溢れている。(58) また処女マリアに対する信心も、多くのものにとって霊的な支えとなった。(59)

しかしこうした教育の成果について、幻想を抱いてはならない。多くの若い修道者は、欲望を昇華することはできず、異教徒の著作を読んだりラテン語の淫らな詩を作るなど、知的な方法で欲望を満たそうとし、あるものは、女子修道院の方を見やったりした。

修道女の教育

聖職者は反女性的な立場をとりながらも、一般に考えられているように、女子の教育をなおざりにしたわけではない。初期中世の人々は、教育については男女の区別はせず、女子にも男子と同じような配慮をした(史料7)。六、七世紀のメロビング期の修道院、たとえばアルル、ポアティエ、ジュアール、ファールムーティエの修道院、またアイルランド系、アングロ・サクソン系の修道院、さらにボニファティウスがゲルマニアに創設した修道院では、若い修道女たちは、男子の修道者と同じように、読み書き、歌唱を学んだ。(60) カロリング期の立法者たちは、男子のそれとは別の小さな学校(petite école)で、(61) また修道院在住の無誓願女子(chanoinesses)の学校、さらに女子修道院の学校で女子の教育を行わせるようにした。アニアヌのベネディクトは、修道院改革の規則において、それ以前の規則を参照し、またヒエロニムスが少女パカトゥーラの教育のために書いた有名な書簡を引用している。(62) 娘たちは、祈り、歌唱、読書のほか、手仕事つまり裁縫や刺繍に励まねばならない。(63) シェルの修道院のように、写本を作成させるところもあった。(64) 多くのカロリング期の教養人が、修道女たちにあてて書簡や詩を書き、霊性に関する著作を送り、(65) またかの女たちも詩を作り、聖人伝を著している。(66)

八世紀のゲルマニアでは、オットー家の王女たちが創設した修道院は知的、宗教的教養をつねに尊重していた。先に述べたように、修道女フロスヴィータは演劇や歴史詩を書き、ガンデルスハイムの誇りとされていた。(67)

しかし規律の維持は、男子修道院よりも女子修道院の方が困難であった。会則では、二五歳以下の女性が修道女になることは禁じられていたが、(68)しばしば多くの女性が、幼少のころから親の手で修道院に奉献されていた。修道院は、娘を世俗の危険から守る避難所と考えられていたからである。しかし修道女たちは、巡礼を口実に、あるいは裕福な遺産相続者の場合には領主に自分を略奪させたりして、修道院から抜け出そうとした。また修道院内にあっても、貴族の修道女は世俗的な慣習を放棄し禁欲生活に切り替えるのに、いささか苦労した。七八九年の勅令は、「修道女は、恋歌（Winileodes）を書いてはならず、また顔色を白くするために瀉血を濫用してはならない」と戒めている。(69)一一世紀のライヘナウのヘルマンは、メルポメナ〔悲劇を司る女神〕と世俗の誘惑に惑わされた修道女との対話を書いたが、(70)この詩はかれの「女友達」（amiculas）を教育するよりも、むしろ楽しませたに違いない。

教師の威信

さいごに、男女の若い修道者たちの道徳教育、情緒教育、さらに個性の発達、青年期の諸問題などについて知りたいところだが、史料はほとんどなにも語ってくれない。若者たちの「告白」を読みたくても、当時は今日のような自伝はなく、アウグスティヌスの例〔『告白』〕に倣うものもいなかった。ただ、一一世紀にはオトロが、一二世紀にはギベールが、青年期のいくつかの思い出を残してくれている。しかしその思い出も、素人の精神分析学者が興味本位に、しばしば軽率な仕方で寄せ集めているにすぎない。(71)また教師の側からの史料も少ない。アルクィンは、若者にあてた長い書簡で「告白」を勧め、(72)アエルフリック・バタは、その『対話編』をしめくくる、真のキリスト者に関する説教のなかで（ch. 31）、また、ヴェローナのラテリウスは子どもたちに対する勧告のなかで（*PL* 136, 201-203）、在り来りのことを取り上げ、聖書に結びつけるだけで満足している。

教師たちは、父親の代役を果し、託された子どもたちの発達を見守り、かれらを待ち伏せる危険を警戒させた。父や母から引き離され、修道院や司教座教会参事会など閉ざされた社会におかれた若者たちは、その愛情を仲間に向けた。子どもと若者との間には永続的な友情が結ばれたが、それは時として、教師たちには危険なものに思われた。また教師自身、過度の優しさは差し控えねばならなかった。

『修道会則一覧』によると、「修道者も修道院長も、若者や子どもを抱擁したり、接吻したりしてはならず、かれらに対する愛情はまったく霊的なものでなければならない。かれらは敬意を込め、最大の節度をもって、子どもたちを愛さなければならない」[73]。子どもたちもそれを知っていた。アエルフリック・バタの『対話編』に出てくる教師は、子どもに向かって、次のように言う。「ここにおいで、わたしのそばに座りなさい」。「わたしは出かけるから、わたしに接吻し、わたしのために祈ってくれ」。子どもはそれに答えて、「霊父さま、それはできません」と言い、教師は、「よろしい」と言う (ch. 22)。

若者たちに責任を持つものが賢明に振る舞うのは当然であるが、男子の共同生活で人々が予想することとは逆に、いわゆる「ギリシア人の愛」が報告されたり告発されることはまれであった。有名な詩「ああ美しきヴィーナスの姿よ」(O admirabile Veneris idolum) は、一一世紀のヴェローナの聖職者が、溺愛していた弟子の出立を悲しんで書いたと言われているが、それは、おそらく「古代風の」詩の模作であろう[74]。

弟子に対する教師の愛着は、これとはまったく異なる仕方で表現された。ザンクト・ガレンのある教師は、自分は徹夜を重ね、日夜の別なく働き、飲食を忘れて弟子のために尽くそうとした、と述べている (*Form.* 49, *Formulae*, p. 431)。弟子の出立、逃亡あるいは死は、教師を絶望に陥れた (*PL* 139, 525)。弟子が学校を去ったあとも、師弟は文通をもって結ばれている。一方弟子は、教師が全力をあげて自分の才能を開発し、知識の世界に案内してくれたことに対し、尊敬と感謝の念をもち続けた。「人は一切のものを自分のなかにもっている。しかし教師がそれに光をあててくれるまで気づかない」と一スコット人は言っている。アルクィンも同じような考えに立ち、弟子は本来、火を内蔵している火打ち石のようなものであるとして、次のように言っている。「知識の光は人間精神に自然に備わっている。しかし、もし教師がたゆまぬ努力をもってそれを発出させない限り、それは、火打ち石のなかの火花のように、隠されたままである」(75)。文法教師ヴェルギリウスは、教師アイネイアスが伝えてくれたものを思い起こして、次のように言う。「ヴェルギリウスよ、お前自身の思い付きに頼ったりするな。むしろ教師たちの手本を信頼せよ。自分の力に頼るものは、それだけ間違いを犯しやすい」(*Epitomae* 5 : éd. Tardi, p. 68)。

リポルの一生徒は、学業成績が振るわない理由として、自分には教師がいない、と言う(76)。しかしかれがいかに教師に思いを寄せていたことか。かれは遠方にいる教師のもとに詩を送ってその意見を求め、余白に教師の画像を描いている(77)。

教師が死ぬと、みなが哀惜の念を表明する。ザンクト・ガレンのラトペルトが瀕死の床にあったとき、四〇人の弟子たちがそこに集まった（*Casus* : SS II, p. 100）。教師は死後も、人々が編纂する『挽歌』(*Planctus*)(78)やかれの弟子たちも登場する詩をとおして（本書一三九頁参照）、またかれの知的、道徳的長所を称賛する碑文や『伝記』をとおして、生き続けた（*Vita Wolfgangi* cap. 7 : *PL* 146, 398 ; *PAC* V, p. 548-552)。

そうした文書は師弟関係を牧歌的に描いたもので、事実に即したものではないと言うものもあろう。では、いつの時代でも若者は反抗的な態度を取りがちであるが、初期中世の学校ではどうだったのだろうか。実は、子どもの反抗について年代記作者はまったくふれていない。ザンクト・ガレン修道院の歴史全体をとおして、ただ一度だけ、鞭打ちを恐れた学生たちが鞭を収めた納屋に放火したことが記されているだけである(79)。サン・タマンのフクバルトは、異教徒の生徒から尖筆でめった突きにされ殉教した、イモラの聖カッシアヌスの話を生徒たちにしたが、かれらはそれで心を乱されることもなかった。フクバルトは、この残酷な話を教訓として、教師は託された子どもの教育に専念すべきであり、一方、子どもは教師を愛し尊敬すべきであると教えている。(80) 教師に対する子どもの全面的な服従は、初期中世の世界においては普通のことで、生徒が教師に対し批判的な態度をとりはじめるのは、一一世紀中葉以降のことである。

四　教師による教授とその準備

初期中世の教師にとって、人文教育、宗教教育、知的教育といった区別はなかった。かれは、教育者であると同時に教師であった。それは、かれらの教育活動、知的活動を示す用語の多様さ、曖昧さによく示されている。それらの語彙にもとづく研究はようやく始まったばかりで、(81) 手間のかかることばの解明は、情報処理に巧みな研究者だけがよくなしうるところである。

よく使用される語として、docere-discere という対語と、その派出語がある。doctrina は一般的な意味での教養を指し、disciplina は、学識、生活態度、会則の遵守、懲罰というように、さまざまな意味に用いられている。instruere は、教えるという一般的な意味に使われ、しばしば instructus litteris〔文字を教えられて〕のように、受動的に用いられている。instituere はもともと法律用語であるが、そこからくる institutio は教育の意味をもっている。たとえば、ラバヌス・マウルスはクィンティリアヌスから示唆を得て、その著作に De institutione clericorum〔聖職者の教育〕という標題をつけている。erudire (eruditio, eruditus) は教授を示すが、また宗教的、道徳的形成をも指す。studere は熱心に働くという意味があり、studium とくに〔複数形の〕studia (liberalia studia) として用いられている。scientia は、すでに理性的認識という意味だけに限定されてはいないが、かといって、「科学」(sciences) という意味はまだない。それは、宗教的なものであれ (divina scientia) 世俗的なものであれ (humana scientia, exterior scientia)、知識全般を指す。sapientia は神の知恵、世俗の知恵、哲学あるいは単に知識というように、多様な意味をもつ。こうして見ると、教師の種々の教育活動をそれぞれ明確にするためには、ことばの意味の確定だけで満足するわけにはいかない。

教授について説明するまえに、まず教師はどのようにそれを準備していたのか、簡単にふれておこう。かれはまず、図書室にある書籍を利用していた。修道院、司教座教会、参事会教会には、どこでも図書室があった。中世の諺にも、「図書室のない修道院は、武器庫のない城のようなものだ」(Claustrum sine armario quasi castrum sine armamentario)と言われている。先述したように、図書室の再興は学問復興の第一の条件であり、したがって修道院改革者はみな図書館の再興に力を注いだ。かれらがどのようにして図書室を再興し、蔵書を増やしていったのか、残存する多くの史料が教えてくれる。[82]たとえばザンクト・ガレンでは、書籍の数は、九世紀にはほぼ倍増している。図書係は、聖書、典礼書、教父著作集、教会法令集、文法書、詩文集、歴史書、ゲルマン諸部族の法典、ローマ法典、医学書など、内容別に分類している。かれはまた、「よく筆写されている」、「読めない」、「古い」というように、写本の状態についても記している。また注記する形で、「貸出リスト」も作成している。[83]実際、修道者や外部のものに渡された書籍は、どの時代でもそうであるが、紛失するおそれがあった。一方、手元にない書籍あるいは新刊の書籍を手に入れるため、修道院長や司教たちは、名の通った写字室や「出版社」として知られている修道院に依頼している。

このころすでに、学校用の特別の図書室があったのだろうか。問題提起はされているものの、[84]十分な答えはまだ出されていない。一修道者が「子どもたちの学習のために」ヴェルギリウスの書を筆写したことを取り上げて、その書籍が学校の図書室のためであったとは言えない。ライヘナウのように、この書籍は学校のため、あの書籍は修道者のために書かれたと特定しえてはじめて、確実なことが言える。しかしザンクト・ガレンの蔵書目録を見ると、そうした書籍は見当たらず、ad scholam という表現があっても、それだけで、学校用の図書室があったという証拠にはならない。明確に学校用の図書をあげる蔵書目録が出てくるのは一二世紀以降のことである。

教師は、自分の仕事をより容易にするため個人用の図書を持ち、また八方手を尽くして必要な書籍を収集していった。

アルクィン、フェリエールのルプス、アインハルト、フロムント、ジェルベールなどが文通相手に書籍を依頼したことは、先に述べたとおりである。かれらは、旅に出るときも書籍を持参し、手元にない書籍は方々に書簡を送って取り寄せた。教師が死ぬと、その蔵書は、かれが所属した教会が相続した。こうして、いくつかの蔵書目録には遺贈者の名前がしるされている。また教師たちの若干の写本は、聖遺物として保存されている。たとえばダンスタンの「教科書」(class book)がそうで、それにはオヴィディウス、エウティケスの著作の抜粋、算定表、ダンスタン自身の手になるデッサンが含まれている。[85]

教師は、読書で気づいたことは書き留めた。今も、有名、無名の教師たちが書いた「筆記帳」(cahiers)が残っている。たとえば、最近研究されたばかりの写本(Parisianus)七五三〇には、[86]古代の著述家の著作から取り出した文法の諸要素、修辞学や算定法に関する著作の抜粋、年表が含まれ、さらに、教師が生徒たちの手本として教えたらしい、一二歳の殉教者聖女エウラリアへの賛歌が記されている。大陸に移住し、ライヘナウやザンクト・ガレンで教えたアイルランド人の一教師は、文法書の抜粋、天文表、『アエネイス』の注釈、ギリシア語の基礎、賛歌、さらにラテン語とアイルランド語の詩を乱雑に筆写している(Kenney, no 535)。セドゥリウスの『詞華集』(*Collectaneum*)には、ギリシア語格言のラテン語訳のほか、ヴェゲティウス、オロシウス、ヴァレリウス、マクシムス、マクロビウス、キケロの著作の抜粋、「哲学者たち」の金言などが含まれているが、これもまとまりがない(*Ibid.*, no 374)。三九六枚のフォリオから成るワラフリド・ストラボの『便覧』(*Vademecum*)は、このライヘナウの教師の書き方の変化からわかるように、四段階にわたって編纂されている。かれは、とくにドナトゥス、プリスキアヌス、ベダ、セネカの著作、三五四年の暦を筆写している。[87]ライデンの図書室には、シャバンヌのアデマールの学習書があるが、それには、教材用の短文、ドナトゥスとプリスキアヌスの文法書の抜粋、さらにアキテーヌの学頭のデッサンが含まれている(Voss. oct. 15)。[88]

教師はまた、同一著者の書の抜粋、[89]同一学科に関する著作の抜粋、[90]あるいは種々の著書の抜粋をもとに、[91]私用の詞華集を作っていた。コルビー修道院の図書係ハドアルドは、古典著作家の書から二五の抜粋を集め、最初の部分にティロ式速記号でその要約を載せている。(92) こうした詞華集の多くは匿名の作品で、今後の研究が期待される。

教師の教授内容は、口述されたあと、かれ自身あるいは弟子たちの手で編纂されることもあった。スタヴロのクリスティアンによる「マタイによる福音書」の注解（*Epist.* Ⅵ, p. 177）とムーレタックの文法書の注釈は、口頭で説明されたあと、現存の書籍の形に編纂されている。ワラフリド・ストラボは、師ラバヌス・マウルスの「レヴィ記」の注解を著作にまとめ（*PL* 114, 797）、ライヘナウのヘルマンは、弟子のベルトルドに書き板を渡して書き取らせ、のち、適当と思われる内容を羊皮紙に筆写させている（*PL* 143, 30）。

教師は、速記術を用いて書き板や羊皮紙にメモをとった。ラバヌス・マウルスは尊者ベダのことばを借りて、自分は「口述者、書記、また図書係」（dictator, notarius et librarius）であると言っている（*PL* 117, 729 : Bede, *PL* 93, 304）。また教師は、写本に注記したり注釈を加えることもあり、おかげで現代の古文書学者は、アルクィン、フェリエールのルプス、アデマールらの直筆を目にすることができる。またわれわれは、マルティヌスやヨハネス・スコトゥスの自筆の書をとおして、このアイルランド人の教師たちがランの学校でいかなる役割を果したか、明確にすることができる。(93) ところで最近指摘されているように、これら学校関係の文書はしっかりした目録にまとめる必要があろう。(94)

学識を身につけた教師が、権威をもってそれを教えるのは当然であるが、その際、生徒の知能レベルにも配慮しなければならない。ヴェローナのラテリウスは次のように書いている。「教師であるあなたたちは、その権威を、生徒の精神を抑圧するためではなく、育成するために用いなければならない。生徒のなかには、のろいもの、忘れっぽいものもいて、文字を憶えることさえ困難で、それ以上深めることなど思いもよらないものもいる。アウグスティヌスも言っているように、動物といずれ劣らぬほどの生徒がいるかと思えば、教師が教える以上のことを易々と学びとっていく鋭敏な精神の持ち主もいる。ある生徒はすぐに理解するが、それ以上に早く忘れ、ある生徒はなかなか理解できないが、いったん理解したことはめったに忘れない」(*Praeloquia* Ⅰ, 16 : *PL* 136, 176-177)。こうした勧告は、いつの時代にも有用であるが、みながそれを受け入れていたわけではない。バンベルクのマインハルトは、その書簡のなかで、ある教師が落胆し、学業半ばの生徒を送り返したことに驚いている (éd. Herdmann, p. 116)。

一方生徒は、教師の言うことを注意深く聞かなければならない。ベネディクトは会則において、次のように書いている。「語ること、教えることは教師のすることであり、黙して聞くことは弟子のすることである」(ch. 6)。ラテリウスはこれを注釈して、次のように言う。「神は学者 (sapientes) をとおして語られるのであるから、かれらの権威に服し、その教えを守らなければならない。話すよりも、黙して聞くことの方が重要である」(*Praeloquia* : *PL* 136, 210)。ここではまだ、権威に訴える教授法が説かれている。

生徒はすべてを記憶しなければならなかった[95]。洋の東西を問わず以後ずっと重宝される、この記憶重視の学習は、どれほど強調してもしすぎることはないであろう。回教徒やユダヤ教徒の若者と同様、キリスト教徒の生徒は聖書を暗記しなければならなかった。まず詩編集を暗記したが、それには速いものもあれば遅いものもあり、数年かかるものさえいた。次に、修道者の場合、ベネディクトの会則を暗記した (*Coutumes de Murbach* Ⅲ, 80)。当時の人々にとって、知るとは暗記することであった。教師は、クインティリアヌス (*Inst. orat.* Ⅺ, 2) やマルティアヌス・カペラ (*De Nuptiis* Ⅰ. Ⅴ) の勧めに従い、生徒には読んだものはすべて暗記させるようにした (Alcuin, *De rhetorica* : éd. Halm, p. 545, 546, 548)。教師は、様々な記憶術を考案し、アルファベット詩 (versus memoriales) を作って、生徒たちが文法、算定法、歴史をたやすく暗記できるようにしている[96]。かれらの記憶力は抜群で、著述する場合でも原典の書名をあげて引用することはごくまれである。かれらはすべて記憶に詰め込み、修道院文学のある研究者が言うように、著述にあたっては種々の原典から取り出した引用をつなぎ合わせたのであった[97]。

教授はとくに口頭で行われ、ラバヌス・マウルスがトゥールでしたように (*PAC* Ⅱ, 189) 教師の講義を筆記したり、あるいは文法の講義を書き板に書き取り、あとで羊皮紙に清書したりする生徒はまれであった（Smaragde, *Grammatica*, préf. p. 20）。オーセールのヘリックの『地誌』（*Coellectanea*）は、かれの師であったルプスとハイモンの教えを再現したものであるが、かれがこれを編纂したのは三〇歳のころである。(98) 生徒たちの本物の筆記帳といったものはほとんどなく、あるのはたいてい書き方練習帳である。(99)

教師は、七歳から一五歳あるいはより年長の生徒全部に、同時に対応することはできず、子どもたちは互いに助け合い、年長者は年少者に教えた（*Regula Magistri* 50 ; *Vita Godelardi* 6 : SS XI, 167）(100)（史料35）。聖人伝作者によると、若いころのヴォルフガングは七歳でマルティアヌス・カペラの書の一節を説明して、教師や仲間を驚かせた（*Vita* 5）。教師は留守にする場合、クラスの指導をもっとも出来のよい生徒に託している（Gozzechim, *Epist.* : *PL* 143, 887）。

知識の管理――流行の表現を借用するが――は、いつも講義の翌日に行われた（*Vita Aldeberti* 5 : SS IV, 597）。アエルフリック・バタの『対話編』には、次のように書かれている。「学友たちよ、あなたたちの本を持って来て、ベンチに座って読め、授業で習ったことを明日、暗誦できるように復習せよ」（ch. 3）。教師は生徒に質問し、なぜ、「受けたもの」（acceptum）を「戻さ」（redditio）ないのか、そのわけをたずねる。そしてこの書の一章全体が、この acceptum と redditio にあてられている（ch. 7）。ヒルデマールとパウルス・ディアコヌスによると、修道院長は学識ある客人の来訪を好機に、生徒たちの学習の成果を確認することもあった。ひとりの生徒が指名され、歌唱、算定法、文法について、客人と話し合い、そのあと、修道院長は両者の会話を吟味し、有用な注釈をこれに加えた（Paul Diacre, *Commentaire de la Règle*, ch. 37, p. 124 ; Hildemar, *ibid.* ch. 37 ; éd. Mittermuller, p. 418）。司教（Anselme, *Gesta* 52 : SS VII, p. 220）や教養ある俗人も、生徒たちの学問の成果の確認を手伝った。たとえば、テゲルンゼーのゴズペルトは、こうした目的で伯アルノルドに書簡を書き（*PL* 139, 367）、また若いブルカルドゥスの学習を注意深く見守っていた女伯ヘドヴィヒは、褒賞としてホラティウスの写本をかれに与えている（*Casus* 10 : SS II, 122）。さいごに、修道院では、老若の修道者は、贖罪の期間である四旬節の間に読んだ書籍について報告を求められた(Hildemar, *op. cit.*, p. 438)。先述したように、いくつかの慣例集には、四旬節に配布された書籍の目録が記されている(本書一三八頁)。

第二章　初歩教育と専門教育

一　初歩教育

子どもは、七歳ごろになると入学を認められ、生涯のこの新たな段階でひとつの儀式が行われた。サン・フロリアンの写本には、「子どもが文字を習うとき」(quando puer litteras discit) の祈りが含まれている。そのなかで修道院長あるいは教師は、子どもが「外部の学問」(exteriora studia) に進歩し「永遠の教え」(aeterna doctrina) を習得しうるよう、素直な心を神に祈り求める。(1) これから見ると、教育の目的が何であったかは、今さら言うまでもない。

備品

教室に入って見よう。備品はわずかしかない。子どもたちは、教師の講壇 (solium) を囲むようにして、〔肘かけも背もたれもない〕ベンチ (scabella, trunci) に座っている。クリュニーでは、子どもたちは回廊の壁沿いに教師と向かい合って座っていた。こうすれば監督しやすい (*PL* 149, 747)。アエルフリック・バタの『対話編』には、書き板 (tabula)、定規 (regula)、インキ (atramentum)、羊皮紙 (pergamenum)、それを削る剃刀石 (novacula)、そして研ぎ石 (cotes) といった、生徒たちの用具が列記されている。(2) そのほか、板 (planca)〔書き板の意〕と書き方練習用の尖筆 (productalis) もあった。(3)

書き板は、ローマ時代と同じく日常の用具で、同時に知的活動全体を象徴するものでもあった。素材は木で、その外側に皮を張り、豪華なものは象牙で覆っていた。時として、角には青銅の板が張ってあった。子どもは書き板を帯にくくり付け、時には、仲間の攻撃から身を守るためにも利用した。コルヴェーでは、ひとりの生徒が書き板で殴られて死んでいる（*Vita Anscharii* 4：SS Ⅱ, 692）。ベネディクトの会則によると、修道者は書き板も尖筆も私物として所有することは禁じられている（ch. 38）。実は、教養人もそうであったが、生徒はそれぞれ自分の書き板を所有し、書き板を贈ることは友情のしるしであった。「書き板を恵贈いただきありがとう。これを下さったお方の愛情は、これを使う喜び以上に強く感じられます」とヒルデスハイムの一学童は書いている（éd. Sudendorf, Ⅱ, 2）。羊皮紙は、教師だけが用いた。その製作にはひどく手間がかかり、高価であった。修道院の会計係は、時として羊皮紙を出し惜しみ、教養人たちは友人にそれをねだっている。羊皮紙は一枚ずつ、インクをつけずに針で前もって線を引き、schedae, scedulae, quaterniones と呼ばれる折丁に折る[4]。それを何枚か綴り合わせると巻物（volumina あるいは rotuli）になり、そこに、ザンクト・ガレンやライヘナウの図書室の蔵書目録に書かれているような世界図（cartae, mappae mundi）その他の説明図が描かれている（史料39）[5]。

読み方

どこでも、いつでもそうであるが、初歩教育は、読み、書き、歌唱、数え方の学習から始まった。しかしそれをすべて同時に、またすべての生徒に教えたわけではない。

子どもは、アルファベットの文字（elementa, nota litterarum, characteres vel figurae litterarum）から始め[6]、次に綴りを学んだ。例外的ではあったが、子どもがひとりで読み方を学ぶ場合、アルファベットを順を追って学ぶのではなく、直接に文中の語を学ぶこともあった。たとえば六世紀の奴隷ブラキオは、修道者と同じように祈りたい一心から、聖人たちの画像の下に書かれている文字を手帳に書き取り、あとでその文字の名称をたずねていた。「かれは、アルファベットを知るまえに読み書きができた」のである。(7) ロンゴバルト人ヴルフィライクは、自分はひとりで読み方を学んだためアルファベットの順序は知らない、と告白している。(8) しかし学校では、古来の方法が用いられ、子どもはまずアルファベットを学んだ。アルファベットの文字とその順序には、ユダヤ人の学校教育でもそうであったが、象徴的、宗教的な意味があるとされていたからである。(9)

こうして、「子どもは、通常、まず文字、次に綴りを学び、そのあと、徐々に語と文章に取り組んだ」(Rémi d'Auxerre : *PL* 131, 845)。教師は、文法書、『子どもに綴りを教えるための小本』(*Libellus de syllabis ad instruendos pueros*)のような特殊な提要あるいは詩文を用いて、綴りを教えた。(10) 第三段階は、語と文章の学習である。ここで、古代とは異なる教授方法が用いられている。つまり読み方学習の初歩教材として、当時一般に利用されていたのは、詩編集であった。それは最初、修道院学校で用いられたが、のち、すべての教師がこれを用いるようになっている。(11) 中世末期まで psalteratus〔「詩編」を学んだもの〕という語には、読み方を知っているもの、という意味が込められていた。子どもは、「詩編」を読みながら文字や綴りを見分け、語を学んでいった。しかしこれは、今日われわれが言う総合教授法ではない。子どもはやはりアルファベットの学習から始めていたからである。詩編集は、何千という写本が作成され、聖務や学校教育に利用された。のちレオ九世になるトゥルのブルーノの母親は、むすこに読み方を教えるため、それとは知らずに、サン・テュベール修道院で作成された詩編集を買い求めたのであった。(12)

生徒は、「詩編」を読むと同時に、それを暗記しなければならなかった。聖人伝作者が好んで語るところによると、子ども〔聖人〕は、母親あるいは修道女の膝の上に抱かれ、あるいは修道者のそばで「詩編」を一節ずつくり返し、ついに眠り込んでしまったが、目覚めたときには完全に暗記していた。こうして「わたしは眠っても、心は覚めている」(Ego somnio et cor meum vigilo) という「詩編」のことばが実現された、という。つまりわれわれがヒプノペディア (hypnopédie) と呼ぶものは、奇跡と見なされていたのである。[13] 生徒たちは、今もユダヤやイスラムの子どもたちがトーラやコーランを学ぶときにするように、体を揺すりながら「詩編」を朗誦したり、歌ったりした。聖務日課において「詩編」を朗誦する修道者はもちろん、子どものころから「詩編」に親しんだ俗人も、生涯、それを忘れることはなく、したがって初期中世の教養は、「詩編」中心の教養であったと言えよう。[14]

書き方

子どもは、「詩編」を暗記するため、書くという方法を用いることもあった。義務ではなかったが。当時の子どもはわれわれのように、読み方を書き方と結び付け、同時に学習したわけではない。多くの修道者が、読むことはできても書き方は知らなかった。俗人もほぼ同様であったが、これについては後述する。それはとにかく、教師は書き板 (tabulae dictales) に「詩編」を書き写させた (*Vita wolfgangi* : SS Ⅳ, 534)。幸いにして、アイルランドでは、「詩編」の数節を書き込んだ蠟引きの書き板が六枚発見されている。[15] 子どもは、書き板のほか、羊皮紙の切れ端 (codicelli) を用いることもあった。そして草書体や大文字の筆順 (ductus) をなぞるため、アングロ・サクソンの語彙集で「尖筆」(productalis) と呼ばれている道具を用いた。[16] こうした作業はのろく、難渋で、子どもは、教師の手を借りないかぎり悪筆になりがちであった。サン・タムランのオトロによると、かれは幼少のころから文字を学び、すぐに、教師の手を煩わすことなく自分で書き方練習に取り組んだ。いざ書き板を用いる段になってかれが書き方を知っていることがわかったが、尖筆やペンの持ち方が悪く、多くのものがかれは決して達筆にはならないだろうと思ったという (*De tentationibus*, *PL* 146, 56)。

教師は、書き方を注意深く指導し、手をとって教え、手付きが悪いと、手をたたいた。[17]「子どもよ、書き板で学べ。そうすれば羊皮紙に書くことができるようになる。上手に書かないと、お前の背中を打つ」とゲルマニアの一教師は生徒に警告している。他の史料では、生徒が、「わたしは書き方を知らない驢馬です」と告白している。こうした反省はババリアの写本にも記されているが、それは、初歩教育の学校だけでなく写字室からも聞こえてくる。[18] 先述したように、初歩教育の学校と写字室は密接な関係にあり、時には、両者の役割を区別することは困難である。ノートケル、ザンクト・ガレンのエッケハルト四世、テゲルンゼーのフロムントのように、真の教師は写字室の指導にもあたるだけの力量が求められていたからである。[19]

歌唱

読み方学習と歌唱の学習は相補うもので、子どもたちは、「詩編」だけでなく他のラテン語の短文も、歌いながら暗記した。子どもたちは、声の良し悪しに関係なく、みな歌唱を学んだ。カール大帝は、数少ない教育内容のなかに「歌唱」(cantus) を加え、一般教育と典礼の振興を目指し、実際に子どもたちは聖務に参加し、「詩編」、賛歌、聖歌をもとに歌い方を学んだ。[20]

先にあげた『対話編』のなかで、教師は次のように言う。「お前は、ばかなやつだ。今夜は、どうして読もうとも歌おうともしなかったのか」。生徒はこれに答えて、言う。「わたしが読まなければならなかったのは、どの書だったのでしょうか。わたしが歌わなければならなかった答誦はどれだったのでしょうか」。「お前は、第一の朗読、次に第二……を歌うべきだった」。「先生、わたしは昨日、第二の朗読と第二の答誦を歌うはずでした……」(ch. 15)。

ランの写本 (*Ms* no 107) の見返しには、招詞 (invitatorium) を歌うはずの生徒たち (didascali) の名前が順に連記されている。教師はたいてい、フルーリにいたころの若いアッボがしたように、初心者に「読み方」(lectio) と「歌唱」(cantilena) を同時に教えたが、のちになると、大きな教会関係の施設では「聖歌隊長」(cantor) は「教師」(magister) と区別され、その競争相手になっていく。

数え方

初歩学校では、読み方、書き方、歌唱を学んだあと、数え方を学んだ。カール大帝は、七八九年の勅令において算定法の学習を命じたが、その算定法とは、数え方（calculatio）、より正確には暦の学習を指す。勅令や宗教会議の文書によると、「司祭は数え方の知識（calculandi peritia）をもっていなければならず、また配下の聖職者たちにそれを教えなければならない(21)」。

computus minor という名称は、〔暦の〕歳末月齢、補正日、曜日算定用定数、復活祭算定法の学習を指すが(22)、これは、子どもたちにはすでにレベルが高すぎたようである。アエルフリック・バタによると、初歩的な算定法の学習は、次のようにして行われた。「若者よ、今日は何曜日かね」。「日曜日だと思います」。「一週には何日あるかね」「わかりません」。「今日の月齢は」。「わかりません。それは全然、学びませんでした」。「陰暦の月には何日あるかね」。「ある月は三〇日、ある月は二九日あります」。「それを計算できるかね」。「できません」。「それを暗記しなさい」（ch. 24）。後述するように、いわゆる「教会暦算定」の学習は、次の段階に属し、真剣に学習された（本書二八一頁以降参照）。

聖職者や修道者は、財産の管理や十分の一税の徴収のためにも、少なくとも初歩的な数え方を知らねばならなかったが、そうした数え方は実践をとおして学んだ。一〇世紀のフルーリのアッボは、分数（partes numeri）計算の学習には、ベダが用いたローマのヴォルシウス・マエキアヌスの著作を、ほとんどそのまま利用している(23)。

生徒は、遊びのようにして出題される小さな計算問題にも取り組んだ。アルクィンは、生徒である王〔カール大帝〕に、「娯楽のための巧妙な算術の図式」をいくつか編み出して与えた（*Epist.* IV, 285）。それは、アルクィンの作とされている『若者のための問題集』（*Propositiones ad erudiendos juvenes*）にあるような、謎かけとその解答を含んでいる。「三人の若者に、それぞれひとりの姉妹があった。この六人の旅行者は川にさしかかったが、川には一艘の船しかなく、しかも一度にふたりしか乗れない。しかも人の道から言って、それぞれの姉妹は自分の兄弟といっしょに渡らなければならない。どうしたらよいか」。これは、われわれが子どものころ聞いた、狼とキャベツと山羊の話によく似ている。あるいは、「六人の大工が一軒の家を建てている。六人のうち五人は熟練工で、ひとりは見習である。五人は一日二五ドニエの給料を自分たちの間で分ける。ただし、熟練工ひとりの給料の半分にあたる見習の分は差し引く。それぞれの給料はいくらになるか」(*PL* 101, 1155)。

しばしば持ち出されるもうひとつの問題がある。毒蛇にかまれ瀕死の状態にあるむすこに対し、母親は次のように言う。「むすこよ、お前がこれまで生きて来たのと同じ長さをさらに生き、その上さらにその長さを生き、そしてその長さの半分プラス一年生きたとしたら、お前は一〇〇歳まで生きたことになる」(16歳½×2＝33；33×2＝66；66＋33＋1＝100)。答えは一六歳半である(*PAC* Ⅳ, 2, 573 : Dhuoda, *Manuel*, p. 339)。この類の問題は、アイルランド人が宮廷や学校に持ち込み、広めていった(*PAC* Ⅳ, 2, 1118 ; Kenney, no 355)。もうひとつの算術遊びの例は、一〇世紀に見られた「計算遊び」(arithmomachia) つまり数による競技で、これは「偶数と奇数とを戦わせる一種のチェス」である[24]。

初歩教育で教える数え方はたいてい指算で、この方法はすでにヘレニズム期に利用され、尊者ベダもこれを取り上げている[25]。教師の説明するところによると、左手のさいごの三本の指をやや内側にまげて、一の位を示す。左手の親指と人差し指の位置によって一〇の位を示す。右手の同じ動きが一〇〇の位(親指と人差し指)、一〇〇〇の位(第三と第五の指)を示す。万と十万の位は、手を胸にあて、次に臍の上に、さいごに大腿部にあてる。こうして九九九、九九九まで示すことができる。一〇〇万を示すためには両手を組み合わせる。これらの動作はすべて口頭で説明され、さらに写本に図示され[26]、若い修道者だけでなく若い俗人の間でもよく知られていた。ドゥオダがむすこのために著した『提要』では、左手の指の折り方を種々変えて九九まで数え、一〇〇以降は右手を使う計算法(articulatores)が説明されている。指算の学習は、中世全体をとおして行われた。

しかし一〇世紀には、算盤(abapue)による新しい計算法が若干の学校に取り入れられ、「計算する」を意味する語としてabacasareが用いられるようになっている。算盤は、アラビア人がカタルーニャの学校に伝え、ランスのジェルベールはその用法を広めていった。[27] この算盤（table à calcul）はローマの算盤（boulier）とは異なり、あらゆる計算を速やかに行うことができた（Richer, *Hist.* Ⅲ, 54)。こうした算盤の利用は、ランスからリエージュ、ロッブ、ル・ピュイ、フルーリへと広まっている。[28]

ラテン語の教授

「詩編」、歌唱、数え方の次に、文法つまりラテン語が教授された。実は、生徒たちは早くからこの外国語にふれていた。読み方学習は、ラテン語の詩編集で行われていたからである。ラテン語学習では、生徒は教師や学友とラテン語で話すことに慣れなければならなかったが、それは自然にできることではない。九世紀のミュールバッハ修道院の規則では、「学童たちは、互いに、俗語ではなくラテン語で話さなければならない」と決められている（*PL* 99, 744)。ザンクト・ガレンでは、ごく年少の者は別として、エッケハルト二世の前であえてラテン語以外のことばで話そうとする生徒はだれもいなかった（*Casus* : *SS* Ⅱ, 122)。マクデブルクのオトリックの学校でも同様であった（*Vita Adalberti* : SS Ⅳ, 597)。たしかに一歩、外に出ると、生徒は日常のことばに戻りがちではあったが。

教師は、生徒をラテン語の会話に慣れさせるため、古代ローマの学校で行われたように、[29] 短文を教え、暗記させた。その短文は、これまたローマと同じく、カトーの『二行連句』（*Distica*)、格言、寓話であった。『二行連句』は初期中世において多くの写本が作成され、注釈を加えられ整理されている。[30] 若干の節は、キリスト教的なものに改められ、『生活の規則』（*Praecepta vivendi*）――コルンバヌスの作とする学者もいるが、たしかにアルクィンのものである（*PAC* Ⅰ, 275)――では、初歩的な道徳の原理が取り扱われている。[31] セネカあるいはギリシアの七賢人のものとされる、アルファベットを順次文頭におく『格言集』（*Proverbes*）も、キリスト教的なものに改作された。サン・タムランのオトロは、若い生徒たちを対象に『格言の書』(*Livre des Proverbes*) を著したが、それは、「アヴィアヌスの寓話よりずっと短く、わかり易い文体で書かれ、教師が普通、駆け出しの学生に読ませるカトーの『二行連句』よりも役に立った」(史料31)。若いハインリヒ三世の家庭教師であったヴィポも、同じ目的で、当時一一歳のこの王子のために『格言集』(*Proverbia*) を著している(本書一二四頁参照)。オトロが取り上げた寓話は、ファイドロスその他の寓話作者たちが取り上げた「イソップ物語」の翻訳——のち Isopet と呼ばれた——にすぎない (éd. Neff, p. 193, 197, 198)。パウルス・ディアコヌスは、そのうちの水滴と蚤、ライオンと狐、子牛と蟬などいくつかを改作したが、一〇世紀になるとロムルスという人物によって再編され、修道院の壁画や刺しゅうの画題にされている。(32)

二行連句、格言、寓話その他の金言も、子どもたちの暗記を容易にするため、詩文体に改作されている。サン・リキエのミコンは、聖・俗の著作から四〇一行の詩文を抜粋し、アルファベット順に配列した (*PAC* III, 279-294)。一一世紀初頭リエージュのエグベルトは、自著の『船荷』(*Fecunda ratis*) に二〇〇以上の俗諺を、格言、二行連句、三行連句の形式で書き込んでいる。そこには、教訓的な寓話、小話、なぞ歌、謎かけが含まれているが、それは「まだ学問に恐れをなしている子どもたち」に暗記させるためのものであった。第一部つまり「舳先」の部で著者は、格言、寓話のほか、ホラティウス、オヴィディウス、さらにキリスト教著述家の書の抜粋を用いている。かれはそれをまず、主題に応じて、一行詩、次に二行連句、三行小詩、四行小詩にまとめ、あるいはさまざまな主題(「狼と子羊」、「貪欲な鳥」、「教師と生徒の関係」、「股引き以外の持ち物をすべて放棄せざるをえなかった修道者」など)によるいくつかの六脚行詩の形で書いている。そして第二部つまり「艫」には、ヤコブ、サムソン、罪を償うための七つの方法、知恵の五つの鍵、煉獄など、宗教、道徳に関する詩がある。(33) 教師はまた、道徳教育においては、教父たちの警句やサロモンの「箴言」から例をとることもあった。(34)

教師は、子どもをラテン語に慣れさせるため、質問を出しそれに答えさせた。「上手な質問は教えることになる」

(Interrogare sapienter est docere) とアルクィンは言っている。こうした対話の方式は、古代から中世へと継承されたものであるが、中世ほどはやった時代はない。こうして文法、算定法、宗教に関する多くの教科書が、対話の形で書かれている。

最初の初歩的な対話の形式は、すでに八世紀に『修道者の遊び』(*Joca monachorum*) という書に見られる。それは、次のようなものである。

――二度生まれ、二度死んだものはだれか―ラザロです

――イスラエルの最初の王はだれか―サウルです

――主を知らないと言ったのはだれか―ペトロです

――何人の兵士がキリストの衣服を分け合ったか―四人です、など。[35]

こうした質問は謎かけやなぞ歌に類するもので、イギリスやアイルランドの教師たちのもとで流行し、八世紀に大陸に渡ってきている。カロリング期の写本から、もうひとつ、例をあげておこう (*BN* 2796 fol. 56)。

――最初に文字を考案したのはだれか―メルクリウスです

――最初の医者はだれか―アエスクラピウスです

――アブラハムは何歳まで生きたか―八五歳です

――最初にぶどうの木を植えたのはだれか―ノアです

そのあと、楽園に流れていた四つの川、動物とその鳴き声に関する質問がくる。たとえば牛は「もう」と啼き、馬は「ひんひん」と啼く。[36]

当時の対話集や会話の提要は、古代ローマの若者にギリシア語を教えるために書かれた、偽ドシテウスの『エルメネウマタ』(*Hermeneumata*) を会話体に改作したものであった。[37] これらの著作はまずアイルランド人が利用し、九、一一世紀に

は大陸において筆写されていった。たとえば、ウェールズから渡来したと思われる『珍しい話』(*Liber de raris fabulis*)は、古代の書と同じように、次のような表現で始まっている。

「友よ、起きて。時間だ……わたしは起きる……」。一日が始まり、話は寝室から学校へと移り、対話は次のように続く。子どもは言う。「わたしは文法を知りたい。しかしわたしはほんの初歩をかじっただけで、ラテン語の規則にはまったくうぶだ……」。(38)

アングロ・サクソン人の教師アエルフリックは、「子どもたちのラテン語会話練習用の」対話集を著し、それにサクソン語による訳をつけた(史料30)。かれはまた、生徒たちの語彙を増やすため、農夫、牛飼い、狩人など、それぞれ役割を分担させている。(39)

アエルフリックの弟子アエルフリック・バタは、師の著作にまさる『対話集』――われわれはこれをひんぱんに引用してきた――を著し、起床から夜までの生徒と教師の対話を書いている。(40)

活動的な方法を採用したのは、アングロ・サクソンの教師だけではない。ザンクト・ガレンの写本にある対話――ラテン語の部分しか残っていないが――では、教師エピクタテスと生徒アデルフォスが、学習の合間に料理について論じ合い、気晴らしをしている。(41)九世紀のババリアの会話の提要から、ふたつの文章をあげておこう。

Guane cumet ger, brothro, id est : unde venis frater(兄弟よ、どこから来ましたか)。Erro e guille trenchen, id est : ego volo bibere(わたしは飲みたい)。(42)詩編集、「主禱文」、賛歌、ベネディクトの会則といった宗教的著作も二言語で書かれ、アングロ・サクソン語やドイツ語からラテン語を学ぶのに役立った。(43)

生徒は、ラテン語の会話を学びつつラテン語の構文にも注目し、文法書に取り組むようになる。教師は、問答形式で品詞を体系的に説明する、四世紀の文法教師ドナトゥスの『小文典』(*Ars Minor*)を用いていた。(44)その問答は、アルクィンが、「文法の密林のとげのなかに踏み入れたばかり」(史料35)のフランコとサクソのために考案したように、教師と生徒[45]、あるいはかなり学問を修めた生徒同士の会話の形をとっている。

ベルンの図書館にある写本（*Ms* no 123）から、何行かをあげておこう。

「では、文法について話そう。文法とはなにか——上手に話すための学問で、自由学芸の起源であり、基礎です。」

「文法にはべつの定義もあるか——そうです。その目的からも定義できます。」

「それは、どのようなものか——文法は、詩人や修辞学者たちの著作を注解する学問であり、また上手に書き、上手に話すための方法です。」

「文法は、いつ学ぶのか——文字を習得したあと、すぐに学びます。すでに文字を知っているものが上手に話せるようになるために学ぶのです。」

「文法（grammatica）の語源はなにか——文字です。ギリシア人は文字を grammata と呼んでいました。」

「文法はなぜ「術」（ars）と呼ばれるのか——それは、文法が規則と法則を取り扱う術だからです。」

「なぜ、「学問」（disciplina）と呼ばれるのか——それは、「学ぶ」（discere）から来ているためで、まただれも学ばなかったことは知らないからです。」

こうした一般的な考察のあと、教師は本論に入り、文字を定義し、その発見の状況を説明し、文章や作品を構成する文字を、大人に成長していく子どもにたとえて説明した[46]。そのあと、八つの品詞つまり名詞、代名詞、動詞、副詞、分詞、接続詞、前置詞、間投詞を教えた。こうした学習方法はドナトゥス以来、なにも変わっていない。

生徒は、propheta（預言者）、scriba（写字生）、collega（仲間）など一連のことばを暗記するとともに、名詞や形容詞の性を学び[47]、詩の形にまとめたものを歌いながら格変化を記憶した。

Bonus vir est Robertus（ロベルトは〔主格〕よい人だ……）

Laudes gliscunt Roberti（ロベルトの〔属格〕栄誉は輝く……）

Christe, fave Roberto（キリストよ、ロベルトに〔与格〕お恵みを……）

Longaevum fac Robertum（ロベルトを〔対格〕長寿たらしめよ……）（*PAC* Ⅲ, p. 215）。

その後、動詞の変化に移った。教師は docendi, docendo, docendum, doctum, doctu といった形を暗記させ、それをもとに、次のような文章を繰り返させた。

Tempus est loquendi（話す時間だ）、docendo loquor（わたしは教えながら、話す）、habes pueros ad docendum（あなたは子どもたちに教えなければならない）など[48]。

教師は、子どもたちの注意をひくため修道生活から例をとり、フルーリの学生たちは次のような練習に取り組んでいる。

「あらゆる文章の構成において、まず動作主――それは主格あるいは呼格におく――、次にその行為、さいごにその行為を受けるものをおくこと。たとえば、コルボンはアルシャンボーをたたく。形容詞がつく場合、一般に、修飾することばの前におく。たとえば、力持ちのジョスランは足の不自由なヘルドゥインをひどくたたいた。しかし形容詞が比喩的な属辞あるいは斜格の属辞を修飾する場合、この限りではない。そのときは、次のように並べる。偉大な力をもつアデラール、あるいは、アデラールは力強い腕をもつ、あるいは、頭の禿げたアデラールはアルシャンボーをひどくたたいた……」[49]。

また、何人かの文法教師は、聖書や修道生活から例をとって、自分の教授にキリスト教的要素を盛り込もうとした。アイルランドでは、『アスペル小文典』（*Asper minor*）が修道生活にまつわる用語を取り入れている。そこでは、格変化の学習における伝統的な musa〔女神〕の代わりに ecclesia〔教会〕を用い、動詞の変化では、lego〔読む〕の代わりに jejuno〔断食をする〕、oro〔祈る〕、vigilo〔徹夜する〕を用いている[50]。フルーリのアッボは『文法問題集』（*Quaestiones grammaticales*）において、「テ・デウム」（Te Deum）やアンブロシウスの賛歌の数節を例文にあげている[51]。しかし、こうした試みはむしろまれであった。教師は、たまたま聖書の一節を取り上げても、そのあと必ず世俗の書を引用した。たとえば、人物、場所、時間の叙法において、「イエス（人物）はヘロデ王のころ（時間）、ベトレヘムに（場所）生まれた」と例証したあと、すぐに、コンスタンティウス帝のころローマに生まれたドナトゥスを例にあげている（*Ms* Berne 432）。つまりキリスト教徒の教師は、いぜんとして古代教育の伝統を固執していたということである。

生徒はラテン語会話の力を必要とし、そのためできるだけ多くの語彙を学び、教師も、日用語や聖書用語のラテン語訳をアルファベット順にあるいは主題別に配列した語彙集を手もとにもっていた。

最初の語にちなんで「アブロガンス」（Abrogans）とも呼ばれる、フライジングのアルベオの語彙集には、六九〇の表現がある。この書は七八〇年ごろ書かれ、のち改作されている。その他、ザンクト・ガレン、フルダでも二言語による語彙集が作成されている。今日カッセルに保存されているのは、ババリアで作成されたものであるが、それは、会話の提要であると同時に辞書でもあり、人間、動物、家などに分類された一八〇の語を含んでいる。[52] イギリスでもアエルフリックは、同じような仕方で、農機具、お偉方、戦士、種々の職業、社会集団に関する語を列記し、そのあと、家畜、家具、衣服、家屋に関する語をあげている。それは必ずしも、論理的順序で一貫しているわけではなく、「家に関する名詞」（Nomina domorum）の項では、学校、芸術関係の職業、徳といったものが挿入されている。[53]

生徒は、基本語を学びラテン語の短文を書く力をつけたあと、韻律法つまり休止やアクセントに関する理論を学んだ。こうした学習は、読師や聖歌隊員にとっては声を切る箇所を学ぶため、写字生は音節の切り方を知るために不可欠であり、さらに古典の読者にも必要であった。カロリング期の『正読法』（*De recta legendi ratione*）は、アングロ・サクソンの提要にもとづいている。また、綴りの長さ、脚の数、詩文の種類に関する説明を含む、韻律の学習についても同じようなことが言える。長短短格、短長格などの詩形に従って語を配列するアルドヘルムの『七脚半ラテン詩』（*De septenario*）、ベダの『韻律法』（*De arte metrica*）などは、教授のための提要である。[54]

教師は詩文を例にあげ、音節を切って読むことを教えるだけでなく（*PL* 91, 678）、それを応用して自分でも作詞するように求めた。アイルランド人クルインドメルは、『韻律法』(*De metrica ratione*) の冒頭で、「子どもよ、詩を書きたいと思うなら、わたしの本から学べ」と勧めている (Kenney, no 361)。もちろん初学の詩がそろって傑作であるはずはない。サン・ジェルマン・デ・プレの若いアッボは、教師エモアンがかれの長短短格の小詩 (versiculi) をほめてくれず、その著作の序文で取り上げてくれなかったことに不満を述べている (Le siège de Paris, p. 9)。今日、残存する詩のほとんどが、実は学校での習作である。

文法教師は、古典を用いて文法を教える場合、発音の問題に突き当たった。ラテン語の発音は、五世紀以降変化し、同じ西方でも地方によって異なっていたからである。たとえばゲルマニアでは、cella と言う代わりに tsella、crux の代わりに krux と発音していた。(55) フルーリのアッボは、イギリスで教えたとき、ラムゼーの学童たちが felices と言わずに felixes と言い、d と t、p と b、g と c を混同し、また大陸のようなアクセントの付け方をしないことに気付いている。(56) 教養人たちも、あれこれの語の発音について、したがって、正しい綴り方について迷っている。(57) カペルやアグロエキウス、カッシオドルスの綴字法に従うべきか、あるいはベダやアルクィンのそれに従うべきか。この問題は写本の作成にあたる写字生にどの方法をとらせるかという、実際問題にもつながる。つまり文法教師は、文法の拠り所になる権威と日常の慣習、このふたつをいかに一致させるかに苦労していた。

これも権威にまつわる問題であるが、学校教育を揺るがしかねないもうひとつの重要な問題があった。学校で文法の規則どおりのラテン語を学んだ子どもたちは、教会で聖書の朗読を聞きあるいは「詩編」や聖歌を歌いながら、聖書が古典の規則に従っていないことに気付いている。二通りのラテン語があるのだろうか。聖書における不純正語法や統辞誤用を受け入れるべきか、あるいはドナトゥスの権威をもとにそれらを修正すべきか。こうした問題は、東方でもトーラやコーランの原典の確立に際して取り上げられたが、四世紀以降の西方のキリスト教も同じような問題に遭遇している。

これについて大グレゴリウスは、『ヨブ記講解』において、「天来の神託のことばをドナトゥスの規則に隷属させるとは不謹慎である」と言明しているが、この文章は、中世の教養人たちがしばしば取り上げ、繰り返したものである。[58] 学問の復興の度ごとにこの問題は提起され、その解答も模索されてきた。先述したように、九世紀のコルドバのアルヴァール (éd. Gil, p. 145. 171, 190)、オルベのゴットシャルクは、聖書とドナトゥスとを対比させ、またドナトゥスの文法書を注釈したサン・ミイエルのスマラグドゥス――かれはドナトゥス文典の注釈書も書いた――は、かれの「キリスト教的文法」(grammaire chrétienne) において、純粋主義者には誤謬とも思われる語形を正当化している。[59] 一一世紀には、ライヘナウのベルノは、ある聖職者が福音書にある alio を alii に、defraudavi を defrudavi に変えるのを見て憤激し、「文法教師の規則を用いて頭の訓練をしたいものは学校ですればよい」と叫んでいる (*PL* 143, 1147)。そこには、明らかにふたつの世界がある。学校はドナトゥスの「人間的権威」(auctoritas humana) のもとにおかれ、一方キリスト教徒は、聖書を読んだり筆写したりする場合、「神的権威」(auctoritas divina) に従わなければならない。ここに、初期中世の教養をめぐるひとつの大論争があったのである。

しかしこうした問題はラテン語にかなり通じた人々だけのもので、その人数も多くはなかった。初歩教育の結果、すべての聖職者、修道者がラテン語の読み書きができるようになったと言うのは、軽率であろう。カッシオドルスが言及しているような「読み書きを知らぬもの」(agrammati) は、修道院にも多かった (*Institutiones*, I, 28, 2, p. 69)。多くの修道者は、ラテン語はわからずとも、耳学問で詩編集を暗記していた。かれらのひとりは言う。「わたしはラテン語を少しは知っている。朗読を聞いたから。しかし文法の規則や詩人たちの例文は知らない」(Aelfric Bata, *Colloq.* 18, p. 42)。修道者の集会におけるベネディクト会則の朗読とその説明は、すべてのものが理解できるように俗語でされなければならない (Alcuin, *Epist.* IV, 54)。学校でも、生徒も教師も、母国語なしにはすまされず、ラテン語の文書の説明には母国語を用いた。教科書の写本には、アイルランド語、アングロ・サクソン語、ゲルマン語による注釈が付され、写本研究者はそれをもとに、写本の出所を確定することができるほどである。[60]

教師は、ラテン語を理解できない子どもを放置していたわけではない。かれは修道会則、「主禱文」、賛歌の二言語訳を用い、また母国語の文書や、教父の著作および古典の母国語訳を子どもたちに提供した。イギリスでは、アルフレッド大王が、アウグスティヌス、オロシウス、ボエティウス、大グレゴリウスの著作を自ら翻訳し、また翻訳させたが、それは俗人だけでなく聖職者にも用立てるためであった（本書一四八頁参照）。ラムゼーのビルトフェルトは二言語による科学の提要を著し、その後まもなくアエルフリックは、科学、文法に関する著作の翻訳という大事業に取り組んでいる。

かれは文法書の序文で、次のように書いている。「子どもたちよ、わたしはあなたたちのためにプリスキアヌスの大小の著作〔大文典、小文典〕の抜粋をわざわざあなたたちのことばに翻訳した。それは、あなたたちがこれらの翻訳をとおしてドナトゥスの八つの品詞を学び、あなたたちの若い知能に英語とラテン語の二言語を浸透させ、より完全な学問に達しうるようにするためである。多くのものが、わたしがこうした学問に関心を持ち、文法書を英語に翻訳したことを非難することはわかっている。しかしわたしが本書を著したのは、子どものためであって年長者のためではない」。

同じころ、ザンクト・ガレンでもノートケル・ラベオが、「これまでにまったく前例のないあること」を企てている。「わたしはラテン語の著作をわたしたちの言語に翻訳し、アリストテレス、キケロともうひとりの古代の著述家による例文と勧告をもとにそれらの著作を説明し、また、ボエティウスの『哲学の慰め』と、『三位一体論』のいくつかの部分、カトーの『二行連句』、テレンティウスの『アンドロス島の女』（*Andria*）、ヴェルギリウスの『牧歌』、マルティアヌス・カペラの『言語学とメルクリウスの結婚』、アリストテレスの『範疇論』を翻訳した」（éd. Piper, Appendice p. 860）。

注意してもらいたいのは、かれの翻訳書のうち若干のものは初心者向けであるが、驚くことに、大部分はより上級の生徒のためであったということである。こうして見ると、二グループの生徒がいたことがわかる。一方には、読み方のほかおそらく書き方までは進んでも、文法教師の教授を十分、活用できない大多数のものがあり、他方、著述家の作品に親しみ、自由学芸の学習に取り組む、才能に恵まれた少数者のグループがあったということである。後者については、また後でふれることにする。

しかしそのまえに、第三のグループをあげうるかもしれない。アルクィンは書簡のなかで、生徒を「読む者、歌う者、書き方を学ぶ者」（*MGH Epist.* Ⅳ, 169）の三組に分けている。またザンクト・ガレンでは、エッケハルト二世は文学学習の能力のない子どもたちに、文字の書き方、図面の書き方、絵の書き方を教えている（*Casus* 10 : SS Ⅱ, 122）。また、とくにその美声と書く能力とをもって人目を引く子どもたちは、今日われわれが技術教育あるいはむしろ「専門教育」と呼ぶものを受け、schola lectorum〔読師の団体あるいは学校〕、schola cantorum〔聖歌隊あるいは歌唱者の学校〕、schola scriptorum〔写字生の団体あるいは学校〕、schola notariorum〔書記の団体あるいは学校〕を形成していた。

二　専門教育

読師と聖歌隊員

四世紀以降、読師の職は下級位階のひとつと見なされ、多くの高位聖職者もこの位階から聖務を始めたのであった(61)。そしてローマ典礼が普及するにつれ、「読師の団体あるいは学校」（schola lectorum）が組織され、その指導には「首席読師」（primicerius）があたっていた。美声に恵まれ、十分なラテン語の知識のある若者は、『ローマ典礼書』（*Ordo romanus*）にあるような儀式を経て、読師の位階に就いていた。つまり子どもは親から教師に託されて聖書を学び、成年に達すると聖職者になり、読師の職について学んだあと、父親あるいは親族に伴われて教皇のまえに出、定式に従って叙階を願い出た。それを受けて教皇は、聖務のなかで聖職者と民衆の立ち会いのもとに、かれに試験を課した（*Ordo* XXXV : éd. M. Andrieu, *Ordines Romani* Ⅳ, p. 33）。

その式のなかで読師に与えられる教訓は、セビリャのイシドルスが伝えるいくつかの規則と一致する。「この位階に上げられるものは、文学的教養を備え、思想とことばに精通し、ひとつの語がどこで終わるのか、その区切りをつけ、またさいごの結句がどこにくるかを判別できなければならない」。

写本において語が区切られ句読点が付されるのは一〇世紀以降のことで、それ以前の読師は長い予備教育を必要とした。イシドルスは、教師を笑いものにする聴衆に揶揄されることのないよう、下手な読師はとくに学習に励むよう忠告している。(62)

カロリング期の修道院長や司教は、カール大帝の文教政策に押されてイシドルスの勧告を取り入れた。一方ラバヌス・マウルスは、かれの『聖職者の教育』(*De institutione clericorum*) の一章を読師の教育にあてている。それによると、「読師は教え (doctrina) を身につけ、語とその意味について学識を備えていなければならない。そうしてはじめて、澄んだはっきりした声をもって、周囲の人々の心を感動させることができる」(I, 2 : *PL* 107, 305)。読師は単なる技術者ではない。読む聖書の意味をよく理解し、注解できなくてはならない。レイドラドは、カール大帝あての報告書のなかで、「読師の学校」(schola lectorum) をリヨンに設置したことを告げるとともに、読師たちは、そこで聖務における朗読を練習するだけでなく、聖書を瞑想することによって霊的解釈の果実を引き出すことができるようになった、と付言している。さらにかれは、あるものは福音書を理解し、あるものは「使徒言行録」と旧約聖書のいろいろな書を理解していると も述べている(史料33)。

読師は当初から聖職者であったのに対し、聖歌隊員は、五世紀には、美声をもった俗人が専従者として教会に奉仕できるようになった。その選任には、司教ではなく、司祭だけがこれにあたった(*Sacramentaire gélasien*, éd. Wilson, p. 145)。聖職者たちはこの聖務にあこがれ、たとえば六世紀末のローマの助祭たちは、説教や信徒への奉仕に専念する代わりに、歌うことばかり考えていた。こうした悪弊を伝える大グレゴリウスは、次のように苦言を呈している。「往々にして、この聖役では声の美しさだけが注目されている。歌い手は、生活の品位が求められているにもかかわらず、歌をもって人々に取り入り、不道徳な生活をもって神に背いている」(Concile de 595 : Mansi Ⅹ, 434)。ある歴史学者たちは、この文書にはラテランの「聖歌隊」(schola cantorum) の誕生が暗示されていると考えた。たしかに九世紀のヨハネス・ディアコヌスは、グレゴリウスが若い歌唱者たちの上達を促したと書いているが (*Vita Gregorii*, Ⅱ, 6)、しかしこのscholaは、七世紀以前には見当たらない。しかも当時のscholaは、教皇に仕える上級役人を育成する苗床であった。教皇ベネディクト二世(六八五年没)とその後継者セルギウス(七〇一年没)は、幼少のころscholaに入り、cantilena〔歌〕と聖書を学んだ (*Liber Pontificalis* Ⅰ, p. 363, 374)。ここでは、詩編集を学習する子どもたちが「育成され」(*Ordo romanus* Ⅳ, p. 195)、孤児もそこに収容されていた[63]。なおここには、聖職者を扶養するだけの資産があった (*Liber diurnus* : éd. Sickel, p. 97)。

ローマのscholaの名声は、イギリスやガリアの聖職者、修道者をひきつけた(本書四七、六三頁参照)。七、八世紀になると、ローマのscholaを手本に、またその何人かの成員をもとに、カンタベリー、ジャロー、ルーアン、メッスに聖歌隊の学校が開設されていった。しかし、ヨハネス・ディアコヌスの言う「蛮族の喉」は、ローマ式の韻律や歌唱に容易になじめなかったらしく (*Vita Gregorii*, Ⅱ, 7)、いくつかの史料によると、ローマ人とフランク人の聖歌隊員の間にはいさかいがあった。イタリアでも、ローマ式の聖歌が全教会に普及していたわけではなく、イタリアの北部、南部ではアンブロシウス式の聖歌が抵抗を示していた[64]。いずれにせよ、重要なことはガリアの修道院長と司教たちが、ローマのscholaをまねて自分たちのscholaを組織したことである。ザルツブルクの大司教アルヌは、ローマから帰国すると、七九八年の宗教会議において「各司教は、自分の都市に学校を開設し、ローマの伝統に従って教える教師をおかなければならない」と決議させている (Mansi ⅩⅣ, 477)。

カール大帝のころからメッス、ザンクト・ガレン、サン・ワンドリーユ、ザルツブルク、リヨンといったいくつかの学校が、歌唱の教授で有名になっている。リヨンの大司教レイドラドは、自分の〔聖歌隊の学校〕のためにメッスの一聖職者を迎え、かれは宮廷と同じ歌い方を教えていると、述べている。実際、宮廷礼拝堂の若い聖職者たちは、教師から「脚と韻律の区別、音楽に合ったリズムの付け方」を学んでいた（史料12）。

歌唱教師（cantor）の教授法についてより詳しく説明しよう。教師はまず、口頭で教えた。司教や修道院長たちは、著名な教師たちの招聘に努め、かれらに聖職禄を与え、できるだけ長く自分たちの教会に引き留めようとした。司教座教会参事会の規則や修道院の慣例集には、〔聖歌隊の学校〕を効率的に運営するための指示がいくつか含まれている。[65] それによると、歌唱教師は、神のみ助けのもと、授かったものを伝え、規律を守らせるよう配慮しなければならない。若い生徒たちは無駄口をきかず、聖歌隊長（prior）の許可なしに歌ってはならず、まだそれほど訓練されていないものは、当分、沈黙していなければならない。聖務日課では、子どもの修道者たちが居眠りしないよう、大きな本を持たせるべきである。一方すでに熟達したものは、人気歌手のように聴衆を楽しませるためではなく、むしろかれらを教育するために歌わなければならない。教会は、声の良さを誇示するための劇場ではない。すでにヒエロニムス（*PL* 26, 561）、セビリャのイシドルス（*De eccl. off.* Ⅱ, 12）、大グレゴリウス（Mansi, Ⅹ, 434）も、そうした悪弊を非難している。カロリング期の宗教会議は、幾度となく同じ非難を繰り返したが、[66]「専門家たち」（professionnels）が、宗教的熱心さよりも得意の喉を誇示するために歌うのを抑えられなかった。激情家のリヨンのアゴバルドは、聖歌隊員のなかには、幼児期から老齢に至るまで信仰や神のことにはまったく無知、無関心で、ただ歌うだけで事足れりとし、自己満足に陥っているものがいるとして、かれらを責めている（*Liber de correctione antiphonarii* 12 : *PL* 104, 334）。

もうひとつ注目すべき悪習があった。それは、イタリアのふたつの教会法令集にしか出てこないが、ある聖歌隊の学校では、思春期の声変わりを防ぎ高い声を持続させるため、何人かの教師たちは子どもたちを去勢させた。[67] それがどこで、どのようにして行われたかは不明であるが、こうして、一八世紀のローマやナポリの教会に評判と恥辱をもたらした去勢歌手が誕生したのであった。

歌唱の教授は長い学習期間を必要とした。生徒は、高度な文法学習こそしなかったものの、読師と同じく、韻律に関する若干の知識をもち、ことばのアクセントや文章における休止を知らねばならなかった。[68] またキリエ（Kyrie）やアレルヤ（Alleluia）の長い母音唱法を憶えるため、記憶力の訓練も必要であった。ザンクト・ガレンのノートケルによると、かれは、ノルマンの侵攻を避けてザンクト・ガレンに避難していたジュミエージュの一修道者から記憶術を習い、これらを暗記するのに成功した（史料34）。こうして、続誦あるいはプローザ（prose）が生まれ、そこからトロープス（tropes装飾的長音）が派生し、リモージュのサン・マルシアルでは、その最初の例が見られた。[69]

当時の聖歌隊員が用いた写本には、ネウマ（neuma）と呼ばれる音楽記号がびっしりと書き込まれている。それまで、古代の記号が忘れられてからというもの、セビリャのイシドルスが言うように、「音は書き留めえず、消え去るのみ」（*Etym.* Ⅲ, 15, 2）であった。ネウマが、どのような状況のもとで考案されたのか、わからない。[70] 教師はまず、文法教師プリスキアヌスが決めたような強さアクセント（accent tonique）にしるしをつけたようで、その後、この方法が改良されていった。歌い手を助けるため、c=celeriter〔早く〕、t=tarde〔おそく〕などの「文字記号」をつけることもあり、ザンクト・ガレンのノートケルは、友人であった教師ランベールにそれを説明している。[71] 最初のネウマは、ドイツ南部に出現したと考えられている。それは、九世紀後半にかなり急速に普及したが、その記譜法は地方によって異なっていた。サン・タマンのフクバルトは、サン・タマン、サン・ベルタン、ランスの記譜法のほか、ノルマン人に追われた修道者たちがもたらしたブルターニュ地方の記譜法も知っていた（本書一一八頁参照）。その後アキテーヌ、カタルーニャ、モサラベ、イタリアなどそれぞれの地方で異なる記譜法が用いられていた。

詩編集の歌い方も地方によって異なっていた。実際、カール大帝の勧告にもかかわらず（*Libri Carolini* Ⅰ, 6）、聖職者たちがみな、同じ詩編集を採用したわけではなかった。あるものはガリアの詩編集、あるものはローマの詩編集、またあるものはアゴバルドが採用に反対した「民衆の詩編」（Psalmi plebei）を取り入れていた。[72] こうした不統一を整理し、歌唱教師の便宜を図るため、『トナリウス』(*Tonaires*)と呼ばれる半ば理論、半ば実践を取り扱う著作が八世紀末に書かれた。そこでは、一連の交唱誦が調(ton)の高さの順に採録され、それぞれの調は、種々の「詩編」の詠唱法ごとにまとめられている。こうした『トナリウス』は、九、一〇世紀に数を増していった。(73)

一一世紀初頭、サンスのオドランヌスは、友人であったロベールに『音楽の調』(*De tonis musicae*)を献呈した。この書は、古くからの慣習を収録したもので、そこには、音楽教育の振興を図ろうとする意欲が感じられる。かれは、口頭による教授の困難を指摘し、生徒が教師の歌を聞かなくても、記号を見て歌えるようにした。(74) おそらくフルーリの学校で学んだと思われる同時代のライヘナウのブルーノは、一〇二一年から一〇三六年の間に『トナリウス』を著したが、そこにはいくつかの理論的な説明が含まれている。(75)

歌唱教授を容易にするため、楽器を利用するという手もあった。普通、プサルテリオンのような上品な楽器が用いられ、大道芸人が用いるようなその他の楽器は敬遠された。八世紀中葉、オルガンがビザンツから西方にもたらされ、やがて歌唱教授に利用されていった。(76) その他、六ないし八弦のキタラ、アイルランド人が持ち込んだ、クルート(crouth)という名のケルトのリュラも用いられた(*Casus* 3 : SS II, p. 101)。ジャンブルーのサン・ピエールで書かれた詩には、弦楽器の利用法に関する一修道者の説明がある。(77)

一〇世紀末、教師は音階をより正確に把握させるため、すでにギリシア人にも知られていた一弦琴と呼ばれるものを利用した。リシェールによると、ジェルベールは「種々の音を一弦琴で弾き分け、そのコンソナンス、シンフォニーを全音と半音、二全音(ディートス)と嬰音に分け、調を音の順に並べた(*Histoire* III, 49)。この楽器はすぐに、成功を収めた。サンスのオドランヌスは小著を書き、挿絵を加えてこの楽器の構造を説明し、同じころイタリア北部のある教師は、音楽における一弦琴の学習は文法における文字の習得のようなものだ、と説明している。「教師はまず書き板で文字を教えるが、それと同じく、音楽教師は一弦琴を用いて音の説明をする」。こうして生徒は、この一弦琴のおかげで教師を煩わす

ことなく歌唱を学ぶことができた。(78)

歌唱教授は徐々に改良され、初期中世最大の教師と目されたアレッツオのグイドは、こうした改良点をすべて取り入れていった。このイタリア人修道者の著作全体についてはすぐれた研究があり、今さらここで取り上げるまでもないが、(79)かれによる音楽教育改革の特徴をいくつかあげておこう。かれは、ポンポサで音楽を教えていたころ、生徒たちが「たとえ百年間、毎日練習したとしても」教師の手を借りずには歌唱を習得できないことに気づき、新たな記譜法を取り入れた。それは、旋律を示すために、a, b, c の文字の代わりに、ut, re, mi, fa といった綴りを用いる方法であった。つまりかれは、普通、UT queant LAxis REsonare fibris MIra gestorum FAmuli tuorum SOLve polluti, *Labii Reatum sancte joannes* の音階を利用し、(80)生徒たちがこれをもとに、ut, re, mi, fa などの音をとらえるようにさせた。そして生徒は、記号のなかに ut, la などの記号を見付けると、すぐに ut, la よりも低い音と高い音を思い出し、それをもとに楽譜を読み取ることを学んだ。

他方、グイドは、線を色で塗り分けることによって譜表を改良した。それを発明した、と言うものもいるが。かれはまた、言い伝えによると、「グイドの手」(main harmonique) を発明し、それは一八世紀までかれの名前で呼ばれた。実は、かれ以前の教師たちも教育における手の役割を認め、それぞれの指の関節と指先を全音と半音に対応させる方法をとっていた。(81)グイドはただ、こうした教授法に注目しそれを普及させたにすぎない。つまりかれは、創造者というよりもすぐれた教師であったということである。リエージュのアリボ(一〇七八年没)がその『音楽論』(*De musica*) においてグイドの著作にふれていることから見て、グイドはイタリアだけでなく、帝国全土にその名を知られていたことがわかる。(82)

書記と写字生

カール大帝は、『一般布告』(*Admonitio generalis*) において、教授すべき内容を列挙するにあたって詩編と歌唱の間に notae を入れている。この語は、たいてい、単に記号 (notes) と訳されているが、これは間違っている。音符 (notes de musique) とも訳されているが、これも不正確である。この notae は、ティロ式記号つまり古代から中世に伝えられた速記術にほかならない[83]。八世紀の子どもがこうした技術を学んだことに驚く向きもあろうが、帝政末期には、帝国と教会の行政で働く書記の教育が行われ、またビザンツでも、若い修道者たちは文法と同時に速記術を学んだことを思うとき、べつに驚くにはあたらない[84]。

カール大帝は、この分野でも復興者であった。かれは、行政における文書の使用を重視し、伯や司教に対して、口述したことを書面にすること、また増加していく一方の文書を判読しうる書記を手もとにおくように求めた (*Capit.* I, 43)。そのため、宮廷礼拝堂と緊密につながっていた王の尚書局では、一団の書記が教育を受けていた。テオドゥルフは、宮廷の思い出のなかで、書記のエルカンバルトが「書き板を小脇にかかえ、書き取ったばかりの文字を歌いながら歩き回っていた」とユーモアを交えて語っている (*PAC* I, 487)。

若い書記の教育は、実務をとおして行われた。教師は、かれらを教育するために提要と語彙集とを利用し、そのいくつかは今も残っている。たとえばロンドンに保存されているティロ式記号による注釈は[85]、八二〇年ごろ、サン・ジェルマン・デ・プレで書かれたものである。その他、とくに各地の大修道院で作成された九、一〇世紀の日付のある約一五の写本があるが、そこには、速記術の教授に対する教師たちの関心のほどがよく示されている[86]。速記の方式はすべて似通っていたわけではない。イタリアでは、一〇世紀に、音節に分けた書き方が現れ、オーリャックのジェルベールはそれを書簡に用いている。最近になって、ゲルマニアには特殊な表記法があったこともわかっている[87]。

書記を目指さない生徒たちも、速記術を知っていた。いくつかの文法書の写本では、教師や写字生が速記術を用いて注釈を加えている。ミシーで作成されたソリヌスの写本は、ティロ式の速記でその異文を伝えている。また聖職者は、羊皮紙にいくつかのことばを略記しながら説教の準備をしていた。(88) こうして真の教師というものは、エッケハルト二世のように「記号の熟達者」(peritissimus notularum) でなければならず (*Casus*, SS Ⅱ, 140)、また先にも述べたが、必要に応じて、教会や王の事務局を指導するだけの能力を備えていなければならなかった。

書記見習はまた、公的、私的な証書を収録した『書式集』(*Formulaires*) を手本に、行政文書の作成方法を学んだ。(89)『書式集』のひとつを編纂したマルクルフ (七世紀) は、(90) その序文において、自分は教師で、この著作も「子どもたち (pueri) の学習のため」の書にすぎないと述べ、教養人たちに自分の浅学菲才を詫びている (史料32)。この「子どもたち」とは、多くの書式が王の特許状の写しであるところから見て宮廷の年少の書記たちのことか、あるいは司教のもとで教育されていた子どもたちのことか、正確なことはわからない。そのほか、トゥール、アンジェ、サンス、ブールジュ、ライヘナウ、ザンクト・ガレン、ザルツブルクでも『書式集』が編纂され、専門の書記だけでなく、修辞学を学ぶ年長の生徒も、これを学習していた。それについては、後述することにしよう。

書記の仕事場と写字生の写字室とはたいして離れていない。しかし写字生の仕事は書記のそれとは異なり、より重視されている。書記が信頼のおける人であるとするならば、写字生は、カッシオドルスやアルクィンが好んで言うように、神のみことばそのものを伝える人だからである (史料27)。六世紀の修道院では、若い修道者は無為に、あるいは邪悪な考えに時を過ごすのを避けるため、また修道院の財源をうるおすためにも、写本を筆写しなければならなかった。原本 (exemplar) を見ながら、あるいは口述者 (dictator) が読み上げるのを聞きながら、単に筆写するだけのことなら大した教養も要らない。教養人が写本にある間違いを見付けて不平をならすのも当然であろう。(91) カール大帝も、聖書の筆写は子どもではなく、経験を積んだ大人に託すように命じている (史料10)。

教師は、若い写字生たちにきびしい訓練を課した。写本の欄外や奥付けに詩や散文で書かれた注記には、仕事に取り組む写字生の気持ちがよく出ている。「今日は、日の光がきれいに見える」、「寒い、ランプの光が弱い、体の調子が悪い」、「昼食の時間だ」など。(92) 写字室の暖房は弱く、照明も暗く、仕事の条件は悪かった。若いオトロは、無理に文書を読み続けた結果、盲人同様になった。あるババリアの指導者はあまりにきびしくしたため、写字生は写本の訂正が済んだあと、かれの足が折れてしまえばよいと念じている。(93)

たいてい、写字室のかしらは自分で書籍の始めの部分を筆写し、あとは生徒に続けさせた。ザンクト・ガレンでは、ノートケルが内陣の北側にある図書室の一階の写字室で、自分で手がけた仕事を写字生たちに継続させている。一方ハルトムートが書いた二枚の写本は、ひとりの写字生が書いている。またフライジング、リモージュのサン・マルシアルでは、指導者と生徒が数日ないし数か月の仕事を協力して進めている。(94)

写字室で discipulus と呼ばれているのは、たいていは生徒というより若い助手を指す。写本に細密画を描く画師についても同じことが言える。一〇世紀の「モサラベ」の写本の奥付けを見ると、ヴィギラの組、その弟子ガルチェアの組、とくにマギウスの組、エメテリウスの組があり、かれらは、タバラ修道院の二階にあった写字室で働いていた。(95) これら著名な組がしら教師たちは、彫刻家や建築家と同じく、教会から教会へと移動して筆写の仕事に励んでいる。こうして見ると、かれらの仕事場は、先にあげたような、また後述するような学校のイメージとはかなり異なっていた。

第三章　中等教育　三学（trivium）

一　文　法

生徒はラテン語を一通り学んだあと、より高度な文法学習に進み、さらにことば〔修辞学〕の学習に取り組んだ。かれらの年齢はかなり高く、オドの伝記作者の表現を借りると、かれが、「広大なプリスキアヌスの海を泳ぎ渡りはじめた」のは一九歳の時であった（*Vita* I, 3）。生徒は、ドナトゥスの初心者用の『小文典』（*Ars minor*）ではなく、第二の著作『大文典』（*Ars major*）を学んだ。ドナトゥスの写本は多数残っているが、三〇以上の蔵書目録では、『ドナトゥスの両文典』（*Artes Donati*）として特記されている[1]。つまりドナトゥスは最高の文法教師で、当時もそれ以後も、「ドナトゥスを学ぶ」とは文法を学ぶということと同義であった。

多くの文法教師が、ドナトゥスの『文典』を手本に文法書を著した。先述したように、イギリスやアイルランドの教師たちはラテン語の学習に新たな活力をもたらし、アングロ・サクソン人のベダ、タトウィン、ボニファティウス、アルクィンは、それぞれ文法書を書いている。こうして、イギリスからはアルクィンが、イタリアからはパウルス・ディアコヌス、ピサのペトルスが、カール大帝の宮廷と再生途上の各地の学校に文法書を持ち込んだ[2]。九世紀にはプリスキアヌスの著作が発見され、ドナトゥスの文典およびその模作と競い合った。一例をあげると、ガリアに渡来したアイルランド人は、プリスキアヌスとドナトゥス双方の文法書を用い、またその注解書を著した。オーセールのレミギウスは、ドナトゥスの

『両文典』、プリスキアヌスの『文法書』(*Institutiones*)、エウティケスの『ことばの術』(*Ars verbi*)、フォカスの『文典』(*Ars*)、さらにベダの種々の著作に注解を加え、難解な内容を明確に説明する才知のあることを証している。かれは、原典をあげ、それに関する種々の注釈を比較し、文法教師のラテン語と聖書のラテン語との不一致について論じている。(3) しかしすべての文法教師が、レミギウスの水準に達していたわけではなく、大部分の文法書は、古代あるいは当時の古典的な文法書を抜粋した『要約』(*Epitome*)にすぎなかった。したがって生徒は、文法教師ヴェルギリウス、セビリャのイシドルス、プリスキアヌス、ポンペイウス、フォカス、ドナトゥス、カリシウスなどの抜粋を脈絡もなく書き写し、抜粋の抜粋をもとに学んでいたのである。(*3)

文学作品の解説

古代におけると同様、生徒は、文学作品を読み(lectio)、解説する(enarratio)という方法で、文法を学んだ。(4) 注釈なしの読書は、してもむだであった。「注釈なしにヴェルギリウスの書をあさるお前は、胡桃の実は味わわずに、殻だけかじっているようなものだ」とリエージュのエグベルトは言っている(*Fecunda ratis*, 923, 4)。だれか〔の著作〕を読む(legere ab aliquo)とは、教師の指導のもとにそれを読み、解説することであった。ルプスは、自分といっしょにヴェルギリウスを「読み」にくるよう、弟子に呼びかけている(*Epist.* 12)。ヘリックはルプスの指導のもとにヴァレリウス・マクシムスを「読み」(*PAC* Ⅲ, 428)、ケルンのブルーノは、ある教師の指導のもとにプルデンティウスを読み、文学の学習を始めた(*Vita* 3)。こうした専門的な表現は、いたるところに繰り返し出てくる。

文学作品の教授には、語の説明、語の文法上の形態、語意の学習が含まれていた。また生徒は、文中の名詞をもとに「格変化」も学習した。そうした教授はすべて口頭で行われ、教師、生徒双方に、多大な時間と努力が求められた。九世紀中葉、ベックの教師であったアンセルムスは、文法教授には大いに苦労したと告白している。(*4) 教師は、一語、一文ごとに適切な注釈を加えていった。これが expositio（解釈）で、それはのち、littera（文法の説明）、sensus（語の意味）、sententia（著者の思想の理解）というふうに細分して行われた。

教師は、与えた説明がその場限りにならないように、写字生があらかじめ空けておいた写本の左右の余白に書き留め、[5]余白が足りない場合、注釈や著作はティロ式記号で略記した（*BN* 7559, fol. 42–62；*BN* 7537）。このような注釈付きの写本は無数に残っている。その研究は何年か前から始まっており、それは教養史研究にとって大いに有用である。言語学者たちは、とくに著名な教師たちの注釈に注目している。それはまたかれらの実際の教授を再現してくれる。たとえばオーセールのレミギウスは、プリスキアヌス（*BN* 7581）、ドナトゥス（*Ms* Orléans 215）、マルティアヌス・カペラ（*BN* 8674）の著作に注釈を加え、ザンクト・ガレンのエッケハルト四世はオロシウスの書に注釈を加え、[6]サン・ジェルマン・デ・プレのアッボは、若いころパリ攻略を題材に習作した自分の詩に注釈を加えている。かれは第三巻において、「作詩のためのことばを探す学童にも役立つように」不明瞭なことばには説明を加えた、と述べている。[7]

これらの注釈は、語源あるいは同義語によることばの簡単な説明で、それはのち、アルファベット順に採録されて語彙集（Glossae collectae）となり、教師、生徒双方にとって知識の源泉になった。そうした語彙集は数も多く、どこでも主要な学校には所蔵されており、その研究も方々で行われている。[8]リポルの語彙集を例にあげると、著者はイシドルスの『語源誌』を頼りにギリシア語、さらにヘブライ語の類義語をあげている。「officia = magisteria は、ラテン語では magister、ヘブライ語では zar、ギリシア語では didascalos と言われる」（latine dictur magister, ebraice dicitur zar, graece dicitur didascalos）。[9]教養人はこれらの語彙集を手もとにおき、そこからあまり古典らしくない語を取り出して散文にちりばめ、気取った表現やことばの巧みさをひけらかした。[10]ヒンクマールは、ランでスコット人に師事していた甥の文体を、次のように批判している。「お前はいつも、語彙集から寄せ集めたことばを、なんの理由もなしに書き連ねるだけである。そのためお前の文章は晦渋になり、お前がおしゃべりにすぎないことをよく表している。若いころから、お前の作文にはそうした癖があった。とくに韻文、比喩的な詩になると、お前自身も理解できない、ただ無知なものを感嘆させ、刺激を求める聴衆にこびるだけの、異国語に起源をもつことばや、難解かつ不適切な用語、まったく無用、無意味なことばを用いていた」(*PL* 126, 448)。

教師は、文学作品の説明にあたって、まず著作の有用性、著者の意図について述べる。これは「著者への導入」(accessus ad auctores) と呼ばれている。[11] かれはその著作を選んだわけを説明し、「権威ある著者たち」(auctoritates) を文学的、道徳的基準に従って分類した。実は、教師はたいてい自分の信念からあるいは単に慣習に従って、すでに古代の学校が教育課程としていた古典を取り上げていた。[12] それはまず、すべての学校において四頭立て戦車を構成していたキケロ、ホラティウス、サルスティウス、とくにヴェルギリウスで、その写本は注釈付きのものからないものまで、無数にある。それに加えて、ルカヌス、ユヴェナリス、ペルシウス、スタティウスなども用いられている。カロリング期になると、教師たちはアイルランド人の影響のもとに、マルティアヌス・カペラ、[13] ボエティウスに再び関心を持つようになった。[14] 一〇世紀以降はテレンティウス、オヴィディウスが教えられていた。たとえばシュパイアーのヴァルター、リエージュのエグベルトといった教師が教えた著作のリストを見ても、これらの著者が選択されていたことがわかる。こうして徐々に、学校教育課程の正典が形成されていった。そのなかには、異教徒による古典に加えて、プルデンティウス、アヴィトゥス、ユヴェンクス、セドゥリウス、アラトルなど、キリスト教徒の詩人の著作も含まれている。[15] ある教師はキリスト教徒の著者を優先し、ある教師は異教徒の著者と同等に取り扱っている。[16]

ところで、初期中世の教師たちは、異教徒の書を教授するにあたって、なにも良心の咎めを感じなかったのだろうか。先にも述べたように、キリスト教徒の教養人たちは、周期的に、とくに幾度かのルネッサンスの折に、異教徒の著作の学習に疑念を抱いた。たしかに教父たちは、古典学習の正当性を論証してくれた。かれらによると、イスラエル人は捕虜にした女の髪と爪を切ったあとこれを妻にすることができたが、それと同じくキリスト教徒も、世俗的文学から不純な、反道徳的要素を除去しつつこれを読むことができる。しかしこうした原理も、その適用には困難が伴う。捕虜の女の髪と爪は急速に伸び、多くの教養人はヒエロニムスと同じく、キリスト教徒であるよりもキケロ主義者になり、異教文学の「魅力」に囚われた。[17] こうした問題は、よく言われるように、文学の領域だけでなく学校教育においても見られたのであろうか。初期中世の教師たちは、生徒たちに対し、異教徒の書に警戒するよう呼びかけたのだろうか。何人かは呼び掛けているが、それは例外であった。四世紀のキリスト教徒の若者がヴェルギリウスの詩を学習せざるをえなかったように、[18] 初期中世の生徒も、文学的教養を身につけるためには古典を読まねばならなかった。教師たちも、それに伴う危険は十分に意識していた。フロスヴィータが言うように、テレンティウスの詩は、美しさのなかにも不純な内容を隠し持っているからである。オヴィディウスの詩や「ラテン詩華集」(Anthologie latine) の詩文に含まれるエロチシズムは心を乱すものではあったが、さりとて、その学習を避けて通ることはできなかった。

教師たちは、異教徒の著作を非難するよりも、むしろその学習から得られる富に注目させた。世俗の著作をもとに詞華集を作成したコルビーの図書係ハドアルドは、その序文において、ここには、異教神学、プラトンによる創造と摂理の解説、教師マクロビウスとマルティアヌスが教える自由学芸など、多くの宝物が隠されていると述べている (*PAC* II, 683)。その他の教師も、ホラティウス、オヴィディウスを道学者として受けとめ、またヴェルギリウスの『牧歌』(*Eglogue*) 第四巻はキリストの到来を告げていると説明している。したがって、それは地獄の火に投ずべきものではない。また教師たちは、マルティアヌスと「神話記述家」フルゲンティウスの方法を借用して、ヴェルギリウスから一連の寓意的な教えを引き出した。たとえば、アエネアスの遭難は人間の誕生を示し、ディドは情欲の盛んな年頃を象徴し、地獄でのアンキセスの出会いは、宇宙の神秘を明かす神との出会いにほかならない。[19] また生徒は、異教の神話とキリスト教の使信とを比較し、多くのことを学んだ。テオドゥルフは、『余の愛読書と、哲学者たちによる詩的寓話の神秘的解釈』と題する詩で、その方法を教えてくれる (*PAC* I, 543)。教科書として頻用されていたゴットシャルクの『テオドゥルスの牧歌』(*Eglogo Theoduli*) は、ギリシア人の牧童プセウティス（うそつき）とユダヤ人の羊番の娘アレテー（真理）との「やりとり」(altercatio) として説明されている。[20] つまりこのふたりは、異教の神話と聖書物語のもつそれぞれの価値を主張しているのである。同様にロルシュの一写本では、ヘルクロスの一二の仕事がサムソンの偉業と併記されている。異教徒の著作の学習は、上手に書き、よく祈り、物知り的知識をかき集めるため、また若者の人格形成のためにも不可欠であった。古代のモラリストたちは人間の偉大さ、高貴さについて詳述し、若者が、学校教育をとおして模範とすべきものを発見し、模倣する勇気をもつように仕向けた。知恵は異教的なものであれキリスト教的なものであれ、すべて神から与えられるからである。

初期中世の教師たちは、異教徒の著作を教材に用いることによって、その存続を助けた。繰り返し言うように、大部分の写本は教育のために筆写されたのであり、われわれは古代文学の伝達において学校の果した役割を忘れてはならない。[21] 以前から指摘されているように、ラテン人の著作でわれわれがもっているのは、ごく一部にすぎない。標題が知られている八〇〇の著作のうち、残っているのはわずか一五〇で、それも完全な形で残っているのはかなり少ない。[22] こうした選別はどこからくるのか。これこれの著作が、時には二次的な小品が選ばれたのはなぜか。単なる偶然か、あるいは教養人の好みによるのか。たしかに多くの写本が、時の流れのなかで失われ、災難によって消滅した。カッシオドルスはそうした危険を意識し、可能な限りの著作をヴィヴァリウムの修道院に集めた。しかしかれが実際に選択し保存したのは、とくに学校で使用される著作であった。古代末期から一二世紀まで、またそれ以降の教育課程における著述家を取り出してみても、いつも同じ著作が使用されていることがわかる。つまり「古典」(classiques) とは、「教場で」(en classe) 学習される書のことであった。こうして古代は、ほとんど手を加えられないままの「権威ある著作」(auctoritates) の正典を、西方のキリスト教徒に伝えたのであった。[23]

それは、西方だけでなく東方においても同様で、ビザンツやアラビアの教師たちもまた、保守的であった。トラキアのディオニシウスの文法書は、幾世紀にもわたってビザンツ人の基本的な教科書であった。タルソスのヘルモゲネスの予備練習は、プリスキアヌスによってラテン語に翻訳され、修辞学学習者の必読書となっている。弁証学は、ポルフィリウスの『入門書』とアリストテレスの『範疇論』を用いて教授され、これらの書は、ラテン語さらにアラビア語に翻訳されている。科学の分野では、ニコマコス、エウクレイデス、アラトス、ディオスコリデス、オリバシウスなどの著作が、ビザンツ帝国やアラビアの世界で常用されている（なおこれらの著作については、弁証学や四科（quadrivium）の教授を取り扱う際に再度、取り上げることにしよう）。こうしてザンクト・ガレン、ビザンツ、バグダッドの生徒たちは、相互に意識することもなく、同じ教科書をもって学んでいたのである。(24)

歴史と地理の教授

読者のなかには、文法教授の説明で歴史や地理が取り扱われることに奇異の念を抱くものがあるかもしれない。しかしこれもまた古くからの伝統で、すでに古代から、教師は文法教授において歴史と地理を取り扱っていた。ラバヌス・マウルス（*De inst.* cler. Ⅲ, 18）は、イシドルス（*Etymol.* Ⅰ, 41）その他多くの著述家のあとを受けて、「文法とは、詩人や歴史家〔の著作〕を注釈する術である」と言っている。(25) 文法教師は、図書室から古代の歴史家（カエサル、サルスティウスなど）、古代のユダヤ人（フラヴィウス・ヨセフス）やキリスト教徒の歴史家（エウセビウス、オロシウスなど）、また当時の歴史家（トゥールのグレゴリウス、ベダ）の著作を取り出して、文法教授に利用した。(26) しかし大抵かれらが実際に用いたのは、いろいろな著述家の作品を抜粋した詞華集であった。(27) 生徒は、そのような歴史書を読み、知識を蓄積し、事例（exempla）や著名人にまつわる逸話を集め、また民族や制度の起源を知ることができた。

歴史に関する知識は、若者の道徳的、宗教的教養に役立ったのだろうか。キケロの定義によると、歴史は「生活の教師」であり、人々に模範を示す。(28) それは、後述するように、とくに若い君主たちの教育について言えることであった。修道院学校、司教学校では、〔アウグスティヌスの〕『神の国』に通じている教師は、人間の歴史は創造から世の終わりまで神が定めたとおりの六段階にわたって実現される、聖なる歴史であると教えた。生徒はまた、ベダが提示したように、歴史の展開と人口の増加とが一致することに興味をもった（*PL* 90, 520-521）。他方かれらは、旧約聖書の王たちの系図には関心をもったが、自分たちが聖務や祈りにおいて神のご加護を祈る、君主たちの経歴には無関心であった。つまり当時の出来事や時事問題を教材にして文法を教える教師はまれであった。イタリアの教師は、比較級の説明において、アキレウスはヘクトルより強かったとは言わず、「カールはアデルギススより強かった」と書いているが、これは革新的なものに思われたに違いない。(29) 学校は世間から隔絶されていたからである。

地理の学習もまた、書籍中心、過去中心であった。リシェールは、その『歴史』（*Histoire*）のはじめに、地球の区分とガリアの諸地方をあげているが、それはかれが学校で学んだことの繰り返しにすぎない。かれは、「地理学者によると、地球上で人間の生存可能な地方は、アジア、アフリカ、ヨーロッパの三つに限られる」と述べ、オロシウス、イシドルスの著作を用いてこの三地方を説明している（史料41）。あとで、「ガリアは、ベルギー、ケルト、アキテーヌの三地方に分けられる」とも言っているが、この説明はカエサルの『ガリア戦記』の冒頭の借用である。また学校で用いられたイシドルスの地理書も、古代の書の剽切にすぎない（*Etymol.* XIII-XIV）。(30) 教師は、こうした地理書をもとに、都市、河川、山、大洋の名前を取り上げ、暗記させていた（Raban Maur, *De universo* : *PL* 141, 335）。地図（mappa mundi）は何枚かのパネルに描かれているが、それによると、世界は平板で、タナイス〔ドン川〕、ナイル、地中海を境に三つの大陸に分けられている。(31) エルサレムは世界の中心におかれ、楽園は東方に描かれている。その構図はいつも同じで、ヨーロッパに移動してきた異民族はまったく無視されている。学童は、どの図書室にも収蔵されていたソリヌスの『地誌』（*Collectanea*）を学び、小人族（Pygmées, Cynocéphales, Troglodytes）の国は知っていても、スカンディナヴィア人、ハンガリー人の国がどこにあるのか、知らなかった。(32)

いくらか現実的な地理を教えていたのは、アイルランド人教師だけであった。ザルツブルクのヴェルギリウス――アエティクス・イステルのものとされる『宇宙形状誌』(*Cosmographie*)の著者らしい――は、大胆にも、地球に裏側があると主張し、異端者扱いされた。[33] 同じアイルランド人のディクイルは八二五年、『地球の大きさについて』(*Liber de mensura orbis terrae*)という書を著した。かれは、内容の大半はローマの地理学者やイシドルスの書から取り入れ、アイルランド、フェロー諸島、さらに遠方のトゥーレ島〔ローマ人が北限の地と考えた〕については、かれ独自の説明を若干、加えている。[34] こうした分野においても、スコット人は当時の人々よりも進んだ知識を持っていたが、それは継承されなかった。ノルマン侵攻のころ、無名の一修道者がカール禿頭王に地理書を献呈したが、そこでノルマン人が取り上げられているのは序文だけで、それ以外は専ら、ポンポニウス・メラ、マルティアヌス・カペラ、ソリヌス、イシドルス、アエティクス・イステルの書の抜粋に徹している。[35] つまり地理学にはいぜんとして進歩のあとが見られない。

二 修 辞 学

文法と修辞学は、漠然とではあるが、いつも区別されていた。演説の規則に従った書き方、話し方を学ぼうとする生徒は、著述家の書を読むか、あるいはかれらの書き方や話し方を模作した。[36] 著述家の書を読み、その名文を暗記することは、もっとも効率的な練習であった。「著述家たちの書を読み、その名文を暗記しなければならない。かれらのことばに慣れたものは、それを意識することなく、上手に話すことができるようになる」(*De rhetorica* 544)。このアルクィンの勧告について、一二世紀後のジェルベールは次のように説明している。「かれ〔アルクィン〕は、生徒たちが用語法を知らず、雄弁術に到達できないことを恐れて、かれらをヴェルギリウス、スタティウス、テレンティウス、ユヴェナリス、ペルシウス、ホラティウス、ルカヌスといった詩人の書に親しませたのである」(Richer, *Histoire* Ⅲ, 47)。またリシェールは、

「かれ〔アルクィン〕は、生徒たちがこれらの著者に親しみ、その話法を学んだあとはじめて、修辞学の学習に移らせた」（史料15）とつけ加えている。

当時の修辞学の教科書はカッシオドルスが薦めたものと同じで、それは、クィンティリアヌス、マリウス・ヴィクトリヌス、フォルトゥナティアヌス、キリウス・フォルトゥナトゥス、とくにキケロの書であった[37]。九世紀にはフェリエールのルプスが、一〇世紀にはジェルベールが、キケロの書のすぐれた写本を探し求めている（本書一〇九、一八一頁参照）。一一世紀になると、教師たちは固有の方式を用いて新しい教科書を著したが、教授法にはなんら新しい要素は見当たらない。ただ、オヌルフがシュパイアーの生徒たちのために著した『修辞学的文飾』（*Rhetorici colores*）や、ベザーテのアンセルムスの『レトリマキア』（*Rhetorimachia*）は、散文と詩文を取り混ぜて書かれ、無味乾燥な学習に魅力をそえようとしている[38]。

教師は、序論（exordium）、陳述（narratio）、論証（argumentatio）、反論（refutatio）、結論（peroratio）といった、弁論の各部分について教えた[39]。かれは修辞学の多くの詞姿（figurae）を数え上げ、ジェルベールが例示しているように、生徒たちの暗記を助けるためそれを一覧表にまとめている（史料39[*39]）。また教師は、著名な人物や王に対する称賛演説、哀悼演説、自然の賛美など、雄弁家に役立ちそうな共通のトポスを次々に取り上げて学習させた[40]。

パスカシウス・ラドベルトゥスは、アダルハルトを紹介するにあたって、修辞学教師の仕方に従うとことわった上で、キケロに倣い（*De inventione*, 1, 24）、名前、生国、家族、品位、財産、体の外見などを説明している（*PL* 120, 1556）。これは、多くの聖人伝記者たちが用いた方法でもあった。

生徒は、散文や詩文で短文を書く練習を重ねたが、それは、プリスキアヌスが勧めた予備練習（paeexercitamina）を思わせる。ノートケル・ラベオは、ザンクト・ガレンの生徒たちに dictamina を書かせている。dictamina〔文書作成〕とは、debitum dici magistro〔宿題を教師に口述する〕, dictamen dici magistro〔作成された文書を教師に口述する〕という副題が示すように、世俗的あるいは宗教的主題をもつ短い詩で、生徒たちは毎日、これを作らなければならなかった。エッケハルトは、それを集めて教材として利用し、そのため、これらの文書には多くの注釈が書き込まれている。[＊40]

こうした練習は、時として、どちらかと言うと世俗的な発想のともに、愛の賛美へとつながる春を歌い、冬と春の戦いや、詩人とミューズの神々の対話を想像し、その他つばめやうぐいすなどを詩題にしている。[41] たしかに一一世紀にラインラント地方で書かれ、現在ケンブリッジの写本に残っている有名な詩は、もともと学校の教材（versus scholares）であったようである。そこには、君主や司教たちの死を嘆く詩や、有名な「雪の子ども」の寓話、うぐいすの歌、恋歌――そのなかには、一〇世紀のふたつの写本に出てくる「女友達への招待」（invitatio amicae）がある――が含まれている。[42] このように、若い聖職者や修道者は、学校その他で好んで作詩していた。ノジャンのギベールは、二度教師に隠れて、ヴェルギリウスやオヴィディウスをまねて恋愛詩を書いたと告白している（*De vita sua*, I, 17 ; *Tract. de Incarnatione*, praef. : *PL* 156, 190）。

生徒は、散文や詩文で話法（discours）を学んだあと、古代末期の生徒がしたように、架空の演説（discours）を書いた。[43] こうして、教授内容には、相変わらず「説得弁論」（suasoriae）、「反駁弁論」（controversiae）が含まれ、パヴィアのエンノディウスは、その手本を生徒たちに書き与えている。またロップのヘリゲルは、『聖レマクルス伝』の序文において、「生徒たちが、それぞれ侮辱した者と侮辱された者の立場から論述する、たわいない練習」を取り上げている（*SRM* V, 110）。トゥルの生徒であったブルーノも「裁判弁論」（forenses controversiae）を書いて学習した（*Vita* 4, *PL* 143, 469）。一一世紀のペトルス・ダミアヌスによると、生徒たちは、ヘクトルに血を流させたかどで訴えられたアキレウス、あるいは、イタリア攻略の罪を問われるハンニバルの弁護を想像して論じなければならなかった（*PL* 145, 727）。つまり初期中世の生徒たちも、古代の雄弁家と同じトーガをまとい、〔古代ローマの〕フォルムの演壇で弁ずる自分の姿を思い描いていたということである（*Casus*, 1, *SS* II, p. 84）。

学習は、架空の演説から対話形式の討論に移っていく。これは、先述したような単なる問答ではなく、まさに討論(disputatio)であった。皇帝ハドリアヌスと哲学者エピクテトスとの討論(altercatio)を知っていたアルクィンは(*Epist.* Ⅳ, 133)[44]、カール大帝を相手に修辞学をめぐる討論(disputatio)を演出し、また同じことを王子ピピンとも試みている(*PL* 101, 975)。次代のジェルベールは、ランスの生徒たちがいかなる論客にも対応できるように、「かれらをソフィストに託し、論争に向けて鍛えてもらった」(Richer, *Histoire* Ⅲ, 48)。

このころから、古代の学校と同じく、形式論理学という手段が利用されるようになった。つまり演説を補強するため、三段論法が用いられていく。

討論はもうひとつの形式をとり、文学的、科学的問題を取り扱う書簡のやりとりへと発展することもあった。ヴォルムスのブルカルドゥスの学校では、生徒たちは説教だけでなく、「書簡」(epistolae)〔の作成〕と「小問題討論」(Quaestiunculae variae)の訓練を受けた(*Vita Burchardi* 18)。書簡を書くにも、それが文学的なものである限り明確な規則があるのが当然で、生徒は例文をもとにこれを学んだ[45]。シドニウス、アヴィトゥス、アインハルト、トゥルのフロタリウスの書簡集が今も残っているが、それは手本として活用されて来たからである。また「書式集」(formulae)には、多少、架空を交えた書簡――生徒たちが、申請のための書簡や、長上あるいは友人への返書を書くのに手本にした――も含まれている。先の書簡集を見てもらえばわかるように、ザンクト・ガレン、ライヘナウ、ザルツブルクの教師たちは、修道院の古文書をもとに、あるいは範型となる書簡を自ら創作して、いろいろな型式の書簡を学習させようとしている[46]。ランスでは教師アデレルムが、司教の尚書局で働く若者たちを教育するために、一連の範型となる書簡を書き、アインハルトの書簡に加えている[47]。

これが、一一世紀の学校で教えられた「文書作成法」(ars dictaminis)の始まりである。dictamenという語は、以前から用いられていた(*Vita Godehardi*: SS Ⅺ, 172)。それは「口述する」(dicter)ことを意味し、のち、散文あるいは詩文で書くことを指し、そこから、書簡の作成を意味するようになった。「文書作成」に関する最初の著作は、わたしが知る限り、モンテ・カッシーノの修道者アルベリックの書で（一〇七五年頃）、かれは『文書作成提要』（*Breviarium de dictamine*）という書も著した。その一部は刊行されなかったが。[48] アルベリックの『提要』（*Ars*）は好評を博し、尚書局において聖・俗の書記に利用され、書簡文学発達の証人となっている。なお、叙任権闘争もこの書簡文学の発達に寄与している。[49]

初期中世における修辞学学習の重要性は、どれほど強調してもしすぎることはない。当時の著述家は自分らしさに欠けるという非難もあるが、それは、学校教育の影響がそれだけ強かったということである。かれらは、婉曲語法や誇張法また種々の文飾を取り込んだ演説や、技巧的な書簡を作成することによって、中世の学校へと伝達された古代の教育様式を身につけていったのである。

こうして、文学的審美に関するふたつの流れが再び対決することになる。クィンティリアヌスがアジアニスムの気取った文章を非難したように、ベダ、アルクィン、ヒンクマールも当時の何人かの教養人のもったいぶった、しばしば秘義的な文体を非難した。実際、古代末期の修辞学は、アフリカの著述家たちやエンノディウス、シドニウスのおかげで脚光を浴び、スコット人、イギリスの島々に影響を与え、のち大陸に持ち込まれ、[50] カロリング帝国の学校で教授されていった。[51] 幸いにも古典的な文体を保持した人々にとって修辞学は、単なる正しい話し方の術にとどまらず、キリスト教徒の道徳的形成にも役立った。ジェルベールは、トゥールの修道院長エヴラルドあての書簡のなかで、次のように書いている。「哲学は、道徳の道と話法の道とを分けない。同じように、わたしもつねにことばの術と生活の術とを並行して取り扱う」（*Epist.* 44 : Lattin 50）。つまりジェルベールは、「話し方に長けた、よき品性の人」（vir bonus dicendi peritus）という古代の理想を固執していたということになる。また、公務にも就いていたこのランスの学頭は、同じ書簡において、雄弁は支配者にとって不可欠であるとも言っているが、これこそ、カッシオドルス、イシドルス、アルクィン、ラバヌス・マウルスが、修辞学は「政治問題について上手に話すための学問である」(bene dicendi scientia in civilibus quaestionibus) という定義をもって言おうとしたことであった (史料38)。こうして修辞学は政治と関連をもち、補助学問として法学の教授を伴うようになっていく。

三　法　学

六世紀の学校でも、普通、法学の教授は修辞学の教授といっしょに行われていた。学生は、文彩を学んだあと、架空の演説の作成に励み、賛成 (pro)、反対 (contra) の論証を展開する練習を重ねた。弁護士や法律家を目指すものも、まず文学を学び、のちローマやラヴェンナの法学校で仕上げをした。(52)

六世紀末における法学校の閉鎖も、法学の学習を途絶させるには至らなかった。都市では文書の伝統が維持され、ゲルマンの王たちはローマ法学者を必要とし、また教会も教会法を確立するため市民法を必要としていたからである。そのため法令集が筆写され、法学者は公的、私的な法律相談所において、相変わらず法律の解釈、適用にあたっていた。(53) こうして地中海地方のゲルマンの諸王国つまりスペイン、イタリア、ガリア南部において、法学の教授は生き残ったのであった。専門の法律家はもちろん、貴族もローマ法を参照し、注釈した。レセスビント王の求めにより、『ユスティニアヌス法典』をもとに『西ゴート法典』(*Lex visigothorum*) が編纂されたが、このことは、世俗の裁判所において裁判官や弁護士が活躍していたこと、またこの新法典が一般に売買されていたことを暗示している (*Lex visigothorum* II, 1, 11 ; 2, 2 ; V, 4, 22)(54)。ロンゴバルト支配下のイタリアでは、ローマ法学者たちが『ロタリ法典』の編纂に参加しているが、それは、しばしば言われてきたように、パヴィアに法学校があったという証拠にはならない。(55) ローマ法は、ビザンツ支配下のイタリアでもいぜんとして適用され、ロンゴバルトの法に影響を与え、裁判官、都市の書記、宮廷の役人たちもローマ法に通じていた。

フランク族のガリアでも、残存する特許状や書式集を見ても明らかであるが、伝旨官やその下で働く書記は、まだローマ法に通じていた。(56) しかし宮廷における法学学習の復活が確認されるのは、八世紀中葉のことである。そのころ、ピピンとカール大帝は、ロンゴバルトの宮廷に倣って役所を改組し、市民法や教会法令集の編纂を盛んにした。また、かれらは法学者（legis doctores）（diplôme de 751, éd. Tardif, *Cartons des rois*, no 54）、裁判官（judices）（*Capit.* I, p. 198）、勅令に多くのローマ法の要素を取り入れた法律専門家（legislatores）（*Annales de Lorsch* 802 : *SS* I, p. 38）の助けを借りた。カール大帝自身、「つねに政治問題（quaestiones civiles）に忙殺され」、その解決に役立つ修辞学を教えてくれるよう、アルクィンに依頼している（*Disputatio de rhetorica*, pref. éd. Halm, p. 525）。かれは、サンスの司教マグノから『法令注記集』（*Notae juris*）を贈られた。(57) またかれは、聖職者たちに教会法を学ぶように命じ、自分の子どもたちにも法学を学ばせている。

こうしてカロリング・ルネッサンスは、文学とともに法学にも及んでいる。修道院や司教座の写字室では、『法学提要』（Bréviaire）、『テオドシウス法典』（Code théodosien）、さらにユスティニアヌスの『新勅法』（*Novelles*）の要約の写本が筆写され、これらの文書をもとに、偽教皇令集や偽勅令集を作るものさえ出て来た。これら偽法典の作者たちが、どこで働いていたのか、まだ明らかにされていない。ル・マン、マインツ、ランスと言うものもいるが、確定するにはいたっていない。(58) なお〔ランスの〕大司教ヒンクマールは、ローマ法、教会法双方に精通していた。(59)

カロリングの人々の法学に対する関心を確認するだけでは不十分である。教養の中心において法学がどのように教授されていたのか、それを知ることも有用であろう。『テオドシウス法典』や『法学提要』の写本には注釈が付記されているところから、教師はこれを用いて教えたと考えられる。(60) さらに、学生たちは、イシドルスの『語源誌』第五巻を問答形式に要約したものを所有し、それをもとに法（lex）、訴訟（causa）、契約（pactum）、約定（stipulatio）、保証（fiducia）

などについて学んだ。[61] イシドルスの『語源誌』第五巻の抜粋と『法学提要』、ブルグンドのローマ法を含むふたつの写本には『ローマ人の身分』(*De gradibus Romanorum*)と呼ばれる小作品が含まれている。その著者名は不明であるが、かれは、行政において主要な役割を果す十人組長(decanus)、貴族(optimates)、都市の擁護者(defensor civitatis)、パトリキウス(patricius)などについて説明している。[62]

法学の教授は、目立たない形ではあったが、一〇世紀の文系の学校において継続され、フルーリ、ミラノ、ヴェルチェッリ、ヴォルムスでは、大規模な教会法令集の編纂が行われた。[63] 一〇世紀末から一一世紀には都市の学校が復興して、司教や王の役所と連携して活躍し、それに対応して法学学習も再開された。というのも、聖職者に「文書作成法」(dictamen)を教える教師は法令集を教材に用い、政治活動における法の利用を意識していたからである。イタリアでは、「法学は初期中世をとおして決して沈滞したことはなく」[64]、ユスティニアヌスの『法学体系』(*Corpus*)が注釈され、またその語彙集と詞華集が作成されている。[65] 都市には、裁判官、弁護士、書記が多数いて、学識を傾けてこれらの文書を操り、関係する訴訟において雄弁をふるい、弁護したり、判決を下したりしている。ペトルス・ダミアヌスは、こうした三学と法学との結び付きを身をもって証明している。かれは、著作中の約三〇〇箇所で法学に言及し、一〇四五年、ラヴェンナで血族関係の度合について相談に乗ったこともあった。また、かれは法学者たちと交わっていたが、同時に、聖職者たちがこの世俗的な学問にのめり込むのを恐れてもいた[66](本書三五八頁参照)。

法学学習は、ランフランクがパヴィアの学校に学び、のちベック・エルインの修道者そして修道院長になったころ、イタリアに次いでフランスでも盛んになった。『ユスティニアヌス法典』の写本は、ランフランクや、もとフルットゥアリアの修道院長で一〇三三年モン・サン・ミシェルに移ったスッポを介して、ノルマンディに入っている。[67]

四　弁証学

ラバヌス・マウルスは、『聖職者の教育』のなかで、三学の第三におかれる弁証学について、「これは学問のなかの学問で、教え方、学び方を教える」（史料40）と説明している。したがって弁証学は、中等教育の課程において優先的な位置を占めていた。しかし実際は、教師はみなカッシオドルス、イシドルスにならって弁証学を称賛しながらも、それを教えることはまれであった。かれらが弁証学に関心を持つようになるのは、八世紀から一一世紀にかけてで、それもきわめて緩慢に推移していった。[68]

先にも述べたように、六世紀の学校では弁証学は無視されていた。ただひとりその再生に取り組んだボエティウスも、当時の人々の無関心と戦わなければならなかった（本書二〇頁参照）。しかしかれの努力は徒労に終わらず、その成果として、一連の提要や注解書を後世に残した。それらは筆写され、長いこと放置されたあと、カロリング期およびそれ以降の教師たちの教材になっている。

それらの書としてまず、ボエティウスが翻訳したアリストテレスの二書つまり実体、質、量など一〇の範疇について説明する『範疇論』（*Catégories*）と、命題（肯定命題、否定命題、普通命題、個別命題）、その様相（可能的、偶有的、必然的）について論ずる『命題論』（*De interpretatione*）の二書がある。[69]それに加えて、これもボエティウスが翻訳したポルフィリウスの、類、種、種差、固有性、偶有性の五つの概念（quinque voces）を説明する『範疇論入門』（*Isagoge*）がある。これらの概念は、ある学者にとっては精神の概念であり、ある学者にとっては単なる名詞にすぎず、ある学者にとっては実体的実在であり、こうして唯名論と実在論との論争〔普遍論争〕に発展していく。さいごに、第四の教科書はキケロの『トピカ』（*Topiques*）で、それは、修辞学だけでなく弁証学の学習にも用いられた。これらの書は、いわゆる

「旧論理学」(logica vetus) と呼ばれるものを形成していた。つまり弁証学は、理性の働きを規制する合理的方法を学ぶ学問として取り扱われている。

弁証学は、たとえ論理学という限定された形のものでも、アイルランド、イギリスの学校では八世紀まで学習されていない。アルドヘルムとベダは古代の哲学についてはまったく無知で、かれらにとって弁証学者は「異端者の族長」であり、信ずる者の精神を惑わすばかりであった。[70] 弁証学が、遠慮がちに学校教育の課程 (cursus) に姿を見せるのは八世紀末のことである。

学問の復興と古代の教科書を筆写した写字生たちのおかげで、カロリングの教養人たちは、哲学を知るようになっている。そして論理学の書が、『大系』(Corpus) として編纂されただけでなく、[71] マクロビウスの『スキピオの夢』(Songe de Scipion) や、カルキディウスの『ティマイオス』(*Timée*) の訳書をとおして、プラトンの哲学も知られるようになっている。ボエティウスの『哲学の慰め』(*Consolation de la philosophie*) は、長いこと忘れられていたが、このころ人々に読まれ、注釈され、また俗語に訳されている。[72] カール大帝と友人たちも、恐れることなく哲学的思索の分野に分け入り、アルクィンは『範疇論』――かれは、これを誤ってアウグスティヌスの書であるとした――を大帝に献呈し、アリストテレスの一〇の範疇を神に適用しようとした (*De dialectia* : *PL* 102, 22)。かれの弟子フリデギススは、無、闇は「なにかであるのか、あるいはなにかの欠如であるのか」、カール大帝に説明した。[73] また同じフリデギススは、多くの哲学者にならい、魂の先在について論じ、アゴバルドの非難を浴びている (*Liber contra objectiones Fredegisi abbatis* : *PL* 104, 159)。

しかし、かれらの哲学めいた片言を弁証学の学習と呼んでよいものだろうか。アルクィンも、そのあとを継いだフリデギススも、トゥールのサン・マルタン修道院の学校で弁証学を教えたわけではない。かれらが弁証学を知ったのは、古代の哲学者の著作よりもアウグスティヌスの著作をとおしてであった。また、八世紀末とくに九世紀の神学論争において、聖職者たちが互いに用いた武器は弁証学ではなく、文法であった。アルクィンは、キリスト養子説（adoptianisme）論争のころ、一修道女に実体の概念を説明するにあたって文法における種々の定義を利用し（*Epist.* Ⅳ, p. 338）、ゴットシャルクも、『三位一体論』（*De Triniate*）において弁証学者よりも文法学者としての立場をとっている。[74] コルビーのラトラムヌスは「普遍的魂」を取り扱うにあたって、プラトン、ボエティウス、マクロビウスの著作が修道院の図書室にあったにもかかわらず、そのどれも利用していない。[75]

弁証学が学校教育の課程に取り入れられたのは、アイルランド人が渡来してからである。しかも、それは教養人の間に若干の混乱を来たさなかったわけではない。すでにアニアヌのベネディクトは、神存在の論証において、「最近の学頭とくにスコット人」が用いる三段論法には警戒するよう、弟子たちに注意している（*Epist.* Ⅳ, p. 563）。スコット人の論証をもとに普遍的魂の存在を主張したフライの修道者に対し、ラトラムヌスは反論している。[76] しかしこれも、ヨハネス・スコトゥス・エリウゲナが二重予定説に介入したときの、人々の非難に比べるとものの数ではない。

先に述べたように、ヨハネス・スコトゥスは、真理の探求には論理学こそ有効であると信じていた（本書一一三頁参照）。かれは、ランのパルドゥルスとヒンクマールに招聘され、弁証学の論証を用いてゴットシャルクの二重予定説に誤謬を明らかにした（*PL* 122, 356-440）。しかし理性の判断による正邪の決定は、ゴットシャルクの味方だけでなくその反対者にもきわめて評判が悪かった。トロアのプルデンティウス（*PL* 125, 1294）とリヨンのフロルスは、ヨハネス・スコトゥスの教説を「詭計の泥沼」、「うつろな、おしゃべりの学問」、「詭弁的な狂気」としてしか見なかった。[77] カロリング期の聖職者たちは、理性による論証を評価しうるだけのレベルに達していなかったということである。

しかし、弁証学は徐々に浸透していった。ヨハネス・スコトゥスの弟子たちは師の学風を継承し、[78] アリストテレスの『範疇論』、『範疇論入門』の写本は、オーセールのヘリックやレミギウス、サン・タマンのフクバルトによって注釈され、[79] ボエティウスの著作も依然として学習され、注釈されていった。

弁証学は、一〇世紀においても、いくつかのゲルマニアの学校で引き続き学習されていた。ガンデルスハイムの修道女フロスヴィータは、三学の第三の学問〔弁証学〕について知っていた。その証拠にかの女は、パフヌキウスが生徒たちを相手に、弁証学の用語を使って体と魂との関係を議論するさまを書いている。また同じザクセンで、コルヴェーの修道院長ボヴォ（九一六年没）は、マクロビウスがその注解書に載せている『ティマイオス』の抜粋を用いて、ボエティウスの『哲学の慰め』第三巻第九の有名な詩 O, qui perpetua〔ああ、悠久の〕を注解している。[80] またある教養人は、『ティマイオス』の訳書を用いて、世界の魂の三つの性質について説明している。[81] また『ティマイオス』の訳書は、教養人たちの間に流布していた。病床にあったある教師は、友人にプラウトゥスの著作を所望したがプラトンの著作を与えられたと不満を述べながらも、これを幸い、それを用いて喜劇詩と哲学とを対比させた興味深い書を著している。[82] ロレーヌ地方の学校でも、アリストテレスの『範疇論』やボエティウスの著作の写本が流布していた（SS Ⅳ, p. 360 ; *PAC* Ⅴ, p. 378)。一一世紀初頭、ユトレヒトのアダルボルドもまたボエティウスの書に注釈を加え、このキリスト教徒の哲学者〔ボエティウス〕と、真理を求めてさ迷う無知なプラトンとを対比している。なお、ノートケル・ラベオがアリストテレスの『範疇論』をドイツ語に訳したことも指摘しておこう（本書二四三頁参照）。

同じころ、フランスのふたつの都市学校つまりランスとシャルトルの学校では、学習課程のなかに弁証学が含まれていた。ジェルベールは、「論理学者」(logicien) ゲラヌスの名声を聞いて、ランスの学校にひかれた。のち学頭になったジェルベールは、学科の順序を変えて修辞学よりも先に弁証学を教え、「旧論理学」の四つの書を注解している（史料15)。ジェルベールの名声はゲルマニアに広まり、マクデブルクの学頭オトリクのひとりの弟子が、哲学の分類を学ぶためランスにやって来たほどである。残念なことに、かれはジェルベールの教えについて行けず、オトリックへの報告では、学校教育の伝統に合致しないような分類を書き送っている（史料16)。

哲学の分類については、古代から学者間の一致はない。[83] ボエティウスによると、哲学は理論的あるいは思弁的なものと、活動的あるいは実践的なものとに分けられる。理論哲学は三つの部門（自然学、数学、神学）を含み、実践哲学も三つの部門（倫理学、家政学、政治学）を含む。そしてこの分類法は、カッシオドルスに引き継がれている。

哲学の第二の分類はストア派から継承されたもので、それによると、哲学は三部に分けられる。〔自由学芸の〕四科の分野を含む自然学、思考の過程を規定する論理学（修辞学と弁証学）、「実践哲学」に相当し、賢慮、正義、剛毅、節制の四つの徳をもって自分および他の人々の行為を規制する倫理学あるいは道徳学である。

カロリング期にはこのふたつの分類法が、いくらか手直しされ受け入れられていた。アルクィンは三分類法に従い（*PL* 101, 952）、ヨハネス・スコトゥスは自然学、論理学、神学、倫理学の四分類法をとった（*PL* 122, 705, 778）。一方ラバヌス・マウルスは、分類法を改良しようとして、人間的学問（文学、言語学）を神的事柄から区別し、それをさらに、感覚的な現象に関する学問（歴史、自然学、天文学、機械術）と知性的本質の学問（弁証学、数・形の諸学つまり四科）に分けた[84]。

このように、教養人たちは哲学の総合体系の確立を目指して、様々な試みをした。ジェルベールは三分類法に従い、理論哲学を自然学（自然的なもの）、数学（可知的なもの intelligible）、神学（intellectibile）の三つに分けた[85]。オトリクは、ジェルベールが数学を自然学に従属させたとして非難したが、少なくとも、これを伝えるリシェールの話が事実だとすれば、ジェルベールはオトリックに反論しなかった。そのため皇帝は、九八一年一月、ラヴェンナでの大集会を好機に、両者を対決させた（史料55）。例の分類法をめぐって最初の論戦が展開されたあと、ジェルベールは、哲学の起源、世界の創造、理性的なもの（魂）と死すべきもの（肉体）との関係について、「公開講義」（cours public）を行った。討論は終日やむことなく続き、リシェールによると、聴衆はくたびれた（*Histoire* Ⅲ, 59–65）。

皇帝が討論を司会したことは、弁証学が「学芸のなかの学芸」としての位置を回復しつつあったことを意味する。教養人の君主とビザンツの女性との間に生まれたオットー二世の王子〔オットー三世〕も哲学的問題に興味をもち、たしかにこの「討論」(disputatio) に参加していた。ジェルベールはかれの哲学的質問に答えるため、九九七年『合理的なものと理性の用法について』(*Le raisonnable et l'usage de la raison*) という書を著してかれに献呈している。ジェルベールによると、人間は神の理性に与っているのであるから、理性的な存在として能力を備えているが、しかし現実には、つねに理性を用いているわけではない。[86] かれはこの書において、ポルフィリウスの考えを援用しているが、それはかれが深く傾倒していたボエティウスの書から集めたものである。かれは、図書室にボエティウスの論理学 (*Epist.* Lattin 132) や科学 (本書一八二頁参照) に関する書を収集したばかりでなく、この哲学者を生活と学問の師と仰いでいる。そしてラヴェンナの大司教に就任したあと、オットー三世に要請して、「現代に甦ったローマ世界の擁護者」ボエティウスの像を建立させている (*PAC* V, p. 474)。また皇帝の顧問になったかれは、ボエティウスと同じく、哲学の原理を政治活動に応用しようとしている。実際かれによると、哲学および理性による活動は情欲を抑え、統御する。ジェルベールにとって、激烈な苦悩における唯一の慰めは哲学であった。つまりかれほど熱烈な『哲学の慰め』の読者はいなかったということである。

ジェルベールがランスの学校を去ったころ、新たに発見されたボエティウスの『仮定三段論法』(Syllogismes hypothétiques)、『絶対三段論法』(Syllogismes catégoriques) といった書のおかげで、弁証学はいっそうの発展をとげた。これらの著作がどのような経緯を経てフランスに入ったのか不明であるが、それはフルーリ、シャルトルにもあった。[87]「三段論法の結び目を解くことに成功した」アッボは (史料14)、マルティアヌス・カペラ、アプレイウス、キケロの著作を援用してボエティウスの著作に注釈を加え、その内容に精通していたことを立証している。[88] かれはまさに、シャルトルのフュルベールが奉った「偉大な哲学者」の名に恥じない人物であった (*Epist.* 1)。

そのフュルベールは、一〇世紀に書かれた論理学の書をシャルトルで発見している (写本七一と七四)。シャルトルの写本一〇〇に含まれている論理学の提要は、かれのころ書かれたものらしい。ところで、この教科書には、『範疇論入門』

とアリストテレスの『範疇論』、アウグスティヌスの著作、アリストテレスおよび偽アプレイウスの『命題論』（*Peri hermeneias*）、キケロの『トピカ』、つまり「旧論理学」の全要素が含まれていた。その他、ジェルベールの『理性について』（*De ratione*）、さらに、注目すべきことに、先に述べたボエティウスの二書も含まれている。[89] またこの写字生は、フュルベールが生徒たちのために著した『弁証学と修辞学の相違』（*De distantia dialecticae et rethoricae*）という詩も筆写している。フュルベールは、シャルトルからポアティエに移る愛弟子に何巻かの書籍を贈ったが、そのなかには、『範疇論入門』も入っていた。シャルトルの生徒たちはみな、「第二のソクラテス」フュルベールが司教座教会のそばで展開した活気ある討論をずっと記憶にとどめていた（史料17）。そのなかには、のちトゥールの学頭になるベランジェもいたが、かれはこのころすでに、宗教問題の討論における論理学的推論の効力をよく理解していた（本書三五九頁参照）。

弁証学がフランスで足場を固め、いわば自立しつつあったころ、イタリアにおける弁証学は、いぜんとして古来の伝統に従い、修辞学と結合したままであった。「弁証学者」ドロゴの弟子であったベザーテのアンセルムスは、その『レトリマキア』においてアリストテレスの『範疇論』を用いている。またパピアスは、その語彙集において、弁証学の六〇の用語を説明している。一方、「討論」（disputatio）の技術と三段論法の用法について教えてくれるのは、ボエティウスよりもキケロである。ペトゥルス・ダミアヌスによると、あらゆる階層の人々が討論に興味を持ち、とくにラヴェンナの法学者や弁護士は、血族関係の問題について、「論証の形式を整え、小前提を設け、命題を関連づけて結論を引き出した」。しかしペトルス・ダミアヌスにとって、いっそう重大な問題があった。それは、聖職者とくに修道者が、神のみことばと理論の学とを対立的にとらえていたことである。[90] こうしてフランスと同様イタリアにおいても、弁証学は自立を認められると同時に信仰を脅かしかねなかった。

第四章　中等教育　四科（quadrivium）

一　数・形の諸学

数・形の諸学（mathématiques）とも呼ばれる精密科学の学習も、弁証学のそれに似たような経過をたどった。つまりこれらの学問は、八世紀までは無視され、カロリング期にわずかに復興し、一〇世紀後半になって再び注目されていく。古代末期の学校においてすでに、数・形の諸学は重視されていなかった。六世紀、ボエティウスは数・形の諸学に関するギリシア語の書をラテン語に翻訳し、かれがquadriviumと呼ぶこれらの学科が「英知に導く四つの道」であることを説明しようとした。しかしこの四科の古代の姿は、ボエティウス亡きあと忘れられ、六世紀から一〇世紀にかけては、「衰退」したと言われたほどである。[(1)]

実は、衰退というより新たな取り組み方が現れたのである。[(*1)] ピタゴラス派の哲学および教父たちの系譜に立つ初期中世の人々は、数に象徴的、宗教的意味を持たせていた。創造も数にもとづいて行われ、数なしにその説明はありえない。こうして人々はたえず、「知恵の書」の「あなた〔神〕は、長さや、数や、重さにおいてすべてに均衡がとれるよう計らわれた」（一一・二〇、Omnia in mensura et numero et pondere disposuisti）ということばを繰り返す。これに呼応してイシドルスも、「あらゆるものから数を取り除くと、すべてが消え去る」と言う（*Etym.* Ⅲ, 4, 4）。[(2)] このように、数にもとづく世界を解明するのが数・形の諸学の役割であるとするならば、それらの諸学はひとつの全体を形成し、個別に学習できるものではない。幾何学は線の形をとる数を示し、天文学は時の循環を教え、星座は数にもとづいている（*PAC* Ⅳ, 937, 1076）。音楽は、音と音との間隔と関係を取り扱う学問であり、算術は数意学に行きつく。このように、数・形の諸学はみな、同一のものを求めて協力し合う[*2]。

次に、数・形の諸学の学習は実践的応用を目指す。実際、数の計算ができてはじめて、典礼暦を算定できる。また音楽の基礎知識のないものは、聖歌を教えることはできない。さらに測量術（agrimensores）なしに、土地の広さはもちろん、王国の境界を決めることはできないし、また平面図を書き力の均衡を計算しないかぎり、宮廷や教会を建設することはできない。

さいごに、哲学者をもって自任し宇宙の解明に熱心であった君主たちも、四科の学習を奨励した。かつてのテオドリック大王、とくにシセブート王は[3]、天文学の知識を鼻にかけていた。またカール大帝をはじめとするカロリングの君主たちは、あらゆる自然現象に関心をもっていた。アルクィンの書簡のうち一一通は、算術とくに天文学に関するカール大帝の質問に答えるために書かれている[4]。アルクィン亡きあと、アイルランド人ドゥンガルがカールの相手になり、たとえば八一〇年の日食と月食について説明している（*Epist.* Ⅳ, p. 552）。王たちは、東方の王たちのように星占い師に頼ることはなかったが、王国の将来に影響を及ぼす天体現象を気にしていた。八三七年ルートヴィヒ敬虔王は、彗星の出現に不安をおぼえ、のちかれの伝記を著すひとりの天文学者にその説明を求めている（*Vita anonym.* 58）。それから一世紀後のオットー一世の宮廷でも、似たようなことが見られた。九六八年一二月二二日の日食は軍隊を恐怖に陥れ、王はリエージュのヘラクリウスに意見を求めている（Anselmus, *Gesta* 24 : SS Ⅶ, 201）。ジェルベールによると、オットー二世と三世は科学に強い関心をもっていた。ジェルベールは、その弟子に、カール禿頭王が所蔵していた『算術論』（*De arithmetica*）（史料56）と『事物の本性について』（*De natura rerum*）の写本を送ったが、この二書はのち他の書籍とともに、ハインリヒ二世によってバンベルクの司教座教会に寄進されている。

科学に対する君主たちの関心は、天上の世界を描いた写本、卓、織物にも示されている。八一〇年カール大帝は、暦の改定を企て、その際、黄道一二宮を描いた天文学の書を作成させた。その原書は残存しないが、少なくとも三つの写本があり、そのひとつはメッスのドロゴのむすこの求めに応じて作成されている。(5) カール大帝は、アーヘンの宮廷の銀の卓に、三つの同心円からなる地球と、惑星、恒星を描かせている (Eginhard, *Vita* p. 101 ; *Annales de St-Bertin*, 842)。一一世紀初頭、ハインリヒ二世は、正装用のマントにすべての星座を縫い取らせた。(6) それは、天文学への関心を示すと同時に、宇宙の主としての王権を誇示する意味もあった。君主たちの考えでは、このふたつには関連がある。世界をよく統治するためには、前もってその秘密を把握しておく必要があるということである。

二　幾何学と算術

一〇世紀末まで、教師たちは幾何学にはほとんど無関心であった。かれらは、エウクレイデスの『原理』(Éléments) やカペラの『言語学とメルクリウスの結婚』第六巻〔幾何学論〕の存在は知っていたが、それを活用しようとはせず、カッシオドルスやイシドルスの著作からいくつかの定義を寄せ集めていたにすぎない。

幾何学をもっとも利用したのは、建築師であった。カロリング期には多くの建築物が手がけられ、建築家は、測量師の著書や『建物および橋の基礎工事の仕方』(*Mappae Clavicula*e)(7)、とくにヴィトルヴィウスの『建築術』(*De architectura*) を参考にした。(8) アーヘンの宮廷の建築において顧問の役を果したと思われるアインハルトは、その弟子ヴッサンに「ヴィトルヴィウスの書に見られる不明瞭な語や名詞」の注釈書を送り (*Epist.* V, p. 138)、ヴィトルヴィウスによる原理は、聖遺物箱 (capsella) の製作に用いられていると、述べている。(9) ヴィトルヴィウスの理論は、カロリング期の建築師だけでなく、オットー帝のころゲルマニアの大教会を建築した人々にも影響を与えた。ヒルデスハイムのサン・ミシェル教会の構造は、その比率がヴィトルヴィウスの模型に合致しており、それだけに興味深い。この教会を建てたゴッフェラヌスはカロリング期のヴィトルヴィウスの写本を手もとにもち、また司教ベルンハルトはボエティウスの著作をもとにした『数・形の諸学の書』(*Liber mathematicalis*) を所有していたことがわかっている。[10]

一〇世紀末になると、ロレーヌ、ランス、シャルトル、カタルーニャの学校では、学頭は生徒たちに幾何学の図形を教えるようになっている。ジェルベールは、おそらくすでにリポルにいたころ、測量師の書の抜粋集を知っていた。[11] かれはボッビオで測量師たち (agrimensores) の書の写本を発見し、そこに含まれる幾何学図形を利用している (*Epist.* 8 ; Lattin 15)。またかれは、ロップの教師アダルボルドに書簡を送り、三角形の面積の求め方を説明している (Lattin 233)。幾何学に関するかれの著作は、死後まもなく、人々の間に広まり知られるようになっている。[12]

一一世紀前半、リエージュとケルンの教師たちによる幾何学の教授は有名であった。シャルトルのフュルベールのもとで数・形の諸学を学んだリエージュのラドルフは、書簡を介してケルンのラギンボルトと議論した (史料42)。そのうち九通の書簡が残っているが、そこでは、三角形の内角の和、正方形、種々のピエ〔長さの単位〕などが論じられている。[13] かれよりややおくれて、リエージュのフランコが、円積法に関する書を著しケルンの司教ヘルマンに献呈している。[14] おそらくこのロレーヌ地方〔リエージュ〕の学校から、ボエティウスのものとされる幾何学の書が筆写されたのであろう。この書は対話形式で書かれ、測量の問題だけでなく算盤の用法も取り上げている。[15]

右にあげた学者の大部分のものが、幾何学と算術は相互補完的な学問であると考えている。かれらの算術に関する知識は、九世紀以降繰り返し筆写されたボエティウスの著作と、カペラの『言語学とメルクリウスの結婚』第六巻から得たものであった。たしかに、算盤の普及といわゆる「アラビア」数字の導入は、算術の学習に長大の進歩をもたらした。[16] ミシーのコンスタンティヌスとトリアーのレミギウスにあてたジェルベールの書簡や (*Epist.* 134 : Lattin 142)、数の分類に関する著作、[17] またジェルベールの弟子ベルヌラン、ロップのヘリゲル、アッボらが著した算盤の説明書から見て、算術の知識はかなり高かったと判断して差し支えない。[18] しかし大多数の教師にとって算術とは算定法（science du comput）のことであった。

すでに初歩教育の説明において述べたように、生徒は算定法の初歩しか学ばなかったらしい。より上級の生徒は再度これを学習し、さらに専攻することもできた。若干の著作には、この難解な学科の専門家を示す語としてcomputatores〔算定法教師〕あるいはcalculatores〔計算教師〕という語が用いられている。[19] 算定法の教授は、アイルランドやアングロ・サクソンの学者たちの書、なかでもベダの『暦について』（*De temporum ratione*）を用いて行われた。ラバヌス・マウルスもそうであったが、教師たちは対話形式で教え（*PL* 107, 669-728）、算定法や天文学の内容の暗記を容易にするため、記憶用の詩を作って与えた。こうした詩が一〇〇以上、写本のなかに残されている。人々は、復活祭の移動に応じて日付の変わる祝日、月齢などを示す図表を作成し、またいわゆる百科事典から理論的、実践的な要素を集めた。算定法に関する生徒の知識については、八〇九年の史料が示すように、まじめな検討が必要である。[20]

算定法の知識は、七世紀から一一世紀にかけて徐々に発展していった。ザンクト・ガレンのヘルペリックによると、かれは生徒たちの求めに応じて著作を書き、ベダの説明を若干、修正した（*PL* 137, 119）。フランスではフルーリのアッボが、[21] ロレーヌではロッブのヘリゲルが、[22] 小ディオニシウスが提示したキリスト紀元の年代について疑問を呈している。しかしこうした修正も、伝統的教授に影響を与えることはなく、たいていの教師たちは依然として、ベダとその教えを継いだ人々の著作を用いて教えていた。

一例として、アッボの弟子であったラムゼーの修道者ビルトフェルトが生徒たちのために書いた教科書をあげておこう。[23] とくに目を引くのは、それがラテン語とアングロ・サクソン語で書かれ、算定法の説明に文法や修辞学の説明を混用していることで、これは初期中世の人々の学習態度をよく表している。ビルトフェルトは、学年暦の長さを決めたあと、話の途中で、夏至と冬至、春分と秋分、四季について説明し、四つの要素を創造した神の力をたたえ、次に一年の種々の類型

（太陽年、太陰年、閏月年）を取り上げる。そこでかれは、太陽暦年と太陰暦年との日数差（épacte）と、それに加えるべき定数（réguliers）について説明する。第二部では、時間の分類を説明したあと、横道にそれて文法にふれ、さらに文法と算定法を比較し、閏月年について述べ、土星と火星の周期を計算する。そして第三部では、復活祭の算定法について長々と述べ、遠回りして修辞学にふれたあと、文法や算定法に用いられる記号を説明し、さいごに、数のもつ象徴的な意味や世界の年代について説明する。これらの説明には図形、図表、絵が付けられているが、こうした複雑な内容の説明には、それはたしかに必要であった。

三　天文学

先述したように、君主たちは天文学に深い関心をもっていた。算定法の学習は、復活祭の算定だけでなく、ディクイルの『天文学と算定法』（*De astronomia et computo*）という標題が示すように、天文学全体を含んでいた。ヴェルギリウスやルクレティウスの著作、マクロビウスの『夢』（*Songe*）、プラトンの『ティマイオス』に注釈を加えた文法教師や弁証学教師、また、「創世記」や「ヨブ記」を注釈した聖書注解者たちはみな、宇宙形状誌、天文学の学習に取り組んでいる。他方、この天文学には迷信的な占星術の危険がつねにつきまとっていた。ラバヌス・マウルスは『聖職者の教育』（Ⅲ, 25）において、天文学と占星術は同一の学問に属するとはいえ、前者は科学的であり（星辰の運動の起源について学ぶ）、後者は一部は自然的で一部は迷信的であると述べ、聖職者たちの注意を喚起している。天文学と占星術の混在は、その語源に原因がある。astrologia〔占星術〕はたいてい astronomia〔天文学〕の意味をもち、逆の場合もある。人々を迷信から遠ざけるには、天空の現象に関する理論的な説明が必要で、イシドルスはその一例を示してくれる。(24)

天文学の学習には、ヒギヌスの『天文学』（*Astronomiques*）、アラトスの『天文詩』（*Phénomènes*）など古代ギリシアの天文学書のラテン語訳、またヴァロの著作、イシドルスやベダの『事物の本性について』、アイルランドの学者たちの提要が用いられた[25]。大抵の場合、その学習では、星、星座、黄道一二宮を列挙するだけで、複雑な計算は取りあげていない。アラトスの『天文詩』のラテン語訳で、カロリング期の芸術家の見事な挿絵で装飾された『アラテア』（Aratea）のいくつかの写本は、教科書というよりむしろ愛蔵用の書籍である[26]。より地味な写本では、絵や図表をもって星の運行、宇宙における星座の位置が説明されている[27]。

アラビアの学問の伝来とマスラマの書の翻訳のおかげで、天文学の学習は、一〇世紀末になって進歩していった[28]。天空を縮小して表示するアストロラーベが、まずカタルーニャに伝わってきた。リポルの写本二二五には、この器械の構造に関する種々の説明があるが、この写本はおそらくロベとその学校の手になるものであろう。ジェルベールは、ロベが翻訳した天文学書を入手してアストロラーベを知り、それを利用した。残念なことに、当時作製されたアストロラーベそのものはひとつとして伝わっておらず[29]、その素描で知るしかない。素描のもっとも古いものは、パリ国立図書館にある[30]。

アストロラーベは、学頭たちもその操作にやや苦労したようであるが、すぐに普及した。リエージュのロドルフはケルンのラギンボルトに、次のように書き送っている。「喜んでアストロラーベを送り、見てもらいたいところですが、そのためにはここにあるものをもとに、もう一つ作らなければなりません。もしこの器械について知りたいなら、すぐに（リエージュの）サン・ランベールにお出でください。きっと後悔なさることはないでしょう。しかしこれについてなにもご存じないとすれば、アストロラーベを見るだけでは、盲人が絵を見るのと同じことでしょう……」[31]。シャルトルのフュルベールは、生徒たちがアストロラーベに刻み込まれたアラビア語の銘文を理解できるように、主要な星座の名称をラテン語に翻訳した[*31]。ライヘナウでは、ヘルマンがアストロラーベ――かれは「ヴァルツァコッラ」（walzacholla）と呼んでいる（*PL* 143, 390-403）[32]――の操作を生徒たちにたずねられ、アラビア語からの訳とジェルベールのものとされる書を用いている[33]。

他方、ランスの学頭〔ジェルベール〕は生徒たちのために一連の球を作らせ、それについて明確な説明を残している（*Histoire* Ⅲ, 50-53）。それによると、木製の球は地球のいろいろな帯を学ぶのに用いられ、ふたつのアーミラリー天球儀は星座と星を観察するのに利用された。ジェルベールはさらに、星を観察するために遠眼鏡を考案し[34]、星の明るい夜を選んで生徒たちに星の運行を説明した。ジェルベールの球は大成功を収め、かれはこれを欲しい写本と交換している（*Epist.* 134, 151 : Lattin 142, 160）。さらにかれは、天文時計の構造について説明し（*Epist.* 153 : Lattin 161）、またそれをひとつ組み立ててマクデブルクのオットー三世に贈っている（Thietmar, *Chron.* 7, 40）。

四　音　楽

古代末期から、音楽〔理論〕（musica）と歌唱（cantus）とは明確に区別されていた[35]。音楽は四科のさいごの学科で、歌唱は、先に述べたように、実践的な学問で専門教師が教えた（本書二四七頁参照）。しかし実際には、両者の区別は曖昧で、教師たちは幾度となく音楽と歌唱の違いを指摘しなければならなかった。「歌い手と音楽学者とは、一介の読者と文法教師、肉体労働と理性的論証と同じくらい違う」とレオメのアウレリアヌスは書いている。さらにかれは、「歌い手と音楽学者の関係は、被告と裁判官のそれに似ている」とも述べている。一一世紀初頭、アレッツォのグイドは、音楽と歌唱の相違を再び取り上げ、「音楽学者と歌い手との間には大きな隔たりがある。前者は音楽を構成するものはなにかを知り、後者はそれを完成するものはなにかを知っている。ところで物事の理論を弁えぬまま実行することは、まさに動物のすることである」（*PL* 141, 405）。

したがって、音楽は書籍をとおして学ぶ学問である。アウグスティヌス、マルティアヌス・カペラ、ボエティウスは、それぞれの仕方で古代の理論家〔音楽教師〕たちの教えを取り上げた。それによると、音楽には三つの部門がある。宇宙の音楽、声による音楽、楽器による音楽である。音楽の法則は神的なものであり、客観的なものである。人は、天空における音楽的な運動と声楽や器楽との関連を知らなければならない。地球と七つの星座によって生じる天空の八つの運動に対応して、八つの地上の調がある。[36] われわれはどこでも、フロスヴィータの演劇においてさえ、[37] 理論家の教えの名残を見ることができる。

カロリング期の教師たちの最大の功績は、古代の理論を再生させ、以後数世紀にわたって音楽教授の基礎となる、確かな著作を提供してくれたことである（史料43）。[38] 八五〇年ごろ、レオメのアウレリアヌスは、「音楽理論」（musica disciplina）の基本的要素を六章にまとめた。[39] その少しあと、マルティアヌス・カペラの『言語学とメルクリウスの結婚』の第九巻〔音楽論〕が再認識され、またボエティウスの著作の研究が進むにつれて、音楽教授はいっそうの飛躍をとげた。八七五年から九〇〇年にかけて、サン・タマンのフクバルトの『もうひとつの音楽』（*Alia musica*）、[40]『音楽論』（*De musica*）、[41] またプリュムのレギノの『韻律論』（*De harmonia*）[42] のおかげで、音楽理論の学習は学校教育に浸透していった。[43] もっとも愛読され筆写された著作は、たしかにランの学校に近い人の手で書かれた『音楽提要』（*Musica Enchiriadis*）で、五〇以上の写本が今も残っている。この書において、のち大きく発展していくポリフォニー（organum）の最初の理論が登場する。この著作は、一世紀以上にわたって、すべての音楽学者にとり古典的な書であった。

九世紀末から一一世紀にかけて、音楽は、四科を教える学校ならどこでも教授されていた。ザンクト・ガレン、ライヘナウ、リエージュ、[44] フルーリ、シャルトル、ランスの学校においてそうであった。先述したように、一絃琴を用いて教えたジェルベールは（本書二四九頁参照）、書簡や著作において、ボエティウスの『音楽論』（*De musica*）を注釈している（Lattin 4, 5）。[45] オルガンの管の寸法に関する著作は、ジェルベールの弟子ベルヌランのものとされて来たが、実はジェルベール自身の手になるもののようである。[46] フュルベールの弟子ヒルデガリウスとシゴは、ポリフォニーの学習に取り組み、[47] ライヘナウのベルノとヘルマンは、音楽理論の研究とともに歌唱の教授にもあたっている。[48] リシェールの意見に反対するようであるが、イタリア人は音楽を知らなかったわけではない（*Histoire* Ⅲ, 44）。これまでクリュニーのオドのものとされてきた『音楽に関する対話』（*Dialogue sur la musique*）は、ロンバルディアの一修道者によって書かれたものであり、[49]一〇三〇年ごろには、イタリアの教師たちのなかでもとくに有名なアレッツオのグイドが、かつて修道者たちが取り組んだ音楽研究を再び取り上げている。[50]かれは、新しい音楽理論の創案者というよりすぐれた教育者であり（本書二五〇頁参照）、普通、『概要』（*Micrologus*）と呼ばれているかれの『音楽論』（*De disciplina artis musicae*）は、すべての音楽学習の基本書となっていった。

五　医学

自由学芸の四科には、医学も加えなくてはならない。[51]実際、医学は単なる実験科学ではない。セビリャのイシドルスによると、医学は「第二の哲学」であり、その職業に万全を期す医者は七自由学芸に通じていなければならない（*Etymol.* Ⅳ, 13）。こうして初期中世の教師たちは、四科の学習課程（cursus）に医学も加えている。たとえばカロリング期のある教師は、詩文をもって七自由学芸を紹介しつつ、八番目の詩節で医学を取り上げている（*PAC* Ⅰ, 408）。[52]

医者は、重要な人物と見なされていた。君主、司教はみな、七世紀までは俗人の医者を、それ以降は聖職者か修道者あるいはユダヤ人の医者を身辺においていた。修道院も、それぞれ医者をひとりおくことを義務づけられていた。大修道院には、修道者や外来者のための診察室も設けられていた。たとえば、ザンクト・ガレンの平面図では、病人用の炊事場、沐浴室、また瀉血や便通のための部屋を備えた一画があり、その周辺には薬草園もあった。サン・ドニ、サン・タマン、コルビー、ランス、サン・ヴァー、トゥル、ファルファ、ザンクト・ガレンの修道院にも医者がいた。[53]

またイタリアでは、東ゴートまたビザンツの支配下においてなお組織されていた公の医学教授は、七世紀以降は行われていない。幸いにしてカッシオドルスだけは、一連の医学書を集めて医学大全を作っている。[54] こうして、ヒッポクラテスやガレノスの著作はもちろん、オリバシウス、カエリウス・アウレリアヌス、マルケッルス・エンピリクス、ディオスコリデスの著作が保存され、中世の教養人たちに権威あるものとして注目されていった。

カロリング期の学校でも、医学は教授内容に含まれている。勅令によると、聖職者は医学を学び、子どもたちにも教えなければならない（*Capit.* I, p. 121）。ラバヌス・マウルスも、聖職者には種々の薬剤に関する知識が必要であると、考えている（*De instit. clericorum* III, 1 : *PL* 103, 377）。したがって図書室の蔵書目録、とくに現存する写本からもわかるように、医学書も筆写されていた。九世紀から一一世紀にかけて、一五八の医学関係の写本が作成されたことがわかっている。またこのころの一一八の写本がフランスの図書館に所蔵されている。[55] カロリング帝国における重要な医学学習の中心は、ロアール川以北ではラン、ランス、コルビー、サン・タマンに、ゲルマニアではザンクト・ガレンとライヘナウにあった。ランには、とくに注目する必要がある。そこでは、スコット人のマルティヌスやヨハネスが他の学問と同じく医学に関心を寄せ、マルケッルスやオリバシウスの著作を筆写させ、注釈を加えているからである（*Ms* 420, 424）。司教パルドゥルスは、かなりの医学知識の持ち主で、ランスの司教ヒンクマールを診断している。[56]

医学書は一〇世紀の間ずっと筆写され、八二の写本がこのころのものとされている。[57] 一〇世紀末から一一世紀初頭にかけて、フランスやイタリアでは医学の学習が再び盛んになっている。ランスでは、ジェルベールは医学は教えなかったものの、医学に関する写本を取り寄せている（史料29と45）。かれの弟子リシェールは、その『歴史』のなかで、話のついでに著名な人物の病気にふれている。かれは、医学を深く学ぶため、聖職者へリブランドがヒッポクラテスの『箴言』を教えていたシャルトルに赴いた（本書一八三頁参照）。シャルトルの学校は、医学を専門的に教えた最初の都市の学校で、[58] ソラヌス、ガレノス、ヒッポクラテスの写本のほかシャルトルの聖職者たちが書いた著作が、シャルトルの司教座教会とサン・ペール修道院の図書室にあった。フュルベールと学生たちは、これらの著作をもとに医学上の諸問題を論じ、書簡による質問に答えている（*Lettres* 24, 47, 48, 82）。

リシェールは、すでに有名であったサレルノの医学校を最初に紹介したひとりであるが、かれはその『歴史』のなかで[59]、九六六年ルートヴィヒ四世の宮廷にいたサレルノのひとりの医者がアミアンの司教デルゥと激論を戦わせた、と述べている（史料44）。サレルノの医者たちが用いていたのは、ノナントラ、ラリーノのサン・ベノアの写本、とくにカッシオドルスの医学大系を所有していたモンテ・カッシーノの写本であった。早くから医学に興味を持っていたアルファーノは、モンテ・カッシーノで研鑽を積み、コンスタンティノープルに滞在したあと、エメサのネメシウスの著作を翻訳している。のちサレルノの司教になったかれは、アラビアの医学書の翻訳をたずさえてカルタゴから渡来した、アフリカ人コンスタンティヌスを迎え入れている[60]。コンスタンティヌスはモンテ・カッシーノに隠退したあと、アルファーノや修道院長デシデリウスの勧告のもとに、八巻からなる医学書を著し、とくにペルシア語の百科全書を『パンテクネー』（*Pantechne*）として翻訳した。

初期中世の医学教授はどのようにして行われたのであろうか。医学に取り組む学生は、イシドルスが勧告しているように、三学と四科に通じていなければならなかった。学生は、人間の本性を大宇宙全体のなかに位置づけることができ、また体と魂の形成に関する種々の理論に通じていなければならないからである。パリに現存する医学の写本（*BN* 4883）には、聖ルカがヒッポクラテスのいくつかの思想に反論したとされる一通の書簡と、魂の起源をめぐるプラトンとアリストテレスの対話が含まれている。学生は、人間の四種類の体液、四種類の年齢、四つの風、四つの季節の相互関連を知っていなければならない。そのため、かれらは一覧表と略図を用いたが、それは、今もいくつかの写本に残っている[61]。また学生は、イシドルスの『語源誌』（11, 1）その他の提要をもとに、人体の各部の名称を学び、教師はお決まりの問答集を用いてかれらの学習の成果を確認した。また問答体で書かれた、『質問書』（*Liber interrogationis*）、『医学問答』（*De interrogatione medicali*）、『医学書簡』（*Epistola de disciplina artis medicinae*）、『治療入門』（*Isagoge in artem medendi*）

といった一連の入門書が今も残っている[62]。

　こうした一般的な医学学習のあと、学生は病気と治療法について学んだ。かれらは、記憶用の詩文を暗誦しながら病名を記憶し[63]、語彙集を用いてギリシア語の医学用語をラテン語訳で学び[64]、一覧表を用いて、日常の発熱、三日、四日ごとの発熱の区別を学んだ。かれらはまた、瀉血に適した日の選定と実践とを学び（*PL* 90, 959）、さらに、薬の調合法なども習得した。

　婦人科、産科を専攻するものは、ソラヌスの著作とそれを要約したモスキオンの書を用いた。ソラヌスの書の写本のひとつがブリュッセルに残っているが（no 3701-15, fol. 27, 28）、そこには、胎児の様々な姿勢を示す挿絵がある[65]。外科を学ぶためには、外科手術と器具の説明図を描いた書があった[66]。医学のもうひとつの部門は、薬草の効能に関する知識で、そのためにはアプレイウスの『薬草誌』（*Herbarius*）や、若干の写本では挿絵を含むディオスコリデスの『雌草』（*De herbis femineis*）[67]が用いられた。ワラフリド・ストラボは、これらの書をもとに、植物詩『薬草園』（*De hortulo*）を書き（*PAC* II, 335-350）、またイギリスでは、一〇世紀に『薬草誌』が土地のことばに翻訳されている[68]。

　一方医者は、食餌療法の原理も学んだ。すでに六世紀の医者アンティムスは、メロヴィング王ティエリに『食餌療法』（*De observatione ciborum*）という書を献呈している[69]。この書は、幾度となく筆写され、衛生上の種々の処方を書き加え補完されている。医者は治療にあたって、月齢と、それが治療に及ぼしうる影響について知っておく必要があった。そのためには『病気と月』（*De luna in aegritudinibus*）といういくつかの一覧表があり、相互に補足しつつ筆写されていった[70]。同じ目的のために、ヒッポクラテスのものとされる一通の書簡をもとに、あるいは水薬の投与を控えるべき日を決めたベダの偽書（*PL* 90, 955）をもとに、エジプトの日〔厄日〕の一覧表も作成されている[71]。

　キリスト教徒の医者は、一連の薬や解毒剤を用いると同時に、マルケッルス・エンピリクスから借用したりあるいは自分で考案した病気治療の呪文を唱え、それをいささかも疚《やま》しいとは思わなかった。こうして初期中世の写本には、医学と魔術による病気治療の処方を収録した『病気を追い出す歌』(*Carmina ad morbos*) が多数あるが、これについては、後述することにしよう (本書三四七頁参照)。さらに、病気の結末を知ろうと思うものは、ピタゴラスの円環と呼ばれるものや、ペトシリスの球、あるいは四角形 (tétragones) といった図形を参照した。かれらは罹病した太陰暦 (月齢) の数と病人の名前の字数を組み合わせて数を出し、それを図形の数と比べて病気の結末を予測した。それは明らかに、医学ではなく魔術に属するもので[72]、オルレアンのヨナスはこれを非難している (*De instit. laicali*, II, 14)。

六　高等教育の始まり

学習期間の大部分は、三学と四科の学習にとられていたが、教師たちによると、それは他の学問への導入にすぎない。その学問とは、当時の用語によると、外的、世俗的、地上的学問とは対立する「聖学」(sacra disciplina)、「霊的な教え」(doctrina spiritualis)、「神的学問」(divina scientia) で、聖書をもとに神の神秘に到達させる学問であった (史料49)。つまり人間は自由学芸という凡俗な学問から出発して、「知的教育の頂点」(culmina litterarum) (Alcuin, *De grammatica* : *PL* 101, 854) を目指さなければならない。

文法教師が教える文彩や転義その他の文飾を知らずして、どうして聖書を解釈できようか。こうした問題を提起したカール大帝とアルクィンは (史料10)、ベダの『聖書の概要と転義』(*De schematibus et tropis sacrae scripturae*) の内容を繰り返しているにすぎないが、そのベダは、アウグスティヌスの教えを受け継いでいる。キリスト教徒の聖書注解者は、ユダヤ教徒の聖書注解者と同じく、文法上の語の構成と事物のもつ抽象的内容との、類似を強調した[73]。ラバヌス・マウルスは『宇宙論』(*De universo*) において、ことばの特性と存在するもののもつ神秘的意味を追究している。こうして自由学芸は、聖書の解釈に役立つことになる。アルクィンはフリデギススに対し「算術論」(ratioones arithmeticae) は

「神の書」(divina scriptura) の解釈に不可欠であると指摘し（*Epist.* IV, p. 239)、ヒンクマールは、「詩編」一〇三の注釈において、鳥、植物、木にくわしい「自然学者」(physici) の学識を援用している（*Epist.* V, p. 168)。このように、自由学芸は聖書学習のための予備課程であるというのが、すでに確立された伝統的な見方であった。

とはいえ、聖書は自由学芸学習のあと教授されたわけではない。ラバヌス・マウルスは、「聖書の瞑想」(meditatio sacrarum scripturarum) と「文学〔文法〕の訓練〔学習〕」(exercitatio litterarum)（*PL* 111, 11）とを、同時に進めたと述べている。すでにある学者が指摘しているように、「教師は、自由学芸を聖書学習に適用するというより、むしろ必要に応じて自由学芸を学習させていた」。[74] 聖書注解の方法は、俗学の〔文法〕学習方法と同じである。正確に校訂した文書をもとに、提要を利用しながら文学的注釈を加え、時には、学生を討議に誘い込んだ。次に、こうした高等教育の仕組みについて検討しよう。

まず、取り扱う文書を正確に校訂する必要があった。八世紀中葉、聖書はひどく混乱していた。聖書の各書の順序はまちまちで、大多数の写本には「詩編」、福音書、知恵文学の書しかなく、しかも「七十人訳」(Septante) や「古ラテン語訳」(Vetus latina) といった古い訳が、ヒエロニムスの「ヴルガタ訳」(Vulgate) と混在していた。まずコルビーのモードランが、七七八年以前に最初にその整理に手をそめた。その後、「カトリックの書籍を精密に校訂せよ」というカール大帝の要望に応えて、再び聖書の整理が行われた。アルクィンは、トゥールのサン・マルタンの修道院長に任命されたころ、聖書の校訂を委託され、八〇〇年にその仕事を終えている。[75] テオドゥルフも、ヘブライ語聖書により近い聖書の翻訳を計画したが、実現できなかった。詩編集は、毎日、聖務において読まれ歌われていただけに、とくに入念に校訂された。リウトゲル（八〇九年没）は、ベネディクトの会則を筆写するためモンテ・カッシーノを訪れ、ヒエロニムスがローマで校訂した詩編集の写本を持ち帰った。修道者たちには、正真正銘の聖書をもって祈ってほしかったからである（*Vita Liutgeri*, éd. W. Diekamp, p. 185)。セドゥリウス・スコトゥスはギリシア語聖書をもとに、リヨンのフロルスはヘブライ語聖書をもとに、詩編集を校訂している。[76]

教師は、学生の聖書注解を助けるため、聖書注解の提要を指示した。その第一は、アウグスティヌスの『キリスト教の教え』(*De doctrina christiana*) であった。この書は、一時、忘れられていたが、カロリング期に入って再び筆写され愛読されて、多くの成果をもたらした。[77] 次に、カッシオドルスの『聖・俗学教範』(*Institutiones*) の第一巻がある。そこでカッシオドルスは、かれが言う「案内人」(introductores) つまり聖書解釈の原則を教える著述家と、「聖書注解者」(expositores) すなわち聖書を注解した教父たちとを紹介している。なお、この「案内人」には、イシドルスの『語源誌』の第六巻つまり「教会の書籍と聖務について」(De libris et officiis ecclesiasticis)、ベダによる聖書の語彙集、また『旅案内』(*Itineraria*) に含まれる聖地に関する説明も含まれる。[78] 他方、数の寓意的解釈つまり数意学は、セビリャのイシドルスの『数論』(*Liber numerorum*) をもとに行われている。[79]

聖書注解の仕事はすべて、教父たちの解釈にもとづいて行われた。ザンクト・ガレンのノートケルは、サロモンにあてた書簡のなかで、新・旧約聖書の各書をあげたあと、図書室の蔵書からそれぞれの注解書をあげている（史料50）。なかでも、アウグスティヌス、ヒエロニムス、アンブロシウス、大グレゴリウスは聖書注解の四大柱石とされている。オリゲネスは忘れられたわけではなく、[80] また、「全世界を照らすべく神が西方に出現せしめた新しい太陽」ベダのような、新しい注解者も取り上げられている。しかし教父たちの著作は莫大な量にのぼり、実際に用いられたのは、それらの詞華集であった。たとえばアウグスティヌスの著作については、エウギッピウス、ハドアルドによる詞華集があり、[81] グレゴリウスの著作についてはラトサン、パテリウス、タイオ、オドによる詞華集があった。[82] また教父たちの著作から一定の主題ごとに文章を集めた、引用文集も作られた。たとえばイシドルスは、かれの『命題集』(*Sententiae*) において、神、天使、キリスト、徳、罪を取り扱う教父たちの文章を集めている (*PL* 83, 537-738)。カロリング期においてヘモンはジェロヌのギヨームに、同じような方法で編集した著作を贈っている。[83]

聖書の内容はきわめて豊かで、いろいろな意味に読み取ることができる。そのためオリゲネスや教父たちが用いた聖書注解の原則が、初期中世においても採用された[84]。しかし、すべての聖書注解者が同じ方式を用いたわけではない。あるものは当時なお読者を持っていたティコニウスの七つの規則に従い[85]、より多くのものは、歴史的、寓意的、道徳的な三つの意味を聖書に求めた。さらに若干のものはこれに加えて、可見的な事物との類比をもとに不可見的なものを知ろうとした。つまり聖書はまず初心者が取り組むべき事実（historia）を示し、その事実から人々は正しい行動（moralia あるいは tropologia）を学ぶのである。人々はまた、聖書における物語を霊的、比喩的に解釈することによって自分の信仰を確認し（allegoria）、天上のエルサレムへの希望をかき立てられた（anagogia）。

聖書注解は、〔古代の文法教授における〕古典の注解と同じく、難解な箇所を解説するという形で行われ、あとでそれを編纂した。ラバヌス・マウルスは、かれの聖書注解を学生たちに読んで聞かせる人々に対し、注解の各部がだれの手になるものかを明確に示すため、注解者の名前を明らかにするように求めた（*PL* 111, 1275）。かれは、「マタイによる福音書」の注解において（*PL* 107, 729）、自分自身の注解に記号をつけ、その記号も筆写するように命じた。かれの弟子ワラフリド・ストラボは、師の仕事を継続している。しかし、かれはかつて考えられていたように、『標準聖書注解』（*Glossa ordinaria*）の著者ではない[86]。

聖書注解では、以前と同じく、種々の疑問が提起され、『疑問集』（*Questiones*）として編纂された[87]。たとえば、アルクィンは「創世記」について二八〇の疑問とその解答を示し（*PL* 100, 516-570）、トリノのクラウディウスはプサルモディの修道院長が寄せた三〇の疑問に答えている（*PL* 104, 624）[88]。

初期中世の聖書注解者たちは、参照する提要その他を手元に所有していたが、しかし独自の著作を書こうとはしなかった。かれらは概して、教父たちの著作をたいていは簡略化して、剽窃した。たとえばアルクィンは、アウグスティヌスの『ヨハネ福音書注解』は難解であると訴えるギゼラのために、それを要約したものを著している。名実ともに聖書注解者と言えるのは（『ヨハネ福音書注解』を著した[89]）ヨハネス・スコトゥス・エリウゲナ、説教のための聖書注解を行ったパスカシウス・ラドベルトゥス（*PL* 120, 31）、スタヴロのクリスティアンなど、ごくわずかである。[90] 聖書学習は、真の意味での神学研究には結びつかなかった。キリスト養子説、救霊予定説、魂の起源をめぐる大論争において、教養人たちは「権威者」の文章を引用し、慎重に並べるだけであった。先にも述べたように、ヨハネス・スコトゥス・エリウゲナだけが、これらの論争において理性に訴えた。つまりスコラ風の中世神学の歴史は、実際には一一世紀に始まるのである。

第Ⅳ部　俗人の教育と教養

初期中世における学校と教育の歴史は、人口のほぼ全体を占める俗人の教育を抜きにして完結することはありえない。初期中世社会のような神中心の社会において、俗人は重要な役割を果しながらも、その社会的地位は二流であった。人々は、「申命記」の「牛と驢馬とを組にして耕してはならない」(二二・一〇)ということばを、この意味にとっていた。俗人は、俗事への関与を許されない人々とは異なり、俗世間に住む。[1] かれらは、霊的な人々に生活の糧を提供する肉的な人々であり、物的富を所有し、肉体労働にたずさわる。かれらは、天使的状態に達することはできず、結婚を許されている。かれらの第一の義務は、司祭たちを尊敬し、その勧告を守ることにある。つまり「説教で言われたことを守るのが、俗人の務めである」(Laicorum est oboedire praedicationi)(Alcuin, *Epist.* Ⅳ, p. 351)。というわけで、聖職者と、神から聖別され宗教的使命をもって俗人の上に位置する王だけが、民衆を教育する立場にあった。

とはいえ、すべての俗人を十把一からげに取り扱うわけにはいかない。かれらは、一般大衆と有力者(optimates, primates, potentes, majores)とに分けられる。後者は、特別の責任を負わされ、子どものころからその遂行に向けて教育された。まずこの有力者の教育から始めることにしよう。

第一章　貴族の教育と教養

ゲルマンの諸王国における貴族は、ローマ系にせよゲルマン系にせよ、子どもには貴族階級にふさわしい、しかも輝かしい未来を約束する教育を受けさせようとした。イタリア、スペイン、ガリアの「元老院議員階級」は子どもを学校に送り、学校が残存しない地方では自分で教育した。一方、ゲルマンのかしらたちは、スポーツや道徳の教育を優先させたが、宮廷の影響もあって、徐々に文学的教育を受けさせるようになっていった。(1) こういう流れのなかで八世紀の重大な危機が訪れ、俗人の教養を全面的に衰退させたのである。

フランクの君主や教会の手で再建された社会において、俗人の貴族は軍事力と富に秀でていた。しかし力も富も、最高の審判者〔神〕の前には取るに足りないものである。教会が決めた性道徳をほとんど守らない俗人の夫は、まともな夫婦生活を送る人々、また結婚を辞退した人々〔聖職者、修道者〕とともに天国に座を占めることができようか。戦さを務めとし、それに伴うあらゆる残虐行為を許容するような俗人は、どうすれば救いを全うすることができるだろうか。だれが、その方法を教えてくれるだろうか。アクィレイアのパウリヌスは書いている。「俗人は、大きな悩みを抱えている。かれらは言う。聖書の朗読を聞いたり、司祭と交際したり、教会に助けを求めたり、そうしたことは、わたしにとってどうでもよい。わたしも聖職者であったなら、聖職者のなすべきことはする」(*PL* 99, 240)。アルクィンの書簡によると、俗人のあるものは地上の仕事に取り紛れ、天国の門をくぐることができないのではないかと恐れていた（*Epist.* Ⅳ, p. 464)。したがって、聖職者は俗人を安心させ、かれらが、現世においても来世においても特恵の「身分」(ordo) ――この語は、八世紀中葉に現れる——におかれ、ひとつの集団を形成していることを意識させる必要があった。[2] しかし修道者や司教座教会参事会員が文書による規則に従って生活しているように、俗人もまた、文書による明確な指針をもたなければならない。こうして、八世紀後半から九世紀にかけて、『鑑』(Specula)と呼ばれる書が多数、著された。

一　『鑑』

『鑑』のような類の書の歴史はきわめて古く、どの文明においても、父が子に、王が後継者に与える教訓という形で、あるいは「作法書」(traités de bonnes manières)として存在し、知られていた。[3] カロリングの王たちは、こうしたゲルマン固有の、また古代世界の伝統を取り入れている。まずケルトやアングロ・サクソンの島々からは、地方語による教育書が入ってきた。たとえば、『エクセター・ブック』(*Exeter Book*)にはコルマク王が王子に与えた『勧告集』(*Conseils*)、キュシュランの『教訓書』(*Instructions*)、『息子に対する父親の一〇の教訓』(*Dix instructions d'un père à son fils*)が含まれている。[4] 他方、教養人たちは、セネカがネロのために書いた『寛容について』(*De clementia*)、トラヤヌス帝の『称賛演説』(*Panégyrique*)、エピクテトスやハドリアヌスの『対話』ももっていた。[5] 聖書自体が『鑑』であり、[6] 聖職者は、とくに旧約聖書を利用した。古代、さらに六世紀の著作がなおストア的な倫理観を持っていたのに対し、カロリング期の『鑑』は、旧約聖書による道徳を提示した。このことは、七世紀後半以降、歴然としている。ブラガのマルティヌスの『提要』(*Manuel*)および『教育書』(*Institutionum disciplinae*)(史料62)[7] と、ある司教がメロヴィングの君主にあてた教訓書簡とを比較してもらいたい(史料53)。そこに見られるのは、弟子に語る教師ではなく、君主に対し危うきに近寄らず義務の遂行に励むように勧告する、預言者としての聖職者である。司教は、「知恵文学の書」(旧約聖書の「箴言」、「コヘレトの言葉」、「雅歌」、「知恵の書」、「シラ書」など)と「列王記」をもとに、王の理想像を描いて見せる。ややおくれて、カロリングの人々も同じ方法を用いたのであった。

カロリング期のイギリスの島々の出身者で、書簡や著作の形で『鑑』を書いた最初の人物はアルクィンである。かれは、マーシア、ノーサンブリアの君主たち、またカールの子、さらにカール大帝自身に、勧告の書簡を送っている。[8] アルクィンはまた、ブルターニュ伯ギーのために、『悪習と徳について』(*Traité sur les vices et les vertus*) を著したが、それはすぐ古典として取り扱われた。[9] アルクィンのあと、散文や詩文による『鑑』が多数、著された。ルートヴィヒ敬虔王は、スマラグドゥスから『王の道』(*Via regia*) を贈られ、ラバヌス・マウルスからはふたつの著作を献呈された。[10] アキテーヌのピピン二世は、「黒人」エルモルドによる道徳に関する一四の長短短格の詩 (PAC Ⅱ, 92) と、とくにオルレアンのヨナスの『王の教育について』(*Liber de institutione regia*) を贈られた。[11] かれの兄弟カール禿頭王は、若いころフェリエールのルプスの長大な書簡の恩恵を受け (*Epist*. 3)、その後ヒンクマールにふたつの『鑑』を求めている。[12] ランスの大司教は、ルートヴィヒ吃音王の登位を祝ってひとつの教訓書を著した。王の夭折後は、遺児たちの教育を引き受け、かれらのために『宮廷の秩序』(*De ordine palatii*) を著し、またカール肥満王には書簡を送って忠告を与えた。[13] さいごに、セドゥリウス・スコトゥスは、ロタール二世のため『キリスト教徒の支配者』(*Liber de rectoribus christianis*) を書いた。[14]

これら君主たちの『鑑』について、ほとんどの研究者はそれを政治的な著作として受けとめてきた。[15] 実際そこには、聖なる役務としての王権の行使、王権と司祭職との関係、宗教的権威の優位性に関する聖職者の考えが述べられている。しかし著者が眼中においているのは若い君主たちで、そのためかれらは政治的考察を展開しつつも、謙遜、富の軽視、祈り、貞操など、宗教的要素についても一連の勧告を与えている。こうした勧告は、王家に属さない貴族たちの『鑑』にも見られる。貴族たちは、伯領における義務を遂行し、平和と一致を保たせ、正義を確立し、すぐれた顧問を身辺におかなければならない。たとえばアクィレイアのパウリヌスは、フリウルのエリク公に『勧告書』(*Liber exhortationis*) を贈り (*PL* 99, 197-282)、「キリストの戦士」(miles Christi) の理想は、武器と領民の統率とをもって魂の救いを確保することにあると説いている。したがって、二種類の『鑑』を峻別することは困難である。

俗人向けの『鑑』では、まず、オルレアンのヨナスがマトフリド伯にあてたものが注目される。かれは、三巻のうち一巻をキリスト教的結婚にあて、「正しい夫婦生活」のあり方について説明している。(16) 性道徳については、それまで贖罪規定書だけが、それも否定的な仕方で取り上げ、姦通、強姦、種々の性的倒錯を繰り返し非難していたが、ヨナスは一歩進めて、聖書や教父の著作をもとに、妻とは欲望のままに交わりうるとする当時の自然主義的な考え方に反対した。かれによると、性行為はいつでも、気ままになされるべきではなく、宗教祭儀の盛んな時期には控えなければならない。またヨナスは、ゲルマンの慣習である一夫多妻を非難し、離縁、離婚に反対し、結婚における男女の平等を主張し、子どもの教育について勧告を与えている。(17) このように、ヨナスは、教会の伝統を忠実に守りつつ、教育者に役立ちそうな一連の文書を集め、これに新風を吹き込んだ。つまりかれは、教会の発足当初から人々が修道制における童貞、処女性を称賛するあまり軽視してきた、結婚生活の復権を図っている。

カロリング期の第二の『鑑』を書いたのは、聖職者でも男性でもなく、俗人の一女性であり、このことはより綿密な検討を要する。セプティマニアのベルナールの妻ドゥオダは、カール禿頭王の宮廷に出仕したばかりの一六歳の長子ギヨームのために『提要』を著した。夫の意志でユゼスにとどまらざるをえなかったドゥオダは、ギヨームの「託身」(commendatio)を祝い、若者が自分の姿を映す鑑ともなる書を著して、送った(史料63)。かの女は、かれがこの小著を読み、また、その弟——第二子は、受洗前にドゥオダから引き離され、かの女は名前さえ知らなかった——が話を交わし、読み書きができる年頃になったならば、それを読ませるように求めている。

かの女はまず、数章にわたって神、三位一体、対神徳について説明し、次に父親、君主、王の顧問、また司祭、司教に対し、かれらが聖なる人物であれ凡庸なものであれ、敬意を表すべきことを勧め、次いで徳と悪習について述べ、とくに貞潔を強調する。またギヨームが、聖霊の七つの賜物を授かり、至福に至る八つの方法を身につけ、完徳の一五段階を昇るように勧める。ドゥオダはまた、かの女自身と夫、司祭、司教、王、故人となった先祖——その名を列挙している——のため絶えず祈るように求め、さいごに、詩文をもって『提要』の内容を要約し、また自分の墓碑銘をあげたあと、詩編集の歌い方をかいつまんで教示している。(18)

ドゥオダの『提要』は、それまでの『鑑』に共通の主題を数多く取り入れているが、一方、はるかに個性的である。この小著は母親の姿を映す書であり、また遠方に住む子どもに書き送った母親の、いわば霊的遺書である。またドゥオダは、自分の生涯にまつわるいくつかの出来事をあげ、その点、この『提要』は他の『鑑』とは異なり、自叙伝のような性格をもっている。さらにこの貴族の女性は、人並み以上の教育を受けており、その教養の要点を子どもに伝えようとしている。こうしてこの『提要』は、九世紀中葉における俗人女性の聖・俗両面にわたる教養を概観するのに恰好の書である。

一方われわれは、これらの『鑑』をもとに、当時の貴族の理想像を描くことができる。貴族には、力、正義、君主に対する忠誠、貧者の救済といった特性が求められる。またその武勇は神と教会のために用いられるべきもので、こうして聖職者、俗人という二分化の社会に代わって、九世紀末には、祈る人、戦う人、働く人という三分化の社会が出現し、これは中世をとおしてずっと維持されていった。(19)したがって、カロリング期に俗人貴族の地位の向上があったと言われるのも当然である。

第二に注目したいのは、『鑑』の著者が、俗人に対し、聖職者、修道者と同じような宗教的生活を求めていることである。俗人は、道徳生活を改め、贖罪のわざに励み、聖務を唱え、また聖書も読まなければならない。したがって俗人は宗教的教養を身につけなければならず、そのため、少なくとも初歩的な文学教育が不可欠で、子どもを真の貴族に育てようと思う親は、こうした教育をなおざりにしてはならない。その点では、九、一〇世紀の聖人伝は、たしかに『鑑』であった。そこには、「かれは、貴族にふさわしい教育を受けた（ut nobilium filiis fieri solet）」とか、「かれは聖職者の手に託されたが、それは、聖職者にしてもらうためではなく、貴族にふさわしい文学的教育を与えてもらうためであった」という表現が頻出する。[20]

二 貴族の教育の手段

家庭

貴族の子どもは一般に、家庭で（in domo paterna）教育された。オーリャックのゲラルド、ゴルツェのヨハネス、スタヴロのポッポン、マントンのベルナール、フルーリのアンドレ、アンダージュのティエリ、ノジャンのギベールなどがそうであった。[21] 初歩教育を与えるのは、たいてい父親よりも母親であった。聖人伝作者たちが不満げに述べるところによると、父親は、「一二歳まで馬に乗ったこともなく、学校しか知らないものは聖職者にするしかない」[22]という格言をたてに、子どもにまず体育を与えようとした。狩猟によるスポーツ教育、隣人の土地の収奪、決闘は、騎士教育の一部をなしていた。この点について史料は寡黙であるが、それは、すべての若者が実践していることをことさら取り上げるまでもなかったからである。また取り上げるにしても、それは、修道生活に召されている子どもを引き留めようとする父親に警告を発するためであった。[23]

親は、子どもが成長し、その教育が手に余るようになると、これを聖職者に託した。それは館付きの聖職者であったり（*Vita Odonis* : *PL* 133, 43）、あるいは外部から雇い入れた教師であった。九世紀に書かれた『聖ヴァレリウス伝』によると、この若者は、ある教師が近所の貴族の子弟を教育していることを伝え聞き、その教師にアルファベットを書いてもらい、読み方を教えてくれるように頼み込んだ（*SRM* Ⅳ, 160）。一一世紀のノジャンのギベールの母親は、ひとりの聖職者が近くの館に雇われて来たのを知り、より高額の謝礼を出して自分の館に引き抜いた。ギベールによると、この教師は凡庸で、教え方は乱暴であったが、「その徳は知識の欠如を補っていた」[24]。時として、女性に教授を依頼することもあった。たとえば、若いころのバルドン（一〇五一没）は、フルダの修道院に送られるまえ一老婦人から詩編集を学んでいる（SS Ⅺ, 323）。

修道者

親はまた、乳児期をすぎた子どもの教育を修道者に依頼することもあった。こうした教育方法は、ケルト人やアングロ・サクソン人のもとではずっと以前から慣習になっていたものである。ケルト人はキリスト教を受容するまえから、アングロ・サクソン語の「里子制度」（fosterage）の名で知られる「里子」の慣習に倣い、子どもを養父母に預けていた。教師たちは、一般に家畜を報酬に貰って子どもを預かっていた。そのうちキリスト教に改心した貴族は、修道者をうってつけの教師と考えた。修道者は体の養い手であると同時に魂の父親でもあったからである。かれらは、子どもを修道者に仕立てあげようとしたわけではなく、時として親も、自分の子どもは「世俗の慣習に従って」（in saeculari habitu）あるいは「俗人の慣習に従って」（in habitu laicali）育てるよう明確な要望を出し、思春期になると、手元に引き取った（*Vita Cogegeni* ; *Vita Carthagi* 31）[25]。こうした制度は、ケルト地方からイギリスに導入され、リンディスファーン、ウィトビー、リポンでは、貴族の若者や君主の子弟は修道者や修道女たちの手で育成され、その後、親もとに帰っている[26]。人によっては、ケルト人が七世紀以降、このような慣習をガリアに導入したと推測する向きもある。しかし実は、コルンバヌスもその弟子も、世俗の子どもたちを引き受けようとはしなかった。それでも、コルンバヌスの霊性に魅了された多くの貴族が、子どもを修道者にするために捧げた。ベリー地方のロンレイの修道院長は、「貴族の子どもたちの養育者にして教育者」（*nutritor et doctor filiorum nobilium*）であったと言われているが（*Visio Baronti* : *SRM* V, p. 385）、この若者たちが世俗に戻ったか否か、明らかではない。すでに五世紀に確立された伝統に従って、俗人の教育は家庭で行われていた。これに対し八世紀になると、修道者たちは有力者たちの子弟を受け入れ始めている。カール・マルテルは自らその模範を示し、息子ピピンをサン・ドニの修道者に預けた（本書六一頁参照）。カール大帝も、やはりサン・ドニの修道者に非嫡出子ユーグの教育を託し、のちこれを宮廷に引き取っている。[27] また七八〇年ごろ、若いアインハルトはフルダの修道者から教育を受け、のち宮廷に入り、そして結婚生活を選んだのであった。

修道院における子どもの存在は、修道生活の障害になりかねず、九、一〇世紀の修道院改革者たちは、子どもたちが修道院学校に入るのを禁止した（本書一九三頁参照）。しかし、こうした措置は守られていない。これ以後もサン・リキエ（*Chron. Centul.* p. 118）、サン・ベルタン（*Vita Grimbaldi* : *ASOB* Ⅴ, 3）、フルーリ、ソーシヤンジュ（*Cart. éd.* Doniol, no 854, 895）の修道院には、有力者の子どもたちが入っているからである。またゲルマニアのザンクト・ガレン、フルダの修道院、さらにイギリスのグラストンベリー（*Vita Dunstani* 6）、イーヴシャム（*Vita Wulfstani* 1）の修道院でも同様であった。修道者にとっても、俗人の子どもを受け入れることは得であった。親と修道院長の間には、子どもの受容と引き換えに金銭や土地を寄進するという契約が取り交わされていたからである。[28] なお子どもは教育を終えたあと、望むままに、修道院に留まることも世俗に戻ることもできるという諒解があった。

俗人の子どもが司教学校で教育を受けることは、いっそうまれであった。ただ、王子の場合は例外で、ロベールは、ランスの司教学校でジェルベールの教育を受けた。またリエージュのノートケルも何人かの若者の教育を引き受けている（Anselme, *Gesta* 30 : SS Ⅶ, p. 206）。しかしサレルノのヴィポやアルファーノによると、イタリアでは、俗人は都市の学校に通っていた（本書一七九頁参照）。

女子の教育

貴族の女子も、男子と同じく、身分相応の教育を受けている。修道女の教育について述べたことは（本書二一六頁以降参照）、世俗の女子にもあてはまる。親たちは、教育に関する限り男女の区別はしていない。初期中世の婦人は、館や領地の管理だけでなく政治の分野でも活躍し、何人かの聖職者は、そのことに憤慨しているほどである。ナントの偽宗教会議の記録作成者の非難するところによると、女性は、神や人間が定めた掟を蔑ろにし、図々しく公の集会に参加し、王国の発展に貢献するどころかむしろ混乱させている。女たちは、糸紡ぎや機織りその他、女の仕事について議論する代わりに、公の集会に出席し「元老たちの権威」を横取りしようとしている。[29] 女たちは俗事において夫を助け、必要とあれば夫に代わることによって、女性としての弱さ（imbecillitas sexus）を克服し、男性の長所を身につけることができる。女性に対する最大のお世辞は、その魅力、愛嬌、弱さにはふれず、virago つまり男まさりの勇気あるものとしてたたえることであった（Rathier, *Praeloquia* Ⅱ, 6 : *PL* 136, 143）。[30] そのため女子は、男子のように振る舞う訓練を受け、乗馬を習い、男友達といっしょに狩猟に出かけた。

女子はまた、男子と同じく文学教育も受けた。アインハルトによると、カール大帝は、「自分の子どもたちには、男子も女子も、まず自由学芸の手ほどきを受けさせた」。イタリアでは、ベランジェ二世はふたりの娘を家庭教師に委ね、文学を学ばせようとした（Liutprand, *Antapodosis* Ⅴ, 32）。われわれはこれまでにも、王家あるいは貴族階層出身の教養ある女性に、幾人となく出会った。ドゥオダほどの教養を身につけた女性は例外であったと思われるかもしれないが、実はこのころ、エーベルハルト侯の四人の娘は、父親が遺言をもって蔵書を遺贈するほどの教育を受けていた（史料64）。また一〇世紀の上流階級の女性は、聖・俗の著作を読んでいる。たとえばババリアのヘートヴィガは、ビザンツの君主と婚約していたころ少々ギリシア語を学び、ホーヘトヴィールの館でザンクト・ガレンの修道者からヴェルギリウスを学んだ（*Casus* : SS Ⅱ, 244）。リクダク侯の娘ゲルベルガは自由学芸も学んでいる。またギゼラという一女性は、その蔵書をベネディクト・ボイロンの修道者たちに寄贈し、[31] ランスのアダルベロンの姪イニザは、ジェルベールと文通していた（*Epist*. 22 : Lattin 30）。その他、アデライド、ギゼラ、クネグンダ、ポアトゥのアグネスなど、女王になった貴族の女性の例もある。[32] 一一世紀初頭には、同じようなことが、イタリア、アキテーヌ、カタルーニャの地方でも見られた。[33]

おそらくこれらの女性は、それぞれの館で教育されたようである。修道院で教育された女性は、生涯、そこにとどまったからである。またわれわれは、女子修道院長が一時的に娘たちを預かったことを示す文書は、ひとつとして持ち合わせていない。

教育の中心としての宮廷

貴族の教育方法を知るためには、教育の中心としての宮廷を見ておく必要がある。子どもたちを宮廷に送ることはいつの時代の貴族にとっても夢であり、一方、若者を宮廷に受け入れ教育することは王たちの願望でもあった。人間同士の絆が重視され、王たちも忠実な家臣を手元におかざるをえない政治状況のもとで、宮廷は政治家を育成する私塾のようなものので、その歴史は、今更取り上げるまでもない。ゴートやメロヴィング、ロンゴバルト、アングロ・サクソンの王たちは、若いころから生活を共にしたもののなかから家臣を選び、友情と恩恵とをもってかれらをつなぎとめた[34]。

宮廷は、厳密な意味での学校ではなかった。Schola palatii という表現はさまざまに解釈されて来たが、当初は、王に仕える戦士や役人の集団を意味した。何人かの教養人が schola のもつ両義性をもとに宮廷の知的教養を称賛したり、また王が雇った何人かの教師が宮廷で教えたこともあったが、貴族の若者たちは、知的教育を求めて宮廷に集まったわけではない。かれらは、家庭あるいは修道院で初歩教育を受けたあと、思春期になって宮廷に入り、戦士、聖・俗の役人になることを学ぶのであった（史料61）。その意味で宮廷は学校であったが、しかし「幹部」の学校であった。ひんぱんに引用されるヒンクマールの文章が明示するように、「王の家」（domus regis）が学校（つまり規律（discipline）〔の場〕）と言われるのは、宮廷が、scholastici つまり規律正しく、訓練された人たちから成っていたということのほかに、宮廷自体が schola つまり規律〔の場〕であり、それぞれの服装、ことば、態度を矯正する場でもあったからである[35]。ヒンクマールのこの一文は、修道院長グリマルドにあてたエルメンリックの次の文章に酷似している。「あなたは、高貴にして至福な人々の宮廷で育てられ、ふさわしい道徳を身につけ、かれらから教えの知識（disciplinae dogma）と正しい生活態度とを学んだ」（*Epist.* Ⅴ, 536)。

メロヴィング期の若者は、宮宰の監督のもとに、君主と親しく交わりながら生活した[36]。八世紀中葉、宮宰職が廃止されると、王は王子とその仲間の教育を傅育係に委ねた。多くの若者が inter scholares〔生徒たちのなかで〕、inter tironicia palatii〔宮廷の新兵たちのなかで〕において教育され、「君主たちの仲間」(conutriti, conscholastici) であった。ピピンのころ、アニアヌのベネディクト、また王の甥であったワラとアダルハルトが、またカール大帝のころは、メッスのアルドリック、ランスのアッボ、ザンクト・ガレンのグリマルド、修道院長アデマールが、こうした教育を受けている[37]。イギリスやゲルマニアの宮廷は、王国の幹部を養成するにあたってカロリングの宮廷を手本にした。アルフレッド大王の伝記作者アッサーによると、大王は、貴族その他の若干名の若者を宮廷に集め、教育させていた（*De rebus gestis* 75, p. 58)。

一方ゲルマニアでは、多くの司教や修道院長が少年時代を王とともに過ごしている。付言すると、重立だったフランスの領主もまた、自分の館を貴族教育の中心にしようとした。のちクリュニーの修道院長になったオドは、まずアンジューのフルク伯に委ねられて「里子」(nourri) になり、のちアキテーヌのギヨームの館に移り、そこで武器の操作と馬術を学んだ（*Vita Odonis* Ⅰ, 5 : *PL* 133, 45)。またオーリャックのゲラルドは「里子たち」を身辺に集め、かれらはのち、その被保護者になっている（*Vita Geraldi*, préface, Ⅰ, ch. 15 ; Ⅱ, ch. 27 ; Ⅲ, introduction : *PL* 133, 645 s.)。

三　俗人の知的水準

とはいえ、すべての俗人の貴族が同じような知的水準にあったわけではない。多くのものは読み方しか知らず、若干のものだけが書き方を知っていたが、ラテン語に通じ聖・俗の蔵書をもっていたのは、ごくわずかであった。

読み書き

親は子どもに読み方を教えるにあたって、なにかの祈りの小本(*Vita Bernardi* : *AS*, juin Ⅱ, 1074)、とくに詩編集を用いた。そのため、いくつかの伝記には、discere psalterium〔詩編集を学ぶ〕、decurso psaltrerio〔詩編集を終わって〕という表現が出てくる。親は、子どもを一時的に修道者に委ねる場合、ただ詩編集つまり読み方だけを教えてくれるように念を押している(*Cart. Saint-Vincent du Mans* p. 331)。詩編集は古代末期以降、聖職者や修道者だけでなく俗人にとっても、初歩的な読み方の教科書であった[38]。俗人は、若いころとくに聖務に参加することによって学んだことを、長いこと記憶に留めていた。たとえばウィリアム征服王の捕虜になったノーサンプトン伯ワルテオフは、「子どものころ習った一五〇の詩編を毎日、唱えていた」という(Orderic Vital, *Histoire ecclésiastique* Ⅳ, 14)。

俗人は、書き方も知っていたのだろうか。先にも述べたように、読み方と書き方は、必ずしも同時に学習されたわけではない。そうした例は、カール大帝の場合だけではない。若干の特許状では、署名者は、自分は読むことはできても書くことはできないと断っている[39]。ある時期になると、文書の下方にある署名が自筆の名前から単なる十字の記号に変化していくが、これは、俗人が初歩的な教養を放棄したことの最大の証拠であると考えられている。七世紀まで、書簡の差出人は、古代の慣習どおりに秘書に口述して書き取らせ、その正銘性を保証するため自筆で署名し、時にはいくらかことばを書きそえた。自筆の署名の数から見て、七世紀中葉までのフランクの貴族たちは、こうした慣習を忠実に守っていたと思われる。七世紀中葉になると、ソリニャックの譲渡証書では、ひとりの非識字者が十字の記号を記し、六人が自筆で署名している。七世紀前半のル・マンの文書では、俗人は相変わらずフルネームで署名している。六五四年クロヴィス二世がサン・ドニ修道院に与えた特許状では、宮宰ロドベルトだけがモノグラムを書き、他の俗人は自分の名前を署名している。

クロティルドの特許状（六七三年）はさらに興味深い。そこでは一四人が署名し、一二人が「記号」（signa）を付けている。ふたりの俗人つまり「面目もない非識字者」――文書作成者の表現――は十字の記号を付けることを拒み、なんとか自分の名前の最初の文字を書こうとしている。[40] このころから、自筆の署名はいっそうまれになり、記号を付けることが多くなっていく。つまり俗人は、書き方を知らなくなったようである。

しかしながら、自筆による署名の減少は、北部における公文書の作成方式が変化したせいではなかろうか。カロリングの王たちは書き方は知っていたが、文書の下方にはモノグラムを付けている。他方ローマ方式の勅許状は通達形式に移行し、当事者は「自筆で」（manu propria）署名する代わりに、書記が作成し差出人の名前を書き込んだ文書に手で触れるだけになっている。[41] こうした法手続きの変化はあったが、多くの勅許状ではなお自筆による署名が見られる。自筆で署名できないものは、「文字を知らないので」（litteras nesciens, propter ignorantiam litterarum）といった慣習的表現で自分の無知を告げている。ロンゴバルトの一八〇の勅許状の研究から、次のようなことがわかっている。ルッカの伯領内に住む俗人の一六パーセントが自筆で署名しているが、それは、小さな村落に住むものよりも都市に住むものに多い。[42] 古文書は豊富にあり、似たような研究がより広範囲にわたって行われることを期待したい。トゥールのサン・マルタン、[43] バルセロナの古文書集についても若干の調査が行われた。[44] イタリアでは、自筆で署名したのは貴族だけではない。ミラノにいた貨幣鋳造者や職人もそうした署名を残している。[45]

ラテン語の知識

俗人の教養の第三段階つまりラテン語の知識となると、これを身につけていたものはごくわずかであった。君主たちは別として、貴族でも、ドナトゥスつまり文法書を学んだものはわずかであった。とはいえ、宮廷以外にいた貴族も何人かそれを学んでいる。たとえばオーリャックのゲラルドは、初歩教育を受けたあと文法を学んだ（*Vita* 4 : *PL* 133, 645）。

教養の中心からかけ離れたプロヴァンス地方でも、ヴェローナのラテリウスがひとりの俗人の若者にラテン語を教え、*Epargne dos* という本をかれのために書いている（SS Ⅳ, 64）。ラテン語の知識を身につけた俗人は、教養ある聖職者と同様に著述の能力があった。たとえばアインハルトは、「ラテン語の手ほどきを受けただけの野蛮人」と自嘲しているが（*Vita Caroli* p. 7）、その著作は、かれがフルダの教師たちの教えを十分習得していたことを証明している。アンギルベルトとその子ニータルト、またドゥオダについても同じことが言える。たしかにアウストラシアで教育を受けたドゥオダは、かなり気取った文体を用い、翻訳困難な長文を書き、それも度が過ぎる。また、畳韻法、贅語法、対照法（対句）、語源による語の再合成を好んで用い、ギリシア語をもとに新造したりあるいは語彙集から取り出した稀出語を用い、散文体と韻律による詩文体とを混用し、要するに、かの女が当時の教科書を大いに利用していることは明らかである。[46]

不幸にして、次の世代については、これほどの史料は現存していない。しかしおそらくジェルベールと文通した俗人——多数いた——は、当時の人々の好みに合った優雅なラテン語を書いていたに違いない。貴族の書簡で現代まで伝わっているものは、アンジューのフルクとアキテーヌのギヨームのものだけで、それは、シャルトルのフュルベールの書簡集に含まれている。[47]

図書室

俗人のラテン教養をよりよく知るためには、かれらの図書室を見ておく必要がある。先に述べたように、王たちはかなりの蔵書を所有し、貴族もこれをまねようとした。また、ある俗人が写字室に書籍を注文したり、あるいは蔵書を修道院に贈与したことが、わかっている。たとえばゲルハルト伯は、約二〇巻の写本をロルシュの修道院に贈り、またジェロヌの修道院の創設者ギヨームとシャルルーの修道院の創設者ロタールは、自分たちの蔵書をもとに、新設の修道院の図書を増やしていった。[48] サン・リキエの俗人・修道院長であったアンギルベルトは二〇〇巻の写本を持ち込み、その標題は八三一年の目録に記入されている。(49) ルプスの書簡によると、アインハルトは図書室を所有していたが（史料13)、それはかれが創設した修道院に遺贈されたに違いない。

一方、ドゥオダの『提要』に用いられた資料を拾いあげることによって、かの女の蔵書を知ることができる。それによるとかの女は、文法や算定表に関する著作、アウグスティヌス、大グレゴリウス、セビリャのイシドルの著作の抜粋のほか、キリスト教徒の詩人、聖人伝のほかに、ほぼかの女と同時代のアンブロシウス・アウトペルトゥス、アルクィンの著作も所有していた。(50) 学者によっては、ドゥオダによるこれらの著者の引用は、詞華集や『抜粋集』(Excerpta) をもとにしていると反論するものもあろう。たぶん教父たちについては、そうかもしれない。教父たちの著作は膨大で、それはたいてい抜粋集で知られていたからである。(51) しかし詞華集の役割を誇大視してはならない。カロリング期の著述家たちは、手元にあった書籍をもとに独自の詞華集を作っていたようである。ドゥオダ自身、『提要』の内容は自ら読んだ多くの著作から抜粋したもので、その教えをむすこに合わせて役立てようとした、と述べている（*Manuel* IX, 1, p. 326)。

このことは、二通の遺書――そこには俗人が所有していた蔵書の標題が列挙されている――の研究からも明らかである。まず、フリウル侯エーベルハルトの遺書がある。ルートヴィヒ敬虔王の女婿であったエーベルハルトは、教養人たちと親しく交わっていた。かれは、自分の館にゴットシャルクや図書係アナスタシウスを迎えたこともあった。八四〇年ごろセドゥリウスは、エーベルハルトの長子の誕生を祝って、一編の詩とヴェゲティウスの書の写本を贈っている（*PAC* III, 202, 212)。またフェリエールのルプスは、エーベルハルトのためにゲルマン諸部族の法を筆写させ、カロリングの王たちの肖像画をもって飾らせている（*Leges* IV, p. 41)。またラバヌス・マウルスは、十字架をたたえる自作の詩をかれに献呈している（*Epist.* V, 481)。八六〇年ごろ、エーベルハルトは遺書を書いたが、それには、莫大な財産とかなりの芸術収集品、そして蔵書があげられている。かれは、男女それぞれ四人ずつの子どもに五〇巻ほどの書籍を残し、公平に分けるように念を押している（史料64)。

これとほぼ同時代のもう一通の遺書が残されている。それはマーコンのエッカルド（八七六年没）の遺書で、これもわれわれの研究には有用である。[52] エッカルドは名門ニーベルンク家の出身で、先祖をたどると、ピピン短軀王の親族にあたる。かれは子どもがなく、その遺産を妻、甥、司教、女子修道院長に残したが、かれが所有していた二〇巻ほどの書籍の標題は、エーベルハルトの蔵書のそれとほぼ同じである。[53]

一〇、一一世紀については、これほど明確な史料はない。王や皇帝の蔵書については、その標題をあげることはできても、貴族の蔵書のそれは不明である。とはいえ、多くの王はカロリング朝以外の王で、しかもかれらの蔵書の最初のものは、かれらの登位以前のものであることを忘れてはならない。たとえば、イタリア王で、九一五年に神聖ローマ皇帝になったベレンガーリョ一世は、父エーベルハルトから数巻の書籍を贈られ、その後、蔵書を増やしていっている。[54] テオフィラクト家が住んでいたアヴェンティーノの宮廷には、何巻かの写本があったに違いない。この家族のひとりテオドラ三世は教養ある女性として有名で、夫のナポリ公とともに、書籍を集めていた。公は、種々の書籍を買い求めたり筆写させたりして、蔵書の充実を図ったが、そのなかにはヨセフスの『ユダヤ古史』、ティトゥス・リヴィウスの歴史書、ディオニシウス・アレオパギタの著作の抜粋があった。首席司祭レオは、かれがコンスタンティノープルで買い求め、ラテン語に翻訳した偽カリステネスの『アレクサンドロス物語』をナポリ公夫妻に贈った。[55] ところでナポリ公の蔵書を欲しがるものは数知れず、一〇二二年、ハインリヒ二世はそれをバンベルクに移させている。

フランク王国では、アキテーヌの大ギヨーム（一〇三〇年没）の図書室は別として、この地方の君主たちの図書室についてはなにもわからない。シャバンヌのアデマールによると、大ギヨームは居館に多量の書籍を所蔵し、読んでいた（史料65）。かれはクヌート大王から写本を贈られ、シャルトルのフュルベールの学校にあった書籍を筆写させている（*Epist. Fulberti* 105）。

蔵書の内容その他から、われわれは、教養ある貴族たちの関心が奈辺にあったかを知ることができる。かれらの蔵書は、法学、歴史、宗教書といった実用的な書であった。エーベルハルトやエッカルドの蔵書のなかには、医学書、暦、『家畜』(*Liber bestiarum*)、そしてアエティクスの『宇宙形状誌』があった。田舎の領地の管理にあたる俗人は、パラディウスやコルメラの農事書を読み、[56] 戦に従事するものは、ヴェゲティウスの『軍事学』(*De arte militari*) から戦技を磨くヒントを得た。なおヴェゲティウスの書は、初期中世において広く愛読されていた。そのわけについては、今後それなりの研究が必要であろう。エッカルドはヴェゲティウスの書を所有していたし、エーベルハルトはそれをセドゥリウス・スコトゥスから贈られている (*PAC* Ⅲ, 212)。フレクルフはこの書を年若いカール禿頭王に献呈し (*Epist.* Ⅴ, 619)、ラバヌス・マウルスは、ノルマンの侵攻を撃退するため、ヴェゲティウスを読み返すようロタールに勧めている (*Epist.* Ⅴ, 514)。[57]

君主の行政を補佐する俗人たちは、かつて七世紀の名門の家族が受けたような法学の手ほどきを必要としていた。[58] したがってエーベルハルトの蔵書のなかに、ローマ法に関する書（たとえばアラリックの『法学提要』〔*Bréviaire d'Alaric*〕)、君主による法令集、皇帝の勅令集、フランク、ライン・フランク、ロンゴバルト、アラマニア、ババリアといった主要なゲルマンの法典があったとしても、驚くにはあたらない。一方エッカルドは、アラリックの『法学提要』の手本となった『ゴンベッタ法典』(*Loi gombette*) と『サリカ法典』(*Loi salique*) を所有していた。九世紀末、クリュニーのオドの父親は、ユスティニアヌスの『新勅法』(*Novelles*) に通じており、これをむすこに教えている (*Vita Odonis* : *PL* 133, 46)。ゲルマニアでは、エバーズベルクのウダルリック伯は、近ごろの親は「子どもたちに法律を教えない」と嘆いている (*SS* XX, p.14)。ヴィポも、コンラート二世への上告のなかで、イタリア人を引き合いに出して、同じような不満をぶちまけている（史料57)。実際イタリアでは、俗人はいぜんとしてローマ法の手ほどきを受け、一一世紀中葉になると、そうした証言はいっそう多くなる（本書二六九頁参照）。

俗人の貴族は、若者の道徳教育、政治教育において歴史がいかに有用であるかをよく弁えていた。リジューのフレクルフはかれの『年代記』(*Chronicorum libri*) をユディトに献呈するにあたって、この書は、若いカールが何をなし、何を避けるべきかを教えるのに役立つ、と述べている。フェリエールのルプスは、同じカールにローマ皇帝列伝の要約を贈るにあたって、次のように書いている。「トラヤヌス、テオドシウス両皇帝について学ぶようにお勧めします。かれらの行動には模倣するに値する多くのことが見出されるからです」(*Epist.* 31)。またヴィドゥキントは、オットー一世の一二歳になる姪に、自著の『ザクセン武勲詩』(*Res gestae saxonicae*)を贈ったが、それはかの女が、史実や実例から正しく行動することを学び、徳を積むようにと念じてのことであった。歴史書としては、コンラート伯の蔵書にはクィントゥス・クルチウスによる『アレクサンドロス物語』(*Roman d'Alexandre*)があり、エーベルハルトの蔵書には『神の国』(*Cité de Dieu*)、オロシウスの『世界史』(*Historiae contra paganos*)、『フランク族武勲詩』(*Gesta Francorum*)、『教皇列伝』(*Liber pontificalis*)、『ティロのアポロニウスの物語』(*Apollonius de Tyr*)があり、エッケハルトの蔵書のなかにはトゥールのグレゴリウスの『フランク史』(*Historia Francorum*)とパウルス・ディアコヌスの『ロンゴバルト史』(*Histoire des Lombards*)があったし、また先に述べたように、ナポリ公は、『アレクサンドロス物語』をコンスタンティノープルから取り寄せている(本書一三五頁参照)。一方有力者たちは、配下の民衆や都市、家族の歴史を好んで読んだ。イギリスでは、ウェセックスの州太守(Earldorman)エセルワルドは、エッセンにいたイギリス人の女子修道院長に贈る年代記を、自分でアングロ・サクソン語からラテン語に翻訳した[59]。カプアの君主パンドゥルフは、一修道者に自分の古文書を提供して公国の年代記を作成させた(SS Ⅲ, 467)。同じころ、ノルマンディ公たちの歴史を書くように依頼し[60]、また年没)は、サン・カンタンの司教座教会参事会員ドゥドに、初期のノルマンディ公リシャール一世(九九六その他の主要な公領の君主たちは、聖職者に依頼して家系の起源を探らせ、多少作為的な家系図を書かせている。フランドル伯領の創始者であった老アルヌール伯(九一八―九六五年)は、司祭ヴィトジェに依頼して家族の歴史を書かせたが、それはカロリングの君主たちにまで遡るものであった(SS Ⅸ, 302-304)。こうして系譜文学が始まり、それは一一、一二世紀に入って盛んになる[61]。

祈禱書

第四にあげられる書は、祈り、霊性、道徳に関するものであった。しかしここでは、有力者たちが礼拝堂に所蔵し、聖務を歌うのに用いた典礼書にはふれないことにする。九世紀中葉、匿名の聖職者は俗人の一女性に小本を贈り、「魂の救いを確保し、罪のゆるしを得るために」、しばしば繰り返し読むように勧めている。それによると、かの女は夜の聖務に参列し、朝起きると七つの贖罪の「詩編」と聖務の聖人の部を唱え、そのあと、下女たちの冗談や喧嘩に気をとられることなく、ミサに参列しなければならない。(62) 王や有力者たちは、「敬虔者」（ルートヴィヒ、ロベール、アキテーヌのギヨーム）や「聖人」（ハインリヒ二世）と渾名されたものだけでなく、多くのものが一日に何度も教会に足を運んだ。そのうちの何人かは、聖人たちをたたえる賛歌を作り、(63) ザクセンのフレデリックなどは、歌の下手な聖職者を批判しているほどである（SS Ⅳ, 705)。

俗人は、主要な聖務に参列するだけでなく、修道者のように「聖務日課」（Heures canoniques）を唱えるように勧められ、そのため個人的な祈りの小本を所有していた。これらの小本――その最古のものは近年イギリスで発見された――はかなりの数にのぼり、大陸に普及していった。祈りの小本には三つの形式がある。厳密な意味での祈りの小本、祈り付きの詩編集、そして祝日ごとに聖務（officia per feria）の形にまとめた詩編集である。(64) アルクィンは、多忙のうちにあっても祈る方法をたずねるカール大帝のために、『詩編による賛美』（*De laude Psalmorum*）を著し（*Epist.* Ⅳ, 304）、一時間ごとに祈りと「詩編」を唱えるように勧めている。また、アルクィンの作とされる『詩編の用法』（*De usu Psalmorum*）は俗人の間でも知られていた。たとえばドゥオダはそれを筆写し、むすこに対し、「七つの時課」を唱え、罪を告白し艱難に耐えるための「詩編」を選んで唱えるように勧告している（*Manuel* Ⅺ, p. 361 s.)。また多くの俗人が、聖職者や修道者に対し、こうした「聖務日課」を提供してくれるよう頼み込んでいる。プルデンティウスはそうしたものをひとつ貴族の一女性に書き与え（*PL* 115, 1451-1456）、リシェールとラテルムのふたりの修道者はホダヌという伯夫人――

これは、ドゥオダではないようである——に、『詩編の朗唱における注意』(*Annotatio de psalteriis decantatis*) を与えている。[65] エーベルハルトは、蔵書のなかに『詩編による祈禱書』(*Liber orationum cum Psalmis*) と『祈りの小本』(*Libellus de orationibus*) を所有し、エッケハルトは『祈禱と詩編の小本』(*Libellus cum orationibus et Psalmis*) をもっていた。またアルフレッド大王は、詩編と祈りの小本をつねに身につけていた (*De Gestis*, XXIV, p. 21)。ハインリヒ四世の『詩編集』(*Psautier*) は、頻用された結果、擦り切れていた (SS XX, 765)。こうした日用の詩編集はすべて散逸し、カール禿頭王、ロタール王、エセルスタン、その他何人かの有力者が所有していた豪華な詩編集だけが、今日まで伝わっている。[66]

「詩編」のほか、俗人はどのような聖書の本を所有していたのだろうか。それを知るには、ドゥオダの『提要』における聖書の引用が役に立つ。そこには約五〇〇の引用があるが、その多くのものは単なる無意識的借用であったり、聖書のあるくだりを自然に想起させるような語あるいは表現である。もっとも多用されている聖書のラテン語訳は「ヴルガタ訳」(Vulgate) であるが、しかし「古ラテン語訳」(Vetus Latina) も知られていなかったわけではない。またカロリング期においては普通のことであるが、新約聖書よりも旧約聖書の引用が多く、福音書では「マタイによる福音書」の引用が多い。[67]

先にあげたドゥオダその他の俗人は、教父たちの聖書注解書を所有し、また親しい聖職者に聖書のあれこれの箇所について説明を求めた。カール大帝は、「ルカによる福音書」にある二振りの剣〔二二・三八〕について説明を求め、アルクインは、俗人が聖職者と同じく福音書に関心を寄せたことを喜び、これに答えている (*Epist.* IV, 205)。オーリャックのゲラルド伯は、毎日聖書を読み、主要な箇所を集めて自分用の詞華集を作っている (*Vita* II, 19)。またかれは、聖書を朗読する司祭たちに対し、読んだところを自分の友人たちに説明してくれるよう依頼し、またかれ自身、館にいる若者たちに聖書を説明した (*Vita* I, 14-15)。

クリュニーのオドは、貴族たちの生活の模範いわば『鑑』として、『ゲラルド伝』(*Vita Geraldi*) を著した。その他一〇世紀になると、俗人の聖人たちの伝記は数を増し、聖エドモンド、聖ヴェンチェスラス、聖女マティルダ、聖女アデライド、聖ステファヌスなどの伝記が著わされた。だからといって、有力者たちが、大衆的な聖なる修道者や司教たちの伝記を嫌っていたわけではない。エーベルハルトは蔵書のなかに、聖マルティヌスの伝記二冊と、『教父列伝』(*Vitae Patrum*) ——東方の教父たちの伝記であったに違いない——を持っていた。エッケハルトは、パウルス・ディアコヌスが著した『聖グレゴリウス伝』(*Vie de saint Grégoire*) のほか、聖ラウレンティウス、聖アントニウスの伝記、またエジプト人マリアの小伝 (Libellus) ——カール禿頭王も一冊所有していた——をもっていた。やはり一〇世紀に、アマルフィのパンタレオン公は、聖職者ヨハネスに聖ニコラウスの奇跡物語と聖女イレネの伝記を翻訳させている。(68)

こうした聖人伝に加えて、アウグスティヌスの『信仰、希望、愛について』(*Enchiridion*)、大グレゴリウスの『司牧規定』(*Liber Pastoralis*)、とくにセビリャのイシドルスの『同義語』(*Synonymes*) (あるいは『罪人の魂の哀歌』〔*Lamentations de l'âme pécheresse*〕) といった霊性の書も読まれていた。ドゥオダはイシドルスの書を引用し、エッケハルトもこれを所有し、エーベルハルトはそれを三冊も持っていた。さいごに俗人は、ブラガのマルティヌスによる道徳書『正しい生き方』(*Formules de la vie honnête*) や、アルクィンの『悪習と徳』のような『鑑』、また聖職者から贈られたいろいろな書を愛読していた。

四　ラテン語以外の貴族の教養

いまあげた俗人たちは「教養人」で、それに対し、ラテン語を学ばなかったものは illiterati〔無学な者〕と呼ばれていた。ところでこの語は、しばしば誤訳されているように、(69) 決して文字を知らない人の意味ではない。ラテン語は知らなくても若干の教養を身につけることはできた。以下に述べる貴族たちの場合がそうである。しかしそのまえに、初期中世の西方における言語状況について説明しておく必要があろう。

言語の状況

行政や典礼の用語としてのラテン語のほかに、いくつかの巷の言語があり、それは、sermo patrius, nativa vox, lingua vulgaris、さらに lingua patriotica（Hincmar : *PL* 125, 1037）とも呼ばれていた。[70] それには、まずケルト語、つまりアイルランドのスコット人が用いたゲール語と、ウェールズやコーンウォールの地方で話されていたブリトン語、次に、言語学者たちが古い高地ドイツ語と呼び、アラマニア語、ババリア語、フランク語に三分割されるゲルマン語があり、さらに、ラテン語から派生したプロト・ロマンス語がある。ケルト語、ゲルマン語、ラテン語間の対立は、中世初めからすでに顕著であった。ケルト、アングロ・サクソン、ゲルマンの修道者たちは二言語に通じ、母国語を話し書くほか、学校では文法教科書どおりのラテン語を学んだ。これに対して、ラテン語とそこから派生したロマンス語は同時に共存し、そのため、人々が話していたのはラテン語であったのか新しい言語であったのか、定かではない。では、「ラテン語はいつごろから話されなくなったのか」。[71] これは、言語学者たちがずっと問い続けてきた問題である。これに対する答えは千差万別で、矛盾するものもある。ある学者によると、「ローマ文化」（Romania）はごく早くから言語上の統一を失っていた。帝政末期から、ラテン語はロマンス語に変化していったという。アキテーヌの一貴族はまだラテン語を書くことはできたが、話すためには他の言語を用いた。つまりメロヴィング期のガリアでは、すでにふたつの言語が使用されていたらしい。他の言語学者によると、「ローマ文化」の西方の人々は、九世紀までまだラテン語を話していた。この古い言語〔ラテン語〕は変化していったが、共通の性格を維持していた。つまりラテン語のコイネー〔共通語〕としての性格は、カロリング・ルネッサンスにおいて古典ラテン語への復帰が叫ばれ知識人の言語と民衆の言語とが決定的に分離されるまで、維持されていた。第三の主張はすべての意見を統合しようとするもので、それによると、言語の分化は、学校の閉鎖と西方における政治上の分裂の結果、七世紀から八世紀にかけて徐々に起こっていく。そのころ、「ローマ文化」の各地方に新言語が誕生し、それは地方ごとに異なる音声（phonétiques）、形態（morphologiques）、独特な統辞法（syntaxe originale）をもつようになり、知識人は、「教養人のことば」（sermo scholasticus）と「粗野なことば」（sermo rusticus）の違いを意識するようになった。残念なことに、俗語（parler vulgaire）を取り扱う史料はなにもない。碑文も役に立たない。それを刻む石匠たちは、書式集を用いて型通りの文章を彫っているにすぎない。納得のいくような成果を引き出すには、正銘性の確かな特許状や法的史料を用いて言語の変化を跡づけていく以外に手はない。(72)

たしかに、俗語は地方によって異なる。地中海地方から遠ざかるにつれて、ことばは新しい話しことばに変わっていく。イタリアでは、長いことラテン語にかなり近いことばを話していた。一〇世紀のグンツオも、俗語（vulgaris lingua）はラテン語に近い、と証言している。(*72) もちろんイタリア半島には多くの方言があった。北部の人々が話すことばは、ローマあるいは南部のそれと同一ではなかった。(73) 一方、スペインは特殊な事情のもとにあった。キリスト教を奉ずる諸王国では、スペイン語の祖語になるロマンス語——それは、ガリシア、カスティリャ、レオニアなど、地方によって異なっていた——と、書記の文書をとおして大体の見当がつく「巷の」ラテン語——ある面ではメロヴィング期のラテン語を思わせる——とのふたつがあった。コゴラとブルゴスに近いシロスにあったような語彙集——それらはラテン語を解さない人々が用いた——が出現するのは一一世紀のことである。(74) ガリアでは六、七世紀のプロヴァンス、アキテーヌ地方の人々はまだラテン語を理解していたが、ロアール川以北では、プロト・ロマンス語がオイル語の方言の形をとり、時代とともに発展したゲルマン語と境界を接して、かなり早くから出現していた。さらに、ゲルマン語の領域について言うと、ロマンス語の残存する飛び地が、ババリアではザルツブルクの周辺、また文書で「ローマ風の村」（vici romanisti）と呼ばれているいくつかの村落にあり、クル、ティロルの西部、フリウル地方では、レト・ロマンス語あるいはラディン語が幾世紀にも

わたって生きのびた。(75)

九世紀以降になると、西方における言語状況ははっきりしてくる。つまり古典語に戻ったラテン語に対して、教養人たちが「粗野なラテン語」(lingua romana rustica)と呼ぶロマンス語の祖語になったものと、「チュートン語」(lingua teudisca)あるいは「蛮語」(lingua barbara)と呼ばれドイツ語になったものとのふたつの俗語があった。カロリングの王たちは、〔俗語の〕両言語に通じていた。(76)たとえば、「ストラスブールの宣誓」において、カールはルートヴィヒの軍隊にドイツ語で話し、ルートヴィヒはカールの軍隊にロマンス語で話した(Nithard, *Histoire* Ⅲ, 5, p. 101-109)。これまでにも指摘されているように、何人かの貴族たちもこの二言語を知っており、言語境界線にあたるアウストラシア出身のものがとくにそうであった。ガリアに生まれた若者は、チュートン語の学習に興味を持った。八四四年フェリエールのルプスは、ドイツ語を学ばせるため甥とふたりの若者をフルダの修道院長のもとに送り、「この三人にはふたりの教師で十分でしょう」と付言しているように(*Epist.* 35)、かれらはライン川向こうの滞在により得るところがあったようである。

一〇世紀のある提要は、ロマンス語を話す旅行者とドイツ人との対話のなかから、いくつかのことばを伝えている。(77)

カロリング世界の分裂は、徐々に二言語併用の慣習を消滅させていった。ロータリンギアにはまだ二言語に通じた人々もいたが、フランクとゲルマニアの君主たちはすでに互いに意を通ずることはできず、九四八年インゲルハイムでは、オットー一世とルートヴィヒ四世は、ひとりの通訳を間に立てなければならなかった(Flodoard, *Annales* 948)。またオットーは、ロマンス語もイタリア語も知らず、九六三年のローマ人に対する演説は、通訳を介して行っている(Liutprand, *De Ottone rege* ch. 11)。その子オットー二世は、ロマンス語は知らなかったがラテン語には通じていた。かれはローマでユーグ・カペに会ったとき、ラテン語で語りかけ、一司教がこれをユーグに通訳している(Richer, *Histoire*, Ⅳ, 85)。オットー三世のいとこグレゴリウス五世はラテン語、フランク語、またローマで話されていた俗語に通じていたが、それは稀有なことであった(*PAC* Ⅴ, 337)。(78)

言語の障壁は、あちこちで見られたように、政治に影響を与えた。たしかにローマ人は、自分たちのことばを知らないゲルマン人の支配を快く思わなかった。言語の違いは、イタリア人（ローマ人）の外国人嫌いを幾分増幅している。リシエールは、ゲルマンとフランクの若者たちがいさかいを起こしたと語っている。つまり「ことばの違いは、お互いを対立させがちであった」（*Histoire* I, 20, p. 49）。こうして、言語の違いは中世ヨーロッパに徐々に民族的感情を育んでいったが、それは、一〇世紀以前には見られなかったことである。[79]

口伝による教養

ケルトやゲルマンの宮廷では、教養は長いこと口頭だけで教授され、ウェールズのバード（bardes）やアイルランドのフィリズ（filids）は、君主たちに優遇された。かれらは、楽器を奏でつつ民族の英雄の偉業をたたえ、巧みに君主たちの系図を組み立て、また大胆に風刺や悪口雑言を並べ立てた。[80] こうしてアイルランドでは、タイン（Tain）の叙事詩を含む、アルスター（Ulster）のものとされる物語群や、フィン（Finn）の冒険を伝えるレンスター（Leinster）の物語群が生まれ、ウェールズ地方ではアーサー王物語が誕生したのである。これらの詩が吟唱詩人によって大陸に伝えられるのは、ずっとおくれて一一、一二世紀ごろ、ケルトの修道者たちがこれらの文学を民族の教養の一部として公に受容してからである。[81]

ゲルマンの宮廷も、同じような状況にあった。北方の異民族が西方に定住して以来、詩人たちは、子から孫へと民族の始祖と英雄たちの思い出を語り伝えていった。六世紀にはヨルダネスが、八世紀にはパウルス・ディアコヌスが、それまでの物語を集めてゴートやロンゴバルトの歴史を編纂した。[82] イギリスでは、吟唱詩人（Scops）たちが、戦士とともに戦場に赴き、即興で叙事詩を作った。「かれらは、運命の導くままに、民族の間をさまよい歩き、かれらの窮乏を訴え、また感謝のことばを述べ、戦士たちにまして自分たちを珍重する賢い君主に南で北で出会った。光と命、そしてすべてが燃え尽きるまで」。これは、アッティラや、ゴートのエルマンリック、ロンゴバルトのアルボインの冒険を歌う『ウィドシト』(*Widsith*)の著者のことばである。[83] 同じ八世紀ごろ、『ベーオウルフ』(*Beowulf*)が書かれている。それは、おそらくノーサンブリアの君主に献呈されたもので、アングロ・サクソン宮廷の教養をみごとに伝えている。[84]

一方イギリスに近いスカンディナヴィアでも、スカルド(Scalds)たちが、やはり戦士たちの武勲を歌い、君主たちの系譜を編み出している。王は、それぞれ自分のスカルドを抱えていた。たとえば、スカルドであったティオードルフは、ノルウェーの一君主のために『ユーリンガタル』(*Yuglingatal*)あるいは「ユーリング」(Yuling)の系譜を書いている。オラフ一世は、スカルドたちを戦場に伴い、かれらはあとで、王の戦いぶりをたたえた。他方、語部たちが、海の彼方あるいはフランクの世界におけるヴァイキングの冒険を「サガ」(Saga)として語り継ぎ、それは一二世紀以降、筆記されていった。[85]

叙事詩の歌唱

これよりずっと以前から、フランクの世界には、俗人貴族の読者のために民族の言語で書かれた作品があったが、こうした動きを奨励したのもやはりカール大帝であった。[86] かれは、アウストラシア出身であることを誇りにし、この地方の戦士たちに親しみを感じつつも、多くのものはラテン教養を身につけえないことに気付いていた。実際多くの廷臣たちは、テオドゥルフがその詩のひとつでふれている(*PAC* I, 203)ヴィクボド——かれはラテン語はわからず、テオドゥルフの詩を嘲笑した——のような態度しかとりえなかった。カール大帝は、貴族の教育のため、昔の王たちの物語を伝える古いゲルマン諸部族の詩を集めさせた(史料54)。こうした史料は、八〇〇年ごろフルダで書かれた『ヒルデブランドの歌』(*Hildebrandslied*)を除いて、すべて散逸した。しかし、ベルンのディートリヒつまりヴェローナのテオドリックの家臣ヒルデブランドとその子ハデブラントの物語以来、こうした作品は、戦とそこから得られる富を称賛し、貴族の道徳律

を決めていったのである。(87)

程なくして、フランク族の君主たちをたたえる叙事詩が俗語で書かれるようになった。九世紀末、詩人サクソ（Poeta Saxo）は、カール大帝をたたえて、次のように書いている。「すでに周知のことであるが、俗語による詩（vulgaria carmina）は、祖先や先駆者たちに対する称賛に満ち、ピピン、カール、クロヴィス、ティエリ、カールマン、ロタールといった人物を歌い上げている」（SS I, p. 268）。ある学者たちはこのくだりをもとに、一一、一二世紀に作成された武勲詩の主要な要素はすでにカロリング期に蒐集されていたと推測しているが、それが真実らしい。(88) このころゲルマン語で書かれた詩としては、ノルマン人に対するルートヴィヒ吃音王の勝利を歌い、かれを「キリストの戦士」（miles Christi）とたたえる『ルートヴィヒの歌』（*Ludwigslied*）があるだけである。「王は雄々しく前に進み出て、聖歌を先唱し、皆がこれに声を合わせて、『主よ、あわれみたまえ』（Kyrie Eleison）と唱和した。戦いの火ぶたは切って落とされ、人々の顔は紅潮していく。フランク人は勝負に出て、各自、英雄となって戦った。しかしルートヴィヒには及ばなかった。かれは敏捷かつ勇敢で、それは生まれつきのものであった。かれはこちらを打ち倒すかと思えば、あちらを刺し貫き、今まさに、敵に苦杯を嘗めさせつつあった……」。(89)

宗教詩

こうしてゲルマン語は、表現と伝達の手段として、ラテン語と並ぶ位置を回復ないしは見出したのである。アインハルトによると、カール大帝は民族言語の文法書の執筆に取り掛かり、一二の月と一二の風向きに民族言語の名前を付けた（*Vita Caroli* 29）。聖職者たちは、ラテン語と同様フランクの言語でも、神の栄光を歌うことができると考えるようになった。たとえば、ラバヌス・マウルスの弟子であったヴィッセンブルクのオトフリートは、諸民族のなかでもとくに強大なフランク人は、ローマ人と同じく神に賛美を捧げうることを証明しようとして、次のように述べている。「わたしは福音書や救いの歴史を書きたいし、それもフランク人のことばで書いてみたい。いま、善意の人々は喜悦に浸り、フランク族のうち正しい心を持つものはみな喜んでほしい。われわれは長生きしたおかげで、先祖のことばをもってキリストをたたえることができるからである」。こうしてかれは、ラバヌス・マウルスが二言語で刊行したタティアヌスの『四福音書一覧』（*Diatessaron*）を用いて、キリストの生涯を取り扱う宗教詩五巻を著した。(90) オトフリートがこの作詩において同時に念じていたのは、俗人の教育ということであった。つまりかれは、俗人が福音書の甘美さに魅せられ、猥褻な冗談や歌を放棄することを願っていたのである（*Epist.* Ⅵ, 167）。

また、「創世記」を題材に『ヴェッソブルンの祈り』（*Wessobrunner Gebet*）と呼ばれる詩がババリアの方言で作成されたのも、ラテン語を知らない俗人のためであった。最後の審判を取り扱う『ムスピリ』（*Muspilli*）は、年若いゲルマン王ルートヴィヒに捧げられている。(91) この詩は、異教の神話に慣れ親しんだ人々さえ感動させずにはおかない言語表現をもって、世界の起源と終末を描いている。さらに、ルートヴィヒ敬虔王は、ザクセンの一吟唱詩人に対し、福音書をもとにしたキリスト教的叙事詩を求めたが、それは『救い主』（*Heliand*）と呼ばれている。この詩人は、約六〇〇〇行の詩句をもって、ゲルマン君主の姿をとる救い主（*Heliand*）キリストの生涯を物語っているが、これが読者を喜ばせたことは言うまでもない。(92) また、ゲルマンの英雄に代えてキリスト教の聖人たちをたたえるため、聖人伝も翻訳された。聖ガルスの生涯は『蛮族の歌』（*Carmina barbaricum*）の題材となり、聖ゲオルクつまり「ゲオルギウス伯」の生涯は、ライヘナウで書かれた叙事詩の主題になっている。(93)

一〇世紀になると、ゲルマン語による文学作品は少なくなる。貴族のために書かれた叙事詩『ヴァルタリウス』（*Valtharius*）と物語『ルーオトリープ』（*Ruodlieb*）は、フランク王国の有力者たちが、知識人の言語であるラテン語を理解できたかのように、ラテン語で書かれている。ドイツ南部にゲルマン語による宗教書が再び出現するのは、一一世紀前半のことである。(94) エバーズベルクの修道院長ヴィリラムがハインリヒ四世に捧げた「雅歌」の注釈書、またバンベルクの司教グンターの求めに応じて広大な構図をもってキリストによる贖いを描いた『エッツオの歌』(*Ezzolied*) がそれである。しかしこのグンターは、教父たちの著作よりも古ゲルマンの叙事詩を好んでいたと言われている。(95)

一方、ロマンス語の地方における民族文学でもっとも古い作品は、聖人伝である。九世紀末サン・タマンの一修道者は、『聖女エウラリアの続唱』(*Séquence de sainte Eulalie*) を書き、それよりおくれて、聖レオデガリウスの伝記と、キリストの受難を取り扱う詩が、おそらくオック語を話す地方で書かれている。(96) オルデリック・ヴィタルの一文は、聖人伝が俗人の宗教教育にどのように利用されたかを教えてくれる。それによると、ウィリアム征服王の仲間であったアヴランシュのユーグ伯の館では、聖職者ゲロルドが、騎士たちに気晴らしを与えていた道化芝居や道化役者の向こうを張って、貴族やその子どもたちに、デメトリウス、ゲオルギウス、テオドルス、マウリキウス、エウスタキウス、オランジュのギヨームといった聖なる戦士たちの物語を聞かせ、これらのキリスト教的英雄を模範にするように勧めている (*Histoire ecclésiastique* VI, 2)。

一〇、一一世紀のアングロ・サクソンの貴族たちは、たしかにフランスの貴族よりも教養があり、アルフレッド大王が、先にあげた著作を翻訳させたのは、聖職者だけでなく貴族たちのためでもあった(本書一二六頁参照)。俗人は、王と同じく「サクソンの詩」(poema saxonica) を好み、ベダの翻訳や王たちが編纂させた年代記に見出される民族史を学んだ。またかれらは、アルフレッド大王が訳させたオロシウスの著作のほか、それを補完するバルティク海や白海地方の説明を読み、地理に関する知識を広げていった。(97) 一〇世紀末、州太守 (Earldorman) は、アエルフリックに対し、宗教的著作つまり説教や聖人伝の翻訳書を求めている。こうして、エセルワルドは聖人伝や聖書講解説教集を贈られ、ウルジェアトはキリスト教の教えの要約と「創世記」の翻訳を、シゲワルドは、新・旧約聖書に関する著作を、シゲフェルトは司祭の貞潔に関する説教を贈られた。(98)

また、政治上の大事件も詩の主題にされた。ブルナンバラにおけるエセルスタン王の勝利(九三七年)やエドモンドによる五都市の解放（九四七年）のあと、詩人たちは、かれらの偉業をたたえる詩を作った。エドガー王の戴冠と死（九七五年）、モールダンの戦いを歌う詩（九九一年）――これを『ローランの歌』（*Chanson de Roland*）と比較するものもある――その他多くの民族愛を歌う詩が、俗人の有力者および聖職者に捧げられている。[99]

第二章　民衆の宗教教育

次に、極貧のうちに暮らしながら有力者たちのために働く自由人、非自由人の男女の大衆（populus, plebs, vulgus）について述べよう。かれらは一般に社会の支配階層から軽蔑され、かれらが従事する肉体労働は原罪の罰と見なされていた。九世紀末の分類によると、働く人（laboratores）は、戦う人（bellatores）、祈る人（oratores）のあと、第三番目におかれている。

貴金属細工師、貨幣鋳造人といった、才能に恵まれた若干の手工芸人たちは優遇されていたが、それは、かれらが有力者たちに直接役立つ仕事にたずさわり、宮廷や館に出入りしていたからである。これに対し土地を耕すものは、皆から軽蔑されていた。かれらは家畜のように暮らし、愚にもつかぬ迷信を信じ、乱暴で、酒飲みで、好色で……というふうに見られていた。若干の聖職者たち――その数はかなり少数であったことは認めざるをえないが――は、こうした見方に反対し、「大衆は、兄弟のように取り扱われるべきである。体は弱く、外見は不格好で衣服は汚れ、能力は低いとしても、かれらもわれわれとまったく同じ人間であることを忘れてはならない」（Jonas, *De institutione laicali* Ⅱ, 23）。またテオドゥルフは、こう書いている。「あなたたちを富裕にしているのは、かれらの汗と労働である。富裕なものは貧しいもののお陰で豊かになる。自然は、あなたたちを同一の法のもとにおいている。あなたたちは、同じように、生まれ、死ぬ。あなたたちは、同じ聖なる水を注がれて聖別され、同じ油を塗られ、子羊の肉と血が、あなたたちみなをともに満腹させる」（*PAC* Ⅰ, 516）。

実際、この哀れむべき大衆も教会に属する。王たちは、支配下にある人々の永遠の救いに責任があり、神から託された民衆に宗教上の掟を守るように勧め、強制しなければならない。キリスト教世界が組織化されていくなかで、聖・俗の権力者はキリスト教徒に種々の義務を課していく。子どもに洗礼を受けさせること、日曜日には労働を休み、聖務に参列してこの日を聖なる日とすること、聖体を拝領すること、定められた日に断食すること、明示された道徳的掟を守ること、告白をすることなど。掟に背く行為にはすべて、罰金あるいは贖罪行為が課せられていた。

しかし最小限の宗教教育も与えずに、こうした実践を強制することはできない。そのため、民衆を指導しうるだけの教養をもった聖職者が不可欠であった。カール大帝と後継者たちによる改革には、こうした目的もあった。司祭の数を増やし、十分な組織を作らなければならない。しかしこれは、キリスト教伝道地域の広大さ、連絡や交通の困難さ、言語の相違などから見て、生易しいことではなかった。われわれはごく僅かの史料を結集して、責任を負わされた聖職者や俗人が、いかなる状況のもとで、どのような方法を用いて民衆の教育にあたったのか、それらの点を見ていくことにしよう。

一　宗教教育の実情

四世紀以降、司教たちは都市住民のキリスト教化に努力を傾注した。異民族の侵攻の間に権力を手に入れ維持してきたかれらは、都市に住むキリスト教徒とはかなり親密な関係にあった。また司教学校の創設は、よりましな教育を受け、司教の司牧活動を補佐しうる司祭の育成を可能にした。これに対して、田舎でのキリスト教伝道は五世紀にやっと始まったばかりで、六世紀に入ると、スペイン、イタリア、ガリア南部の司教たちは、田舎の民衆への福音伝道に専念し(1)、小教区を設置して、農民の指導にあたる聖職者を育成する学校を開設した。

カロリングの君主たちは、司教区を助祭長区、司教代理司祭区に分割して田舎の小教区の数を増やし、そのころまで裁治権外にあった「私有教会」をより厳格に取り締まろうとした。ローマ帝政末期以来、大土地所有者たちは領地内に礼拝堂を建て専用の司祭をおいていたが、司教は、土地所有者の下僕として働くこれらの聖職者を監督するのに苦労した。カロリングの司教たちはまた、外部から教区内に流れ込む聖職者にも頭を悩まし、かれらを審問し取り締まった。現在も、そのいくつかの質問事項が文書に残っている。「どこで生まれたか、どのようにして教育を受け、また剃髪されたか、ある教会から他の教会に移ったことがあるか。だれが司祭に叙階したか。だれかその証人がいるか。叙階されるために金銭を払ったことはないか」など(2)。司祭はみな、原則として年に一回、四旬節もしくはその他の日に、司教の館に集合しなければならず、司教はそこで、洗礼の授け方や民衆教育の仕方について司祭たちの知識を確認するのであった（*Concil.* II, p. 3 : *Capit.* I, p. 45, 59, 278）。こうした集会の結果として、九世紀の田舎における宗教生活を知るのに役立つ、司教区会議の法規集が編纂された(3)。また巡察使（missi）だけでなく、司教も司教巡回の途次、現場で、田舎の司祭の教養の程度を確認しようとした（*Capitula de examinendis clericis* (802) : *Capit.* I, 109-110）。

実際、司教は毎年、司教区内を巡回しなければならず、その際に用いる質問集も準備していた。それは、小教区の資産や物的な富だけでなく、ミサの捧げ方、洗礼の授け方、葬儀の仕方、また司祭の蔵書について問うものであった(4)。こうした調査は、比較的小さな司教区では実施できても、大規模な司教区では不可能であった。すでに八世紀のベダは、ヨークの司教区はあまりに広大で、司教は司教区全体を知ることはできないと述べている。かれによると、多くの領地や村落に行く道はなく、司教もかれを補佐するものもそこを訪問することはできず、こうした状況では、子どもたちの洗礼や民衆の教育もおぼつかないことは明白であった(5)。フランス北部やゲルマニアの大規模な司教区に住む農民の多くは、自分たちの司教を見たこともなく、聖職者に会ったことさえなかった。

司祭不足の結果、民衆は修道者たちを頼りにした。修道者は七世紀以降、福音伝道の立役者であったからである。理念的には、労働と祈りに専念するため世俗を去ったかれらであるが、実際には、大修道院の建設に伴い、修道院の領地内に住む田舎の民衆と緊密に結び付いていった。アイルランド、イギリス、ガリア北部、ゲルマニアの農民は、人里離れた場所に教会を建てる修道者たちによってキリスト教に導かれていった。(6) しかしカロリングの有力者たちは、修道者による司牧活動を制約しようとした。ヒンクマールによると、修道生活と田舎の小教区の指導とは相入れず（*PL* 125, 796）、修道者は例外的に田舎の小教区の司牧を認められるとしても、つねに司教の助言を仰がなければならない（*Ibid*. 504）。とはいえ、カロリング朝も修道院による小教区の設置を抑えることはできなかった。(*6)

二　キリスト教入門

洗　礼

キリスト教入門は、洗礼の準備にはじまる。現代のわれわれにとってありきたりのことも、初期中世の人々にとっては新奇なものであった。教会は五世紀までは信徒の質を重視し、その教育に熱心で、異教を離れ洗礼志願者になるものには一連の試練を課した。そして長い準備を経てはじめて、信仰の神秘に入ることを認めた。しかし五世紀以降の教会は洗礼までの過程を簡潔にし、門戸を広く開放した。(7) 教会は、西方に移動した異民族に「目を向け」、洗礼をもってかれらを取り込み、救いに導こうとしたのである。「いまやキリストのみ名は至るところで力強く宣言され、子どもたちはキリスト教徒の両親から生まれるのであるから、かれらがまだ話すことができなくても、洗礼の恵みを受けさせるため、猶予することなく〔教会に〕連れていかなければならない」（Jonas, *De institutione laicali* I, 8 : *PL* 106, 135）。

親は、子どもが生まれるとすぐ、受洗させなければならない。(8) 洗礼は、復活祭と聖霊降臨祭の祝日、また例外的にその他の日に、司教座教会あるいは田舎の洗礼堂で、集団で授けられた。両親と、子どもの代理者となる代父、代母は、子どもに代わって教えの遵守を約束し、司祭の質問に答え、自分たちの言語で「主禱文」（Pater）と「使徒信経」（Credo）

を唱えていた。このふたつの祈りは、カトリックの教えの本質を要約するもので、みなそれを暗記していなければならなかった。バーゼルの司教ハイトンは、次のように言っている。「人間生活に必要なものをすべて含む「主禱文」と、カトリックの信仰全体を説明する「使徒信経」は、すべての人が、ラテン語と同じく俗語で、これを学ばなければならない。それは、各自が口で告白することを心で信じ、理解するためである」(*Capit.* I, p. 363)。リエージュで洗礼式に立ち会ったカール大帝は、代父たちにこのふたつの祈りを唱えるよう求め、かれらが唱ええないのを知ると、洗礼式への参加を禁じた(*Ibid.* p. 241)。

子どもは受洗したあと、両親、代父母から、また田舎の学校に通うものはそこで教える司祭から、宗教教育を受けた。代父母は、名付け子が道理を弁える年頃になると、これに祈りを教え(*Concile de Cloveshoe* 11)、その道徳教育に配慮しなければならない(Jonas, *De institutione laicali* I, 6, 8 : *PL* 106, 132-135)。その他のことは、子どもたちは典礼に参加し、説教を聞きながら、大人と同じ教えを受けていった。

異教徒のための要理教授(catéchèse)

キリスト教入門という点では、新たに征服されたばかりの地方やライン川向こうの大人の改宗者のことも忘れてはならない。これらのいわゆる「宣教地」については、カール大帝の顧問であったアルクィンやアクィレイアのパウリヌスがこの地方での王の伝道方法を問題にしただけに、注目してもらいたい。王は異教徒に対し、洗礼か死の二者択一を迫ったが、このふたりの聖職者によれば、異教徒は事柄をよく弁えたうえで、自由に、新しい信仰を受け入れるべきであった。アルクィンが言うには、「キリストは、行って洗礼を授けよと命じたのではなく、行って教え、そして洗礼を授けよと命じたのである」(*Epist.* IV, p. 164)。宣教師は、武器、法律、地獄の恐怖に訴えるのではなく、別の方法で、改宗者を受洗に向けて準備しなければならない。つまり、これもアルクィンが言うように、「合理的知性を持つ人間は、聖なる信仰の真の内容を悟らせるような種々の説教をもって教えられ、導かれるべきである」(*Ibid.* Ⅳ, p. 157)。

こうしてアルクィンは、アングロ・サクソンの伝道者とくにボニファティウス以来の伝統を思い起こさせてくれる。かつてボニファティウスは、洗礼を希望する異教徒をいかに取り扱うべきか、ウィンチェスターの司教に意見を求めた。これに対し司教は、「激烈かつ刺激的な論争口調ではなく、やさしさと節度をもって」対話形式で教えるように勧告したのであった(史料68)。同じように節度を説く勧告は、アウグスティヌスの『教えの手ほどき』(*De catechizandis rudibus*)にもとづく九世紀の『粗野な人々に教えを説く方法』(*Ratio de catechizandis rudibus*)にも出てくる。[9] 伝道者は、すすんでキリスト教徒になろうと望むものにやさしく問いかけ、律法の十戒を教えなければならない。そのあとはじめて、司祭は「使徒信経」と「主禱文」について説明する。不当にも『要理』(*Catéchisme*)と呼ばれているヴィッセンブルクの一写本には、ゲルマニア各地に伝道する司祭たちのための、ラテン語とゲルマン語による「使徒信経」と「主禱文」の翻訳と注釈が含まれている。[10] そのあと受洗直前の段階で、改宗者は、現存する史料に見られるように、偶像崇拝、異教的犠牲を放棄し、聖父と聖子と聖霊からなる神を信ずることを厳かに宣言し、信仰生活を約束するのであった(*Capit.* Ⅰ, p. 222)。

ゲルマン人の宗教教育は、期待どおりの成果を上げたわけではない。多くの改宗者が約束を守らず、以前の宗教に立ち戻っていった。これに対しても、教会は有効な対策を立てる必要があった。教会は、偶像崇拝、死者の火葬、動物のいけにえといった悪魔的と思われるものは拒否したが、若干の食習慣や、ある程度のキリスト教道徳の歪曲は容認した。ノルマン人がノルマンディに移住した九一一年、ルーアンの大司教は、キリスト教の掟に逆らう新改宗者に対していかなる要理教授法を用いるべきか、ランスの大司教に意見を求めた。[11] これに対してランスのエルヴェは、良識に溢れる返書をしたため、修道院長メリトゥスに対する大グレゴリウスのことばを引き合いに出している。「山の頂上に立とうと思うものは、一直線によじ登るのではなく、曲がりくねった道を辿らなければならない」(*Epist.* Ⅱ, p. 330)。なお、スカンディナヴィアの福音伝道が成功したのも、柔軟でおおらかな方策が取られ、多くの伝統的な民族の慣習がキリスト教典礼のなかに統合されたからであった。[12]

三　説教による宗教教育

修辞学の効力を知っていた聖職者はみな、説教こそは人々をキリスト教に加入させるもっとも確実な方法であると考えていた。キリスト教徒の数が増加し、また非識字者が増えるにつれて、かれらに教えるにはことばに頼らざるをえなくなった。[13]「非識字者は、あなたの説教をとおして、神がお命じになったことを知るようになる」と大グレゴリウスは、一司教にあてて書いている（*Epist.* I, p. 172）。[14]したがって、説教は司教にとって第一の義務であり、宗教会議の規定や王の勅令は、たえずこれを繰り返している。司教は、この務めを果すにあたって、司祭や助祭の手を借りることもできた。実際、アルルのカエサリウスが言うように、「もし助祭が、福音書にあるキリストのことばを読むのにふさわしいとするならば、どうして教父たちの説教を読むのに不相応だと言えようか」[15]。しかし八世紀に入ってもなお、若干の司教は説教を独占して手放そうとせず、アルクィンはこれについて不満を述べている（*Epist.* IV, p. 209）。このように、都市や村における説教は急務であったが、教会は司祭に説教を命ずるだけでなく、そのための教育も与えなければならなかった。メッスのクロデガングは、司教座教会参事会員たちに試験を課し、また、少なくとも月に一度説教できないものには司牧の仕事をさせなかった（*PL* 89, 1076）。またオルレアンのテオドゥルフは、説教の準備に苦労する司祭には手を貸そうと提言している（*PL* 105, 200）。

説教の文体

聖職者は一朝一夕に説教者になるのではなく、若干の準備が必要である。聖なる雄弁家の第一の義務は、聴衆に理解してもらうこと、話をかれらに適応させることにある。教養人の貴族を相手にしていた五、六世紀の説教者は、雄弁家が弁論を準備するようにして説教を準備し、また聴衆の拍手喝采を誘うこともあった。しかし、教会が民衆を相手にする段になると、説教者も方法を変える必要があった。

アルルのカエサリウスは、教養人の司教には簡潔な話し方を勧め、一方文体を気にする教養人の聴衆に対しては、次のように求めている。「主の群れ全体が、飾り気のない、いわば足で歩くような説教を聞き、霊的牧場にたどりつくことができるよう、簡素な文体で我慢してほしい。非識字者は教養人と同じ高さに到達することはできないが、教養人は非識字者の無知にまで自分を低くすることができる。無教養な人々に話されたことは教養人には理解できるが、教養人に話されたことは無教養な人々にはまったく把握できない[*15]」。カエサリウス自身、模範を示した。かれは、とくに農民への説教のなかで、霊魂はよく耕さなければならない神の畑であると言い、酔っ払いはカマルグ地方の不毛な沼地と同じであり、また金持ちは折れ易いぶどうの茎を支える楡の木のようなものであると言った。カエサリウスの説教は大成功を収め、その写しはイタリア、スペインの司教たちの間に広まり、八、九世紀になってもなお、ガリア北部では写本が作成されていた[16]。

説教者は、アウグスティヌスの『キリスト教の教え』(*De doctrina christiana*) 第四巻や大グレゴリウスの『司牧規定』から、説教を民衆に適応させるための方法を学びとった。「男性と女性、若者と老人、貧者と富者は、それぞれ別の仕方で教育されなければならない……[17]」。こうしたキリスト教的説教の法則は、その後、しばしば、クロデガンク (*PL* 89, 1094) やアルクィン (*Epist.* IV, 310) の著作、宗教会議の規定 (*Concil.* II, p. 345, 709) などに取り上げられている (史料69[18])。

説教の言語

八世紀まで、説教の文体は問題にされながらも、その言語は問題にならなかった。ラテン語はまだ、西方の大部分の地方において理解されていたからである。しかしすでにこのころから、イギリスやゲルマニアでは、説教者は、直接あるいは通訳をとおして民族の言語で説教しなければならなかった。フランク人アンギルベルトはウェセックスの司教に任命されたが、その任に留まることはできなかった。ベダが言うには、かれはこの地方の言語を知らなかったからである（*Histoire ecclésiastique* Ⅲ, 7）。同様に、ボニファティウスのものとされる規定によると、民衆のことばで教えることのできない司祭も、司教区を出なければならなかった（Mansi Ⅻ, 385）。ガリア北部ではラテン語を理解する人々は徐々に減少し、ノアヨンのモンムラン、アルザスのピルミンといった説教者たちは俗語を使用し、成功を収めている。[19] その後、他国で働く説教者は、いつも言語の問題に悩まされた。たとえば、テルアンヌの一司教は土地のことばを知らなかったばかりに、その司教区を去らなければならなかったし（Flodoard : *PL* 135, 270）、アラマン族の聖職者たちは、かれらのことばや慣習を知らない司教は受け入れなかった（*Formulae* p. 385）。一〇七〇年トゥルの司教に就任したザクセン人ピボンは、ロマンス語を学ばなければならなかった（*SS* Ⅷ, 646）。スラヴ地方の伝道に赴くレーゲンスブルクやパッサウのゲルマン人の聖職者や修道者にとっても、これが問題であった。スラヴ語の注釈が付記されているレーゲンスブルクの写本は（Munich, Clm 14008）、おそらくかれらが使用したものである。[20] スラヴ語を知らないメルゼブルクの司教たちは、説教を古スラヴ語に翻訳させている（*SS* Ⅻ, 246; Ⅸ, 84）。

宗教会議に参集した司教たちが説教の言語を取り上げるのはまれであるが、このことは少々、奇異な感じを与える。わたしが知る限り、この問題を最初に取り上げたのは、八一三年のトゥールの宗教会議の文書である。そこには次のような規定がある。「すべての司教は、説教において民衆の善導に必要な勧告を与え、またみなが言われていることを理解できるように、説教はロマンス語、ゲルマン語（in rusticam romanam linguam aut theotiscam）といった俗語に訳させなければならない」(*Conc.* Ⅱ, p. 288)。同年、マインツの宗教会議は、支障のある司教は説教のための代理者を立てるべきであり、また説教は民衆が理解できるものでなければならない (juxta quod intelligere vulgus possit)、と注意を喚起している。つまりこのころ司教たちは、学問およびラテン語の再興により教養人と民衆との間にあった言語の溝が、いっそう深まったことに気付いていたのである。とはいえ、理論よりも事実が先行し、すでに多くの聖職者たちが俗語で説教していたようである。しかしこうした措置もそれほど普及しなかったらしく、宗教会議その他の法令 (*Statuts de Vesoul*, 13) やマインツの司教区会議の規定 (Mayence 847) は、これを繰り返し取り上げ、「聴衆に理解できることばで公に教ええないものは司祭になってはならない[21]」と述べている。

俗語による説教の例をいくつかあげたいところであるが、残念なことに、一〇世紀にアエルフリックとヴルフスタンが書いたアングロ・サクソン語の説教を除いて、すべて散逸してしまった[22]。説教者は、ラテン語の文書をもとに即興で話していたようで、それは一二、一三世紀においても同様であった[23]。二言語による説教で現存するものは、ヴァランシエンヌの写本五二一に含まれているものだけであるが、それは、説教者がどのように説教を準備していたかを教えてくれる。そこに登場する聖職者あるいは修道者は、ヒエロニムスの『ヨナ書注解』(*In Jonam*) からいくつかの文章を羊皮紙に書きとめ、それにいくつかのティロ式の速記記号で注釈を書き加え、ロマンス語で即興で説教している[24]。

説教の主題

俗語による説教は伝わっていないとしても、他の史料をとおして、その主題を知ることはできる。テオドゥルフは、司教区会議の第一の規定において、「聖書を知っている説教者は聖書について説教し、聖書を知らないものは、『悪を避け、善を為し、平和を求めること……』を教えなければならない」と述べている (*PL* 105, 191)。しかし、すべての司祭が聖書注解の能力を有していたわけではない。かれらを助けるため、かなり早くから、四、五世紀の教父たちとくにアウグスティヌスの説教を典礼暦に合わせて編集した聖書講解説教集（homéliaires）が作られた。こうした説教集は、六世紀から存在し、カエサリウスもこうした説教集を用いたが、かれの説教自体がのち手本として利用された。カロリング期になると、聖書講解説教集は数を増し、何百もの写本となって今も残っている。これらの写本にある説教集は、パウルス・ディアコヌス、オーセールのハイモンやヘリックなど著名な聖職者が編纂したものである。その他、匿名の編纂者の手になるものもあり、最近、刊行されている。[25] 司教、司祭はみな、蔵書のなかにこうした説教集を持っていなければならなかった。ヒンクマールは、司教区内の司祭たちに、大グレゴリウスの聖書講解説教四〇篇を所有するように勧めている。片田舎の司祭が聖書講解の名著をどれだけ利用できたか疑問ではあるが。聖書講解説教集は、説教者の無教養を補うだけでなく、説教者による教えの歪曲を予防するのに役立った。カール大帝は、『一般布告』（*Admonitio generalis*）において、司祭は正しいことを説教すべきで、聖書ではなく自分の好みに従って、新奇なこと、宗規に反することを造り出したり話したりしてはならない、と戒めている（ch. 82）。

聖書講解説教集を利用したくない説教者は、「使徒信経」を注釈する形で教えの要点を説明することもできた。『一般布告』の終章には、そうした説教を要約した筋書が載せられている。ソアソンのリクルフは、聖職者に対し「使徒信経」と「主禱文」の説明を勧め（*Statuta* 17, 21）、オルレアンのゴーティエは、各秘跡の意味を説明するように勧めている（*Ibid.* 3, 20）。

しかし、説教の主題は教義よりも道徳に関するものが多かった。すでにカッシオドルスはヴィヴァリウムの修道者たちに対し、盗まない、偶像崇拝をしない、畑作の増収を神に祈願するという「良俗」を、配下の農民に教えるよう勧めている（*Institutiones* I, 32）。それから二世紀後の同じイタリア南部で、修道院長アンブロシウス・アウトペルトゥスはベネヴェントの俗人に対する説教のなかで、同じような内容を繰り返している。かれによると、他人の財産をむやみに欲しがったり、詐欺、偽り、偽証をもってそれを奪い取ったりしてはならず、自分の妻で満足し、四旬節の断食の掟を守り、施しをもって罪を償うようにしなければならない（*PL* 89, 1290）。ガリア北部やゲルマニアの説教者も、たいてい、似たような説教をしており、エリギウスやボニファティウスの説教、またピルミンの『スカラプスス』（*Scarapsus*）には共通点がある。それらの説教は、信徒に対し洗礼時の約束を思い起こさせ、異教的慣習の放棄を勧め、真のキリスト教徒の姿を描いて見せる。それによるとキリスト教徒は、掟の定めるとおりに教会に通い、操正しく生き、子どもたちに「使徒信経」と「主禱文」を教え、神への畏敬の念を抱かせ、おもな罪を避けさせる。これはキリスト教的生活の大筋を提示したものであるが、そこでは、神の神秘に対する信仰以上に、道徳的義務の遂行が強調されている。古代の道徳至上主義がキリスト教の説教において復活したということである。(26)

こうした道徳的勧告は、もちろん無用なものではなかったが、聞き流されていたようである。聴衆は、著名な説教者が聖人たちの『伝記』から例をあげて語るとき、熱心に聴き入った。司祭も、淫蕩や泥酔について聖書をもとに説教するよりも、ある聖人がどのようにして悪の勢力と悪魔の罠に打ち勝ったか、その説明の方に熱意を傾けた。『聖アウドマルス伝』の作者によると、「聖なる教父たちの遺訓は、模範として信徒たちに提示されるべきである」。そのため、民衆の粗野な言語で聖人伝が著された。アルクィンは聖ウィリブロルドの伝記を、ひとつは修道院の教養人たちのために詩文体で、もうひとつは修道者のために散文体で書き、さらに民衆のための説教をひとつ書き加えている（*AS* nov. Ⅲ, 435）。しかし民衆向けの説教で聖人伝を用いることはまだかなりまれで、祝日や巡礼の日の説教に限られていた。司教たちは、起源も不確かなこれらの文学作品を警戒していたようである。

道徳を説く説教は、たとえ聴衆のことばでなされても、かれらの注意を引かないこともありえた。史料には、教会でおしゃべりする男とくに女に対する不満がたえず出てくる。司祭は、「最後の審判」や地獄の責苦の話をもって、説教を聞こうとしない聴衆を黙らせようとした。「地獄の責苦は恐ろしいばかりだ。お前たちは、今なら逃れることができる」。(＊26)したがって民衆が受けた教えは、たしかに為すべきことも含んではいたが、大体は、否定的な道徳とくに禁止事項を内容とするものであった。規則の形式的な遵守は旧約聖書の律法主義に結びつく。掟に違反したものは罰され、個人の霊的進歩よりも集団の利益が優先されていた。こうして司祭や司教は、信仰の道を歩ませる霊的指導者というより、むしろ法の遵守を迫る警官のような態度をとっている。

四　聖画像による宗教教育

教会は、信徒を聖書の主題になじませるため、「無言の説教」とも言われる聖画像を利用した。四世紀以降、西方の聖職者は教会の壁を飾っていた聖画像を活用したが、宗教的絵画のもつ教育的役割が公認されたのは、大グレゴリウスの教皇就任以後のことである。(27)

周知のように、大グレゴリウスはマルセーユの司教座教会の聖画像を破壊した司教セレヌスに対し、次のように書き送っている。「聖画像は、文字を知らない人々がせめて〔教会の〕壁を眺め、書籍から読み取ることのできないものを学ぶのに役立つ。したがって聖画像は保存すべきであるが、しかしそれを拝むのは禁止すべきである……聖画像を拝むことと、聖画像の示す物語をとおして礼拝すべきお方を知ることとは別である」(*Epist.* I, p. 195, 270)。大グレゴリウスはこれに加えて、「無知蒙昧な人々にとって聖画像は読書に代わるものである」とも言っている。大グレゴリウスがイギリスに派遣した伝道師たちは、説教の効果を高めるため聖画像を用いた。アウグスティヌスはケント王に会いに行くのに、キリストの聖絵を奉持するものに先導させた。七世紀末のジャローの修道院長ベネディクト・ビスコプは、ローマから持ち帰った聖画像で修道院を飾った。ベダの説明によると、ベネディクトは、新約と旧約は互いに対応することを教えるため、自分の犠牲のための薪を運ぶイサクの絵と相対して、十字架を背負うキリストの絵を掛けさせたのであった。そしてベダは、これらの聖画像は教会を飾るだけでなく、非識字者をはじめ教会に入るすべての人々がそれを眺め、教えを学ぶためにある、と付け加えている（*Vitae sanct. abbatum* : éd. Plummer, p. 393)。

八世紀の聖画像をめぐる論争を好機にローマ教会は、聖画像のもつ教育的役割を再度、確認した。教皇グレゴリウス二世（在位七一五―三一年）は、イサウリア朝のレオ三世（在位七一七―四一年）にあてて、次のように書いている。「受洗したばかりの幼児を腕に抱き、年少の子どもたちを連れた男女が、聖画像を指さして説明し、子どもたちの精神と心を神に向かわせている」(*PL* 81, 521)。しかし七八七年、ニケア宗教会議によって聖画像の崇敬が再認されたあと、カール大帝は、西方の宗教上の頭としてこの問題を取り上げ、おそらくテオドゥルフに命じて、『カールの書』(*Libri Carolini*)を編纂させた[28]。テオドゥルフは、聖画像の持つ宗教的価値は認めながらも、その説明文が必要であると考えている。「子どもを膝にのせたひとりの女の姿を想像して見たまえ。もし説明文がなかったならば、その絵がキリストを抱いたマリアであるのか、アエネアスを抱くヴェヌスであるのか、ヘルクロスを抱くアルクメネスであるのか、アスティナクスを抱くアンドロマクスであるのか、どうして判別できようか」(*PL* 98, 1230)。そこには、画像は文書による説明がない限り、伝達の手段にはなりえないという一知識人の見解が示されている。一方、テオドゥルフによると、人々が信仰をもつことができるのは、聖画像によってではなく「書籍」と聖書の学習によってである。「人間は、画像を見なくても救われうる。しかし神に関する認識なしには、それはありえない」。

九世紀のビザンツでは聖画像破壊政策が復活し、それはカロリング期の聖職者たちの態度に微妙な影響を与え、大グレゴリウスの教えに立ち戻らせた。パリの宗教会議（八二九年）も聖画像の持つ教育的役割に再び注目させた（*Conc.* Ⅰ, p. 485)[29]。このころ、教養人ワラフリド・ストラボは次のように書いている。「われわれは、ことばによっては信仰にほぼ導かれえないような、純朴で知力に劣る人々が、キリストの受難や奇跡の絵を見て感動し、それを心に深く刻み、涙にくれるのをしばしば目にすることがある」(*Capit.* Ⅱ, p. 482)。「黒人」エルモルドはインゲルハイムの教会の絵画を教師のような口調で説明しているが、それによると、一方の壁には旧約聖書に出てくる場景が描かれ、他方にはキリストの生涯の各場面が描かれていた（*Poème sur Louis le Pieux*, vers. 2068–2125, p. 158–162）。この絵画は散逸してしまったが、旧約聖書の二〇の場景と新約聖書の六二の場面を描いたミュステアーのザンクト・ヨハンネス教会の絵画や、ライヘナウの小島にあるオーヴァーツェルのザンクト・ゲオルグ教会の絵画は、今日でも見ることができる。[30]

教会にはフレスコ画はあったが、像はなかった。偶像崇拝と戦う聖職者たちは、キリスト教徒が新たな偶像を作り出すのを恐れたのである。しかしこの分野でも、九世紀末以降、聖遺物の崇敬が漸次広まるにつれ、変化が出てきた。もともと古代末期以来、聖遺物の崇敬は大衆的な信心のひとつであった。初期中世の人々は、聖人たちをもっとも身近な保護者と見なし、感覚的な仕方でこれにすがろうとした。しばしば聖人たちの生涯の場面を彫り込んだ聖遺物箱が作られ、のちには、民衆が崇める聖人の姿に似せた聖遺物像（statues-reliquaires）が作られている。[31]

こうした人間の姿をした聖遺物像の作成は、若干の教養ある聖職者たちの非難を招かずにはいなかった。かつてシャルトルのフュルベールに師事したアンジェの学頭ベルナールは、アキテーヌ地方を訪れた際、オーヴェルニュ、ロデズ、トゥールーズの住民が、聖遺物を納めた金、銀製の像を崇めるのを見た。かれに言わせれば、こうした信心は迷信であり、教会の教えに反する。「唯一、全能の真の神を礼拝すべき場所に、石膏や木、金属で作った像を立てることは、愚かなかつ忌むべきことである。ただ、十字架上のキリストの像だけはべつで、主のご受難を追憶するため、信心を込めてのみや絵筆をもってすぐれた聖画像を作成してもよい。聖なるカトリック教会は、それは認めている。しかしわれわれが視覚をとおして聖人たちの追憶をたどるのは、真実を伝える物語や控え目な色彩で壁に描かれた画像だけにすべきである。聖人たちの像は、古くからの慣習や、単純素朴な民衆の間に根差した抜き難い慣習によるものでないかぎり、それを容認するわけにはいかない[32]」。

しかしベルナール自身、サント・フォア修道院に到着し、年若くして殉教した聖女フォアの像を目の当りにしてはじめて、その像は偶像ではなく「敬虔な記念碑」であり、人々が宗教的熱意を表明する手段であることを確信するようになっている。このように、西方の教会は大衆的な信心に押されて、のち「貧者たちの聖書」と呼ばれる宗教的な絵画や彫刻を受容していったのである。

五　大衆的な歌

とはいえ、当時、聖画像の果した役割も、歌の文句や踊りのそれに比べると大したものではない。初期中世の人々がその気持ちや感情をどのような歌や踊りに託して表明したのか、よくわからないが、公会議の法令や地方宗教会議の規定が間接的にそれを教えてくれる。これらの文書には、「淫らなことば、恥ずべき淫らな歌」(verba turpia, cantica turpia et luxuriosa)、「俗っぽく、淫らで悪魔的な歌」(diabolica amatoria et turpia)、「ばかげた歌」(fabulae inanes, ludi inanes)、「農民の歌謡」(rusticae cantilenae)、乳母の歌 (*SS* Ⅳ, p. 213)、あるいは単に、俗人の歌、といった表現が出てくる。[33] これらの歌は、一般に、saltationes, ballationes, debacchationes と呼ばれる踊りに合わせて歌われた。[34] 語彙集によると、「踊り」(ballematia) は、「醜悪な歌、淫らな歌や歌声」(inhonestae cantiones, carmina et voca turpia) と説明されている (*CGL* Ⅴ, 586)。男も女も足を踏み鳴らし、手をたたき、体を激しくゆすりながら踊った (saltando pedibus, tripudiendo plaudibus) (*PL* 101, 1177)。歌や踊りには、鈴、シンバル、キタラなどの伴奏があったが、先にも述べたように、聖職者たちは楽器を軽蔑していた。サン・タマンのフクバルドは、楽器について説明し、男女の歌い手が演奏する笛やキタラについて述べ、かれらはこうして聞く人の耳を楽しませると言っている。[35]

教会法は、歌を歌う男女や聖職者だけでなく、こうした気晴らしをもって民衆を楽しませる、いわゆる職業歌手をも非難している。非難されたのは、吟遊楽人 (ioculatores)[36] やミモス劇俳優 (mimi) ——かれらは喜劇俳優ではない——体を動かして動物の歩き方をまねる歌い手や踊り手、とくに道化役者であった。[37] 身持ちのよくないこれら道化役者は、西方各地をめぐり、大衆の祭に参加してその芸を売り込んだ。[38]

歌い手や踊り手は、一年の主要な祭ともなると、居酒屋や四つ辻、広場にたむろし、騒々しく祝った。古代においてもそうであったが、人々は元日になると、それにかこつけて仮装踊りを催し、祝宴を張った。[39] 六世紀のアルルのカエサリウスはこれを非難したが、むだであった。七四二年ボニファティウスは、動物の姿に仮装した歌い手や踊り手が、ローマのサン・ピエトロ教会の階段にまで踊りの輪を広げ、日夜踊りまくったことを聞き、憤慨している（*Epist.* Ⅲ, 202)。二月には「スプルカリア」(spulcales) と呼ばれる祭があり、春には自然の再生を祝う祭が、六月には夏至があり、これらの祭でも民衆は、踊りや歌、酒盛り、野合などをもって自然と一体となって戯れた。月食があると、民衆は相集まり、大声を発し、大袈裟な身振りをして、怪物に食い尽くされそうな月を応援した。[40] また、誕生記念日も宴楽の口実にされた。オルレアンのゴーティエは、次のように戒めている。「司祭は、誕生記念日の食事に招かれた場合、慎み深く節度ある態度をとり、ことばは控え目に、農民たちの歌に警戒しなければならない。また、自分の面前で、女の踊り手がヘロデの娘のように恥ずべき踊りを舞うのを許してはならない」(*PL* 129, 739)。

教会当局は、こうした大衆的な歌や踊りを非難したが、それは、これらの歌や踊りが不道徳に染まり、悪魔に付け込むすきを与えるというだけでなく、それが、教会や墓地など聖なる場所で、しかも教会の祝祭日に催されたからであった（史料66)。民衆は聖・俗の領域の区別がつかず、さらに悪いことに、かれらにとってすべてが宗教的なものであった。九世紀のトゥールの司教エラールによると、祈願祭の日に人々は恥ずべきおしゃべりや遊びに興じ、飲食の楽しみにふけった（*Statuta* 95 : *PL* 121, 765)。同じ司教は、同輩の司教たちと同様、日曜日に教会の前あるいは内部で踊り歌う習慣をやめさせようとしている。八二六年のローマの宗教会議は、次のように非難している。「祭日、聖なる日、聖人たちの祝日の前夜に、祝日を準備する代わりに淫らな歌や踊りに興じ、前もってあるいは即興で合唱団を組織して、異教徒のように振る舞う男、とくに女がいる」(*Concil.* I, p. 581)。一方レオ四世は、教会やその中庭にたむろする女の合唱団や、民衆が墓地で歌う悪魔的な歌唱について語っている（Mansi XIV, 895）。実際、きわめて古い伝承によると、葬儀の際には通夜があり、人々は歌い、飲み食いしていた。一一世紀初頭ヴォルムスのブルカルドゥスは、他の多くの人のあとを受けて、こうした有害な慣習を取り上げ、次のように詰問している。「お前は、死者のそばで徹夜したことはないか。つまりキリスト教徒の遺体を異教徒の祭儀で取り扱う通夜に参加したことはないか。お前はそこで、悪魔的な呪文を歌わなかったか。異教徒たちが悪魔に唆されて造り出した踊りを踊らなかったか。お前は酒を飲み、ふざけ散らし、敬虔と愛をかなぐり捨て、兄弟の死を楽しんでいるかのように振舞わなかったか。もし、そうしたことがあったならば、お前は三〇日間、パンと水だけで過ごさなければならない」（*Décret* XIX, 91）。

民衆にこうした態度を放棄させるのは、至難なことであった。大グレゴリウスのことばを借りると（史料67）、古来の慣習を一朝一夕に除去することは不可能であり、したがって聖職者、修道者用の公式典礼のほかに、民衆の積極的な参加を促す典礼様式が必要であった。民衆は、ミサでは退屈しおしゃべりをはじめるが、諸聖人の連禱や聖遺物移送の行列では熱心になる。こうした行列は九、一〇世紀にはその数を増し、それはまさに民衆の祭りであった。[41] 男女の信徒が聖遺物箱を交替で担ぎ、聖職者たちは夜を徹して祈り、また祝宴を催した。群衆は歓呼の声をあげ、踊りながら喜びを表明した。[42] 聖セバスティアヌスの聖遺物がソアソンに到着したときには、「聖歌隊が『詩編』を斉唱しながら、これを取り囲んだ。聖歌が歌われ、楽器が喜びにはずむ音色を奏で、香その他の香料の芳香が立ち込めるなか、あるものは目にも鮮やかな旗をかかげ、あるものは色とりどりの宝石で飾られた眩いばかりの黄金の十字架の紋章を捧持していた」（*PL* 132, 598）。一〇世紀になると、フランスやイギリスの修道者たちは、民衆を降誕祭や復活祭といった大祝祭により熱心に参加させるため、典礼に準ずるものを案出していった。ここから中世の演劇が誕生してくる。[43]

民衆に典礼への参加を意識させ、自発的な信心を実践させるには、かれら自身のことばによるべきであったが、西方の典礼用語はラテン語であった。九世紀末、民衆の言語を用いた地方が一か所だけあったが、それはのち、失敗に終わっている。実際モラヴィア地方では、東方からやって来た伝道師キリルスとメトドゥスが、古スラヴ語の典礼を考案し、大成功を収めた。これに対しドイツの司教たちは、ピラトがイエスの十字架に罪状を記したヘブライ語、ギリシア語、ラテン語以外のことばで神を拝礼することは許されないと申し立て、教皇に訴えた。しかし教皇ニコラウス一世とヨハネス八世は、こうした改革を容認した。教皇はモラヴィアの公たちにあてて、次のように書いている。「神を賛美するため、聖なる権威が勧めているのは、三つの言語ではなくすべての言語である。聖霊に満たされた使徒たちも五つのことばを話した。したがって、ミサを捧げ、新・旧約の聖書を読み、聖務日課その他の祈りにおける『詩編』の斉唱にあたって、スラヴ語を使用することに反対するものは何もない」（*Epist.* V, p. 224）。不幸にして、メトドゥスが死去すると、ドイツの司教たちはその主張を貫き、せっかくの試みも放棄された(44)。

しかし西方の聖職者は、信徒たちが伝統的なラテン語の歌で満足しえないことに気付き、典礼とはべつに、かれらを啓発しうるようなことばを大衆的な音楽に取り入れ、こうして世俗的な歌唱に代えてキリスト教的な歌唱を作ろうと努めた。これは、すべての司牧者がつねにとってきた方法である(45)。すでに六世紀のアルルのカエサリウスは、教区民が執着していた「恋歌」（chansons d'amour）に代えて、神に対するキリスト教徒の真の「恋歌」である「詩編」を取り入れさせた。マームズベリーのアルドヘルムは、説教の効果がほとんどないことに悩んだあげく、信徒が教会から退出するのを待ち構え、即興で俗語の歌を歌ったという（*Vita Aidhelmi*, éd. Hamilton, p. 336）。フリースラントの使徒リウトゲルは、戦士の武勲を語っていた盲目の叙情詩人を癒したあと、その芸をキリスト教徒のために役立ててくれるよう依頼している。一一世紀になると、スタヴロの修道者たちは、吟遊楽人（joculator）を招き、巡礼者たちのため、聖レマクルスの奇跡をたたえる歌を作らせている（SS XI, 436）。

また、ラテン語を知らない俗人のため、聖書の翻訳や注釈が作られ、かれらはそれを歌ったりあるいは歌うのを聞いて、キリスト教の教えを学んだ。尊者ベダは『教会史』の有名な一節で（*Histoire ecclésiastique* IV, 24）、ウィトビーの羊飼いカエドモンは、アングロ・サクソン語で新・旧約聖書の物語を歌うことができたと伝え、かれを、自分の楽才を世俗の歌に費やす人々と比較している。(46) 九世紀のヴィッセンブルクのオトフリドは、福音書に注釈を加えたが、それは信徒たちに「猥褻な歌」に代わるものを歌わせるためであった（本書三二三参照）。しかし信徒のために作られた歌がすべて、こうした性質のものであったわけではなく、教養ある聖職者たちは、幾度となく、即興による歌に懸念を示し、教会で歌われる「民衆の詩編」（plebei psalmi）を批判している。(47)

六　キリスト教的呪文

教会が排除しようと努めた民衆の歌は、たいてい、かれらの労働を力づけあるいはかれらを取り巻く悪霊を払いのけるための、呪文や魔法（carmina）であった。男とくに女は、薬草を採取したり、パンを焼いたり、毛を紡ぐときには呪文を唱えた（史料66）。かれらはまた、子どもや家畜の病気を治すため、雨乞いのため、配偶者の欲情を掻き立てるため、子宝を願うためにも呪文を唱えた。かれらが脚か腕に巻き付けた護符は、ルーン文字あるいはラテン文字が記されていれば、それだけ効力は大きいとされている。(48)

聖職者は、異教的な呪文の代わりに、旧約聖書の伝統をまねて祈りや祝福のことばを考案した。生活のおもだった行為には、聖なる歌がつきものであった。司祭は畑、ぶどう園、新婚の床、最初の髭剃りなどを祝別した。また雨乞いや豊作祈願のため、雹や野獣の害を避けるため、旅の危険を免れるため、それぞれに合わせた祈りを唱えた。さらに司祭は、パン、ぶどう酒、仕事の道具も祝別した。(49) こそ泥を見付けるためには、疑わしい人物の背中に祝別されたローソクをあてたり、祈りを唱えるだけで十分であった。

キリスト教的呪文は、とくに病気を治すために用いられた。医学がまだ幼稚な当時にあって、俗人も聖職者もラテン語や俗語で呪文を唱えていた。(50) たとえば出血を止めるためには十字架に祈りを捧げ、またキリストのマントにふれたヴェロニカに祈り、十字架上のキリストの脇腹を槍で貫いたロンギヌスに祈った。また病人の額、両肩、胸にギリシア文字を書きながら、「主禱文」を三回唱えた。眼病を治すには、呪文を歌ったり、聖シンフォリアヌスの祝日に日の出まえに薬草を集めに行ったりした。熱を下げるためには、聖母マリア、福音書記者、使徒たち、かまどのなかに投げ込まれた三人の子ども、エフェソの七人の眠り男たちに、長い祈りを捧げた。病人の苦しみを和らげるためには、聖コスマと聖ダミアヌスの『受難録』(*Passion*) を病人の上にのせた。また、ルーン文字には病人を治す力があるとされ、人々は羊皮紙の切れ端一杯にルーン文字の碑文を書き、それを病人の胸にあてたりあるいは細かく裂いて飲んだりした。たとえば、サン・トメールの写本には、TEDETとETATEという文字を交錯させた正方形を描いたあと、キリスト教的呪文が記され、人々はその写本を漬けた水を病人に飲ませた。馬の手入れに使われる駆虫剤を作るときには、虫に悩まされたヨブの物語に事寄せて、次のように唱えるのであった。「虫たちよ、聖父と聖子と聖霊によって、聖ディオニシウス、ルスティクス、エレウテリウス、また神のすべての聖人たちによって、お前たちに命じる。この黒い馬を勝手にするな。この馬の皮にも、肉にもとまるな」。

たいてい祈りには十字架のしるしが伴っていた。たとえば、心臓病を治すためには、次のように唱えた。「+ cardia + media + symphonis + eumata + leumata + agorlia + hismet + met + ayos + sancta + crux」。その他、十字架のしるしあるいは十字架を描いたものは、悪と悪魔の力を防ぐ最強の守り手とされ、十字架そのものに呪文が刻まれることもあった。たとえばローザンヌの司教座教会で発見された十字架の裏には、Abra, Abraca と書かれている。祈りが呪文と見なされる一方で、十字架も護符のひとつに格下げされていたのである。

七　民衆の司牧

大衆の宗教教育に対する聖職者の努力は、果して成果をあげたのだろうか。大衆の宗教的知識は、どの程度のものだったのだろうか。西方全体について、それも六世紀という長期にわたる成果について、一言で答えることは難しい。宗教会議の規定、聖職者たちの不満から見て、キリスト教化の事業はつねに未完成で、繰り返しの連続であった。迷信、呪術は、たえず非難されながらも相変わらず続行されていた。少なくともゲルマニア地方においてキリスト教徒の風俗が改善されていなかったことは、『迷信一覧』（*Indiculus superstitionum*）（八世紀中葉）、『司教区会議議題』（*De synodalibus causis*）（九世紀末）、ヴォルムスのブルカルドゥスの「規定」（*Décret*）（一一世紀）を参照してもらえばわかる。一〇世紀のイギリスその他の地方に関する史料によると、当時の大衆の宗教的知識は古くさい信心や迷信にもとづくもので、それは中世の大部分をとおして、変わらなかった(51)。荒涼とした自然のなかに生きる人々は、御しがたい力による支配を感じ、あらゆる手段をもってその不安を克服しようとした。小教区の司祭は、自然的な災害（地震、洪水、伝染病）や気象現象（彗星、オーロラ）は、神の特別な計らいによるものであること、地上どこでも悪事を働く悪魔もいつかは打ち負かされること、神は天使、聖人たちとともに住む広大なご自身の宮殿に教会の掟を遵守する人々をお呼びになることを教え、信徒たちを励まし援助した。しかし司祭の手が足りなかったり、かれらの説得が成功しなかった場合、人々は、ぺてん師や説得力に富む放浪修道者の口車に乗せられ、正統信仰の道を踏み外しかねなかった。とはいえ、一一世紀初頭以前には、民衆の間に大きな異端はなにも起きていない。たしかに各地で、天から落ちて来たと言われる手紙の話や、キリストの誕生にまつわる誤った信心はあった。しかしそれも、長くは続かなかった。紀元千年が近づいても、夢想に走りがちな歴史家たちが望んでいたような、集団的恐怖心がかもし出されることもなかった(52)。最初の大衆的な異端が出現するのは、一一世紀前半のことである。[53]

結び　一一世紀中葉における知的生活の新たな展開

一一世紀中葉になると、西方は様相を一新する。カロリング朝とその後継者オットー家によって建設され、永続的構造をもっていわば凝固したかに見えたヨーロッパは、すべての分野にわたって、新時代の到来を告げる変革を経験した。(1) スカンディナヴィア人、ハンガリー人、スラヴ人といったかつての蛮族は、地歩を固める一方、キリスト教世界に加入しつつあった。イスラムは、東方およびスペインにおいて守勢に立たされ、それを好機に、西方の人々は貿易を有利に進めて富裕になり、あるいはイスラムの占拠地を奪回していった。一〇世紀初頭増加に転じた人口はその後も止まることなく経済に活気をもたらし、農業も開墾、入植によって拡大されていった。フランス北部や南部の都市は繁栄し、そこで働く商人や手工業者は自分たちの勢力を自覚し、既存の権力に反抗しはじめた。封建社会は変革の途上にあり、主要な領邦公国は崩壊し、教会に仕える騎士階級、主要な封建国家を形成する君主といった新たな階級が、貴族階級と肩を並べて台頭してきた。とりわけノルマンの騎士たちは、大胆な行動に出た。かれらは、ウィリアム公のイギリス征服を援助し（一〇六六年）、イタリア南部に新国家を建設した。一方、長いこと皇帝に牛耳られてきたローマ教会は、ハインリヒ三世の死（一〇五六年）を幸い、かれらの後見の手から逃れ、その一年後、教皇ニコラウス二世は、枢機卿だけに教皇選出権を認める決定を下した。また修道院からはじまった宗教上の改革も、在俗の聖職者へと波及していった。聖職者の貞潔の不履行を咎め妻帯を禁じるだけでは不十分で、俗人の庇護からかれらを解放する必要があった。こうして、俗人による聖職者の任命を禁じるローマ教会最初の教令が出され、霊的権力と世俗権力との、半世紀以上に及ぶ長い戦いの幕が切って落とされたのである。

政治、社会、宗教におけるこれほどの変化が、知的分野に影響を及ぼさないはずはない。教養は、何人かの聖職者や修道者、上流の貴族階級だけの特権ではありえない。新興の騎士階級の子どもたちも、当然のように、教育を要望した。一〇六〇年ごろ、ノジャンのギベールの母は、むすこの教育のため八方手を尽くして教師を探し求めたあげく、たしかに凡庸ではあったが、隣の館で教えていたひとりの教師をやっと見付けた（*PL* 156, 844）。同じころ、ノルマン人のウィリアムは、学業のためポアティエに行き、(*1) ノルマンの「戦士」(miles) の子ラウル・モークロンヌは、マルムーティエの修道院に入るまえにガリアやイタリアの学校で学んでいる（Ordéric Vital, *Histoire ecclésiastique*：*PL* 188, 280）。都市では、教養ある聖職者の需要はますます増大していった。裁判はもちろん、書記の育成のためにも法学者が必要であり、都市の事務所や有力者の尚書局は聖職者を必要とし、商人は秘書を求めていた。こうして、先に見たように、フランスでは一一世紀前半になると、都市の学校が増設されていく（本書一八〇頁以降参照）。

イタリア北部では、経済の発展とローマ法の再生につれ、聖職者たちは徐々に、儲けの多い仕事に引かれていった。かつて弁護士であったペトルス・ダミアヌスは、次のように嘆いている。「司教たちが瞑想しているのは、聖書ではなく法律や裁判のことである。裁判官席には、大勢の司祭が座るだけの場所がない……裁判官席からは、多くの聖職者や修道者が吐き出される。修道院は空っぽ、福音書は閉じられたまま、聖職者たちの口から聞かれるのは、切売りしようと思う公の法である」（*PL* 144, 227）。こうした聖職者は、宗教上の務めには怠慢であった。かれらが学問を修めたのも、儲けの多い裁判所や宮廷での職務に就くためであった。たとえばベザーテのアンセルムスは、修辞学と弁証学を学んだおかげで、ハインリヒ三世の宮廷礼拝堂付司祭になった。ペトルス・ダミアヌスは、『宮廷の聖職者と出世競争を批判する』（*Contre les clercs de cour et la course aux dignités*）著作を書いたが、かれの脳裏にあったのは、名指しこそしないものの、たしかにこのアンセルムスとその同僚たちであった（*PL* 145, 463-492）。

聖職者たちが、裁判所で時間を浪費し、有力者のために筆をとることは、教会改革に取り組む人々には容認しがたいことに思われた。しかしそれ以上に重大な点は、教会を揺るがすほどの危機のうちにあって、聖職者たちがより広範な思想と行動の自由をあえて要求したことである。(2) かれらはある教師のもとで学問をはじめ、のち、好運を求めてよそに移るのであった（本書二〇七頁参照）。こうして、一切の権力の手を逃れ、正統性に欠ける教えをふりまく、俗人、聖職者のどちらでもない放浪聖職者（clerici vagantes）が顔をのぞかせてくる。これら無教養な聖職者は若者たちを惑わせ、かつての学校の厳正さを知る教師たちの非難を浴びた。

こうしてリエージュの学頭であったゴッゼキンは、弟子ヴォーシェにあてた書簡のなかで、風俗と教育の退廃を嘆いている（*PL* 143, 888）。(*2) かれが言うには、万事がおかしい。若者は余りにも早く自由になり、先祖が用いた鞭〔規律〕は時代おくれになった。かれらは金銭にひかれ、学問を放棄し、安楽な生活を求める。さらに悪いことに、「若者たちは、重大な道徳の教えに反抗し、いろいろな教説の囁くままに、藁くずのようにもて遊ばれている。かれらは、虚ろでしかも有害な、新奇なことばと学説の奴隷になっている」。そしてゴッゼキンは、「博識ぶる学校教師や、方々をさ迷い歩き、学問に必須の規律を嫌い、新奇なものに飢える軽薄浮佻な若者たちに自分が考え出した教説を教える、偽教師」を非難している。ここでゴッゼキンは、「『詩編』、聖パウロの書簡、『黙示録』に新奇な注釈を加える」異端者まがいの聖職者たち、とりわけかれが書簡の続きでふれるトゥールのベランジェに狙いをつけている。

実際、異端は、西方に出現した新たな現象であった。カロリング期の教会はたしかにキリスト養子説や救霊予定説の異端を知ってはいたが、それらに影響されたのは少数の聖職者や修道者だけであり、しかもそれらの異端は、すぐに権力によって抑え込まれた。ところが一一世紀前半、異端は貴族、民衆、聖職者、すべての階層に浸透し、イタリアではアスティの近くに、ドイツではゴズラーに、フランスではトゥールーズ、カンブレ、ランスなどに広まっていった。男女の信徒が、聖職位階制度、秘跡とりわけ結婚の秘跡に疑義をさしはさみ、聖体におけるキリストの実在を否定し、聖人や聖遺物

の崇敬を非難し、自分の意志だけで救いを全うしうると主張した。(3)

異端は、民衆の間に自然発生的に出現したわけではない。一〇二二年のオルレアンの裁判が示しているように、それは、何人かの聖職者の思想的逸脱に端を発している。(4)焚刑に処せられた異端者は、敬虔な聖職者、聖・俗の学問に精通した学者として高く評価された人物であった。また異端者は、都市の責任ある地位についていた。サント・クロアの聖歌隊員であったり、サン・ピエール・ル・ピュリエの学頭であった。かれらによると、洗礼は恩恵を与えるものではなく、また、一旦過失を犯したものはそのゆるしを受けることはできず、また聖餅〔ホスティア〕の聖変化もありえない。当然、司教や王は速やかにこれに介入し、正統信仰に反するこうした教えに、容赦なく止めを刺した。

それから二〇年後のトゥールで、もうひとりの学頭が、同じく異端と断定された聖体論を展開し、人々の耳目を集めた。かつてシャルトルのフュルベールに師事したことのある著名な教師ベランジェは、理性は、場合によっては〔教会、聖書の〕権威にまさると考えた。「だれも愚かで無分別でない限り、理性が真理の探求において最良の案内人であることを疑わないであろう。勇気のあるものは、つねに弁証学に頼る。弁証学に頼ることは理性に頼ることであり、そうしないものは、自分をもっとも高めてくれるものを拒むことになる。理性こそは、人間における神の像だからである」(*De sacra cena* ch. 27)。かれは、こうした自説を聖体の教義に適用し、聖変化後もパンとぶどう酒の「偶有性」〔色、味、堅さ〕が残存するところから、パンとぶどう酒のキリストの体と血への変化はありえないと主張した。かれによると、聖体は実際にキリストの体と血ではなく、キリストの霊的表象にすぎない。かれの説は、フランスとイタリアでいくらか成功を収めたが、(5)すぐに聖職者たちの反撃と教皇庁の介入を招いた。

若者たちの動揺、権威に対する反抗、異端の猖獗、こうしたことは、知識階層がどれほど混乱していたかをよく示している。人々はその責任のありかを究明しようとし、文化の変動期にはつねにそうであるが、学校はその使命を果していないとして非難された。六世紀の厳格主義の修道者たちは、古代ローマの学校は形式のために内容を犠牲にし、型にはまった方法を墨守し、虚飾に満ちた文体を学ばせ、異教を伝達するとしてこれを非難したが、一一世紀の改革者たちは、学校は、世俗の職業を目指させ、聖書の知識の代わりに新奇な思想を追う世俗的聖職者を育成するとしてこれを責めた。

こうして、ババリア北部のエバーズベルクの修道院長ヴィレラムは、学校教師の指導のもとに文法や弁証学に熱中し、聖書学習を放棄する学生を非難している。[6] 一方、サン・タムランのオトロは、次のように書いている。「わたしは、弁証学よりも聖書に通じているものを学者と呼びたい。わたしがこう言うのは、聖書のすべてのことばは弁証学の権威のもとにおかれるべきであると決めつけ、また、聖書記者よりもボエティウスに一層の信頼を寄せるような、無邪気な弁証学者たちにお目にかかったからである」(*PL* 146, 62)。ボロニャの学校で学んだツァナドのゲラルド(一〇四八年没)によると、キリストの弟子になったものは、かれ以外の師の教えを必要としない。[7] イタリア北部の〔聖職者の妻帯、聖職売買に反対する〕パタリア運動(patarius)を指揮したミラノのアルノルフは、アリストテレスやキケロの世迷い言は自分には向かない、と述べている(SS Ⅷ, 7)。

学校教育に対する最大の批判者は、一一世紀前半の碩学ペトルス・ダミアヌスであった。かれは、パルマの学校で修辞学と法学を学び、弁護士を目指したが、一〇三五年、二〇歳のときすべてを放棄し、隠修士の生活に入った。やがてその禁欲と学識は評判になり、かれがフォンテ・アヴェッラネの隠遁所に留まることをゆるさなかった。一〇五七年、かれはオスティアの司教枢機卿に任命され、以後、歴代教皇の使節として、ミラノ、フィレンツェ、フランス、ゲルマニアで活躍した。かれは、多忙な生活のなかで著述を続け、教会改革のために働いた。[8]

当時の学校の内情に通じていたペトルス・ダミアヌスは、学校がその使命に忠実でないわけはいくつかあると考えた。まず、文法を学ぶ生徒は、異教徒の著作の学習に時間を浪費し、魂までも失う。こうした非難は古来しばしば繰り返されてきたが、キリスト教徒の著作よりも異教徒の古典を好んで学習していた当時にあって、とくに現実味を帯びていた。一〇世紀末の人々は、良心の咎めを感じることもなくスタティウス、ユヴェナリス、プラウトゥス、カトゥッルスを学習したが、一一世紀初頭になると、人々は文学による異教の復活に懸念を持ちはじめている。ラウル・グラベルによると、ラヴェンナの一文法教師は、ヴェルギリウス、ホラティウス、ユヴェナリスといった詩人の姿をした悪魔を見、その結果、異端者になった（史料20）。ヴェルギリウスに熱中するものは狂人になりやすく、スタヴロのある学童は、アイネイアス、トゥルニウスその他ヴェルギリウスの詩に登場する英雄たちに追われていると思い込んでいた（*Vita Pepponis* 32：SS XI, 314）。

ペトルス・ダミアヌスは、こうした伝統的な非難を受け継ぎ、繰り返している。かれは、ヴェルギリウスにおける欺瞞、詩人たちに見られる途方もない作り話を批判し、「響き渡る声で情欲の毒を吹き込む喜劇詩人の群」を攻撃した。またかれによると、大抵、弁論教師の学校はさながら劇場であり、はては市場となり、修辞学を用いるものはそれを乱用して人々の笑い種になっていると言う（*PL* 145, 730）。とはいえ、ペトルス・ダミアヌスは当代きってのラテン学者のひとりである。かれが排除しようとしているのは、上手に書く術ではなく、技巧的な文体、虚ろに響く饒舌である。かれは、甥にあてた書簡のなかで、「ことばで飾られた餌を追い掛けるよりも、ことばによって示される真理に注目してほしい」と書いている（*PL* 145, 620）。また、空虚な雄弁術を操るものは、議論にのめり込み、誤謬を真理に仕立てようとして狡猾な論法を用いるようになる。

聖書における神秘の解釈となると、問題はいっそう重大である。モンテ・カッシーノを訪問したペトルス・ダミアヌスは、若い修道者たちが、弁証学者や修辞学者の論証を神の位格（persona）〔三位一体〕の神秘の説明に援用していることに気付いた。またかれらは、同一性の原理を確固不動の真理として認め、これを神の全能と対比させ、神は起こったことを起こらなかったようにすることができるか、すでに処女でない娘を処女にすることができるか、などと議論していた。かれによると、「この無知も甚だしい物知り、軽薄な質問者たちは、議論の術に属することを神に適用していた」。これらの修道者たちに答えるため、かれは『神の全能について』（*Lettre sur la toute-puissance divine*）と題する書簡を書き、

「神の能力は弁証学者たちの巧みな論証や技巧をくつがえし、すべての哲学者が必然かつ反論不可能と考える論証をやり込める」と述べている（*Lettre* p. 443）。危険なのは、何人かの聖職者や修道者がこうした推論をしたというだけでなく、純朴な人々がそうした考えに引き込まれ、異端に走ることであった。「神がいわば全能ではないという思想が大衆の間に広まるならば……無知な人々はすぐに当惑し、キリスト教信仰は混乱し、霊魂は少なからぬ危険にさらされる」（*Lettre* p. 391）。霊的学習を放棄して文法教師のもとに通い、ベネディクトの会則よりもドナトゥス文法の規則を好む修道者、都市で見かけるようなおどけた冗談にうつつを抜かす修道者、でしゃばって説教に出かけ、口先だけの犠牲をもって民衆の目を引こうとする修道者は、真の修道者ではない。ペトルス・ダミアヌスは、フランスからやって来たある男について、嫌悪の情を込めて次のように書いている。「かれは、キケロのように雄弁で、ヴェルギリウスのように詩才に長け、学校の討論においては、さもある著作を朗誦するかのように自分の役割を演じるが、しかし修道院から締め出さざるをえないような生活を送っている」（*PL* 145, 700）。

修道生活を目指すものは聖書しか学んではならない。ペトルス・ダミアヌスは、隠遁生活に入るまえに文法を学ばなかったことを悔やむ隠遁者アリプランドに対し、『人を傲慢にする学識よりも聖なる純朴さを選ぶべきことについて』（*De la sainte simplicité qu'il faut préférer à la science qui enfle*）と題する著述をもって次のように答えている（*PL* 145, 695-702）。「たぶん、あなたはこう言うであろう。もしわたしの説教に面白味があったならば、多くの人を引き付けることができるのだが。もしわたしが文学的な表現を操ることができたなら……しかし全能の神は、人々をご自身に引き寄せるのにわれわれの文法を必要としない。人類の贖いのはじめのころ、新しい信仰の種をまくには哲学者や雄弁家が絶対不可欠であるかのように思われたが、神が送られたのはそうしたものではなく、素朴な人々や罪人たちであった」（*PL* 145, 697）。そしてかれは、学校教育なしに真の英知を身につけた修道者や修道院長の例をあげる。アントニウスは、修辞学の規則どおりに話すことはできなかったし、ヒラリウスはプラトンやピタゴラスの教えは知らず、福音だけで悪魔を追い払った。ベネディクトはキリストの知ある無知を得るために世俗を去り、文学を放棄した。かつては隠修士であったペトルス・ダミアヌスは、かれが伝記を著した聖ロムアルド（一〇二七年没）の教えを取り上げ、次のように述べている。「さも天国にいるかのように、あなたの独房に座していよ。世間にかかわることは一切、記憶から遠ざけよ。そして魚を待つ漁師のように、あなたの思考に集中せよ。『詩編』のなかにひとつの道がある。決してそこから逸れてはならない……」(9)。神を探し求めるものは、この真の光を見るために別の光を必要としない。修道者は、世間とそのおしゃべり、また誤った学問とは無縁である。ペトルス・ダミアヌスは「わたしの文法、それはキリストである」（*PL* 144, 476）という警句を発しているが、これは、のちひんぱんに引用されていく。

したがって以後、修道者のための学校はただひとつ、「キリストの学校」（schola Christi）しかありえない。ペトルス・ダミアヌスの考えは、禁欲的教養しか認めなかった六世紀の修道者の教育内容に通じる。こうした状況において、当然、修道院は、修道志願者や〔親から〕捧げられた子どもだけを受け入れ、世俗の子どもたちは拒否した。モンテ・カッシーノは名だたる教養の中心であったが、修道院長デシデリウスも同じような措置をとった。そしてペトルス・ダミアヌス自身、「往々にして子どもたちを苛立たせ、聖なる厳格さをにぶらせる学校を目にしなかった」ことを喜んだ（*Lettre sur la toute-puissance* p. 482）。こうした改革は、いくつかの例外はあったが、大修道院に取り入れられていった。つまり一一世紀中葉、大規模な修道院学校の時代は終わったのである。

世俗の学問は、修道院学校の教授内容から外されたとはいえ、世俗の人々にとっては、依然、有用なものであった。この点、ペトルス・ダミアヌスは六世紀の厳格主義者たちとは異なり、むしろカロリング期の教師たちの思想を受け継いでいる。一方、自己改革をはかる教会は、正統信仰を人々に教えることのできる、教養ある司祭をますます必要としていた。聖職者の無知や怠慢を批判して一書をものしたこともあるペトルス・ダミアヌスは（*PL* 145, 502）（史料21）、聖職者の教育に熱心であったトリノの司教の努力をほめている（*PL* 145, 398）。また一〇五九年、ミラノを訪問したかれは、「無差別にすべての司祭を聖なる役務に戻すのではなく、文学教育を受け、貞潔を守り、廉直かつ穏健なものだけを戻すように」決定した（*PL* 145, 398）。改革を推進しつつあったローマ教会も、学校開設の主導権をとるのはもはや君主ではなく自分自身であることに気付く。一〇七九年のローマ宗教会議の改革規定のなかには、「それぞれの司教は、自分の教会において文芸を教授させなければならない」という一節がある（Mansi XX, 50）。

しかし世俗の学芸の学習は、それ自体が目的ではない。まして聖職者を召命から逸れさせ、俗人固有の職業に引き入れるものであってはならない。聖職者は文法、修辞学を学習することができるし、また学習しなければならない。しかし永遠の学習者であってはならない。「文法教師の学校に入る目的は、いったん文法を究めたあと、その学校を去ることである」（*PL* 144, 393）。さらに、自由学芸の著述家たちは誤謬のうちに死んだこと、かれらは偶像崇拝者であったこと（*PL* 144）、世俗の知恵は神の英知のまえに身を引くべきこと、人間的知識は下婢にすぎないことを弁えていなければならない。また、妻になるまえに頭髪を剃られた女捕虜と学問との、伝統的な比較を忘れてはならない（本書二五七頁参照）。

また、聖職者が法学を学ぶことに問題はない。しかし弁護士になってはならない。むしろ、かれはその学識を教会のために役立て、教会法令集にもとづく論証をもって教会を助けなければならない。こうして、のちグレゴリウス七世になった助祭ヒルデブランドはペトルス・ダミアヌスに対し、「ローマ教皇の『教令集』に目を通し、そのなかでとくに使徒座の権威に関連すると思われることをすべて書き出して、新たな教令集を編纂するように」求めた（*PL* 145, 89）[10]。万一、討論の術、修辞学による論証術が有用であるとしても、それは、「信仰の正しさを説明する」場合だけである（*PL* 125, 42）。かつて弁護士であったペトルス・ダミアヌスは、「討論」（disputatio）や論争の重要性は知っていた。キリスト教徒は、聖書と信仰が供与する武器を利用すべきである。かれは次のように言う。「教会の外にいるものが事実無根の非難を浴びせるのに、教会の一員が無知のために黙りこんだり、キリスト教徒が、敵の侮辱をまえにキリストを弁護することもできず、打ち負かされ狼狽して引き下がるとは、いかにも恥ずべきことである」(*PL* 145, 41)。[11]

たしかに、当時のフランスにはこうした戦いがあった。一〇四九年トゥールのベランジェは、いわば決闘の形でランフランクに論争を挑んだ(史料22)。聖体に関する諸説が入り乱れ、フランク、ゲルマニア、さらにイタリアの聖職者たちをも混乱に陥れた。[12]教皇たちはこれに介入し、異端の主唱者を排斥させた。しかしベランジェはその態度を変えず、ハインリヒ一世に直訴し、王の先祖にあたるカール禿頭王がヨハネス・スコトゥス・エリウゲナの思想を支持したことをたてに、援助を求めた。一方、かつてベランジェの同窓であったシャルトルの聖職者たちは、かれの思想に反論を加えたが、たいして成功しなかった。そこで、カンのサン・テティエンヌの修道院長ランフランクは、『主の体と血について』(*Du corps et du sang du Seigneur*)を著し、ベランジェの挑戦を受けて立ったのであった。[13]

ランフランクは、パヴィアで自由学芸と法学を学んだあと、一〇三六年数名の学生とともにパヴィアを離れ、イタリア人スッポが修道院長であったモン・サン・ミシェルから遠くないアヴランシュで教えた。一〇四二年ごろ、かれは修道生活に転向してベック・エルアンの修道院に入り、修道院長、次いで学頭になり、多くの生徒を引き付けた。ランフランクは、ノルマンディのウィリアムによってカンのサン・テティエンヌの修道院長に任命され、一〇七〇年、カンタベリーの大司教として世を去った。つまり修道者になったランフランクは、聖学を学ぶため世俗の学問をすてたのであった。かれによると、伝承と、「権威」(auctoritates)すなわち聖書と教父たちの教えは、「理論」(rationes)にまさる。しかしかれは、ベランジェの論証に答えるため、弁証学の推論に頼らざるをえなかった。かれがのち、『聖パウロの書簡の注解』(*Commentaires sur les Epîtres de saint Paul*)において述べるところによると、われわれは弁証学を正しく用いることによって、キリスト教の神秘の真実性を確認することができる(*PL* 150, 151)。しかしかれは、知性にとって理解可能なことと、知性を超越することとの違いは弁えていた。「たしかに、宗教において知性の努力を必要としないものはなにもない。この努力は、われわれが神について語るとき、あるいは神について語られるのを聞くとき、とくに必要である。しかしことばと思考とが無力であることがわかった場合、われわれは、知性と思考の働きを越える神を持っていることについて、神を賛美した方がよい」(*PL* 150, 376)。こうしてランフランクのおかげで、神学は、西方の教養のなかにその座を得たのである。またこのベック・エルインの教師〔ランフランク〕は、高弟アンセルムスのために道を開き、このアンセルムスとともに、もうひとつの中世が始まるのである。

史料

I　古代ローマの学校の終焉

1　元老院あてのアタラリックの書簡

……学芸に報酬をもって報いるべきは当然であり、従って若者たちの教師から何かを減ずることは許されざることであると、余は判断する。教師は、むしろ俸給の加増によって栄えある学問へと駆り立てられる。まず、文法教師の学校は、文芸の礎であり、人びとの称賛を求めて誤りなく話すことを教える雄弁の、栄えある母である。良俗がこれと相入れない罪悪を嫌うように、文法はことばの学習を通して誤りを見分ける……文法は、ことばを教える教師、人類を飾る美容師であり、すぐれた読書という訓練を課すことにより古人の教えを知るのを助けてくれる。蛮族の王たちは文法を知らず、それは法を司るものの手中にある。他の民族は武器をもっているが、ローマ人は雄弁をもっている。市民法の論争において弁論家が戦いを挑むとき、かれらが口にするトランペットはこれ〔弁論術〕である……

そのため、元老院議員たちよ、余は、神のお慈悲のもとに、あなたたちに、次のような配慮を求め、かつ、権限を委ねる。つまり自由学芸の学校を引き継ぐ文法教師、弁論教師、法学教師は先任者が受けていたものと同額の報酬を、なんら減額することなく受けることを望む……なぜなら余は民衆の娯楽のため役者たちに報酬を与えているが、風俗を純化し、余の宮廷に雄弁を誕生させるものを扶養するのは、なおさら当然のことだからである（Cassiodorus, *Variae* IX, 21：*MGH AA* XII, p. 286-287)。

2　マルティアヌス・カペラの写本に書かれた署名

枢密院の尊敬すべき一員にして、ローマの弁論教師である私セクールス・メモール・フェリクスは、私の弟子デウテリウスが、キリストのお助けのもとに、高名な執政官パウリヌスの任期中の三月三日に、ローマのカペナ門の近くで第二の講読を行ったあと、きわめて欠陥の多い手本をもとに筆写された（この写本を）校訂した（Ed. O. Jahn（参考文献 121), p. 351)。

3　高等宗教教育の学校をローマに設置する計画（五三四年）

私は、俗学の学習が人々を熱狂的に魅了し、これをとおして多くのものがこの世の知恵に到達しようと望んでいることを知り、また、俗学の書が華々しく教授されているのに対し聖書を公に教える教師が欠如しているのを確認するにつけ、深い悲しみを憶えた。そこで私は、教皇アガピトゥスとともに、基金を集めて教師たちを迎え、ずっと以前にアレクサンドリアに設置され、また今日なおニシビスに存続すると言われているような学校を、ローマにも開設しようと試みた。それは、キリスト教徒のことばが正確かつ純粋な雄弁によって養われると同時に、かれらの魂が永遠の救いを確保しうるようにするためであった。しかし、イタリア王国を荒廃させた戦争や動乱のため、私の計画は挫折した（Cassiodore, *Institutiones*, préface, éd. Mynors, Oxford, 1937, p. 3；上智大学中世思想研究所『中世思想原典集成5』平凡社、三三六頁参照）。

4　司教に対する俗学教授の禁止（司教デシデリウスあての大グレゴリウス教皇の書簡）

あなたの学問については多くの賛辞が私の耳にも達し、私の心は大いに満足し、あなたが願い出たことを拒否する理由はほとんどありません。しかし他方、あなたが何人かの人に文法を教えたことを知り、恥辱を憶えずして、それを想い出すことはできません。私は、これは重大なことであると考え、これを厳しく拒否し、先にあげた賛辞も嘆息と悲しみに変わるのを憶えます。というのも、同じ口でキリストとユピテルを同時に賛美することは矛盾するからです。あなた自身、考えてもごらんなさい。司教にとって、詩を吟誦することがいかに重大かつ不敬虔なことであるか、それは、修道生活に入る俗人にとってさえ不相応なことです。いとも愛する子カンディドゥス司祭が、少しあとで到着し、この問題について質問され、きわめて巧妙にこれを否定し、あなたを弁護しようとしたにも拘らず、この非難は私の心から取り払われていません……私に報告されたことが誤りであったことが明白であるならば、またあなたが、軽薄な世俗の文学に関与しなかったことが明白であるならば、私は、あなたの心が冒瀆や罪深い賛辞によって汚されることを許されなかった神に感謝を捧げましょう。そして私は疑惑から解放され平和な心をもって、あなたが願い出たことを認可することにしましょう（Grégoire le Grand, *Epist.* IX, 34：*MGH Epist.* II, p. 303）。

II　六、七世紀におけるキリスト教学校

5　田舎の学校の創設

「教会法の規定にもとづきヴェゾンの町に参集した教父たちは……主の導きのもとに、次のことを決議した。

田舎の小教区を担当するすべての司祭は、周知のように、イタリア全土にわたってかなりの成功を収めている慣習に倣い、未婚の若者たちを読師として自分の家に集め、良き父親として、「詩編」の暗記、聖なる書の読書、主の掟の教授をもって、かれらを霊的に育成するように努めなければならない。こうしてかれらは、自分たちの適切な後継者を育成し、主から永遠の褒賞を受けることになる。

もしかれらのうちだれか、熟年に達した段階で、肉の弱さのために結婚を望むならば、それを拒んではならない（Concile de Vaison, c. 1 : éd. De Clercq, *CC* 148 A, p. 78)。

6　六世紀の修道院における学習

（a）「師の会則」(*Regula Magistri*)

……各時課の間には、種々の仕事に従事しなければならない。冬期つまり九月二四日の秋分から復活祭までは寒く、朝、修道者たちも労働することはできないから、第一時から第三時までは、修道院全体が一箇所に集合して互いに読書の声で邪魔し合うことのないように、十人組ごとにそれぞれ異なる場所に分かれ、組のひとりが読み、他のものはそれを聞くようにすべきである。この三時間の間に、子どもたちは十人組ごとにひとりの学識ある修道者の指導のもとに、書き板を用いて、読み書きを学ばなければならない。一方、五〇歳未満の非識字者もまた、読み書きを学ぶように勧める。また、「詩編」を知らないものも、この時間に、組長の指導のもとに、それを学習するように勧める。従って、この三時間に、それぞれの十人組において、互いに読みかつ聞くことによって、読み書きや「詩編」を知らないものにはそれを教えなければならない。こうして、精神的活動に三時間過ごしたあと、書き板や聖なる書物を片付け、この三時間の間に罪を犯すことなく精神的活動に従事できたことを神に感謝しつつ、三時課の賛歌のため聖堂に赴く……（第五〇章）

一方、夏期つまり復活祭から九月二四日の秋分までは、朝はむしろ涼しいので、第一時から第三時までは労働をする……夏期を通じてずっと、食事は第六時ないし第九時にとる……いずれにせよ、九時課のあと、朝課の予誦〔翌日の朝課を前晩に唱えること〕までの間、十人組は組長の指示のもとに、それぞれ異なる場所に集まり、あるものが読むのを他のものは聞き、またあるものは読み書きを教え、他のものはそれを学び、さらにあるものは「詩編」を筆写して、これを繰り返し学習しなければならない。

かれらがその学習を終え、完全に暗記したならば、組長に伴われて修道院長のもとに行き、その前で、「詩編」、聖歌、その他の課業を暗誦しなければならない。そして誤りなく暗誦したものは、すぐに、自分のために皆の祈りを求める。参列者が祈りを捧げ、修道院長が結びの祈りを唱えたあと、暗誦者は修道院長の膝に接吻する。次いで、修道院長もしくは組長は、かれに対し〔新たな文書を〕筆写するように命じる。暗誦者は、いくらか筆写したあと、それを学習するにあたって、再び祈りを求める（同章）（*PL* 88, 1010-1013 : ch. 50 (8-17), (62-69) : *La Règle du Maître*, éd. et trad. A. de Vogüé (Sources Chrétiennes, n.

106), Paris, 1964, II, p. 225-227, 235-237)。

（b）ベネディクトの「修道会則」（*Regula S. Benedicti*）

預言者は、「日に七度、私はあなたを賛美する」（「詩編」一一九、一六四）と述べているが、われわれは朝課、一時課、三時課、六時課、九時課、晩課、終課をもってわれわれの聖務を唱えるとき、この七つという聖なる数を体現する……（第一六章）

……だれも、修道院長の許可なく、何も与えたり受け取ったりしてはならず、書籍、書き板、尖筆その他一切、何物も私有してはならない。修道者には自分の体、意志さえも自分の思いどおりにすることは許されない。必要とするものはすべて、修道院長に願うべきで、何であれ修道院長が与えなかったもの、あるいは許可しなかったものを、所有することは許されない（第三三章）。

修道者たちの食事の間、朗読を欠かしてはならない。居合わせた者が、本を取って読むのではなく、朗読者は、日曜日から一週間にわたって読む……

〔食事中は〕みなが完全な沈黙を守り、朗読者以外にだれも囁いたり話し声を立ててはならない。飲食に必要なものは、互いに手渡し、だれも何かを求める必要のないようにしなければならない……また、そこで読まれていることあるいはその他のことについて、だれも何もたずねてはならない。私語の口実を作らないためである。ただ修道院長が、教えるために、何かを簡潔に言おうとする場合はべつである……。

修道者は、順位に従って、朗読したりあるいは歌唱するのではなく、聞く人を啓発しうる者だけが、この任にあたるべきである（第三八章）。

怠慢は魂の敵である。そのため修道者は、ある時間には手作業をし、ある時間には聖なる読書をしなければならない。従って、双方の時間を、次のように定めるべきであると考える。

復活祭から十月一日まで、朝、一時課を終わったならば、第四時ごろまで必要な仕事をし、第四時から六時課の時刻まで読書を行わなければならない。六時課のあと、食事を終えたならば、完全な沈黙を守りながら、それぞれの床について休む。独りで読書をしたいと思うものは、他のものの邪魔にならないよう、これをなすべきである……

十月一日から四旬節の初めまでは、第二時の終りまで読書を行わなければならない。第二時に三時課を唱え、九時課まで、指定された仕事に従事しなければならない。九時課の第一の合図があると、みな仕事をやめ、次の合図があるのを待つ。食後は、読書または「詩編」〔の学習〕に取り組む。

四旬節中は、朝から第三時の終りまで読書に従事し、それから第十時の終りまで、課せられた仕事をしなければならない。また四旬節中に、みなが図書室からそれぞれ一巻の書籍を受け取り、これを初めから順を追って通読しなければならない。これらの書籍は、四旬節の初めに渡される。

必ず一、二名の年長の修道者が指名され、修道者が読書を行っている時間に修道院を巡回し、怠慢や雑談に時間を空費して、読書に従事せず、自分のためにならないばかりか、他の修道者をも邪魔する怠惰な修道者がいないか、監視させなければならない。もし、そのようなものを発見した場合には――あってはならないことであるが――一、二度は叱責し、それでも改めないときは、会則に規定された罰を与え、他の修道者の見せしめにしなければならない……

日曜日には、種々の任務に就く者を除いて、すべての修道者が読書を行う。もし、瞑想も読書も欲せず、また、できないほど怠慢で無能なものがあるならば、無為に過ごすことのないように、なにか仕事を与えなければならない……（第四八章）（*La Règle de saint Benoît*, éd. et trad. A de Vogüé, (Sources Chrétiennes, Ⅱ, n. 182), Paris, 1972, p. 525, 563, 573-577, 599-605 : 古田暁訳『聖ベネディクトの戒律』すえもりブックス、九八、一四二－一四三、一五六－一五九、一八八－一九二頁参照）。

7　七世紀における修道女の教育

われわれは、修道院における女子たちがどれほどの配慮と規律とをもって育成されるべきか、多くの資料によって知ることができる。実際、かの女たちは、心からの愛情と、規律とをもって育成されなければならない。幼時に怠惰、軽率さといった悪習に汚されたならば、それはほとんど矯正不可能であるか、あるいはまったく不可能であるからである。従って、きわめて注意深く子どもたちを監督し、年長の修道女の付き添いなしに、決してあちこちに行かせてはならない。むしろ子どもたちはつねに規律のもとにあって、神への畏敬と良俗を身につけ、修道生活に励むべきである。子どもたちは読書の習慣を養い、幼い時から、完徳に導く事柄の実践を学ぶべきである。食堂では、子どもたちの食卓は古参の修道女たちの食卓のそばにおかなくてはならない。修道生活に疑問の余地のない二人あるいはそれ以上の古参の修道女が、子どもたちのそばに座り、つねに、年長者に対する恐れではなくむしろ畏敬をもって育成するように配慮すべきである。子どもたちの食事、睡眠の時間は、女子修道院長の判断によって決められる。それは、すべてにおいて、諸徳の守護者である節度が守られるためである（*Règle de Waldebert de Luxeuil,* ch. 24 : *PL* 88, 1070）。

8 尊者ベダの自伝

「キリストの下僕にして、ウェアマスおよびジャローにある祝福された使徒ペトロとパウロの修道院の司祭である私ベダは……同じ修道院の域内で生まれたが、七歳になったとき、親族の配慮で、薫陶を受けるため、もっとも尊敬すべき修道院長ベネディクトに、のちケオルフリドに委託された。私はその時から生涯の全期間を同じ修道院の居室で過ごし、聖書の研究に没頭した。修道院の規律を順守し、毎日、聖堂において聖務を歌い、その間つねに、学び、教え、書くことを喜びとした。

さらに、私は一九歳のとき助祭の聖職を受け、三〇歳で司祭に叙任された。いずれも修道院長ケオルフリドの命令で、いとも尊敬すべき司教ヨハネスの手から授かった。司祭職を受けたこの時から五九歳になるまで、私は自分と仲間の需要に応じるため、尊敬すべき教父たちの著作をもとに聖書に注解を加えようと努め、あるいはそれらの著作の理解を深め、また解釈する形で、次のような書を著した〔以下、かれの著作目録が続く〕」(Bède, *Histoire Ecclésiastique* V, 24, éd. Plummer, p. 357：長友英三郎訳『イギリス教会史』創文社、四五五－四五六頁参照)。

9 ローマにおけるウィルフリドの勉学（六五三年）

ウィルフリドは一四歳になったとき、世俗生活よりも修道生活を選んだ……かれは、リンディスファーン島へ行き、そこで修道者たちに熱心に仕えつつ、修道者のもつべき貞潔と敬虔について学び、実践しようと努めた。かれは鋭い才能をもっていたので、「詩編」やいくつかの書をいとも速やかに修得した。まだ剃髪を受けていなかったけれども、謙虚とか服従の徳では、剃髪していたものよりもはるかに卓越していた。そのため、かれは年長者からも同輩からもふさわしい愛情をもって敬われた。

数年間この修道院で神に仕えたあと、鋭敏な魂をもつこの青年は、スコット人が伝えた徳の道がまったく不十分であることを悟り、ローマへ行って、使徒座のもとにおける教会ないし修道院ではどのような慣習〔典礼〕が遵守されているかを見ようと決心した……

さて、ウィルフリドがローマに行き、祈りおよび教会の学問の修得に毎日励んでいたとき、博学、敬虔な人で、教皇の顧問でもあった助祭長ボニファティウスの友情を得ることになった。かれはこの人の指導で四福音書を全部学んだ。また復活祭の正しい算定法や、その他かれが母国で知りえなかった教会の規律に関する多くの事柄を、この教師の指導で学んだ（Bède, *Histoire Ecclésiastique* V, 19 ; éd. Plummer, p. 329：上掲訳書、四一三－四一五頁参照)。

10　カール大帝の教育政策

（a）「一般布告」（*Admonitio generalis*）

司祭たちについて、司教各位に切望する。神の祭壇の役務者たちは、その役務を良俗をもって飾るべきであり……また〔司祭たちは〕奴隷階層の子どものみならず、自由人の子どもをも自分のもとに集め、生活をともにさせよ。そして、子どもたちが読み方を学ぶための学校を開設せよ。またそれぞれの修道院や司教の館において、「詩編」、記号、歌唱、暦の算定法、文法〔を教え〕、カトリックの書物を正しく校訂せよ。というのも、しばしば、ある人々は神に対しふさわしく祈ろうと欲しながらも、未校訂の書物をもって誤った祈りを捧げている。また、諸師のもとにある子どもたちが、読み書きをするにあたって、〔書物を〕損なうことのないように、注意されたい。またもし、福音書、詩編集、ミサ典書を筆写する必要がある場合、年齢の上でも十分に成熟したものが、細心の注意をもって筆写するようにされたい（第七二章）（*MGH capit.* I, p. 60：H・ベンテッソン編『キリスト教文書資料集』聖書図書刊行会、一五六頁参照）。

（b）「文学の振興について」（*De litteris colendis*）

余と余の顧問とがともに惟うに、慈しみ深きキリストが余の保護に委ねられた司教の館および修道院において、修道会則にもとづく秩序ある生活と聖なる宗教にふさわしい生活が送られるのみならず、学問の修業も行われ、神の恵みにより学習の能力を与えられたものには各自の能力に応じて教えるよう配慮されることが望ましく、神によみせられた諸師もこのことに留意していただきたい。修道会則の遵守によって良俗がもたらされるように、教え、学ぶことによって、正しく優雅な話し方がもたらされるのであるから、正しい生活によって神によみせられようと望むものは、また正しい話し方によって神によみせられるようにすべきである。実際、「あなたは自分の話したことばによって、正しいものともされれば、罪あるものともされる」（「マタイによる福音書」一二、三七）と書かれている。……正しい行いが知識にまさるとはいえ、知識は行いに先行する。従って、だれでも、行おうと思うことをまず学ぶべきであり、しかも、全能の神の賛美について、ことばに虚偽が含まれなければ、それだけ魂は行うべきことをいっそう完全に把握する。誤ったことばの使い方は、すべての人が避けなければならないが、特別に真理に奉仕すべく選ばれたものはなおさらのこと、能うかぎり、これを避けなければならない。

というのも、近年、若干の修道院から、修道者たちが余のため聖い熱心な祈りを捧げている旨の書簡がしばしば寄せられたが、その大部分の書簡において考えは正しいが、粗野なことばによる表現が認められた。教育をなおざりにした結果、熱心な信心が内心において命ずるところを、無学な舌は表現しえなかったのである。従って、こうした書き方における術知の衰退からみて、聖書の理解に当然必要とされる知恵はなお一層低下しているのではないかという危惧を余は抱くにいたった。しかも、誤ったことばの使用は危険であるとはいえ、誤った理解ははるかにより危険であることは、われわれみながよく承知している。

そのため予は、諸師が、聖書の神秘をより容易にかつ明確に把握しうるよう、文学の学習を怠らないことはもちろん、謙虚な、神のみ心にかなう精神をもって、熱心に学習に励むよう勧告する。なお聖書には、詞姿や言い回し、その他これに類するものが含まれているが、だれでも、予め文学に精通していればいるほど、速やかにその霊的意味を把握するということは、疑いえないところである。

そのためには、学問に対する熱意と能力をもち、また他の人々に教授しようという意欲を兼ね備えた人たちを選出すべきである。予がこの勧告にかける熱意に劣らぬ熱心さをもって、その実現に励まれよ。

それは諸師が、教会の戦士にふさわしく、内には信仰あつく、潔白な行状、雄弁な説教をもって主をたたえうるためであり、人々が、諸師が読み歌うことから諸師の知恵を学び啓発されて、全能の神に感謝しつつ立ち去りうるためである。

諸師は、余の意を体し、この書簡の写しを諸師のすべての属司教と同輩の司教、全修道院に送付せよ」（*MGH capit.* I, p. 79)。

11　九世紀における教育政策

（a）アッティニーの宗教会議（八二二年）

われわれは、これまで当然払うべき熱心さに欠けていた学校をより完備されたものにし、知能の多少にかかわらず、男性はだれでも、教会における役割を果しうるだけの教育を受けるため特定の場所に送られ、能力ある教師から教えを受けるようにしなければならない。

それぞれの子どもの親と教師は、子どもが貧困のため学習意欲を失うことのないように、食物と物的必需品とを与えなければならない。もし教区が広すぎて子どもたちを同じ場所に集めることが不可能な場合、または管理の都合で、一箇所に集めることができない場合、必要に応じて、妥当と思われる二、三箇所に学校を開設すべきである（*MGH Conc.* I, p. 471)。

（b）ルートヴィヒ敬虔王の司教たちへの書簡（八二五年）

かつてあなたたちがアッティニーで約束し、また余があなたたちに求めたように、よく機能を果す学校を組織し、教会の子どもと役務者たちを教育せよ。それが多くの人々のためにまだ開設されていないところでは、適当な場所に開設せよ（第六章）（*MGH Capit.* I, p. 304）。

（c）パリの宗教会議（八二九年）　（ルートヴィヒ敬虔王への司教たちの報告）

王は父王に倣い、また王ご自身の権威をもって、王国内の特定された三箇所に公の学校を開設されんことを。それによって、父王と王の偉大な事業が怠慢によって――あってはならないことであるが――無にされることなく、むしろ促進され、こうして神の教会の栄誉はいや増し、王にとっては、多大な報いと永遠の栄光をもたらすことになる（*MGH Capit.* II, p. 37）。

（b）オロンナの勅令（八二五年）

教授（doctrina）は、若干の教会担当者のあまりにも過度な怠慢と無知により、すべての場所においてひどく衰退している。そのため余は、みなが余の定めたことを守り、他のものに教えさせるため余が指定した場所において、余が任命した人々が最大の熱意をもって自分に託された生徒たち（scolastici）の学業の進歩を図り……現下の需要に応えうるよう、教授に熱心に励むことを望む。しかしながら、余はすべてのものの便宜を考え、またたれも貧困、遠距離を口実にすることのないように、この教育に適切な場所を確定することにした。従って、ミラノ、ブレシア、ロディ、ベルガモ、ノヴァラ、ヴェルチェッリ、トルトナ、アッキ、ジェノヴァ、アスティ、コモの学生はパヴィアのドゥンガルのもとに集まり、イヴレアでは司教自身が教える。トリノにはヴェンティミーリア、アルベンガ、ヴァド、アルバの学生が集まる。クレモナでは、レッジョ、ピアチェンツァ、パルマ、モデナの学生が学ぶ。トスカナ地方の学生はフィレンツェに集合する。フェルモには、スポレト公領内にある都市の学生が集まる。ヴェローナには、マントヴァ、トリエントの学生が集まり、ヴィチェンテには、パドヴァ、トレヴィーゾ、フェルトレ、チェネダ、アソロの学生が集まる。他の都市は、生徒たちをフリウルのチヴィダーレの学校に送る（第六章）（*MGH Capit.* I, p. 327）。

（e）ローマの宗教会議（八二六年）

われわれに伝えられるところによると、多くの場所では教師が不足し、学習への意欲もまったく見られない。従って、すべての司教の館およびすべての重要な小教区（plebes）、その他必要と思われる場所に、配慮には配慮を重ねて、文学、自由学芸、そして聖なる教義を教えることのできる教師や学者を任命しなければならない（第三四章）（*MGH Conc.* I, p. 581, 999）。

ローマの宗教会議（八五三年）

頻繁に起こっているように、大きな小教区に、自由学芸を教える教師がほとんど見られないとしても、少なくとも、聖書と教会の聖務を教える教師を欠くことのないようにすべきである。かれらは毎年、各自の司教がその活動について質問することに答えなくてはならない（第三四章）（Mansi, *Concilia* XIV, 1008）。

（f） サヴォンニエールの宗教会議（八五九年）

聖書と古典学習のための学校の開設について

ここ何年か皇帝たちの宗教的熱意のおかげで、教会は、大いなる栄光と教育の発展を経験した。〔会議に参集した〕われわれは、敬虔な君主たち、すべての兄弟たち、また同輩の司教たちに対し、どこであれ、全能の神が、教える能力のあるものつまり信仰と真理のうちに教えることのできる教師を立てたもうところに、公の学校を開設し、神の教会が神的教養、人間的教養という二重の成果を収めうるよう、ご配慮を切望する。実際、真実かつ正確な聖書の注解が、ほとんどその痕跡さえ留めないほどに損なわれていることは、いかにも嘆かわしく、有害なことであり、これには、学問の熱意による治療が必要である（第十章）（Mansi, *Concilia* XV, 529）。

12 学問の中心としてのカール大帝の宮廷

……やがて医者たちがヒッポクラテスの部屋へと急ぐ。ひとりは血管を開き、もうひとりは鍋のなかの薬草を掻き回し、第三のものは粥を煮る。他のものは飲物を持参する。しかし、おお医者たちよ、キリストの祝福があなたたちの手をとおして与えられることを願って、無償で与えよ。こうした熱心さを私は喜ぶ。そしてこの指示は見事だ。ところで、詩人マロ〔ヴェルギリウス〕は、宮廷においてどのような犯罪を犯したというのか。この詩人たちの父は、その魅力あるミューズの女神を子どもたちに感嘆させる教師を見出せなかったのか。ホメロス風の詩の作成にすぐれたベズレエルはなにをしているのか。私はたずねたい。なぜ、かれは父の名において、学校を指導しないのか。年を重ね白髪だらけになった老人ドランケースはなにをしているのか。小ザケオは、書記たちの一団を見張るため精一杯背伸びしている……教師たちはそれぞれの仕事をしている……イエッセよ、聖職者たちの集団は、あなたの指揮に従う。あなたのことばは、牡牛の叫びのように広間に響く。それは読書台から「聖なることば」を人々に読み聞かせる役務者の声にふさわしい。次に、スルピキウスは白衣をまとった読師たちの群を引き連れていく。その任務は、かれらを指導し、アクセントを間違いなくつけることを教えることである。イディトゥムは子どもたちに聖歌を教え、かれらの調和ある声を甘美な一致をもって響かせるために、音楽は数と韻律の組み合わせであると教える。私の娘〔ギゼラ〕は、夜空の星を眺め、大空を星座をもって飾り大地を緑をもって被う全能の力を、絶えず賛美することを学んでほしい。ホメロス

〔アンギルベルト〕よ、あなたが聖なる宮廷に帰るとき、フラックス〔アルクィン〕の鳥笛はあなたのために歌を奏でるであろう（Alcuin, *Carmina* n. 26 : *MGH PAC* I, p. 245）。

13　アインハルトあてのフェリエールのルプスの書簡

子どものころから、私のなかには学問に対する愛着が芽生えてきました。当代の大部分の人が、余暇をいかがわしい余分なものと呼んでいることに、私は決して同意できませんでした。もし教師不足という障害がなかったならば、また古代の学問の学習が長いこと低迷し、消滅の危機に瀕していなかったならば、おそらく私は、神のお助けのもとに、飽かされるまで学んだことでしょう。というのは、学問のもたらす多大の栄誉を勝ちとり、その名を永遠の記憶にとどめることになったカール大帝のおかげで、精神的事柄の尊重はいくらか頭をもたげ、「学芸は尊重されることによって育成され、学芸のもたらす栄光は、すべての心を学問に向けて奮い立たせる」というキケロのことばは、事実をよく表しているからです……。

少なくとも私の考えでは、知恵（sapientia）はそれ自体、渇仰するに値します。首都座の司教アルドリックは、それを修得させるため、私を送りました。私はたまたまある文法教師につき、かれは私に文法の規則を教えてくれました。しかし文法から修辞学へ、さらに順を追って他の自由学芸へと進むことは、今日では絵空事にすぎません。従って私はその後、手当り次第に、著述家たちの書を読み始めました。しかし、現代において著された著作は、キケロその他すべての古典に備わり教父たちも見習って取り入れた、あの重々しさに欠け、私は不満でした。こうした時、ちょうど、あなたの著作を手にすることができました。あなたは、この著作で（一切のお世辞ぬきで申しますが）、事績のなかでもっとも注目すべき上記の皇帝の事績を見事な文体をもって、文字に託しています。私が、本書のなかに見出し味わったものは、すぐれた著述家の著作に見られるような精密な思想と非凡な展開であり、長ったらしい混乱した説明ではなく簡潔な表現をもって要約された、明晰な判断でした。

従って、まずあなたの名声――それは私に言わすれば、賢者のそれです――と、とくにあなたの著作に見られる雄弁は、あなたにお目通りし、ことばを交わす機会を、切望させるようになりました……

私の願望が実現されますように。この望みは、私がガリアからライン川向こうの地方に移り、あなたのごく近くに住むようになってからいっそう強くなりました……実際、私は、聖書の手ほどきを受けるため、上述の司教によって、尊敬すべきラバヌス・マウルスのもとに、送られて来たのです。そして、ラバヌス・マウルスの使者がここからあなたのもとに行くことを聞き、私は最初、いくつかの不明瞭な用語についてあなたの説明をお願いしようと思いましたが、あとで、まず書簡を差し上げる方がよいと考えた次第です。もしこの書簡があなたに快く受け入れられたならば、私は願っていた恩恵が叶えられたことを喜び、感動せずにはいられないでしょう。

しかし、遠慮の限界を越えたいま、私がここに滞在する間に、何巻かあなたの書籍を拝借したく存じます。書籍の貸与を願うことは、友情の賜物を求めるよりもはるかに控え目なことです。お願いしたい書籍は、修辞学に関するキケロの著作（たしかに私ももっていますが、それは多くの箇所で間違っています。そのため、私はここで発見した写本をもとに、私の写本を補完しました。ここの写本は、私のものよりすぐれていると思っていましたが、まだ間違いがあります）と、同じ著者による、対話形式の修辞学に関する三巻の書籍（これらをあなたがおもちであることは知っています。というのもあなたの書籍目録には、『ヘレンニウス（*Herennius*）』と他のいくつかの著作のあと、キケロによる修辞学論があげられているからです）と、キケロの著作の注解書、これに加えて、アウルス・ゲッリウスの『アッティカの夜』（*Nuits attiques*）をお借りしたいのです。さらにこの目録には、神のおかげであなたのお許しが得られるならば、先の書籍を返却したあと、お借りし、ここに滞在中に筆写したい書籍が何巻かあります（*Ep.* 1, éd. et trad. L. Levillain, Paris, 1927, I, p. 5–9）。

IV　一〇、一一世紀における学校

14　フルーリのアッボの教育

かれはすでに、これほどの学問の頂点に達していたので、修めた学問の恩恵を他の者にも与えるため、学生たちを指導することになった。かれは何年間か、学生たちに読み方と同時に歌を教えた……一方かれ自身、学問の奥義をより深く究めようとして、あちこちにある英知の工房に赴き、すでに修得していた文法、算術、弁証学以外の他の学芸を修めようと努めた。こうしてかれは、パリとランスの学校に行き、そこで教えていた哲学者たちの講義を聴いた。かれはしばらくの間、かれらのもとに留まって天文学を学んだが、しかし望んでいたほどの成果は得られなかった。

そのため、オルレアンに帰ったかれは、競争相手を避けしかもかなり高額な報酬をとって、ごく秘密裡に教えていたある聖職者から、音楽のもつ甘美さを学んだ。こうしてかれは、自由学芸と呼ばれる学芸のうち五つを修得し、知恵の深さにおいて、同時代のすべての人々にまさるものになった。残っていたのは修辞学と幾何学で、かれは望みどおり完全には修得しなかったものの、まったく無知であったわけではない。

というのもかれは、修辞学については、神の掟の注解者ヒエロニムスが師と仰いでいたヴィクトリヌスの書を読み、また幾何学における数字の多様性について、少なからぬ知識をもっていた……さいごにかれは、いくつかの三段論法の要点をきわめてはっきりと解明し、また世俗の人々がしたように、一覧表の形で、算定法や計算のいくつかの方式を作った。さらにかれは、後継者たちのために、太陽、月、星座の運行についてかれが闘わせた「討論」を書き取らせた（Aimoin, *Vita Abbonis*, c. 3 : *PL* 139, 390)。

15　ランスにおけるジェルベールの教授活動

ジェルベールは、教授において、どのような著作を用いたか。

かれは、次にあげるような著作を順に用いて、弁証学を説明した。まず、弁論教師ヴィクトリヌスの訳とマンリウス〔ボエティウス〕の訳によるポルフィリウスの『アリストテレス範疇論入門』を説明し、次にアリストテレスの書『範疇論』を説明した。そのあと、かれは、Peri hermeneias つまり『命題論』の内容を綿密に注釈した。さいごにかれは、弟子たちに、『トピカ』つまりキケロがギリシア語からラテン語に訳し、執政官マンリウスが六巻本をもって注解した、論証の基底について説明した。

ジェルベールは、修辞学の教授に向けて、生徒たちにどのような準備をさせたか。

かれはまた、種々のトピカに関する〔ボエティウスの〕四巻、絶対三段論法に関する二巻、仮定三段論法に関する二巻、分類に関する一巻を購読し、実際的な仕方で、注釈を加えた。かれは、これらの著作を学習させたあと、生徒たちを修辞学に進ませたかったが、しかし、詩人たちからしか学び得ないような表現法を知らずして、かれらが修辞学にまで上ることは不可能ではないかと危惧した。そのため、かれらに役立つと思われる詩人たちを取り上げた。かれが講読し注釈したのは、詩人ヴェルギリウス、スタティウス、テレンティウス、諷刺詩人ユヴェナリス、ペルシウスとホラティウス、そして歴史家ルカヌスであった。生徒たちがこれらの著述家に慣れ親しみ、かれらの表現法を習得したあと、修辞学の学習に進ませた……。

かれは、生徒たちに修辞学を教授したあと、かれらを弁論教師（sophistes）に委ね、討論の訓練を受けさせた。かれは、修辞学を用いながらそれとなく話すほどの能力を身につけさせようとした。これこそ弁論の極致だからである。

数・形の諸学に関するジェルベールの教授

論理学については、以上のとおりであるが、またかれが数・形の諸学の教授にどれほどの努力を傾注したか、それを述べるのもむだではあるまい。かれはまず、数・形の諸学の第一部を成す算術を生徒たちに手ほどきした。次に、当時ガリア人のもとではまったく知られていなかった音楽を詳しく教え、また種々の音符記号をはっきり聞き取らせるために、一絃琴で弾き、これらの音符を協和音、シンフォニー、全音、半音、長三度、嬰音といったものに分類し、秩序立てて調を音に分けて教えた……(Richer, *Histoire* III, 46-49 : éd. et trad. R. Latouche II, p. 55-57 : エウジェニオ・ガレン著、近藤恒一訳『ヨーロッパの教育』サイマル出版会、四一－四二頁参照。なお同じ訳者による新訳が『ルネサンスの教育』知泉書館、として近刊予定である)。

16　ジェルベールとオトリック

ジェルベールの名声はガリア、イタリアに響き渡った。かれは学問に熱中し、生徒の数は日ごとに増していった。学者としてのかれの名声は、ガリアだけにとどまらず、ゲルマニアの諸部族の間にも広まっていった。それはアルプスを越えてイタリアに入り、ティレニア海やアドリア海にまで達した。

このころザクセンでは、オトリックが有名であった。かれは、人々がこの哲学者〔ジェルベール〕を誉めたたえるのを聞き、またジェルベールが、すべての議論に出て来る問題を秩序だてて注意深く分類することに気付いていたので、分類に関するこの哲学者の説明の幾例かを、とくに、哲学から取り入れたいくつかの例をもって来てくれるよう、友人に頼んだ。哲学者と見なされていたひとりの人間の知識の正確さは、哲学の秩序ある分類を見れば分かると考えたからである。実際、これが、神的、人間的な事柄に関する学問の方法ではなかろうか。そして、この使命にふさわしいと思われるザクセン人をランスに送った。この人は〔ジェルベールの〕講義を聞いたが、哲学の分類について、重大な誤りを犯した……(Richer, *Histoire* III, 55 : éd et trad. R. Latouche II, p. 65-67)。

17　シャルトルのフュルベールの学校

私アデルマンは、乳兄弟にして学頭であるベランジェに、主において挨拶を送る。

私はあなたを乳兄弟と呼ぶ。それは、われわれふたりが尊敬すべきソクラテス〔シャルトルのフュルベール〕に師事し、シャルトルのアカデメイアで一緒に過ごした、優雅で楽しかった共同生活を思い出しているからである。そのころあなたは若く、私はあなたより年上であった。この共同生活については、ソクラテスのころ、自然が自分を動物ではなく人間にしたことを感謝したプラトン以上に自慢して差し支えない。

というのは、われわれはより聖なる生活を送り、またカトリックでキリスト教的な健全な教えを修得したからであり、また今は、われわれの師が、神のおそばにあって祈りをもってわれわれを援助してくれているはずだと希望しているからである。

かれが、われわれをあたかも母親のようにつねに懐に抱きしめてくれた思い出が失われたとか、かれがわれわれをあたかも息子のように遇してくれたキリストにおける愛が消滅したとか、思ってはならない……かれは、かつて死すべき体をもって生きていたときよりもいっそう熱心に、無言の願望と祈りとをもってわれわれを自分に引き寄せ……教会のそばの庭園でしばしば行っていた午後の内々の対話を思い出させてくれる。かれはまた、話の途中で聖なる熱意に溢れ、それにつき動かされて流したあの同じ涙をもって、われわれがあらゆる努力を払って道を急ぐように、それも、新奇な騙されやすい細道に分け入ることなく教父たちの足跡をたどり王道を進むように、われわれに懇願している…… (Lettre d'Adélman à Béranger : *PL* 143, 1289)。

18　ヒルデスハイムのベルンハルトの教育

時々、私は、司教の用事で修道院を出るときにはかれを一緒に連れて行った。それは、多くの生徒と一緒にいる時よりも、はるかによく、またより注意深く学ぶというかれの適性に合わせて、一対一で学びうるようにするためであった……。しばしば、われわれは馬を並べて進めながら、丸一日を学習に過ごしたものだった。ある時は、学校ではできないほど深く掘り下げて講読し、ある時は、作詩しながら楽しく旅を続け、次に散文を競作しつつ、習作を取り交わしていた。またある時は議論を戦わせ、ある時は三段論法で話を交わしていた。たいていかれは、控え目な態度で質問したが、それは鋭く、穿った質問で、哲学の深い内省から出たものであった。そのあと、かれの精神はいとも易々と私の精神と考えが一致した……かれは自由学芸に強い関心を示したが、だからと言って、機械学と呼ばれる副次的な学芸を学習しなかったわけではない (Thangmar, *Vita Bernardi* : *MGH* SS IV, 758)。

19　一一世紀初頭におけるイタリアの若者の教育

私は、クルーザの修道院長の甥である。かれ〔修道院長〕は、私に文法を学ばせるため、ロンバルディアやフランスの多くの町に連れて行ってくれた。かれは私の教育のため、教師たちに二、〇〇〇スー以上の額を支払った。私は九年間、文法を学び、そして今は学頭 (scolasticus) になった。文法を知っている学頭は九人いるが、完璧な教育を身につけているのは私だけである。私は、本を詰め込んだ二軒の大きな家をもっている。私は、まだそれを全部、読んではいないが、しかし毎日、それらをもとに瞑想している。世界中どこを回っても、私がもたない本はない。学業を終えた人で、私ほど教養のあるものはだれもいない。私は、叔父が死んだあと、クルーザの修道院長になるだろう。すでに私はみなの者から選出された。偽善と無知をもとにしか考えない何人かの悪意ある修道者たちの反対がなかったならば、私はずっと以前に大修道院長として祝聖されていたことであろう。しかし私は今、クルーザの小修道院の院長である。私は演説の作り方、手紙の書き方を知っている……アキテーヌ地方では、教養は皆無で、みな無学である。少しでも文法をかじったことのあるアキテーヌ人は、自分はヴェルギリウスであると思い込んでいる。フランスには、教養のある人々がいる。少なくとも、その数はいくらかましである。しかし私がより多くのことを学んだロンバルディアには、知識の泉がある（Adémar de Chabannes : *PL* 141, 107-108)。

20　異教的詩文の学習による害悪

同じころ、似たような害悪がラヴェンナに発生した。ヴィルガルドと名乗るものが、ただならぬ熱情をもって文法の学習に打ち込んでいた。他の一切の学問は放り出して、文法だけを学ぶというのがイタリア人の慣習である。かれは、この学問を身につけたことに自惚れ、ばかげた言動を取るようになり、それは日ごとに募っていった。ある晩のこと、悪魔がヴェルギリウス、ホラティウス、ユヴェナリスといった詩人たちの姿をしてかれに現れ、かれがその著作に言われていることを熱情を込めて学んでくれたこと、また後代の人々の前で、かれらの名声をこれほどまでに高めてくれたことに感謝するような態度をとり、ついには、かれも自分たちの栄光にあずかることになるだろうと約束した。かれは、この悪魔の欺瞞に籠絡され、聖なる信仰に反する多くのことを誇張して教えはじめた。こうしてかれは、詩人たちのことばは、そのまま受け入れられるべきであると言明した。ついにかれは、都市の司教パトルスによって異端者の判決を受け、断罪された。その時になって、イタリア全土にこの有害な教えの信奉者が多数いることが明らかとなり、かれらもまた、鉄や火で滅ぼされた（Raoul Glaber, *Histoires* II, 12 : trad. E. Pognon, *l'An Mille*, Paris, 1947, p. 79)。

21　一一世紀の無学な司祭たち

……私は、司祭のことで苦しむ心の悩みを、あなたにとくに打ち明けたい。実際、司教たちの怠慢と無気力の結果、今日、司祭たちは文字をまったく知らず、読んでいることを理解しないばかりか、初歩的なものさえ綴りをひとつずつ追いながら、口ごもるのが精一杯である。ところで、自分が口にすることを異国人のように理解しないものが、祈りにおいて、民衆のためにどのような願いを捧げうるというのだろうか。「知らない者は、かれもまた知られない」（「コリントの信徒への手紙I」一四・三八）と言われているし、さらに使徒〔パウロ〕も「理にかなった礼拝」（「ローマの信徒への手紙」一二・一）を神に捧げるように命じている。しかし自分の捧げ物の意味を理解しないものが、どうして、理にかなった礼拝を捧げることができようか（Pierre Damien, op. 26, *Contra inscitiam et incuriam clericorum* : *PL* 145, 497)。

22　ランフランクに対するトゥールのベランジェの果し状（一〇四九年）

ベランジェからランフランクへ。兄弟ランフランクよ、シャルトルのエンゲルラムがひとつの知らせをもたらしたが、それについて、私は友情に訴えてあなたの注意を喚起せざるをえない。この知らせによると、あなたは祭壇の秘跡に関するヨハネス・スコトゥスの命題、つまりかれがパスカシウスに反対して提示し、あなたも支持した命題を否定し、異端的なものと判断しているらしい。こうした状況において、兄弟よ、もしこれが事実だとすると、あなたは、余りに性急な判断を下すことにより、神があなたにこれほど豊かに与えられた知性を尊重しないことになる。いかにもあなたはまだ、聖書の学習に打ち込んだことはなく、また（こうした学習にあなた）以上の熱意を示した友人たちと、この問題について議論を戦わしたこともない。従って、兄弟よ、いかにも、聖書に関する私の知識は初歩的なものではあるが、機会が与えられるならば、私はただ、この問題についてあなたと討論したい。適切な審判者としてまた聴衆としてだれを招くかはあなたに一任する。この討論が行われない限り、私の次のことばを蔑ろにしないでもらいたい。「もしあなたが、ヨハネス——聖体祭儀に関するかれの命題をわれわれは支持する——を異端者と見なすならば、あなたは、アンブロシウス、ヒエロニムス、アウグスティヌスその他のものも異端者と考えなければならない」。さいごに、主において、健康と節制とを祈る（Ed. R. B. C. Huygens, *Textes latins du XIe au XIIIe siècle* : *SM* VIII, 1967, p. 456 : trad. J. de Montclos（参考文献 298), p. 53-54)。

V　**教育方法**

23　子どもの純真さ

主は福音書において、次のように言われた。「はっきり言っておく。あなたたちは心を入れ替えて子どものようにならなければ、天の国に入らないだろう」（「マタイによる福音書」一八・三）。主はこれを使徒たちだけでなく、かれを信じ、天の国に入ろうと望むすべての人に言われたのである。主は、われわれに子どもの年齢をもてと命じられたのではなく、われわれが、純真無垢な生活を送り、子どもたちが年齢の故にもっているものを純真無垢であることによってもつように、さらに、知恵ではなく悪意にかけては子どもであるようにお命じになっているのである。

主はまた、次のように言われた。「自分を低くして、この子どものようになる人が天の国でより偉大である」（上掲書一八・四）。それは、次のように言われているのと同じである。（私があなたたちの模範に立てた）この子どもは、怒りを長く心に留めず、物事に煩わされず、美しい女性を見ても色情を起こさず、自分の考えと違うことは口にしない。従って、あなたたちは、このような純真無垢な魂をもたない限り、天の国に入ることはできないであろう。実際、われわれはこうして子どもの純真さに到達しうることを、聖ペトロは次のように説明している。「悪意、偽り、偽善、妬み、悪口をみな捨て去って、生まれたばかりの乳飲み子のように、混じり気のない霊の乳を慕い求め、救いに向けて成長するようにせよ」（「ペトロの手紙Ⅱ」二・二）。これは、次のように言っているようなものである。あなたたちは、すでに洗礼の水によって再び生まれ、洗礼によって聖霊の恩恵を受け神の子となったのであるから、今は、よい生活を送るように努め、子どもが生来、純真無垢な年齢の故にもっているものを身につけなければならない。すなわち悪意、偽り、欺瞞、誹謗を避け、無慈悲、憤り、喚き、冒瀆などすべてを、一切の悪意とともに捨てなければならない（「エフェソの信徒への手紙」四・三一参照）。こうして、以後は、純真無垢な子どもに返り、母乳を飲むようにして聖書のことばを受け入れ、それによって成長してはじめて、「天から下った、世に生命を与える」（「ヨハネによる福音書」六・三三）パンを食べるようになる……。

従って、二つの方法つまり「身につけること」と「捨てること」によって、子どもになるようにしよう。謙遜、純真、無垢を身につけること、また無慈悲、偽り、妬みを捨てることである。使徒たちも、無慈悲、偽り、妬みを捨てることによって子どもになり、謙遜、純真、無垢を身につけることにより、また聖パウロがあたかも乳母のようにして子どもたちのために温めていた教えを身につけることによって、大人になったのである。聖パウロは次のように言っている。「キリストにおいて子どものようなあなたたちに、私は、食物ではなく、乳の飲物を与えた」（「コリント人への手紙Ⅰ」三・二）（Smaragde, *Diadème des moines*, ch. 59 : *PL* 102, 655-656 : trad. W. Witters, La Pierre-qui-Vire, 1968, p. 198）。

24　規律におけるやさしさ

ベネディクトの「修道会則」の注解

子どもたちを強健にし、またかれらの人間としての自然の欲求を満たすため、教師の意志によって、毎週あるいは毎月、子どもたちを牧場その他の場所に連れ出し、教師の監督のもとに、一時間、遊ばせるようにすべきである（第三七章）。

三、四人の教師が十人組の子どもたちを監督すること。至福なるベネディクトは、みなが子どもたちに注意を払うべきで、子どもたちは教師なしにどこにも行くことはできない、と述べている（第三八章）。

若者たちは、教師なしに過ごすことができる年齢まで保護され、監督されなければならない。もし一五歳の若者が教師なしに過ごせるほど十分、善良で、分別があると思われるならば、修道院長はかれを監督者の手から離して、廉直かつ敬虔な修道者に委ねて指導させ、この修道者は若者が読み方を学ぶときには、そばに座していなければならない（第六三章）。教師は、節度ある態度で子どもたちに接しなければならず、過度に鞭打ってはならない。子どもたちは、鞭打たれたりあるいは罰を受けたあと、すぐに、もとの悪行に走るからである（第三七章）。

修道院長は、子どもたちが罰されたり、集団から締め出されたり、鞭打たれたりするのを許してはならない。愚かで怠慢な修道者には罰を加えるとしても、こうした強硬な手段は、子どもたちを矯正するよりもいっそう悪くするからである（第五三章）（Paul Diacre, *Commentaire de la Règle de saint Benoît*, éd. *Bibliotheca Cassinensis* IV, 1880, p. 12 s.）。

25　教師の厳しさを正す

ことばよりも鞭で成り立っている学校がある。そこでは、体を傷めつけることはあっても、精神を大切にしようとはしない。ラダマンテュス〔ギリシア神話中の正義の士〕の義憤も、ある教師の怒りには及ばない。アイアコスも〔ギリシア神話中の判官〕もかれらほどに地獄の亡霊を残酷に苦しめることもなく、蛇に絡まれたエリニュス〔復讐あるいは罪の追及の女神〕たちもかれらほど怒り狂うことはない。

愚かな教師によると、生徒は学ばなかったことも知っていなければならない。精神は内部から育つもので、鞭は精神にとってなんの役にも立たない。もし精神に配慮しないならば、あなたの哀れな生徒を鞭打つために一山の木を使い果たしたとしても、それはむだに終わるであろう……知っておくように命じられなかったことを、だれが学ぶことができようか。人間は、石と同じ硬さをもっているだろうか。また肉は青銅と同じ硬さをもっているだろうか。かわいそうな生徒を滅ぼすことにより、あなた自身が永遠に滅び去ることを恐れよ。私はまた、学問のできる子どももできない子どもも、同様に虐待されていることを知っている……あなたが鞭打つこのかわいそうな子どもは、学校に来たときと同じくらい、無教養で去っていく。かれは、その年齢でもないのに、渡し銭を口にくわえて三途の川岸に立ち、世の人々の役に立ちえたかもしれないのに、若死にしてしまう。これでは、若者は、あたかも子どもたちの血に飢えているかのように、あるいは父親の仇でも討つかのように、これを鞭打つ。これでは、若者を育成していくことはできない。もしこうした組織から、立派に教育されて巣立っていく若者があるとすれば、それはまさに真昼の星だ……（Egbert de Liège, *Fecunda ratis*, éd. Voigt, Halle, 1889, p. 179）。

26　苛酷な一教師の不安

習慣的に、しばしば規則からはみ出す最年長の学生のなかで、もっとも高慢に見えるのがひとりいた。ある日、私は、学友たちの面前で、かれを傷つけるような残酷なことばをもって、必要以上にかれを懲らしめた。私はまだ自分の弱さも他人の弱さも知らず、私の権威の下にある愚かな若者を罰することは罪ではないと思っていた。しかし罰せられた若者は、ひどく打ちのめされたように見え、私自身も、ほどなく、最初の自信と神の恩恵への信頼もどこへやら、惨めな状態に陥り、ひどい恐怖心におそわれ、地面が割れていくように思われ、神の復讐の手に追われているように感じた。夜になって、一日の行為を注意深く振り返りながら、私は罪深い自分を思い、私をさいなむ苦悩は、若者に浴びせたにがいことばから来ていることがわかった。こうした不安のなかにあって、長上である私が配下にあるあの学生と、権威を傷つけることなしに和解する最良の方法はなにかと、自問した。あの年長の学生の気に入るように、かれの前に膝をかがめるべきであろうか。膝をかがめるとしたら、かれ以上に私は罪深いことを示すことになり、かれはそれを種に傲慢になり、それに引き替え、私はこうした屈辱のあと信用をなくすことになる。私は祈りを捧げたあと、例の若者が礼拝堂に入っていくのを見た。かれは、私の前に身を投げ出して、再び繰り返さないと約束し、ゆるしを求めた。かれは、若者にはえてしてありがちなことであるが、自分が人間的な弱さや無知から、再び過ちを犯した場合、学生たちの前で、責め、辱めるのではなく、むしろやさしく、ひそかに意見することによって立ち直らせてくれるように、と嘆願した。苛酷な、公の処罰は決してしつけることのできなかったかれを（Othlon de Ratisbonne, *Liber Visionum*：*PL* 146, 352）。

VI　**教養のための設備**

27　写字生の仕事

（a）　ヴィヴァリウムの写字生に対する称賛

はっきり言って、手仕事のうち私が好むものは、細心の注意をもって遂行される限りにおいてであるが、写字生の仕事である。写字生は、聖書を繰り返し読むことによってその知性を豊かにし、主の掟を筆写することによってそれを広めていくからである。これは、なんと幸福な仕事、称賛に値する学習であろうか。手仕事をもって教えを説くこと、指をもって舌のもつれを直し、沈黙裡に人々に永遠の生命をもたらし、ペンとインキをもって悪魔の誘惑と戦うなど……写字生は座っているその座席から、自分の作品を分布させることによって多くの地方を訪れる。かれの手稿本は、聖なる場所で読まれ、人々はそれを聞き、自分の意志を離れ、神への奉仕に向かうようになる。それを成し遂げうるものにとり、なんとすばらしい光景であろうか。削られた葦は天来のことばを書き表し、それはちょうど、受難の日に悪魔が主の頭を打った、あの葦の不義を償うかのようである。

写字生は、文字について間違いを犯したり、正しい本文に誤った語を書き込んだりしてはならず、また教養に欠ける校訂者は、間違いを犯してはならない。かれらは、正書法について論じた人々つまりヴェリウス・ロングス、クルティウス・ヴァレリアヌス、パピリアヌス、アダマンティウス・マルティリウスの著作を読むべきで、またBとVの用法についてはエウティケスを、発音と性の区別についてはフォカスを読まねばならない。私は、手を尽くして、かれらの著作を集めておいた……以上の配慮に加えて、書籍を表装する人々の技芸もある。聖なる文字は、衣装の輝きによっていっそうその美しさを増し、選ばれたものを天上の宴に招き、招かれた者に婚姻の衣装をつけるように求めた、主の譬話をいわばなぞるのである（Cassiodore, *Institutiones* I, 2 et 3 ; éd. Mynors, Oxford, 1937, p. 76–77）。

（b）トゥールのサン・マルタン修道院の写字室の碑文

聖なる掟のみことばおよび聖なる教父たちの教えを筆写するものは座席につくように。そこでは、他愛ないおしゃべりにふけってはならない。こうした軽薄な行為によって、かれらの手が誤りに引き込まれないためである。かれらは、注意深く校訂された文書を入手するようにすべきである。それは、鳥の羽根〔ペン〕が、真っすぐ進むことができるためである。かれらは、文節、挿入節における意味の違いを見分け、打つべき点を正しくつけよ。読師が、読みを誤ったりあるいは教会において修道者たちを前に途方にくれることのないようにするためである。もともと、聖なる書の筆写は価値ある仕事で、写字生は、それにふさわしい報酬を受ける。書籍を筆写することは、ぶどう畑を耕すことよりすぐれている。耕すものは胃袋のために働くが、筆写するものは魂のために働く（Alcuin, *Carmina* n. 94 : *MGH PAC* I, p. 320）。

28　モンティエ・アン・デールのアドソンの蔵書

修道院長アドソンがエルサレムに向けて出立したあと、かれの図書室に残されていた書籍は次のようなものであった。

1ポルフィリウスの『入門書』、2アリストテレスの『範疇論』、3アウグスティヌスの『範疇論』、4著者不明の一〇の範疇に関する書、5トゥッリウス〔キケロ〕の『レトリカ』、6セルヴィウスによるヴェギリウスの『注解書』、7と8テレンテイウスの二書、9セドゥリウスの書、10秘跡に関するアンブロシウスの書、11聴罪師聖ヨハネスの『伝記』、12モリダクによる『ドナトゥス文典』の『注解書』、13テレンティウスのすべての書の標題を記した小著、14ヴェルギリウスの『牧歌』一〇巻と『農事詩』の『注解書』(*Expositio*)、15エウティキウスの書、16マルティネッルスと言われる小著、17アルファベット順の語彙集、18マルティアヌスの『言語学とメルクリウスの結婚』をもとにした語彙集、19ベダの『韻律論』(*De metrica ratione*)、20リジューのフレクルフという人物の『歴史書』、21語尾変化に関する書、22ハイモンによる聖パウロの「ローマ人への手紙」の『注解書』、23ポンペイウス・フェストゥスの書の抜粋 (Ed. Becker (参考文献 347), p. 126-127)。

29　写本を探し求めるジェルベール

（a）……人を説得できるような話し方を修得しながらも、自分の雄弁に酔うことなく魂を正しく制御できることは、きわめて有用なことである。こういうことを目指して、私は図書室を造ろうと努力した。ローマではずっと以前から、またイタリア全土、さらにゲルマニア、ベルギーにおいても、私はそれぞれの地方の友人たちの善意と熱意とに支えられ、写字生、書籍のために多くの金銭を費やした。そして今あなたにも、同様な援助をあえてお願いする。私はあなたの言うとおりに必要な羊皮紙と金銭とを写字生に送り、またあなたご自身には、ご好意に対し心からお礼を言おう…… (*Lettre à Evrard, abbé de Tours*, ép. 44 : éd. Weigle (参考文献 ＊301))。

（b）……私がどれほど熱心にあらゆるところから書籍を集めているかは、あなたもご存じです。あなたはまた、イタリアの都市や田舎にどれほどの写字生がいるかもご存じです。ですから、今すぐ手を打って、だれにも洩らすことなく、あなたが費用を出して、マルクス・マニリウスの『天文学』、ヴィクトリヌスの『修辞学』、デモステネスの『眼科』を筆写させてください。私は、あなたの無二の奉仕とあっぱれな好意については固く沈黙を守り、あなたの勘定どおりに、あなたが支払った金額を送金することを約束します…… (*Lettre à Rainard, moine de Bobbio*, ép. 130 : éd. Weigle, p. 158)。

（c）あなたの用件について私がマントヴァで何をしたかということは、書簡よりもお会いした上で、より詳しく説明致しましょう。あなたにお送りした図書室の鍵は、どれが錠前に合っているのか、知りませんでした。モンティエ・アン・デールの修道院長アドソンが所有しているユリウス・カエサルの『歴史』を取り寄せておいてください。それは、われわれが筆写するために、またわれわれがあなたのために役立てようとするものを準備するために必要です。あなたは、われわれがあなたに返却しようとしているもの、すなわちボエティウスの『天文学』八巻、細密画で装飾された『幾何学』のみごとな写本、その他いずれ劣らぬすばらしい写本を期待しておられますが、それで結構です。日夜、私の幸福に欠けているのは、あなたがいないということです。あなたの不在だけが、日夜、私の幸福に影を落としています（*Lettre envoyée de Bobbio à Adalbéron de Reims*, ép. 8 : éd. Weigle, p. 30–31)。

VII　初歩教育と専門教育

30　ラテン語教授用のアエルフリックの『対話編』（抜粋）

生徒　先生、私たち子どもは、ラテン語を上手に話すことを教えてもらいたいのです。私たちは無知で、また話し方も下手ですので。

教師　学ぶために、打たれても構わないか。

生徒　無知のままでいるよりはましです。私たちは、それ相応のことをしない限り、あなたが鞭打たないことはわかっています。

教師　では、よく注意して答えよ。あなたの職業はなにか。

生徒　私は修道者です。私は、仲間の修道者たちと一緒に、日に七回、〔聖務日課を〕歌います。また私は読み方、歌い方を学びます。しかしラテン語を上手に話すことも学びたいのです。

教師　では、聞くが、なぜあなたはそれほどまでに学びたいのか。

生徒　私は、草を食み水を飲むこと以外何も知らない動物のようにはなりたくありません。

教師　では、何をしたいのか。

生徒　学者になりたいのです。

教師　英知とは何かね。君たちは、生活様式は変えながら、ありとあらゆる形式をもって嘘八百を並べ立て、ことば巧みに人を欺く輩のようになりたいのか。口ではよいことを言いながら内心では悪事を考え、やさしいことばを吐きながら内は腹黒く悪事をたくらみ、外面は些事にも正直なように見せながら、腐敗しきっている輩のように。

生徒　私たちは、そのような学者にはなりたくありません。自分自身を欺くものは学者ではありません。

教師　では、どのようなものになりたいのか。

生徒　私たちは、偽善をはたらかない純朴なものとなり、悪を避け善を行うに十分な知恵を身に付けたいのです。でも、あなたは、まだ私たちの年齢にはあまりに難しい仕方で議論しています。それほど難しくない、私たちの仕方で話してください。

教師　あなたたちの希望通りにしよう。ほら、君は今日何をしたかね。
生徒　私はたくさんのことをしました。夜、私は合図を聞くと、寝床から起き、用便に外に出たあと、仲間といっしょに、急いで教会に向かい、靴を脱いで中に入り、修友たちと夜課を歌いました。そのあと、聖人祝日の部と朝課、賛課を歌い、そのあと、一時課、七つの「詩編」と連禱、最初のミサを歌いました。そのあと、三時課を歌い、日中のミサにあずかりました。そのあと、六時課を歌い、昼食を食べ、飲物をとりました。午睡をし、起きて、九時課を歌い、そのあと、こうしてあなたのところに来ました。私たちは、あなたの言うことを喜んで聞きます。
教師　晩課や終課はいつ、歌うかね。
生徒　その時間が来たら歌います。
教師　君は、今日、鞭打たれたかね。
生徒　打たれませんでした。おとなしくしていましたので。
教師　他の人は。
生徒　どうして、私にそれをたずねるのですか。私たちの間の秘密をばらすことはできません。打たれたかどうかは、各自が知っています。
教師　今朝、だれが君を起こしたかね。
生徒　私は、合図を聞いて起きました。時々、教師は鞭をもって荒々しく起こします。
教師　愛する子どもたち、熱心な生徒たちよ。君たちの教師は、君たちが宗教的勤行のために身なりを整え、どこにおいてもふさわしく行動するように、勧める。教会の鐘が鳴るのを聞いたなら、すぐに行って、聖堂に入りなさい。うやうやしく祭壇の前に身をかがめ、きちんと座席につき、いっしょに歌い、君たちの罪のゆるしを願いなさい。そのあと、ふざけたりせず柱廊に出て、教室に向かいなさい（Ed. G. N. Garmonsway, London, 1939, 5ᵉ éd., 1967）。

31　キリスト教徒学童の第一の学習書

私は最近、アルファベット順に書かれた、セネカの書とされる箴言を読んだが、そこでまず驚いたのは、こうした英知を異教徒ももちうるということ、またそれが、これらの箴言のいくつかのことばに見出されるということであった。次に私は、かれに倣って、聖・俗の著作から信徒の教訓になりうる箴言を集めようという気になった。永遠の生命に対するいかなる信仰も希望ももたなかったこのセネカが、自分のことに意を用い、自らを正し、また他の人々にも同じことを求めたとするならば、神はどこにも臨在し、ご自分を愛する人々に永遠の生命を約束したことを信じる私にとってはなおさらのこと……自分の態度を改めさせるような、いくつかのことばを短い金言の形で、精神に留め記憶に保つことは、各自にとってきわめて喜ばしいことであると思われる。どんな年少の学童でも、望みさえすれば、ここに集めた箴言から教訓を得ることができる。実際、これらのことばは、アヴィアヌスの寓話よりもはるかに短く、また理解しやすい金言の形で書かれ、カトーのいくつかの二行連句よりもためになる。ほとんどすべての教師は、学習を始める子どもたちにこの二書を読ませるのがつねであるが、かれらは、キリスト教の若い信徒と同じく年長者にも、異教ではなく、宗教〔キリスト教〕の基本的な要素を教えなければならないことに注意すべきである。こうした教育を受けてはじめて生徒たちは、その後、より確かな仕方で世俗の学問と文法とを学ぶことができる。若者は、善悪の区別はそれほどできないとしても、普段、善よりも悪を、より容易にまたより確実に心に留めるからである。若者たちを首尾よく教育しようと思うものは、かれらが学業をはじめにあたって、まずなにをなすべきかに留意する必要がある (Othlon de Ratisbonne, *Livre des Proverbes*, préface : *PL* 146, 299)。

32　七世紀における書記の学校

すべての修道者のさいごのものにしてもっとも卑しい〔私〕マルクルフは、いと敬うべき尊師にして、功績あつき至福なお方、使徒に捧ぐべき栄誉に満たされ、あらゆる称賛を受けるにふさわしい教皇ランドにご挨拶を送ります。

閣下、私は望むままに積極的に、閣下のご命令に従うことができればと、切望しています。実は、閣下がお命じになったことを実現すべく、私は自分の力量を超える努力をして参りました。七〇年あるいは私の生涯以上の年月を生きてきたいま、手は震えてもはや書くことはできず、目は衰えて見ることも叶わず、混濁した頭脳は想像を巡らすこともできません。さる学識者が閣下に言われたように、知性は児童期に成長し、若いころは強力ですが、老いるにつれて減退するからです。そのため、私は、欲するような優雅さをもって書くことができませんでした。私は、自分の純朴さと無知が許す限り、閣下がお命じになったことだけでなく、その他多くのこと、王の特許状、また個人の公文書を作成しようと努めました。閣下およびその他の教養人で、雄弁な人々、雄弁家、文学の著述にすぐれた多くの人々のなかには、本書を読み、これをかれら自身の英知に比べて馬鹿げた愚かなものと受け止める人もあるでしょうし、あるいはまったく読もうとしない人もいることを私は知っています。私は、そういう人々のために書いたのではありません。私は、若い初心者の練習のため、力の及ぶ限り明瞭かつ簡潔に書きました。もしだれかが本書のどこかを筆写しようと思うならば、それも構いません。筆写しようと思わないものには、（かれの意に反して）強要はしません。私の学識不足は、修辞学の文飾、また学者や雄弁家の能弁を害することはないのです。宮廷の裁判所、また伯の裁判所においても、双方が顔を合わせない限り文書を作成できない、若干の訴訟があり、その時になって初めて、かれらの申し立てとそれに対する答弁に即して調査書が作成されます。そのため私は、われわれが生活した地方の慣習にもとづいて先輩たちから学んだこと、また私が自分ひとりで発見したことを収集することに最善を尽くしました。そして、それに標題をつけました。それを冒頭に書くことによって、探す人が探しているものをたやすく見付けうるためです（Lettre-préface des *Formulae* de Marculf, éd. et trad. Uddholm, Uppsala, 1962）。

33　八〇〇年頃のリヨンにおける聖歌隊と読師の学校

……それゆえ、私は陛下のご命令により、先にあげた教会の指導を始めたとき、そこで奉仕する聖職者を育成するため、非力ではありますが、力の限りあらゆる努力をしました。すでに神の恵みによって、現在、多くのものがここにいます。陛下はその信仰心から、私の願いに応えてメッツ教会のひとりの聖職者を私のもとに送ることを義務とし喜びとされました。かれのおかげで、また神のお助けと陛下の善意に支えられて、「詩編」の斉唱における秩序（ordo psallendi）は、リヨンの教会において刷新され、その結果、私の力の及ぶ限りではありますが、聖務の完全な遂行に規則によって要求されるあらゆることが、聖なる宮廷の典礼方式に従って、部分的にではありますが、行われるようになりました。というのも、私は聖歌隊の学校をもっていますが、その生徒の大部分のものは、他の人を教育しうるほど、よく教育されています。さらに私は、読師の学校ももっています。生徒たちは聖務の朗読ができるだけでなく、神の書について瞑想し、霊的解釈の果実を引き出すことができます。そのうちのあるものは、部分的にではありますが、福音書の霊的意味を把握することができます。また他のものは、これに加えて、使徒たちの書についても同様にできます。大部分のものは、これまた部分的にではありますが、預言者たちの書を霊的に解釈することができます。この同じ教会において私は、私の権能の及ぶ限り、写本を筆写させることに努めました。同じく私は、入念に、祭服や教会の宝物にも配慮しました……（Lettre de l'archevêque Léidrade à Charlemagne : *MGH Epist.* IV, p. 542）。

34　ザンクト・ガレンにおける歌唱の学習

まだごく年少のころ、しばしば記憶するように言われたひじょうに長い旋律は、哀れな私の頭脳から溢れ出し、私は、それを記憶に留める方法はないものかと、黙々と知恵を絞りました。その間に、ノルマン人が荒らし回ったばかりのジュミエージュからひとりの司祭がわれわれのところにやって来ました。かれは、若干の「詩編」を続誦として配列した続誦編を持参していました。それはかなり乱暴なもので、私はそれに魅了されると同時に、苦々しく感じました。しかし、私はそれをまねて「無償で解放された全世界は、神に賛歌を捧げた」(Laudes Deo concinat orbis universus, Qui gratis est liberatus) を書き、さらに「アダムを説得できないコルベル」(Coluber Adae male suasor) を書きました。これらの作品を私の師イソに見せたところ、かれは私の経験不足を嘆きながらも、その努力をほめ、とくに気に入った箇所を指摘し、気に入らなかった箇所に手を加え、次のように言いました。「それぞれの韻律の流れには綴りが対応していなくてはならない」と。それを聞いて私は、作品に手を加え、ia に対応する箇所をより滑らかなものに書き直しました。Le あるいは lu に対応する箇所については、適応はほとんど不可能で、これを無視しました。その結果、この作品は、私から見ても、Dominus in Sina と Mater が示すように、きわめて歌い易いものになりました。こうした作り方にひかれて、すぐに私は第二番の Psallat Ecclesia mater inlibita を口述しました。私はこれらの歌を師マルケッルスに見せました。かれはそれに魅了され、これを巻物に収録して、子どもたちに与え、そのうちのあるものを交互に歌わせました (Notker, préface du *Liber sequentiarum* : *PL* 131, 1003-1004 : trad. L. Gauthier, Les tropes, Paris, 1886, p. 20)。

VIII 中等教育

一 文法

35 若いフランクとサクソとの対話

教師アルクィンの学校には、ふたりの若者がいた。ひとりはフランクで、もうひとりはサクソである。かれらは、つい最近、文法の深い藪のなかに足を踏み入れたばかりであった。そのため、かれらは、文学の規則のいくつかを質疑応答の形にまとめ、暗記するのがよいと考えた。

まず、フランクがサクソに言った。「ところで、サクソさん、あなたは、私よりも年上ですから、私の疑問に答えてください。実際、私は一四歳で、あなたは一五歳と思いますが」。サクソは答えて、「よいでしょう。ただし、条件があります。あまり難しい質問をしたり、あるいは哲学に関する質問を君が出したら、私はそれを教師にたずねてもよいという条件で」。(こうして、文字、母音、子音、綴り、名詞などについて、ふたりの対話が始まる)……。

サクソ　フランク君、呼称についてはもうたくさんだろう。君の知識欲を満たすことはだれもできないだろうよ。
フランク　あなたが羨むほど、私は欲深ではありません。あなたは、私が質問攻めにしないと、何も言おうとしません。
サクソ　知りたいことをたずねなさい。すぐに答えましょう……。
フランク　どんな種類の名詞でも、その性はどうしたらわかりますか。
サクソ　実名詞においては、語尾は決まった終わり方をしています……しかしそれは、生徒同士の討議の枠内で説明するには、あまりに長く、難しい。
フランク　まさに、さっき私が言ったとおりでしょう。
サクソ　なんだって。
フランク　あなたは学識を出し惜しみしようとしています。
サクソ　兄弟よ、決してそんなことはない。ただ、私は君の知識欲を制御しようとしたまでだ。
フランク　私の知識欲を制御しながら、あなたの強情は制御しないのですか。
サクソ　さあ、先に進もう。君が行きたいところにどこまでもついて行こう……さあ、フランク君、名詞についてはこれで十分かね。
フランク　サクソさん、十分でしょう。もし教師の家にいる蚊が、無数のささいな質問を私の耳に詰め込まないならば。しかしお望みとあれば、次の問題に移りましょう。蚊は、できるだけ追い払うことにしましょう（Alcuin, *De grammatica: PL* 101, 654, 870)。

36　「文法教師」ヴェルギリウスによる文法教師の系譜

まず、ドナトゥスという老人がいた。話によると、かれは千年の間トロイアに住んでいた。かれは、ローマの創設者ロムルスに会いに来て、そこで四年間を過ごし、学校を開設し、無数の著作を残した。

これらの著作において、かれは次のような質問をしていた。「むすこよ、多くの子どもに乳房を差し出す女性とはなにか。その乳房は強く押されれば押されるだけ、子どもたちを豊かに満たす」。それは学問である……。

トロイアにはまた、このドナトゥスの弟子で、作詩にすぐれた才能を見せたヴェルギリウスという人物がいた。かれは、韻律について七〇巻の書を著し、またアジアのヴェルギリウスにあてて動詞を説明する一通の書簡を書いた。

アジアのヴェルギリウスは、先にあげたヴェルギリウスの弟子であった。この人は、敬虔な人々を援助することを好み、かれに助けを求めてくる人は、かれが椅子にじっと座っているのを見たことがない。私は、この目でかれを見たことがある。私がまだ子どもであったころ、かれは私のために文字を書いてくれた。かれは一二のラテン語表について、有名な書を著した。

かれはきわめて温和で、自然学にくわしく、月《つき》(luna) や月《げつ》(mensis) の算定に長けていた。

歴史書の著述にすばらしい才能を示したスペイン人イストリウスは、ある日のこと、私に次のような比較を教えてくれた。つまり文章における動詞は太陽のようなものである、と。日中でも、太陽がなければ光がないように、文章も動詞がなければ明確なものではない。

またエジプトにはグレゴリウスがいた。かれはギリシア文学に造詣が深く、ギリシアの歴史について三、〇〇〇巻の書を著した。またニコメジアの近くには、バラブシドゥスがいた。かれは最近、世を去ったが、私の求めに応じて、われわれの教えに関する書をラテン語に翻訳した。私はギリシア語原文で読んでいるが、その書き出しはこうなっている。「はじめに、天、地、海、すべての星を、精神は内部に保つ」(In principio celum terramque mare omniaque astra spiritus intus fovet)。

そのほか、三人のルカヌスがいた。ひとりはアラビアに、ひとりはインドに、ひとりはアフリカにいた。かれらは、私の教師アイネイアスの師であった。アイネイアスは、第二ラテン期のラテン語で書かれたかれらの著作を明確な言語に翻訳した。またかれはこれらの著作において、大洪水のころ生きていたマロ〔ヴェルギリウス〕という人物について述べている。後代の人々は、かれの学識がどれほどのものであったか、言い表せないであろう。アイネイアスは私を才能ある人物と認め、同じマロという名前をつけ、次のように言った。「ここにいる私の子は、マロと呼ばれるであろう。いにしえのマロの精神がかれのうちに再生しているからである」。

また私の祖父マルトゥリスがいた。かれはすぐれた学識のもち主で、容姿端麗、文法にきわめて詳しかった。

生徒にして友人である君たちよ、私が先祖の著作から抜き出しあなたたちに提供した内容でがまんしてくれ。それは十分、私のすべての読者に役立ち、救いをもたらす (Virgile le Grammairien, *Epitomae*, éd. Tardi, Paris 1928, p. 126-132)。

37　ガウトベルトによる文法教師の系譜

キリキアのタルソス出身の修道者テオドルスと、かつてローマにあったギリシア人植民団の修道院長ハドリアヌスは、ふたりともギリシア語、ラテン語に通じ、自由学芸全体に精通していた。ふたりは、ローマ教皇によってイギリスの島々に派遣され、かの地で、健全な信仰の模範と世俗の諸学で有名になった。その弟子のひとりが、尊敬すべき人物であったアルドヘルムで、かれは後継者としてベダを抜擢した。そのあと、氏名不詳のもうひとりの教師が出て、その学校の生徒でマウルスと諢名されたラバヌスを教えた。ラバヌスは、その学識のために、海の向こうから渡ってくるようにガリアの司教たちやフランクの王たちに招かれた。その後、かれは司教職の栄誉を拒み、その弟子として、アルビヌスと諢名されたアルクィンを残した。このアルクィンは、託されていた学校で学問に熱中し、哲学的教えの広野にスマラグドゥスを残した。そこでスマラグドゥスはテオドゥルフと対決し、後者はその少し後でオルレアンの司教に任命された。スマラグドゥスは、ヨハネス・スコトゥス・エリウゲナとその同郷人で博学であったヘリが、哲学的認識を深めるのを助けた。ヘリは、ヘリックを教育し、アングーレームの司教座を受けるに値した。ヘリックは、サン・ジェルマン・ドーセールの修道者レミギウスに文学を教え、サン・タマンの修道者フクバルドには詩を教えた。レミギウスの後継者でもっとも有名であったのは、サンスの大司教ジェルランとオーセールの司教ギー、かれの兄弟でヌヴェールの司教であったゴズベルトと、ブリタニア出身のダオクであった。かれらはみな、その光輝ある教授をもってガリアを照らした。またイスラエルの家庭教師アンブロシウス、ミネルヴァが有名にしてくれたイギリスのエグロアルとイタリアのゴンノもいた。今日、学問に励むものはすべて、かれらの博識の小川から汲み取り、渇く人々に教えの杯を飲ませているのである……（Gautbert, *Grammaticorum Diadokè*, éd. L. Muller, *Rh. Museum*, 1867, p. 63）。

二　修辞学

38　定　義

世俗の文学の教師たちが教えている修辞学は、公の討論において上手に話す術である。こうした定義では、どちらかと言うと、修辞学は世間の知恵に結びついているように見えるが、しかし教会の学問と無縁ではない。なぜなら神の掟の雄弁家あるいは説教者が明晰かつ正確に語ること、また適切かつ優雅なことばで書き取らせることはすべて、この術の熟知にかかっているからである。従って、適切な年齢にこの学問を学び、著述においてまた演説においてその規則を使用するものは間違っていると考えてはならない。むしろ神のみことばのふさわしい説教者となるために、この術を徹底的に学ぶものは、すぐれた行いをするのである（Raban Maur, *De institutione clericorum* III：*PL* 107, 397）。

39　詞姿一覧表

私は、生徒たちに対する愛に駆られて、修辞学に関する一覧表を二六枚の羊皮紙にそれぞれ二列に並べ、一三枚をひとつに綴じたものを書いた……この著作は無知なものにはまったくすばらしいもののように見える。しかし学問に熱心な生徒にとっても、修辞学のきわめて微妙な規則を理解し、記憶に止めるために有益である（Gerbert, *Lettre à Bernard d'Aurillac*, ép. 92 : éd. Weigle（参考文献 ＊301), p. 121)。

三　弁　証　学

40　弁証学の目的

弁証学は、探求し、定義し、解明し、真偽の区別を可能にする、理性的な学問である。従って、それは学問のなかの学問である。というのも、それは教えることを教え、また学ぶことを教えるからである。この学問において、理性は自分を論証の対象として捉え、自分が何であるか、何を欲しているのか、何を見ているのかを示し、明らかにする。この学問によってはじめて、人は、知ることとは何であるかを知り、学識あるものになろうと欲するだけでなく、その能力をもつようになる……この学問をもってわれわれは、何が結論であるのか、何がそうでないのか、事物の本性に反するものは何か、討議中の問題について、真実なものは何か、真実らしきものは何か、まったく誤っているものは何か、それについて議論し、発見する。この学問によってわれわれは探求における明敏さ、定義における真実さ、説明における賢明さを身につける……（Raban Maur, *De institutione clericorum* III, 20 : *PL* 107, 397)。

四　科学の教授

41　セビリャのイシドルスによる世界の説明

世界の五つの圏

哲学者たちは世界の定義において、世界には、ギリシア人が parallelos つまり帯と呼ぶ、五つの圏があり、地球はその五つに分けられていると言う。ヴェルギリウスは『農耕詩』において、それを次のように説明している。

天空の五つの帯

これらの帯は、われわれの右手にあてはめて考えてもらいたい。親指は北極圏を示し、そこは寒冷地で人は住めない。第二指は夏の帯を示し、温暖で住むのに適している。中指は昼夜平分の地域を示し、そこは熱帯〔酷暑の地〕で人は住めない。第四指は冬の帯を示し、温暖な地域で住むのに適している。小指は南極圏を示し、そこは寒冷地で人は住めない。

これらの五つの帯のうち第一の帯は北方帯、第二の帯は至帯、第三の帯は昼夜平分の帯、第四の帯は冬帯、第五の帯は南帯である。ヴァロは、これらの帯について、次のように述べている。

「天球は五つの帯で取り巻かれている。
冬はもっとも低い帯を、酷暑は熱帯を荒廃させている。
中央の帯は二つの極地の間にあり、そこには人が住み、また地も同様で、
太陽の酷暑も、その燃え盛る炎をもって焼き尽くすことはできないであろう」。

これらの帯の区分は次のようにまとめうる。

第一の帯、北極の帯は寒冷で人は住めない。

第二の帯は夏の帯で、温暖で住むのに適している。

第三の帯は昼夜平分の帯で、酷暑で人は住めない。

第四の帯は、冬の帯で、温暖で住むのに適している。

第五の帯は、南極の帯で、寒冷で人は住めない。

昼夜平分の帯について言うと、そこには人は住めない。というのは、太陽は天空の中央にあり、焼け付くような暑熱をこの地方に注ぎ、土地は乾ききって、地上の果実は芽を出しえず、極端な気候のため人も住めない。また互いに同じような条件にある北と南の帯にも、人は住めない。なぜならこれらの地方は太陽の軌道から遠くに位置し、極端な気候と凍てつくような風で荒されているからである。


北と冬の帯の間に位置し東にある至帯と、夏と南の帯の間に位置し西にある至帯は温暖である。それはこれらの帯が一方からは厳しい寒さを、他方からは暑熱を取り入れて温暖だからである。

これらの帯についてヴェルギリウスは、次のように述べている。「これら両端の帯と中央の帯の間に、神々のご好意によってか弱き人間たちに与えられた他のふたつの帯がある。夏の帯にもっとも近い人々は、まさしくエチオピア人で、かれらは酷暑の

ために焦げた肌色をしている」。

地の部分

次に地球の位置について述べよう。そして、どの地方に海は広がっているのか、体系的に説明することにしよう。ヒギヌスによると、地球は宇宙の中央にあって、宇宙の全部分に対して等距離に位置し、その中心を占めている。大洋は、地球のほとんどすべての周辺地域に及び、星辰はそこに没すると考えられている。

地球の表面は三つに分けられる。そのひとつはヨーロッパ、ひとつはアジア、そして第三はアフリカと呼ばれる。そしてヨーロッパは、海によってアフリカと分離されている。

アジアとリビアの境には、エジプトと河口がある。ナイル川はカノピカと呼ばれている。タナイス川はヨーロッパとアジアを分け、ふたつの流れに分かれてメオティドと呼ばれる沼地に注ぐ。アジアは、いとも至福なアウグスティヌスが述べているように、南部から東方を経て北部に広がっている。ヨーロッパは北部から西方にかけて広がり、アフリカは西方から南方にかけて広がっている。

従って、世界の半分は、世界のふたつの部分つまりヨーロッパとアフリカが占めている。あとの半分はアジアだけで占められている。しかしこれらふたつの部分は、頭で考えられたもので、大洋がこのふたつの部分の間にある空隙を濡らし、われわれの「大海」を形作っている。幾何学者たちは、地球の広さは一八〇、〇〇〇スタディオンであると考えた (Isidore de Séville, *De natura rerum*, trad. J. Fontaine, ch. 10, 48, Bordeaux, 1960, p. 208, 324)。

42　シャルトルにおける幾何学の学習

ロドルフにあてたラギンボルトの書簡（抜粋）

私の記憶するところによると、シャルトルにいたある日のこと、この地の司教で修道院長であったフュルベールが私のところに来て、われわれが教授している幾何学の図形と、私が三角形についてあなたに出した最初の質問について説明してくれました。幾度となく私たちは話し合い、さいごに、かれは私の意見に同意しました。次に、かれは私に内角三角形について問題を出しましたが、その解答は教えてくれませんでした。お願いです。この問題を解いてください。私はあなたがかれの重立った弟子のひとりであることを知っています (*Lettre de Ragimbold à Rodolf* : Lettre 8, éd. Tannery（参考文献 ＊300), p. 532)。

43　音　楽

音楽は、他のものとの関係つまり二倍、三倍、四倍その他似たような、音と音との関係を表明する数を取り扱う学問である。従って、この学問はきわめて高尚かつ有用で、これについてまったく無知なものは、教会の務めをふさわしく果すことはできない。音楽は、教会で正しく朗唱し、洗練された仕方で「詩編」を歌うための規則を教えるからである。われわれはこの学問をとおして、教会で読み歌うことだけでなく、神へのすべての奉仕を決められたとおりに果すことを学ぶ。

従って、音楽という学問は、われわれの生活のすべての行為に影響を及ぼす。まず、われわれが創造主の掟を守り、清い魂をもって、神が定めた規則に従ってかれに仕えるとき、そうである。われわれが話すとき、あるいはわれわれの心が内部において感動に脈打つとき、それらすべてが、音楽的韻律のもつ、調和の力によることは明らかである。そして音楽こそは、上手に韻律をつけることを取り扱う学問である。われわれが善い生活を送るとき、それは、われわれがつねにこの学問に結ばれていることの証拠であり、われわれが悪を行うとき、われわれのなかに音楽はない……（Raban Maur, *De institutione clericorum* III, 24 : *PL* 107, 401）。

44　ルートヴィヒ四世の宮廷におけるサレルノの医者

このころ、重要な人物で宮廷人のひとりであったアミアンの司教デルゥが逝去した。かれは王の寵臣のひとりで、医学の経験が豊富であった。かれがまだ王宮に仕えていたころ、サレルノの医者がかれを欺いたが、逆に、その裏をかいたという話が伝わっている。かれらはふたりとも、医学について造詣が深かった。王はデルゥの方が好きであったが、后はサレルノの医者の方が学識が深いと考えていた。王は一計を案じて、どちらが自然学に長けているかを見分けようとした。

王は、注意深く、その理由は明かさないまま、両者を招いて食卓につかせた。そこで王はふたりに多くの質問を出し、ふたりはそれぞれ学知を尽くして答えた。科学的教養の深かったデルゥは、自分にたずねられた主題について、異論の余地のない説明を与えた。一方サレルノの医者は、自然学はまったく知らなかったにも拘らず、生来の知能の鋭さをもって、幅広い経験的知識を身に付けていた。

こうして、ふたりは王の求めに応じて、毎日、王の食卓につき会食していた。ある日のこと、dinamidia の特性が話題になり、その薬剤的、外科的、植物的特性について詳細に議論が進められた。サレルノの医者は、この異国のことばを知らず、赤面して、その説明を差し控えた。そのことで、かれは、デルゥをひどく妬み、表向きはかれを称賛しながら、これを毒殺する準備にとり

かかった (Richer, *Histoire* II, ch. 59 : éd. et trad. R. Latouche I, p. 223–225)。

45 ジェルベールと医学

……結石症で苦しむ修道者については、医者が何を処方したかを知ることができるならば、私の方で、面倒を見ることができるでしょうが。今のところ、わずかの量の解毒剤 (philantropos) と、それに見合う料理だけにして下さい。処方箋に従わず、健康を回復するために命じられたことをしないのなら、悪いのは本人自身です。医者の代わりに私の意見を利用しないでください。というのも、私はかれらの学問は大いに尊重しますが、その職業はいつも嫌悪しているからです (Ep. 151 : éd. Weigle (参考文献 ＊301), p. 178)。

IX 宗教的学問の学習

46 アウグスティヌスによる自由学芸と予備教養

従って、神を畏れ至福の生を求める、勤勉で才能に恵まれた若者たちには、次のような勧告が有用であると思われる。かれらは、キリストの教会の外で教えられるいかなる学問も、いわば至福の生のためという口実のもとに安心して修得するのではなく、むしろ冷静に、注意深く識別しなければならない。

かれらは、ある学問は人間が考案したものであるが、それらは考案者の意志の相違によって多様で、しかもそれを誤って受け止める人々の不信によって正しく知られていないことに気付くであろう。とくに、ある種の記号によるいわば契約また協定をもって悪魔と結びついているならば、完全にこれと手を切り、避けるべきである。さらに、人間が考案したもので、余分で過度なものは、学習から外す方がよい。他方人間が考案したものでも、共に生きる人々の交わりに役立つものは、地上の生活に必要であり、なおざりにしてはならない。その他異教徒の間に見出される学問のうち、過去あるいは現在の出来事の歴史、身体の感覚に関係する学問、有用な工芸の試行と組み合わせ、弁証学と数学は別として、それ以外のものはなんの役にも立たないと思う……

他方、哲学者と呼ばれる人々、とくにプラトン主義者たちが、たまたま真実やわれわれの信仰と合致することを述べている場合、それらを危険視してはならないばかりか、いわば不正な所有者であるかれらにその返却を求め、われわれのために役立てるべきである。というのも、エジプト人は、イスラエルの民が嫌悪し逃げ出すことになった偶像と重荷をもっていたが、しかしかれらはまた、エジプトから出国するイスラエルの民が、よりよく利用するため、自分たちのものとしてひそかに要求した金銀製の器、装飾品、また衣類をもっていた（「出エジプト記」三・二二参照）……それと同じように、異邦人のすべての学問には、キリストに導かれて異邦人の社会から脱出するわれわれ一人ひとりが嫌悪し避けなければならない、見せ掛けの、迷信的な作り話と無用な労働という重荷だけでなく、真理に役立ちうる自由学芸や、きわめて有用なある道徳律も含まれている。またかれらのなかには、唯一の神をあがめることについても、いくらかの真理が見出される。こうしたかれらのいわば金銀は、かれら自身が作り出したものではない。それはかれらが、どこにでも及ぼされている神の摂理というべきいわばある鉱山から掘り出したもので、かれらはそれを歪曲してまた不正に悪魔に仕えるために悪用したが、キリスト教徒は、異邦人のみじめな社会から自分の精神を引き離すにあたって、福音の宣伝という正しい利用のために、かれらから奪い取るべきである。またかれらの衣服つまり人間が考案した制度も、人間の社会に適合したもので、これは地上の生活にとって不可欠であり、それらを受け入れて自分のものとし、キリスト教的用途に振り向けることは許されるであろう……

実際、われわれの多くのすぐれた信仰者たちがしたことも、これ以外のことであったろうか。いと愛すべき学者にして至福な殉教者キプリアヌスは、どれほどの金、銀、衣服を背負いこんで、エジプトから逃れたか、見たではないか。ラクタンティウス、ヴィクトリヌス、オプタトゥス、ヒラリウスもどれほど多くのものを背負っていたことか。現在、存命中の人々についてはふれないでおこう。無数のギリシア人もどれほどのものをもち出したことか。いとも忠実な神の僕モーセ自身、最初にそうした。モーセについては、かれはエジプト人のすべての知恵を教えられたと記されている（「使徒言行録」七・二二参照）（Augustin, *De doctrina christiana* II, 39, 40. trad. G. Combès, *Oeuvres de saint Augustin* XI, Paris 1949, p. 327-333；加藤武訳「キリスト教の教え」（アウグスティヌス著作集 六）、教文館、一三九―一四二頁参照）。

47　大グレゴリウスによる自由学芸の有用性

「イスラエルには鍛冶は見出されないであろう」（「サムエル記上」一三、一九）とは、何を意味するのか。それは、われわれは世俗の学問ではなく、聖なる学問をもって霊的戦いに備えるということではなかろうか。イスラエルには鍛冶はいない。なぜなら神によって生きるキリスト者は、悪霊と戦うために世俗の学問を必要としないからである……しかしながら、世俗の書の学習それ自体は、聖徒たちが戦う霊的戦さに有用ではないとしても、聖書をより深く理解するために有用である。従って、自由学芸の学習が、神のみことばをよりよく理解させるものとなるならば、これに取り組んでもよい。しかし悪霊は、ある人々の心から学習意欲を奪い去る。それはかれらが世俗の学問を知り、霊的学問へと上昇することのないようにするためである。それはまさに、次のように言われていることである。「ペリシテ人たちは、ヘブライ人たちが剣や槍を作るのを恐れていた」(上掲書一三、一九)。実際、悪魔は、われわれが世俗の学問を身につけることにより、霊的学問に進歩することを知悉しているのである……。

聖書には、「イスラエルはペリシテ人のもとに下っていって、鍬、斧、鎌を研がせていた」(上掲書一三、二〇)と書かれているが、それは、われわれが世俗の書を必要とするとき、ペリシテ人のもとに降りて行くことを示している。キリスト教的単純さの高所にあるものが、降りて行くのである。世俗の学問が平地にあると言われるのはなぜか。それはより高いものを学ぶ方法を思い起こさせるためではないのか……全能の神は、この世俗の学問を平地におかれた。それは、われわれを聖書の高さにまで導く階段を上らせるためである。神は、われわれが霊的事柄に移るまえに、教養を身につけることを望んでおられる。たとえば、最初に聖書を知らせたモーセは、神の事柄を説明することができるように、まずエジプト人の学問を教えられたのであった(Grégoire le Grand, *Commentaire sur le premier livre des Rois* V, 84 : *CCL* 144, p. 470)。

48　自由学芸の限界

「はじめにみことばがあった。みことばは神のもとにあった」(「ヨハネによる福音書」一・一)。このことについて、碩学プラトンはまったく知らず、雄弁なトゥッリウス〔キケロ〕もこれについて語らず、激情家デモステネスも決して発見できなかった。アリストテレスの晦渋で繊細な学問もそれに思いつかなかったし、クリシップスの陰険な策謀もそれを見出すことはできなかった。ドナトゥスの文典は文法の規則をたどりつつも、それを発見していないし、文法教師たちの鼻もちならぬ学問も同様であった。地という語を語源とする幾何学の学者たちは、地上の、埃にまみれた事柄を追う。口先だけの話し好きな修辞学者たちは、自分たちの高慢の風をもって大気を満たした。規則に縛られ、八方から三段論法に絡み付かれた弁証学者たちは、言うべき事柄を構築するよりもそれ以上に欺き、ごまかす。算術教師たちは、数の原理を究明しようと努めるが、数の実体を把握することはできず、それを説明することなどなおさらおぼつかない。音楽家たちは、とりとめのない風を吹かせ、歌をうなりながら、音楽の学芸の翼を真理に向けて羽ばたかせることはできない。天文学者たちもまた、自分たちの翼をもって天空に飛翔しようとしたが、偶像の導きに従ったためほとんど成功せず、天上の家を地上に移す代わりに、地上の家を天上に移した。かれらは、天空に牡牛座、蠍座、蟹座、獅子座、熊座、山羊座、魚座の位置を確認したが、地上の事物を天上に上らせる以外のことは何もしなかった。また、かれらは天空の本性を知らず、自分も知らないことを無思慮に議論しながら、ふさわしいものはなにも産み出さなかった。かれらは、神の霊によらず、人間的なものをもって霊的なものを求めようとしたからである（Alvar de Cordoue, *Lettre* 5 : éd. Gil, *Corpus*（参考文献 262), p. 189)。

49　聖書を読むこと

「われわれは祈りによって清められ、読書によって教えられる。もしこの双方を実行することができるならば、それはよいことである。もしできないならば、読書をするよりも祈る方がよい。つねに神とともにありたいと思うものは、頻繁に祈り、頻繁に読書をしなければならない。祈りにおいては、われわれ自身が神に語りかけ、読書においては神がわれわれに語りかける。進歩はすべて、読書と瞑想によってもたらされる。われわれは知らないことを読書をとおして学び、学んだことを瞑想をもって保持していく。聖書の読書は、われわれに二重の恵みをもたらす。それは、知性に教え、人を世俗の空しさから遠ざけ、神の愛へと向かわせる」（Isidorus, *Sent.* III, c. 8)。読書には二重の専心が必要である。各自が、まず書かれていることを理解すること、次にいかなる利益あるいは価値のために書かれているかを判別することである。まず読んだことを理解するための準備をし、次に、学んだことを実行に移すのは、理に叶ったことである。神の掟は、それを読む人に報いをもたらすこともあれば、罰を下すこともある。神の掟を守って正しい生活をおくるものには報いを、掟を軽んじ悪い生活を送るものには罰を与える。聖書はそれを読むものの魂を天の祖国へと呼び寄せ、その心を地上的な欲望から天上の善へと移す。聖書はまた、不明瞭な箇所をもって〔知性を〕鍛え、平凡なことばで小さい人々に取り入り、読書の習慣をもって読者を退屈から守る。とくに、平凡なことばをもって人々を助け、また崇高なことばをもって人々を高く上げる。

聖書は、それを読む人々とともに、いわば成長する。無教養な読者は聖なる書として認め、教養ある人々は、つねに新しいものとして受けとめるからである。

神は預言者エゼキエルに次のように言われた。「人の子よ、目につくものは何でも食べよ」（「エゼキエル書」三・一）。実際、聖書に見出されるものはすべて食べなければならない。なぜなら、聖書にあるささいなものは生活を純真なものにし、偉大なものは知性を鋭くするからである（Smaragde, *Diadème des moines*, ch. 3 : *PL* 102, 597–598, trad. W. Witters, La-Pierre-qui-Vire, p. 104)。

「詩編」、「箴言」、「集会の書」、「雅歌」を注解した人々について

次に、聖書記者の書を学ばなければならない。ユダヤ人によると、その第一の書は「詩編」である。われわれからすれば、キリストがダビデから生まれたという理由で、ダビデは預言者の中で第一のものである。かれの著作は、多くの著者によって注解を付されている。そのうち、ギリシア人の間ではとくにオリゲネスを、われわれの間ではアウグスティヌスをあげねばならない。伝えられるところによると、アキテーヌの司教プロスペルスは、アウグスティヌスの著作を抜粋して学習者にきわめて有用な書を著し、そこに他の著述家から学んだ多くの要素を挿入した。たとえばかれはその書の冒頭に、バシリウスの福音書講解説教から取り出した序文をおいた。この同じ書〔「詩編」〕について、修辞学教師アルノビウス、さらにポワティエの司教ヒラリウスは、その才能の証をわれわれに残した。元老院議員カッシオドルスの詩編注解書は、多すぎるくらいの説明があり、有用なもののように思われ、とくに、世俗のすべての学芸、すなわちそのもっとも甘美な様々な形と表象が聖書に含まれていることを示してくれた。しかし、この神託の書を理解する上で何よりもまず有用なことは、至福者ヒエロニムスがヘブライ語からラテン語に翻訳した「詩編」に留意することである。

サロモンの「箴言」については、ヒエロニムスが簡単な注釈を残したが、この一握りの穀物は、尊者ベダが刈り取り倉に納めたような、莫大な収穫のもととなった。同じヒエロニムスは、ユダヤ人たちの聖書つまり「七十人訳」をもとに、「集会の書」についても書いた。ユダヤ人たちは、モーセの五書しか翻訳しなかったが、お前は、現代の人々が手にするこの書〔「七十人訳」の「集会の書」〕を理解するのに役立つ〔ヒエロニムスの〕注解書に最大の注意を払わなければならない。聖グレゴリウスの著作において引用され説明されている何行かの詩文を除いて、ラテン語の著述家たちが書いた、同書に関する注解書はそれ以外に何もないからである。

「雅歌」について言うと、ヒエロニムスはアダマンティウス〔オリゲネス〕のふたつの説教を翻訳した。それは次のように始まっている。「オリゲネスは、他の書の説明において他の注解者よりすぐれていたが、『雅歌』の注解においては、さらに自分自身をも凌駕した」。しかしかれ〔ヒエロニムス〕が死んだので、オリゲネスのこの注解書は翻訳されなかった……従って、リヨンの司教ユストゥスの「雅歌」に関する小著を読んでもらいたい。その内容は短いが、しかし霊的金言に満ちている。ローマの雄弁家は蛮族の著作を軽蔑していたが、われわれ蛮族には、ベダによる同じ書の説明で十分である。すべてを整えられた神は、〔天地創造の〕第四日目に東方から太陽を昇らせた。同じように、世界の第六の世紀に、神は西方にベダを出現させ、全地を照

らす新たな太陽とした。お前はローマの悦楽の豪華な祝宴がよいと思うかもしれないが、ベダは、グレゴリウス教皇が「雅歌」について書き残した美味な注釈をもとに、忙しい人々のために、ごく小さな一皿分の料理を盛り合わせてくれている(Notker le Bègue, extraits de *La lettre à Salomon de Constance* : *PL* 131, 995-996)。

X　王たちと知的教養

51　ヒルペリック王の学識と自惚れ

このころヒルペリック王は一文を書き、神を肉体をもつ人間と同じようにペルソナと呼ぶのは不適当で、聖なる三位一体はペルソナに分けず、単に神と呼ぶべきであると主張した。さらに王は、子であるものは父であり、父であり子であるものは聖霊であると説明した。王は言った。「かれ〔神〕はこのようなお方として、預言者たち、族長たちに現れ、律法そのものがかれをこのように告げ知らせている」。そして王は、これを教えるよう私に命じて、こう言った。「私は、あなたと教会の他の学者たちがこれを信じるように望む」。私はかれに答えた。「敬虔な王よ、あなたはこのようなお考えを捨て、使徒たちに倣って、教会の他の学者たちが私たちに伝えたこと、ヒラリウスとエウセビウスが教えたこと、またあなたも洗礼の時に告白したことに従わなければなりません」。

すると王は怒って言った。「この問題について、ヒラリウスとエウセビウスが私にとって大敵であることは明らかである」。私は王に答えた。「神と神の聖者たちを侮辱しないように注意しなければなりません。父と子と聖霊は別々のペルソナであることを知りなさい。父は肉体をもたず、聖霊もまたそうでしたが、しかし子は肉体をもちました。それは神の子であるものが人を贖うため、また処女の子とされるためでした。父が受難したのでも聖霊が受難したのでもなく、この世において肉体をもった子が、この世のために受難したのです。あなたは、ペルソナについて語るとき、物質的ではなく精神的な意味に理解しなければなりません。すなわち、これら三つのペルソナはひとつの栄光、ひとつの永遠、ひとつの権能をもつのです」。

そこで王は取り乱して言った。「私はお前よりもっと賢い人にこのことを説明しよう。かれらは私の言うことに同意してくれるだろう」。私は答えた。「あなたの主張することに従おうとする人は、賢いどころか愚かな者でしょう」。そこでかれは怒って黙ってしまった。しかしその後何日かたって、アルビの司教サルヴィウスが来たとき、王はその主張を検討するようかれに命じ、同意を求めた。王の主張を聞いたサルヴィウスはこれを強く拒否し、そのことが書かれている紙を手にとることができたならば、粉々に引き裂いたことであろう。こうして王はこの企てを断念した。

この王はセドゥリウスを手本にして、他のいくつかの書を詩文体で書いた。しかし王の詩は韻律の規則にまったく従っていなかった。王はまた、われわれのアルファベットにいくつかの文字を付け加えた。すなわち、ギリシア人が用いるようなωや、ae, the, uui である。王は、王国内のすべての都市に書簡を送り、子どもたちにそれを教えるように、また昔、書かれた書物は軽石で消して〔その上に、また〕書くように命じた（Grégoire de Tours, *Hist. Francorum* V, 44 : *MGH SRM* I, p. 253-254 : 兼岩正夫訳『フランク史 I』東海大学出版会、四六九－四七一頁参照）。

52　科学に対するシセブートの関心

王と王子シセブートに送られたイシドルスの書簡

私は、陛下の雄弁の才能の卓越さも陛下の教養の様々な開花もまったく知りませんでした。しかし今、陛下はその〔知的〕関心をさらに押し進め、若干の自然現象とその原因の究明に手伝うよう私に求められました。私としましては、先賢たちが残してくれた著作をあさり読破することによって、陛下のご熱心な要望に応えるべく、日や月の算定、また一年の限界、季節の移り変わり、天体の性質、さいごに太陽と月の運行、若干の星辰の特性――天気や風の予報――さらに、地球の位置、海潮の干満について若干説明しましょう。

私はこうした内容をすべて、古代の著述家が教えてくれたとおり、とくに、カトリックの著述家の著作にあるとおりに説明し、順を追って書き留めました。実際、自然に関するこうした知識は、迷信的な学問に属するものではなく、健全かつ控え目な学識をもって検討されなければなりません。さらに、もしこの自然が真理の探求とまったく無関係であるならば、この偉大にして賢明な王は、決して次のようには言われなかったでしょう。つまり私が、天空の調和ある秩序と種々の要素の特質、天体の変化の諸相、季節の区分、年の推移、星辰の種々異なる位置を知りうるように、あのお方〔神〕は、存在するものについて真の知識を私に与えられた、と。

そのため、日――その創造は、一連の目に見える事柄の、ほぼ第一にあげられる――からはじめ、次いで、その他の点――これについては、若干の異教徒と教会の著者が意見を述べている――を取り上げ、そのうちある現象については、上記の著述家の思想と表現を借用しながら、説明することにしましょう。それは、私のことばが、かれらの権威によって信ずるに値するものとされるためです（Préface du *De natura rerum*, éd. et trad. J. Fontaine, Bordeaux, 1960, p. 166-168）。

53　若いメロヴィング王に対する一司教の勧告

いと気高き王よ、陛下にお願いします。私があえて言上することをご慈愛をもって快く受け止めてくださいますように。いと敬虔な王よ、聖書を頻繁に読むことはふさわしいことであります。それは、神のみ心を喜ばせたかつての王たちの行動の理由を読み取るためです。かれらが身を低く保ちながら、どのようにして主によみせられたか、また王がかれらの足跡をたどりつつ、どのようにしてこの王国において長期にわたる永続的な栄誉と、とくに永遠の生命を得ることができるかを学ぶためです。つねに賢明で謙遜であったダビデ王は、主によみせられる善行に励むことによって、かれに仕掛けられた罠につねに打ち勝ち、またかれは主の神殿の建築を手掛け、その子サロモンが完成させました……

いま取り上げた王たちは、いつも預言者たちの忠告に注意深く心を開いていました。従って、いと栄光ある王よ、陛下もまた司教たちのことばに耳を傾け、陛下より年長の顧問、またお側にあって宮廷を治めるものを愛さなければなりません。一方、陛下の身辺において陛下をお助けする若者たちのことばには、用心深くなければなりまんせん。往々にして、失敗は若者たちの勧告に起因し、安定は年配者のことばにかかっているからです。道化師（jocularis）が、宮廷に関係する話をもち出したとしても、決して安易にそれに耳を貸してはなりません。陛下は賢者たちと交際しあるいは役人と有用な会話を交わすことはあっても、道化師は黙らせるべきです。不合理で軽佻浮薄なかれらの話に耳を貸すくらいなら、心の底から英知を追い出した方がましでしょう。英知の留まるところに、神はましますのです。

決して、怒りに魂を委ねてはなりません。陛下の心を揺さぶるようなことが何か起こったならば、すぐに平静さを取り戻すように努めなさい。いと栄えあるフランク人の王にして、私のいとやさしき子よ、神をつねに畏れ愛しなさい。神は死すべきものの目に見えないと信じながらも、つねに現存することを思い、敬虔にこれを礼拝しなさい……王よ、あなたは慈しみ深い神がすべての善き人々を支えるために立てられた神の役務者であることを自覚し……へつらう者に用心し、真理を説く者に加担し、……民の叫びをやさしく静め、悪質な代官をきびしく懲らしめなさい……婚姻の床においてはひとりの妻に操を捧げ、英知に満ちたことばをもって語り、賢明さをもってたずねなさい。自分が知らないことをたずねることを恥じてはなりません。つねに意向を正しく保ち、言を左右にしてはなりません。確実なことばを述べない者は、王に仕える者ではないと知りなさい。専制君主の権力ではなく父としての慈愛をもって、フランク人の残りの者やその子どもたちを養い育て、教育し、救いなさい。

以上、私は、王およびすべてのフランク人に対する愛に駆られ、自分の浅学非才をも顧みず、あえて陛下に言上致しました。ここに記されたことがすべて、王の統治の間に実現されるならば、エゼキアス王に一五年の猶予を与えられたお方が王の生涯と支配の限界を広げてくださると弁えてほしいのです。至愛なる王よ、私はへり下って、神が王およびその配下にあるすべての者に永遠の救いを与えてくださるように祈ります（*MGH Epist.* III, p. 457-460)。

54　カール大帝の教養

かれは語彙も豊かで、よどみなく話した。自分の望みどおり何でも、きわめて明快に表現できた。母国語だけで満足せず、外国語の勉強にも精を出し、とくにラテン語は、母国語と同じように話せるほどに修得した。ギリシア語は、話せたというより理解できたと言った方が正しい。かれはまた、弁舌が巧みで冗舌に近かった。

かれは、自由学芸を熱心に学び、それらの師を深く畏敬し心から尊敬した。文法の学習では、すでに老境にあったピサの助祭ペトルスの教えを受けた。その他の学芸は、同じく助祭で、ブリタニア出身のサクソン人でアルビヌスの諢名をもつアルクィンという、当代の碩学に学んだ。かれのもとで修辞学や論理学、とりわけ天文学を学ぶために、多くの時間をかけて努力した。数え方も学び、鋭い観察力をもって星の運行について探求した。

書き方の学習にも励んだ。かれは、暇を利用して、文字をなぞる練習をするため、書き板や羊皮紙を寝床にもち込むのがつねであった。しかし、始めるのがおそかったため、ほとんど成果はあげえなかった……

同じく、昔の王の業績や戦争を歌った古い粗野な詩歌を採録し、後世に残した。また母国語の文典編纂にも着手し、一年のそれぞれの月に、母国語による名称を付けた。それ以前のフランキアでは、ある月はラテン語で、ある月は蛮語で呼ばれていた。同様にして、一二の風にも母国語の名称を与えた……（Eginhard, *Vie de Charlemagne* : éd. et trad. L. Halphen, Paris 1947, p. 75, 83 : 原吉之助訳『カロルス大帝伝』筑摩書房、三五―三六、三九頁参照)。

55　ラヴェンナにおけるオットー二世の訓話

かれは、次のように述べた。「度重なる省察と練習は、主題がふさわしく設定され、すべての学者によって選ばれた言語をもって取り扱われるならば、人間の学識を進歩させる。あまりにもしばしば無為にまどろむわれわれには、だれかが質問を投げ掛け、思考へと駆り立てることは、きわめて有用なやり方である。こうして偉大な学者たちは、学問を湧出させ、学識を著述に託して広め、われわれが利用しうるように伝えてくれたのである。従って、われわれはいくつかの問題を検討することにしよう。こうした探求は、われわれの精神を高め、最高の知的段階へと導いてくれるであろう。

さあ、今から、昨年われわれに提示された哲学の分類一覧を再び取り上げることにしよう。あなたたちはみな、細心の注意を払って、それに検討を加え、各自が考えたこと、またそれに欠けていると思われることを言ってもらいたい。もし外的に何も欠けるところがないならば、あなたたちの一致した同意をもって、それを追認せよ。もし修正する必要があると思うならば、それは、学者たちの意見に従って、排除されるか、訂正されるであろう。そして、あなたたちが目で見ることができるように、あなたたちの眼前に提示されるであろう」。

そこでオトリックは、この一覧表は、ジェルベールがこのように分類し、それを聞いた人々が採録し、そのあと、皇帝に読んでもらうためかれ自身が献呈したものであると述べて、その一覧表を提示した。それは人々が読んだあと、ジェルベールに手渡された。ジェルベールは、それに注意深く目を通したあと、ある点については承認し、ある点については批判し、これはかれが分類したとおりになっていない、と言明した (Richer, *Histoire* III, ch. 58, éd. et trad. R. Latouche II, p. 68-71)。

56　オットー三世のジェルベールあての書簡

哲学の三部門において勝利の栄冠を得られた、碩学なる哲学者ジェルベールに

私は、万人に尊敬されているあなたとあなたの慈悲深い友情とに訴えて、お願いしたい。私は、かほどに偉大な教師をつねに身辺においておきたい。というのもあなたの卓越した学識と教えは、私の無知にとってはつねに頼りになるからである。

単刀直入に、真理のもっいとも簡潔なことばを用いて話そう。あなたはこの書簡から、私が良しと判断し、固く決意したことを読み取って欲しい。私が希望しかつ願うことは、あなたの賢明さと、ペンとことばによる修正の巧みさをもって私の無知と、教養に欠けたところを補い、また王国の統治において、忠誠心をもって私に忠告して欲しいということである。私が打ち明けた要望を拒絶しないで欲しい。私のもつザクセン人の狡猾さを許さず、私のもつギリシア人の明敏さを見抜いて欲しい。実際、私のなかには、ギリシアにおいて輝く才知のひらめきがあるが、それを掻き立ててくれるものが必要である。そのため、あなたの広範な学識の炎をもって、私のうちにあるごく細々とした火を煽り立てて欲しい。へりくだってお願いする。そうすれば、神のお助けのもとに、あなたは私のなかにギリシア人の才知を顕現させることであろう。

算術に関する書を説明してほしい。そうすれば、私はこの学問の教えるところに通暁し、古代の人々の精密な知能をいくらかでももつようになる。あなたの父としての心から、あなたが為そうと思うこと、あるいは為すべきではないと思うことを、できるだけ早く、書簡をもって伝えてほしい。神のお恵みを祈る。

作詩したことはまったくなく
関心をもったこともない
しかしそれを学び
この術に長けたならば、すぐに
ガリアの住民の頭数ほどの詩を
あなたに送りましょう（*Lettre* 186 : éd. Weigle（参考文献 ＊301), p. 221-223)。

57 コンラート二世皇帝の教育政策への助言

皇帝の名において書かれたことばは帝国内に急速に広まり、陛下のご命令を伝達するのですから、チュートン人の王国のために勅令を発し、それぞれの貴族が子どもたちに文芸を教えまた法律を学ばせることを決意するよう、お命じください。そうすれば、君侯たちは訴訟に関係するとき、各自がこれに出席し、書籍をとおして得た学識をもって自分を主張することができるようになるでしょう。

ローマはまだこうした慣習を維持し、学問に対する熱意のおかげで、暴君に打ち勝つことができました。イタリア人は教育に力を注ぎ、若者はみな玩具の年齢を過ぎると、学校に行って苦労して学びます。チュートン人だけが、聖職に召されたもの以外のものに教えることは、空しくかつ恥ずべきことだと考えています（Wipo, *Tetralogus*, v. 187 s : éd. Breslau, p. 81)。

58 翻訳王、アルフレッド大王

イギリスでは、教育は地に落ち、ハンバー川南岸の地方では、英語で書かれた聖務日課書を理解しうるもの、あるいは簡単な手紙をラテン語から英語に翻訳しうるものはごくわずかで、私が想像するに、ハンバー川以北の地方にはほとんどいなかった。私が王座に就いたとき、それができるものはごくわずかで、テムズ川以南では、だれひとりとして私の記憶にはない。われわれは現在、必要とする教師をもっていることについて、全能の主に感謝しなければならない。こうして、私はあなたが望んでいると思われることを実行するように勧め、あなたができるだけ世俗の心配事を振り捨てて、神があなたに与えられた英知を可能な限り頻繁に役立てるように勧める……

私はこうした古き時代を振り返るとき、すべてが焼かれ荒らされる以前のイギリスでは、全国の諸教会が宝物と書籍に溢れていたことを思い出す。多くの神の僕たちもいたが、しかし書籍はほとんどかれらの役に立たなかった。かれらのことばで書かれていなかったからである……私はこうしたすべてのことに思いを馳せつつ、かつて賢明にして思慮深い人々がイギリス全土にいてこれらの書籍に精通していながら、その何巻かを母国語に翻訳しなかったことにひどく驚いた。しかし私はすぐに、次のような答えを出した。かれらは、人々がこれほど無思慮なものになり、また学問がこれほど衰退するとは想像だにできなかったのだ。かれらが、そうすることを控えたのは、熟慮の上のことで、いくつもの言語を知ることこそ、この国における英知を豊かにすると期待してのことであった、と……

そのため、私は、あなたが私と同じ意見であるならば、すべての人が知らなければならない不可欠な書籍を、みなが理解できる言語に翻訳し――これは平和裡においては、神のお助けのもとに容易にできる――また、現在イギリスにおける自由人で、それなりの財力のあるすべての若者が、他の任務を課されていない限り、英語で書かれた書はなんでも読めるようになるまで学業に取り組むようにしたらよい、と考えた。さらに学業を続行し、より高い任務に就くことのできるものは、続いてラテン語を学んで欲しい。

私は、多くのものが英語で書かれたものを読むことができる一方で、ラテン語の知識がイギリス全土においていかに衰退しているかを思い、王国の統治に忙殺されながらも、ラテン語では Pastoralis〔大グレゴリウスの『司牧規定書』〕、英語では Shepherds Book という標題をもつ書を、私の大司教プレグムンド、私の司教アッサー、また宮廷付司祭グリモルドとヨハネスが私に教えたとおりに、時には逐語的に、時には意味に従って、英語に翻訳しはじめた。私は、全力をあげて理解するように努め、また可能な限り明確な注釈を付けつつ、それを英訳し、王国内の各司教にこの翻訳書を一巻ずつ送る。この書籍にはそれぞれ、五〇スーの留め金がついている。私は、神の名において、だれも書籍の留め金を外し、司教座教会の外に書籍をもち出さないように命じる。今日、神のお恵みにより、いたるところに見受けられるような教養ある司教たちが今後どれ位の間、残っていることだろうか (Préface à la traduction de la *Regula Pastoralis*, éd. Hassal, Oxford, 1957)。

XI　俗人貴族の教養

59　五世紀末におけるガロ・ロマン人の読書

そうだ。われわれは歓喜に心を奪われていた。どの家でも玄関に足を踏み入れると、こちらでは球戯者が腰をふたつに折って動き回り……あちらではサイコロの音が響きわたり……他の場所には、多くの書籍があなたの利用に供せられている。あなたは、教師の図書室の棚かアテネの階段座席、あるいは書籍の詰まった書舗の書櫃を見る思いがするであろう。そこには、婦人たち専用の座席の横に宗教関係の書が並べられているかと思えば、男性の座席のそばには、ラテン雄弁術の名を高からしめた書籍がおかれている。そのほか、後者の書籍のなかには、異なる問題を取り扱いながらも、同じような価値の文体による著作がある。それは、アウグスティヌス、ヴァロ、ホラティウス、プルデンティウスといった人物——これらの著者は同等のレベルの学識をもっている——の書で、多くの人に読まれている。なかでもアダマンティウス・オリゲネスの書は、ルフィヌによって翻訳、注釈され、われわれと同じ信仰をもつ読者が熱心に学習している。われわれは、種々の意見を戦わせながら、各自がオリゲネスと共鳴する度合に応じて意見を出し合い、みなで議論している。われわれは、なぜかれ〔オリゲネス〕が、若干の初期の教皇たちによって疑わしい注意人物として非難されたのか、問題にしている。しかし、かれの著作は、アプレイウスがプラトンの『パイドン』(*Phédon*)を訳し、キケロがデモステネスの『クテシフォン』(*Ctésiphon*)を訳した以上の、ラテン語の慣習と規則の知識とをもって翻訳されている……(Sidoine Apollinaire, *Epist.* II, 9 : éd. et trad. A. Loyen, I, p. 64-65, Paris, 1970)。

60　俗人の信徒も聖書を読むべきこと

私は、いとも栄えあるわが子テオドルス猊下《げいか》の行動について諫めたいことがある。かれは、至聖なる三位の神から知性、富、慈悲、聖なる愛の賜物を受けた。しかしながらかれは、果てしない世俗の事柄に忙殺され、延々と続く人々の行列に取り巻かれ、毎日、自分の贖い主のみことばを読むのを怠っている。

聖書は、全能の神がその被造物に送られたいわゆる書簡でなくて何であろうか。たしかに光栄あるあなたは、行政を担当している以上、地上の皇帝から書簡を受け取ることであろう。天上の皇帝にして人間と天使の主であるお方は、あなたの生命のために書物を送るが、親愛なる子よ、あなたは心を込めてこの書簡を読むのを怠っている。

あなたにお願いする。毎日、あなたの創造主のみことばを読み、それについて瞑想せよ。神のみことばそのものにおける神のみ心を知るように努めよ。そうすれば、いっそう熱烈に永遠のものを憧れるようになり、あなたの精神は、天上の喜びに向けてより大きく燃え立つことであろう(Grégoire le Grand, *Lettre à Théodore, médecin de l'empereur* V, 46 : *MGH Epist.* I, p. 345-346 : trad. Ch. Chazottes, *Grégoire le Grand*, Paris, 1958, p. 79)。

61　カオールのデシデリウスの母の手紙（抜粋）

ヘルヒェンフレダから親愛なるわが子デシデリウスへ

この手紙をあなたに送る機会をお与えくださった全能の神に深く感謝します。私は、心から溢れ出る愛をもってあなたに挨拶を送り、あなたの生活と善き振る舞いとが、つねに私の豊かな喜悦のもととなるよう、主に祈ります。いとも愛する子よ、つねに神のことを思い、たえず神について瞑想するようにして下さい。神が忌み嫌いたもう悪業に決して同意せず、これに与してはなりません。王に忠実に仕えなさい。仲間になるものを注意深く選びなさい。つねに神を愛し、畏れなさい。神に背くような一切の行為を注意深く避けなさい……あなたに近いものや同僚が決してあなたを卑下することのないように、むしろあなたのすぐれた行動が、かれらにとって神をたたえる機会となりますように……（第一の手紙）。

力の限り、あなたの魂の向上に努めなさい。すべての人に対して聖なる愛を絶やさないようにしなさい。とくに貞潔を守り、ことば、行いにおいて賢明でありなさい。たまたま悪に陥ることがあったとしても、すぐに改めなさい。この手紙、また以前に送った手紙を繰り返し読み……宮廷においてなにか不足するものがあるならば、知らせなさい。すぐに送ります。なにか良いことと、成功したことがあったなら、すぐに知らせなさい。主において、健やかなれ（第二の手紙）（*Vita Desiderii, MGH SRM* IV, p. 269–270）。

62　西ゴート貴族の教育内容

生まれのよい人々の本性を際立たせるのは家系ではなく、心の品性である。乳母、また教師は、教育すべき人々を純潔さのなかで育成し、肉欲的なこと、恥ずべきことは些かたりとも示すことなく、むしろかれらの教育のおかげで、子どもがごく幼いころから将来の徳の兆しを示し始めるようにすべきである。

子どもは、児童期にさしかかると、まず初歩的な学識をもたなければならず、次に、自由学芸の知識を修め、音節の強弱を学び、ことばの意味を知らなければならない。子どもは、声の抑揚および取るべき姿勢を学び、ゆっくりしかも気持ちよく歌わなければならない。また淫乱なこと、恥ずべきことにはまったく関与せず、むしろ聞く人々を栄光へと駆り立てる先人たちの叙事詩を歌わなければならない。その立ち居振る舞いは、調和の取れた品位あるものでなければならず、あわてたり、いらだったり、取り乱したりしてはならない。かれがあちこちで見掛ける道化師や役者の気取った動作やこっけいな仕草をまねてはならない。

悪事は習慣になり易い。もし自然が何かを歪めるならば、学芸をもって正すようにすべきである。

若者の年齢に達し、青春の華やかさを身につけるころになると、男らしく毅然とした態度を取り、頑健な体、強靱な筋力を養わなければならない。強い心が頑健な体を統率すべきであり、怠惰や閑暇あるいは豊かさから来る楽しみ、物事の容易さが若者を柔弱にしてはならない。また親の裕福さが若者を横柄さや贅沢に走らせてはならず、むしろ美徳がいわば女主人のようにして、高尚な間断なき働きに向けて訓練するようにしなければならない。若者は、山、海における訓練において自分の体が苦もなく動き、その肢体が仕事によって強められているのを見て、驚くことであろう。

若者は槍投げや乗馬だけでなく、競走、跳躍の訓練にも励み、競技場で同輩たちと戦い、森の中を駆け巡り、野獣を追い掛け回す。こうしてかれは、成人の重々しさを身につけ、不撓不屈な態度、また英知と、それに伴う賢明、正義、勇気、自制心という諸徳の四つの源泉を身につけなければならない。

学問をするにふさわしい人々のもつべき主要な目標のひとつは、完全な雄弁家として弁証学全体を修得することであり、その手段は、弁論教師たちの課す練習弁論だけでなく、聖書の分野においても見出される。かれはまた法学を学び、哲学、医学、算術、音楽、幾何学、天文学も修得しなければならない。かれの名声には、これらすべての学識が伴っていなければならない。これら崇高な諸学を欠いてはならない……またかれは、美徳をもって人々の模範となり、恥ずべき遊びによる娯楽や円形競技場の空しい見世物、肉的楽しみは避けなければならない。また、清純で節度ある態度を保ち、すぐれた助言者、賢明かつ謙遜で、忍耐づよく、敬虔なもの、祖国の防護者、法と裁きを畏れるものでなければならず、あらゆる犯罪のもととなる金銭欲を斥けなければならない。いかなることにおいても隣人を傷つけず、貧者たちを追放して自分の田舎の領地を増やそうとしてはならない。契約を忠実に履行し……

こうして、学問と道徳的良俗とを身につけたものは、廉直な生活と権力を手にすることができる。このことについて、プラトンは次のような格言を残している。「国家は、哲学者たちが治めるとき、また治めるものが哲学者であるとき、よく治まる」、と(Ed. P. Pascal, in *Traditio* XIII, 1957, p. 425-431)。

63　ドゥオダの『提要』の序言

多くの人にとって明白なことも、私および私同様、鈍い知覚をもち、知性を欠くものは見落としてしまう。しかし「口の利けない者の口を開き、幼児にもはっきりと語らせる」(「知恵の書」一〇・二一)お方はつねに臨在しておられる。息子ギヨームよ、あなたの生みの母である私ドゥオダは知覚は弱く、尊敬すべき人々とともに生きるに値しないものではあるが、今日この提要に記す私のことばをあなたに捧げたい。それは、他のすべての芸事のなかで、若者たちにとり時としてふさわしくまた適していると思われるトリックトラック〔西洋双六〕の遊びのように、あるいはまた、女性たちが、顔の汚れを落として輝きを取り戻し、世俗の夫たちに気に入られようとして、つねに自分の顔を注意深く眺めるように、それと同じく、あなたが世俗的、地上的用件に追い立てられながらも、私があなたのために書いたこの小著を、いわば鏡としてまた卓上の遊びのようにして、私を思い起こして読むことを怠らないようにお願いする。

あなたの蔵書の数が増していくとはいえ、私のこの小著を繰り返し読んで欲しい。また全能の神のお助けにより、これを理解し、あなたのために役立てて欲しい。あなたは、本書のなかに、あなたがほんとに知りたいものは何でも要約されていることに気付くであろう。さらにあなたは、本書のなかに、あなたの魂の救いをはっきりと見つめ、単に世俗だけでなく、「土であなたを造った」（「創世記」二・七参照）お方からも、すべてにおいて喜ばれるための鏡を見出すであろう。息子ギヨームよ、あなたが、世間に役立ちうるものとなるため、またすべてにおいてつねに神に喜ばれるために必要なことはすべて〔本書のなかに〕見出されるであろう。

息子ギヨームよ、私は、あなたに救いのことばを与えようと心を砕いている。私が注意深く、熱意を込めて、神のお助けによるあなたの身分について、この小著においてあなたに書こうと欲し、以下、前もって筋立てたあと書いた内容を、読み取るように切望する（Dhuoda, *Manuel pour mon fils*, éd. P. Riché, Paris, 1975, p. 80–83）。

64　フリウルのエーベルハルト公の蔵書

私が分け与えようとする礼拝堂の書籍は次のとおりである。まずウンロクには、私のふたつの詩編集、聖書、アウグスティヌスの『主のみことばについて』、フランク人、リプアリア人、ロンゴバルト人、アラマニア人、ババリア人の法典、軍事学の書、種々の説教集――その第一は、エリアとアカブについて述べている――君侯の決定、諸皇帝の勅令、イシドルスの『同義語』、『四枢要徳』、福音書、獣医学の書、哲学者アエティクスの宇宙形状誌を与える。

ベランジェには、金文字で書かれた他の詩編集と、アウグスティヌスの『神の国』、主のみことばを取り扱う書、ローマ教皇史、フランク史、イシドルス、フルゲンティウス、マルティヌスといった司教たちの書、エフレムの書、イシドルスの『同義語』、ひとつの語彙集と暦を与える。

アダルハルトには、私が用いている第三の詩編集、聖パウロの書簡の注解書、アウグスティヌスの『主のみことばについて』、エゼキエル預言書の注解書、金文字で書かれた書簡と福音の朗読用の抜粋集、パウルス・オロシウスの書七巻、アウグスティヌスの種々の著作、聖ヤコブの「律法全体を守ったとしても、一つの点で落ち度があるならすべての点について有罪となる」(「ヤコブの手紙」二・一〇)ということばに関する司祭ヒエロニムスの書を与える。

ロドルフには、ギゼラが使用していた注釈付きの詩編集、スマラグドゥスの著作、詞華集(collectaneum)、フルゲンティウスの書、私の礼拝堂にあった日用のミサ典書、聖マルティヌス伝、医者ロクススの人相学、初期の君侯たちの一覧表を与える。

私の長女エンゲルトルダには、『教父伝』と呼ばれる書、バシリウスの教えの書、アポロニウスの物語、イシドルスの『同義語』を与える。

ユディトにはミサ典書、泥酔に関するアウグスティヌスの説教を冒頭に入れた書、ロンゴバルト法典、ギー伯のためアルクィンが書いた書を与える。

ハイルヴィンヒには、ミサ典書、受難録、詩編集を含む祈禱書、祈禱小本を与える。

ギゼラには『四枢要徳』、アウグスティヌスの『エンキリディオン』を与える。(Ed. De Coussemaker, *Cartulaire de l'abbaye de Cysoing*, Lille, 1903, p. 1-5)。

65　アキテーヌのギヨームの教養

ギヨーム公は、幼時から学問を教えられ、聖書にひじょうに詳しかった。かれはその館に多くの書籍を所有していた。たまたま戦さの合間にいくらか暇ができると、かれは読書に時を過ごし、睡魔が襲ってくるまで、書籍に囲まれて瞑想しつつ長い夜を過ごしていた。ルートヴィヒ皇帝やカール大帝もこうした習慣があった。また、勝利者にして気高きテオドシウスは、その館において、しばしば読むだけでなく書くことにも熱中し、オクタヴィアヌス・カエサル・アウグストゥスは、書を読み終えても無為に過ごさず、自分が戦った戦さや、ローマの偉業その他あらゆることを自分で書き留めていた(Adémar de Chabannees, *Chronique*, ch. 44 : trad. E. Pognon, *L'An Mille*, Paris, 1947, p. 193)。

XII　民衆の宗教教育

66　民衆の信仰と慣習

42　魔術師、腸卜師、占い師、魔法使いがいないか、調べること。

43　樹木、噴泉、祭壇に見立てた石のそばで、誓いを立てるものがいないか。また蠟燭あるいはなんらかの捧げ物を供えていないか。その場所があたかも幸、不幸を決める場所でもあるかのように。

44　牛飼い、羊飼いあるいは猟師のうちだれか、パン、薬草、あるいは迷信的な結び目に悪魔的な呪文を唱えたことはなかったか。またかれらがそうしたものを樹木のなかに隠したり四つ辻に投げ出したりして、家畜に伝染病を移したり、隣人の家畜を死なせようとしたことはないか。

46　野獣に殺され引き裂かれた動物の血を飲んだり、肉を食べたりしたものはいないか。

48　いたち、ねずみ、その他、不潔な動物が溺死したところの水を飲んだことはないか。

51　異教徒が考え出した一月の朔日の慣習に従うものはいないか。日、月《つき》（lune）、月《げつ》（mois）、時間にこだわり、それが運、不運をもたらすと考えるものはいないか。

52　仕事に取り掛かるとき、魔術的なことばを発したり、あるいはそうした動作をし、使徒が命じたように、すべてを主のみ名のためにしないものはいないか。われわれは神のお助けをこそ求めるべきで、悪魔の手を借りてはならない。薬草を採取するにあたっては、「使徒信経」と「主禱文」を唱え、それ以外のことばを発してはならない。

55　夜、墓地で悪魔的な歌を歌い、死を喜び楽しむようなものはいないか。また、教会の外で通夜をしていないか。

86　小教区内における兄弟会その他の団体の活動について知っておくこと。

87　教会のそばで歌ったり踊ったりするものがいないか。

88　教会内で習慣的におしゃべりをするものはいないか。神のみことばを注意深く聞かず、しかもミサ終了前に教会から出て行くものはいないか（Réginon de Prüm, *De synodalibus causis et disciplinis ecclesiasticis* II, 5 : éd. Wasserschleben, p. 212-216）。

67　民衆の司牧に関する勧告

神の僕の僕グレゴリウスは、最愛の子にして修道院長のメリトゥスにこれを送る……全能の神があなたたちをいと敬愛すべきわれわれの兄弟アウグスティヌス司教のもとに導いてくださったならば、アングル族のことについて私が自分のなかで長いこと考え抜いてきたことをかれに伝えてほしい。すなわち、この種族のもつ偶像の神殿はいささかなりとも破壊すべきではなく、むしろそこにある偶像こそ毀つべきである。聖水を準備して、これらの神殿にふりかけ、そこに祭壇を設置し、聖遺物を安置すべきである。もしこれらの神殿がすぐれた建物であるならば、それを悪魔に対する祭礼から真の神の礼拝に転用すべきである。この同じ種族は自分たちの神殿が破壊されるのを見ない限り、いったん心の中から誤謬を駆逐し、真の神を知り礼拝するようになったならば、その通いなれた場所に一層の親しみをもって集まるであろう。また、かれらは多くの牛を殺して悪魔に犠牲として捧げる習慣があるが、これについては、若干の荘厳な祭儀をもってそれに代える必要がある。たとえば、教会堂奉献の記念日、また、教会内にその聖遺物を安置している殉教者の殉教記念日には、かれらは、神殿から用途を変えた教会の周囲に木の枝で庵を作り、宗教的宴をもって盛式に祝ってもよい。かれらはもはや動物を悪魔への犠牲のために殺すのではなく、それを食しつつ、神を賛美し、すべてを与え満たしたもうお方への感謝を表わすために殺すべきである。外的な喜びがいくらか残されることによって、かれらは、内的喜びをより容易に受け入れるようになるからである。というのも、頑固な魂から一挙にすべてを取り上げることが不可能なことは疑いえないところであり、また頂上に登ろうとするものは、一足飛びに登るのではなく、一段ごと、一歩ごとに登るものである。主はエジプトにいたイスラエルの民にご自分を示されたが、しかし、かれらが悪魔に捧げる習慣のあった犠牲をご自分の礼拝のために保留し、ご自分への犠牲として動物を屠るように、お命じになった。かれらは心を変えることによって、犠牲のあるものを失い、あるものを保持する。つまり、かれらがこれまで捧げてきた動物は同じであるが、それを偶像ではなく、神のために屠ることによって、〔犠牲は〕以前と同じ犠牲ではなくなるのである。従って、あなたは愛を込めてこれらのことを先にあげた兄弟〔カンタベリーのアウグスティヌス〕に伝え、かれ自身、今いるその場にあって、すべてについていかに対処すべきか、熟考するようにされたい（*MGH Epist.* II, p. 330-331：長友栄三郎訳『イギリス教会史』創文社、八三－八四頁参照）

68　ボニファティウスに対するウィンチェスターのダニエルの勧告（七二三年）

異教徒の誤謬に対しては、真っ向から反対してはならず、またかれらの神々の系譜に反論してもならない。控え目な質問からはじめ、かれら自身にその信仰を説明させるようにすべきである。まずかれらの神々はつねに存在したのではなく、人間と同じように誕生によって存在しはじめたことを認めさせるように仕向けなければならない。そして世界はつねに存在したのか、と問え。もし存在しはじめたとしたら、だれがそれを造ったのか、それを造ったのは、断じてかれらの神々ではない。神々は、世界以前に存在していない。これらの神々は、存在し生きるための手段として、世界を必要としているからである。もしかれらが世界ははじめがないと言うならば、それは不可能であることを示し、神々以前に、世界はだれによって支配されていたのか、かれらに問うべきである。神々は世界を自分たちに従わせるために、どのようにしたのか、神々の最初の神の起源はどのようなものか。男女の神々は、再生され続けているのか。続いていないとすれば、なぜか……次に、かれらは何のために神々を礼拝しているのか。神々から受ける財産のためか、あるいは永遠の幸せのためか。もし財産のためであるなら、異教徒はどのような点でキリスト教徒より恵まれているのか、見せてほしい。神々がすべてを所有しているとしたら、神々はなぜ、いけにえを喜ぶのか。これらすべて、また数え上げるには余りに多いその他の事柄を、相手を刺激するような感情的な議論ではなく、優しく、節度ある対話をもって説明すべきである。

時として、信仰と迷信との比較も有益であろう。異教徒の信仰を間接的に反駁することにより、かれらは苛立たせられるよりも恥を感じるようになる。さらに、かれらの不敬虔な儀式および作り話を人々は知らないわけではないことを示すのもよい。

さらに、次のような問題に、異教徒の注意を向けさせることもできる。もしかれらの神々が全能で、恵み深く、正しいならば、自分たちの礼拝者には報いを与え、反対に、軽んずる者には罰を下すはずである。では、キリスト教徒の繁栄はどのように説明されるのか。かれらは、ほとんど世界全体を手中にし、もっとも豊かな地方、葡萄酒、油、その他の産物が豊富に採れる地方を所有し、神々の信奉者には、世界のうち氷に被われた地方しか残されていない。かれらは、全世界から追放され、似たような王国らしきものしかもたないのをどのように説明するのか。なお、次の点を強調すべきである。キリスト教徒は、ほとんど全人類を構成し、これに対して、古来の誤謬にかたくなに踏み止まった人々はごく少数にすぎない。また、神々の権能は古いから正しいというものでない。全世界は、キリストの恩恵によって唯一、全能の創造者である神を知りかれと和解するまで、偶像の礼拝に委ねられていたことをかれらに知らせるべきである。キリスト教徒の子どもたちが毎日、受洗しているのは、それ以前に世界全体を被っていた異教的汚れを洗い落とすためである（*Lettre* 23 : *MGH Epist.* III, p. 271-273)。

69　民衆に対する説教

(a)　アルルのカエサリウスの指針

教会法の規定にもとづきヴェゾンの町に参集した教父たちは……主の導きのもとに、次のことを決議した。

われわれは、すべての教会の教化と民全体の善のため、都市だけでなく田舎のすべての教会において説教する権能を、司祭たちに与えることを決定した。従って、司祭は、もし何らかの弱さのために、自分で説教することができないならば、助祭に教父たちの福音書講解説教を読ませるようにしなければならない。というのも助祭は、キリストが福音書において語られたことを読むに値するのであれば、どうして教父たちの説教を公に読むに値しないと考えられようか（Conc. V. c. 1 : *MGH Conc.* 1, p. 56)。

(b)　ラバヌス・マウルスによる説教の仕方

民衆に対しては、率直に話すべきである。完全無欠な話し方をしても、聴く人の知性がそれについて行けず、また理解させようとしている相手が理解しないならば、それは何の役に立とうか。従って、教えるものは、教えを伝えないようなことばはすべて避けなければならない。もしそうしたことばに代えて、正しくわかり易いことばがあれば、むしろそれを選ぶべきである。しかし、そのようなことばが存在しないか、思い付かない場合、内容をよく表明し理解させるものであるならば、それほど正確なことばでなくても、それを用いてもよい。人々に理解してもらうためのこうした努力は、ひとりあるいは数人を相手に対話するときだけでなく、群衆に話すときにはなおさら必要である。対話においては、相手はいつでも質問できるが、ひとりの話を聴くために皆が黙って話し手に注目しているとき、各自が理解しなかったことをそれぞれ質問するというのは、通常のことではなく、また適当なことでもない。従って、説教者は、沈黙している聴衆を援けるために、あらゆる配慮を払うべきである（Raban Maur, *De institutione clericorum* III, 31 : *PL* 107, 408)。

人 名 索 引

あ 行

アーサー roi Arthur 伝説的なブリトン人の王 321
アーロン Aaron 旧約聖書中の人物 96
アイダン Aidan, Aedan 37
アイネイアス Énée 古代トロイアの英雄 355
アイネイアス Énée 文法教師ウェルギリウスの師 219
アインハルト Eginhard サン・バヴォンの修道院長 118
アインハルト Eginhard カール大帝の伝記作者 64,72,73,91,109,192,304,305,310,311,323
アヴィアヌス Avianus 寓話作家 78,158,235
アヴィトゥス Avit ヴィエンヌの司教 13,22,257,265
アウクシリウス Auxilius ナポリの文法教師，詩人 102
アウグスティヌス Augustin ラテン教父 11,21,23,24,26,28,33,45,53,57,80,112,126,156,157,217,223,243,261,271,276,284,290,292,293,311,317,332,334,336,339
アウグスティヌス Augustin（モンテ・カエリオの修道院長，イギリスの伝道者） 37
アウグストゥス Auguste ローマ皇帝 127
アウダクス Audax 文法教師 52
アウルス・ゲリウス Aulu-Gelle 歴史家，『アッティカの夜』の著者 110
アウレリアヌス Aurélien レオメの音楽教師 284,285
アエスクラピウス Aesculape 最初の医者 236
アエティクス・イステル Aethicus Ister 262,313
アエルフリック Aelfric 文法教師，エインシャムの修道院長 145,147,148,153,203,237,240,243,325,336
アエルフリック・バタ Aelfric Bata アエルフリックの弟子 203,209,210,212-14,217,218,225,227,232,237
アガピトゥス Agapit ローマ教皇 23
アキレウス Achille ギリシア神話中の英雄 264
アグネス Agnès ハインリヒ3世の后 125,305
アグロエキウス Agroecius 文法教師 181,241
アゴバルド Agobard リヨンの大司教 84,95,104,247,248,271
アタナシウス1世 Athanase I ナポリの司教 94,102
アダムナン Adamnan アイオナの修道院長 51
アタラリック Athalaric 東ゴート王 8
アダルハルト Adalhard コルビーの修道院長 98,307
アダルハルト Adalhard トゥールの修道院長 100
アダルハルト2世 Adalhard II コルビーの修道者 263
アダルベルト Adalbert アレッツオの司教 178
アダルベルト Adalbert トリアーの司教 171
アダルベロン Adalbéron メッツの学頭 182
アダルベロン Adalbéron ランの司教 128,138
アダルベロン Adalbéron ランスの司教 154,162,167,180,181,305
アダルベロン1世 Adalbéron I メッツの司教 121,122
アダルベロン2世 Adalbéron II メッツの司教 122,167
アダルボルド Adalbold ユトレヒトの司教 124,166,273

アダルボルド Adalbold ロッブの教師 280
アッカ Acca ヘクサムの司教 50
アッサー Asser 伝記作者 307
アッティラ Attila フン族の王 322
アット Atton ヴェルチェッリの司教 176,196
アッボ Abbon サン・ジェルマン・デ・プレの修道者 241,256
アッボ Abbon フルーリの学頭 103,121,124,140－42,144,147,151,168,180,194,200－03,208,231,232,239,241,275,280,281,307
アテヌルフ Aténulf モンテ・カッシーノの図書係 155
アデマール（シャバンヌ）Adémar サン・シバールの修道者 143,222,223
アデマール Adhémar ザンクト・ガレンの修道院長 307
アデラール Adélard サン・モール・デ・フォッセの修道院長 144
アデライド Adélaïde ユーグ・カペの妻 128
アデルフォス Adelphos 237
アデルプランド Adelprand 176
アデルペルガ Adelperge アリキスの妻で文人 45
アデルマン Adelman リエージュの学頭 153,164,166,171,183-85,192
アデレルム Adelelm ランの教師 103,265
アド Adon ヴィエンヌの大司教 104,105
アドソン Adson モンティエ・アン・デールの学頭，修道院長 127,168,187
アナスタシウス（図書係）Anastase le Bibliothécaire 古典翻訳者 94,101,311
アナスタシウス1世 Anastase I ナポリの司教 94
アブド・アル・ラーマン1世 Abd-Ar-Rahman I スペインにおけるウマイア朝の始祖 78
アブド・アル・ラーマン3世 Abd-Ar-Rahman III スペインのウマイア朝の第8代の王 129
アブラハム Abraham 旧約聖書中の人物 236
アブラハム Abraham フライジングの司教 173
アプレイウス Apulée 古代アフリカの弁論教師 275,289
アプレイウス（偽）Pseudo-Apulée 276
アマトゥス Amé ルミールモン修道院の創設者 155
アマラリウス Amalaire リヨンの大司教 96
アマンドゥス Amand マーストリヒトの司教 47
アモロン Amolon リヨンの大司教 95,104
アラトス Aratos 古代ギリシアの詩人 93,260,282,283
アラトル Arator 初期中世のラテン詩人 23,257
アラリック2世 Alaric II 西ゴート王 313
アラン・バルブトルト Alain Barbetorte ブルターニュ侯 120
アリアルド Ariald ミラノの助祭 208
アリキス Arichis ベネヴェント公 45
アリゲルヌ Aligern モンテ・カッシーノの修道院長 155
アリスタルコス Aristarque 古代ギリシアの文法教師，文献学者 91
アリストテレス Aristote 古代ギリシアの哲学者 8,20,22,91,153,155,173,184,243,260,270-73,276,288,354
アリナール Halinard サン・ベニーニュの修道院長 139
アリプランド Ariprand 隠遁者 356
アリボ Aribon マインツの司教 124,153,169
アリボ Aribon リエージュの音楽教師 250
アル・ハカム2世 Al Hakam II スペインのウマイア朝第9代の王 129,130
アル・ラジ Al-Razi アラビア人歴史家 130
アルヴァール Alvar コルドバのユダヤ系俗人 79-81,112,157,242
アルギロス Argyros ノルマンの俗人 133
アルクィン Alcuin カロリング・ルネサンスの立役者 55,58,65,67,69,70,85,87,

93,98,99,103,105,107,112,114,123,159,199,201,208,210,217,219,222,223,232,234,236,237,241,244,252,254,262,263,265,266,271,272,274,278,290,291,293,297,299,311,315-17,331-34,338
アルクルフ Arculf フランク人巡礼者 51
アルシャンボー Archambaud フルーリの修道者 120
アルディヌス Aldinus 教師 183
アルトシグ Altsig ヨークの司教 86
アルドヘルム Aldhelm マームズベリーの修道院長 52,54,78,147,240,271,345
アルドリック Aldric フェリエールの教師 103
アルドリック Aldric ル・マンの司教 100
アルドリック Aldric メッツの修道者，教師 103, 307
アルナウ Arnau リポルの教師，書記 158
アルヌ Arn ザルツブルクの大司教 68, 246
アルヌール(大) Arnoul le Grand フランドル伯 60,314
アルヌール Arnoul ランスの大司教 141
アルヌルフ Arnulf リポルの修道院長 157
アルノルド Arnold サン・テムランの修道者 172
アルノルド Arnold ヘルスフェルトの修道院長 172,225
アルノルフ Arnolf (ミラノ) パタリア運動の指導者 354
アルファーノ Alphane サレルノの医者，修道者 133,155,179,288,304
アルブイン Albuin ヘルスフェルトの教師 149,172
アルフォンソ2世 Alphonse Ⅱ 西ゴート王 77
アルフォンソ3世大王 Alphonse Ⅲ le Grand アストゥリア王 78,128,129
アルフレッド大王 Alfred le Grand ウェセックス王 86,119,120,126,148,201,243,307,316,325
アルベール Albert 伝記作者，歴史家 167
アルベオ Arbéo フライジングの司教 59,240
アルベリック Albéric トゥールのサン・マルタンの参事会員 202
アルベリック Albéric モンテ・カッシーノの修道者 266
アルベリック Albéric スポルトの貴族 133,154,155
アルボイン Alboin ロンゴバルトの英雄 322
アルメリック Alméric パヴィアの修道者 125
アレクサンドロス Alexandre de Tralles (トラレス) 東ローマの医学者 133,173
アレコ Arecho ヴォルムスの司教 170
アレスタン Alestan メッツの教師 166, 185
アンキセス Anchise ギリシア神話中の人物 258
アンギルベルガ Angilberge ルートヴィヒ2世の后 74
アンギルベルト Angilbert サン・リキエの教師，カール大帝の婿 69,98,102,199, 310,335
アンギルベルト2世 Angilbert Ⅱ ミラノの司教 101
アンギルラム Angilram メッツの司教 98
アンゲルラン Angelramn サン・リキエの修道院長 144,185,208
アンゲロム Angelome 74,96
アンスカリウス Anschaire ハンブルクの大司教 197
アンスカリウス Anschaire ブレーメンの教師 106
アンセギスス Anségise サン・ワンドリーユの修道院長 100
アンセルムス Anselme リエージュの年代記作者 165
アンセルムス Anselme ベックの教師，修道院長，カンタベリーの大司教 255,360
アンセルムス Anselme de Besate ベザーテの教師 125,127,169,171,176,178,208, 263,276,351
アンティムス Anthime メロヴィング期の医者 289

アントニウス Antoine 修道生活の父 356
アントリクス Antricus サン・キリヌスの写字生 173
アンドレ André フルーリの伝記作者 142,302
アンノ Annon ケルンの大司教 153
アンブロシウス Ambroise ミラノの大司教 24,51,53,80,239,246,292
アンブロシウス・アウトペルトゥス Ambroise Autpert モンテ・カッシーノの修道院長 99,311,337
アンペール J. J. Ampère 近代フランスの歴史学者 42
アンリ2世 Henri Ⅱ ゲルマニアの王 121
イヴォ Yves le Rhéteur シャルトルの弁論教師 176
イエッセ Jessé 旧約聖書中の人物 96
イサク Isaac 旧約聖書中の人物 339
イザンバルド Isembard 伝記作者 142
イシドルス Isidore セビリャの司教，百科全書家 16,17,27,28,36,55,57,79,80,83,85,105,128,130,138,148,158,159,199,204,215,244,245,247,248,255,256,260－62,266,268－70,277,279,282,283,286,288,292,311,317
イスラエル Israël アイルランド人修道者 162,163
イソ Ison ザンクト・ガレンの学頭 105,201
イダルグエル Idalguer ヴィクの司教 159
イニザ Iniza ランスのアダルベロンの姪 305
イブン・ヤクブ Ibn Yakoub ユダヤ人旅行者 131
イルデフォンスス Ildéfonse トレドの大司教 79,80,83,157
イレネ Irène ビザンツの女帝 91,317
インゲラルドゥス Ingelardus サン・モール・デ・フォッセの修道者 144
インゴ Ingon サン・ジェルマン・デ・プレの修道者 182
インモ Immon ノアヨンの司教 151,170
インモニドゥス Immonide →ヨハネス・ディアコヌス 101
ヴァリン Warin メッツの聖職者 185
ヴァリング Waring コンスタンツの学頭 152
ヴァルター Walter シュパイヤーの学頭 170,187,257
ヴァルテリウス →エッケハルト1世 152
ヴァレリウス Valère ビエルツオの修道者 29,196,222
ヴァレリウス・マクシムス Valère Maxime ローマの通俗史家 255
ヴァロ Varron 古代ローマの百科全書家 283
ヴァンデルガルダ Wandelgarde ガンデルスハイムの女子修道院長 149
ヴィヴィアヌス Vivien トゥルの俗人修道院長 100
ヴィクトリウス Victorius アキテーヌの司教 36
ヴィクトル Victor ザンクト・ガレンの修道者 174
ヴィクトル2世 Victor Ⅱ ローマ教皇 179
ヴィクトル3世 Victor Ⅲ ローマ教皇 →モンテ・カッシーノのデシデリウス 155
ウィクフリド Wicfrid ヴェルダンの司教 163,179
ヴィクボド Wicbod 322
ヴィゴ Wigo 174
ヴィタル Vital 伝記作者 142
ヴィティゴヴォ Witigowo ライヘナウの修道院長 151
ヴィドゥキング Widuking コルヴェーの修道者 121,149
ヴィドゥキント Widukind 武勲詩人作者 314
ヴィトジェ Vitger フランドルの司祭 314
ヴィトルヴィウス Vitruve 古代ローマの建築家 279,280
ヴィポ Wipo 313,124,175,235
ヴィボルド Wibold カンブレの司教 210
ウィリアム征服王 Guillaume le Conquérant イングランド王 308,325,350,351,

359
ヴィリギス Willigis マインツの司教 123,169,200,206
ウィリバルド Willibald ボニファティウスの伝記作者 48
ウィリブロルド Willibrord フリースラントの大司教 47,52,58,61,338
ヴィリラム Williram エバーズベルクの修道院長 171,324
ヴィルガルド Vilgard ラヴェンナの文法教師 177
ヴィルタリウス Wilthaire サンスの司教 63
ウィルフリド Wilfrid ヨークの大司教 38,47,50,58
ウィルヘルム Guillaume マインツの大司教 169
ヴィレボラダ Wireborada ザンクト・ガレンの隠遁女 196
ヴィレラム Willeram エバーズベルクの修道院長 354
ヴェゲティウス Vegèce 古代ローマの軍事学者 222,311,313
ヴェルギリウス Virgile 古代ローマの詩人 12,13,18,19,23,28,36,61,77,79,100,109,111,125,127,138,153,158,159,168,170,171,177,178,211,221,255,257,258,262,264,282,305,355,356
ヴェルギリウス Virgile le Grammairien 文法教師，ザルツブルクの大司教 51,52,59,62,142,203,219,255,262
ヴェルナー Werner ストラスブールの司教 174
ヴォーシェ Vaucher リエージュの学頭 167,182,352
ヴォルシウス・マエキアヌス Volusius Maecianus 古代ローマの著述家 232
ヴォルツオ Wolzo ヴォルムスの学頭 170,206
ヴォルファング Wolfang レーゲンスブルクの司教 124
ヴォルフガング Wolfgang ケルンの学頭 202
ヴォルフガング Wolfgang レーゲンスブルクの司教 150,162,174,206,225
ヴォルフヒアー Wolfhere ヒルデスハイムの司教 149,172,208
ウズアール Usuard サン・ジェルマン・デ レの修道者 75,83,103
ウタ Uta 女子修道院長 150
ウダルリック Udalric アウグスブルクの司教 174
ウダルリック Udalric エバーズベルク伯 313
ヴッサン Vussin アインハルトの弟子 279
ヴュルファド Vulfade シャルトルの司教 120
ウルスス Ursus ベネヴェントの司教 101,102
ウルピアヌス Ulpianus 古代ローマの法学者 8
ヴルフィライク Wulfilaic ロンゴバルトの修道者 229
ヴルフスタン Wulfstan ヨークの大司教 203,336
ヴルフラン Wulframn フリースラントの伝道者 197
エアドフリド Eadfrid リンディスファーンの司教
エイナール Aynard トゥルの修道者 168
エウギッピウス Eugyppius ルクラヌムの修道院長 57,157,292
エウクレイデス Euclide 古代アレクサンドリアの数学者 8,260,279
エウゲニウス Eugène トレドの司教 18,28,128
エウゲニウス・ヴルガリウス Eugenius Vulgarius ナポリの詩人 102
エウゲニウス２世 Eugène II ローマ教皇 74,101
エウセビウス Eusèbe カエサレアの教会史家 260
エウティケス Eutyches キリスト単性説論者 22,88,222,255
エウトロピウス Eutrope 古代ローマの歴史家 45
エウリック Euric テオドリック２世の兄弟，西ゴート王 4
エウロギウス Euloge コルドバの殉教者 78-80,82,83

エーベルハルト Eberhard フリウル侯 305,311-14,316,317
エギラ Egila ハドリアヌス教皇特使，教会改革者 80
エギルベルト Egilbert フライジングの教師 125
エグベルト Egbert トリアーの大司教 162,163,165,166
エグベルト Egbert ヨークの司教 52,55
エグベルト Egbert リエージュの司教 187,199,213,235,255,257
エセルヴォルド Aethelwold ウィンチェスターの司教 121,126,140,145,148,325
エセルスタン Athelstan イングランド王 120,126,127,146,316,325
エセルレッド2世 Aethelred イギリス王 126
エセルワルド Aethelwaerd ウェセックスの州太守 314
エッカルド Eccard マーコンの伯 312,313
エッケハルト（赤毛の）Ekkehard le Rouge マクデブルクの学頭 172,264,314,316,317
エッケハルト1世 Ekkehard I ザンクト・ガレンの修道者 152
エッケハルト2世 Ekkehard II ザンクト・ガレンの修道者 152,234,244,252
エッケハルト3世 Ekkehard III ザンクト・ガレンの修道者 152
エッケハルト4世 Ekkehard IV ザンクト・ガレンの修道者 151,153,169,198,201,211,231,256
エッツオ Ezzo バンベルクの詩人 171
エッボ Ebbon ランスの司教 103,170
エテリウス Etherius オスマの司教 78
エドガー平和王 Edgar-le-Pacifique ウェセックス王 120,126,326
エピクテトス Epictète ストア派の哲学者 237,265,298
エピファニウス Epiphane 古代サラミスの大司教 93
エブラール Ebrard トゥールの修道院長 266
エモアン Aimoin フルーリの教師 103,140-42,203,241
エラール Hérard トゥールの司教 343
エリギウス Eloi ノアヨンの司教 338
エリパンドゥス Elipand トレドの司教 78,79,82
エリンペルト Erimpert ザンクト・ガレンの教師 153
エルヴェ Hervé トゥールの司教座教会参事会員 141
エルヴェ Hervé ランスの大司教 332
エルカンバルト Ercambald カロリング宮廷書記 251
エルシャンバルト Erchambald ストラスブールの司教 174
エルシャンベルト Erchambert フライジングの文法教師 92,106
エルマンリック Ermanric ゴート人 322
エルメミール・キンティラ Ermemir Quintila ヴィクの学頭 159
エルメンベルト Ermembert ヴォールソールの修道院長 194
エルメンリック Ermenric エルヴァンゲンの教師 89,109
エルメンリック Ermenric フルダの教師 106,203,307
エルモルド（黒人）Ermold le Noir カロリングの宮廷詩人，歴史家 72,299,340
エルルイン Erluin ベック修道院の創設者 144,166
エンゲルベルト Engelbert オルレアンの教師 184
エンニウス Ennius 古代ローマの詩人 71
エンノディウス Ennode パヴィアの司教 7,264,266
エンブリコン Embrichon ムハンマドの伝記作者 169
エンマ Emma ババリアのルートヴィヒの妻 127
オヴィディウス Ovide 古代ローマの詩人 18,28,88,109,211,222,235,257,258,264
オスガー Osgar アビングドンの修道院長 121
オズワルド Oswald ウースターの司教 126,145,146
オズワルド王 Oswald ノーサンブリア王 37,140

オダ Oda カンタベリーの大司教 120
オットー1世（大帝）Otton I (le Grand) ザクセン朝ドイツ王，神聖ローマ皇帝 121,122,123,126,127,131-33,152,169,171,175,178,180,201,278,314,320
オットー2世 Otton II ドイツ王，神聖ローマ皇帝 123,131,133,134,152,154,162,165,169,181,275,278,320
オットー3世 Otton III ドイツ王，神聖ローマ皇帝 123,124,134,163-65,172,275,278,284,320
オッファ Offa マーシア王 86
オディロ Odilon クリュニーの修道院長 119,121,122,124,138
オド Odon クリュニーの修道院長 103,119,120,136,138,139,154,155,200,215,254,286,292,307,313,317
オトウィン Otwin ヒルデスハイムの司教 172
オドベルト Odbert サン・ベルタンの修道院長 137
オドゥルフ Odulf メッツの教師 166,185
オトフリート Otfrid ヴィッセンブルクの詩人 74,323,324,346
オトベール Otbert サン・ベルタンの修道院長 145
オトマール Otmar ザンクト・ガレンの修道院長 59
オドランヌス Odorannus サン・ピエール・ル・ヴィフの修道者 139,249
オトリック Otric マクデブルクの学頭 123,171,181,234,273,274
オドルリック Odolric サン・マルシアルの修道院長 140,143
オトロ Othlon サン・タムランの修道者 149,150,170,174,217,230,234,235,353
オトロ Othlon レーゲンスブルクの司教 162,208,214
オヌルフ Onulf シュパイアーの教師 171,263
オプタティアヌス・ポリフィリウス Optatianus Porfyrius 詩人 85
オラフ1世 Olaf I ノルウェー王 322
オリヴァ Oliva リポルの教師 158
オリヴァ Oliva リポルの修道院長ヴィクの司教 142,158-60
オリゲネス Origène ギリシアのキリスト教神学者 23,26,56,57,292,293
オリバシウス Oribase ユリアヌス皇帝付きのギリシア人医師 56,260,287
オルデリック Oldéric クレモナの司教 176
オルデリック Oldéric ランスの司教 167
オルデリック・ヴィタル Oldéric Vital 325
オルドノ2世 Ordono II 128,129
オルドリック Oldoric サン・マルシアルの修道院長 140,143
オルベール Olbert ジャンブルーの修道者 144,185,208
オルベール Olbert ロッブの修道者 170
オロシウス Orose スペインの教会著述家 57,126,130,138,222,243,256,260,261,314,325

か　行

ガウトベルト Gautbert 文法教師 203
カエサリウス Césaire アルルの司教 12,30,33-35,62,194,333,334,337,343,345
カエサル César ローマ最大の政治家 18,110,260,261
カエリウス・アウレリアヌス Caelius Aurelianus 古代アフリカの医者 16,287
カッシアヌス Cassien マルセーユの修道者 33,156
カッシウス・フェリクス Cassius Felix 古代アフリカの医者 16
カッシオドルス Cassiodore ローマの政治家，教会著述家 6,8,11,17-19,23-26,28,53,55,56,67,128,241,242,252,259,263,266,270,274,279,287,288,292,337
カッドロー Caddroe スコットランド人修道者 120,122,146
カトゥッルス Catullus ローマの叙情詩人 354
カトー Cato 古代ローマの政治家，ストア学者，箴言作者 5,234,235,243
カペラ ローマの著述家，百科全書家 →マルティアヌス・カペラ 279,280
カペル Caper 文法教師 241

ガラン Garin クサのサン・ミシェルの修道院長 143,160
ガリオポンテ Garioponte サレルノの医者 133
カリシウス Charisius ローマのラテン文法教師 51,255
カリステネス（偽）Pseudo － 312
カリベルト Caribert ザルツブルクの学頭 173
カール・マルテル Charles Martel フランク王国の宮宰 44,45,56,57,60-62,303
カール大帝 Charlemagne フランク王，西ローマ皇帝 42,64-71,77,82-86,89,91,92,97－100,107－109,112,114,116,123,126,192,195,196,201,231,232,245,246,248,251,252,254,265,268,271,278,279,290,291,299,304,305,307,308,315,316,322,323,328,331,337,340
カール禿頭王 Charles le Chauve 西フランク王 74,75,86,90,93-95,102,111,201,262,278,299,300,313,314,316,317,359
カール肥満王 Charles le Gros 東フランク王 116,299
カール単純王 Charles le Simple 西フランク王 126,127
カルキディウス Chalcidius 『ティマイオス』の訳者 5,271
ガルシア Garcia アルフォンソ3世の後継者 129
カールマン Carloman 西フランク王 61,65,323
ガレノス Galien ギリシアの医学者 132,183,287
ギー Guy ブルターニュの伯 299
キケロ Cicéron ローマの政治家，雄弁家 18,28,71,109,110,150,171,184,222,243,257,260,263,270,275,276,354,356
キシラ Cixila アベラールの修道院長 157
ギセムンド Gisemund リポルの修道者 159
ギゼラ Gisèle コンラート2世の后 124,206,293,305
ギゼルペルトゥス Giselpertus イタリアの十人組長 198
キプリアヌス Cyprien カルタゴの司教 24,80,138
ギベール Guibert ノジャンの修道者 200,217,264,302,351
ギヨーム（アキテーヌの）Guillaume d' Aquitaine ジェロヌ修道院の創設者 292,307,310,312,315
ギヨーム Guillaume ドゥオダの息子 300
ギヨーム・ド・ヴォルピアーノ Guillaume de Volpiano サン・ベニーニュ修道院の創設者 120,138,144
ギヨーム敬虔公 Guillaume le Pieux クリュニー修道院の創設者 119
キリルス Cyrille スラヴ地方の伝道者 345
キルス Cyrus ビザンツの総司教 27
ギルダス Gildas ウェールズの著述家 36
グアイマール5世 Guaimar V サレルノの伯 179
グアディミール Guadimir ヴィクの司教 159
グアリンポトゥス Guarimpotus イタリアの聖職者 94
グアルディエロ Gautier パルマの学校教師 176
グイド Guy d'Arezzo（アレッツオの）中世最大の音楽教師 154,176,178,250,284,286
グィフレド Guifred カタルーニャの修道院創設者 157,158
クィンティリアヌス Quintilien 古代ローマの弁論教師 28,86,110,220,224,263,266
クィントゥス・クルチウス Quinte Curce 『アレクサンドロス物語』の著者 314
クトベルト Cuthbert リンディスファーンの修道院長 53
グドラン Gudrun デーン人の王 126
クニベルト Cunibert アルタイヒの教師 150
クニンクペルト Cunincpert ロンゴバルト王 44
クヌート大王 Cnut le Grand デンマーク王 125,127,207,312
クネグンダ Cunégonde ハインリヒ2世の后 124,305
クラウディアヌス Claudien 古代ローマの詩人 71,157

クラウディアヌス・マメルトゥス Claudien Mamert ヴィエンヌの聖職者 5
クラウディウス Claude トリノの司教 84,95,101,293
クラウディウス Claude ローマ皇帝 15
グリエルモ Guillaume アヴェルサの教師 179,196
クリスティアン Christian スタヴロの教師 105,223,294
グリマルド Grimald ザンクト・ガレンの修道院長 89,106,306,307
グリムライク Grimlaïc 修道会則作成者 196
グリモ Grimo カール・マルテルの従兄弟，コルビーの修道院長 56
クルインドメル Cruindmel アイルランド人文法教師 241
グレゴリウス（トゥールの）Grégoire de Tours フランクの教会史家 9,12-15,19,34,260,314
グレゴリウス（ナジアンズの）Grégoire de Nazianze 東方教父 93
グレゴリウス(ニッサの) Grégoire de Nysse 東方教父 93
グレゴリウス(大) Grégoire le Grand ローマ教皇 9,10,12,13,19,25-27,29,30,37,39,46,47,53,54,56,57,80,101,126,138,153,158,162,195,241,243,245-47,292,311,317,332-34,337,339,340,344
グレゴリウス２世 Grégoire Ⅱ ローマ教皇 44,48,340
グレゴリウス３世 Grégoire Ⅲ ローマ教皇 オットー２世の従兄弟 46,94
グレゴリウス５世 Grégoire Ⅴ ローマ教皇 169,170,320 →ブルーノ
グレゴリウス６世 Grégoire Ⅵ ローマ教皇 164
グレゴリウス７世 Grégoire Ⅶ ローマ教皇 155,164,358
クレメンス Clément スコット人教師 70,73,89,107
クロヴィス Clovis メロヴィングのフランク王 11,323
クロヴィス Clovis テオドリックの義兄弟 8
クロヴィス２世 Clovis Ⅱ メロヴィングのフランク王 308
クロタール２世 Clotaire Ⅱ メロヴィングのフランク王 15
クロティルド Clotilde クロヴィスの后 309
クロデガング Chrodégang メッツの司教 60-63,86,98,192,333,334
グンター Gunther バンベルクの司教 171,325
グンタムンド Gunthamund カルタゴの教師 5
グンツォ Gunzo ノヴァラの学頭 123,152,201,319
グンデラム Gundéram アイヒシュテットの学頭 174,202
グンドバッド Gondebaud ブルグンドの王 4,8
ケアッダ Céadda リッチフィールドの司教 52
ゲオルギウス（オスティアの）Georges アミアンの司教 63
ゲオルギウス Georges イングランドの戦士 324,325
ゲッド Geddo マクデブルクの学頭 172
ゲラヌス Gerranus ランスの助祭長 180,273
ゲラルド（＝ゲラン）Gérard ou Guérin リエージュの教師 166,185,203
ゲラルド Gérard オーリャックの教師 143,302,307,309,316
ゲラルド Gérard トゥルの司教 134,143,163,168
ゲルヴォルド Gervold サン・ワンドリーユの修道院長 98
ゲルハルト Gérard アウグスブルクの年代記作者 174
ゲルハルト Gérard ゼオンの修道院長 171
ゲルハルト Gérard ツァナドの司教 176,354
ゲルハルト Gérard （伯） 310
ゲルハルト Gérard ブローニュの修道院改革者 119
ゲルハルト Gérard マインツの学頭 169
ゲルベルガ Gerberge ガンデルスハイムの女子修道院長 149

ゲルベルガ Gerberge リクダク侯の娘 305
ゲルベルガ Gerberge オットー1世の姉妹 127,168
ゲルマヌス Germain ラムゼーの修道院長 121
ゲルンク Gerung ケルンの教師 151
ケン・ファラド Cenn Faelad アイルランドの文法教師 51
ゲンナディウス Gennade アストルガの司教 157,199
コギトスス Cogitosus 51
ゴゴ Gogon アウストラシアの宮宰，修辞学教師 14
ゴズペルト Gozpert テゲルンゼーの修道院長 150,225
コスマス Cosmas マテリアの年代記作者 154,166
ゴスラン Goscelin サン・ベルタンの修道者 145
ゴーズラン Gauzlin トゥルの司教 120,122,168
ゴーズラン Gauzlin フルーリの修道院長 128,141,160
ゴッゼキン Gozzechin リエージュの学頭 167,169,171,182,185,200,352
ゴットシャルク Gottschalk フルダの修道者，救霊予定論者 106,173,205,242,258,272,311
コッリプス Corripus カルタゴの教師 6
ゴーティエ Gauthier オルレアンの司教 195,337,343
ゴーティエ Gauthier ザルツブルクの大司教 166
ゴーティエ Gauthier ブルギニョンの文法教師 185
ゴデハルト Godehard ヒルデスハイムの司教 150,172
ゴデラ Godela ニーダー・アルタイヒの修道者 149
ゴトマール4世 Gotmar Ⅳ 130
コルク Colcu ヨークの教師 87
コルムキレ Columcille = colomba アイオナ修道院の創設者 51
コルメラ Columelle 古代ローマの著述家 85,313
コルンバヌス Colomban イングランド，ブルターニュの伝道者，ザンクト・ガレン修道院の創設者 36,38,39,59,215,234,303
コロナトゥス Coronatus 古代の著述家 5
コンスタンティウス Constance リュクスイユの修道者，教師 139
コンスタンティウス Constance ローマ皇帝 240
コンスタンティヌス Constantin l'Africain モンテ・カッシーノの修道者 132,155,288
コンスタンティヌス Constantin （サン・サンフォリアンの） 167
コンスタンティヌス Constantin ミシーの教師 141,142,182,203,280
コンスタンティヌス7世 Constantin VII ローマ皇帝 133
コンラート（＝クノ） Conrad サン・タヴォルの修道者 167
コンラート1世 Conrad Ⅰ ドイツ王，西ローマ皇帝 152,211
コンラート2世 Conrad Ⅱ ドイツ王，イタリア王，神聖ローマ皇帝 124,170
コンラート伯 Conrad 314

さ 行

ザカリアス Zacharie ローマ教皇 46,58
サクソ Saxo 詩人 323
サムエル Samuel 旧約聖書中の人物 215
サムソン Samson コルドバの修道院長 79-81
サルヴス Salvus リオハの修道院長 157
サルスティウス Salluste 古代ローマの歴史家 18,28,71,149,257,260
サロモン Salomon 旧約聖書中の人物 96,235,292
サロモン3世 Salomon Ⅲ コンスタンツの司教 152,174,211
サンチェ Sanche コルドバの貴族，殉教者 129
ジェラール Gérard カンブレの司教 185
ジェルベール（＝シルヴェステル2世） Gerbert ランスの教師 123,124,127,130,

131,135,139,141－44,151,154,159,160,162－64,166,168,169,178－85,187,199－201,203,208,222,234,249,251,262,263,265,266,273－76,278,280,283－85,287,304,305,310
ジェローム Jérôme カール・マルテルの子 60
シグルフ Sigulf アルクィンの援助者 98
シゲベルト Sigebert アウストラシア王 12,14
シケルム Sichelme レッジョの教師 176
シゴ Sigon シャルトルの助祭 184,285
ジスレベルト Gislebert シャルトルの司教 100
シセナンド Sisénand 西ゴート王 17
シセブート Sisébut 西ゴート王 17,278
シドニウス・アポリナリス Sidoine Apollinaire クレルモンの司教 5,265,266
シメオン Siméon ローマの聖歌隊員 63,134
シルヴェステル２世 Silvester Ⅱ ローマ教皇 →ジェルベール
シンポシウス Symposius アフリカ人の学校教師 5,52,56
シンマクス Symmaque 古代ローマの政治家，雄弁家 7,8
スエトニウス Suétone 古代ローマの文人 85,110
スコトゥス・マルティヌス Scot Martin →マルティヌス・スコトゥス
スタティウス Stace 古代ローマの詩人 18,28,71,150,163,170,187,211,257,262,354
スッポ Suppo フルットゥアリアの修道院長 144,269,359
ステファヌス Etienne アウグスブルクの教師 151
ステファヌス Etienne アプトの教養人 134
ステファヌス Etienne ノヴァラの教師 123,170,175,201
ステファヌス Etienne リエージュの司教 164
ステファヌス２世 Etienne Ⅱ ローマ教皇 64
ステファヌス３世 Etienne Ⅲ ローマ教皇 62
ストゥルミウス Sturm フルダ修道院の創設者 48
スペランデオ Spérandéo サン・ゾイルの修道院長 79
スマラグドゥス Smaradge サン・ミイエルの修道院長 105,128,215,242,299
セクールス・メリオール・フェリクス Securus Melior Felix 古代ローマの弁論教師 8
セドゥリウス・スコトゥス Sedulius Scotus スコット人修道者 73,74,90,93,105,122,222,291,299,311,313
セネカ Sénéque 古代ローマの詩人，哲学者 10,36,222,234,298
セルヴァトゥス・ルプス Servat Loup アウストラシア出身の人文主義者 103,104
セルヴィウス Servius 古代ローマの文法教師 28,130
セルギウス１世 Serge Ⅰ ローマ教皇 46,47,94,246
セレヌス Serenus マルセーユの司教 339
ソクラテス Socrate 古代ギリシアの哲学者 183,192
ソラヌス Soranus 古代ギリシアの医者 183,287,289
ソラヌス(偽) Pseudo-Soranus 16
ソリヌス Solin 古代ローマの著述家 19,252,261,262

た　行

タイオ Taion トレドの司教，大グレゴリウスの詞華集作者 29,128,292
ダヴィデ David 旧約聖書中のユダヤ王 69,96
タキトゥス Tacite 古代ローマの歴史家 85,149,155
タティアヌス Tatien 古代ギリシアの護教家 324
ダド Dadon ヴェルダンの司教 167
タトウィン Tatwin カンタベリーの大司教 50,254
ダニエル Daniel 旧約聖書中の人物 215
タングマール Thangmar ヒルデスハイムの学頭 172,200
ダンスタン Dunstan カンタベリーの大司教

121,126,137,145,146,148,214,222
チクシラ Cixila 伝記作者 79
ティートマール Thietmar メルゼブルクの司教 169,172,204
ティエリ Thierry アモルバッハの修道院長 121,141,155
ティエリ Thierry アンダージュの修道院長 302
ティエリ Thierry サン・テュベールの修道院長 204
ティエリ Thierry メッツの司教 163
ティエリ Thierry メロヴィング王 289
ティオードルフ Thiodolf 古代スカンディナヴィアの宮廷詩人 322
ディオスコリデス Dioscoride 古代ローマの植物学者 130,260,287,289
ディオニシウス Denys le Mystique 神秘家 →ディオニシウス・アレオパギタ
ディオニシウス Denys トラキアの文法教師 260
ディオニシウス Denys 使徒パウロの弟子 91
ディオニシウス Denys パリの初代司教，殉教者 91
ディオニシウス(偽) Pseudo-Denys 91,93,94,113
ディオニシウス(小) Denys le Petit 36,138,281
ディオニシウス・アレオパギタ Denys l'Aréopagite 72,75,91,312
ディクイル Dicuil スコット人教師 70,72,89,262,282
ティコニウス Tychonius アフリカのドナトゥス派の神学者 293
ディド Didon ランの司教 103,258
ティトゥス・リヴィウス Tite-Live 古代ローマの歴史家 56,123,138,149,312
ディナミウス Dynamius プロヴァンスの貴族 12
ティブッルス Tibulle 古代ローマの詩人 18,71
ティレシャン Tirechan キルデアの司教 51
デウテリウス Deuterius ミラノの文法教師 7,8
テオグニス Théognis 古代ギリシアの教訓詩作者 132
テオダルド Théodald アレッツオの司教 178
テオデベルト1世 Théodebert I メロヴィング王 12
テオドゥルフ Théodulf オルレアンの司教 68,69,71,83,84,96,98,109,176,192,195,251,258,291,322,327,333,336,340
テオドシウス Theodosius ローマ皇帝 314
テオドラ3世 Theodora Ⅲ ナポリ公の妻 312
テオドリック2世 Théodoric Ⅱ 西ゴート王 4
テオドリック大王 Théodoric le Grand 東ゴート王 6-9,17,278
テオドルス Théodore カンタベリーの司教 49,50,203
テオバルド Théobald チューリンギアの公 155
テオファノ Théophano オットー2世の后 123,133
テオフィラクト Théophylacte 元老院議員 312
デシデリウス Didier ヴィエンヌの司教 12,13,25
デシデリウス Didier カオールの司教 13
デシデリウス Didier モンテ・カッシーノの修道院長 133,155,288,357
デモステネス Démosthène 古代ギリシアの雄弁家 181
デュラン Durand バンベルクの学頭 166,171
デルゥ Déroud アミアンの司教 288
テルトゥリアヌス Tertullien カルタゴの教会著述家 84,138
テレンティウス Térence 古代ローマの喜劇詩人 18,36,71,110,149,153,156,158,170,178,181,187,257,258,262
ドゥオダ Dhuoda セプティマニア伯ベルナールの妻 233,300,301,305,310,311,315,316
トゥオティロ Tuotilo ライヘナウの教師 89,152
ドゥド Dudon サン・カンタンの参事会員 314

ドゥンガル Dungal アイルランド人教師 70,100,278
ドゥンガル1世 Dungal I サン・ドニの修道者 89
ドゥンガル2世 Dungal II パヴィアの教師 89
ドシテウス(偽) Pseudo-Dosithée 92,148,236
ドナトゥス Donat ラテン文法教師 18,24,25,27,36,51,52,57,80,89,92,104,107,110,130,147,148,158,163,222,237,238,240-43,254-56,309,356
トマス Thomas アイルランド人宮廷教師 72,89
ドムノロ Domnolo ユダヤ人医者 131
ドラコンティウス Dracontius アフリカの詩人 5,18,22
トラヤヌス Trajan ローマ皇帝 6,8,298,314
ドロゴ Drogon パリの教師 185
ドロゴ Drogon パルマの教師 176,276
ドロゴ Drogon メッツの司教 89,105,279

な 行

ニータルト Nithard 年代記作者 310
ニケフォルス・フォカス Nicéphore Phocas ビザンツの将軍 132
ニコマクス Nicomaque 古代ギリシアの数学者 8,260
ニコラウス1世 Nicolas I ローマ教皇 94,101,345
ニコラウス2世 Nicolas II ローマ教皇 350
ネストリウス Nestorius コンスタンティノープルの総大司教 22
ネメシウス Nemesius エメサの著述家 133,288
ネロ Neron ローマ皇帝 298
ネンニウス Nennius アイルランド人歴史家 88
ノア Noé 旧約聖書中の人物 22
ノートケル(吃音者) Notker le Bègue ザンクト・ガレンの教師 69,89,106,114,118,134,152,153,231,248,253,292
ノートケル Notker リエージュの司教 165,166,207,304
ノートケル・ラベオ Notker Labeo ザンクト・ガレンの学頭,チュートン人 152,243,263,273
ノティンク Noting コンスタンツの司教 174
ノミノエ Nominoé ブルターニュ伯,巡察史 100
ノルベール Norbert ザンクト・ガレンの修道院長 153

は 行

ハイダイ・イブン・シャプルー Haidai Ibn-Shaprut コルドバのユダヤ人 130
ハイトン Haiton バーゼルの司教 331
ハイモイン Haimoin サン・ヴァーの教師 102
ハイモン Haymon ヴェルダンの司教 166,167
ハイモン Haymon オーセールの教師 104,138,203,225,337
ハインリヒ Henri ヴュルツブルクの司教 170
ハインリヒ(おしゃべりの) Henri dit l'Oiseleur ザクセン朝の創始者 122
ハインリヒ Henri トリアーの大司教 162
ハインリヒ1世 Henri I ザクセン朝のドイツ王 162,359
ハインリヒ2世 Henri II ザクセン朝のドイツ王 124,125,128,150,151,165,171,179,207,278,279,312,315
ハインリヒ3世 Henri III ザリエル朝のドイツ王 124,125,127,179,235,350,351
ハインリヒ4世 Henri IV ドイツ王,神聖ローマ皇帝 316,324
バウグルフ Baugulf フルダの修道院長 67,99
パウリヌス Paulin アクィレイアの文法教師,大司教 65,297,299,331
パウルス・ディアコヌス Paul Diacre ロンゴバルト人歴史家 44,45,48,65,69,91,94,99,101,107,211,212,214,225,235,254,314,317,321,337

パウロ Paul 新約聖書中の人物 91
パウロ1世 Paul Ⅰ ローマ教皇 63,46
パカトゥーラ Pacatula ヒエロニムスの教え子 216
バシリウス2世 Basile Ⅱ ビザンツ皇帝 133
パスカシウス・ラドベルトゥス Paschase Radbert コルビーの神学者 96,103,111,204,263,294
パチフィクス Pacificus ヴェローナの助祭長 101
ハットン Hatton ヴィクの司教 99,130,159
パテリウス Paterius 大グレゴリウスの詞華集作者 292
ハドアルド Hadoard コルビー修道院の図書係 103,223,258,292
ハドリアヌス1世 Hadrien Ⅰ ローマ教皇 65,80,81
ハドリアヌス Hadrien ローマ皇帝 265,298
ハドリアヌス Hadrien カンタベリーのサン・ピエール・サン・ポールの教師，修道院長 49,50
パトロクルス Ptrocle ネリスの隠遁者 196
パピアス Papias 文法教師 170,177,276
パラディウス Palladius 古代ローマの著述家 313
パルテニウス Parthenius ブルグンドの貴族 12
バルデリック Balderic ユトレヒトの司教 163
バルテルス Baltherus ザンクト・ガレンの修道者 207
バルド Bardo マインツの学頭 169
ハルトヴィッヒ Hartwich サン・マクシマンの修道院長 150
パルドゥルス Pardule ランの司教 103,272,287
ハルトマン Hartmann ザンクト・ガレンの修道院長 152
ハルトムート Hartmut ザンクト・ガレンの写字生 253
バルドン Bardon フルダの修道者 303
ハロルド王 Harold デーン人の王 207
パンタレオン Pantaléon アマルフィの公 317
パンドゥルフ Pandulf カプアの君主 314
ハンニバル Hannibal カルタゴの将軍 264
ピエトロ・オルソレオ Pietro Orseleo ヴェネツィアの公 133
ヒエロニムス Jérôme ラテン教父 24,51,53,56,57,80,86,96,110,156,199,216,247,258,291,292,336
ヒギヌス Hygin 古代ローマの著述家 282
ビスコプ・バドゥシング Biscop Baducing 38 →ベネディクト・ビスコプ
ピタゴラス Pythagore 古代ギリシアの数学者 183,199,215,290,356
ヒッポクラテス Hippocrate 古代ギリシアの医学者 132,183,287-89
ピピン Pepin カール大帝の子，イタリア王 265,268
ピピン（ヘルスタルの）Pepin フランク王 44,61-64
ピピン2世 Pepin Ⅱ アキテーヌ王 299
ピピン短軀王 Pepin le Bref カロリング朝の開祖 45,46,91,304,307,312,323
ピボン Pibon トゥルの司教 335
ヒラリウス Hilaire ポアティエの司教 24,61,356
ピルグリム Pilgrim パッサウの司教 151,173
ヒルダ Hilda ウィトビーの女子修道院長 37
ヒルデガリウス Hildégaire シャルトルの教師 183,184,203,285
ヒルデバルト Hildebald ケルンの大司教 99
ヒルデブランド Hildebrand →グレゴリウス7世
ヒルデブランド Hildebrand ヴェローナのテオドリックの家臣 322
ヒルデブランド Hildebrand カール・マルテルの兄弟 60
ヒルデマール Hildemar チヴァーテの修道者 101,111,191,212,225
ヒルデリック Hildéric モンテ・カッシーノ

の修道者 102
ヒルドゥイン Hilduin サン・ドニの修道院長 72,93
ヒルドゥイン1世 Hilduin I サン・ドニの修道院長 103
ヒルドゥイン2世 Hilduin II サン・ジェルマン・デ・プレの修道院長 83
ビルトフェルト Byrtferth ラムゼーの修道者 147,148,243,281
ヒルドラド Hildrade ノヴァリエンスムの修道院長 96
ヒルペリック Chilpéric ネウストリア王 14,15,17
ピルミン Pirmin アルザスの説教者，ユトレヒトの修道院長 59,84,335,338
ヒンクマール Hincmar ランの司教 103,272
ヒンクマール Hincmar ランスの大司教 98,103,105,195,256,266,268,287,291,299,306,330,337
ファイドロス Phèdre 古代ローマの寓話作家 235
ファウストゥス Faustus ローマで教えたアフリカ人教師 5,7
ファルドゥルフ Fardulf サン・ドニの修道院長 65,98
フィン Finn アイルランド伝説の主人公 321
フェリキアヌス Felicianus カルタゴの文法教師 5
フェリクス Felix マルセイユの元老院議員 12
フェリクス Felix パヴィアの文法教師 44
フェリクス Felix ナントの隠修士 120
フェルナン・ゴンザレス Fernan Gonzalez カスティリャの伯 128
フォカス Phocas 文法教師 255
フォルクィン Folcuin サン・ベルタンの修道者 145,164,165
フォルトゥナティアヌス Fortunatien アクィレイアの司教 263
フォルトゥナトゥス Fortunatus 詩人，ポアティエの司教 9,12,14,15,19,263
フクバルド Hucbald サン・タマンの教師 102,111,159,180,201,203,219,248,272,285,342
フクバルド Hucbald サント・ジュネヴィエーヴの教師 166,207
プセロス Psellos ビザンツの政治家，指導者，百科全書家
プトレマイオス Ptolémée 古代ギリシアの天文学者 8
フュルベール Fulbert シャルトルの教師 128,144,150,153,183-85,192,199,200,203,208,275,276,280,283,285,287,310,312,341,353
フラヴィアヌス Flavien パヴィアの文法教師 44,45
フラヴィウス・ヨセフス Flavius Josephus ユダヤの歴史家 260,312
プラウトゥス Plauten 古代ローマの喜劇作家 187,273,354
ブラウリオ Braulio サラゴサの司教 27
ブラトラク Blatlac アイオナの修道院長 89
プラトン Platon 古代ギリシアの哲学者 7,8,17,20,112,178,258,271-73,282,356
フランコ Franco リエージュの学頭 164,166,280
フリートリヒ Frédéric ザルツブルクの大司教 173
フリートリヒ Frédéric マインツの大司教 168
ブリオン・ボル Brion Boru ミュンスター王 147
プリスキアヌス Priscien コンスタンティノープルで教えたラテン文法教師 8,18,51,52,88,104,130,147,148,158,159,163,164,175,179,185,222,243,248,254-56,260,263
フリデギスス Fridugise アルクィンの弟子 70,87,271,290
プリニウス Pline 古代ローマの著述家 181,199
ブルーノ Bruno オットー2世の従兄弟 169,170 →グレゴリウス5世
ブルーノ Bruno オットーの弟 123,163,164
ブルーノ Bruno ヴュルツブルクの司教 170
ブルーノ（クヴェルフルトの）Bruno 172

ブルーノ Bruno トゥルの司教　149,168,229,264　→レオ9世
ブルーノ Bruno ハインリヒ3世の叔父　125
ブルーノ Bruno ヒルデスハイムの学頭，ヴェローナの司教　173
ブルーノ Bruno ライヘナウの音楽教師　249
ブルーノ Bruno ランスの学頭，カルドゥジオ会創立者　134,168,182,255
ブルガール Bulgar セプティマニアの伯　17
ブルカルドゥス Burchard ヴォルムスの司教　169,170,196,265,344,348
ブルカルドゥス Burchard ザンクト・ガレンの修道院長　152,198
ブルカルドゥス Burchard ハルバーシュタットの司教　173
ブルカルドゥス Burchard プリュムの教師　151
フルク Foulques アンジュー伯　127,307,310
フルク Foulques ランスの大司教　180,192,195,201
フルクトゥオスス Fructueux　29
フルゲンティウス Fulgence ルスパエの司教　6
フルゲンティウス Fulgence 神話記述家　258
プルデンティウス Prudence 古代ローマのキリスト教詩人　255,257,315
プルデンティウス Prudence （トロアの）　272
ブルンヒルダ Brunehaut シゲベルト王の后　14
フレクルフ Fréculf リジューの司教　100,313
フレデリック Frédéric ユトレヒトの司教　315
フレデリック Frédéric マルムーティエの教師　200
フロスヴィータ Hroswitha ガンデルスハイムの修道女　121,129,131,149,217,258,273,285
フロタリウス Frothaire トゥルのサン・テーヴルの修道院長　265
フロドアルド Flodoard ランスの参事会会員　162,180
フロムント Fromund テゲルンゼーの教師　150,152,164,174,222,231
フロルス Florus リヨンの助祭　73,96,104,111,272,291
フロレンティヌス Florentinus 古代ローマの詩人　5
フロンティヌス Frontin 古代ローマの文人　157
フンベルト Humbert モアイエン・ムーティエの修道者　168
ベアトゥス Beatus サン・トリビオの修道者　78
ヘードヴィガ Hedwige オットー1世の姪　133,152,225,305
ヘズロン Hézelon トゥルの司教　166
ベダ（尊者）Bède le Vénérable　37,49,50,52－55,58,86,126,147,148,159,191,199,200,212,215,222,223,232,233,240,241,254,255,260,261,266,271,281,283,289,290,292,325,329,335,339,345
ヘツィロ Hezilo ヒルデスハイムの修道院長　173,207
ベトチェコ Betcecho マインツの教師　169
ペトルス Pierre ピサの文法教師　65,69,95,107,254
ペトルス・ダミアヌス Pierre Damien オスティアの枢機卿　138,154,176,177,194,264,269,276,351,354-58
ペトロナクス Petronax モンテ・カッシーノの再建者　48
ベネディクト Benoît de Nursie モンテ・カッシーノ修道院の創設者　30,32,39,40,48,50,57,62,100,101,119,120,156,191,194,204,212,214,215,224,228,237,242,291,356,357
ベネディクト（アニアヌの）Benoît d'Aniane ベネディクト会修道院の改革者　72,84,97,193,216,272,307
ベネディクト Benoît クルーザの修道者　142,202,208
ベネディクト・ビスコプ Benoît Biscop ウェアマスのサン・ポール修道院の創設者　38,47,50,339　→ビスコプ・バドゥシン

グ
ベネディクト2世 Benoît II ローマ教皇 46,47,246
ベネディクト3世 Benoît III ローマ教皇 110
ヘモン Hemmon 292
ヘラクリウス Héracle ロッブの司教 165,198,278
ペラヨ Pelayo スペインの貴族 131
ベランジェ Béranger トゥールの学頭 164,184-86,276,352,353,359
ベランジェ2世 Beranger II イタリア王 305
ヘリゲル Heriger リエージュの修道院長 165,166,264,280,281
ヘリック Héric オーセールの教師 75,89,104,110,112,203,225,255,272,337
ヘリブランド Héribrand ランスの聖職者 183,287
ヘリベルト Heribert アイヒシュテットの司教 174,202
ヘリベルト Heribert ケルンの大司教 164
ヘリマン Heriman ランスの教師 182
ヘルゴー Helgaud フルーリの伝記作者 142
ペルシウス Perse 古代ローマの諷刺詩人 28,150,168,170,187,211,257,262
ベルタリウス Bertaire ヴェルダンの助祭 167
ベルタリウス Bertaire モンテ・カッシーノの修道院長 102
ベルトルド Bertold ライヘナウのヘルマンの弟子 151,223
ベルナール Bernard アンジェの学頭 185,341
ベルナール Bernard カオールの司教 141
ベルナール Bernard サント・セシルの修道院長 160
ベルナール Bernard セプティマニアの伯 300
ベルニエ Bernier マルムーティエの修道院長 200
ベルヌラン Bernelin ジェルベールの弟子 280,285
ベルノ Bernon クリュニー修道院の創設者 119
ベルノ Bernon オスナブリュックの司教 173
ベルノ Bernon プリュムの修道者 151
ベルノ Bernon マイセンの司教 172
ベルノ Bernon ライヘナウの音楽教師 242,285
ペルノルフ Pernolf ヴュルツブルクの教師 170,174,202
ヘルペリック Helperic ザンクト・ガレンの教師 281
ヘルペリック Helperic オーセールの教師 201
ヘルマン Hermann ケルンの司教 164,280
ヘルマン（不具者）Hermann le Conterfait ライヘナウの修道院長 151,153,173,217,223,283,285
ヘルモゲネス Hermogenes 古代ギリシアの弁論教師 260
ヘルルイン Herluin ベック修道院の創設者 144
ベルンハルト Bernard ヒルデスハイムの司教 123,124,172,173,280
ベルンハルト Bernard ランの教師 103
ベルンハルト・ビショッフ Bernard Bischoff 93
ヘレバルド Herébald オーセールの司教 104
ベレンガーリョ1世 Bérenger I イタリアの王，皇帝 312
ヘワルド（黒人）Ewald le Noir ウィリブロルドの同僚 58
ボヴォ2世 Bovon II コルヴェーの修道院長 149,273
ボエティウス Boèce 古代ローマの哲学者，政治家 6,8,20,22,104,112,126,135,139,147,149,150,153-55,158,159,167,168,170,182-84,243,257,270-73,275-77,280,284,285,354
ボードリー Baudry シュパイアーの司教 170
ポッポン Poppon スタヴロの修道者 302
ボド=エレアザール Bodo Eleazar ユダヤ教

への改宗者　81,95
ボニトゥス Bonnet クレルモンの司教 13,94
ボニトゥス Bonitus アルヴェルニの司教 94
ボニファティウス Boniface ゲルマニアの伝道者「ドイツの使徒」　46-48,52,58,61,85,197,216,254,332,335,338,343
ボニペルト Bonipert ペーチェの司教 185
ポメリウス Pomère （アフリカ人）アルルの文法教師，弁証学教師　30
ホメロス Homère 古代ギリシアの詩人 69,132,170,171
ホラティウス Horace 古代ローマの詩人 18,28,69,78,110,150,158,170,177,187,211,225,235,257,258,262,355
ポルフィリウス Porfyre 古代ギリシアの哲学者　53,78,260,270,275
ポルフィリウス・オプタティアヌス Porfyre Optatien 古代ローマの詩人　110
ボレル Borell ウルヘルの学頭　130
ポンペイウス Pompée 古代ローマの文法教師　5,51,255
ポンポニウス・メラ Pomponius Mela 古代ローマの地理学者　262

ま　行

マインヴェルク Meinwerk パーダーボーンの司教 173,208
マインツオ Meinzo コンスタンツの学頭 151
マインハルト Meinhard　171,224
マウロ Mauro ビザンツの商人　133
マエル・ルアイン Maël Ruain クルデの修道院長　87
マカベウス Macchabée 旧約聖書中の人物 96
マカリオス Macaire ビザンツの総司教 134
マク・レゴル Mac Regol ビールの修道院長　88
マクシムス Maximus 古代の著述家　222
マクシムス・コンフェッソール Maxime le Confesseur ビザンツの神学者　26,75,93
マグノ Magno サンスの司教　268
マクロビウス Macrobe 古代ローマの文法教師，歴史家　158,222,258,271-73,282
マスラマ Maslama アラビアの天文学者 130,283
マッボ Mabbon サン・ポール・ド・レオンの修道院長　120
マトフリド Matfrid オルレアンの伯 300
マリウス・ヴィクトリヌス Marius Victorinus 古代ローマの著述家　263
マルクルフ Marculf 『書式集』の著者 252
マルケッルス Marcellus ザンクト・ガレンのスコットランド人教師　89,106
マルケッルス・エンピリクス Marcellus Empiricus　287,289
マルサカヌス Malsachanus 9世紀の著述家　51
マルティアヌス Martianus コルビーの教師 258
マルティアヌス・カペラ Martianus Capella カルタゴの百科全書派　5,28,90,104,112,153,170,175,213,224,225,243,256,257,262,275,279,280,284,285
マルティアリス Martial 古代ローマの諷刺詩人　28,71
マルティヌス Martin ブラガの司教　17,27,298,317
マルティヌス・スコトゥス Martin Scot ランのアイルランド人教師　90,93,112,203,223,287
マルティヌス1世 Martin I ローマ教皇 26,46
マンソ Manson モンテ・カッシーノの図書係　155
マンノ Manno ランの教師　203
マンフレド Manfred ラヴェンナの法学者 177
ミカエル Michel ビザンツ皇帝　72
ミカエル（吃音皇帝）Michel le Bègue ビザンツ皇帝　93
ミコン Micon サン・リキエの教師　103,235
ミロ Milon サン・タマンの教師　102,

111,203
ミロ Milon スエビー王 17
ミロ・ボンフィル Milon Bonfill オリヴァの叔父，教養人の司教 160
ムーレタック Murethach オーセールの司教学校の文法教師 89,104,223
ムハンマド Mahomet イスラム教の始祖 82,169
メイユール Maieul クリュニーの修道院長 119,138,139,143,200
メトドゥス Méthode スラブ地方の伝道者 345
メナール Mainard モン・サン・ミシェルの修道院長 144
メリトゥス Mellitus ロンドンの初代司教 332
メルヴィン・ヴレク王 Mervyn Vresh 88
メルクリウス Mercure 文字の考案者 236
メンギンフレド Menginfred マクデブルクの教師 172
モエンガル 89 →マルケッルス
モードラン Maudramne コルビーの修道院長 98,291
モーリル Maurille ランスの教師，ルーアンの司教 173
モスキオン Moschion 289
モドイン Modoin 詩人 71,109,111
モンムラン Mommelin ノアヨンの説教師 335

や 行

ヤコブ Jacob 旧約聖書中の人物 235
ユヴェナリス Juvénal 古代ローマの諷刺詩人 71,78,79,170,177,187,202,211,257,262,354,355
ユヴェンクス Juvencus スペインのキリスト教叙事詩人 88,257
ユーグ Hugues アヴランシュの伯 325
ユーグ Hugues カール大帝の非嫡出子 304
ユーグ（シオンの）Hugues 152
ユーグ（ルミールモン）Hugues 168
ユーグ・カペ Hugues Capet 127,144,320
ユーグ大公 Hugues le Grand 126
ユーグ Hugues イタリア王 133
ユード Eudes トゥルの伝記作者 143,168
ユスティニアヌス Justinien 東ローマ皇帝 6,9,23,26,45,268,313
ユディット Judith 旧約聖書中の人物 96
ユディト Judith ルートヴィヒ敬虔王の后 72,75,313
ユベール Hurbert ジェルベールの弟子 185
ユリアヌス Julien トレドの司教 18,29,83,85
ヨシュア Josias 旧約のユダヤ王 65,96
ヨゼフ Joseph ヨークの教師コルクの弟子 87,89
ヨゼフ・イスパヌス Joseph Hispanus 160
ヨナス Jonas オルレアンの司教 83,100,290,299,300
ヨナス Jonas 旧約聖書中の人物 96
ヨハネス Jean ゴルツェの修道院長 121,131,167,302
ヨハネス Jean オーセールの司教 182
ヨハネス Jean カタルーニャの修道者 142
ヨハネス Jean コルドバの文法教師 79,80
ヨハネス Jean サント・セシルとフルーリの修道院長 160
ヨハネス Jean フェカンのサント・トリニテの修道院長 144
ヨハネス Jean ランの教師 203
ヨハネス・イタロス Jean Italos プセロスの弟子，オットー3世の家庭教師 132
ヨハネス・スコトゥス・エリウゲナ Jean Scot Erigene アイルランドの哲学者，神秘主義者 75,90,93,94,104,112,113,186,223,272,274,287,294,359
ヨハネス・ディアコヌス Jean Diacre ベネディクト会則の注釈者 101,246 →インモニドゥス
ヨハネス・フィラガトス Jean Philagathos ノナントラの修道院長 123,124,134,135,154
ヨハネス・マララス Jean Malalas 年代記

作者　46
ヨハネス8世 Jean Ⅷ ローマ教皇　75, 101, 116, 345
ヨハネス10世 Jean Ⅹ ローマ教皇　131
ヨハネス13世 Jean ⅩⅢ ローマ教皇　180
ヨハネス19世 Jean ⅩⅨ ローマ教皇　178
ヨルダネス Jordanes 歴史家，クロトナの司教　57, 321

ら　行

ライヒアルト Richard フルダの修道院長　149
ラウル Raoul オルレアンの教師　184
ラウル・グラベル Raoul Glaber 放浪修道者　136, 139, 177, 355
ラウル・モークロヌ Raoul Maucouronne　351
ラウレンティウス Laurent アマルフィの司教　155
ラギンボルト Raginbold ケルンの学頭長　163, 166, 183, 184, 280, 283
ラデグンダ Radégonde フランク王妃　15
ラテリウス Rathier ヴェローナの司教　123, 162, 164, 165, 176, 199, 202, 213, 217, 223, 224, 310
ラドガール Radgar フルダの修道院長　99
ラトサン Lathcen 大グレゴリウスの著作の詞華集作者　292
ラトペルト Ratpert ザンクト・ガレンの教師　89, 152, 200, 201, 219
ラドボド Radbod ユトレヒトの詩人司教　105
ラトラムヌス Ratramne コルビーの教師　103, 186, 272
ラドルフ Radolf リエージュの教師　166, 184, 280
ラバヌス・マウルス Raban Maur フルダの教師　74, 96, 99, 103, 105, 106, 110, 112, 155, 199, 203, 205, 208, 220, 223, 224, 245, 260, 266, 270, 274, 281, 282, 287, 290, 291, 293, 299, 311, 313, 323, 324
ラビ・イブン・ザイド Rabi Ibn Zaid　131　→レセムンド
ラミロ1世 Ramire Ⅰ 西ゴート王　77
ランヴォルド Ramwold サン・タムランの修道院長　137, 150
ランフランク Lanfranc ベックの修道院長，カンタベリーの大司教　144, 177, 194, 212, 269, 359, 360
ランベール Lambert パリの都市学校の教師　184, 185, 248
リウトゲル Liutger フリースラントの使徒　345
リウトゲル Liutger ユトレヒトの修道院長　58
リウトプランド Liutprand ロンゴバルト王　44, 45, 131, 133, 134, 176
リウドフレド Liudfred ザルツブルクの学頭　173
リウトワルド Liutward ヴェルチェッリの司教　101
リエリ Lieri サンスの司教　128
リクルフ Riculf ソアソンの司教　337
リグルフ Rigulf マインツの司教　99
リシェール Richer ヘロナの聖歌隊指揮者　179
リシェール Richer ランスの修道者　127, 141, 155, 168, 181 - 83, 249, 261, 262, 274, 285, 287, 288, 321
リシャール Richard サン・ヴァンヌの修道院長　122, 167, 182
リシャール1世 Richard Ⅰ ノルマンディ公　120, 314
ルートヴィヒ2世 Louis II 西フランク王　74
ルートヴィヒ4世 Louis IV 西フランク王　127, 288, 320
ルートヴィヒ5世 Louis V 西フランク王　127
ルートヴィヒ敬虔王 Louis le Pieux カロリング朝の西ローマ皇帝　72, 73, 75, 89, 92, 93, 95, 105, 193, 278, 299, 311, 315, 323, 324
ルーペルト Rupert メッツラハの教師　163
ルオトゲル Ruotger 伝記作者　163
ルオトペルト Ruodpert le Bienveillant ザ

ンクト・ガレンの教師　153
ルカヌス Lucain 古代ローマの叙事詩人　18,28,71,139,170,211,257,262
ルクソリウス Luxorius 詩人　5
ルクレティウス Lucrèce 古代ローマの詩人　17,28,85,282
ルナール Renard サン・ピエール・ル・ヴィフの修道院長　139
ルフィヌス Rufin 教会史家　57
ルプス Loup de Ferrières フェリエールの教師，修道院長　73,75,86,92,106,109,110,113,222,223,225,255,263,299,311,314,320
ルル Lull フルダの修道院長　85
ルル Lull ユダヤ人　95
レアンデル Léandre セビリャの司教　25,27
レイドラド Leidrade リヨンの司教　68,84,98,104,245,246
レイノー Rainaud サン・マルタン・ド・トゥールの文法教師　184
レイモン Raymond オーリャックの教師　143
レオ Léon ヴェルチェッリの詩人　124
レオ Léon 教皇使節，首席司祭　135,178,312
レオ・イサウリアヌス Léon l'Isaurien ビザンツ皇帝　46
レオ２世 Léon Ⅱ ローマ教皇　46
レオ３世 Léon Ⅲ ローマ教皇　71,340
レオ４世 Léon Ⅳ ローマ教皇　74,101,343
レオ９世 Léon Ⅸ ローマ教皇　149,168,229 →ブルーノ（トゥルの司教）
レオドイン Léodoin モデナの司教　101
レオビヒルド Léovigild コルドバの司教　80
レオン Léon ヴェルチェッリの司教　176
レカレド王 Reccared 西ゴート王　16,27
レギノ Reginon プリュムの教師　171,195,285
レギノルド Reginold アイヒシュテットの司教　174
レセスビント Recceswinth 西ゴート王　15,22,267
レセムンド Recemund エルビラの司教　131 →ラビ・イブン・ザイド
レミギウス Rémi オーセールの教師　104,113,138,167,176,180,200,201,203,254-56,272
レミギウス Rémi トリアーの教師　280
レミギウス Rémi ピピン短軀王の兄弟，ルーアンの大司教　63
レミギウス Rémi メッツラハの教師　163
ロジェ Roger シャバンヌの聖歌隊先唱者　143
ロタリウス Rotharius シャルー修道院創設者　310
ロタール Rothard カンブレの司教　166
ロタール１世 Lothaire Ⅰ ドイツ王，西ローマ皇帝　45,73,74
ロタール２世 Lothaire Ⅱ フランク王　73,74,105,127,299,313,316
ロデベルト Rodebert メロヴィングの宮宰　308
ロドルフ Rodolphe ヴェルダンの修道者　167
ロドルフ Rodolphe ブルグンド王　201
ロドルフ Rodolphe ブルゴーニュ伯　105
ロドルフ Rodolphe フルダの教師　203
ロドルフ Rodolphe リエージュの教師　283
ロベ Llobet バルセロナの助祭長　130,160,180,283
ロベール Robert トリアーの大司教　162,249
ロベール敬虔王 Robert le Pieux フランス王　128,138,139,142,182,183
ロマノス２世 Romanos Ⅱ ビザンツ皇帝　133
ロムルス Romulus イソップ物語の再編者　235
ロルゴン Rorgon ランの司教　127
ロスタン Rosutaing ヌヴェールの修道院長　139

わ　行

ワゾ Wazo リエージュの司教　124,166,200,206
ワラ Wala コルヴェー修道院の創始者　307

ワラフリド・ストラボ Walafrid Strabon ライヘナウの修道院長 72,75,89,106,222,223,289,293,340
ワルテオフ Waltheof ノーサンプトンの伯 308
ワルデベルト Waldebert リュクスイユの修道院長 40
ワルドン Waldon サン・ドニの修道院長 98
ワンダルベルト Wandalbert プリュムの修道院長 74
ワンドン Wandon サン・ワンドリーユの修道院長 57

地 名 索 引

あ 行

アーヘン Aix-la-Chapelle 71,72,198,279
アイオナ Iona 37,88,89
アイスランド Islande 197
アイヒシュテット Eichstätt 174,202
アイルランド Irlande 35,36,38,39,49-53,58,87,88,146,147,162,163,167,198,201,204,210,230,236,239,254,262,271,281,283,318,321,330
アヴィニョン Avignon 12
アヴェルサ Aversa 179,186
アヴェンティーノ Aventin 46,94,312
アウグスブルク Augsbourg 125,151,174
アウストラシア Austrasie 14,44,60,98,103,310,320,322
アヴランシュ Avranches 134,325,359
アガリ Agali 27
アキテーヌ Aquitaine 11,13,14,36,60,97,116,119,142,159,183,222,248,261,299,305,307,310,312,315,318,319,341
アクィレイア Aquilée 65,297,299,331
アシャッフェンブルク Aschaffenbourg 200
アスティ Asti 352
アストゥリア Asturies 78,82,83,156,157
アストゥリア・レオン Asturie-Léon 128
アストルガ Astorga 157
アッティニー Attigny 72
アテネ Athènes 112,167,171
アトス Mont-Athos 133
アドリア Adriatique 133
アニアヌ Aniane 72,84,97,193,216,272,307
アビラ Avila 16
アビングドン Abingdon 121,145,197
アプト Apt 134
アプリア Apulie 132
アフリカ Afrique 3,5,6,16,18,19,22,24,26,27,40,43,45,49,52,84,116,131,261,266
アベラール Abelar 157
アマルフィ Amalfi 131-33,155,178,317
アミアン Amiens 63,91,288
アモルバッハ Amorbach 121,141,149,155
アラビア Arabie 83,129-131,132,179,259,283,288
アラマニア Alémanie 58,60,88,89,318
アル・アンダルー Al Andalous 80,82
アルザス Alsace 335
アルスター Ulster 321
アルタイヒ 150,155,172
アルバレス Albares 156
アルビ Albi 83,185,203
アルプス Alpes 101
アルベルダ Albelda 157
アルマー Armagh 51,88,146
アルモリカ Armorique 38,100,118,119
アルル Arles 12,30,33-35,62,68,216,333,334,343,345
アレクサンドリア Alexandrie 9,23,91
アレッツオ Arezzo 154,178,250,284,286
アレト Alet 100
アングーレーム Angoulême 143
アンジェ Angers 118,185,186,252,341
アンジュー Anjou 127,307,310
アンダージュ Andage 302
アンダルシア Andalousie 129
アンティオキア Antioche 133
イーヴシャム Evesham 304
イヴレア Ivrée 73
イギリス Angleterre 25,35-40,42,43,49-53,57-59,75,85-87,108,110,118-21,125-27,134,137,142,145-47,149,165,203,207,210,236,240,241,243,246,254,266,271,289,299,303,304,307,314,321,322,330,335,339,344,348,350
イタリア Italie 3,6,7,9,11,15-17,19,20,24,30,34,38-40,42-48,50-52,56-59,73,

74,83,89,90,94,95,97,99,100,102,107,116,119,123,125,131－34,138,142,153－55,157,161,162,164,165,169,170,172,174－78,181,183,186,195,196,198,201,208,246－51,254,261264,267,269,276,286,287,297,304,305,309,312,313,319,328,334,337,350-54,359
イベリア Ibérie 43
イモラ Imola 219
インゲルハイム Ingelheim 320,340
ヴァランシエンヌ Valenciennes 102,336
ヴァランス Valence 74
ヴァレラニカ Valeranica 156
ヴァンディエール Vandières 121,167
ヴィヴァリウム Vivarium 24,25,47,50,53,259,337
ヴィエンヌ Vienne 4,5,13,22,25,104,105
ヴィク Vich 130,158,159,179,208
ヴィチェンツァ Vicence 73
ヴィッセンブルク Wissembourg 59,74,323,332,346
ウィトビー Whitby 37,38,49,303,345
ヴィトリア Vittoria 15
ウィンチェスター Winchester 126,137,145,147,148,332
ウースター Worcester 85,126,145
ウェアマス Wearmouth 47,50,53
ウェールズ Galles 35,88,146,237,318,321
ウェセックス Wessex 52,58,120,125,126,145,314,335
ヴェゾン Vaison 34,195
ヴェネツィア Venise 133,176
ヴェルダン Verdun 75,105,121,122,162,163,166,167,179,185
ヴェルチェッリ Verceil 83,99,101,124,176,196,269
ヴェローナ Vérone 73,83,89,99,101,123,164,165,173,176,198,199,202,217,218,223,310,322
ヴォールソール Waulsort 122,194
ヴォルピアーノ Volpiano 139,144,196
ヴォルムス Worms 123,164,167,169,170,196,206,207,269,344,348
ヴュルツブルク Würzbourg 122,149,170,174,175,202,208
ウルヘル Urgel 82,84,85
エインシャム Eynsham 145
エジプト Egypte 21,317
エスカラダ Escalada 156
エッセン Essen 121,314
エバーズベルク Ebersberg 313,324,354
エヒテルナハ Echternach 58,137
エブロ Ebre 82
エメサ Emèse 288
エリー Ely 197
エルヴァンゲン Elwangen 89,109
エルサレム Jérusalem 261,293
エルビラ Elvire 131
オヴィエド Oviedo 77,78,82,83,128
オーヴェルニュ Auvergne 341
オーセール Auxerre 75,89,103,104,110,112,138,139,167,176,180,182,200,201,203,225,254,256,272,337
オータン Autun 56,83
オーリャック Aurillac 130,143,159,160,251,302,307,309,316
オールドミンスター Oldminster 145
オスティア Ostie 63,354
オスナブリュック Osnabrück 173
オスマ Osma 78
オックスフォード Oxford 88,146
オトランテ Otrante 131
オランジュ Orange 325
オリト Olite 15
オルベ Orbais 181,242
オルレアン Orléans 68,83,84,98,100,128,140,141,160,184,186,192,195,202,208,290,299,300,333,337,343,353
オロンナ Olonna 100

か　行

ガエータ Gaëte 132
カオール Cahors 13,141,185
カスティリャ Castille 128,129,156,319
カタルーニャ Catalogne 98,130,142,156-60,166,179,180,198,208,234,248,280,283,305
カプア Capoue 102,155,178,314
カマルグ Camargue 334
カラブリア Calabre 24,25,132,134
ガリア Gaule 3,4,11－17,19,22,36,38,

39,42-44,47,55-57,59,65,83-85,87,88,91,167,246,248,254,261,267,268,297,303,318-20,328,330,334,335,338,351 →フランス
ガリグリアーノ Garigliano 131
ガリシア Galice 156,319
カルタゴ Carthage 5,6,27
カルデナ Cardena 156
カン Caen 359
カンタベリー Cantorbery 37,38,49,50,85,86,120,126,145,146,194,214,246,359
ガンデルスハイム Gandersheim 121,123,149,217,273
カンブレ Cambrai 166,185,210,352
カンペルレ Quimperlé 206
キエムゼー Chiemsee 99
ギャルウェー Galway 146
キュンバーランド Cumberland 35,146
キラ Cillas 78
ギリシア Grèce 77,90,132,234
キルデア Kildare 51
キルマクダック Kilmacduach 146
クヴェートリンブルク Quedlinbourg 121,123,204
クヴェルフルト Querfurt 172
クサ Cuxa 143,158,160
グラストンベリー Glastonbery 145,146,304
グランフェル Granfel 201
クリュニー Cluny 103,119-121,124,136,138,139,143,154-56,194,198-200,212,215,227,286,307,313,317
クル Coire 319
クルーザ Cluse 142,202,208
クルデ Culdées 87
クレムズミュンスター Kremsmünster 59
クレモナ Crémone 73,133,175
クレルモン Clermont 13,34,202
グレンダロー Glendalough 146
クロヴシュウ Cloveshoe 55
ケイルワーン Kairouan 131
ゲラサ Gérasa 8
ケルズ Kells 88
ゲルマニア Germanie 42,44,46,55,58,59,61,74,85,98,102,105,112,116,121-23,125,127,131,134,136,149,152,153,160-62,168,175,177,181,192,197,201,208,209,216,217,230,241,251,273,279,287,304,307,313,320,329,330,332,335,338,348,354,359 →ドイツ
ケルン Cologne 90,99,102,122,134,137,150,151,162-64,166,168,182,184,198,202,207,208,255,280,283
ゲルンローデ Gernrode 121
ケント Kent 49,339
ケンブリッジ Cambridge 264
コーク Cork 146
コーンウォール Cornouaille 35,88,145,318
コゴッラ Cogolla 130,156,319
ゴズラー Goslar 352
コモ Como 164
コルヴェー Corvey 106,121,137,149,228,273
ゴルツェ Gorze 121,122,131,167,302
コルドバ Cordoue 15,78-81,83,112,128,130,131,157,242
コルビー Corbie 47,56,92,98,102,103,106,108,119,120,145,223,258,272,286,287,291
コンク Conques 185
コンスタンツ Constance 151,152,173,174,211
コンスタンティノープル Constantinople 6,8,20,27,91,94,133,135,288,312,314
コンフラン Conflent 160
コンポステッラ Compostelle 83

さ 行

サーヌ Cerne 145
ザール Sarre 163
サヴォンニエール Savonnière 74
ザクセン Saxe 116,123,131,149,171,173,201,273,315,324
サモス Samos 77
ザモラ Zamora 156
サラゴサ Saragosse 27,29,83
サラマンカ Salamanque 16
ザルツブルク Salzbourg 59,62,67,99,

137,166,173,246,252,262,265,319
サルデーニャ Sardaigne 45
サレルノ Salerno 132,133,178,179,208,288,304
サン・ヴァー Saint-Vaast 102,118,119,137,144,286
サン・ヴァンサン Saint-Vincent 103
サン・ヴァンサン・ド・ヴォルトゥルノ Saint-Vincent-de-Volturne 48,99
サン・ヴァンヌ・ド・ヴェルダン Saint-Vanne-de-Verdun 122,167,182
サン・エーヴル Saint-Evre 168
サン・エティエンヌ Saint-Etienne 359
サン・カンタン Saint-Quentin 314
サン・キリヌス Saint-Quirinus 173
サン・クガ San Cugat 198
サン・クレマン・ド・メッツ Saint-Clément-de-Metz 122,167
サン・ザカリアス San Zacarias 78
サン・サルヴァドール San Salvador 78
サン・サンフォリアン・ド・メッツ Saint-Symphorien-de-Metz 122,167
サン・ジェルマン・デ・プレ Saint-Germain-des-Prés 83,103,118,137,144,182,208,241,251,256
サン・ジェルマン・ドーセール Saint-Germain-d'Auxerre 104,139
サン・シバール Saint-Cybard 143
サン・ジャン Saint-Jean 165,172
サン・ジルダ・ド・リュイ Saint Gildas-de-Rhuys 120
サン・ゼノン Saint-Zénon 101
サン・ゾイル Saint-Zoile 79
サン・ソーヴール Saint-Sauveur 77,128
サン・タヴォル Saint-Avold 167
サン・タドリアン Saint-Hadrien 132
サン・タマン Saint-Amand 102,111,118,119,137,144,180,201,203,219,248,272,285-87,325,342
サン・タムラン Saint-Emmeran 121,137,149,150,172,174,230,234,354
サン・タルバン Saint-Alban 169
サン・タンドレ Saint-André 25
サン・テーヴル Saint-Evre 122,168
サン・テティエンヌ Saint-Etienne 359
サン・テニャン Saint-Aignan 98,192
サン・テュシェール Saint-Eucher 163
サン・テュベール Saint-Hubert 194,204,229
サン・テュルスメール Saint-Ursmer 194
サン・ドニ Saint-Denis 57,61,62,64,72,75,89,91,93,98,103,141,286,304,308
サン・トメール Saint-Omer 347
サン・トリビオ San Toribio 78
サン・バール Saint-Basle 141,178,181
サン・バヴォン Saint-Bavon 118
サン・パンタレオン Saint-Pantaléon 163,164
サン・ピエール Saint-Pierre 50,120,173,249
サン・ピエール・オー・リアン Saint-Pierre-aux-Liens 23
サン・ピエール・サン・ポール Saint-Pierre Saint-Paul 50
サン・ピエール・デュ・シエル・ドール Saint-Pierre-du-Ciel-d'Or 45
サン・ピエール・ル・ヴィフ Saint-Pierre-le-Vif 139
サン・ピエール・ル・ピュリエ Saint-Pierre-le-Puellier 186,353
サン・ピエトロ San Pietro 343
サン・ビュルカール Saint-Burkard 170
サン・ファン San Juan 78
サン・ブノア・シュール・ロアール Saint-Benoît-sur-Loire 118,119
サン・ブノア・ド・ラリーノ Saint-Benoît-de-Larino 121
サン・フロリアン Saint-Florian 227
サン・ペール Saint-Père 287
サン・ペドロ San Pedro 156
サン・ベニーニュ Saint-Bénigne 139
サン・ベノア Saint-Benoît 288
サン・ベルタン Saint-Bertin 119,120,137,144,145,201,248,304
サン・ポール Saint-Paul 50
サン・ポル・ド・レオン Saint-Pol-de-Léon 120
サン・マクシマン Saint-Maximin 150,163
サン・マルシアル Saint-Martial 137,140,143,159,248,253

サン・マルタン・ド・トゥール Saint-Martin-de-Tours 98,107,184
サン・マルタン・ド・トリアー Saint-Martin-de-Trèves 47,57,78,163,202,271,291,309
サン・ミイエル Saint-Mihiel 105,215,242
サン・ミゲル San Miguel 156
サン・ミシェル Saint-Michel 160,172,279
サン・ミッラン Saint-Millan 130,156
サン・モーリス Saint-Maurice 206
サン・モール・デ・フォッセ Saint-Maur-des-Fossés 119,143,144
サン・ランベール Saint-Lambert 283
サン・リキエ Saint-Riquier 92,98,102,119,144,185,199,208,235,304,310
サン・リファール Saint-Lifard 93
サン・レミ Saint-Rémy 120,181,195
サン・ローラン Saint-Laurent 12
サン・ワンドリーユ Saint-Wandrille 57,98,100,246
ザンクト・ガレン Saint-Gall 59,69,83,88,89,102,105,106,118,123,150,152,153,169,173,174,193,196,198-203,206,207,211-13,218,219,221,222,228,231,234,237,240,243,244,246,248,252,253,256,260,263,265,281,285-87,292,304,305,307
ザンクト・ゲオルグ Saint-Georges 341
ザンクト・ヨハンネス Saint-Joan 341
サンス Sens 63,102,103,128,139,249,252,268
サント・クロア Sainte-Croix 186,353
サント・ジュネヴィエーヴ Sainte-Geneviève 166,207
サント・セシル Sainte-Cécile 160
サント・ソフィ Sainte-Sophie 179
サント・トリニテ Sainte-Trinité 144
サント・フォア Sainte-Foy 341
シエナ Sienne 178
シェル Chelles 216
ジェルミニ Germigny 84
ジェロヌ Gellone 63,97,179,292,310
シオン Sion 152
シチリア Sicile 10,46,116,131
シャバンヌ Chabannes 143,222,312
シャルー Charroux 310
シャルトル Chartres 100,120,128,144,150,163,166,182-86,192,199,203,208,209,273,275,276,280,283,285,287,310,312,341,353,359
ジャロー Yarrow 47,50,53,246
シャーロン Châlon 68
ジャンティイー Gentilly 62,91
ジャンブルー Gembloux 144,185,208,249
ジュアール Jouarre 216
ジュネーヴ Genève 4
シュパイアー Spire 125,170,171,173,187,257,263
ジュミエージュ Jumièges 118,119,144,248
ジュラ Jura 119
シュワーベン Souabe 150,153,174
シリア Syrie 46,82
シロス Silos 128,156,319
スイス Suisse 119
スウェーデン Suède 197
スカンディナヴィア Scandinavie 125,139,197,322,332
スコットランド Ecosse 146
スサ Suse 154
スタヴロ Stavelot 105,223,294,302,345,355
ストゥリ Sturi 164
ストラスブール Strasbourg 162,174
スペイン Espagne 3,11,15,16,18,19,22,27-29,33,34,36,40,43,45,51,75,77-80,82-85,98,104,128,130,131,156,158,162,176,185,267,297,319,328,334,350
スポレト Spolète 73
ゼオン Seon 171
セゴビア Ségovie 15
セビリャ Séville 15-17,25,27,28,55,130,158,204,215,244,247,248,255,286,292,311,317
セプティマニア Septimanie 17,97,300
セント・グレゴリー Saint-Gregory 194
ソアソン Soisson 14,204,337,344
ソーシヤンジュ Sauxillanges 206,304
ソリニャック Solignac 141,308

た　行

ダービー Derby 146
タナイス Tanais 261
タバラ Tavara 156,253
ダブリン Dublin 146
タラート Tallaght 87
タラゴナ Tarragone 15,160
タルソス Tarse 203,260
ダンウィッチ Dunwich 37
チヴァーテ Civate 48,101,111
チヴィダーレ Cividale 45,73
チェスター Chester 86,146
チューリンギア Thuringe 15
ツァナド Czanad 176,354
ツゥールート Thourout 197
ディジョン Dijon 139
ディナン Dinan 100
デイラ Deira 146
ティロル Tyrol 319
デーヌロー Danelaw 146
テゲルンゼー Tegernsee 121,150,152,164,170,174,208,225,231
テルアンヌ Thérouanne 335
テルトリ Tertry 44
デンマーク Danemark 197
ドイツ Allemagne 121,125,136,137,164,175,197,324,345,352 →ゲルマニア
トゥール Tours 9,12-15,19,34,57,68,70,85,98-100,108,138,141,164,184-86,194,199,202,208,224,252,260,266,271,276,291,309,314,335,343,352,359
トゥールーズ Toulouse 4,341,352
トゥーレ Thulé 262
トゥル Toul 120,121,134,163,166-68,229,264,265,286,335
ドゥエロ Duero 156
ドーチェスター Dorchester 37
トスカナ Toscane 178
トラキア Thrace 259
トラレス Tralles 133
トリアー Trèves 102,134,150,162,163,171,174,208,280
トリノ Turin 73,84,95,101,293,357
ドル Dol 100
トレヴィーゾ Trévise 9
トレド Tolède 17,18,27,29,33,78,79,82,85,157,205
トロア Troyes 272
トロイア Troie 15
トロスリー Trosly 119

な　行

ナイル Nil 261
ナバーラ Navarre 78,119,156
ナポリ Naples 94,102,178,247,312,314
ナミュール Namur 165
ナント Nantes 120
ニーダー・アルタイヒ Nieder-Altaich 59,121,149,208
ニヴェル Nivelles 47
ニケア Nicée 92,340
ニューミンスター Newminster 145
ヌルシア Nursie 30
ヌヴェール Nevers 139
ネウストリア Neustrie 14,44,56
ノアヨン Noyon 185,335
ノイシング Neuching 59
ノヴァラ Novare 123,152,170,175
ノヴァリエンスム Novalèse 48,96,154
ノーサンプトン Northampton 308
ノーサンブリア Northumbrie 38,47,50,52,53,55,86,146,299,322
ノジャン Nogent 200,264,302,351
ノッティング Notting 101
ノナントラ Nonantola 48,134,154,288
ノミノエ Nominoé 100
ノメンターナ Nomentana 63
ノルウェー Norvège 126,197,322
ノルマンディ Normandie 100,116,119,120,139,144,196,269,314,332,359

は　行

バークシャー Berkshire 145
バーゼル Bâle 68,105,331
パーダーボーン Paderborn 71,134,173
パヴィア Pavie 7,44,45,49,69,73,89,101,125,177,264,267,269,359
バグダッド Bagdad 63,129,260

ハスティアー Hastiere　194
パッサウ Passau　173,206,335
パッラール Pallars　85
ババリア Bavière　46,59,60,68,69,88,99,116,133,150,153,172,173,230,237,240,253,305,318,319,324,354
パラティーノ Palatin　46,94,124
パリ Paris　12,14,103,104,119,138,140,141,143,166,184,185,201,207,208,256,340
バルセロナ Barcelone　15,82,130,157,160,179,309
バルティク Baltique　325
ハルバーシュタット Halberstadt　173,208
パルマ Parma　65,95,176,354
パレスティナ Palestine　27,51
バレンシア Valence　27,82
ハンガリー Hongrie　185
バンゴール Bangor　38,51
パンノニア Pannonie　116
ハンブルク Hamburg　197
バンベルク Bamberg　124,151,166,171,179,201,206,224,278,312,324
ビール Birr　88
ヒエラ Hiera　64
ビエルツオ Bierzo　29,156,157,196
ピサ Pise　65,69,95,107,254
ピュイ Puy　185
ビルカ Birka　197
ヒルデスハイム Hildesheim　123,124,149,150,172,173,200,206-08,213,228,279
ピレネー Pyrénées　43,98
ピンナメラリア Pinnamellaria　81
ファールムーティエ Faremoutiers　216
ファエンツァ Faenza　176
ファルファ Farfa　154,286
フィエソーレ Fiesole　89,101
フィルモ Firmo　73
フィレンツェ Florence　50,73,354
ブールジュ Bourges　252
フェカン Fécamp　120,144
フェリエール Ferrières　73,75,86,92,103,106,109,110,113,208,222,223,263,299,311,314,320
フェリエール・アン・ガーティネ Ferrières-en-Gâtinais　102
フェロー Feroe　262
フォス Fosses　88
フォンテ・アヴェッラネ Fonte-Avellane　154,354
プサルモディ Psalmodi　97,293
ブザンソン Besançon　39,102
フライジング Freising　59,92,106,125,167,173,240,253,288
フラヴィニー Flavigny　98
ブラガ Braga　17,27,29,298,317
プラハ Prague　171
フランキア France　102,168,171
フランクフルト Francfort　66,82
フランケン Franconie　116
フランス France　39,47,61,65,73,75,85,95,112,118,119,121,125,131,136,137,141,172,179,181,196,269,273,275,276,281,287,307,325,329,344,350-54,356,359　→ガリア
フランドル Flandre　116,119,121,122,127,144,314
フリースラント Frise　44,58,162,197,345
フリウル Frioul　45,299,311,319
ブリュッセル Bruxelles　289
プリュム Prüm　74,104,151,171,195,208,285
フルーリ・シュール・ロアール Fleury-sur-Loire　57,98,100,120,121,124,128,137,139,140-45,147,155,160,168,180,182,192,194,200,203,208,231,232,234,239,249,269,275,281,285,302
ブルゴーニュ Bourgogne　38,56,60,105,116,119,124,139,185
ブルゴス Burgos　156,319
フルスティ Hrusti　197
フルダ Fulda　58,67,85,99,103,105,106,121,122,137,149,192,203,205,207,208,240,303,304,310,320,322
ブルターニュ Bretagne　100,248,299
フルットゥアリア Fruttuaria　144,269
ブルナンバラ Brunanburgh　325
ブレーメン Brême　106,197
ブレシア Brescia　48,101
プロヴァンス Provence　11-14,60,97,119,164,310,319

プロシア Prusse 171
ヘアフォート Herford 197
ペーチェ Pecs 185
ヘクサム Hexham 50,86
ベザーテ Besate 169,171,176,178,208,263,276,351
ベジエ Béziers 185
ベック Bec あるいは ベック・エルイン Bec-Hellouin 144,255,269,359,360
ヘッセン Hesse 197
ベトレヘム Bethléem 240
ベネヴェント Bénévent 45,48,69,101,102,132,179,337
ベネディクト・ボイロン Benedict Beuron 305
ベリー Berry 303
ベルガモ Bergame 176
ベルギー Belgique 261
ヘルスタル Herstal 44,61
ヘルスフェルト Hersfelt 121,149,150,208
ベルン Berne 141,238
ヘロナ Gérone 130
ペロンヌ Péronne 88,122
ヘント Gand 118,119,122,134,144
ポアティエ Poitiers 44,184,185,194,216,276,351
ポアトゥ Poitou 125,305
ボーヴェ Beauvais 118
ボーム Baume 138
ポーランド Pologne 131
ボッビオ Bobbio 39,49,83,89,101,154,181,208
ボヘミア Bohême 131
ボロニャ Bologne 176,354
ポンティオン Ponthion 64
ポンポサ Pomposa 154,178,250

ま 行

マーコン Mâcon 312
マーシア Mercie 37,86,145,299
マームズベリー Malmesbury 52,345
マイセン Meissen 172
マイン Main 202
マインツ Mayence 68,99,102,123,124,153,162,165,167 - 69,171,200,201,206,268,336
マギュロンヌ Maguelonne 97
マクデブルク Magdeburg 121,123,171,181,234,273,284
マテリア Materia 154
マラガ Malaga 81
マルセーユ Marseille 12,339
マルムーティエ Marmoutier 200,351
マントン Menthon 302
ミシー Micy 141,142,182,203,252,280
ミュールバッハ Mürbach 59,105,182,234
ミュステアー Müstair 341
ミュンスター Münster 147
ミラノ Milan 7,89,94,101,208,269,309,354,357
ムーズ Meuse 122,162,165,194
ムーティエ・グランヴァル Moutier-Granval 105
メーヨー Mayo 87
メッス Metz 14,61 - 63,89,90,98,105,121,122,163,166 - 68,180,182,185,201,203,246,279,307,333
メッツラハ Mettlach 163
メリダ Merida 15,27,164
メルゼブルク Merseburg 172,204,335
モアイエン・ムーティエ Moyen-Moutier 168
モアサック Moissac 143
モー Meaux 95
モーゼル Moselle 98,162
モーブージュ Maubeuge 204
モデナ Modène 101
モラヴィア Moravie 345
モン・サン・ミシェル Mont-Saint-Michel 119,137,144,269,359
モンセラート Montserrat 160
モンツア Monza 134
モンテ・カエリオ Monte-Caelio 10,23,25,37
モンテ・カッシーノ Mont-Cassin 48,57,99,102,132,154,155,179,194,266,288,291,355,357
モンティエ・アン・デール Montier-en-Der 127,139,168

モントゼー Mondsee 59,99
モントレイユ・シュール・メール Montreuil-sur-Mer 119

や 行

ユゼス Uzès 300
ユダヤ Judée 69,77
ユトレヒト Utrecht 58,105,124,163,166,198,208,273
ヨーク York 37,50,55,58,85-87,112,146,329
ヨーロッパ Europe 161,162,167,177,185,197,261,321
ヨルダン Jourdain 111

ら 行

ライデン Leyde 88,222
ライヘナウ Reichenau 59,105,106,121,137,150-53,173,174,217,221-23,228,242,249,252,265,283,285,287,324,341
ライン Rhin 39,98,161,162,320,331
ラインラント Rhénanie 95,264
ラヴェンナ Ravenne 6-9,12,20,46,64,123,154,176,177,267,269,274-76,355
ラテラン Latran 25,46-48,50,63,101,178,245
ラムゼー Ramsey 121,140,142,146-48,201,214,241,243,281
ラン Laon 56,57,90,103,104,118,122,127,128,134,138,164,203,223,231,256,265,272,285,287
ラン・カルヴァン Lan-Carvan 88
ラングル Langres 11
ランス Reims 75,90,102-04,119,120,123,127,128,130,139-41,143,154,162,163,167,168,171,173,179-83,185,192,195,199-201,203,208,234,248,265,266,268,273,275,280,284-87,299,304,305,307,332,352
ランダフ Landaff 146
ランデヴネク Landévenec 100
リエージュ Liège 68,90,105,122,124,134,153,163-67,169,171,176,185,187,194,198-201,203,206-08,213,234,235,250,255,257,278,280,283,285,304,331,352
リエバナ Liebana 78
リオハ Rioja 130,156-58
リクダク Rikdag 305
リジュー Lisieux 100,313
リッチフィールド Lichfield 146
リバルゴルザ Ribargorza 85
リポル Ripoll 130,134,142,157-60,208,219,256,280,283
リポン Ripon 50,146,303
リモージュ Limoges 137,140,143,248,253
リュクスイユ Luxeuil 38,39,56,74,96,139,168
リヨン Lyon 5,56,68,73,84,95-98,102,104,105,245-47,291
リンカーン Lincoln 146
リンディスファーン Lindisfarne 37,38,53,86,146,303
ル・ピュイ Le Puy 234
ル・マン Le Mans 100,185,268,308
ルーアン Rouen 63,134,142,173,246,332
ルオン Lehon 100
ルスパエ Ruspe 6
ルッカ Lucques 83,89,99,178,192,198
ルドン Redon 100
ルミールモン Remiremont 168
レイリン Leighlin 146
レーゲンスブルク Ratisbonne 121,124,137,150,162,174,206,208,335
レール Leyre 78
レオメ Reomé 284,285
レオル Réole 140
レオン Léon 79,100,128,129,142,156
レギオ Legio 128
レッコポリス Reccopolis 15
レッジョ Reggio 176
レランス Lérins 12,30,33
レンヌ Rennes 185
ロアール Loire 11,56,57,97,98,121,134,142,287,319
ローザンヌ Lausanne 347
ロータリンギア Lotharingie 89,102,131,162,180,201,320
ローヌ Rhône 95
ローマ Rome 3,4,7-9,11,15,16,20,23,

24,26,27,30,37,38,46-50,58,61-67,74,
86,91,94,101,108,110,123,124,133,
141,154,156,166,169,178-81,201,232,
234,240,245-48,267,291,319,320,339,
340,343,358
ロクミネ Locminé 120
ロスカーベリー Roscarbery 146
ロチェスター Rochester 37
ロッサーノ Rossano 123,134
ロッブ Lobbes 122,164-66,170,194,208,
234,264,280,281
ロデズ Rodez 341
ロマンモーティエ Romainmotier 119
ロルシュ Lorsch 121,259,310
ロレーヌ Lorraine 116,120-122,162,167,
168,178,180,181,273,280,281
ロンドン Londres 37,86,145
ロンバルディア Lombardie 131,175,286
ロンレイ Lonrey 303

事 項 索 引

あ 行

アイルランド語 irlandais 222,242
アイルランド人 Irlandais 35-37,54,57,59,52,61,62,87-90,93,94,101,120,122,126,168,216,223,233,236,241,249,254,257,262,272 →スコット人
『アエネイス』*Enéide*（ヴェルギリウス）57,78,222
『悪習と徳』*Traité sur les vices et les vertus*（アルクィン）299,317
アクセント accent 240,241,248
悪魔 diable 215,344,348,355
アジアニスム asianisme 19,266
アストロラーベ astrolabe 130,159,283
『アスペル小文典』*Asper minor* 239
アフリカ人 Africains 5,6,26,132,238
アポリナリス家 des Apollinaire 13
『アミアティヌス写本』*Amiatinus* 50,53
『アラテア』＝『天文詩』*Aratea*（アラトス）283
アラビア語 arabe 79,81,82,130,132,143,158-60,260,283
アラビア人 Arabe 6,43,44,45,56,60,77,78,82,130-32,234
アラマン族 Alamans 44,318,335
アリウス主義 Arianisme 4,5,16,26,27,39
アルファベット alphabet 229,234,235,240,302
『アルマーの写本』*Livre d'Armagh* 88
『アレクサンドロス物語』*Roman d'Alexandre* 135,312,314
暗記 apprendre par coeur 19,32,35,38,182,224,229-32,234,235,239,242,261,262,281,331
暗誦 récitation 225,289
アングロ・サクソン人 Anglo-Saxon 3,37,38,43,44,47,48,52-54,57,59,70,78,85-89,107,120,145-47,153,162,196,216,237,254,298,303,306,322,325,332
アングロ・サクソン語 anglo-saxon 51,55,126,147,148,237,242,281,303,314,336,346
『アンドロス島の女』*Andria*（テレンティウス）243
医学 médecine 16,18,28,49,67,102,131,141,155,179,183,184,208,286-90
——教師 professeur de médecine 9
——書 traités de médecine 56,85,132,135,148,179,181-83,221,287,288,313
『医学一覧』*Concordance*（ヒッポクラテス）183
『医学書簡』*Epistola de disciplina artis medicinae* 288
『医学問答』*De interrogatione medicali* 288
医者 médecin 9,16,45,95,124,133,175,179,236,286,288,289
異教 paganisme 3,21,23,29,32,37,65,79,100,181,258,259,324,330,338,354,355
——徒 païens 12,21,28,30,31,35,39,54,58,79,109,111-13,149,155,216,219,257-59,331,343,344,332,354
異端 hérésie 28,79,80,88,128,352,353,356,359
——者 hérétiques 27,106,160,262,352,353
イサウリア朝 Isauriens 340
『イスパニカ詩華集』*Anthologie hispanique* 18
イスペリカ文体 style hispérique 147
『イスペリカ・ファミナ』*Hisperica Famina* 36,51
イスラム教徒 Islam 18,40,78,81,129,131,156,350 →回教徒
イスラエル人 Israélite 112,257
「イソップ物語」*Isopet* 235
イタリア人 Italiens 14,37,46,59,63,64,70,89,125,144,250,286,313,321

イタリア・ギリシア語語彙集 glossaire italien-grec 135
一弦琴 monocorde 249,285
『一般布告』*Admonitio generalis* 196,251,337
異民族 Barbares 35,116,118,261,321,328,330
田舎 campagnes 34,65,77,175,180,196,313,328-30,337 →村落，都市
祈り prière 33,40,65,68,87,136,153,180,209,216,259,299,308,315,316,329,331
『祈りの小本』*Libellus de orationibus* 316
『イリアス』*Iliade*（ホメロス） 170
インキ encre (atramentum) 227
隠遁者 ermite 196
韻律 métrique 12,49,50,58,80,149,158,159,187,240,246,248,310
『韻律法』*De arte metrica*（ベダ） 240
『韻律法』*De metrica ratione*（クィンドメル） 241
『韻律論』*De harmonica*（プリュムのレギノ） 285
ヴァイキング Vikings 88,127,146,322
『ヴァルタリウス』*Waltharius* 324
ヴァンダル族 Vandale 3,5,6,26
ヴァンダル・ルネッサンス Renaissance vandale 5
『ウィドシト』*Widsith* 322
ウェールズ語 gallois 88
『ヴェッソブルンの祈り』*Wessobrunner Gebet* 324
歌い手 chanteur 245,284
歌い方 chant 34,198,213,247,248
宇宙形状誌 cosmographie 55,144,282,313
『宇宙形状誌』*Cosmographie*（文法教師ヴェルギリウス） 59,262
『宇宙論』*De universo*（ラバヌス・マウルス） 74,105,155,290
ウマイア朝 Omeyyades 78
詠唱 psalmodie 53,98
『エクセター・ブック』*Exeter Book* 148,298
『エグベルト写本』*Codex Egberti* 163
『エッツオの歌』*Ezzolied* 325
『エルメネウマタ』*Hermeneumata* 93,236
演説 discours 7,262,264-66,320 →弁論
称賛—— discours panégyrique 263,298
哀悼—— discours de condoléance 263
オイル語 langue d'oïl 319
『王の教育について』*Liber de institutione regia*（オルレアンのヨナス） 299
『王の道』*Via regia*（スマラグドゥス） 299
公の public 23
——医学教授 enseignement public de la médecine 286
『教えの手ほどき』*De catechizandis rudibus*（アウグスティヌス） 332
オック語 langue d'oc 325
オットー家 Ottoniens 149,178,217,350
親 parents 204,205,217,244,301,304,308,313
父親 père 32,218,244,298,302,303,305,313
母親 mère 233,301,302
代父母 parrain et marraine 330,331
オルガン orgue 249
音楽 musique 5,24,72,80,92,118,136,140,144,145,149-51,154,158,159,164,179,182-85,247,249,250,278,284,285,345
——教育 leçon de musique 202,249,285,286
——教師 maître de musique 27,137,178,249,285
——理論 théorie musicale 139,285,286
『音楽論』*De disciplina artis musicae*（アレッツオのグイド） 285 →『概要』
『音楽論』*De musica*（ゲラサのニコマクス） 8
『音楽論』*De musica*（サン・タマンのフクバルド） 285
『音楽論』*De musica*（プリュムのレギノ） 151

『音楽論』*De musica*（ボエティウス） 159,285
『音楽論』*De musica*（リエージュのアリボ） 250
『音楽提要』*Musica Enchiriadis* 285
『音楽に関する対話』*Dialogue sur la musique* 286
『音楽の調』*De tonis musicae*（サンスのオドランヌス） 249

か　行

『カールの書』*Libri Carolini*（テオドゥルフ） 84,340
改革 réforme 120,122,143,145,168,176
――運動 mouvement réformateur 70,119-22,126,148
回教徒 Musulman 81,82,224 →イスラム教徒，サラセン人
『回教反駁』*Indiculosus Luminosus*（アルヴァール） 81,82
会則 règle (monastique) 32,38-40,48,62,78,101,119,156,212,214,215,217,220,224,228,237,242,291 →修道会則
『概要』*Micrologus*（アレッツオのグイド） 286
会話 conversation 135,211,234,236,238,237,240
――の提要 manuel de conversation 148,236,237,240
科学 sciences 159,220,278,279
鑑 miroirs (specula) 298-300,317
書き方 écriture 34,64,69,222,225,227,230,232,243,244,251,262,308,309
書きことば langue écrite 19 →話しことば
書き板 tablette (tabula) 140,223,225,227,228,230,249,251
格言 proverbes 234,235
『格言集』*Proverbes*（セネカ） 234
『格言集』*Proverbia*（ヴィポ） 235
『格言の書』*Livre des Proverbes*（サン・タムランのオトロ） 7,112,113,123-25,127,128,131,137-39,144,146,150,155,158-60,162-67,170-76,178-82,214,216,233-35,240-42,244,246,247,253,254,257,259,261,264,-66,269,270,273,277,280,285,287,296,297,306,312,318,319,351-54,358
学芸 arts 112,125 →自由学芸
学資 coût d'étude 205-207
学習 étude, travail 205,209,210,213,229,230,233,234,237,240,232,240,243,245,246,252,258,263,264,278
――課程 programme d'études 25,26,159,211,273,286 →教育課程
学校 école 5-8,11,12,16,18,21,23-26,30-32,40,47,50,52,56,66-68,72,73,75,89,95,97-109,285,286
――教育 enseignement de l'école 14,32,61,66,72,98,114,241,258,266,285,356
――教師 magister 5,6,11,20,89,158,174,182,200,352,354 →学頭
司教座教会―― école épiscopale, école cathédrale 31,33,34,37,59,105,123,154,166,169,173-75,179,205,209,261,304,328,351
修道院―― école monastique 31,37,38,50,98,102,105,121,138,140,143,149,151,158,174,186,199,203,209,229,260,304,357
内校 école interne, école des oblats 194
外校 école externe 194
参事会―― école collégiale 184,194,205
司祭―― école presbytérale 31,68,90
小教区―― école paroissiale 68
小さな―― petite école 101,198,216
私立―― école privée 196
田舎の―― école rurale 34,195,331
初歩―― école élémentaire 227-44,281
宮廷―― école du Palais 69
都市の―― école urbaine 5,68,162,175-77,180,185,186,269,273,287,304,351
医―― école de médicine 288
法―― école de droit 177,267,269
公の―― école publique 13,73,74
音楽―― école musicale 137

歌唱—— école de chant 47,98,102,104
学頭 écolâtre, scholasticus 7,105,124,137,140,141,143,145,152,154,163,164,166,167,169,170-74,181,182,184-86,198,200-03,206,214,222,266,272,273,276,280,283,284,353,359 →学校教師
第一—— scholasticus generalissimus 198
学問 science 8,17,225,238,243,280,283,284,336
——の復興 renouveau des études 42,99,125,242,271 →ルネッサンス
外部の—— exteriora studia 13,25,54,227
画師 peintre 43,50,57,78,112,126,132,136,137,147,156,201,253 →細密画
歌唱 chant 46,47,50,66,67,69,98,137,140,145,176,178,184,195,198,216,225,228,231,232,234,246,248,250,251,284,285
——教師 chanteur (cantor) 31,198,247,249,250
——長 chantre 69
数え方 calcul 50,228,234
『カタック』*Cathack* 36
楽器 instrument de musique 10,137,249,321,342,344
楽譜 notes de musique 250
家庭 famille 12,13,31,302,303,306
——教師 précepteur 13,134,235
カトリック catholique 4,14,16,24,27,37,39,44,78,79,291,331,341
カノン法 canons 62,65,157,170 →教会法
神 Dieu 258,292,296,305
『神の国』*De civitate Dei*(アウグスティヌス) 78,157,261,314
『神の全能について』*Lettre sur la toute-puissance de Dieu*(ペトルス・ダミアヌス) 355
ガリア人 Gaulois 114,176
『ガリア戦記』*Guerre des Gaules*(カエサル) 261
カルデア語 chaldéen 81
カロリング Carolingiens 4,7,60,62,63,68,74,75,77,78,80,83,99,109,110-13,118,121,126,127,136,137,15658,182,271,278,298,299,307,309,311,320,329,330
——期 25,44,55,97,103,106,107,109,112,118,132,134,139,151,153,176,196,203,205,216,236,240,245,247,270,272,274,277,279,280,285-87,283,300,301,311,316,323,337,340,352,357
——小文字体 minuscule carolingienne 100,108,157
——朝 48,59,60,61,90,108,122,187,257,312,330,350
——帝国 77,92,95,102,131,266,287,292,314.328
——・ルネッサンス Renaissance carolingienne 42,43,44,71,73,75,100,107,113,114,268,318
『カロリング書簡集』*Codex carolinus* 63
ガロ・ロマン gallo-romain 13,14,30
『勧告集』*Conseils*(コルマク王) 298
『勧告書』Liberexhortationis(アクィレイアのパウリヌス) 299
慣習 coutumes, traditions 3,4,9,65,85,249,257,303,308,320,333,335,341,343,344 →伝統
慣例集 coutumier 66,199,204,226,247
『寛容について』*De clementia*(セネカ) 298
記憶 mémoire 19,224,281,289,308,357
——術 méthodes mnémotechniques 224,248
——力 puissance de mémorisation 224,248
幾何学 géométrie 5,24,79,91,110,140,150,154,159,166,278-80
『幾何学論』*Géométrie*(ボエティウス) 139
『幾何学論』*Géométrie*(エウクレイデス) 8
器楽 musique instrumentale 285
基金 fondation 202,207
貴金属細工師 orfèvres 42,78,95,136,139,327
記号 note, signe 248,249-51,282,293,

308,309
騎士階級 classe des chevaliers　350
騎士教育 éducation chevaleresque　302
規則 règle　194,247　→修道会則
貴族 aristocrates　4,7,8,11-13,16,17,22,26,29,69,121,123
キタラ cithare　249
「狐物語」 Roman de Renart　168
『祈禱と詩編の小本』*Libellus cum orationibus et Psalmis*（エッカルド）316
記念建造物 monuments　3,6,8,15,19,28
記譜法 notation musicale　248,250
『キプリアヌスの晩餐』*Cena Cypriani*（インモニドゥス）　101
『疑問集』*Quaestiones*（アルクィン）　293
休息 récréations　210-12
宮宰 maître du palais　44,60,151,307
宮廷 palais, cour　4,7,12,14,17,39,45,49,60,62-65,68-73,75,77,78,83,86,88-92,94,89,91,101,106-08,113,123,124,126-30,133,134,162-64,233,251,252,254,268,278,279,288,297,300,304,306,307,309,312,321,351
——詩人 poète de cour　44,124
『宮廷の聖職者と出世競争を批判する』*Contre les clercs de cour et la course aux dignités*（ペトルス・ダミアヌス）　351
救霊予定説 Prédestination　75,105,294,352
教育 éducation　11,12,17,105,123,220,245,247,260,296,300,302,304-06,322,328,333,351　→教授
——課程 cours scolaire, programme d'études　17,54,170,181,257,259,271,272,357　→学習課程，教授内容，学習
——政策 politique scolaire　72,73,99　→文都政策
——方法 pratique éducative　303,306
一般—— formation générale　132,198, 231
高等—— enseignement supérieur　23,290,291
中等—— enseignement secondaire　254-93
初歩—— enseignement élémentaire　31,227-52,302,309
専門—— formation professionnelle　31,33,34,208,244-235
専門—— enseignements spécialisés　227,244
道徳—— formation morale　194,217
『教育書』*Institutionum disciplinae*　298
教会
——改革 réforme de l'Eglise　42,64,72,80,122,354　→修道院改革
——法 droit canon, droit ecclésiastique　36,94,101,107,139,167,267,268
——法令集 collections canoniques　80,84,103,196,221,247,268,269,358
『教会史』*Histoire ecclésiastique*（ルフィヌス）　57
『教会と異端』*De Ecclesia et sectis*（イシドルス） 199
『教会法令集』*Dionysiana-Hadriana*　65
教科書 livres scolaires, traités scolaires, textes scolaires, ouvrages scolaires etc.　23,32,87,100,146,158,166,222,236,242,258,260,263,270,271,276,281,283,308
『教訓書』Instructions（キュシュラン）　298
『教皇列伝』*Liber Pontificalis*　199,314
教師 maître, professeur　5,6,8,12,23,25,32,33,35,44,52-54,59,68,69,72,73,97,99,105,123,137,140,152,153,157-59,16467,170,171,182,217-23,227-31,234-39,242-49,251,252,25563,268,273,281,284,290,292,298,302,306,310,320,351　→学校教師
主任—— magister principalis　198
副—— submagister　198,
補助—— adjutor scholarum　198
教室 classe, salle de cours　199,209,227
教授 enseignement, instruction　140,220,221,224,225,240,246,251,256,269,281　→教育
——資格 licentia docendi　199
——内容 programme d'études　199,223,264,287　→教育課程，学習課程，

学習
——法 méthode d'enseignement 224, 247,263
教父 Père de l'Eglise 21,25,29,35,39, 53,55,56,58,79,80,83,93,103,104,109, 111,113,184,235,243,257,277,292,293, 300,311,317,325,333,336,338,359
『教父列伝』 *Vitae Patrum* 317
教養 culture 11,12,14,17,25,26,28, 43,58,80,118,124,136,138,140,142, 143,145-47,149,153,156,157,160,220, 225,230,242,245,268,305,308,312,318, 321,351,357,360
——人 lettré 4-7,10-13,15,17-19,23, 25,60,139,216,228242,252,256,259, 266,271-74,287,298,31320,7,319,334, 338
教令集 Décrétales 350,358,
ギリシア教養 culture grecque 20,22,46, 90,132,133
ギリシア語 grec 6,7,20,21,46,49,52, 53,65,75,90-94,101,102,123,130,132-35,148,150,159,174,222,236,256,277, 289,291,305,310,345
ギリシア人 Grec 46,52,70,93,132,134, 163,168,238,249,259
キリスト教 christianisme, chrétien 23, 28-30,35,42,43,65,100,156,239,241, 258-300,303,319,330,332,333,345,348. 359
——学校 école chrétienne 24,30,35
——世界 chrétienté 20,36,350
——的教養 culture chrétienne 21-29, 30,40,105,112
——入門 initiation chrétienne 330, 331
『キリスト教の教え』 *De doctrina christiana* （アウグスティヌス） 21,22,24, 292,334
キリスト教徒 Chrétien 4,20,21,23,25, 35,54,78,79,81-83,96,111,129,131, 149,155,161,217,224,242,257-60,266, 289,290,311,328,330,332,338,341,345, 348,354,358,359
『キリスト教徒の支配者』 *Liber de rectoribus christianis* （セドゥリウス・スコトゥス） 299
キリスト養子説 Adoptianisme 78,79, 82,272,294,350
規律 discipline 196,206,210,212,213, 217,247,306,352
吟唱詩人 récitateur 321,324
吟遊楽人 joculatores 342,345
禁欲 ascèse 31,32,38,39,122,139,154, 217,354
——的教養 culture ascétique 29,33, 55,57,154,357
グイドの手 main harmonique 250
寓意的解釈 interprétation allégorique 26,292,293
寓話 fable 12,78,81,234,235,264
偶像崇拝 idolâtrie 112,332,337,341,358
句読法 ponctuation 108
グレゴリオ聖歌 chant grégorien 37
『軍事学』 *De arte militari* （ヴェゲティウス） 313
『君主の鑑』 *Institutionum disciplinae* （イシドルス） 17
計算教師 calculatores 281
計算法 calcul (calculandi peritia) 12, 233 →指算
芸術 art 45,96
『形象詩』 *Carmina figurata* （ポルフィリウス） 53,110
系図 généalogie 203,314,321,322
ゲール語 gaëlique 87,88,146,318
外科 chirurgie 289
結婚 mariage 205,296,297,300,304,352
『ゲラシウス典礼書』 *Sacramentaire gélasien* 63
『ケルスの写本』 *Livre de Kells* 88
ケルト celte 40,51,100,118,147,298,321
——人 Celtes 35,36,38,53,54,88, 146,196,261,303,318,321
——語 celte 318
——典礼 liturgie Celte 37,49
ゲルマン人 Germanique, barbare 3,4, 6,7,11,14,15,17,20,27,64,105,118, 149,221,267,297,298,300,311,313,321, 322,332,335
ゲルマン語 langue germanique 242, 318,319,323,324,332,335

権威 autorité 200,223,224,241,242,257,259,287,291,294,354,359
厳格主義 rigoriste 29,30,54,111,353,357
弦楽器 instrument à cordes 249
言語 langue 108,152,318,319,321,322,328,335
『言語学とメルクリウスの結婚』*De nuptiis Philologiae et Mercurii*（マルティアヌス・カペラ） 5,8,104,112,243,279,280,285
建築家 architectes 3,45,201,253,279
『建築術』*De architectura*（ヴィトルヴィウス） 279
『原理』*Eléments*（エウクレイデス） 279
元老院議員階級 sènateurs romains 6-9,11,12,17,297
語彙集 glossaire 49,52,77,80,92,134,147,148,158-60,168,170,173,177,195,230,240,251,256,269,276,286,292,310,319,342
コイネー koïnè 318
講義 cours 224,225
口述 dictée (dictatio) 140,223,252
口頭 oral 4,10,66,223,224,247,255,321
交唱聖歌集 antiphonaire 51,91,159
高地ドイツ語 haut-allemand 318
公文書 textes officiels 11,19,309
『合理的なものと理性の用法について』*Le raisonnable et l'usage de la raison*（ジェルベール） 275
『講話』*Collationes*（クリュニーのオド） 215
ゴート人 Goths 4,16,17,69,306
『ゴート史』*Histoire des Goths*（イシドルス） 17
『ゴート史』*Histoire des Goths*（ヨルダネス） 57
『告白』*Confessiones*（アウグスティヌス） 217
『告白』*Dialogus confessionalis*（ラテリウス） 165
『語源誌』*Etymologies* (*De libris et officiis ecclesiasticis*)（イシドルス） 16,28,78,105,128,157,199,256,268,269,288,292
古代 Antiquité 10,11,13,15,16,20,21,23,24,28,29,32,40,42,53-55,114,124,187,264,271
『古代教会規定』*Statuta Ecclesiae Antiqua* 31
古典 classique 13,18,23,26,29,34,36,51,54,61,112,126,128,148,151,153,158,172-74,176,223,240,241,243,255-59,293,299,354
——教育 formation classique 21,22,257
——教養 culture classique 4,6,7,10-12,18,20,23,2527,29,30,124
——文学 lettres classiques 9,16,18,30
『ことばの術』*Ars verbi*（エウティケス） 255,
『ことばの両義性』*Ambigua*（マクシムス・コンフェッソール） 93
子ども enfant 204,205 →生徒，幼児期
『子どもたちの鑑』*Puerorum speculum*（イザンバルド） 142
『子どもに綴りを教えるための小本』*Libellus de syllabis ad instruendos pueros* 229
古文書 archives 265,314
暦 calendrier 58,222,232
『暦について』*De temporum ratione*（ベダ） 55,281
『ゴンベッタ法典』*Loi gombette* 4,313

さ行

再生 renouveau 13,28,112,136
裁判 tribunal 16,177,267,351,352
——官 juge 16,267-69,284,351
細密画 miniature 42,137,155,253 →画師
「サガ」 Saga 322
ザクセン家 dynastie saxonne 122
ザクセン人 Saxon 60,335
『ザクセン史』*Histoire des Saxons*（ヴィドゥキント） 149
『ザクセン族武勲詩』*Res gestae Saxonicae*（ヴィドゥキント） 314
サクソン語 saxon 237
里子制度 fosterage 303,307

サラセン人 Sarrasins　56,131,155,156,176　→イスラム教徒，回教徒
『サリカ法典』Loi salique　60,313
サリ族 Salien　124,171
賛歌 hymne　151,222,231,237,239,243,315
産科 obstétrique　289
『ザンクト・ガレン修道院の歴史』*Casus sancti Galli*（エッケハルト4世）　151,153
算術 arithmétique　5,21,24,125,140,143,151,158,159,166,202,232,233,274,278-81
『算術入門』*Introductio arithmetica*（ゲラサのニコマクス）　8
『算術論』*De arithmetica*（ボエティウス）　159,278
『算術論』*Ars numeri*（ピタゴラス）　199
三段論法 syllogismes　184,265,272,275,276
『仮定三段論法』*Syllogismes hypothétiques*（ボエティウス）　275
『絶対三段論法』*Syllogismes catégoriques*（ボエティウス）　275
算定法 comput　36,49,50,55,66,67,98,100-102,105,107,140,147,151,158,159,166,183,199,222,224,225,232,236,281,282,311
――提要 manuel de comput　195,199
――教師 computatores　281
賛美歌集 hymnaires　159
散文 prose　252,263,264,265,310,338
三位一体 Trinité　62,80,81,91
『三位一体論』*De Trinitate*（ボエティウス）　243
『三位一体論』*De Trinitate*（ゴットシャルク）　272
詩 poésie　17,18,45,87,140,141,150,155,158,211,216,218,252,235,241,258,264,299,311,321-23,326
『詩学』Art poétique（ホラティウス）　110
詩人 poète　18,27,45,90,109,149,242,257,262,326
詩文 vers　74,229,235,240,263-65,301,310,338
詞華集 florilège　55,57,100,103,104,155,159,184,222,258,260,269,292,311,316
シアグリウス家 Siagrii　13
司教 évêque　23,25,27,138
――館 évêché　27,133,161
『司教定式書』*Ordo episcopalis*　34,169
司教区会議 synode　49,68,336　→宗教会議
――法規集 statuts synodaux　329
ジャンティイーの――　62
マインツの――　336
『司教座教会参事会員のための規則』*Règle des chanoines*（クロデガング）　62
司教座教会 cathédrale　33,42,50,72,79,97,98,103,104,109123,139,146,159,165,169,
――参事会 chapitre cathédral　72,166,167,208
司祭の家 maison presbytérale　34
『司牧規定』*Regula pastoralis*（大グレゴリウス）　126,317,334
資産帳簿 polyptyque　195
詞姿 figures　10,182,263
四旬節 carême　226
辞書 lexique　134,240
自然学 sciences physiques　21,24,28,32,50,52,54,75,90,274,278,291
『自然区分論』*De divisione naturae*（ヨハネス・スコトゥス）　93,113
質問 question　225,235,236,288,330
――集 questionnaire　195,329
『質問書』*liber interrogationis*　288
使徒信経 Credo　68,330,331,332,337,338
『使徒の教え』*Didascalie apostolique*　32
『事物の本性について』*De natura rerum*（イシドルス）　17,57,278,283
市民法 loi civile　267,268
写字室 scriptorium　27,43,46,56,57,59,89,97-100,109,113,124,128,137,143-45,150,152,155-59,167,169-73,176,198,199,221,231,252,253,268,310
写字生 scribe　24,25,36,40,43,49,50,56,57,69,75,83,85,108,109,119,148,

198,238,240,241,244,252,253,251,256,271,276
写本 manuscrit　18,24,25,28,39,43,46-50,56,57,59,61,63,71,74,78,80,83,84,-86,88,90-94,97-104,107,108,110,112,118,123,124,126,128-30,132,134,137-39,141,143,144,147,150,151,154-57,159,160,163,167-69,171-75,181,182,185,198,199,201,216,221-23,225,229,231,234,236,238,241,242,248,251-53,254,256,257,259,263,264,268,269,272,273,279-81,283-85,287-89,291,310-12,332,334,335,337,347　→書籍
自由学芸 arts libéraux　5,7,9,18,21,24-26,32,44,53,54,51,68,71,74,80,107,112,113,125,140,142,146,150,152,153,158,159,163,173,174,176-78,181,205,208,238,243,258,274,286,290,291,305,358,359
　三学 trivium　71,138,150,168,171,269,273,288,290　→文法，修辞学，弁証学
　四科 quadrivium　71,102,138,147,150,155,160,168,180-82,184,260,274,277,278,284-86,288,290　→数・形の諸学，算術，幾何学，天文学，音楽
就学年齢 âge d'entrée à l'école　204
宗教会議 concile　31,33,34,38,40,101,126,204,232,246,247,333-36,342,348　→司教区会議
　アーヘンの——　198
　アングロ・サクソンの——　196
　ヴァランスの——　74
　ヴェゾンの——　195
　オヴィエドの——　83
　クロヴシュウの——　55
　コルドバの——　81
　サヴォンニエールの——　74
　サン・バールの——　141,178
　トゥールの——　335
　トレドの——　205
　トロスリーの——　119
　ニケアの——　92,340
　ノイシングの——　59
　ババリアの——　68
　パリの——　340
　ヒエラの——　64
　フランクフルトの——　66,82
　マインツの——　336
　モーの——　95
　リモージュの——　140
　ローマの——　62,74,343,358
改革—— concile réformateur　61,68,86
宗教教育 formation religieuse　30,220,260,325,327-49
宗教詩 poème religieuse　323
宗教的絵画 peinture religieuse　339
宗教的教養 culture religieuse　22,24,26,33,35,37,38,47,53,61,64,80,111,128,217,301,329,348
修辞学 rhétorique　5,9,10,18,20,21,30,69,139,140,149,155,171,177,182,184,187,206,222,252,254,260,262,263,265-68,270,273,274,276,281,282,333,351,354-58
　——教師 rhétoricien　14,24,30,238,263
　『修辞学的文飾』*Rhetorici colores*　171,263
修道院 monastère, abbaye　48,56,57,59,106,113,118,119,121,132,136-43,145,146,150,152-54,156,157
　——改革 réforme religieuse　97,124-27,136,137,144,145,162,168,199,216,221　→教会改革
　——都市 cité monastique　43
修道会則 règle religieuse　32,84,100,119,121,204,210,212,243　→会則
　『修道会則一覧』*Regularis concordia*　121,126,148,210,218
修道者 moine, religieux religieuse　10,24-26,29,49,54,57,58,68,107,114,119,120,126,127,132,136,138,140,148,154
　『修道者の遊び』*Joca monachorum*　236
修道生活 vie religieuse　10,24,25,30,39,48,78,85,99,136
十人組長 doyen (decanus)　198,205,269
『12世紀以前のフランス文学史』*Histoire littéraire de la France avant le XIIe siècle*（アンペール）　42
主禱文 Pater　68,237,243,330-32,337,

338
『主の体と血について』*Du corps et du sang du Seigneur*（ランフランク） 359
手話 langage des signes 212
殉教録 martyrologe 33,34,51,58,87,219
巡察使 missi 14,66,100,110,152,329
巡視係 circatores, custodes 212
巡礼 pèlerinage 217,338
定規 règle (regula) 227
小教区 paroisse 34,74,195,328,329,330,348
尚書 chancelier 123,125,134,161,162,164,184
――局 chancellerie 45,62,63,66,125,165,177,251,265,266,351
書簡 épître, lettres 10,32,39,216,265,266,278,280,287,288,299,310,340,356
――作成 composition épistolaire (ars dictaminis) 308
――集 collections des lettres 19,51,170,173,181,183,206,209,265,310
――文体 style épistolaire 13,17,27,266
『書簡集』*Variae*（カッシオドルス） 19
『書簡集』*Epistolae*（文法教師ヴェルギリウス） 51
書記 notaire 3,9,20,31,34,62,66,67,69,158,161,172,175,177,178,198,223,244,251,252,266-69,309,319,351
書式集 formulaires 4,10,252,265,268,319
書籍 livre 128,221,222,226,276,278,283,284,310-12,336 →写本
贖罪 pénitence 33,225,328
「贖罪規定書」 pénitentiel 36,87,88,195,215,300
『食餌療法』*De observatione ciborum*（アンティムス） 289
叙事詩 poèmes épiques 4,17,148,324,325,321-23
女性 fille, femme 215,216,302,304,305
女子修道院 monastère des femmes 217
叙任権闘争 Querelle des Investitures 125,266
署名 signature 308,309
神学 théologie 14,29,69,75,94,104,113,148,171,274,294,360
――者 théologien 27,90,103,166
神話 mythologie 258,259,324
『箴言』*Aphorismes*（ヒッポクラテス） 183,287
信仰 foi 4,21,22,27,61,82,293,331,332,339,340,353,356,358
『信仰，希望，愛について』*Enchiridion*（アウグスティヌス） 317
信心 piété 216,342,348
信徒 laïc 62,346 →俗人
『真の哲学について』*Disputatio de vera philosophia*（アルクィン） 112
シンバル cymbale 342
新プラトン主義 Néo-platonisme 5,113
人文主義 humanisme 21,42,104,107,150,152,181
――的教養 culture humaniste 29,55,155
数意学 arithmologie 28,278,292
『数論』*Liber numerorum*（イシドルス） 292
数・形の諸学 sciences mathématiques 130,159,186,187,274,277,278,280 →四科
スエビー族 Suèves 27
『スカラプスス』*Scarapsus*（ピルミン） 338
スカルド Scaldes 322
スカンディナヴィア人 Scandinave 125,261,350
『スキピオの夢』*Songe de Scipion*（マクロビウス） 271
スコット人 Scots 36,52,70-72,88,90,99,100,103,107,112,122,256,262,266,272,287,318 →アイルランド人
スコラ学 scolastique 22,294
ストア派 Stoïcien 274,298
スペイン人 Espagnol 71,99
スペイン語 espagnol 319
スポーツ教育 sport 297,302
スラヴ人 Slave 350
スラヴ語 slave 335,345
スルピキウス家 des Sulpices 13

性教育 éducation sexuelle 215,297,300
聖遺物 relique 222,341,352
聖歌 cantique 34,37,47,65,78,231,241,246,278,323
聖歌隊 schola cantorum 47,63,68,98,101,178,209,240,244-47
――指揮者 capiscol 179,
――先唱者 préchantre 143
――長 cantor 209,231,247
先唱聖歌隊員 archichantre 50
聖学 sciences religieuses (sacrées, divines) 24,25,28,29,34,39,155,187,290,359
→神学，聖書注解
聖画像 image 62,84,91,92,339,340,342
――破壊政策 politique iconoclaste 46,63,340
聖書 Ecritures Saintes, Bible 10,21,22,24-26,32-35,37,39,46,47,49,53,54,56,58,62,67,68,73,78,79,81,82,84,92,100,104,107,108,111-13,127,137,138,152,154,203,215,217,239,241,242,244-46,252,255,259,290-93,298,300,301,316,325,336-40,342,345,351,354-56,358,359
――学習 études scripturaires 24,26,29,30,37,38,40,291,292,294
――講解説教集 homélie 108,148,158,195,325,337 →説教
――注解 exégèse 21,24-26,27,29,36,39,49,50,51,75,90,95,103-107,147,148,152,187,290-93,316,336,337
『聖書の概要と転義』*De schematibus et tropis Sacrae Scripturae*（ベダ） 290
『標準聖書注解』*Glossa ordinaria* 293
新・旧約聖書 Ancien et Nouveau Testament 292,325,339,345,346
旧約聖書 Ancien Testament 22,32,33,95,96,245,261,298,316,339-41,346
「創世記」 Genèse 32,146,147,282,293,324,325
「レビ記」 Lévitique 95,223
「申命記」 Deutéronome 21,296
「列王記」 livres des Rois 298
『列王記注解』*Commentaire sur les Livres des Rois*（大グレゴリウス） 26,54
「ヨブ記」 livre de Job 282
『ヨブ記講解』*Moralia in Job*（大グレゴリウス） 10,19,26
「詩編」 Psaumes 25,32,34,38,47,53,66,82,98,198,229-31,234,241,249,251,291,308,315,316,344,345,352,357
詩編集 Psautier 32,34,35,37,38,72,91,92,94,96,137,196,224,229,234,237,242,246,248,291,301,303,308,315,316
『詩編注解』*Commentaire sur les Psaumes*（ブルーノ） 170
『詩編による賛美』*De laude Psalmorum*（アルクィン） 315
『詩編による祈禱書』*Liber orationum cum Psalmis* 316
『詩編の用法』*De usu Psalmorum*（アルクィン） 315
『詩編の朗唱における注意』*Annotatio de psalteriis decantantis* 316
「箴言」 livre des Proverbes 235,298
「コヘレトの言葉」 livre de Qohélet 298
「雅歌」 Cantique des cantiques 74,171,298,324
「ダニエル書」 livre de Daniel 69
「シラ書」 livre de Siracide 298
『ヨナ書註解』*In Jonam*（ヒエロニムス） 336
「知恵の書」 livre de Sagesse 277,298
知恵文学の書 livres sapientiaux 298
新約聖書 Nouveau Testament 316,341
福音書 Evangile 32,39,51,69,148
福音伝道 évangélisation 197,328,329,331-33,339
『四福音書一覧』*Diatessaron* 324
「マタイによる福音書」 Evangile selon saint Matthieu 223,293,316
『マタイによる福音書注解』*Exposition sur Matthieu*（パスカシウス・ラドベルトゥス） 111
「ルカによる福音書」 Evangile selon saint Luc 316
「ヨハネによる福音書」 Evangile selon saint Jean 55
『ヨハネ福音書註解』*Commentaire sur l'*

Evangile de saint Jean（アウグスティヌス） 293,294
「使徒言行録」 Actes des Apôtres 23, 245
『聖パウロの書簡の注解』*Commentaires sur les Epîtres de saint Paul* 259
「黙示録」 Apocalypse 137,352
『黙示録注解』*Commentaire sur l'Apocalypse*（ベアトゥス） 78
古ラテン語訳 Vetus latina 291,316
ヴルガタ訳 Vlugate 96,108,291,316
「七十人訳」 Septente 291
聖職者 clercs, clergé 20,22,26,29,31, 49,52,56,61,62,68,80,101,105,107, 114,123,124,126,127,132,133,148
放浪―― clerc vagant 200,207 →放浪学生
『聖職者の教育』*De institutione clericorum*（ラバヌス・マウルス） 105,245, 270,282
『聖職者の生活態度』*De habitu clericorum*（レオビヒルド） 80
聖職禄 prébende 202,203,206,247
聖人 Saint 33,82,338,341,352
聖人伝 Vies des Saints 34,46,56,51,75, 87,89,94,100,101,106-08,128,132,135, 137,142,148,155,187,211,216,317,324, 325,338
――作者 hagiographe 163,164,166, 225,229
――大系 Corpus hagiographique 57
――文学 hagiographie 140
『聖・俗学教範』*Institutiones*（カッシオドルス） 24,25,292
聖体 Eucharistie 328,352,353,359
『聖地案内』*De locis sanctis*（アダムナン） 51
「聖なる読書」 lectio divina 113
聖務 offices 25,33,40,229,244,245, 261,291,308,315,328
――日課 offices liturgiques 28,33, 62,230,247,315
『聖務について』*De ecclesiasticis officiis*（イシドルス） 199
『生活の規則』*Praecepta vivendi*（アルクィン） 234
政治教育 formation politique 267,313
正書法 orthographe 91,108
『正書法』*Orthographia*（カッシオドルス） 24,101
『正読法』*De recta legendi ratione* 240
生徒 écolier, élève, étudiant 50,157, 165,198,199,202,204,213,222-24,228, 230,231,234,242,256,258,260,262-65 →子ども，若者
『世界史』*Historiae contra paganos*（オロシウス） 314
世俗 monde, siècle, profane 10,26,28, 196,217,220,239,329,350,357,358
説教 sermon, prédication 10,11,30,62, 65,95,101,158,187,217,245,252,265, 293,296,325,331,332-39,356 →聖書講解説教集
――者 orateur sacré, prédicateur 23, 63,104,334,335 →雄弁家
節度 modération 214,332
占星術 astrologie 282
尖筆 stylet à écrire (productalis) 219, 227,228,230
洗礼 baptême 67,61,81,197,328-32,353
像 statue 341
象牙細工師 ivoirier 42
総合教授法 méthode globale 229
草書体 cursive 230
蔵書 bibliothèque 109,128,141,142-44, 150,170,173,174,185,187,195,221,292, 305,308,310-14,316,317,329,337 →図書館，図書室
――目録 catalogue de la bibliothèque 71,92,97,103,105,137-40,144,147,154, 155,158,176,185,195,221,222,226,228, 254,287
俗学 sciences séculières, profanes 24, 26-28,186,187,291,359 →聖学
俗語 langue vulgaire 171,234,242,243, 245,271,319,320,323,331,335,336,345
俗人 séculier, laïc 22,230,233,286,296-98,303,304,307-11,313,315,317,322, 324,325,328,350,358 →信徒
測量師 agrimensores 279,280
測量術 arpentage 3,154,158,166,278
速記術 sténographie 66,69,223,251

ティロ式記号 notes tironiennes 223,251,252,256,336
『粗野な人々に教えを説く方法』*Ratio de catechizandis rudibus* 332
ソフィスト sophiste 265
算盤 abaque 163,166,181,182,233,234,280
村落 bourg, village 309,319,329,333 →田舎，都市

た 行

体育 exercice physique 302
第二斉唱者 secondinus 63
対話 dialogue 209,217,236,237
——形式 forme dialoguée 280,281
『対話』*Dialogue*（ハドリアヌス） 298
『対話編』*Dialogues*（大グレゴリウス） 46,126
『対話編』*Colloques*（アエルフリック・バタ） 209,210,212,213,217,218,225,227,231,237
『正しい生き方』*Formules de la vie honnête*（ブラガのマルティヌス） 317
『建物および橋の基礎工事の仕方』*Mappae Claviculae* 279
『旅案内』*Itineraria* 292
断食 jeûne 140,328
『地球の大きさについて』*Liber de mensura orbis terrae*（ディクイル） 89,262
『地誌』*Collectanea*（オーセールのヘリック） 225
『地誌』*Collectanea*（ソリヌス） 261
地図 mappa mundi 261
地中海地方 Méditerranée 3
地方語 langue nationale 187,298
注解書 commentaire 10,18,24,88,137,146
チュートン人 Teutonique 153,176 →ドイツ人
チュートン語 langue tudesque 320 →ドイツ語
中等教育 école secondaire 270
彫刻家 sculpteur 43,136,253,342
調合法 recette 148,199,289
懲罰 punition 220
勅令 Capitulaires 66,69,74,75,100,101,176,195,196,217,232,268,287,313,333
『新勅法』*Novelles* 9,268,313
地理 géographie 21,24,75,77,89,260-62
治療法 formules de guérison 148,289,290,346,347
『治療入門』*Isagoge in artem medendi* 288
沈黙 silence 209
通俗法 droit vulgaire 4
通訳 interprète 335
罪 péché 235,338,
『罪人の魂の哀歌』*Lamentations de l'âme pécheresse*（イシドルス） 317 →『同義語』
『帝国の分割を嘆く』*Déploration sur la division de l'Empire*（リヨンのフロルス） 73
『ティマイオス』*Timée*（プラトン） 271,273,282
『提要』*Epitomae*（文法教師ウェルギリウス） 51,203
『提要』*Manuel*（ドゥオダ） 233,300,301,311,316
『提要』*Ars*（モンテ・カッシーノのアルベリック） 266
『提要』*Manuel*（ブラガのマルティヌス） 298
『ティロのアポロニウスの物語』*Histoire d' Apollonius de Tyr* 314
デーン人 Danois 86,126,127
『テオドゥルスの牧歌』*Eglogae Theoduli*（ゴットシャルク） 258
『テオドシウス法典』*Code Théodosien* 4,268
『テオフィロス物語』*Histoire de Théophile* 94
哲学 philosophie 8,20,32,45,71,79,94,113,135,140,149,220,266,271,273-75,277
——者 philosophe 7,29,138,163,176,271,278,286,356
『哲学の慰め』*Consolation philosophique*（ボエティウス） 8,104,112,126,147,

149,243,271,273,275
哲人皇帝 empereur-philosophe 75,124
綴字法 orthographe 15,241 →書き方
徹夜 veille 53
『テトラログス』*Tetralogus*（ヴィポ） 124
手本 exemple 222,264,265
『デュロー写本』*Book of Durrow* 51,53
伝記 Vie 33,51,53,142,357
伝旨官 référendaire 3,268
伝統 tradition 15,214,246,359 →慣例
天文学 astronomie 5,8,24,49,50,69, 89,101,102,107,125,131,140,146,154, 158,160,163,179,181-83,274,278,279, 281-83
『天文学』*Astronomiques*（ヒギヌス） 282
『天文学と算定法』*De astronomia et computo*（ディクイル） 282
『天文詩』=『アラテア』*Phénomènes*（アラトス） 282,283
典礼 liturgie, rite 31,35,37,38,40,42, 47-49,62-65,67,68,85,92,96,104,106, 107,136,137,151,157,159,174,187,195, 231,244,318,331,333
——書 ouvrages liturgiques 61,84, 107,137,148,157,221,315,
——聖歌 chant liturgique 134,147,
——暦 cycle des fêtes 278,337,
ドイツ人 Allemand 125,178,320 →チュートン人
ドイツ語 allemand 74,150,153,237,273, 320 →チュートン語
『同義語』*Synonymes*（イシドルス） 317,
道徳 morale 111,220,234,235,260,293, 307,315,322,332,337,338,352,
——教育 formation morale 26,34, 194,235,266,313,331,
——至上主義 moralisme 338
討論 discussion 265,275,276
徳 vertu 240,300,314
読師 lecteur 31,34,68,98,195,240,244, 245,248
——の学校 école des lecteurs 104
——首席読師 primicerius 244
読書 lecture 31-33,40,113,140,180, 209,222,255,339
読誦集 lectionnaire 137
図書係 bibliothécaire 94,101,103,172,198, 221,223,258,311
図書館 bibliothèque 8,129,157,238,283, 287
図書室 bibliothèque 18,25,27,28,39,43, 47,50,56-58,63,71,72,75,79,83,84,91, 92,97,98,100,102-105,109,112,118, 119,123,124,137,139,141-45,147,154-57,159,160,168,170-76,178,179,182, 185,221,222,228,253,260,261,272,275, 287,292,310-12 →蔵書
都市 ville 5,6,7,9,15,16,68,77,95,103, 161-63,165,166,171,175,309,314,328, 333,351,353
——生活 vie urbaine 11,161,180
特許状 diplôme 62,199,252,268,308, 309,319
『トナリウス』*Tonaires*（ライヘナウのブルーノ） 151,249
『トピカ』*Topica*（アリストテレス） 20
『トピカ』*Topica*（キケロ） 184,270,276
奴隷 serf 196,197,352

な 行

謎かけ devinette 232,235,236
なぞ歌 énigme 5,52,53,56,58,70,148, 235,236
『なぞ歌』*Enigmes*（タトウィン） 50
『二行連句』*Distica*（カトー） 234,235, 243
肉体労働（手仕事）travaux manuels 31,38,43,53,216,284,296,327,329
西ゴート人 Wisigothique 3,4,15-17, 22,29,34,77,78,83,128,129,156-58
西ゴート語 wisigothique 159
『西ゴート法典』*Lex visigothorum* 15,16, 85,267
日常会話 conversation courante 134
日用語 mots usuels 134,240
ニーベルンク家 Nibelung 312
『入門書』*Isagogue*（ポルフィリウス） 260
任命 nomination 199

ネウマ記号 neume　118,159,248
ネストリウス派 nestorien　23
年代記 chronique　28,50,57,61,78,82,129,130,131,139,144,145,167,172,199,209,211,314,325
——作者 chroniqueur　57,82,140,165
『年代記』*Chronique*（アミアンのゲオルギウス）　91
『年代記』*Chronique*（アデマール）　143
『年代記』*Chronicorum libri*（リジューのフレクルフ）　313
農事書 traité d'agriculture　313
ノルマン人 Normand　118,248,262,323,350
ノルマンの侵攻 invasion normande　75,99,120,149,262,313

は　行

『パウルスとステファヌスの会則』*Règle de Paul et Etienne*　214
『博物誌』*Histoire naturelle*（プリニウス）　199
『抜粋集』*Excerpta*　280,311
話しことば langue parlée　19,262　→書きことば
ババリア人 Bavarois　44,59,318
ハンガリー人 Hongrois　261,350
『挽歌』*Planctus*（リュクスイユのコンスタンティウス）　139,184,219
蛮語 lingua barbara　320　→チュートン語，ドイツ語
蛮族 Barbare　14,94,324,350
『蛮族の歌』*Carmen barbaricum*　324
『範疇論』*Catégories*（アリストテレス）　20,155,184,243,260,270-73,276
『範疇論入門』*Isagoge*（ポルフィリウス）　184,270,272,276
『パンテクネー』*Pantechne*（モンテ・カッシーノのコンスタンティヌス）　288
『ハンドブック』*Handbook*　146
東ゴート Ostrogoth, ostrogothique　3,6,9,20,23,286
ビザンツ Byzantin　6-9,14-16,20,22-24,26,27,45,46,49,62,64,90-92,101,123,125,132-35,178,249,259,260,275,286,305,340
——帝国 Empire byzantin　63,123,133,260
非識字者 illettré　308,309,317,333,334,339
筆記帳 cahier　222,225
ピピン一族 Pipinnides　44
碑文 épitaphe　11,19,23,44,45,45,167,180,219,283,319
百科全書 encyclopédie　5,281,288
ピタゴラス派 Pythagoriciens　277
病気 maladie　289
『病気と月』*De luna in aegritudinibus*　289
『病気を追い出す歌』*Carmina ad morbos*　290
『ヒルデブランドの歌』*Hildebrandslied*　322
貧乏学生 écolier pauvre　206,207
ファティマ朝 Fatimides　131
「フィリズ」 Filids　321
「フィリオクェ」 Filioque　92
諷刺劇 parodie théâtrale　102
諷刺詩 poème satirique　78,138,142
プサルテリオン psaltérion　249
婦人科 gynécologie　289
復活祭 Pâques　55,281,282,330
——算定法 comput pascal　36-38
『船荷』*Fecunda ratis*（エグベルト）　166,187,214,235
扶養 entretien　203,207
「プラグマティック・サンクション」*Pragmatique Sanction*　9
フランク族 Franc　11-15,48,56,60,64,83,85,114,126,131,160,246,297,318,321-24
フランク王国 Royaume franc　3,12,44,56,62,63,90,112,119,127,157,160,186,312,324
『フランク王年代記』*Chronica regum francorum*（ヘロナのゴトマール）　130
『フランク史』*Liber historiae Francorum*（エモアン）　60,141
『フランク史』*Historia Francorum*（トゥールのグレゴリウス）　314

『フランク族武勲詩』*Gesta Francorum*
60,314
フリースラント人 Frison 60,162
『ブリタニア史』*Historia Brittonum*（ネンニウス） 88
ブリトン人 Breton 35,120,126
ブリトン語 brittonique 100,146,318
ブルグンド族 Burgonde 3,4,8,11-14,201,208,269
プロト・ロマンス語 proto-roman 318,319
『文学の振興について』*De litteris colendis*（カール大学） 67
文学 littérature 13,16,186,357
——教育 instruction littéraire 301,305,358
文教政策 politique culturelle 59,124,245 →教育政策
文芸の庇護 mécènes 6,17,71,72,127,162
文芸復興 renouveau 77,97,126 →ルネッサンス
文書 écrit, archives 4,11,14,118,207,251-53,264,267-69,298,308,309,319,336,340
——作成法 dictamen 251,263,265,266,269,308,309
『文書作成提要』*Breviarium de dictamine* 266
文体 style 10,235,310
『文典』*Ars*（フォカス） 255
『両文典』*Artes Donati*（ドナトゥス） 107,222,254,255
『大文典』*Ars major*（ドナトゥス） 254
『小文典』*Ars minor*（ドナトゥス） 237,254
文法 grammaire 5,7,9,12,18-20,24,25,34,36,44,45,49,50,52,58,66,69,79,80,91,100,102,104,105,107,111,139-44,146,147,149,155,157,158,162,167,168,176,179,185,222,234,236-38,241-43,248,249,251,254-56,260,262,272,281,282,291,309,311,354,356,358
——教師 grammairien 5-9,18,21,22,24,25,27,30,36,45,49,51,54,65,79,90,92,102,104,106-09,177,184,237,239,241-43,248,254,255,260,282,284,290,356
——書 traités grammaticaux 24,36,51,52,54,58,69,87,88,103,104,107,112,132,147,148,155,157,221,222,229,237,242,243,251,254,255,260,309,318,323
『文法書』*Institutiones*（プリスキアヌス） 255
『文法提要』*De grammatica*（アルクィン） 107
『文法問題集』*Quaestiones grammaticales*（フルーリのオド） 140,147,239
『ベアトゥス』*Beatus* 156
『ベーオウルフ』*Beowulf* 322
ヘブライ人 Hébreu 21,96
ヘブライ語 hebreu 21,96,129,131,159,174,256,291,345
ヘラ férule 213
ペルシア語 perse 288
ヘレニズム hellénisme 46,90,123,233
弁護士 avocat 16,177,198,267,269,276,354,358
弁証学 dialectique 5,9,20,21,90,113,124,135,140,144,155,167,171,176,182,184-87,260,270-77,351,353-55,359
——教師 dialecticien 24,271,282,356
『弁証学と修辞学の相違』*De distantia dialecticae et rhetoricae*（フュルベール） 276
弁論 discours 7,334 →演説
説得—— suasoriae 264
反駁—— controversiae 264
——教師 rhéteur 5,9,23,109,355
——術 rhétorique 7,16,141,176,177 →雄弁、演説
『弁論家の教育』*Institutio oratoria*（クィンティリアヌス） 11,86
『雄弁家論』*De oratore*（キケロ） 110
『便覧』*Vademecum*（ワラフリド・ストラボ） 222
法 droit, loi 85,132,339,351
法学 droit 9,13,16,18,28,45,50,104,177,179,267-69,313,354,358,359
——者 juriste 4,9,175,177,267,268,276,351

『法学提要』*Bréviaires*　4,16,268,269,313
法典 code　4,60,221
法令集 collections juridiques　267,269,313
『法令注記集』*Notae juris*　268
俸給 traitement　5,6,8,9,16,140,202 →報酬
奉献 oblation　204-06,217
報酬 récompense, rémunération　202,302,303 →俸給
放浪学生 élèves itinérants　207 →放浪聖職者
母国語 langue nationale　242,243
『牧歌』*Eglogae*（ヴェルギリウス）　51,243
ポリフォニー polyphonie (*organum*)　285
翻訳 traduction, version　20,92-94,130,132-35,143,148,153,158,179,235,243,260,270,271,273,283,288,289,291,310,314,324,325,332,335

ま　行

魔術 magie　112,290
マニ教 manichéisme　186
マニエリスム maniérisme　19,36,52,147
『ムハンマド小伝』*Annotatio Mahometi*　82
ミサ messe　61,201,315,329,344,345
——典書 missel　159,195
——用福音書抄録 Evangéliaire　53,56,58,72,137,146,150,195
身分 ordo　297
民衆 peuple (*populus, plebs, vulgus*)　30,296,327-29,334-36,341-44,346
無償 gratuit　195,202
『息子に対する父親の10の教訓』*Dix instructions d'un père à son fils*　298
『ムスピリ』*Muspilli*（ヴィッセンブルクのオトフリート）　74,324
無知 ignorance　196,213,271,309,356,358,359
鞭 verge, fouet　213,214,219,352
『名士列伝』*De viris*（ヒエロニムス、ゲンナディウス）　199
迷信 superstition　327,341,348
瞑想 meditatio　31,33,137,154,245
『命題集』*Sententiae*（イシドルス）　292
『命題論』*De interpretatione*（アリストテレス）　20,270,276
メロヴィング Mérovingien　11,19,39,42,44,62,66,216,289,298,306,307,318,319
『もうひとつの音楽』*Alia musica*（サン・タマンのフクバルド）　285
黙読 lectio tacita　32
モサラベ Mozarabe　82,129,131,157,248
モノグラム monogramme　308,309
物知り的知識 érudition　19,20,259
モラリスト moraliste　27,90,259
問答形式 forme catéchétique　237,265,288

や　行

薬草 herbe médicinale　289
『薬草園』*De hortulo*（ワラフリド・ストラボ）　289
『薬草誌』*Herbarius*（アプレイウス）　148,289
雄弁家 orateur　162,172,264,334,356 →説教者
雄弁術 art oratoire　18,22,23,46,81,262,355 →弁論術，説教
『ユーリンガタル』*Yuglingatal*　322
『ユーリング』*Yuling*　322
誘惑 tentation　215-17
『ユスティニアヌス法典』*Code de Justinien*　267,269
ユダヤ教徒 Juif　80,161,224,290
ユダヤ人 Juif　81,84,95,96,104,124,130,131,169,229,259,260,286
『ユダヤ古史』*Antiquitates Judaicae*（ヨセフス）　312
ユダヤ的教養 culture juive　95
指算 comput digital　212,233
『夢』*Songe*（マクロビウス）　282
幼児期 infantia　204 →子ども
羊皮紙 parchemin (pergamenum)　223,225,227,228,230,252,336

『要約』*Epitomae*　255
『要理』*Catéchèse*　332
要理教授 catéchèse　331
　──法 façon de catéchiser　332
ヨーロッパ Europe　43,48,109,114,130,261,350
『余の愛読書と，哲学者たちによる詩的寓話の神秘的解釈』*Des livres que j'ai l'habitude de lire et comment les fables des poètes sont interprétées mystiquement par les philosophes*（テオドゥルフ）　258
『予備演習』*Praeexercitamina*（プリスキアヌス）　18
予備教育 propédeutique　21
読み書き Lire et écrire　13,142,195,196,199,209,212,216,228,300　→読み方，書き方
読み方 lecture　32,34,67,68,198,204,228-32,234,243,307,308　→朗読

ら　行

ラテン
　──教養 culture latine　5,6,13,51,187
　──語 latin　4,6,8,10,14,15,17,19-21,28,35,36,46,51,53,60,62,65,67,79,80,87,91,92,94,107,108,127,130,134,146-48,153,158,171,195,216,222,231,234,235,237,241-44,254-56,260,281,308-10,314,317-20,322-24,331,332,335,336,344-46
　──語訳 traduction latine　240,277,283,289,291,316
　──・ギリシア語会話提要 manuels de conversation gréco-latins　92
　──人 Latin　8,81,131,132,259
　──文学 littérature latine　8,19
　『ラテン詩華集』*Anthologie latine*　5,52,84
ラディン語 ladin　319
理性 raison　220,271,272,275,294,353
『理性について』*De ratione*（ジェルベール）　184,276
律法 Loi　332
『リンディスファーン写本』*Book of Lindisfarne*　53
リュラ lyre　249
倫理学 éthique　274
『ルーオトリープ』*Ruodlieb*　150,324
『ルートヴィッヒの歌』*Ludwigslied*　323
ルネッサンス Renaissance　13,108,111,257　→文芸復興
レオンティウス家 des Léonce　13
歴史 histoire　21,24,28,45,50,75,106,150,155,171,224,260,261,274,293,313,321,324
　──書 traité historique　49,79,101,135,142,221,312,314
　『歴史』*Annales*　88
　『歴史』*Histoires*（タキトゥス）　155
　『歴史』*Histoires*（オロシウス）　130
　『歴史』*Histoires*（ベダ）　126,345
　『歴史』*Histoire*（リシェール）　287,288
『レトリマキア』*Rhetorimachia*（ベザーテのアンセルムス）　125,263
恋愛詩 poème d'amour　264
恋歌 chanson d'amour（*Winileodes*）　217,264
朗誦 récitation　23　→暗記
朗読 lecture　32,53,209,210,241,242,245　→読み方
ローマ Rome
　──人　3,4,8,9,13,35,37,38,44,52,114,246,321,323
　──風 Romania　5,13-17,35,45,50,53,56　→ローマ文化
　──文化 civilisation romaine　3,35
　──法 droit romain　4,12,16,17,177,186,221,267-69,313,351
　粗野な──語 lingua romana rustica　108
　『ローマ人の身分』*De gradibus Romanorum*　269
　『ローマ典礼書』*Ordines romani*　47,65,244
『ローランの歌』*Chanson de Roland*　326
『ロタリ法典』*Code de Rothari*　267
ロマンス語 langue romane　108,318-20,325,335,336
　レト・ロマンス語 rhéto-roman　319
ロンゴバルト人 Lombard　7,11,39,40,

43-45,48,64,65,69,229,268,306
ロンゴバルト法典 code lombard　45,267
『ロンゴバルト史』*Histoire des Lombards*（パウルス・ディアコヌス）　102,314
論理学 logique　141,180,182,183,186,272,274-76
『旧論理学』*logica vetus*　20,271,273
『論理学大系』*Corpus*　271

わ　行

若者 adolescent　13,204　→子ども
『若者のための問題集』*Propositiones ad erudiendos juvenes*（アルクィン）　232
話法 mode d'élocution　263,264,266

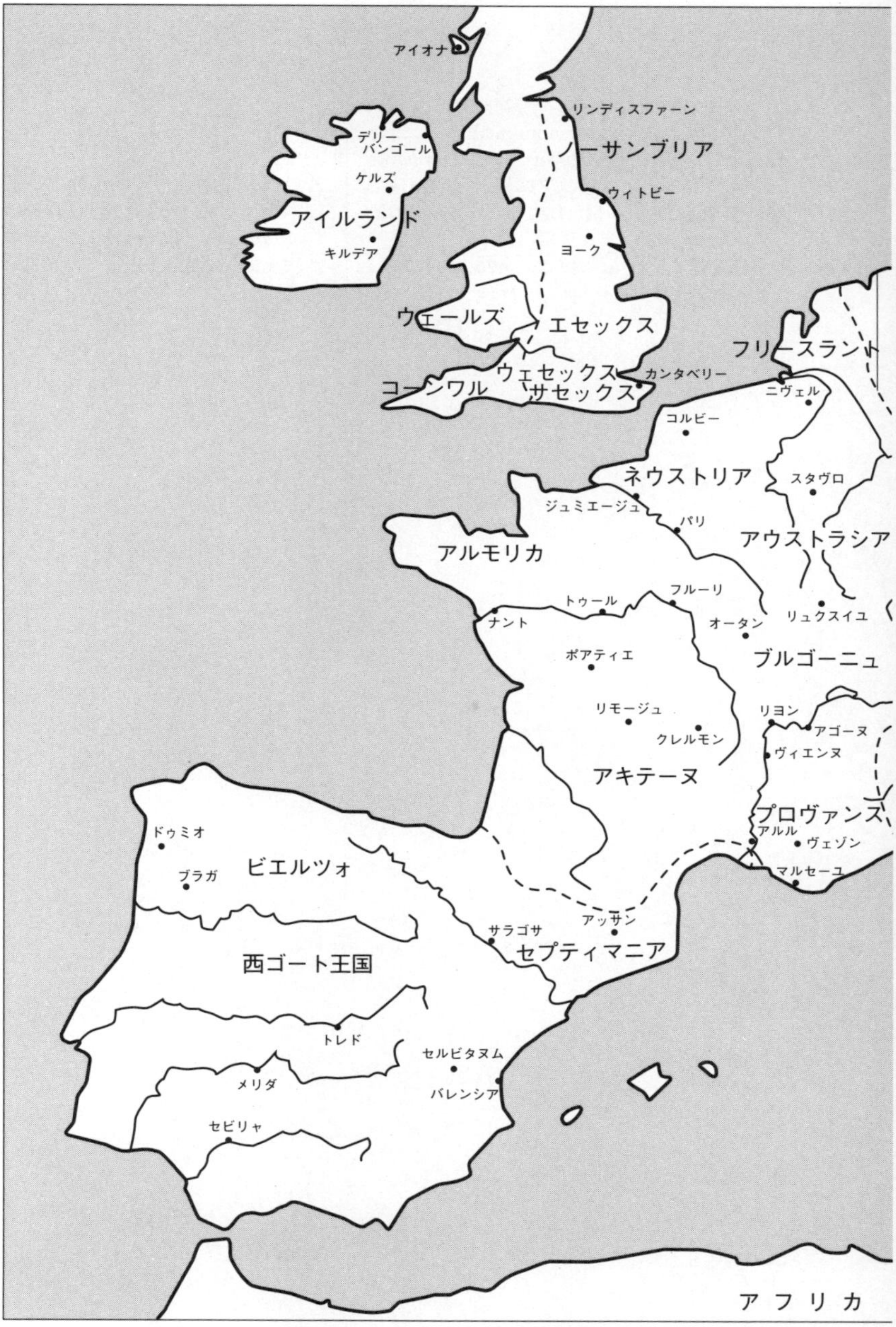
アイオナ
リンディスファーン
デリー
バンゴール
ノーサンブリア
ケルズ
ウィトビー
アイルランド
キルデア
ヨーク
ウェールズ
エセックス
フリースラント
ウェセックス
カンタベリー
コーンワル
サセックス
ニヴェル
コルビー
ネウストリア
スタヴロ
ジュミエージュ
パリ
アウストラシア
アルモリカ
トゥール
フルーリ
ナント
オータン
リュクスイユ
ポアティエ
ブルゴーニュ
リモージュ
リヨン
クレルモン
アゴーヌ
ヴィエンヌ
アキテーヌ
プロヴァンス
ドゥミオ
アルル
ヴェゾン
ビエルツォ
ブラガ
マルセーユ
アッサン
サラゴサ
セプティマニア
西ゴート王国
トレド
セルビタヌム
メリダ
バレンシア
セビリャ
アフリカ

6－7世紀末の学問の中心
ザクセン
チューリンギア
アラマニア
ザンクト・ガレン
ババリア
ロンゴバルト王国
ミラノ
ヴェローナ
ボッビオ
ラヴェンナ
ローマ
モンテ・カッシーノ
ナポリ
ヴィヴァリウム
カルタゴ

アイオナ
リンディスファーン
ジャロー
ウェアマス
ノーサンブリア
バンゴール
ケルズ
アルマー
クロナード
デュロー
ヨーク
ハンブルク
ブレーメン
ラン・カルヴァン
マーシア
ユトレヒト
コルヴェー
マームズベリー
カンタベリー
ヘルスフェルト
フルダ
サン・タマン
カンブレ
コルビー
ソアソン
アーヘン
マインツ
サン・ワンドリーユ
サン・リキエ
リエージュ
エヒテルナハ
ロルシュ
ラン
ランス
サン・ドニ
パリ
オーヴィリエ
ランデヴネク
ルオン
ドル
ルドン
ル・マン
オルレアン
フェリエール
メッツ
ストラスブール
レーゲンスブルク
トゥール
フルーリ
フライジング
ライヘナウ
サン・ミイエル
オーセール
ミュールバッハ
リュクスイユ
ザンクト・ガレン
クル
アキテーヌ
リヨン
チヴァーテ
ヴェルチェッリ
ヴィエンヌ
ミラノ
ヴェローナ
パヴィア
ノナントラ
ボッビオ
オヴィエド
コンポステッラ
レール
リエバナ
アニアヌ
ジェロヌ
アストゥリア王国
イスパニア辺境
ウルヘル
ヘロナ
バルセロナ
トレド
コルドバ回教国
アフリカ

8－9世紀における
カロリング期の学問の中心
× 修道院
• 都　市
○ アイルランド人が
活躍した中心
スラヴ地方
× モントゼー
○ ザルツブルク
• チヴィダーレ
• アクィレイア
フィエゾーレ
× ファルファ
• ローマ
× サン・ヴァンサン・ド・ヴォルトゥルノ
× モンテ・カッシーノ

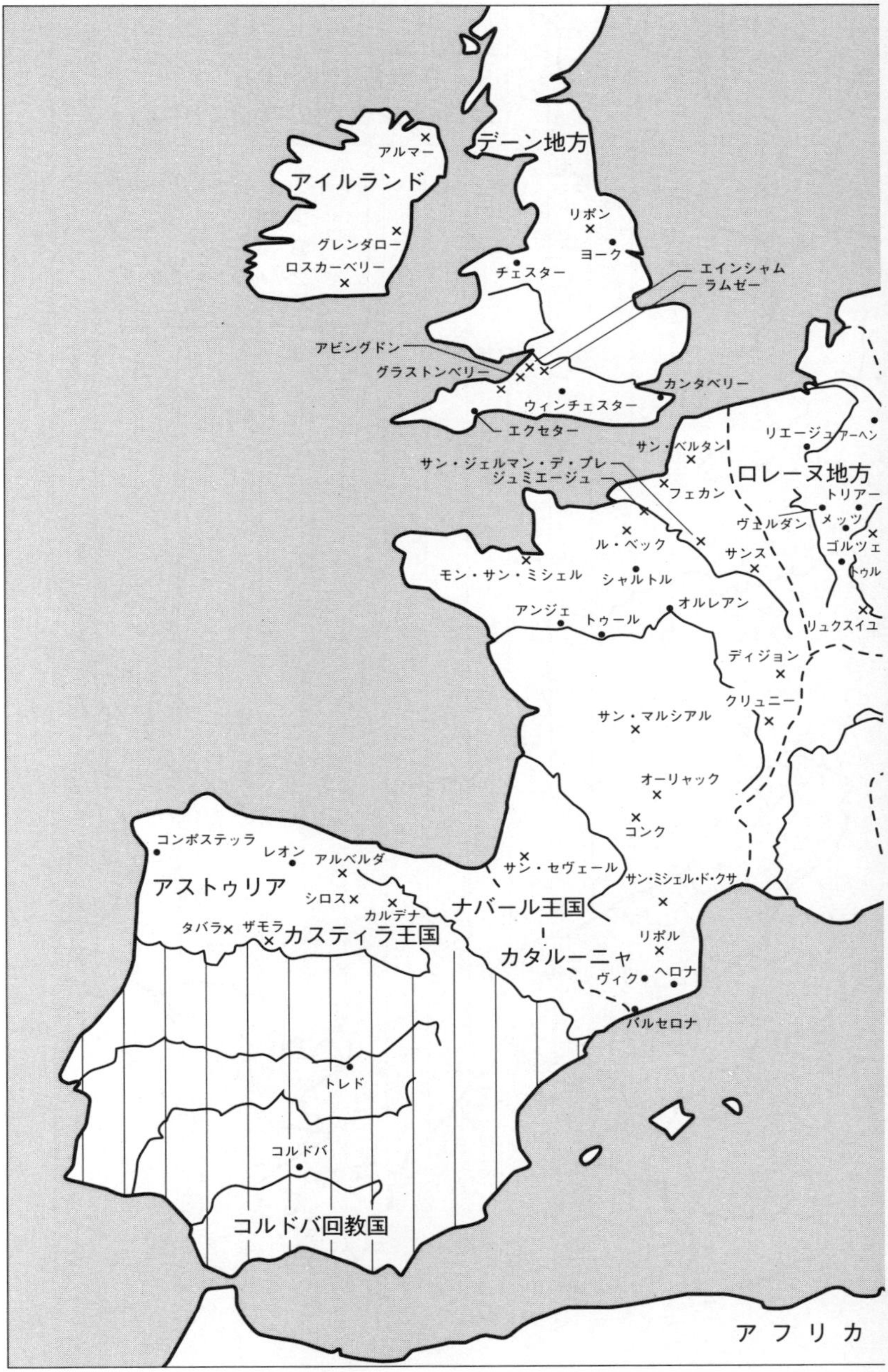

デーン地方
アルマー
アイルランド
グレンダロー
ロスカーベリー
リポン
ヨーク
チェスター
エインシャム
ラムゼー
アビングドン
グラストンベリー
カンタベリー
ウィンチェスター
エクセター
サン・ベルタン
リエージュ
アーヘン
サン・ジェルマン・デ・プレ
ジュミエージュ
ロレーヌ地方
フェカン
トリアー
メッツ
ヴェルダン
ゴルツェ
ル・ベック
サンス
トゥル
モン・サン・ミシェル
シャルトル
アンジェ
トゥール
オルレアン
リュクスイユ
ディジョン
クリュニー
サン・マルシアル
オーリャック
コンク
コンポステッラ
レオン
アルベルダ
サン・セヴェール
アストゥリア
シロス
カルデナ
ナバール王国
サン・ミシェル・ド・クサ
タバラ
ザモラ
カスティラ王国
カタルーニャ
リポル
ヴィク
ヘロナ
バルセロナ
トレド
コルドバ
コルドバ回教国
アフリカ

10－11世紀中葉の学問の中心
× 修道院
• 都　市
ビザンツ領
ポーランド
ボヘミア地方
ハンガリー地方
ハンブルク
ブレーメン
ヒルデスハイム
ガンデルスハイム
コルヴェー
ザクセン地方
マグデブルク
パーダーボーン
ケルン
ハルバーシュタット
マインツ
フルダ
ヴュルツブルク
バンベルク
ヴォルムス
レーゲンスブルク
プラハ
フランケン地方
アルタイヒ
パッサウ
シュパイヤー
ストラスブール
アウグスブルク
シュワーベン地方
ババリア地方
ライヘナウ
ザンクト・ガレン
ザルツブルク
テゲルンゼー
コンスタンツ
ブレシア
ヴェルチェッリ
ミラノ
ベルガモ
パヴィア
パルマ
ラヴェンナ
ボッビオ
ノナントラ
ルッカ
アレッツオ
ノヴァリエンスム
ファルファ
ローマ
ベネヴェント公国
モンテ・カッシーノ
カプア
ナポリ
サレルノ
ロッサーノ

5世紀末－7世紀末

北アフリカ	イタリア	ガリア
484-96 グンタムンドの治世 カルタゴの学校の再開		483 シドニウス・アポリナリス死去
	493 テオドリック1世の治世始まる	
		506 アラリックの『聖務日課書』. アグドの宗教会議
		507 ヴゥイエの勝利
520頃『ラテン詩華集』	521 パヴィアのエンノディウス死去	
	524 ボエティウス刑死	
	525 小ディオニシウス死去	529 ヴェゾンの宗教会議
532 ルスパエのフルゲンティウス死去		
533 ビザンツによる再征服	534頃 ベネディクトの「会則」	
	536 ビザンツによる再征服	537 フランク族, プロヴァンスに
	544 アラトルの『使徒言行録注解』	542 アルルのカエサリウス死去
555 トゥンヌーナのヴィクトルの『年代記』	555「プラグマティック・サンクション」	
		566 フォルトゥナトゥス, メッツに
		573-594 グレゴリウス, トゥールの司教
	575 ローマのサン・タンドレ修道院の創設	
	580 モンテ・カッシーノ修道院の破壊	
	583 カッシオドルス死去	590 コルンバヌス, ガリアに
	590-604 グレゴリウス1世教皇在位	
	614 コルンバヌス, ボッビオ修道院を創設	
		630頃 ベネディクトの「会則」の導入
		639 ダゴベルト死去

スペイン	イギリス	ケルト系のブリタニアとアイルランド
500 アサン修道院の創設		500 モン・バドンにおけるブリトン人の勝利
		520 頃 クロナード修道院の創設
527 トレドの宗教会議		
544 ビザンツ，スペイン南部を占拠		
		546 頃 デリー修道院の創設
		555 デュロー修道院の創設
561 ブラガのマルティヌス死去		563 アイオナ修道院の創設
570 セルヴィタヌム修道院の創設		570 頃 ギルダスの『ブリタニアの滅亡』
589 第三回トレド宗教会議		590 コルンバヌス，バンゴールを去る
	596 ケント地方にローマの宣教団渡来	
620 イシドルスの『語源誌』		
636 セビリャのイシドルス死去	635 リンディスファーン修道院の創設	

645 マクシムス・コンフェッソール，アフリカに	643 ロタールの勅令	
	649 ラテランの宗教会議	
		654 ジュミエージュ修道院の創設
		655 カオールのデシデリウス死去
		660 コルビー修道院の創設
	663 コンスタンス2世皇帝，シチリアに	ノアヨンのエリギウス死去
698 カルタゴの破壊		

7世紀末－9世紀初頭

スペイン	イタリア	ガリア
	681 第六回公会議	
690 トレドのユリアヌス死去		
695 ビエルツオのヴァレリウス死去	698 文法教師フェリクス，パヴィアに	
700 西ゴートの『祈禱本』		700 リュクスイユの『読唱集』
		706 ペロンヌ修道院の創設
711 アラビア人の侵攻		714 シャルル・マルテル，宮宰に
	720 モンテ・カッシーノ修道院の再建	725-750 トゥールのサン・マルタン修道院の写字生たちの活躍
	722 ボニファティウス，ローマに	
	731-741 グレゴウス3世教皇在位．聖画像論争	
	735 ピピン3世，パヴィアに	
	741 コルビーのグリモ，ローマに	742 教会改革
		742-766 クロデガング，メッツの司教
	751 ラヴェンナの占拠	751 ピピン，王位につく．カロリング朝始まる
754 コルドバの著者不明の『年代記』	754 ピピン，聖ペトロ大聖堂に寄進	
759 サモス修道院の創設		

645 タイオの『命題集』		
654 『西ゴート法典』	653 ウィルフリド，ローマに赴く	650頃『イスペリカ・ファミナ』
657 トレドのエウゲニウス死去		
	664 ウィトビー修道院の創設	
667 トレドのイルデフォンスス死去	669 テオドルスとハドリアヌス，カンタベリーに	
	672 ジャロー修道院の創設	
	カエドモンの詩作	680頃 コギトススの著作

ゲルマニア	イギリス	アイルランド
	685 ベダ，ジャロー修道院に	680頃 文法教師ヴェルギリウス
	687 クトベルト死去	
690 エヒテルナハ修道院の創設		690 バンゴールの『交唱聖歌集』
	698『リンディスファーン写本』.『アミアティヌス写本』	
	700頃『ベーオウルフ』	700『デュロー写本』
		マルサカヌスの『文典』
	709 アルドヘルム死去	704 アイオナのアダムナン死去
	716 ボニファティウス，イギリスを去る．ジャローのケオルフリド死去	
729 ライヘナウ修道院の創設	732 エグベルト，ヨークの司教	
	735 尊者ベダ死去	
739 ウィリブロルド死去．ピルミン死去		
744 フルダ修道院の創設		
	747 クロヴシュウの宗教会議	
	750 『黄金の書』	750頃「クルデ」の運動始まる
754 ボニファティウス，フリースラントで殉教		
	757-795 マーシア王オッファの治世	

		762 フランク人，アキテーヌを征服 768 カール大帝の登位
776 ベアトゥスの『黙示録注解』	774 パウルス・ディアコヌス，モンテ・カッシーノに カール大帝，ローマに	
778 ロンスヴォーの戦い	781 カール大帝とアルクィンの出会い	
784 キリスト養子説論争	784 アンブロシウス・アウトペルトゥス死去	
	787 カール大帝，ローマに パウルス・ディアコヌス，モンテ・カッシーノに戻る．ベネヴェントのアリキス死去	789『一般訓戒』 790『カールの書』 794 フランクフルトの宗教会議
		799-814 レイドラド，リヨンの大司教
801 フランク人，バルセロナを占拠		800 アンギルベルト，サン・リキエの修道院長 804 アルクィン死去 ヘロナ修道院の創設 806 フォントネル修道院長ゲルヴォルド死去 813 ランス，トゥール，アルルなどの宗教会議 814 カール大帝死去

9世紀

スペイン	イタリア	フランス
		817 アーヘンの宗教会議 818 ヨナス，オルレアンの司教
822-852 アブド・アル・ラーマン2世		821 テオドゥルフ死去．アニアヌのベネディクト死去
	825 オロンナの法令 826 ローマの宗教会議 827 トリノのクラウディウス死去	825 ディクイル，宮廷に 827 ヒルドゥイン，偽ディオニシウスの著作を翻訳

767 ヴェルギリウス，ザルツブルクの司教 772 ノイシングの宗教会議 783 フライジングのアルベオ死去 785 ザクセンの法令 フリースラントの帰順 788 ババリアの併合 796 アヴァール人の帰順	778 アルクィンの出国 787 チェルシーの教区会議 795 ヴァイキング，ノーサンブリアに侵入 805 以降 クロデガングの「参事会規則」の導入	792 アイルランド人修道者あてのアルクィンの書簡 800 頃『アルマーの書』 『ケルズの書』

ゲルマニア	イギリス	アイルランドとケルト地方
817-820 ザンクト・ガレン修道院の平面図 822 コルヴェー修道院の創設 822-847 ラバヌス・マウルス，フルダの修道院長		820 頃 マク・ラゴルの「福音書」 824 メルヴィン・ヴレク王死去

		831 ルドン修道院の創設 フリデギスス死去
839 コンポステッラで聖ヤコブの聖遺物の発見		840 アインハルト死去
		841 アゴバルド死去 ドゥオダの『提要』
842 アルフォンスス2世死去	844 ヴェローナのパチフィクス死去	842 ストラスブールの宣誓
848 エウロギウス，北方に旅す	849-872 アタナシウス1世，ナポリの司教	849 パスカシウス・ラドベルトゥス死去
		853 メッツのアマラリウス死去．ノルマン人，トゥールに
858 ウズアール，コルドバに旅す	858-867 ニコラウス1世教皇在位	855 メッツのドロゴ死去
		860 ヨハネス・スコトゥス，宮廷に
		862 フェリエールのルプス死去
866 アルフォンスス3世の登位		865 ヘリック，オーセールの教師．クリスティアヌス，スタヴロの教師
		869 ゴットシャルク死去
870-893 ドゥエロ地方の再征服		871 サン・リキエのミコン死去．コルビーのラトラムヌス死去
	875 カール禿頭王の戴冠	875 マルティヌス・スコトゥス死去．ヴィエンヌのアドの『年代記』
	880 ヨハネス・ディアコヌス死去	881 ソークールの勝利
	882 教皇ヨハネス8世死去	882 ヒンクマール死去
	883 モンテ・カッシーノ修道院の破壊	
		885 パリの攻囲
890頃 タバラ修道院の創設		
	897 図書係アナスタシウス死去	
898 バルセロナ伯グィフレド死去		

831 ブレーメンのアンスカリウス死去		831 ネンニウスの『ブリタニア史』
	835 ヴァイキング侵攻の始まり	
838-849 ワラフリド・ストラボ，ライヘナウの修道院長	839 ウェセックスのエグベルト王死去	
848 セドゥリウス，リエージュに		
854 グリマルドあての，エルヴァンゲンのエルメンリックの書簡	855 アルフレッド，カール禿頭王の宮廷に	
		860 スコットランドのケネス死去
862 ヴィッセンブルクのオトフリートの活躍		
869 キリルス死去	869 聖エドムンド王死去	
	871 アルフレッド，ウェセックスの王に	
	877 デーン人，ヨークを攻略	
	879 ウェドモーアの和解	
885 メトディウス死去		
	890『司牧規定』の翻訳	
895 ザンクト・ガレンのラトペルト死去．ノートケル，ザンクト・ガレンの学頭		895頃『三部作の聖パトリキウス伝』
899 ハンガリー人，ババリアに		
	900 アルフレッド大王死去	
		900頃 コルマク・マックィレナンの詩作品

10世紀−11世紀前半

スペイン	イタリア	フランス
		908 オーセールのレミギウス死去
909 アルフォンスス3世死去		909 クリュニー修道院の創設
910 レオン，首都となる		
912 アブド・ア・ラーマン3世，カリフとなる		
	915-924 ベランジェの『武勲詩』	919-936 スカンディナヴィア人，ブルターニュに侵攻
927 アルベルダ修道院の創設	926 ラテリウス，ヴェローナの司教	
		930 フルーリ修道院の改革 サン・タマンのフクバルド死去
	934-936 ラテリウスの『瞑想』	
937-978 写字生フロレンティウスの活躍		
	936 フロドアルド，ローマに	
940 ヘロナのゴトマールの『年代記』	942 ナポリのレオ，東方に旅す	942 クリュニーのオド死去
950-956 ゴルツェのヨハネス，コルドバに	948 モンテ・カッシーノ修道院の再建	950 ジェルベール，オーリャックに遊学
951 ピュイの司教，コンポステッラの聖ヤコブ教会に巡礼		
955 ハイダイ・イブン・シャプルト，レオンに		
957 ヴィクの蔵書目録		957 アッボ，フルーリに遊学
	959 ヴェルチェッリのアット死去	
961 アル・ハカム2世，カリフに．コルドバの暦	961 リウトプランド，クレモナの司教	
	962 オットー1世の戴冠	
965 イブン・ヤークブ，西方に	966 サレルノの医学校の始まり	966 フロドアルド死去
967 ジェルベール，リポルに遊学	968 リウトプランド，ビザンツに	967 アドソン，モンティエ・アン・デールの修道院長
970 フェルナン・ゴンザレス死去．タボラの『ベアトゥス』	972 オットー2世とテオファノの結婚	972 ジェルベール，ランスの学頭
975 ヘロナの『ベアトゥス』		

ゲルマニア	イギリス	ケルト地方とスカンディナヴィア地方
912 ザンクト・ガレンのノートケル死去 915 プリュムのレギノ死去 916 コルヴェーのボヴォ2世死去 917 ユトレヒトのラドボド死去		
930頃『ヴァルテリウス』 933 ゴルツェ修道院の改革 936 オットー1世，ゲルマニアの王	925–939 エセルスタンの治世	927 マック・デュールナン死去 930頃 ノルウェーのスカルド・ティオドルフの活躍
941 ヴィドゥキング，コルヴェーに	940 ダンスタン，グラストンベリー修道院を改革	942 カドロック，アイルランドを去る
953 ラテリウス，リエージュの司教．ブルーノ，ケルンの大司教	956 オスガー，フルーリに 959–975 エドガーの治世	
962 フロスヴィータ，ガンデルスハイムに	961 ダンスタン，カンタベリーの大司教 962 エセルワルド，ウィンチェスターの司教．オズワルド，ウースターの司教	960 ハラルドの回心 960頃 フィリド・フォルゴルの詩
967 マクデブルクの司教座創設 973 エッケハルト1世死去 974 ラテリウス死去	970 『修道会則一覧』 975–998 エセルワルドの『年代記』	

975-992 ロベト，バルセロナの助祭長		
976『ヴィギラヌス手稿本』		
	982 ジェルベール，ボッビオの修道院長	980 サン・モール修道院の改革
985 バルセロナの略奪	985 ステファヌス，ヴェローナの学頭	987 ユーグ・カペーの登位
		990-1031 ギレルモ，ヴォルピアーノの修道院長
		991 サン・バールの宗教会議
		991-998 リシェールの『歴史』
		994 クリュニーのメイユール死去
	1003 シルヴェステル 2 世教皇死去	1004 フルーリのアッボ死去
		1004-1030 ゴーズラン，フルーリの修道院長
1008 オリヴァ，リポルの修道院長．クサのガラン死去		
1013 リポルのヨハネス，フルーリに		
	1015 ベザーテのアンセルムス，パルマに遊学	
1018 オリヴァ，ヴィクの司教		
1020 セゴール，リポルの教師		1022 オルレアンの異端裁判
		1025 アラースの司教区会議
		1028 シャルトルのフュルベール死去．ギヨーム，フェカンの修道院長
	1030 ランフランク，パヴィアに遊学	1031 ロベール敬虔王死去

978 ヴォーソールのカッドロー死去		
980 オトリク，マクデブルクの学頭．フロムンド，テゲルンゼーの学頭．ヴァルター，シュパイヤーの学頭	980 リポン修道院の再建 984 エセルワルド死去 985 アッボ，ラムゼーの教師『エクセター・ブック』 988 ダンスタン死去	980 ダブリンの王オラーフ・クアラン，アイオナで死去 982 エールベルタック・マックコイスの詩
990 エッケハルト2世死去		
	992 オズワルド死去	
993 トリアーのエグベルト死去		
993-1022 ベルンハルト，ヒルデスハイムの司教		
1002 オットー3世死去	1000頃 ビルトフェルトの活躍	1000 オラーフ・トリッグヴァソン死去．クヴェルフルトのブルーノ，スウェーデンに
1007 バンベルク修道院の創設．ロッブのヘリゲル死去		
1009 リエージュのノートケル死去		
1010-1027 アダルボルド，ユトレヒトの司教		
1011 マインツのヴィレギス死去		
1012 メルゼブルクのティートマールの『年代記』		1014 アイルランド人，ヴァイキングに勝つ
	1016 クヌート大王即位	
1021 ケルンのヘリベルト死去		
1022 ノートケル・ラベオ死去	1023 ヴルフスタン死去	
1025 ヴォルムスのブルカルドゥス死去		
1026『船荷』		1029 スカルド・シグヴァトル・トルドハソン，ローマに
1030 ヴォルムスの書簡	1030 アエルフリック死去	1030 聖オラーフ死去

	1036 ペトルス・ダミアヌス，ポンポサに．アレッツオのグイドによる教授	1033 アデルマンの詩
1040 ボレル，ウルヘルの学頭	1040 パピアスの『語彙集』	1040 ラウル・グラベルの『年代記』
1046 リポルの修道院長オリヴァ死去		
1047 リポルの蔵書目録	1047 ノルマン人，イタリアに	
	1049-1054 レオ9世教皇在位	1049 クリュニーのオディロ死去．ベランジェの異端．モアサック修道院，クリュニーの子修道院に
1055 ベリル，ヴィクの教師		
	1058 デシデリウス，モンテ・カッシーノの修道院長 アルファーノ，サレルノの司教	1060 アンセルムス，ベックの修道院に入る
	1072 ペトルス・ダミアヌス死去	1070 ベランジェ，『聖餐』を書く
	1073 グレゴリウス7世，教皇座に	
	1075 叙任権闘争の始まり アフリカのコンスタンティヌス，モンテ・カッシーノに	
		1078 フェカンのヨハネス死去

1036 パーダーボーンのマインヴェルク死去 1039 ヴィポの『テトラログス』.『ザンクト・ガレン修道院の歴史』 1048 ライヘナウのベルノ死去 1054 ライヘナウのヘルマン死去 1055 リエージュのゴッゼキン，ヴォシェールに書簡を書く 1060 ザンクト・ガレンのエッケハルト4世死去 1070 サン・タムランのオトロ死去 1083 リエージュのフランコ死去	1035 クヌート大王死去 1044 ジュミエージュのロベール，ロンドンの司教 1066 ウィリアム，イングランドを征服 1070 ランフランク，カンタベリーの大司教	1050頃 スコット人ヨハネス，アイスランドに伝道

参　考　文　献

Ⅰ　一般研究書

A　歴史的背景

1. Dawson (C.) : *Les origines de l'Europe et de la Civilisation européenne* (tr. fr.), Paris, 1934.
2. Dhondt (J.) : *Le Haut Moyen Age (Ⅷ^{e}-Ⅺ^{e} siècles)*, (tr. fr., M. Rouche), Paris, 1976.
＊2. Duby (G.) : *Les trois ordres ou l'imaginaire du féodalisme*, Paris, 1978.
3. Fleckenstein (J.) : «Das Reich der Ottonien im 10 Jahrhundert», dans Gebhardt, *Handbuch der deutschen Geschichte*, Ⅰ, Stuttgart, 9e éd., 1970.
4. Folz (R.), Guillou (A.), Musset (L.), Sourdel (D.) : *De l'Antiquité au monde médiéval*, Paris, 1972 (coll. «Peuples et Civilisations», Ⅴ).
＊4. Gauthier (N.), : *L'évangélisation des pays de la Moselle*, Paris, 1980.
5. Hubert (J.) : *Arts et vie sociale de la fin du monde antique au Moyen Age* (Mémoires et Documents publiés par la Société de l'Ecole des Chartes XXVI), Genève, 1977.
＊5. Hubert (J.) : *Nouveau recueil d'études d'archéologie et d'histoire*, Paris, 1985.
＊＊5. *Histoire du Christianisme*, éd. J. M. Mayeur, Ch. et L. Pietri, A. Vauchez, M. Venard, Tome Ⅲ et Ⅳ, Paris, Desclée, 1998 et 1993.
6. Lopez (R. S.) : *Naissance de l'Europe*, Paris, 1962.
7. Löwe (H.) : «Deutschland im fränkischen Reich», dans Gebhardt, *Handbuch...*, Ⅰ, p. 90-215.
＊7. Poly (J.-P.)-Bournazel (E.) : *La mutation féodale Ⅹ^{e}-Ⅻ^{e} siècles*, Paris, 1980.
8. Pirenne (H.) : *Mahomet et Charlemagne*, Paris-Bruxelles, 1937.
9. Riché (P.) : *Grandes Invasions et Empires (Ⅴ^{e}-Ⅹ^{e}* siècles), Paris, 1968, réimpr. 1973.
10. Riché (P.) et Tate (J.) : *Textes et Documents d'Histoire du Moyen Age* (*Ⅴ^{e}-Ⅹ^{e}* siècles), 2 vol., Paris, 1972 et 1974.

Settimane di studio del centro italiano di studi sull'alto Medioevo, (Spolète):

11. Ⅰ. *I problemi della civiltà carolingia*, 1954.
12. Ⅱ. *I problemi communi dell'Europa post-carolingia*, 1955.
13. Ⅲ. *I Goti in Occidente : problemi*, 1956.
14. Ⅳ. *Il monachesimo nell'alto Medioevo e la formazione della civiltà occidentale*, 1957.
15. Ⅴ. *Caracteri del secolo Ⅶ in Occidente*, 1958.
16. Ⅵ. *La Città nell'alto Medioevo*, 1959.
17. Ⅶ. *Le chiese nei regni dell'Europa occidentale e i loro rapporti con Roma sino all'800*, 1960.
18. Ⅸ. *Il Passagio dall'Antichità al Medioevo in Occidente*, 1962.
19. Ⅹ. *La Bibbia nell'alto Medioevo*, 1963.
20. Ⅺ. *Centri et vita di irradiazione della civiltà nell'alto Medioevo*, 1964.
21. Ⅻ. *L'Occidente e l'Islam nell'alto Medioevo*, 1965.
22. XIV. *La conversione al cristianesimo nell'Europa dell'alto Medioevo* 1967.
23. XVI. *I Normanni e la loro espansione in Europa nell'alto Medioevo*, 1969.
24. XVII. *La storiografia altomedievale, 1970.*

25. XIX. *La scuola nell'Occidente latino dell'alto Medioevo*, 1972.
26. X. *I problemi dell'Occidente nel secolo VIII*, 1973.
27. XXII. *La cultura antica nell'Occidente latino dal VII all' XI secolo*, 1975.
28. XXIII. *Simboli e simbologia nell'alto Medioevo*, 1976.
29. XXIV. *Il matrimonio nella società alto medievale*, 1978.
* 29. *Settimane di Studio del Centro italiano di Studi sull'alto Medioevo.*
XXVII. *Christianizazione ed Organizzazione ecclesiastica delle Campagne nell'alto Medioevo*, 1981.
XXIX. *Popoli e Paesi nella Cultura altomedievale*, 1982.
XXXII. *Angli e Sassoni nell'alto Medioevo*, 1985.
XXVII. *Nascita dell'Europa ed Europa carolingia : un equazione da verificare*, 1981.
XXXVIII. *Il secolo de Fero Mito e Realta del secolo X*, 1991.
XXXIX. *Committenti e Produzione artistico-letteraria nell'alto Medioevo occidentale*, 1992.
XLI. *Testo e immagine nell'alto Medioevo*, 1994.
XLV. *Morfologie sociali e culturali in Europa fra tarde antichità e alto Medioevo*, 1998.
XLVI. *Ideologie e pratiche del Reimpiego nell'alto Medioevo*, 1999.
** 29 *Seventh (The) century. Change and Continuity*, ed. J. Fontaine et N. Hiligarth, Londres, 1992.
30. Wallace-Hadrill (J. M.) : *Early Medieval History*, Oxford, 1975.
31. Wattenbach (W.)-Holzmann (R.) : *Deutschlands Geschichtsquellen im Mittelalter*, 3 vol., Darmstadt, 1967-1971.
32. Wattenbach (W.)-Levison (W.) : *Deutschlands Geschichtsquellen im Mittelalter, Vorzeit und Karolinger*, 5 vol., Weimar, 1952-1973.
33. Werner (K. F.) : «Westfranken-Frankreich unter den Spätkarolingern und frühen Kapetingern» (888-1060), dans Schieder (T.), *Handbuch der europäischen Ceschichte*, tome I, p. 731-83, Munich, 1977.

B 教養史

34. Anagnine (E.) : *Il concetto di Rinascita attraverso il Medio Evo* (V^e-Xe siècles). Milan, 1958.
* 34. Banniard (M.) : *Viva Voce. Communication écrite et communication orale du IVe au IXe siècle en Occident latin*, Paris, 1992.
35. Bezzola (R. R.) : *Les origines et la formation de la littérature courtoise en Occident (500-1200)*. Première partie : *La tradition impériale de la fin de l'Antiquité au Xe siècle*, Paris, 1944. Deuxième partie : *La société féodale et la transformation de la littérature de cour*, tome 1 : *L'essor de la société féodale et les lettres*, Paris, 1966.
*35. Brunhölz : *Histoire de la littérature latine au Moyen Age*, tome I, 1 *Epoque mérovingienne*, Brepols, 1990 : tome I, 2. *Epoque carolingienne*, 1991 : tome II. *De la fin du IXe siècle au milieu du XIe siècle*, 1995.
36. Bischoff (B.) : *Mittelalterliche Studien. Ausgewählte Aufsätze zu Schriftkunde und Literaturgeschichte*, 2 vol., Stuttgart, 1967.
* 36. Bischoff (B.) : *Mittelalterliche Studien*, tome III, Stuttgart, 1981.
37. Bruyne (E. de) : *Etudes d'esthétique médiévale*, tome I : *De Boèce à Jean Scot Erigène*, Bruges, 1946.
* 37. Bruyne (E. de.) : *Etudes d'esthétique médiévale*, rééd., Albin Michel, 1998.

38. Curtius (E. R.) : *Europäische Literatur und lateinisches Mittelalter*, 8e éd., Berne-Munich, 1973, trad. fr., Paris, 1956.
39. Diaz y Diaz (M. C.) : *De Isidoro al siglo XI. Ocho estudios sobre la vida literaria peninsular*, Barcelone, 1976.
* 39. Dierkens (A.) : *Abbayes et chapitres entre Sambre et Meuse (VIIe-XIe siècles)*, Sigmaringen, 1985.
40. Dronke (P.) : *Medieval Latin and the Rise of European Love Lyric*, 2 vol., Oxford, 1968.
41. Ghellinck (J. de) : *Littérature latine du Moyen Age*, I : *Depuis les origines jusqu'à la Renaissance carolingienne*, II : *De la Renaissance carolingienne à saint Anselme*, Paris, 1939.
42. Gilson (E.) : *La philosophie au Moyen Age. Des origines patriotiques à la fin du XIVe siècle*, 2e éd., Paris, 1947.
* 42. Heitz (C.), : *La France pré-romane*, Paris, 1987.
** 42. *Haut Moyen Age, culture, éducation et société*, Etudes offertes à Pierre Riché, éd. M. Sot, La Garenne Colombes, 1990.
43. Laistner (M. L. W.) : *The intellectual heritage in the early Middle Ages*, Londres, 1957 : réimpr., New York, 1960.
44. Laistner (M. L. W.) : *Thought and Letters in Western Europe A. D. 500-900*, Londres, 1931 : 2e éd., 1957.
45. Langosch (K.) : *Lateinischer Mittelalters. Einleitung im Sprache und Literatur*, Darmstadt, 1963.
46. Leclercq (J.) : *L'amour des lettres et le désir de Dieu. Introduction aux auteurs monastiques du Moyen Age*, 1957.
47. Leclercq (J.), Vandenbroucke (F.), Bouyer (L.) : *La spiritualité du Moyen Age*, Paris, 1961.
48. Lehmann (P.) : *Erforschung des Mittelalters*, 5 vol., Stuttgart, 1959-1962.
* 48. *Livre (Le) au Moyen Age*, éd. J. Glénisson, Paris, 1988.
49. Löwe (E. A.) : *Codices Latini Antiquiores (CLA). A Palaeographical Guide to Latin Manuscripts prior to the Ninth Century*, 11 vol. et un supplément. Oxford, 1934-1971.
50. Löwe (H.) : *Von Cassiodor zu Dante. Ausgewählte Aufstätze zur Geschichteschreibung und politischen Ideenwelt des Mittelalters*, Berlin, 1973.
51. Manitius (M.) : *Geschichte der lateinischen Literatur des Mittelalters*, tomes I et II, Munich, 1911 et 1923 : réimpr., Munich, 1959.
52. Mohrmann (C.) : *Etude sur le latin des Chrétiens*, 4 vol., Rome 1961-1977.
53. Norberg (D.) : *Manuel pratique de latin médiéval*, Paris, 1968.
54. Paul (J.) : *Histoire intellectuelle de l'Occident médiéval*, Paris, 1973.
* 54. Paul (J.) : *L'Eglise et la culture en Occident (IXe-XIIe siècles)*, 2 vol., Paris, 1986.
55. Sandys (J. E.) : *A history of Classical Scholarship*, tome I, Cambridge, 1920.
* 55. *Uses (The) of Literacy in early Medieval Europe*, éd. R. Mc Kitterick, Cambridge, 1990.
56. Viscardi (A) : *Le origini, tome 1 de la Storia litteraria d'Italia*, 4e éd., Milan, 1966.
* 56. Vinay (G.) : *Alto Medioevo Latino, Conversazioni e no*, Naples, 1978.
57. Wolff (Ph.) : *L'éveil intellectuel de l'Europe*, Paris, 1971.
58. Wolff (Ph.) : *Les origines linguistiques de l'Europe occidentale*, Paris, 1970.
59. Wareman (P.) : «Débuts du lyrisme profane au Moyen Age latin», dans *Neophilologus*, 42, 1958, p. 89-107.

C 学校と教育

60. Aspinwall (W. B.) : *Les écoles épiscopales et monastiques de l'ancienne province ecclésiastique de Sens du VIe au XIIe siècle*, Paris, 1904.
61. Alt (R.) : *Bilderatlas zur Schul-und Erziehungsgeschichte*, 1, Berlin. 1960.
62. Ballauf (Th.) : *Pädagogik. Eine Geschichte der Bildung und Erziehung*, I. *Von der Antike bis zur Humanismus*, Munich, 1969.
63. Berlière (U.) : «Les écoles abbatiales au Moyen Age», dans *RB*, 1889, VI, p. 499-511.
64. Berlière (U.) : «Les écoles claustrales au Moyen Age», dans *Bulletin de la Classe des Lettres de l'Académie royale de Belgique*, 1921, p. 556 s.
* 64. Alexandre Bidon (D.)-Lett (D.) : *Les enfants au Moyen Age, Ve-XVe siècles*, Paris, 1997.
65. Clerval (A.) : *Les écoles de Chartres au Moyen Age du Ve au XVe siècle*, Paris, 1895, rééd. 1977.
66. Danzen (B.) : «Ausseren und Inneren Schule», dans *SMGB*, 34 (1913), p. 137-42.
67. Delhaye (Ph.) : «L'organisation scolaire au XIIe siècle», dans *Traditio*, V (1947), p. 211-68.
68. Garin (E.) : *L'educazione in Europa*, Bari, 1957.
69. Garin (E.) : *Geschichte und Dokumente der abendländischen Pädagogik*, I, Mittelalter (Rowohlt Taschenburg), Hambourg, 1964.
70. Gualazzini (U.) : *Ricerche sulle scuole pre-universitarie del Medioevo*, Milan, 1943.
71. Hörle (G. H.) : Frühmittelalterliche Mönchs —— und Klerikerbildung in Italien», dans *Freiburger theologische Studien*, t. XIII, Fribourg-en-Brisgau, 1914.
72. Illmer (D.) : *Formen der Erziehung und Wissensvermittlung in frühen Mittelalter, Quellenstudien z. Frage der Kontinuität des abendl. Erziehungswesens*, Munich, 1971.
* 72. Jaeger (C. S.) : *Cathedral Schools and Social Ideals in Medieval Europe* (*950-1200*), Philadelphia, 1994.
73. Leach (A. F.) : *Educational Charters and Documents* (*598-1909*), Cambridge, 1911.
74. Lesne (E.) : *Les écoles de la fin du VIIIe siècle à la fin du XIIe siècle* (*Histoire de la propriété ecclésiastique en France*, t. V), Lille, 1940.
75. Maître (L.) : *Les écoles épiscopales et monastiques en Occident avant les Universités* (*768-1180*), Paris, 1866, 2e éd., 1924.
76. Manacorda (G.) : *Storia della scuola in Italia*, I : *Storia del diritto scolastico*, II : *Storia interna della scuola mediaevale italiana e dizionario geographico delle scuole italiane nel Medioevo*, Turin, 1913.
77. *Monjes (Los) y los estudios, IV semana de estudios monasticos*, Abb. di Poblet, 1963.
78. Paulsen (F.) : *Geschichte des Gelehrten Unterrichts auf den deutschen Schulen und Universitäten*, I, 3e éd., Berlin, 1919 : réimpr., Berlin, 1960.
79. Riché (P.) : *De l'éducation antique à l'éducation chevaleresque*, Paris, 1968.
80. Riché (P.) : «Les écoles, l'Eglise et l'Etat du Ve au XIe siècle», dans *Actes du Colloque du Xe anniversaire de l'Institut d'Histoire du Christianisme de l'Université libre de Bruxelles*, Bruxelles, 1977, p. 33-45.
* 80. Riché (P.) : «L'enfant dans la société chrétienne aux XIe-XIIe siècles», dans *Miscellanea del Centro di Studi Medioevali*, X, Milan, 1983, p. 281-302.
** 80. Riché (P.)-Alexandre Bidon (D.) : *L'enfance au Moyen Age*, Paris, 1994.
81. Specht (F. A.) : *Geschichte des Unterrichtswesens in Deutschland von den ältesten Zeiten*

bis zur Mitte des 13 Jahrhunderts, Stuttgart, 1885.
82. Stevenson (W. H.) : «Early scholastic Colloquies», dans *Medieval and Modern Studies* XV, Oxford, 1929.
83. Waddell (H.) : *The wandering scholars*, Londres, 1927 : 8e éd., 1968.
84. Wuhr (W.) : *Dos Abendländische Bildungswesen*, Munich, 1950.

II　古代末期からカロリング期

A　古代教養の終焉

85. *Erziehung und Bildung in der Heidnischen und christlichen Antike*, sous la direction de H. T. Johann, «Weg der Forschung», CCCLXXVII, Darmstadt, 1976.
86. Haarhoff (T.) : *Schools of Gaul. A study of pagan and Christian Education in the last century of the Western Empire*, Oxford, 1920 : 2e éd. Johannesburg, 1958.
＊86. Hadot (I.) : *Arts libéraux et philosophie dans la pensée antique*, Paris, 1984.
87. Hagendahl (H.) : *Latin Fathers and the Classics*, Göteborg, 1958.
88. Marrou (H. I.) : *Saint Augustin et la fin de la culture antique*, Paris, 1937 : 2e éd. et *Retractatio*, Paris, 1949.
89. Marrou (H. I.) : *Histoire de l'éducation dans l'Antiquité*, Paris, 1948 : 6e éd., Paris, 1965.
90. Marrou (H. I.) : *Décadence romaine ou Antiquité tardive (III-VIe siècles)*, Paris, 1977.
91. Riché (P.) : «La survivance des écoles publiques en Gaule au Ve siècle», dans *Le Moyen Age*, 63 (1957), p. 421-36.

B　中世教養の始まり（6世紀－8世紀）

1　一般研究書

92. Avalle (A. S. d') : *Protostoria della lingua romanze*, Turin, 1965.
＊92. Banniard (M.) : *Le Haut Moyen Age occidental,* Paris, 1980.
93. Brunhölzl (F.) *Geschichte der lateinischen Literatur des Mittelalters*, tome 1 : *Von Cassiodor bis z. Ausklang der karolingischen Erneuerung*, Munich, 1975.
94. Courcelle (P.) : *Histoire littéraire des grandes invasions germaniques*, 3e éd., Paris, 1964.
＊94. Desprez (V.) : *Règles monastiques d'Occident (IVe-VIe siècles),* Abbaye de Bellefontaine, 1980.
95. Ermini (F.) : *Storia della letteratura medievale dalle origini alla fine del secolo VIII*, Spolète. I960.
96. Fortin (L.) : *Christianisme et culture philosophique au Ve siècle. La querelle de l'âme humaine en Occident,* Paris, 1959.
97. Hubert (J.), Porcher (J.) et Volbach (W. F.) : *L'Europe des invasions*, Paris, 1968.
98. Klein (K. K.) : *Die Anfange der deutschen Literatur. Vorkarlische Schriftum im deutschen Südostraum*, Munich, 1954.
99. Levison (W.) : *Ans rheinischer und fränkischer Frühzeit*, Dusseldorf, 1948.
100. Lot (F.) : «A quelle époque a-t-on cessé de parler latin ? », dans *ALMA* 1931, p. 97-159.
101. Löwe (H.) : «Von Theodoric dem Grossen zu Karl dem Grossen», dans *Von Cassiodor* ... (cf. n. 50).
102. Manrique (A.) : «Los Estudios entre los monjes de Occidente sesde sus origines hasta

finales del siglo Ⅴ», dans *Los Monjes...* (cf. n. 77), p. 13-39.
103. Marrou (H. I.) : *Nouvelle histoire de l'Eglise*, tome I, 2e partie : *De la persécution de Dioclétien à la mort de Grégoire le Grand (303-604)*, Paris, 1963.
104. Norberg (D.) : «A quelle époque a-t-on cessé de parler latin en Gaule ? », dans *Annales (Economies, Sociétés, Civilisations)*, 1966, p. 346-56.
105. Norberg (D.) : *La poésie latine rythmique dans le Haut Moyen Age*, Stockholm, 1953.
106. Norberg (D.) : «Le développement du latin en Italie de saint Grégoire le Grand à Paul Diacre», dans *Settimana* Ⅴ (cf. n. 15), p. 485-503 .
107. Penco (G.) : «Lo studio presso i monaci occidentali nel secolo Ⅵ», dans *Los Monjes...* (cf. n. 77), p. 41-60.
108. Prinz (F.) : *Früher Mönchtum im Frankreich Kultur und Gesellschaft im Gallien, den Rheinlanden und Bayern am Beispiel der Monastischen Entwicklung, 4 bis 8 Jahrhundert*, Munich, 1965.
109. Rand (E. K.) : *Founders of the Middle Ages*, Cambridge (Mass.), 1928.
* 109. Reydellet (M.) : *La royauté dans la littérature latine de Sidoine à Isidore de Séville*, Paris, 1981.
110. Riché (P.) : *Education et Culture dans l'Occident barbare* (Ⅵe-Ⅷe *siècles*), Paris, 1962 : 3e éd., 1972.
111. Roger (M.) : *L'enseignement des lettres classiques d'Ausone à Alcuin : introduction à l'histoire des écoles carolingiennes*, Paris, 1905.
112. Van Uytfanghe (M.), «Le latin des hagiographes et la protohistoire du français», dans *Romanica Gandensia*, ⅩⅥ (1976), p. 5-89.
* 112. Van Uytfanghe : *Stylisation biblique et condition humaine dans l'hagiographie mérovingienne (600-750)*, Bruxelles, 1987.

2 ヴァンダル支配下のアフリカ

113. Chatillon (F.) : «Dracontiana», dans *RMAL* Ⅷ, 3 (1962), p. 177-212.
114. Courtois (C.) : *Les Vandales et l'Afrique*, Paris, 1955.
115. Langlois (P.) : «Dracontius», dans *RAC*, Ⅳ, c. 197-210.
* 115. Isola (E) : *I Cristiani dell'Africa vandalica per «Sermones» del tempo*, Milano, 1990.
116. Langlois (P.) : «Les œuvres de Fulgence le Mythographe et le problème des deux Fulgence», dans *JAC*, 7 (1964), p. 227 s.
117. Rosenblum (M.) : *Luxorius : A latin poet among the Vandals*, New York, 1961.
118. Simonetti (M.) : «Studi sulla letteratura cristiana d'Africa in eta vandalica», dans *Rendic. dell'Istituto lombarde di Scienze et Lettere*, 83, Milan, 1950, p. 407.
* 118. *Atti del Congresso Internazionale di Studi Boeziani*, Rome, 1981.

3 東ゴート支配下のイタリア

119. Bardy (G.) : *L'Eglise et les derniers Romains*, Paris, 1948.
* 119. *La Cultura in Italia fra Tardo Antico e Alto Medioevo*, Rome, 1981.
120. Fontaine (J.) : «Ennodius», dans *RAC*, Ⅴ (1962), p. 398-421.
* 120. *Flavio Magno Aurelio Cassiodoro*, «Atti della Settimana di Studi (Cosenza-Squillace)», Rubbettino-Editore, 1986.
** 120. Gibson (M.) : *Boetius*, Oxford, 1981.
121. Jahn (O.) : «Ueber die Subskriptionen in den Handschriften römischer Classiker», dans *Berichte über die Verhandlungen der königlichen sächsischen Gesellschaft der Wissen-*

schaften zu Leipzig, Philol. hist. Klasse, Ⅲ, fasc. 5, 1851, p. 327-72.
122. Leonardi (C.), Minuo-Paluello (L.), Pizzani (U.), Courcelle (P.) : «Severino Boezio», dans *Dizionario biografico degli Italiani*, Ⅺ, Rome, 1969.
123. Ludwig (G.) : *Cassiodor, über den Ursprung der abendländischen Schule*, Francfort-sur-le-Main, 1967.
124. Marrou (H. I.), «Autour de la bibliothèque du pape Agapit», dans *MEFR*, 1931, p. 124-69, réimpr. dans Marrou (H. I.), «Christiana tempora», *Mélanges d'histoire, d'archéologie, d'épigraphie et de patristique*, Ecole française de Rome, 1978, p. 167-272.
125. Momigliano (A.), «Cassiodorus and the italian Culture of his time», dans *Proceeding of the British Academy*, 41 (1955), p. 207-45:
126. Peitz (W. M.) : *Dionysius Exiguus Studien*, Berlin, 1960.
127. Préaux (J.) : «Securus Melior Felix, l'ultime «orator urbis Romae», dans *Corona Gratiarum, Mélanges offerts à E. Dekkers*, Bruges, 1975, t. Ⅱ, p. 101-21.
＊127. *San Benedetto nel suo Tempo* (Ⅶ Congresso Internazionale di Studi sull' altomedioevo), Spolète, 1982.
128. Vyver (A. van de) : «Cassiodore et son œuvre», dans *Speculum*, Ⅵ (1931). p. 244-92.
129. Vyver (A. van de) : «Les «Institutiones» de Cassiodore et la fondation de Vivarium», dans *RB*, XXIII, 1941, p. 59-88.

4　ビザンツ，ロンゴバルト支配下のイタリア

130. Bognetti (G. P.) : *L'eta longobarda*, Milan, 1966-1968.
131. Dagens (C.) : *Saint Grégoire le Grand : Culture et expérience chrétienne*, Paris, 1977.
＊131. *Grégoire le Grand* (colloque du C.N.R.S.), Paris, 1986.
132. Guillou (A.) : «L'école dans l'Italie byzantine», dans *Settimana* XIX, (cf. n. 25), p. 291-311.
133. Lubac (H. de) : «Saint Grégoire et la grammaire», dans *Recherches de Sciences Religieuses*, 6 (1960), p. 185-226.
＊133. Petersen (J.-M.) : *The Dialogues of Gregory the Great in the late antique cultural Background*, Toronto, 1984.

5　西ゴート支配下のスペイン

134. Diesner (H. J.) : «Isidor von Sevilla und das westgotische Spanien», dans *Abhandlungen der sächsischen Akademie der Wissenschaften zu Leipzig, philol. hist. Klasse*, 67, 3, 1977.
＊134. Diesner (H.) : *Isidor von Sevilla und seine Zeit* (Aufsatze und Vorträge z. Theologie und Religion Wissenschaft), Leipzig, 1973.
135. «Estudios sobre la España visigoda», *Anales Toledanos*, Ⅲ, Tolede, 1971.
136. Fontaine (J.) : *Isidore de Séville et la culture classique dans l'Espagne wisigothique*, Paris, 1959.
＊136. Fontaine (J.) : *Isidore de Séville, Notes Complémentaires*, Paris, 1983.
137. Fontaine (J.) : «Isidore de Séville et la mutation de l'Encyclopédisme antique», dans *CHM*, Ⅸ, 3, 1966, p. 519-38.
138. Fontaine (J.) : «Chronique d'histoire et de littérature hispaniques (paléochrétiennes et wisigothiques» (1972-1976), dans *REAug*, 22, 1979, p. 403-35.
139. Gibert (R.) : «Antiguedad clasica en la Hispania visigotica», dans *Settimana*, XXII, (cf. n. 27), p. 603-52.
140. *Isidoriana : Estudios sobre san Isidoro de Sevilla en el XIV centenario de su nacimiento*, Léon, 1961.

141. Reydellet (M.) : «La diffusion des «Origines» d'Isidore de Séville au Haut Moyen Age», dans *MEFR,* 78, 1966, p. 383-437.
142. Riou (Y. F.) : «Quelques aspects de la tradition manuscrite des Carmina d'Eugène de Tolède», dans *RHT*, 1972, p. 11-44.
143. Teillet (S.) : *Des Goths à la nation gothique*, Paris, 1984.
＊143. *Visigothic Spain, New Approaches*, Oxford, 1980.

6 ガリア

144. Chadwick (N. K.) : *Poetry and Letters in Early Christian Gaul*, Londres, 1955.
145. «Christianisation (La) des pays entre Loire et Rhin (IVe-VIIe siècles)», Actes du Colloque de Nanterre, publié dans *RHEF*, LXII, n. 168, 1976.
146. Courcelle (P.) : «Nouveaux aspects de la culture lérinienne», dans *REL*, 46, 1969, p. 379-409.
147. *Etudes mérovingiennes*, Actes des Journées de Poitiers, Paris, 1953.
148. *Gregorio di Tours* : Convegno del Centro di studi sulla spiritualita medievale, XII, Todi, 1977.
149. Heinzelmann (M.) : *Bischofsherrschaft in Gallien. Zur Kontinuität römischer Führungsschichten vom 4 bis zum 7 Jahrhundert. Soziale, prosopographische und bildungsgeschichtliche Aspekte*. (Beihefte der Francia, V), Munich, 1976.
＊149. Hen (Y.) : *Culture and Religion in Merovingian Gaul (481-751)*, Leiden, 1995.
150. Riché (P.) : «Les foyers de culture en Gaule franque du VIe au IXe siècle», dans *Settimana*, XI (cf. n. 20), p. 297-321 : trad. angl. dans *Early Medieval Society*, éd. by S. L. Thrupp, New York, 1967.
151. Rouche (M.) : *L'Aquitaine des Wisigoths aux Arabes (418-781). Essai sur le phénomène régional*. Publications de l'E.H.E.S.S., Paris, 1979.
152. Vielliard (J.) : *Le latin des diplômes royaux et des chartes privées de l'époque mérovingienne*, Paris, 1927.

7 イギリスの島々

a) ローマ風のブリタニア

153. Chadwick (N. K.) : «Intellectual Contacts between Britain and Gaul in the fifth Century», dans *Studies in Early British History*, Cambridge, 1954.
154. Jackson (K.) : *Language and History in Early Britain*, Edimbourg, 1953.
155. Kerlouegan (F.) : *Les destinées de la culture latine dans la Bretagne du VIe siècle. Recherches sur le «De excidio Britanniae» de Gildas*, Paris, 1987.

b) イギリス

156. Blair (H.) : *The World of Bede*, New York, 1971.
157. Bolton (W. F.) : *A history of Anglo-Latin Literature (587-1066)*, Tome 1, p. 597-740, Princeton, 1967.
158. Bonner (G. I.) : éd. «The Beda Conference for 1973».
159. Farmer (H.) : «The Studies of Anglo-Saxon Monks (600-800)», dans *Los Monjes* (cf. n. 77).
160. Leonardi (C.) : «Il venerabile Beda e la cultura del secolo VIII», dans *Settimana* XX (cf. n. 26), p. 603-58.

* 160. Loyn (H. R.) : *Bede*, dans *Theologischc Realenzyklopädie*, V, 1980, p. 397-402.
161. Levison (W.) : *England and the Continent in the eighth Century*, Oxford, 1950.
162. Mayr-Harting (H.) : *The coming of Christianity to Anglo-Saxon England*, Londres, 1972.
163. Thompson (A. H.) : *Bede, his life, his time and writing. Essays in Commemoration of the twelfth centenary of his death*, Oxford, 1935.

c) アイルランド

164. Bieler (L.) : *Ireland harbinger of the Middle Ages*, Londres, 1963.
165. Bieler (L.) : «The island of Scholars», dans *RMLA*, VIII, 1952, p. 213-31.
166. Bischoff (B.) : «Il monachesimo irlandese nei suoi rapporti col Continente», dans *Settimana*, IV (cf. n. 14), p. 121-38 : *Mittelalt. Studien* (cf. n. 36) I, p. 195-203.
167. Coccia (E.) : «La cultura irlandese pre-Carolingia. Miraculo o Mito», dans *SM*, 1967, p. 257-420.
* 167. *Die Iren und Europa im früheren Mittelalter*, herausg. von H. Löwe, Stuttgart, 1982.
** 167. *Colombanus and Merovingian Monasticism*, ed. by H. B. Clarke and M. Brennan, *BAR International Series 113,* Oxford, 1981.
168. Gougaud (L.) : *Les chrétientés celtiques*, Paris, 1911 (suppléments dans éd. angl., Londres, 1935).
169. Grosjean (P.) : «Recherches sur les débuts de la controverse pascale chez les Celtes», dans *AB* LXIV, 1946, p. 231 s.
* 169. Grosjean (P.) : «Sur quelques exégètes irlandais du VIIe siècle», dans *SE*, 1955, p. 67-97.
170. Henry (F.) : *Art irlandais*, 3 vol., coll. «Zodiaque», Abbaye de la Pierre-qui-Vire, 1963-1964.
171. Hillgarth (J. N.) : «Visigothic Spain and Early Christian Ireland», dans *Proceeding of the Royal Irish Academy*, 62, 1962, p. 167-94.
172. Hughes (K.) : «Irish Monks and Learning», dans *Los Monjes* (cf. n. 77), p. 61-86.
173. Hughes (K.) : «The distribution of irish Scriptoria and Centres of Learning from 730 to 1000», dans *Studies in the Early British Church*, éd. N. K. Chadwick, Cambridge, 1958, p. 243-72.
*173. *Insular Latin Studies. Papers on Latin Texts and Manuscripts of the British Isles, 550-1060*, éd. M. Herren, Toronto, 1981.
174. Kenney (J. F.) : *The Sources for early history of Ireland*. I. *Ecclesiastical Sources*, New York, 1929, éd. revue par L. Bieler, New York, 1966.
175. Lorcin (A.) : «La vie scolaire dans les monastères irlandais aux Ve-VIIe siècles», dans *RMLA*, 1, 1945, p. 221-36.
176. *Mélanges Colombaniens*. Actes du Congrès international de Luxeuil, Paris, 1951.
177. Smit (J. W.) : *Studies on the language and style of Colomban the Younger* (*Colombanus*), Amsterdam, 1971.

III カロリング・ルネッサンス

A 一般研究書

178. Amann (E.) : *L'époque carolingienne*, t. Ⅵ (*l'Histoire de l'Eglise*) éd. A. Fliche et V. Martin, Paris, 1947.

* 178. *Benedictine Culture 750-1050*, Medievalia Lovanensia, series 1, Studia Ⅺ, Leuven, 1983.

** 178. *Carolingian Essays*, ed. Uta-Renate Blumenthal, Washington, 1983.

*** 178. Bischoff (B.) : *Manuscripts and Libraries in the Age of Charlemagne*, ed. P. Godman, Cambridge, 1994.

179. *Catalogue de l'exposition Charlemagne. Œuvre, rayonnement et survivances*, éd. W. Braunfels, Aix-la-Chapelle, 1965.

* 179. *Charlemagne and his Heritage. 1200 Years of Civilization and Science in Europe*, éd. Pl. Butzer, M. Kerner et W. Oberschelp, Brepols, 1997.

** 179. Contreni (J.) : *Carolingian Learning, Masters and Manuscripts*, Variorum, Great Yarmouth, 1992.

180. Clercq (C. de) : *La législation religieuse franque de Clovis à Charlemagne. Etudes sur les actes des conciles et des capitulaires, les statuts diocésains et les règles monastiques (511-814)*, Paris-Louvain, 1936. Tome Ⅱ : *De Louis le Pieux à la fin du* Ⅸ*e siècle*, Paris-Louvain, 1958.

181. *Corbie, abbaye royale*, vol. du ⅩⅢe centenaire. Facultés catholiques de Lille, 1963.

182. Duft (J.) : «Irische Einfluss auf S. Gallen und Alemannen», dans *Mönchtum, Episkopat und Adel zur Gründengszeit des Klosters Reichenau*, Vorträge und Forschungen, ⅩⅩ, 1974, p. 9-35.

183. Fichtenau (H.) : *Das Karolingische Imperium*, Zurich, 1949, tr. fr. partielle, Paris, 1958.

184. Fuiano (M.) : *La cultura a Napoli nell'alto medioevo*, Naples, 1960.

* 184. Godman (P.) : *Poets and Emperors, Frankisch Politics and Carolingian Poetry*, Oxford, 1987.

** 184. *Gentle (The) voices of teachers*, ed. R. E. Sullivan, Ohio State University Press, 1995.

185. Halphen (L.) : *Charlemagne et l'Empire carolingien*, Paris, 1947 : réed., 1968.

186. Heer (F.) : «Die «Renaissance» Ideologie im frühen Mittelalter», dans *MIOG*, 57, 1949, p. 23-81.

187. Heitz (C.) : *Recherches sur les rapports entre l'architecture et la liturgie à l'époque carolingienne*, Paris, 1963.

188. Hubert (J.), Porcher (H.), Volbach (W. F.) : *l'Empire carolingien*, Paris, 1968.

* 188. Imbert (J.) : *Les temps carolingiens*, 2 vol., Paris, 1996.

189. *Karl der Grosse, Werk und Wirkung*, ed. W. Braunfels, 4 vol., Dusseldorf, 1965.

190. Patzelt (E.) : *Die Karolingische Renaissance*, Vienne, 1924 : 2e éd. inchangée avec addition de C. Vogel, *La Réforme culturelle sous Pépin le Bref et sous Charlemagne*, Graz, 1965.

* 190. Radle (F.) : *Studien z. Smaragde*, Munich, 1974.

191. Riché (P.) : «Enseignement et culture intellectuelle en Occident et en Orient au Ⅸe siècle. Essai d'histoire comparée», dans *Actes du 95e Congrès national des Sociétés*

savantes (Reims, 1970), t. I, Paris, 1975, p. 7-19.
192. Riché (P.) : «Epilogo», dans *Settimana,* XXII (cf. n. 27), p. 929-47.
* 192. Riché (P.) : *Les Carolingiens. Une famille qui fit l'Europe*, Paris, 1983 : 3e éd., 1988.
193. «Roma e l'Eta Carolingia. *Atti delle giornate di Studio*, 3-8 maggio 1976, a cura dell'Istituto di Storia dell'Arte dell'Universita di Roma, Rome, 1976.
194. Stachnik (R.) : *Die Bildung des Weltklerus im Frankenreich von Karl Martel bis auf Ludwig den Frommen*, Paderborn, 1926.
* 194. *Science in Western and Eastern Civilization in Carolingian Times*, ed. P. L. Butzer et D. Lohrmann, Bâle, 1993.
195. Steinen (von den W.) : «Der Neubeginn», dans *Karl der Grosse,* II (cf. n. 189), p. 9-27.
196. Trompf (G. W.) : «The concept of the Carolingian Renaissance», dans *Journal of the History of Ideas*, 34, 1973, p. 3-26.
197. Vykoukal (E.) : «Les examens du clergé paroissial à l'époque carolingienne», dans *RHE*, 1913, p. 79-96.

B　ピピンとカール大帝治下のルネッサンス

198. Angenendt (A.) : *Monachi Peregrini. Studien zur Pirmin und den monastischen Vorstellungen der frühen Mittelalters,* Munich, 1972.
199. Bischoff (B.) : «Salzburger Formelbücher and Briefe aus Tassilonischer und Karolingischer Zeit»", dans *Bayer. Ak. d. Wiss. Sitzungsberichte*, 1973, 4.
200. Bischoff (B.) : «Theodulf und der Ire Cadac-Andreas», dans *Mittelalt. Studien* (cf. n. 36), II., p. 19-25.
201. Brunhölzl (F.) : «Der Bildungsauftrag der Hofschule», dans *Karl der Grosse* (cf. n. 189), II p. 28-41.
202. «Saint Chrodégang» : Communications présentées au Colloque tenu à Metz à l'occasion du 12e centenaire de sa mort, Metz, 1967.
203. Dahlaus-Berg (E.) : *Nova antiquitas et Antiqua novitas. Typologische Exegese und isidorianisches Geschichtsbild bei Theodulf von Orleans* (Kölner Historische Abhandlungen 23), Cologne, 1975.
* 203. Deug Su (1) : *Cultura e Ideologia nella prima eta carolingia*, Rome, 1984.
204. Edelstein (W.) : *Eruditio und Sapientia. Weltbild und Erziehung in der Karolingerzeit, Untersuchungen zu Alcuins Briefen*, Fribourg-en-Brisgau, 1965.
205. Fleckenstein (I.) : *Die Bildungreform Karls des Grossen als Verwilklichung der norma rectitudinis*, Fribourg-en-Brisgau, 1953.
* 205. *Frankfurter (Das) Konzil von 794*, ed. R. Berndt, 2 vol., Mayence, 1997.
206. Ganshof (F. L.) : «Charlemagne et l'usage de l'écrit en matière administrative», dans *MA*, 1951, p. 1-25.
207. Ganshof (F. L.) : «La révision de la Bible par Alcuin», dans *Bibliothèque d'Humanisme et de Renaissance*, 1947, p. 7-20.
208. Kleinclausz (A.) : *Alcuin,* Paris, 1948.
209. Kleinclausz (A.) : *Eginhard*, Paris. 1942.
210. Lehmann (P.) : «Das Problem der Karolingischen Renaissance», dans *Settimana,* I (cf. n. 11), p. 308-58.
211. Leonardi (C.) : «Spiritualita di Ambrogio Autperto», dans *SM*, X, 1968, p. 1-131.
212. Löwe (H.) : «Salzburg als Zentrum literarischen Schaffens im 8 Jahrhundert, dans *Mitt.*

der Gesells. f. Salzburger Landeskunde, 115, 1975, p. 99-143.
213. Löwe (H.) : «Arbeo von Freising», dans *Von Cassiodor*... (cf. n. 50), p. 75-110.
＊213. Meyers (J.) : *L'art de l'emprunt dans la poésie de Sedulius Scottus*, Liège, 1986.
214. Neff (K.) : *Die Gedichte des Paulus Diaconus. Kritische und Erklärende Ausgabe*, Munich, 1908.
215. Pei (M.) : *The language of the eigth century texts in northern France*, New York, 1932.
216. Riché (P.) : «Le renouveau culturel à la cour de Pépin III», dans *Francia*, II, 1974, p. 59-70.
＊216. Riquer (A. de) : *Teodulfo de Orleans y la epistola poetica en la literatura carolingia*, Barcelone, 1994.
217. Schaller (D.) : «Philologische Untersuchungen zu den Gedichten Theodulfs von Orleans», dans *DA*, 18, 1962, p. 13-91.
218. Schieffer (Th.) : *Winfrind-Bonifatius und die christliche Grundlegung Europas*, Fribourg-en-Brisgau, 1954 : réimpr., Darmstadt, 1972.
219. Steinen (von den W.) : «Karl und die Dichter», dans *Karl der Grosse*, II (cf. n. 189), p. 63-94.
＊219. *Virgil von Salzburg, Missionar and Gelehrter*, Herausg. H. Dopsch, Salzbourg, 1985.
220. Wallach (L.) : *Alcuin and Charlemagne : Studies in Carolingian History and Literature*, Ithaca (N. Y.), 1959 : 2e éd., New York, 1969.

C　カロリング・ルネッサンス後期

1　イタリア

221. Arnaldi (G.) : «Giovanni Immonde e la cultura a Roma al tempo di Giovanni VIIIe», dans *Bull. dell'Istituto storico ital. per il Medioevo*, 58, 1956.
222. Bloch (H.) : «Monte Cassino's Teachers and Library in the high Middle Ages», dans *Settimana* XIX (cf. n. 25), p. 563-605.
223. Bullough (D. A.) : «Le scuole cattedrali e la cultura dell'Italia settentrionale», dans *Italia Sacra*, V, 1964, p. 111-43.
＊223. *Charles the Bald. Court and Kingdom*, Oxford, 1981.
224. Westerbergh (U.) : *Anastasius Bibliothecarius, sermo Theodori Studitae de sancto Bartholomeo apostolo*, Stockholm, 1963.

2　ゲルマニア

225. Beyerle (K.) : *Die Kultur der Abtei Reichenau*, 2 vol., Munich, 1924-1925.
226. Bischoff (B.) : «Eine Sammelhandschrift Walafrid Strabos (Cod. Sangall., 878)», dans *Mittelalt. Studien*, II (cf. n. 36), p. 34-50.
227. Duft (J.) : *Studien zum S. Galler Klosterplan*, St-Gall, 1963.
228. Forke (W.) : «Studien z. Ermanrich von Ellwangen», dans *Zeit f. Wurtembergische Landesgeschichte*, 28, 1969, p. 1-104.
229. Hagele (O.) : *Hrabanus Maurus als Lehrer und Seelsorger*, Diss., Fribourg-en-Brisgau, 1969.
＊229. Kottje (R.)-Zimmerman (H.) : *Hraban-Maurus, Lehrer, Abt und Bischop*, Mayence, 1982.
230. Heyse (E.) : *Hrabanus Maurus Enzyklopädie «De rerum naturae»,* Munich, 1969.

231. Rijk (L. M. de) : «On the curriculum of the Arts of the Trivium at St-Gall (850-1000)», dans *Vivarium*, I, 1963, p. 33-86.
＊231. Spelsberg (H.) : *Hrabanus Maurus Bibliographie*, Fulda, 1984.
232. Steinen (W. von den) : *Notker der Dichter und seine Geistige Welt*, 2 vol., Berne, 1948.

3 リ ヨ ン

233. Boschof (E.) : *Erzbischof Agobard von Lyon*, Cologne, 1969.
234. Cabaniss (J. A.) : *Agobardus of Lyon, Churchman and Critic*, Syracuse, Univ. Press, 1953.
235. Cabaniss (J. A.) : «Florus of Lyon», dans *Classica et Mediaevalia*, 19, 1958, p. 212-32.
236. Charlier (C.) : «Les manuscrits personnels de Florus de Lyon et son activité littéraire», dans *Mélanges Podechard*, Lyon, 1945, p. 71-84.

4 オーセール

237. Jeauneau (E.) : «Les écoles de Laon et d'Auxerre au IXe siècle», dans *Settimana*, XIX, (cf. n. 25), p. 495-522.
＊237. *L'école carolingienne d'Auxerre de Murethach à Rémi (830-908)*, éd. D. logna Prat, C. Jeudy, G. Lobrichon, Paris, 1991.
238. Jeauneau (E.) : «Dans le sillage de l'Erigène. Une homélie d'Héric d'Auxerre sur le Prologue de Jean», dans *SM*, XI, 1970, p. 939-55.
239. Jeudy (C.) : «La tradition manuscrite des «Partitiones» de Priscien et la version longue du Commentaire de Rémi d'Auxerre», dans *RHT*, 1971, p. 123-43.
240. Leonardi (C.) : «Remigio di Auxerre e l'eredita della scuola carolingia», dans *I Classici nel Medioevo e nell'Umanesimo*, Gênes, 1975, p. 271-88.

5 ランの学校

241. Contreni (J. J.) : *The Cathedral School of Laon from 850-930 : Its Manuscripts and Masters*, Münchener Beiträge z. Mediäv. u. Renaissance-Forschung, 29, Munich, 1978.
242. Contreni (J. J.) : «The formation of Laon's Cathedral Library in the Ninth Century», dans *SM*, 1972, p. 919-39.
243. Contreni (J. J.) : «A propos de quelques manuscrits de l'Ecole de Laon au IXe siècle : découvertes et problèmes», dans *MA*, 1972, p. 5-39.
244. Contreni (J. J.) : «Le Formulaire de Laon (Paris, Bibl. Nat., lat. 11379), source pour l'histoire de l'Ecole de Laon au commencement du Xe siècle», dans *Scriptorium* XXVII, 1973, p. 21-29.
＊244. Jeauneau (E.) : *Etudes Erigéniennes*, Paris, 1987.

6 ヨハネス・スコトゥス・エリウゲナ

245. Cappuyns (M.) : *Jean Scot Erigène. Sa vie, son œuvre, sa pensée*, Louvain, 1933 : réimpr., Bruxelles, 1969.
＊245. *Giovanni Scoto,* Actes du Colloques de Todi 1987.
246. «*Jean Scot Erigène et l'histoire de la philosophie*», Actes du Colloque de Laon, éd. CNRS, Paris, 1977.
＊246. *Jean Scot Écrivain,* Actes du Colloque, 1983, Montréal, Paris, 1986.
247. «Mind (the) of Erigena», *Papers of a Colloquium Dublin*, éd. J. J. O'Meara et L. Bieler, Dublin, 1973.

248. Riché (P.) : «Charles le Chauve et la culture de son temps», dans *Jean Scot*... (cf. n. 246), p. 37–46.

7 コルビーの学校

249. Bischoff (B.) : «Hadoard und die Klassikerhandschriften», dans *Mittelalt. Studien* (cf. n. 36), I, p. 49–62.
250. Bouhot (J. P.) : *Ratramne de Corbie. Histoire littéraire et controverse doctrinale*, Paris, 1976.
* 250. Ganz (D.) : *Corbie in the Carolingian Renaissance*, Sigmaringen, 1990.
251. Mathon (G.) : «Paschase Radbert et l'évolution de l'humanisme carolingien», dans *Corbie*... (cf. n. 181), p. 135–55.
252. Wiesemeyer (H.) : «Corbie et le développement de l'école monastique de Corvey du IXe au XIIe siècle», dans *Corbie*... (cf. n. 181), p. 215–22.

8 ヒンクマールとルプス

253. Beeson (Ch. H.) : *Lupus of Ferrières as scribe and text critic*, Cambridge (Mass.), 1930.
254. Devisse (J.) : *Hincmar, archevêque de Reims (845–882)*, 3 vol., Genève, 1976. p. 90–105.
255. Gariépy (R. J.) : «Lupus of Ferrières Carolingian scribe and text critic», dans *MS*, 30, 1968, p. 90–105.
256. Pellegrin (E.) : «Les manuscrits de Loup de Ferrières. A propos du manuscrit Orléans 162 (139), corrigé de sa main», dans *BECh*, 115, 1957, p. 5–31.
* 256. Cabanis (A.) : *Amalarius of Metz*, Amsterdam, 1954.

9 教義論争

257. Cristiani (M.) : «La controversia eucharistica nella cultura del secolo IX», dans *SM*, X 1968, p. 167–233.
258. Jolivet (J.). *Godescalc d'Orbais et la Trinité. La méthode de la théologie à l'époque carolingienne,* Paris, 1958.
259. Haendler (Q.) : *Die epochen Karolingischer Theologisch*, Berlin, 1958.
* 259. Vielhaler (K.) : *Gottschalk der Sacher*, Bonn, 1986.

10 アストゥリアとモサラベの教養

260. Bonnaz (Y.) : *Etude critique des Chroniques asturiennes*, accompagnée d'une édition critique des *Chroniques* (Thèse de IIIe cycle), dactyl., Université de Paris X, 1977.
* 260. Bonnaz (Y.) : *Chroniques asturiennes (fin IXe siècle)*, Paris, 1987.
261. Diaz y Diaz (M.) : «La circulation des manuscrits dans la péninsule ibérique du VIIIe au XIe siècle», dans *CCM*, 1969, p. 219–41 et 383–92.
262. Gil (J.) : *Corpus scriptorum muzarabicorum*, 2 vol., Madrid, 1973.
* 262. Gonzales Munoz (F.) : *Latinidad mozarabe (Estudios sobre).*
263. *Symposium sobre cultura asturiana de la Alta Edad Media*, Oviedo, 1964.

IV　教育と教養（10世紀－11世紀前半）

1　一般研究書

264. Bautier (H.) : «L'hérésie d'Orleans et le mouvement intellectuel au début du XIe siècle. Documents et hypothèses», dans *Actes du 95e Congrès des Sociétés Savantes* (Reims, 1970). Paris, 1975, t. I, p. 65-88.

265. Grodecki (L.), Mutherich (F.), Taralon (T.) et Wormald (F.) : *Le siècle de l'An Mil*, Paris, 1975.

＊265. *Lateinische Kultur im X Jahrhundert,* Mittellateinisches Jahrbuch 24/25, 1991.

＊＊265. *Kaiserin Theophanu. Begegnung des Ostens und des Westens um die Wende des ersten Jahrhunderts,* ed. A. van Euw et P. Schreiner, 2 vol., Cologne, 1991.

266. Leclercq (J.) : «Les études dans les monastères du Xe au XIIe siècle», dans *Los Monjes* ... (cf. n. 77), p. 105-10.

267. Lopez (R. S.) : «Still another Renaissance», dans *American Historical Reviews*, LVII, 1951, p. 1-21.

＊267. Lutz (C. E.) : *Schoolmasters in the X Century*, Harnden, Connecticut, 1977.

268. «Monachesimo (Il) e la reforma ecclesiastica (1049-1122)». *Atti della quarta Settimana internazionale di Studio*, Mendola, 1968 : Milan, 1971.

269. *Monasteri in alta Italia dopo le invasioni saracene e magiare sec. X-XII*, Turin, 1966.

＊269. *Religion et culture autour de l'An Mil. Royaume capétien et Lotharingie*, éd. D. logna Prat et J.-C. Picard, Paris, 1990.

270. Riché (P.) : «Conséquences des Invasions normandes sur la culture monastique dans l'Occident franc», dans *Settimana*, XVI (cf. n. 23), p. 705-26.

271. Riché (P.) : «La Renaissance intellectuelle du Xe siècle en Occident», dans *Cahiers d'Histoire*, XXI, 1976, p. 27-42.

＊271. Riché (P.) : *Les grandeurs de l'An Mille*, Paris, 1999.

272. «Symposium on the Tenth Century», dans *Mediaevalia et Humanistica*, VIII, 1955.

273. «Vita (La) comune del clero nei secoli XI-XII», *Atti* ... *Mendola* 1959, Milan, 1962..

274. Zimmerman (H.) : *Das dunkle Jahrhundert*, Graz, 1971.

2　イタリア

275. Acocella (N.) : «La figura e l'opera di Alfano di Salerno», dans *Rassegna storica salernitana*, 19 (1958), p. 1-75 et 20 (1959), p. 17-90.

＊275. Bloch (H.) : *Monte Cassino in the Middle Ages*, Rome, 1986.

276. Cantin (A.) : *Les sciences séculières et la foi. Les deux voies de la science au jugement de S. Pierre Damien* (1007-1072), Spolète. 1975.

277. Cantin (A.) : «Ratio et Auctoritas dans la première phase de la controverse eucharistique entre Béranger et Lanfranc», dans *REAug*., XX, 1974, p. 155-86.

278. Dresdner (A.) : *Kultur und Sittengeschichte der italienischen Geistlichkeit im 10 und 11 Jahrhundert*, Breslau, 1890.

＊278. *Lanfranco di Pavia e l'Europa del secolo XI*, éd. G. d'Onofrio, Rome, 1993.

279. Leccisotti (T.) : *Montecassino, la vita, l'irradiazione*, Mont-Cassin, 1956 : 6 ed., 1971.

280. Leclercq (J.) : *Saint Pierre Damien, ermite et homme d'église*, Rome, 1960.

281. Toubert (P.) : *Les structures du Latium médiéval. Le Latium méridional et la Sabine du IXe siècle à la fin du XIIe siècle*, Paris, 1973.
* 281. Wemple (S.) : *Atto of Verceil*, Rome, 1979.

3　イギリス

282. Bullough (D. A.) : «The educational tradition in England from Alfred to Aelfric. Teaching «utriusque linguae», dans *Settimana* XIX (cf. n. 25), p. 453-93.
* 282. *Aelfric, An annotated Bibliography*, ed. L. M. Reismana, New York, 1897.
283 Dauphin (H.) : «Le renouveau monastique en Angleterre au Xe siècle», dans *RB*, 1960, p. 177-96.
284. Dubois (M. M.) : *Aelfric sermonnaire, docteur et grammairien*, Paris, 1943.
* 284. Lapidge (M.) : *Anglo-latin Literature 900-1066*, Londres, 1993.
** 284. Lapidge (M.) : «Schools, Learning and Literature in Tenth Century England», dans *Il secolo di Ferro*.
285. Parson (D). : *Tenth Century studies. Essays in Commemoration of the Millenium of the Council of Winchester and «Regularis Concordia»*, Londres, 1975.
* 285. Riché (P.) : «Etude du vocabulaire latin dans les écoles anglo-saxonnes au début du XIe siècle», dans *Actes du Colloque Du Cange*, C.N.R.S., Paris, 1981, p. 115-24.
286. Robinson (J. A.) : *The Time of Saint Dunstan*, Oxford, 1933.

4　カタルーニャ

287. Bonnassie (P.) : *La Catalogue du milieu du Xe siècle à la fin du XIe siècle,* 2 vol., Toulouse, 1975.
288. *Catalogue (La) à l'époque romane*. Bibliothèque de la Fondation catalane à l'Université de Paris, t. II, 1932.
* 288. *Catalunya i França Meridional a l'entourn de l'any mil*, ed. X. Barral i Altet, A. M. Mundo, M. Zimmermann, Barcelone, 1991.
289. Lindgren (U.) : *Die Spanische Mark zwischen Orient und Occident. Studien z. Kulturellen Situation des spanischen Mark im 10 Jahrhundert», dans *Spanische Forschungen der Görresgesellschaft*, 26 (1971), p. 151-200.
* 289. *Autour de Gerbert d'Aurillac, le pape de l'An Mil*. Album de documents commentés, réunis sous la direction d'O. Guyotjeannin et E. Poulie, Ecole des Chartes, 1996.

5　フランス（フランキア）

290. Behrends (F.) : *The letters and poems of Fulbert of Chartres*, Oxford, 1976.
291. Bubnov (N. M.) : *Gerberti opera mathematica*, Berlin, 1899 : réimpr. Hildesheim, 1963.
292. «*Cluny (A)*», *Congrès scientifique* 1949, Dijon, 1950.
* 292. *Gerberto, Scienza, Storia e Mito*, Atti del «Gerberti Symposium», Archivum Bobiense, Studia II, Bobbio, 1985.
** 292. *Gerbert l'Européen*, Actes du colloque d'Aurillac, Mémoires de la Société, «La Haute Auvergne», Aurillac, 1997.
293. Havet (J.) : «Poème rythmique d'Adamnan de Liège sur plusieurs savants du XIe siècle (1028-1033)», dans *Notices et Documents publiés par la Société d'Histoire de France*, Paris, 1884, p. 71-92.
* 293. Kortum (H. H.) : *Richer von Saint-Remi, Studien zu einem Geschichts-schreiber des 10 Jabrhunderts*, Stuttgart, 1985.

** 293. Jacobsen (P. C.) : *Flodoard von Reims, sein Leben und sein Dichtung, «De triumphis Christi»,* Cologne, 1978.
294. Lattin (H. P.) : *The letters of Gerbert with his papal privileges as Sylvester* II, New York, 1961.
295. Lindgren (U.) : *Gerbert von Aurillac und das Quadrivium. Untersuchungen z. Bildung in Zeitalter der Ottonen*, Sudhoffs Archiv, Beih. 18, 1976.
296. Mac Kinney (H. C.) : *Bishop Fulbert and Education at the school of Chartres*, Notre Dame, Indiana, 1957.
297. Merlet (R.)-Clerval (A.) : *Un manuscrit chartrain du* XI*e siècle*, Chartres, 1893.
298. Montclos (J. de) : *Lanfranc et Béranger. La controverse eucharistique au* XI*e siècle*, Louvain, 1971.
* 298. Mostert (M.) : *The political theology of Abbo of Fleury. A study of the ideas about society and law of the tenth-century monastic reform movement*, Hilversum, 1987.
299. Picavet (F.) : *Gerbert, un pape philosophe d'après l'histoire et la légende*, Paris, 1897.
* 299. Riché (P.) : *Gerbert d'Aurillac, le pape de l'an mil*, Paris, 1987: 2e éd. 1989.
** 299. «La vie scolaire et la pédagogie au Bec au temps de Lanfranc et de saint Anselme», dans *Les mutations socio-culturelles au tournant des* XI*e*-XII*e siècles*, Colloque C.N.R.S., Paris, 1984, p. 216-27.
300. Spiritualita cluniacense. *Atti del 2° Congresso del centro di studi sulla spiritualita medievale*, Todi, 1960.
* 300. Tannery (P.) : «Une correspondance d'écolâtres au XIe siècle», dans *Notices et extraits des manuscrits de la Bibliothèque Nationale*, XXXVI, 2, 1901.
301. Vyver (A. van de) : «Les œuvres inédites d'Abbon de Fleury», dans *RB*, 47, 1935, p. 128.
* 301. Weigle (F.) : éd. *Die Briefsammlung Gerberts von Reims (MGH*, Die Briefe der deutschen Kaiserzeit, II, Berlin, 1966.
302. Wilmart (A.) : «Le couvent et la bibliothèque de Cluny vers le milieu du XIe siècle», dans *Revue Mabillon*, XI, 1921, p. 89-124.

6 ゲルマニア

* 302. Bischoff (B.) : «Literarisches und künstlerisches Leben in St. Emmeram (Regensburg) während des frühen und hohen Mittelalters», dans *Mittelalt. Studien* II (cf. n. 36), 77-115.
303. Bugmann (K.) : «Der Mönch Wolfgang», dans *SMGB*, 88, 1967, p. 19-27.
304. Bulst (W.) : *Altere wormser Briefsammlung* (*MGH*, Brief der Kaiserzeit, III), Weimar, 1949.
305. Clark (J. M.) : *The abbey of St-Gall as a Center of Literature and Art*, Cambridge, 1926.
306. Eder (C.) : «Die schule des Klosters-Tegernsee», dans *SMGB*, 1972, p. 6-151.
307. Egli (J.) : *Die Liber Benedictionum Ekkeharts* IV *nebst d. Kleinen Dichtung aus dem Codex sangallensis*, St-Gall, 1910.
* 307 Evans (R.) : «Studium discendi». Othlo of S. Emmeran and the Seven Liberal Arts, dans *Recherches de Théologie ancienne et médiévale*, 1977, p. 29-54
308. Erdman (C.)-Fickermann (N.) : *Briefsammlungen der Zeit Henrichs* IV, (*MGH*, Brief der Kaiserzeit, V), Weimar, 1958.
309. Fleckenstein (J.) : «Königshof und Bischofschule unter Otto der Grosse», dans *AKG*, 38, 1956, p. 38-62.
310. Haigt (A. L.) : *Hroswitha of Gandersheim, her life, times and work and a comprehen-*

sive bibliography, New York, 1965.
311. Helbing (H.) : *Ekkehard* Ⅳ *: Die Geschichte des Klosters S. Gallen*, Cologne, 1958.
312. Kurth (G.) : *Notgker de Liège et la civilisation au* Ⅹ[e] *siècle,* Paris, 1905.
* 312. King (J. C.)-Jax (P. W.) : *Notker der Deutsch. Die kleineren Schriften*, Tübingen, 1996.
313. Lattin (H.) : «The Eleventh Century ms. Munich 14436 : Its contribution to the History of Coordinates, of Logic, of German Studies in France», dans *Isis*, 38, 1948, p. 205-25.
* 313. *Lotharingia um das Jahr 1000*, ed. H. W. Herrmann et R. Schneider. Saarbrücken, 1995.
314. Leonardi (C.) : «Raterio e Marziano Capella», dans *Italia Medioevale e umanistica*, Ⅱ, 1959, p. 73-102.
315. Piper (P.) : *Die Schriften Notkers und seine Schule*, 3 vol., Fribourg-en-Brisgau, 1882.
316. Schauwecker (H.) : *Otlon von St-Emmeran*, Munich, 1965.
* 316. Schroeder (J.) : *Bibliothek und Schule der Abtei Echternach um die Jahrtausendwende*, Luxembourg, 1977.
317. Silvestre (H.) : «Notice sur Adelman de Liège, évêque de Brescia», dans *RHE*, 1961.
318. Stiennon (J.) : «Etudes des centres intellectuels de la Basse Lotharingie (Ⅹ[e]-Ⅻ[e] siècles)», dans *Miscellanea Tomacensia, Annales du congrès archéologique de Tournai*, 1949, p. 134 s.
319. Sudendorf (H.) : *Registrum oder Merkwurdige Urkunden*, Leipzig, 1949-1954, t. Ⅲ.
320. Tchan (F. J.) : *Saint Bernard of Hildesheim*, 3 vol., Notre-Dame, Indiana, 1942-1952.
321. Vossen (P.) : *Der Libellus scolasticus des Walthers von Speyer. Ein Schulbericht aus dem Jahre 984*, Berlin, 1962.

V　教授法と学校の設備

A 教 授 法

322. Anulli (R.) : «L'oposculo di Giovanni di Frutuaria sulla formazione dei novizi», dans *Monasteri* (cf. n. 269), p. 169-74.
323. Ceccarelli (A.) : «Note di pedagogia sulla Regola di S. Benedetto», dans *Benedictina* Ⅳ, Rome, 1950.
324. Dimier (M. A.) : «La lettre de Pythagore et les hagiographes du Moyen Age», dans *MA*, 60, 1954, p. 403-18.
325. «Enfant (L')» : *Recueils de la société Jean Bodin pour l'histoire comparative des institutions*, t. XXXV à XXXIX, Bruxelles, 1975-1976.
* 325. Heinzelmann (M.) : «Studia sanctorum. Education, milieu d'instruction et valeurs éducatives dans l'hagiographie en Gaule mérovingienne», dans *Haut Moyen Age* ... (** 42) , p. 105-38.
** 325. Hildebrandt (M. N.) : *The External School in Carolingian Society*, Leyde, 1992.
*** 325. Jong (Mayke de) : *In Samuel's Image. Child oblation in the early medieval West*, Leyde, 1996.
326. Kerlouegan (F.) : «Essai sur la mise en nourriture et l'éducation dans les pays celtiques d'après les témoignages des textes hagiogaphiques latins», dans *Etudes Celtiques*, Ⅻ, 1968-1969, p. 101-46.
327. Leclercq (J.) : «Pédagogie et formation spirituelle du Ⅵ[e] au Ⅸ[e] siècle», dans *Settimana*

XIX (cf. n. 25), p. 255-90.
328. Leclercq (J.) : «Deux opuscules sur la formation des jeunes moines», dans *RAM*, 1957, p. 387-99.
329. Leclercq (J.) : «Textes sur la vocation et la formation des moines au Moyen Age», dans *Corona Gratiarum, Mélanges E. Dekkers*, II, Bruges, 1975, p. 169-94.
330. Lyman (R. B.) : «Barbarism and Religion : Late Roman and early medieval Childhood», dans *The History of Childhood*, éd. by Lloyd de Mause, New York, 1974.
331. Mac Laughlin (M. M.) : «Survivors and surrogates : children and parents from the Ninth to the Thirteenth Centuries», *ibid.*, p. 101 s.
332. Riché (P.) : «L'enfant dans la société monastique», dans «Pierre Abélard et Pierre le Vénérable», *Actes du Congrès de Cluny*, éd. CNRS, Paris, 1975, p. 689-701.
＊332. Schwarz (H. W.) : *Der Schutz des Kindes im Recht des frühen Mittelalters*, Siegburg, 1993.

B　教科書（教授用図書，提要）

333. Ackstaller (J.) : *Das Helfersystem in der Mittelalterlichen Schulerziehung*, Diss., Munich, 1933.
＊333. Babcock (R. G.) : *Heriger of Lobbes and the Freising Florilegium. A study of the Influence of Classical Latin Poetry in the Middle Age*, Francfort-Berne, 1984 (Lateinische Sprache und Literatur des Mittelalters, n. 18).
334. Benkert (L.) : *Der historiographische Merkvers*, Diss., Neustadt/Aisch, 1970.
335. Blum (H.) : *Die antike Mnemotechnik*, Diss., Tubingen, 1964.
336. Engels (J.) : «Les noms de quelques manuels scolaires médiévaux», dans *Neophilologus*, 54, 1970, p. 105-12.
337. Glauche (G.) : *Schullekture im Mittelalter. Entstehung und Wandlungen der lekturekanons bis 1200 nach den Quellendargestellt*, Munich, 1970.
338. Glauche (G.) : «Die Rolle der Schulautoren im Unterricht von 800 bis 1100», dans *Settimana*, XIX (cf. n. 25), p. 617-36.
339. Hamilton (G. L.) : «Theodulus, a medieval Text-Book», dans *Modern Philology*, VII, 1909, p. 1-17.
340. Hervieux (L.) : *Les fabulistes latins depuis le siècle d'Auguste jusqu'à la fin du Moyen Age*, 5 vol., Paris, 1885 : 2e éd., 1893-1899.
341. Lehmann (P.) : *Die Parodie im Mittelalter*, Munich, 1922.
342. Lehmann (P.) : *Parodistische Texte*, Munich, 1923.
343. Leonardi (C.) : «I commenti altomedievale al classici pagani, da Severino Boezio a Remegio d'Auxerre», dans *Settimana*, XXII (cf. n. 27), p. 459-504.
344. Sandford (E. M.) : «The use of classical latin Authors in the Libri manuales», dans *Transactions and Proceedings of the American Philological Association*, 55, 1924, 190-248.
345. Stahl (W. H.) : «The systematic Handbook in Antiquity and the Early Middle Ages», dans *Latomus*, XXIII, 1964, p. 311-21.
346. Suchier (W.) : *Das mittellateinische Gespräch Adrian und Epictetus nebst verwandten Texten. Joca monachorum*, Tübingen, 1955.
＊346. *Vocabulaire des écoles et des méthodes d'enseignement au Moyen Age*, ed. Weijers, Brepols, 1992.

C 蔵書とその遺贈

347. Becker (G.) : *Catalogi bibliothecarum antiqui*, Bonn, 1885 : réimpr., Bruxelles, 1969.
348. Billanovich (G.)-Ferrari (M.) : «La transmissione dei Testi nell'Italia nordoccidentale», dans *Settimana* XXII (cf. n. 27), p. 303-52.
349. Bischoff (B.) : *Die Südostdeutschen Schreibschulen u. Bibliotheken in der Karolinger Zeit,* I *:Die bayerische Diözesen*, Wiesbaden, 1940.
350. Bischoff (B.) : «Panorama der Handschriften uberlieferung aus der Zeit Karls des Grossen», dans *Karl der Grosse* (cf. n. 189) , II, p. 2-54.
351. Bischoff (B.) : «Biblioteche, scuole e letteratura nelle città dell'alto medio evo», dans *Settimana,* VI (cf. n. 6), p. 609-25.
352. Bischoff (B.) : «Die Bibliothek im Dienste der Schule», dans *Settimana,* XIX (cf. n. 25), p. 395-415.
353. Bischoff (B.) : «Die Hofbibliothek Karls des Grossen», dans *Karl der Grosse* (cf. n. 189), II, p. 42-62.
354. Bischoff (B.) : «Die Hofbibliothek unter Ludwig dem Frommen», dans *Medieval learning and Literatur presented to R. W. Hunt*, ed. J. J. C. Alexander and M. T. Gibson, Oxford. 1976.
355. Bischoff (B.) : «Paläographie und frühmittelalterliche Klassikerüberlieferung», dans *Settimana,* XXII (cf. n. 27), p. 59-86.
356. Bischoff (B.) : «Scriptoria e manoscritti mediatori di civiltà dal sesto secolo alla riforma di Carlo Magno», dans *Settimana,* XI (cf. n. 20), p. 479-504, et dans *Mittelalt. Studien* (cf. n. 36), II, p. 312.
* 356. Bischoff (B.) : Paléographie de l'Antiquité romaine et du Moyen Age occidental, tr. H. Atsma et J. Vezin, Paris, 1985.
357. Bolgar (R. R.) : *The classical Heritage and its beneficiaries*, Cambridge, 1958.
358. Brown (T. J.) : «An historical introduction to the use of Classical Latin Authors in the British Isles from the fifth to the eleventh century», dans *Settimana,* XXII (cf. n. 27), p. 237-93.
359. Cavallo (G.) : «La trasmissione dei Testi nell'area Beneventano-Cassinese», dans *Settimana,* XXII (cf. n. 27), p. 357-414.
360. Diaz y Diaz (M.) : «La trasmision de los textos antiguos en la peninsula iberica en los siglos VII-XI», dans *Settimana,* XXII (cf. n. 27), p. 135-75.
361. Dobiache-Rozdestuenskaia : *Histoire de l'atelier graphique de Corbie de 651 à 830 reflétée dans les manuscrits de Léningrad*, Leningrad, 1934.
* 361. Dolbeau (E.) : «Un nouveau catalogue des manuscrits de Lobbes aux XIIe et XIIe siècles», dans *Recherches Augustimennes,* XIII et XIV, 1978 et 1979, p. 1-36 et 193-248.
** 361. Mostert (M.) : *The Library of Fleury. A provisional list of manuscripts*, Hilversum, 1989.
362. Fichtenau (H.) : *Mensch und Schrift im Mittelalter*, Vienne, 1946.
363. Ghellinck (J. de) : «En marge des catalogues des bibliothèques médiévales», dans *Miscellanea F. Ehrie*, t. V, Rome, 1924, p. 331-63.
364. Ghellinck (J. de) : «Diffusion, utilisation et transmission des écrits patristiques», dans *Gregorianum,* 14, 1933, p. 336-400.
365. Ker (N. R.) : *Medieval Libraries of Great Britain*, Londres, 1964.

366. Lesne (E.) : *Les livres, scriptoria et bibliothèques du commencement du* Ⅷ*e siècle à la fin du* Ⅻ*e siècle* (*Histoire de la propriété ecclésiastique en France,* t. Ⅳ), Lille, 1938 : réimpr., New York, 1964.
367. Manitius (M.) : «Handschriften antiker Autoren in mittelalterlichen Bibliothekskatalogen», dans *Zentralblatt f. Bibliothekswesen*, 67, Leipzig, 1935, Beiheft.
* 367. Pellegrin (E.) : «La tradition des textes classiques latins à l'abbaye de Fleury-sur-Loire», dans *Revue d'Histoire des Textes*, 1984-1985, p. 155-67.
** 367. Munk Olsen (B.) : *Les classiques dans les bibliothèques médiévales*. Pairs, 1987.
368. Petrucci (A.) : «Libro, scrittura e scuola», dans *Settimana,* ⅩⅨ (cf. n. 25), p. 313-37.
* 368. Reynolds (L.-D.) : *Texts and Transmission. A Survey of the latin Classics*, Oxford, 1983.
** 368. Riché (P.) : «La Bibliothèque de Gerbert d'Aurillac», dans *Mélanges Tuilier* (*Mélanges de la Bibliothèque de la Sorbonne,* Ⅷ, 1988), p. 94-103.
369. Stiennon (J.) : *Paléographie du Moyen Age*, Paris, 1973.
370. Vernet (A.) : «La transmission des textes en France», dans *Settimana,* ⅩⅫ (cf. n. 27), p. 89-123.
371. Wattenbach (W.) : *Schriftwesen im Mittelalter*, Leipzig, 3e éd., 1896.

VI　初歩教育と専門教育

A　初歩教育

372. Balogh (J.) : «Voces paginarum. Beiträge zur Geschichte des lauten Lesens und Schreibens», dans *Philologus*, 1957, p. 83-202.
373. Bischoff (B.) : «Elementarunterricht und Probationes Pennae in der ersten Hälfte des Mittelalters», dans *Mittelalt. Studien* (cf. n. 36), Ⅰ, p. 74-87.
* 373. Dolbeau (F.) : «Deux manuels latins de morale élémentaire», dans *Haut Moyen Age* (cf. n. ** 42), p. 183-95.
374. Friedlein (G.) : *Die Zahlzeichen und des elementare Rechnen der Griechen und Römer und des christlichen Abendlandes vom 7 bis 13 Jahr.*, Erlangen, 1869 : réimpr., Wiesbaden, 1968.
375. Riché (P.) : «Le psautier, livre de lecture élémentaire d'après les Vies des Saints mérovingiens», dans *Etudes mérovingiennes,* (cf. n. 147), p. 253-56.
376. Voigt (E.) : «Das erste Lesebuch des Trivium in der Kloster —— und Stifts —— schulen des Mittelalters», dans Mitteilung. *des Gesellsch. f. deutsch. Erziehungs —— und Schulgeschichte*, Ⅰ, Berlin, 1891, p. 42 et suiv.

B　書記と筆写生の教育

377. Boüard (A. de) : *Manuel de Diplomatique française et pontificale*, 2 vol., Paris, 1948.
378. Bischoff (B.) et Hofmann (J.) : «Die Wurzburger Schreiberschule und die Dombibliothek im Ⅷ und Ⅸ Jahrhundert», dans *Quellen und Forschungen zur Geschichte des Bistums und Hochstifts-Wurzburg*, Ⅵ, Wurtzbourg, 1952.
379. Bischoff (B.) : «Übersicht über die nicht diplomastichen Geheimschriften des Mittelalters», dans *Mittelalt. f. oesterreichische Geschichtsforschung*, LⅫ, 1954, p. 1-27.

380. Chatelain (E.) : *Introduction à l'étude des Notes tironiennes*, Paris, 1900.
381. Giry (A.) : *Manuel de Diplomatique*, Paris, 1934.
382. Mentz (A.) : «Ein Brief des IX Jahr. in tironischen Noten», dans *Archiv f. Urkundenforschung*, 1936, p. 211-30.
383. Mentz (A.) : «Die tironischen Noten. Eine Geschichte der Romischen Kurzschrift», dans *Archiv. f. Urkundenforschung*, XVI, 1940 et XVII, 1942.
* 383. Petrucci (A.) : «Alfabetismo ed Educazione grafica degli Scribi altomedievali, VII-X^e^», dans *Bibliologia*, III, 1986, p. 109-32.
384. Riché (P.) : «La formation des scribes dans le monde mérovingien et carolingien», dans *Beihefte der Francia* IX, Munich 1980, p. 75-80.
385. Uddholm (A.) : *Formulae Marculfi, étude sur la langue et le style,* Uppsala, 1954.

C 読師と歌唱者の教育

386. Banniard (M.) : «Le lecteur en Espagne wisigothique d'après Isidore de Séville. De ses fonctions à l'état de la langue», dans *REAug.* XXI, 1975, p. 112-44.
* 386. Bernard (Ph.) : *Du chant romain au chant grégorien*, Paris, 1996.
387. Corbin (S.) : *L'Eglise à la conquête de sa musique*, Paris, 1960.
388. Ermini (F.) : «Il canti latini del alumni delle scuole di Roma nel medioevo», dans *Medio evo latino*, Rome, 1938, p. 65-73.
389. Quasten (J.) : «Musik und Gesang in den Kulten der heidnischen Antiken und christlichen Frühzeit», dans *Liturgiegeschichte Quellen und Forschungen*, XXV, Münster, 1930, p. 133-41.
390. Thomas (P.) : «Le chant et les chantres dans les monastères bénédictins antérieurs au XVe siècle», dans *Mélanges bénédictins*, Abbaye Saint-Wandrille, 1947, p. 407-47.
391. Vogel (C.) : «La réforme liturgique sous Charlemagne», dans *Karl der Grosse* (cf. n. 189), II, p. 217-32.
392. Vogel (C.) : «Les échanges liturgiques entre Rome et les pays francs jusqu'à l'époque de Charlemagne», dans *Settimana*, VII (cf. n. 17), p. 185-295.
393. Vogel (C.) : *Introduction aux sources de l'histoire du culte chrétien au Moyen Age,* Spolète, 1966.

VII 中等教育

A 自由学芸

394. Alverny (M. Th. d') : «La sagesse et ses sept filles. Recherches sur les allégories de la philosophie et les sept arts libéraux du IXe siècle au XIIe siècle», dans *Mélanges dédiés à la mémoire de F. Grat*, Paris, 1949, I, p. 245-78.
395. Appuhn (A.) : *Das Trivium und Quadrivium in Theorie und Praxis,* 1 *: Das Trivium*, Erlangen, 1900.
396. «Arts libéraux et Philosophie au Moyen Age», *Actes du 4e Congrès international de Philosophie médiévale,* Montréal, 1967, Paris-Montréal, 1969.
397. Bischoff (B.) : «Eine verschollen Einteilung der Wissenschaften», dans *Archives d'histoire doctrinale et littéraire du Moyen Age*, 25 (1958), p. 5-20 = *Mittelalt. Studien* (cf.

n. 36), I, p. 273-88.

398. Diaz y Diaz (M.) : «Les arts libéraux d'après les écrivains espagnols et insulaires aux VIIe et VIIIe siècles»», dans *Arts libéraux*... (cf. n. 396), p. 37-47.

399. Giacone (R.) : «Arti liberali e la classificazione delle scienze. L'esempio di Boezio e Cassiodoro», dans *Aevum*, 48, 1974, p. 58-72.

400. Gibson (M. T.) : «The Artes in the Eleventh Century», dans *Arts libéraux* ... (cf. n. 396), p. 121-27.

401. Holtz (L.) : «Le Parisianus latinus 7530, synthèse cassinienne des Arts libéraux», dans *SM* XVI (1975), p. 97-152.

* 401. Hroswitha, *Théâtre*, éd. M. Goullet, Paris, 1999.

402. Leonardi (C.) : «I codici di Marziano Capella», dans *Aevum,* 33 (1959), p. 443-89 ; 34 (1960), p. 1-99 , 411-524. これは一巻にまとめて, 1960 (Milan) に刊行.

403. Lutz (C. E.) : «Remigius ideas on the classification of the seven liberal arts», dans *Traditio*, XXI, 1956, p. 65-85.

404. Mariétan (J.) : *Le problème de la classification des sciences d'Aristote à saint Thomas*, Paris, 1901.

405. Marrou (H.) : «Les arts libéraux dans l'Antiquité classique», dans *Arts libéraux* ... (cf. n. 396), p. 5-29.

406. Mathon (G.) : «Les formes et la signification des arts libéraux au milieu du IXe siècle. L'enseignement palatin de Jean Scot Erigène», dans *Arts libéraux* ... (cf. n. 396), p. 47-65.

* 406. Parisse (M.) : *La correspondance d'un évêque carolingien, Frothaire de Toul (ca 813-847),* Paris, 1998.

407. Préaux (J.) : «Le culte des Muses chez Martianus Capella», dans *Mélanges Boyancé*, coll. de l'Ecole française de Rome, 22, Rome, 1974, p. 579-614.

408. Stahl (W. H.) : *Martianus Capella and the Seven Liberal Arts,* 1 *: The Quadrivium of Martianus Capella. Latin Traditions in the mathematical Science*, New York, Londres, 1971.

* 408. Wagner (D.) : *The Seven Liberal Arts in Middle Ages,* Bloomington, Indiana, 1983.

B 文　法

409. Draak (M.) : «The high Teaching of latin Grammar in Ireland during the Ninth Century», dans *Mededelingen der Kon. Nederlandse Akademie van vetenschappen Afd. Letterkunde, Nieuwe Reeks*, 30, 4, Amsterdam, 1967, p. 109-44.

* 409. Gavinelli (S.) : «Un manuale scolastico carolingio : il codice bolognese 797», dans *Aevum*, 1985, p. 181-95.

410. Goetz (G.) : *Corpus glossarium latinorum a G. Loewe inchoatum*, 7 vol., Leipzig, 1888-1923.

411. Jeudy (C.) : *L'enseignement grammatical de Rémi d'Auxerre* (Positions des Thèses de l'Ecole des Chartes, 1961).

412. Jeudy (C.) : «L'Institutio de nomine, pronomine et verbo de Priscien, Manuscrits et commentaires médiévaux», dans *RHT*, 2, 1972, p. 73-144.

413. Jeudy (C.) : «L'Ars de nomine et verbo de Phocas. Manuscrits et commentaires médiévaux», dans *Viator*, V, 1974, p. 61-156.

414. Holtz (L.) : *Donat et la tradition grammaticale de l'Occident* (Thèse dactyl.), Université

de Paris IV, 1976.
*414. Holtz (L.) : *Donat et la tradition de l'enseignement grammatical*, Paris, 1981.
415. Holtz (L.) : «Sur trois commentaires irlandais de l'Art Majeur de Donat au IXe siècle», dans *RHT* 2, 1972, p. 45-72.
416. Holtz (L.) : «A l'école de Donat, de saint Augustin à Bède», dans *Latomus*, XXXVI, 1977, p. 532-38.
417. Holtz (L.) : éd. *Murethach (Muridac). In Donati Artem Majorem, CCL Cont.* XL, 1977.
418. Hunt (R. W.) : «Studies in Priscian of the Eleventh and Twelfth Centuries»", dans *Medieval and Renaissance Studies*, I, 1941, p. 1-50 ; II, 1950, p. 194-231.
419. Leclercq (J.) : «Smaragde et la grammaire chrétienne», dans *RMLA*, 1948, p. 15-22.
420. Lindsay (W. M.) : *Glossaria Latina*, 5 vol., Paris, 1926-1931.
*420. Munk Olsen (B.) : «Les classiques latins dans les Florilèges antérieurs au XIIIe siècle», dans *Revue d'Histoire des Textes*, 1980, p. 47-172.
421. Norberg (D.) : «Erudition et spéculation dans la langue latine médiévale», dans *ALMA*, 22, 1952, p. 5-16.
422. Thurot (Ch.) : «Notices et extraits des divers manuscrits latins pour servir à l'histoire des doctrines grammaticales au Moyen Age», dans *Notices et Extraits des Manuscrits de la Bibliothèque Nationale*, XXII, 1868.
*422. Guenée (B.) : *Histoire et culture historique dans l'Occident médiéval*, Paris, 1980 : 2e éd. 1991.

C 歴史と地理

423. Lacroix (B.) : *L'historien au Moyen Age*, Montréal-Paris, 1971.
424. Löwe (H.) : «Ein literarischer Widersacher des Bonifatius : Virgil von Salzburg und die Kosmographie d. Aeticus Ister», dans *Abhandlungen der Akademie der Wissenschaften und Literatur in Mainz*, II, 1951, p. 938-53.
425. Miller (K.) : *Mappae Mundi. Die ältesten Weltkarten*, 6 vol., Stuttgart, 1895-1896.
426. Quadri (R.) : éd. *Anonymi Leidensis, De situ orbis libri duo*, Padoue, 1976.
427. Tierney (J. J.) : *Dicuil. Liber de mensura orbis terrae*, Dublin, 1967.

D 修 辞 学

428. Howell (W. S.) : *The rhetoric of Alcuin and Charlemagne*, translation, Londres, 1941: 2e éd., New York, 1964.
429. Murphy (J. A.) : *Rhetoric in the Middle Ages*, Berkeley, 1974.
430. Quadlbauer (F.) : *Die antike Theorie der Genera dicendi im lateinischen Mittelalter*, Vienne, 1962.
*430. Ward (J. O.) : *Ciceronian Rhetoric in Treatise, Scholion and Commentary*, Brepols, 1995 (Typologie des sources du Moyen Age occidental, n. 58).

E 弁証学と哲学

431. Courcelle (P.) : *La consolation de Philosophie dans la tradition littéraire. Antécédents et Postérité de Boèce*, Paris, 1967.
432. Ghellinck (J. de) : «Dialectique et dogme du Xe au XIIe siècle», dans *Festgabe Cl.*

Baumker, Münster, 1913, p. 79-99.
433. Huygens (R. B. C.) : «Mittelalterliche Kommentare zum 'O quis perpetua'...», dans *SE*, VI, 1954, p. 373-427.
434. Isaac (J.) : *Le Perihermeneion en Occident de Boèce à saint Thomas*, Paris, 1953.
435. Jeauneau (E.) : «L'héritage de la philosophie antique durant le Haut Moyen Age», dans *Settimana*, XXII (cf. n. 27), p. 19-54.
436. Landgraf (A. M.) : *Introduction à l'histoire de la littérature théologique de la scholastique naissante*, tr. fr., Montréal-Paris, 1973.
437. Liebschutz (H.) : «Development of Thought in the Carolingian Empire. The Debate on Philosophical Learning during the transition period 900-1080», dans *The Cambridge History of Later Greek and Early Medieval Philosophy*, éd. A. H. Armstrong, Cambridge, 1967, 565-610.
* 437. Marenbon (J.) : *From the Circle of Alcuin to the School of Auxerre : Logic, Theology and Philosophy in the Early Middle Ages*, Cambridge, 1981.
** 437. Marenbon (J.) : *Early Medieval Philosophy. An Introduction*, Cambridge, 1983 : 2 ed., 1988.
438. Minuo Paluello (L.) : «Nuovi impulsi allo studio della logica. La secunda fase della riscoperta di Aristotele e Boezio», dans *Settimana*, XIX (cf. n. 25), p. 743-66.
439. Prantl (G.) : *Geschichte der Logik im Abendland*, Leipzig, 1855-1867 : réimpr. Graz, 1955.
440. Schrimpf (G.) : «Gelehrsamkeit und Philosophie im Bildungswesen des 9 und 10 Jahr. Ein literaturbericht für die Jahre 1960 bis 1975», dans *Zeitschrift für Philosoph. Forschung*, 31, 1977, p. 123-37.
441. Schrimpf (G.) : «Wertung und Rezeption antiker Logik im Karolingerreich», dans *Logik, Ethik, Theorie der Geisteswissenschaften* (XI Deutscher Kongress f. Philosophie, Göttingen, 1975 ; Hambourg, 1977, p. 451-56.
442. Vyver (A. van de) : «Les étapes du développement philosophique du Haut Moyen Age», dans *RB Ph*, VIII, 1929, p. 425-52.

F 四 学

1 一般研究書

443. Beaujouan (G.) : «L'enseignement du Quadrivium», dans *Settimana*, XIX (cf. n. 25), p. 639-67.
* 443. Bergmann (W.) : *Innovationen im Quadrivium des 10 und 11 Jarh.*, Stuttgart, 1985.
444. Klinkenberg (H. M.) : «Der Verfall des Quadrivium im Frühenmittelalter», dans *Artes Liberales von der antike Bildung zur Wissenschaft des Mittelalters*, ed. Koch, *Studien Über. Texte z. Geistesgeschichte des Mittelalters*, V, Cologne, 1959. p. 1-32.
445. Reindel (K.) : «Vom Beginn des Quadrivium», dans *DA* 15 (1959), p. 516-22.
446. Sarton (G.) : *Introduction to the History of Science*, I, Baltimore, 1927.
447. Thorndike (L.) : *History of Magic and Experimental Science*, I et II, New York, 1923.
448. Thorndike (L.) et Kibre (P.) : *A catalogue of incipits of medieval scientific writing in latin*, 2 ed., Cambridge, 1963.
449. Vyver (A. van de) : «L'évolution scientifique du Haut Moyen Age», dans *Archeion*, XIX, 1937, p. 12-20.

2 幾何学

450. Cantor (M.) : *Die römischen Agrimensoren und ihre Stellung in der Geschichte des Feldmesskunst. Eine historisch-mathematische Untersuchung*, Leipzig, 1875.

451. Cantor (M.) : *Vorlesungen über Geschichte der Mathematik*, I, 3 ed., Leipzig, 1907.

452. Josephson (A.) : *Casae litterarum. Studien zum Corpus Agrimensorum romanum*, Uppsala, 1950.

453. Heitz (C.) : «Mathématique et architecture. Proportions, dimension systématique et symbolique de l'architecture religieuse du Haut Moyen Age», dans *Atti del XII Convegno di Todi 1972*, Todi, 1973. p. 169-93.

454. Heitz (C.) : «Symbolisme et architecture religieuse du Haut Moyen Age», dans *Settimana*, XXIII (cf. n. 28), p. 387-420.

* 454. Butzer (P. L.) : «Die Mathematiker des Aachen-Lütticher Raumes von der karolingischen bis zur spätottonischen Epoche», dans *Annalen des Historischen Vereins für den Niederrhein*, 1976, p. 7-30.

3 算術

455. Folkerts (M.) : «Ps-Beda «de arithmeticis propositionibus». Eine math. Schrift aus Karolingerzeit», dans *Südhoffs Archiv.*, 1972.

456. Folkerts (M.) : *Boethius, Geometrie II ein mathematisches Lehrbuch des Mittelalters*, Göttingen, 1967.

457. Frova (C.) : «Le opere aritmetica di Gerberio d'Aurillac», dans *Mélanges Morghen, I*, Rome, 1974, p. 323-53.

458. Grossman (U.) : *Studien z. Zahlensymbolik des Frühmittelalters*, Diss. Fribourg-en-Brisgau, 1948 ; repris dans *Zeitschrift für Katholische Theologie*, 1954, p. 19-54.

459. Gunther (S.) : *Geschichte des mathematischen Unterricht im deutschen Mittelalter bis zum Jahre 1525*, Berlin, 1887.

460. Jeldham (F. A.) : «Notation of fractions in the Early Middle Ages», dans *Archeion*, VIII, 1937, p. 313-29.

* 460. Meyer (H.) : *Die Zahlenallegorese im Mittelalter*, Munich, 1975.

461. Navari (J. V.) : «The leitmotiv in the mathematical thought of Gerbert of Aurillac», dans *Journal of Medieval History*, 1975, p. 139-50.

4 算定法

462. Aelfoedi-Rosenbaum (A.) : «The Fingercalculus in Antiquity and Middle Ages», dans *FS*, V, 1971, p. 1-10.

463. Cordoliani (A.) : *Les traités de comput ecclésiastique de 525 à 990* (*Positions des Thèses de l'Ecole des Chartes,* 1942, p. 51-56).

464. Cordoliani (A.) : «Les traités de comput du Haut Moyen Age», dans *ALMA*, XVII, 1942, p. 51-72.

465. Cordoliani (A.) : «Contribution à la littérature du comput ecclésiastique», dans *SM*, 1960, p. 107-37, 1961, p/169-208.

466. Cordoliani (A.) : «Le computiste Hermann de Reichenau», dans *Miscellanea di Storia Ligure*, III, 1961, p. 31-51.

467. Meersseman (G. G.) et Adda (E.) : «Manuale di computo con ritmo mnemotecnico dell' arcidiacono Pacifico di Verona». dans *Italia Sacra*, VI, Padoue, 1966.

468. Quacquarelli (A.) : «Ai margini dell'actio : la «loquela digitorum», dans *Vetera*

Christianorum, VII, 1970, p. 199-225.
* 468. Borst (A.) : *Astrolab und Klosterreform an der Jahrtausenwende*, Heidelberg, 1989.

5 天 文 学

469. Bywanck (A. W.) : *List of astronomical manuscripts*, Amsterdam, 1949.
470. Duhem (P.) : *Le système du monde*. tome III : *L'astronomie latine au Moyen Age*, Paris, 1915 : réimpr, 1958.
471. Millas Vallicrosa (J. M.) : *Assai d'historia de les idees fisiques i matematiques a la Catalunya medieval*, Barcelone, 1931.
472. Millas Vallicrosa (J. M.) : *Estudios sobre historia de la ciencia española*, Barcelone 1949.
473. Millas Vallicrosa (J. M.) : *Nuevos Estudios sobre historia* ..., Barcelone, I960.
* 473. *Oldest (The) latin Astrolabe*, ed. W. M. Stevens, numéro spécial de *Physis,* Florence, 1995.
474. Poulle (E.) : «Les instruments astronomiques de l'Occident latin aux XIe et XIIe siècles», dans *CCM*, 1972, p. 27-40.

6 音　楽

475. Chailley (J.) : *L'Ecole musicale de Saint-Martial jusqu'à la fin du XIe siècle*, Paris, 1960,
476. Chailley (J.) : *«Alia Musica», traité de musique du IXe siècle*, Paris, 1965.
477. Doren (R. von) : *Etude sur l'influence musicale de l'abbaye de Saint-Gall du VIIIe au XIe siècle*, Louvain, 1925,
478. Gallo (F. A.) : «La musica e le artes in Italia altorno al Mille», dans *Quadrivium*, V, 1962, p. 100 s.
* 478. Gerbert (M.) : *Scriptores ecclesiastici de Musica*, 2 vol., Saint-Biaise, 1774.
479. Huglo (M.) : «Le développement du vocabulaire de l'Ars musica à l'époque carolingienne», dans *Latomus*, XXXIV, 1977. p. 131-51.
480. Huglo (M.) : *Les tonaires*, Paris, 1971.
481. Huglo (M.) : «Les instruments de musique chez Hucbald de Saint-Amand», dans *Hommage à A. Boutemy, coll. Latomus 145,* Bruxelles, 1976, p. 178-96.
482. «Musica e arti figurativa nel secoli X-XII», *Atti del XIII Convegno del Centro di Studi sulla spiritualita medievale*, Todi, 1973.
483. Oesch (H.) : *Guido von Arezzo*, Diss. Berne, 1954.
484. Oesch (H.) : *Berno und Hermann von Reichenau als Musiktheoretiker*, Berne, 1961.
485. Smits van Waesberghe (J.) : *De musico-paedogogico et theoretico Guidone aretino ejusque vita et moribus*, Florence, 1953.
486. Smits van Waesberghe (J.) : «La place exceptionnelle de 'l'Ars musica' dans le développement des sciences aux siècles carolingiens», dans *Revue Grégorienne,* XXXI, 1952, p. 81-101.
487. Smits van Waesberghe (J.) : *Musikerziehung : Lehre und Theorie der Musik im Mittelalter*, Leipzig, 1969.
488. Vecchi (G.) : «L'insegnamento e la pratica musicale nella comunità dei canonici», dans *Vita comune* ... (cf. n. 273), II, p. 29-39.

7 医　学

489. Baader (G.) : «Die Anfange der Medizinischen Ausbildung im Abendland bis 1100». dans *Settimana,* XIX (cf. n. 25), p. 669-78.

490. Beccaria (A.) : *I codici di medicina al periodo presalernito (sec. IX, X e XI)*, Rome, 1956.
* 490. Vasquez Bujan (M. E.) : *El De Mulierum affectibus del Corpus Hippocratum, Estudio y edicion critica de la antigua traduccion latina*, Santiago de Compostela, 1986.
491. Creutz (R.) : «Erzbischof Alphanus I ein frühsalernitaner Artz», dans *SMGB*, 16, 1929, p. 415-32.
492. Creutz (R.) : «Der Artz Constantinus Africanus», dans *SMGB*, 16, 1929, p. 16-44.
493. Creutz (R.) : «Der frühsalernitaner Alphanus und sein bislang unbekannter 'liber de pulsibus'», dans *Südhoffs Archiv*, 29, 1936, p. 57-83.
494. Duft (J.) : *Notker der Artz. Klostermedizin und mönchsartz im frühmittelalterlichen S. Gallen*, Saint-Gall, 1975.
495. Kristeller (P. O.) : «The school of Salerno», dans *Studies in Renaissance Thought and Letters*, Rome, 1956, p. 495-551.
496. Lawn (B.) : *The Salernitan Questions*, Oxford, 1963.
497. MacKinney (L.) : *Early medieval medecine with special references to France and Chartres*, Baltimore, 1937.
498. Tabannelli (M.) : *La chirurgia italiana dell'alto medioevo*, Florence, 1965.
499. Wickersheimer (E.) : «Les manuscrits latins de médecine du Haut Moyen Age dans les Bibliothèques de France», Paris, 1936.

G 法学，宗教的学問

1 学 問

500. Astuti (G.) : *Lezioni di storia del diritto italiano : Le Fonti. Eta romano barbarica*, Pavie, 1953.
501. Blok (D. P.) : «Les formules de droit romain dans les actes privés du Haut Moyen Age», dans *Mélanges Niermeyer*, Groningen, 1967, p. 17-28.
502. Bruguière (M. B.) : *Littérature et droit dans la Gaule du Ve siècle*, Paris, 1974.
503. Buchner (R.) : «Die Rechtsquellen», dans Wattenbach-Levison.. (cf. n. 32), Weimar, 1953.
504. Fournier (P.)-Le Bras (G.) : *Histoire des collections canoniques en Occident*, tome 1 : *De la réforme carolingienne à la réforme grégorienne*, Paris, 1931.
505. Gaudemet (J.) : «Survivances romaines dans le droit de la monarchie franque du Ve au Xe siècle», dans *Rev. Hist. du droit*, 1955, p. 149-286.
* 505. Gaudemet (J.) : *Les sources du droit de l'église en Occident du IIe au VIIe siècle*, Paris, 1985.
506. Gibert (R.) : «Enseñanza del derecho en Hispania durante los siglos VI a XI», dans *IRMA* (cf. n. 508), I, 5, Milan. 1967.
507. Gualazzini (U.) : «L'insegnamento del diritto in Italia durante l'alto medioevo», dans *IRMA* (cf. n. 508), I, 5, B. aa, Milan, 1974.
508. *Jus Romanum Medii Aevi (IRMA) auspice Collegio Antiqui juris provehendi*, Société d'histoire des droits de l'Antiquité, Milan, (刊行中).
509. Riché (P.) : «Enseignement du droit en Gaule du VIe au XIe siècle», dans *IRMA* (cf. n. 508), I, 5, B. bb. Milan, 1965.
510. Tardif (J.) : «Un abrégé juridique des Etymologies», dans *Mélanges J. Havet*, Paris, 1901, p. 658-80.
511. Zimmerman (H.) : «Römische und kanonische Rechtkenntnis und Rechtschulung im

frühen Mittelalter», dans *Settimana*, XIX (cf. n. 25), p. 767-94.

2　聖書注解

512. Bardy (G.) : «La littérature des «quaestiones et responsiones» sur l'Ecriture Sainte», dans *Revue Biblique*, t. 41, 1932, p. 210-36, 341-69.
513. Berger (S.) : *Histoire de la Vulgate pendant les premiers siècles du Moyen Age*, Paris, 1893 : réimpr., New York, 1958.
514. Bischoff (B.) : «Wendepunkte in der Geschichte der lateinischen Exegese im Frühmittelater», dans *Mittelalt. Studien* (cf. n. 36), I, p. 205-72.
515. Blic (J. de) : «L'oeuvre exégétique de Walafrid Strabon et la «Glossa ordinaria», dans *RTMA*, 16, 1949, p. 5-28.
516. Fischer (B.) : «Bibeltext und Bibelreform unter Karl der Grosse», dans *Karl der Grosse* (cf. n. 189), II, p. 156-216.
517. Fischer (B.) : «Bibelausgaben des frühen Mittelalters», dans *Settimana*, X (cf. n. 19), 517-600.
518. Lubac (H. de) : *L'exégèse médiévale. Les quatre sens de l'Ecriture*, 4 vol., Paris, 1959-1961.
519. Mundo (A.) : «Bibliotheca. Bible et lecture de Carême d'après saint Benoît», dans *RB*, 60, 1950, p. 65-92.
＊519. Riché (P.) : «Instruments de travail et méthodes de l'exégète à l'époque carolingienne», dans *Le Moyen Age et la Bible*, Paris, 1984, p. 147-62.
520. Smalley (B.) : *The study of the Bible in the Middle Ages*, Oxford, 1952.
＊520. Spicq (C.) : *Esquisse d'une histoire de l'exégèse latine au Moyen Age*, Paris, 1944.

VIII　外来教養の影響と西方の教養

A　ビザンツの影響とギリシア語の知識

521. Bischoff (B.) : «Das griechische Element in der abendländischen Bildung des Mittelalters», dans *Mittelalt. Studien* (cf. n. 36), II, p. 246-74.
＊521. Berschin (W.) : *Grieschiche-Lateinisches Mittelalters*, Berne, 1980.
522. Bloch (H.) : «Monte Cassino, Byzantium and the West in Early Middle Ages», dans *Dumbarton Oaks papers*, III, Cambridge (Mass.), 1946, p. 163-224.
523. Courcelle (P.) : *Les Lettres grecques en Occident de Macrobe à Cassiodore*, Paris, 1943 : 2e éd., 1948.
524. Delaruelle (E.) : «La connaissance du grec du Ve au IXe siècle», dans *Mélanges de la Société toulousaine d'Etudes classiques*, I, 1946, p. 207-26.
525. Devreesse (R.) : *Les manuscrits grecs de l'Italie méridionale*, Studi e Testi 183, Cité du Vatican, 1955.
526. Irigoin (J.) : «La culture grecque dans l'Occident latin du VIIe au XIe siècle», dans *Settimana*, XXII (cf. n. 27), p. 425-46.
527. «Italia meridionale nell'alto medio evo e i rapporti con il mondo bisantino», *Atti del 3 Congresso int. di Studi sull'alto Medioevo*, Spolète, 1959.
＊527. Le Bourdelles (H.) : *L'Aratus latinus. Etude sur la culture et la langue latines dans le Nord de la France au VIIIe siècle*, Lille, 1985.

528. Lemerle (P.) : *Le premier humanisme byzantin*, Paris, 1971.
529. Lopez (R.) : «Le problème des relations anglo-byzantines du VIIe au Xe siècle», dans *Byzantion*, XVIII, 1948, p. 147-54.
530. Muller (E.) : «Glossaire grec-latin de la Bibliothèque de Laon», dans *Notices et extraits des manuscrits de la Bibliotheque Nationale*, XXIX, 2, 1880, p. 1-30.
531. Pertusi (A.) : «Bisanzio e l'irradiazione della sua civiltà in Occidente nell'alto Medioevo», dans *Settimana* XI (cf. n. 20), p. 75-133.
* 531. Santerre (J. M.) : *Les moines grecs et orientaux à Rome*, Ve-XIe, Bruxelles, 1983.
532. Siegmund (A.) : *Die Ueberlieferung der griechischen christlichen Literatur in der lateinischen Kirche bis zum zwölften Jahrhundert*, Munich, 1949.

B ユダヤ人の影響

533. Blumenkranz (B.) : *Juifs et Chrétiens dans le monde occidental de 430 à 1096*, Paris-La Haye, 1960.
534. Blumenkranz (B.) : *Les auteurs chrétiens latins du Moyen Age sur les Juifs et le judaïsme*, Paris, 1963.
* 534. Dahan (G.) : *Les intellectuels chrétiens et les Juifs au Moyen Age*, Paris, 1990.
** 534. Grabois (A.) : *Les sources hébraïques médiévales* (Typologie des sources du Moyen Age occidental) n. 50 et 66, Brepols, 1987 et 1993.
535. Thiel (M.) : «Grundlagen und Gestalt der Hebraïschkenntnisse des frühes Mittelalters», dans *SM*, 1969, p. 3-212.

C アラビア人の影響

536. Alverny (M. Th. d') : «La connaissance de l'Islam en Occident du IXe siècle au milieu du XIIe siècle», dans *Settimana*, XII (cf. n. 21), p. 577-602.
* 536. Kunitzsch (P) : «Les relations scientifiques entre l'Occident et le monde arabe à l'époque de Gerbert», dans *Gerbert l'Européen* (cf. n. ** 292) p. 193-231.
537. Lévi-Provençal (E.) : *Histoire de l'Espagne musulmane*, 3 vol. , Paris, 1950-1953.
* 537. Lévi-Provençal (R.) : *L'Espagne musulmane au Xe siècle. Institutions et vie sociale*, Paris. 1952.
538. Sanchez Albornoz (Cl.) : «El Islam de España y el Occidente», dans *Settimana*, XII (cf. n. 21), p. 149-308 : RH, 1967, p. 295-335.
539. Vernet (J.) : «La ciencia en el Islam y Occidente», dans *Settimana*, XII (cf. n. 21), p. 537-72.
540. Vyver (A. van de) : «Les premières traductions latines (Xe-XIe siècles) de traités arabes sur l'astrolabe», dans *1er Congrès international de Géographie historique, Mémoires*, t. II , Bruxelles, 1931, p. 266-90.

IX 俗語における教養

541. Betz (W.) : «Karl der Grosse und die «lingua theodisca», dans *Karl der Grosse* (cf. n. 189), II , p. 300-06.

542. Bischoff, «The Study of Foreign Languages in the Middle Ages», dans *Mittelalt. Studien* (cf. n. 36), Ⅱ, p. 227-45.
543. Bostock (J. K.) : *A Handbook on high german Literature*, Oxford, 1955 : 2 ed., 1976.
* 543. Carruthers (L.) : *L'anglais médiéval*, Brepols, 1996.
544. Dubois (M. M.) : *La littérature anglaise au Moyen Age (500-1500)*, Paris, 1962.
545. Eis (G.) : *Altdeutsche Handschriften*, Munich, 1949.
546. Fuchs (A.) : *Les débuts de la littérature allemande du* Ⅷ*e siècle au* Ⅻ*e siècle*, Paris, 1952.
547. Heusler (A.) : *Die altgermanische Dichtung*, Postdam, 1924 : réimpr. dans *Handbuch d. Literatur Wiss.*, Ⅰ, Darmstadt, 1957.
548. Jolivet (A.)-Mossé (F.) : *Manuel de l'allemand au Moyen Age*, Paris, 1959.
549. Ker (N. R.) : *Catalogue of ms. containing anglo-saxon*, Oxford, 1957.
550. Lares (M. M.) : *Bible et Civilisation anglaise. Naissance d'une tradition*. Paris, 1974.
551. Magoun (F. P.) : «Oral Formulaic Character of a saxon narrative poetry», dans *Speculum*, 28, 1953, p. 446-67.
552. Marx (J.) : *Les littératures celtiques*, Paris, 1959.
553. Mossé (F.) : *Manuel de l'anglais du Moyen Age, des origines au* ⅩⅣ*e siècle*, Ⅰ : Vieil Anglais, 2e éd., Paris, 1950.
554. Müllenhoff (K.) et Scherer (W.) : *Denkmaler deutscher Poesie und Prosa aus dem* Ⅷ-Ⅻ *Jahr.*, 2 vol., Berlin, 1892 : réimpr., Zürich, 1964.
555. Musset (L.) : *Les peuples scandinaves au Moyen Age*, Paris, 1951.
556. Kratz (H.) : *Frühes Mittelalter, dans Handbuch der deutschen Literaturgeschichte. Bibliographien,* Munich, 1970.
557. Batts (M.) : *Höhes Mittelalter, ibid.* Ⅱ, Munich, 1969.
* 557. Richter (M.) : *The oral tradition in the Early Middle Ages* (Typologie des sources du Moyen Age occidental) n. 71, Brepols, 1994.
558. Stokes (W.) et Trachan (J.) : *Thesaurus paleohibernicus*, Cambridge, 1901.
559. Zink (G.) : *Les légendes héroïques de Dietrich et Ermenric dans la littérature germanique*, Paris, 1950.

X 俗人の教養

A 一般研究書

560. Auerbach (E.) : *Literatursprache und Publikum im der lateinische Spätantike und im Mittelalter*, Berne, 1958.
561. Battisti (C.) : «Secoli illetterati. Appunti sulla Crisi del latino prima della riforma carolingia», dans *SM*, 1, 1960, p. 362-96.
562. Chélini (J.) : «Les laïcs dans la société ecclésiastique carolingienne», dans *I Laïci* ... (cf. n. 567), p. 23-50.
563. Chélini (J.) : *La vie religieuse des laïcs dans l'Europe carolingienne (milieu* Ⅷ*e siècle-fin du* Ⅸ*e siècle)* (Thèse dactyl. Université de Paris Ⅹ, 1974, 4 vol.).
* 563. Chélini (J.) : *L'Aube du Moyen Age. La vie religieuse des laïcs dans l'Europe carolingienne*, Paris, 2e éd. 1997.
564. Congar (Y.) : article «Laïcat», dans *DSp*, 1937, Ⅸ, col. 79-108.
565. Congar (Y.) : «Clercs et laïcs au point de vue de la culture au Moyen Age. Laïcus = sans

lettres», dans *Studia mediaevalia e mariologia. Mélanges P. Carolo Balic*, Rome, 1971, p. 309-32.

566. Grundmann (H.) : «Litteratus-illiteratus». Der Wandlung einer Bildungsnorm von Altertum zum Mittelalter», dans *AKG*, 40, 1958, p. 1-65.

567. «Laïci (I) nella «societas christiana» dei secoli XI-XII». *Atti della terza settim. intern. di Studi Mendola 1965*, Milan, 1968.

568. Pirenne (H.) : «De l'état de l'instruction des laïques à l'époque mérovingienne», dans *RB*, 46, 1934, p. 165-77.

* 568. Riché (P.) : «Recherches sur l'instruction des laïcs du IXe au XIIe siècle», dans *CCM*, 1962, p. 175-82.

569. Stoeckle (M.) : *Studien über Ideale in Frauenviten des 7 bis 10 Jahr. Diss.* Munich, 1959.

570. Thompson (J. W.) : *The Literacy of the Laity in the Middle Ages*, Univ. of California, publ. in Education 9, Berkeley, 1939 : réimpr., New York, 1963.

571. Toubert (P.) : «La theórie du mariage chez les moralistes carolingiens», dans *Settimana*, XXIV (cf. n. 29), p. 233-82.

B 貴族の教養

572. Anton (H.) : *Fürstenspiegel und Herrscherethos in der karolingerzeit*, Bonn, 1968.

573. Arngart (O.) : «The Proverbs of Alfred», dans *Skrifter utg. av. Kungl. Hum Vetonskaps-samgundet Lund 32*, Lund, 1942-1955.

574. Boussel (O.) : *L'«institutio Regia» de Jonas d'Orléans. Un Miroir des princes du IXe siècle.* Positions des Thèses de l'Ecole des Chartes, 1964, p. 29-31.

575. Chazelas (J.) : *Les livrets de prières privées du IXe siècle. Essai sur la théologie morale des fidèles.* (*Positions des Thèses de l'Ecole des Chartes,* 1959, p. 19-20.)

576. Delaruelle (E.) : «Jonas d'Orléans et le moralisme carolingien», dans *Bull. de Littérature ecclésiastique*, 3-4, 1954, p. 130-44, 221-28.

* 576. Jonas d'Orléans, *Le Métier de roi*, éd. A. Debreucq (Sources chrétiennes n. 407), Paris, 1995.

577. Hadot (P.) : article «Fürstenspiegel», dans *PAC*, VIII, 1972, col. 555-632.

* 577. Messina (N.) : *Pseudo-Eugenio di Toledo. Speculum per un nobile visigoto*, Santiago di Compostella, 1983.

** 577. Mutterich (V.) : «The library of Otto III», dans *Bibliologia* 3, 1986, p. 11-26.

578. Haselbach (H.) : *La Formula honestae vitae de Martin de Braga (ps. Sénèque) traduite et glosée par Jean Courtecuisse (1403)*, Berne, 1975 (Public, univ. Europ. XIII, 30).

579. Lopez (R. S.) : «An Aristocracy of money in the Early Middle Ages», dans *Speculum*, XXVIII, 1953, p. 33 s.

580. Pascal (P.) : «The Institutionum disciplinae» of Isidor of Sevilla», dans *Traditio*, 13, 1957, p. 425-31.

581. Riché (P.) : «Les Bibliothèques de trois aristocrates laïcs carolingiens», dans *MA*, 1963. p. 87-104.

582. Riché (P.) : «Trésors et Collections d'aristocrates laïcs carolingiens», dans *CArch.*, XXII, 1972, p. 39-46.

583. Riché (P.) : éd. *Dhuoda, Manuel pour mon fils*, Sources Chrétiennes n. 225, Paris, 1975.

* 583. *La religion de ma mère*, éd. J. Delumeau, Paris, 1992.

584. Rosenthal (J. T.) : «The Education of the early Capetians», dans *Traditio*, 25, 1969, p. 366-76.
585. Salmon (P.) : «Livrets de prières à l'époque carolingienne», dans *RB*, 86, 1976, p. 218-34.
586. Scharf (J.) : «Studien zu Smaragdus und Jonas», dans *DA*, 17, 1961, p. 333-84.
587. Smith (R. M.) : «The «speculum principum» in early irish literature», dans *Speculum*, 1927, p. 411-25.

C 民間伝承と教養

588. Boudriot (W.) : *Die altergermanische Religion in der amtlichen kirchlichen Literatur des Abendländes vom 5 bis zum 11 Jahr.*, Bonn, 1928 : réimpr., Darmstadt, 1964.
589. Kuhn (H.) : «Das Fortleben des germanischen Heidentums nach der Christianisierung», dans *Settimana*, XIV (cf. n. 22).
590. Le Goff (J.) : «Culture cléricale et traditions folkloriques dans la civilisation mérovingienne», dans *Annales E.S.C.*, 1967, p. 780-91 : réimpr. dans *Pour un autre Moyen Age*, Paris, 1977, p. 225-35.
591. Le Goff (J.) : «Culture ecclésiastique et culture folklorique au Moyen Age. Saint Marcel de Paris et le Dragon», dans *Mélanges* C. *Barbagallo*, Naples, 1970, II, p. 51-90 : réimpr. dans *Pour un autre Moyen Age*, p. 236-79.
592. Riché (P.) : «La magie à l'époque carolingienne», dans *ACIB*, 1973, p. 127-38.
593. Salin (E.) : *La civilisation carolingienne d'après les sépultures, les textes et le laboratoire*, 4 vol., Paris, 1949-1959.
* 593. *Santi e Demoni nell'alto Medioevo occidentale*, Settimana di Spoleto, 1989.
594. Storms (G.) : *Anglo-Saxon Magic*, La Haye, 1948.
595. Vogel (C.) : «Pratiques superstitieuses au début du XIe siècle d'après le *Corrector sive medicus* de Burchard, évêque de Worms», dans *Mélanges E. R. Labande*, Poitiers, 1974, p. 750-61.

D 民 間 信 仰

596. Albert (F. R.) : *Die Geschichte der Predigt in Deutschland bis Luther*, 1 : *Die Zeit vor Karl den Grossen, 600-814*, Güterslob, 1892.
* 596. Aubrun (M.) : *La paroisse en France*, Paris, 1986.
597. Alonso (J. W.) : *La cura pastoral en la España romano-visigoda*, Rome, 1955.
* 597. Amos (T. L.) : *The Origin and Nature of the Carolingian Sermon*, Dissert of Michigan State University, 1983.
598. Barré (H.) : *Les homiliaires carolingiens de l'Ecole d'Auxerre, Authenticité, Inventaires, Tableaux comparatifs*, dans Studi e Testi, 225, Cité du Vatican, 1962.
599. Beck (G. P.) : *The pastoral care of Souls in South East France during the sixth century*, Rome, 1950.
600. Bouhot (J. P.) : «Un sermonnaire carolingien», dans *RHT*, 1974, p. 181-223.
601. Brommer (P.) : «Die bischofliche Gesetzgebung Theodulfs von Orleans», dans *Zeitschrift der Savigny-Stiftung, Kan. Ab.* 91, 1974, p. 1-120.
602. Chélini (J.) : «La pratique dominicale dans l'église franque sous le règne de Pépin», dans *RHEF*, 42, 1956, p. 161-74.

603. Delbono (F.) : «La letteratura catechetica di lingua tedesca. Il problema della lingua nell'evangelizzazione», dans *Settimana*, XIV (cf. n. 22), p. 697-741.

604. Devailly (G.) : «La pastorale en Gaule au IXe siècle», dans *RHEF*, 1973, p. 23-54.

＊604. Etaix (R.) : «Le sermonnaire carolingien de Beaune», dans *Revue des Etudes Augustiniennes*, 1979, p. 106-49.

605. Franz (A.) : *Die kirchlichen Benediktionen im Mittelalter*, 2 vol., Fribourg-en-Brisgau, 1909.

606. Gougaud (L.) : «Les danses dans les églises» , dans *RHE*, 1914, p. 1-22, 229-45.

＊606. Riché (P.) : «La danse dans le Haut Moyen Age», dans *Mélanges Mandrou*, Paris, 1985, p. 159-68.

＊＊606. *Hagiographies, cultures et sociétés (IVe-XIIe siècles)*. Études Augustiniennes, Paris, 1981.

607. Heer (J.M.) : «Ein Karolingischer Missions-Katechismus, Ratio de catechizandis rudibus», dans *Biblische und Patristische Forschungen*, I, 1911.

608. Imbart de la Tour (P.) : *Les paroisses rurales du IVe au XIe siècle*, Paris, 1900.

609. Lemarignier (J. F.) : «Le monachisme et l'encadrement religieux des campagnes du royaume de France situées au Nord de la Loire, de la fin du Xe siècle à la fin du XIe siècle», dans *Le Istituzioni ecclesiastiche della Societas christiana dei secoli XI-XII. Diocesi pievi e parrochie*. Atti della sesta Settimana internazionale di Studio, Milano, sept. 1974. Milan, 1977, p. 359-405.

610. Löwe (H.) : «Pirmin, Willibrord und Bonifatius. Ihre Bedeutung für die Missiongeschichte ihre Zeit», dans *Settimana*, XIV (cf. n. 22), p. 217-61.

611. Netzler (H.) : «La situation des curés ruraux du VIe au VIIIe siècle», dans *Mélanges ... offerts à F. Lot*, Paris, 1925, p. 575-601.

612. Vogel (C.) : *Le pécheur et la pénitence au Moyen Age*, Paris, 1969.

613. Wasserschleben (F. W. H.) éd. Réginon, *De synodalibus causis et disciplinis ecclesiasticis*, Leipzig, 1840 : réimpr., Graz, 1964.

614. Wasserschleben (F. W. H.) : éd. *Die Bussordnungen der abendländischen Kirche,* Halle, 1851: réimpr., Graz, 1958.

原　注

序　説

1) Folz (4) p. 86 s. ; Pirenne (8), première partie.

2) Riché (110) 58 s.

3) Riché (110), p. 108. *Arcerianus* 写本については，Josephson (452) 参照．

4) Riché (110), p. 109-110.

5) Riché (110), p. 112-115.

6) Gaudemet (505) ; Bruguière (502).

7) Marrou (89), p. 445.

8) Riché (110), p. 105-107.

9) Roger (111), p. 48 s. ; Haarhoff (86).

10) Riché (91).

11) Courtois (113), p. 228-229 ; Simonetti (118).

12) Préaux (407) ; Stahl (408).

13) Riché (110), p. 76-77 ; Langlois (115) ; J. M. Diaz de Bustamante, *Draconcio y sus Carmina profana*, Santiago de Compostela, 1978.

14) Rosenblum (117).

15) *Vita Fulgentii* I, 5, éd. Lapeyré, Paris, 1929, p. 10.

16) Riché (110), p. 96-97.

17) Fontaine (120).

18) Riché (110), p. 62-64.

6 世紀のイタリアにおける教養については，多くの研究が刊行されている．参考文献＊118 から＊127 参照．また，1979年のコロキウム *La cultura in Italia* [...] (＊119)，1983年のコロキウム *Flavio Magno Aurelio Cassiodoro* (＊120)，1980年のベネディクトを主題とするコロキウム *San Benedetto nel suo Tempo* (＊127) も参照．C. Leonardi はそこで «San Benedetto e la Cultura» という研究を発表している (p. 303-325)．

カッシオドルスについては，1990年以降の Vivarium Scyllacense 誌と *Atti del Convegno di Studi de Squillace*, ed. S. Leanza 1993 を参照．カッシオドルスの *Variae* は，S. J. B. Barnisch による翻訳がある (Liverpool 1992)．

ボエティウスについては，参考文献＊118 と＊＊120 のほかに，F. Troncarelli, *Boethiana aetas. Modelli grafici e fortuna manoscritta della Consolatio Philosophiae tra IX' e XII' secolo*, Alessandria 1987 がある．

19) Jahn (121).

20) Courcelle (523).

21) Courcelle (431).

22) Riché (110), p. 69.

23) Préaux (127).

24) Riché (110), p. 182 ; (10), I, p. 84.

25) Gualazzini (507).
26) Riché (110), p. 184.
27) フォルトゥナトゥスについては，1928年（Paris）刊行の平凡なD．Tardiの著書以降，目新しい研究はない．
28) Dagens (131).
29) Riché (110), p. 187-193.

大グレゴリウスの教養と著作については，1982年（＊131）と1990年の二回，ローマでコロキウムがもたれた．B. Judic (Université de Paris I, 1983), *La Regula Pastoralis de Grégoire le Grand, traduction française et étude critique. Gregorio Magno e il suo tempo* (*Studia Ephemeridis Augustianum,* n. 34), 2 vol. Roma ; R. Godding, *Bibliografia di Gregorio Magno* (1890-1989), Roma, 1990, «Sources Chrétiennes» 双書は大グレゴリウスの多くの著作の翻訳を刊行する予定である．
30) Riché (110), p. 220-226.
31) *Ibid*., p. 257 s.
32) *Ibid*., p. 196, 231.
33) *Ibid*., p. 232.
34) Rouche (151).
35) Riché (110), p. 233-236.
36) Jungblutt dans «*Gregorio di Tours*» (148), p. 327-364.
37) D. Norberg, *Epistulae S, Desiderii Cadurcensis*, «Acta Universitatis Stockholmiensis» (*Studia latina,* Ⅵ), Stockholm, 1961.
38) Riché (110), p. 259 s.
39) W. Sanders, «Die Buchstaben des Königs Chilperic», *Zeitsch. f. Deutsch. Altertum*, 1972, p. 13-53.

フォルトゥナトゥスについては，R. Collins, «Observations on the form language, and public of the prose biographies of Venantius Fortunatus in the hagiography of Merovingian Gaul», dans *Colombanus* [...] (＊＊167)とP. Godman, «Orpheus among the Berbarians», dans *Poets and Emperors* (＊184) 参照．M. Reydelletによる Poèmesの訳とすぐれた序文がある(Paris 1994, 1998)．
40) Riché (110), p. 291 s.
41) M. Diaz y Diaz, «Los documentos hispano-visigoticos sobre pizarra», *SM* 1966, p. 75-107. 西ゴートの勅令については，A. M. Mundo, *Los diplomas visigodas originales*, Barcelona, 1970 参照．
42) Riché (110), p. 298.
43) *Ibid*., p. 298-300 ; Gibert (506).
44) Ed. J. Gil dans *Miscellanea wisigothica*, «Anales de la Univ. Hispalense (Filosofia y letras)», XV, Sevilla, 1972.
45) Riché (110), p. 302-305.

46) *Traité de la Nature*, éd. J. Fontaine, Bordeaux, 1960, p. 151-161, 328-335.

47) Riché (110), p. 303. この史料（9世紀のものとされる）については，Riché dans *Estudios* (135), p. 171-180 ; J. Fontaine, «Quelques observations sur les «Institutionum Disciplinae» pseudo-isidoriennes» dans *La Ciudad de Dios*, 1968, p. 617-655 参照.

48) Haselbach (578).

49) Diaz y Diaz (39), p. 77.

50) Riou (142).

51) Teillet (143) ; Riché (110), p. 403-404. ユリアヌスの文典については，M. A. H. Maestre Yenes, *Ars Juliani Toletani*, Toledo, 1973 参照.

西ゴート時代のスペインにおける教養については，MM. Diaz y Diaz のほか，J. Fontaine, H. Diesner (＊134, ＊136)が研究を続行している．E. James は，1975年のダブリンのコロキウムの研究を刊行した（＊143）．*L'Europe Héritière de l'Espagne wisigothique*, éd. J. Fontaine et C. Pellistrandi, Madrid, Casa Velasquez, 1992 には，有用な若干の論文が掲載されている．

52) Riché (110), p. 119 s.

53) *Ibid*., p. 242-244.

54) Riché (110), p. 241 ; Norberg (106).

55) Riché (110), p. 81, 191, 247.

56) Courcelle (523), p. 257.

57) Riché (110), p. 395-396.

58) Marrou (89), p. 456-457.

59) Marrou (88), p. 331.

60) Riché (110), p. 120-121.

61) Courcelle (523), p. 303-304.

62) Riché (110), p. 309-310.

63) Arator, *De Actibus Apostolorum*, éd. P. McKinlay, *CSEL* LXXII (1951), p. XXVIII.

64) Marrou (88), p. 512, 528 ; Riché (110), p. 123.

65) Marrou (124).

66) Riché (110), p. 171 s.

67) Courcelle (523), p. 319-321.

68) Roger (111), p. 179-181.

69) Ludwig (123).

70) Riché (110), p. 213-214.

71) *Ibid*., p. 195-196.

72) *Ibid*., p. 197-198 ; Dagens (131). p. 50-51. また本書の史料 47 参照.

73) Dagens (131).

74) Riché (110), p. 218-219.

75) *Ibid*., p. 345, 394.

76) Diaz y Diaz (39), p. 89 ; Fontaine (136) ; *Isidoriana* (140).

77) Fontaine (136), p. 735 s.

78) *Id*., (136), ed. W. M. Lindsay, Oxford, 1911, reprint. 1957 参照.

79) Riché (110), p. 394-350.

80) *Ibid*., p. 402-404.

81) *Ibid*., p. 126 s.

82) Ch. Munier, Les «*Statuta Ecclesiae Antiqua*», Paris, 1960.

83) Steidle, «Dominici scola servitii», dans *Benediktinische Monatschrift*, 1952, p. 397-406.

Dominici scola servitii という表現については，D. von der Nahmer, «*Dominici scola servitii*». *Uber Schultermini in Klosterregeln*, dans *Regula Benedicta Studia*, Hildesheim, 1983-85, p. 143-185 ; A. Albert, «Vom Kloster als «dominici scola servitii» zur benediktinischen Klosterschule», dans *Studien und Mitteilungen zur Geschichte des Benediktiner-Ordens*, 1996, p. 319-338.

84) Marrou (89), p. 459-460.

85) Riché (110), p. 161 ; Leclercq (46), p. 22.

86) Courcelle (146) ; Riché (110), p. 141-145.

87) Riché (110), p. 166-167, 328.

88) Riché (110), p. 169-170, 324-328 ; Marrou (89), p. 484.

89) Riché (110), p. 353 s. ; Gougaud (168), p. 28 s.

ケルト族のともにおける教養については，*Die Iren und Europa*（＊167），コルンバヌス（＊＊167），ランデヴネクに関するコロキウム（1986年に *Landevennec et le monachisme breton dans le Haut Moyen Age* として同修道院で出版）に種々の論文がある．また，B. Merdrignac, *Recherches sur l'hagiographie armoricaine du* Ⅶ^{e} *au* ⅩⅤ^{e} *siècles*, 2 vol. Alet, 1986 ; L. Lemoine, *Recherches sur l'enseignement et la culture dans la Bretagne du Haut Moyen Age*, Rennes, 1985 (dactyl.). また，コロキウム *Irlande et Bretagne*, Rennes 1994 ; P. Riché, «Le réveil de la Belle-au-Bois-Dormant : l'histoire de la Bretagne dans le très Haut Moyen Age» (Ⅴ^{e}-Ⅷ^{e} siècles), dans *Mélanges Chédeville*, Rennes, 1998, p. 21-27 も参照．ガリアにおける「ベネディクト会則」の普及については，G. Moyse (p. 45, n. 108)の説が認められている．Léon Fleuriot, *Les origines de la Bretagne*, Paris, 1980 も参照．

90) Chadwick (153) ; Kerlouegan (155).

91) Holtz (414).

92) Kerlouegan (155).

93) Bieler (165) ; Smit (177) ; Coccia (167) ; Hughes (172).

94) M. H. Herren, *The Hisperica Famina*, Ⅰ, *the A. Text. A new Critical Edition with English Translation and Philological Commentary*, Toronto, 1974.

95) Hillgarth (171).

96) Bischoff (514) ; Grosjean (169).
97) Vogel (612).
98) Henry (170), Ⅰ, p. 75.
99) Grosjean (＊ 169).
100) Corbin (387), p. 182.
101) Riché (110), p. 364 s. ; Mayr-Harting (162), p. 94 s.
102) Mayr-Harting (162), p. 129 s.
103) *Ibid*., p. 103 s.
104) Gougaud (168), p. 112 s.
105) Riché (110), p. 371 s. Bieler(165)に対する反論については，*Mélanges Colombaniens* (176), p. 95-102 参照.
106) Prinz (108).
107) Riché (110), p. 389-392.
108) G. Moyse, Les origines du monachisme dans le diocèse de Besançon, Ve-Xe siècles, dans *BECh* CXXXI, 1973, p. 412.

第Ⅰ部　カロリング・ルネッサンス期の学校

第１章　カロリング・ルネッサンスの先触れ

1) Folz (4), p. 240.
2) Riché (110), p. 410-419.
3) Folz (4), p. 289 s.
4) Riché (110), p. 449 s. ; Norberg (106).
5) Viscardi (56), p. 329.
6) Buchner (503), p. 33 ; Bognetti (130), Ⅳ, p. 115 s.
7) *CLA* (49), Ⅳ, 515. パヴィアにあったと言われる「宮廷学校」については，*Pavia, capitale del Regno (Atti del 4° Congresso internazionale di Studi sull'alto Medioevo* 1967), Spoleto, 1969.
8) Viscardi (56), p. 23.
9) Bezzola (35), Ⅰ, p. 26.
10) Folz (4), p. 302.
11) Riché (110), p. 468.
12) Delaruelle, dans *Settimana,* Ⅶ (17), p. 143-184.
13) *Ordines Romani,* éd. M. Andrieu, Louvain, 1956, Ⅳ, p. 195.
14) Riché (110), p. 399-400.
15) *Ibid.,* p. 449 s.
16) *Ibid.,* p. 454.
17) Riché (110), p. 419 s. ; Mayr-Harting (162), p. 191 s.
18) Lopez (529).

19) Tatwin, *Opera omnia*, éd. De Marco, dans *CCL* CXXXIII, 1968.

20) Riché (110), p. 431-432 ; Mayr-Harting (162), p. 156.

21) Riché (110), p. 428-430 ; Mayr-Harting (162), p. 152-154.

22) Courcelle (523), p. 356.

23) Riché (110), p. 430, 434 ; Thompson (163) ; Blair (156) ; Brown (358) p. 263 s. ; Wallace-Hadrill (30), p. 76.

24) G. Calder, *Auraicept na n-Eces «The scholar's Primer»*, Edinburgh, 1917.

25) Bischoff (166), p. 127.

26) Coccia (167), p. 366 s.

27) Henry (170), I, p. 237.

28) Roger (111), p. 262. *De Locis sanctis* は，D. Meehan, (*Scriptores latini hiberniae*, III, Dublin, 1958)によって刊行されている．

29) Holtz (414).

30) Ed. B. Loefstedt, Uppsala, 1966.

31) Roger (111), p. 122；本書 序説の注 94）参照．

32) Riché (110), p. 423-425 ; Mayr-Harting (162), p. 192-204.

33) Riché (110), p. 435-436 ; Schieffer (218). ボニファティウスの著作に関する最近の研究はない．

34) Mayr-Harting (162), p. 160-165. また F. Masai, *Essai sur les origines de la miniature dite «irlandaise»*, Bruxelles, 1947 と，*Settimana,* IV (14) におけるかれの論文 (p. 139-163) 参照．

35) Riché (110), p. 433 s.

アングロ・サクソンの教養については，*The Anglo-Saxons*, ed. by J. Campbell, Oxford 1982 のほか，1972年以降の *Anglo-Saxons England* 誌に多くの論文がある．とくに V. Loew, «The study of the latin grammar of eight centuries», *ibid.* (1983), p. 43-72 参照．また文典および文法教師については，L. Holtz, «Les grammairiens hiberno-latins étaient-ils des anglo-saxons ? », dans *Peritia*, 1983, p. 170-184 参照．

36) Ed. Haddan (A. W.) et Stubbs (W.), *Councils and Ecclesiasticals Documents*, Oxford, 2d ed., 1964, III, p. 365.

37) Riché (110), p. 413-414.

38) J. Laporte, *Grimo abbé de Corbie et premier archevêque de Rouen* dans «Corbie» (184), p. 47-60

39) *CLA* (49), VI, 765.

40) *Ibid.*, p. XVIII-XX.

41) Lesne (366), p. 52.

42) *Ibid.*, p. 582 ; Becker (347), p. 1-2.

43) Hubert (97), p. 165 s.

44) Riché (110), p. 483-484.

45) Levison (161), p. 53 s. ; «Catalogue» (179), n. 399-401.

46) Riché (110), p. 487-488 ; Schieffer (218).

47) Angenendt (198).

48) Löwe (212) ; (213).

49) Löwe (424).

ザルツブルクのヴェルギリウスについては，1985年のコロキウム（＊219）と，Garey, «Ireland and the Antipodes. The Heterodoxy of Virgil of Salzbourg», dans *Speculum*, 1989, p. 1610 参照．Aethicus Ister については，P. Gautier Dalché, «Du nouveau sur Aethicus Ister. A propos d'une théorie récente», dans *Journal des Savants*, 1986, p. 175-186 参照．

第２章　カロリングの君主たちと教養

1) Ps-Frédégaire, ch. 34, éd. Wallace-Hadrill, p. 102. *Liber Historiae Francorum* については，G. Kurth, dans *Etudes franques*, Paris, 1919, Ⅱ, p. 31-65 ; Wattenbach-Levison (32), p. 114 s. 参照．

2) R. Buchner (503), p. 20.

3) Lesne (366), p. 29 Saint-Denis については，Riché (110), p. 494-495 にある参考文献を見よ．

4) De Clercq, (180), Ⅰ, p, 115-155.

5) E. Ewig, «*Saint Chrodégang et la réforme de l'église franque*», dans *Saint Chrodégang* (202), p. 27-53 ; G. Pelt, *Étude sur la cathédrale de Metz, La Liturgie*, Metz, 1957, p. 7 s.

6) Riché (216), p. 62-64. サン・ドニのフルラドについては，A. J. Stoclet, *Autour de Fulrad de St-Denis*, Genève, 1993 参照．

7) C. Vogel (391, 392, 393) 参照．

8) E. Delaruelle, «Charlemagne et l'Eglise», dans *RHEF* 1953, p. 185 s.

パウルス・ディアコヌスについては，1999年の Udine と Cividare のコロキウム «Paolo Diacono Uno scrittore fra Tradizione Longobardo e Rinnovamento carolingio»（その内容はやがて刊行される予定）参照．

アクイレィアのパウリヌスについては，D. Norberg, *L'œuvre poétique de Paulin d' Aquilée*, Stockholm, 1979 と，*Corpus Christianorum*, no. 95 (1990) におけるかれの著作，また *G. Fornasari* の編集による，12世紀ルネサンスに関するコロキウムの論文集（Udine, 1988）も参照．

9) Ganshof (206) ; «Charlemagne et les institutions de la monarchie franque», dans *Karl der Grosse* (189), p. 369 s.

10) ここでは，ラテン語原文をあげよう．*Et ut scolae legentium puerorum fiant. Psalmos, notas, cantus, compotum, grammaticam, per singula monasteria (sint) vel episcopia ; et libros catholicos bene emendate ; quia saepe dum bene aliqui Deum*

rogare cupiunt sed per inemendatos libros male rogant. Et pueros vestros non sinite eos vel legendo vel scribendo corrumpere. Et si opus est evangelium vel psalterium et missale scribere perfectae aetatis homines scribant cum omni diligentia.（また，読み方を学ぶ子どもたちの学校を開設せよ．それぞれの修道院や司教の館において詩編，記号，歌唱，暦の算定法，文法を（教えよ）．カトリックの書物を正しく校訂せよ．というのも，しばしばある人々は神に対しふさわしく祈ろうと欲しながらも，未校訂の書物をもって誤った祈りを捧げている．また諸師のもとにある子どもたちが，読みあるいは筆写するにあたって，改竄することのないようにせよ．また福音書，詩編集，ミサ典書を筆写する必要がある場合，成熟した年齢の人が，細心の注意をもって筆写するようにされたい）（史料 10(a)参照）．

ある歴史家たちは，*emendare* は *psalmos, notas, cantus, compotum, grammaticam* を補語としているというが，必ずしもそう受け取る必要はない．若干の写本（BN 4, 628 A, fol. 66 v）では，*sint* は *monasteria* のあとにおかれているが，*MGH, Capit.*, I, p. 60 ではそうした指摘はない．J. Stiennon (369), p. 97 による *Et pueros vestros*...の文章の解釈は，支持することはできない．回章の起草におけるアルクィンの役割については，F. C. Schabe, «Alcuin und die Admonitio Generalis», dans *DA* XIV, 1958 ; Wallach (220) 参照．

11） Ed. E. E. Stengel, *Urkundenbuchs des Klosters Fulda*, I, 2, Marburg, 1956, p. 251-254.

12） De Clercq (180), I, p. 281, 365.

13） *Ibid*., p. 231 s.

14） Brunhölzl (201) ; Von den Steinen (219), p. 63-94 ; Bezzola (35), I, p. 86-143 ; *Wattenbach-Levison* (32), p. 200.

15） Lesne (74), p. 34.

16） *Ibid*., p. 40 ; *Wattenbach-Levison*. (32), p. 201.

宮廷詩人については，9 世紀末までを取り扱う P. Godmann (＊184)を参照．

＊16） Wolff (57), p. 52.

詩文については，*La poesia carolingia*, Firenze, 1995 ; B. Munk Olsen, «Les poètes classiques dans les écoles au IXe siècle», dans *Mélanges Fontaine*, III, Paris, 1992, p. 197-210 参照．

17） Bischoff (200).

18） *Id*. (353) ; *Catalogue* (179), n. 363, 365, 443.

19） Fichtenau (183), p. 72 s. ; Löwe (7), p. 183.

20） Bischoff (354).

21） Bezzola (35), I, p. 151 s. とくに詩 *De imagine Tetrici* については，*PAC* II, p. 370 参照．

22） Bezzola (35), I, p. 168 s.

23） *Ibid*., p. 186 s.

24) Riché (248).

カール禿頭王の宮廷における教養については，R. McKitterick, «Charles the Bald and his library. The Patronage of Learning», dans *English Historical Review*, 1980, p. 28-47 ; *id., Charles the Bald, Court and Kingdom*, Oxford, 1981, p. 385-400 ; P. E. Dutton と E. Jeauneau, «The verses of the Codex Aureus of St Emmeran», dans *Studi Medievali*, 1983, p. 75-120 参照．

第3章 外来文化の影響

1) J. Fontaine, *L'Art pré-roman hispanique*, Coll. «Zodiaque» Abbaye de La Pierre-qui-Vire, 1973, p. 261 s. ; *Symposium* (263).

フランク王国とスペインとの関係については，D. Millet-Gérard, *Chrétiens mozarabes et culture islamique dans l'Espagne du* Ⅷ^e^-Ⅸ^e^ *siècles*, Paris, 1984 と，Gonzalez Munoz (＊262) 参照．

2) *Boletin del Instituto de Estudios Asturianos*, 1975, p. 593-617 における P. Floriano Llorente の研究を見よ．

3) «Etymologies» の写本は Bibliothèque de l'Escurial (n. P. I. 7)にある．

4) Cava dei Tirreni の聖書については，M. Ayuso Marazuela, «La Biblia visigotica de la Cava dei Tirreni», dans *Estudios Biblicos* XV, 1956, p. 15 ; M. Vieillard Troiekouroff, «Les Bibles de Théodulphe et la bible wisigothique de la Cava dei Tirreni», dans *Synthronon*, Bibliothèque des Cahiers Archéologiques, Ⅱ, Paris, 1968, p. 153-166 参照．

5) Bonnaz (260).

6) G. de Pamplona, «El monasterio de san Zacarias 'luz de Occidente'», dans *Estudios Ecclesiasticos*, 1960, p. 389.

7) *Vita Eulogii*, éd. Gil, *Corpus* (262), p. 335 ; E. Lambert, «Le voyage de saint Euloge dans les Pyrénées en 848», dans *Estudios Dedicados a Medendez Pidal*, Madrid, 1953, Ⅳ, p. 557-567.

8) Lévi-Provençal (537).

9) F. J. Simonet, *Historia de los mozarabes de España*, Madrid, 1903 ; Sanchez Albornoz (538). モサラベの教養については，*Corpus* における Gil の序文と(262), Wattenbach-Levison (31), p. 361-365 参照．

10) R. de Abadal, *La vatalla del Adopcionismo en la desintegración de la Iglisia visigoda*, Barcelona, 1949.

11) 書簡 16 から 20 (éd. Gil, *Corpus* (262), p. 227-270) については，Blumenkranz (534) が研究している．

12) D'Alverny (536), p. 587 s.

13) E. P. Colbert, *The Martyrs of Cordoba 850-859*, Washington, 1962.

14) Bonnaz (260) ; Diaz y Diaz (261), p. 230

15) W. Heil, «Der Adoptianismus, Alkuin und Spanien», dans *Karl der Grosse* (189), Ⅱ, p. 95-155.

16) M. Defourneaux, «Charlemagne et la monarchie asturienne», dans *Mélanges Halphen*, Paris, 1951, p 177-184 ; C. Sanchez-Albornoz, dans *Cuadernos de Historia de España*, XXXI-XXXII, 1960, p. 23.

17) Toursの記録集には，聖ヤコブの聖遺骸の発見に際して，アルフォンソ3世がトゥールの聖職者にあてた一通の書簡が含まれている．L. Vazquez de Praga, *Las peregrinaciones a Santiago de Compostela*, Ⅰ, Madrid, 1948, p. 35参照．

18) J. Dubois, *Le Martyrologe d'Usuard*, Bruxelles, 1965, p. 128-134.

19) G. Martinez-Diez, *La coleccion canonica hispana*, Ⅰ, Madrid, 1966, Ⅰ, p. 331 s.

20) Fabrega-Grau, *Pasionario hispanico*, Barcelona, 1953, Ⅰ, p. 269 ; A. Mundo, «El Commicus palimpsest, Paris lat. 2269, amb notes sobre liturgia i manuscrits visigotics a Septimania y Catalunya», dans *Scripta e documenta*, 7, Abbaye de Montserrat, 1956, p. 151-275.

21) テオドゥルフについては，Dalhaus-Berg (203) ; Schaller (217). P. Riché, «Les réfugiés wisigoths dans le monde carolingiens», dans *L'Europe héritière de l'Espagne wisigothiques*, p. 177-183. また A. de Riquer (＊216) 参照．

22) トリノのクラウドゥスについては，Wattenbach.-Levison. (32), p. 310-311 ; Brunhölzl (93), p. 490-491参照．

23) E. A. Löwe, *Codices Lugdunenses antiquissimi*, Lyon, 1924 ; Lesne (366), p. 72-73.

24) Boschoff (233) ; Cabaniss (234).

25) M. Zimmerman, «L'usage du droit wisigothique en Catalogne du IXe au XIIe siècle», dans *Mélanges de la Casa de Velazquez*, IX, 1973, p. 233-281 ; Diaz y Diaz (261), p. 234.

26) Levison (161), p. 108.

27) *Ibid*., p. 142, 144 ; *CLA* 49, suppl. 146, 1732, 1733 ; Lesne (366), p. 56 s.

28) J. M. Wallace-Hadrill, «Charlemagne and England», dans *Karl der Grosse* (1989), Ⅰ, p. 683-698.

アルクィンが果した役割については，C. Leonardi, «Alcuino e la rinascita cultura le carolingia», dans *Schede Medievali* 2, Palermo, 1982, p. 32-53.

またかれの詩と書簡については，P. Godman, *Alcuin : The Bishops, Kings and Saints of York*, Oxford, 1983. C. Veyrad-Cosme, «L'œuvre hagiographique en prose d'Alcuin, abbé de Tours» (*Millennio Medievale*, Firenzeで発表予定)．またかれは，アルクィンの書簡の訳を刊行準備中．

29) Lettre 87, éd. Levillain, Ⅱ, p. 79. Ker (546), p. 381は，この算定法の書は867年から892年の間に書かれたと指摘している．

30) Kenney (174), n. 270, p. 477.

31) *Ibid.*, p. 468-477 ; L. Bieler, *The irish Penitentials*, Dublin, 1963, p. 47-48.

32） Kenney (174), n. 133, 134, 135, 271, 202, 399, 516. *CLA* (49), Ⅹ, 1511.

33） Henry (170), Ⅱ, p. 84.

34） ネンニウスについては新しい研究が欲しいが，まずは Kenney (174), n. 24 参照.

35） Bullough (282), p. 473-474.

36） Gougaud (168), p. 153.

37） Cappuyns (245), p. 30 s. ; Kenney (174), n. 530 s. ; Bischoff (166).

スコット人については，J. J. Contreni, *Carolingian Learning* (＊＊179)，またスコトゥス・エリウゲナについては，E. Jeauneau, *Études Erigéniennes* (＊244) 参照．なお後者の書は部分的に，*De Divisione naturae,* dans *CCL Cont*. CLXI-CLXIII, 1996-1998 に採録されている．また C. Steel が刊行した1995年のルーヴァンのコロキウムの記録，Leuven Univ. Press, 1996 も参照.

38） Tierney (427).

39） Ed. L. Holtz (417).

40） 最近のものでは，«Jean Scot Erigène» (246).

41） Bischoff (521) ; Delaruelle (524) ; Lemerle (528), p. 9-21 の «L'interruption de la culture hellénique en Occident».

ギリシア語については，W. Berschin (＊521)と，トロントのコロキウム *The sacred Nectar of the Greeks. The Study of Greek in the West in the early Middle Age*, ed. M. W. Herren, London, 1988 参照.

42） *Fredegarii Chronica* 40, p. 109 ; *Carolinus* 45 : *Epist*. Ⅲ, p. 562 ; *Annales regni Francorum*, 767.

43） G. Théry, «L'entrée du Pseudo-Denys en Occident», dans *Mélanges Mandonnet*, Paris, 1930, Ⅱ, p. 23-25 ; Siegmund (532), p. 182 ; Lemerle (528), p. 13, n. 13.

44） 宮廷とビザンツとの関係については，Wattenbach-Levison (32), p. 359-360 および M. D. Metzger, The «Legimus» subscription of Charles the Bald and the Question of Byzantiun Influence, dans *Viator*, 1971, Ⅱ, p. 53-58.

芸術上の影響については，J. Beckwith, «Byzantine influence on art at the court of Charlemagne», dans *Karl der Grosse* (189), Ⅲ, p. 287-319.

45） Siegmund (532), p. 24 s. ; *CLA* (49), Ⅱ, 140.

46） F. Wellesz, *Eastern Elements in Western Chant*, Oxford, 1947.

47） Huglo (479), p. 138.

48） Manitius (51), Ⅰ, p. 492.

49） Becker (347), p. 11, n. 204.

50） Chronique de Fontenelle de 834 : *Domum qua librorum copia conservatur quae Graeci pyrgiscos dicitur*. 語彙集については，本書 第3部 第3章 注5-7 参照.

51） *CGL* (410), Ⅲ, p. XXIV. Montpellier の *Ms.* 306 は9世紀のものである.

52） H. Le Bourdelles, «Naissance d'un serpent. Essai de datation de l'«Aratus Latinus», dans «*Mélanges Renard*» Ⅰ, *Latomus*, 1969, p. 506-514.

アレクサンデルをうたう詩については，Norberg (105), p. 81参照．オスティアのゲオルギウスはアミアンの司教であったこと，またアミアンのイエッセは802年，ビザンツに派遣されたことに注目しよう．

53) Lemerle (528), p. 13 s. ; G. Théry, *Etudes dionysiennes*, I : *Hilduin traducteur de Denys*, Paris, 1932. ギリシア語については，W. Berschin (＊ 521) と，トロントのコロキウム *The sacred Nectar of the Greeks. The Study of Greek in the West in the Early Middle Age*, ed. M. W. Herren, London, 1988 参照．

54) Cappuyns, (245), p. 128 s. ; Lemerle (528), p. 15-16.

55) Lemerle (528), p. 17 s.

56) P. Battifol, «Librairies byzantines à Rome», dans *MEFR* 1888, p. 298.

57) Wattenbach-Levison (32), p. 465-466 ; U. Westerbergh (224) ; C. Leonarde, «Anastasio Bibliotecario e l'ottavo Concilio Ecumenico», dans *SM* VIII, 1967, p. 126 s.

58) Wattenbach-Levison (32), p. 440-445 ; Pertusi (531), p. 110-111 ; P. Devos, «L'œuvre de Guarimpotus hagiographe napolitain», dans *AB* 76, 1958, p. 151-187.

59) Blumenkranz (533) ; (534).

60) Agobard, *De insolentia Judaeorum, Epist*. V, 182 ; Amolon, *Liber contra judaeos : PL* 116, 171 s. ; Morin, «Un concile inédit tenu dans l'Italie méridionale», dans *RB* 1900, p. 146.

61) Blumenkranz (534), p. 174. また J. B. Hablitzel, «Der Hebraeus quidam bei Hraban Maur», dans *HJ* 47, 1937, p. 340 も参照．

62) A. Wilmart, «Un lecteur ennemi d'Amalaire», dans *RB* 1924, p. 323.

ユダヤ人の影響およびユダヤ人とキリスト教徒との関係については，A. Linder による *Kiriat Sepher*, 1981, p. 148-152 における本書の書評と，かれが指摘する A. Saltman の刊行による偽ヒエロニムスの書 *Quaestiones on the Book of Samuel*（カロリング期の一ユダヤ人の著作）Leyde に，1975 参照．J. F. Verstrepen, «Raban Maur et le judaïsme dans son commentaire sur les quatre livres des Rois», dans *Revue Mabillon*, 1996, p. 23-55.

63) Thiel (535) ; E. Power, «Corrections from the hebrew in the Theodulfian manuscripts of the Vulgate», dans *Biblica* XXV, 1924.

64) B. Blumenkranz et J. Chatillon, «De la polémique anti-juive à la catéchèse chrétienne», dans *RTAM* 1956, p. 40. De Lubac (518), III, p. 147 s.

立法における旧約聖書の影響については，R. Kottje, «Studien z. Einfluss des alt. Test, dans *Bönner Histor. Forschung*, 1964 ; 最近のものとしては A. Linder «Christlich-Jüdische Konfrontation im kirchlichen Frühmittelalter», dans *Kirchengeschichte als Missionsgeschichte*, Herausgegeben von K. Schäferdiek, II, München, 1978, p. 397-441 参照．

第4章　主要な学問の中心

1) Bischoff (350).

2) Ph. Wolff, «L'Aquitaine et ses marges», dans *Karl der Grosse* (189) I, p. 295 s.

3) P. Cousin, «Les origines et le premier développement de Corbie» ; H. Peltier, «Saint Adalhard abbé de Corbie», dans *Corbie* (181), p. 24 s., 61 s. ; Lesne (366), p. 223, *CLA* (49), VI, 707. A. Mundo, «Sur quelques manuscrits liturgiques languedociens», dans *Cahiers de Fanjeaux*, 1982, p. 81-95 参照.

4) *Chron. Centul*. II, 11, p. 70.

*4) Catalogue (179), n. 370.

5) *Ibid.*, n. 371. テオドゥルフの聖書6巻は，オルレアンあるいはフルーリで筆写されている.

6) トゥールにおけるアルクィンの教授については Kleinclausz (208), 写字室については Lesne (366), p. 140 s. ; *CLA* III, 297 ; Catalogue (179), n. 355 と 372 参照.

7) *CLA*, VI 717. ある書式集はフラヴィニーから来ている (*Formulae*, p. 469).

8) Catalogue, no 452, 453, 454.

9) J. Winandy, *Ambroise Autpert moine et théologien*, Paris, 1953 と Leonardi (211) 参照. モンテ・カッシーノにおける学習については，Holtz (401) ; Bloch (222), p. 569-570 参照.

10) BN 10289 と 1332 ; Clerval (65), p. 16 参照.

11) P. Riché, «Les Hagiographes bretons et la Renaissance carolingienne», dans *Bull. philolog. et Historique*, 1966, p. 652-659.

12) M. Ferrari, «Centri di trasmissione : Monza, Pavia, Milano, Bobbio», dans *Settimana*, XXII (27), p. 313-314.

パヴィアのドゥンガルについては，*Italia medioevale e umanistica*, XV, 1972 における M. Ferrari の論文 (p. 1-52) のほかに，J. Vezin, «Observation sur l'origine des manuscrits légués par Dungal à Bobbio», dans *Paléographie*, 1981, München, 1982, «Münchener Beiträge», 32, p. 125-143.

13) Wattenbach-Levison (32), p. 416 s.; Bullough (223) 参照.

14) Wattenbach-Levison (32), p. 410-415 ; Meerssemann (467).

15) Wattenbach-Levison (32), p. 451-470 ; Arnaldi (221) と C. Leornardi, «La Vita Gregori di Giovanni Diacono», dans Roma (193), p. 381-393.

16) A. Laporte, «Le souper de Jean Diacre», dans *MEFR* 21, 1901, p. 305-385 ; Wattenbach-Levison (32), p. 468-469.

17) Cavallo (359) ; Bloch (222).

18) U. Westerbergh, *Beneventan Ninth Century Poetry*, Stockholm, 1957.

19) Cavallo (359), p. 373-375.

20) Lesne (366), p. 242-243.

*20) Huglo (479), (481). Van de Vyver, «Hucbald de Saint-Amand écolâtre et l'

invention du Nombre d'Or», dans *Mélanges Pelzer*, «Université de Louvain, Recueil des travaux d'hist. et de philol.», 3e série, 26e fasc., p. 62-79.

21) Bouhot (250) ; Bischoff (249).

22) Devisse (254).

23) Contreni (241) ; (243).

＊23) Lesne (366), p. 209-210 ; Jeauneau (237).

24) J. Dubois, *Le Martyrologe d'Usuard*, Bruxelles, 1965, p. 122 s.

25) Jeauneau (237) ; Holtz (417). R. Quadri, *Aimone di Auxerre alla luce dei Collectanea di Heirico di Auxerre,* thèse Fac. de Théologie, Fribourg, Suisse, 1962 ; I Collectanea di Erico di Auzerre», dans *Spicilegium Friburgense,* 11, 1966.

レミギウスの著作については，Jeauneau (237), p. 522 ; Leonardi (240) 参照．

フェリエールのルプスの書簡は，1984年に P. K. Marshall によって再刊された．

ボエティウスの影響については，M. T. Gibson, «Boethius in the Carolingian School», dans *Transactions of the Royal Historical Society*, London, 1982, p. 43-56 参照．

文法教師 Murethach の生徒オーセールのハイモンの書簡は，L. Holtz によって *CCL Cont*, XL, 1977において刊行されたが（417），その発見の経緯については，*L'école carolingienne d'Auxerre,*（＊237）を見よ．またオーセールの学校については，J. Marenbon（＊437）参照．

アドについては，J. Dudois et G. Renaud, *Le Martyrologe d'Adon*, «Sources d'histoire médiévale», Paris, 1984 における序文を参照．

リヨンのフロルスについては *P. I. Fransen*, «Description de la collection hiéronymienne de Florus de Lyon sur l'Apôtre», dans *Revue Bénédictine*, 1984, p. 195-228 があるが，多くの研究が待たれる．

26) Loup, *Epist.* 110, *discendi studio et quietis amore in urbe Lugdunensium* ...（リヨンの町に学問と休息を求めて）．アドによる伝記，典礼，歴史関係の書については今後の研究が待たれる．Wattenbach-Levison (32), p. 622-624.

27) アゴバルドについては，A. Bressolles, *St Agobard, évêque de Lyon 769-840,* Paris, 1949 の平凡な著書のほかに，Cabaniss (234) を参照せよ．

28) Charlier (236) のほか，*DSp* V, p. 514-526 における "Florus" の項目と *Wattenbach-Levison* (32), p. 324-326. フロルスの著作については，まとまった研究が欲しいところである．

29) F. Raedle, *Sudien zur Smaragde von S. Mihiel*, «Medium Aevum», 29, München, 1974 ; W. Wilde, *Der Bibliothekskatalog des Kloster Murbach aus dem 9 Jahrhundert*, Heidelberg, 1968.

30) Hagele (229) ; Heyse (230).

31) Jolivet (258) ; Peter von Moos, «Gottschalks Gedicht O mi Custos－eine confessio», dans *FS* IV ; V, 1970 と 1971, p. 202-230, 319-358.

32) Bischoff (226) ; Brunhölzl (93), p. 345-358, 558-559.

33) Von den Steinen (232) ; H. Löwe, «Das Karlsbuch Notkers von St Gallen und sein zeitgeschichtlicher Hintergrund», dans *Von Cassiodor zu Dante* (50), p. 123-148.

34) Manitius (51), Ⅰ, p. 491-493.

35) H. Wiesemeyer (252) ; J. Semmler, «Corvey und Herford in der benediktinischen Reformbewegung des 9 Jahrhunderts», dans *FS* Ⅳ, 1970, p. 289-319.

第5章　カロリング・ルネッサンスの総括

1) *Epist*. Ⅳ, p. 176, 260, 262, 285, 401. アルクィンの *De orthographia* については，Roger (111), p. 346 s. 参照.

2) Stiennon (369), p. 94 s. ; *Catalogue* (179), p. 204-205 ; D. Bullough, *Le siècle de Charlemagne* (tr. fr.), Paris, 1967, p. 122 参照.

宮廷学校については，1981年のパレルモのコロキウム*La Schola palatina : intelettuali e politica in eta carolingia Schede medievali*, 2, 1982, p. 7-53.

アインハルトについては，*Einhard Symposium*, ed. Scheters, Lorsch, 1997.

3) Bischoff (350).

4) De Bruyne (37), Ⅰ, p. 223 s. 参照.

5) *Ibid.*, p. 181. ラバヌスの詩 (*PL* 107, 133) は，Vienne (*Catalogue* (179), n. 497) の写本に再録されている．De Lubac (518), Ⅰ, p. 162-163.

Carmina figurata は九世紀に大いにはやった．Catalogue (179), n. 362 参照．それは，エウロギウスがゴルドバに持ち帰った書籍のなかに含まれていた（本書 第1部 第3章 注7）参照).

カロリング期のラテン語については，*Settimana* (＊29) における J. Fontaine の論文 (p. 765-805)を見よ．カロリング期のラテン語の多様性，統一については，J. Meyers, «"latin carolingien", mort ou renaissance d'une langue», dans *Le Moyen Age*, 1990, p. 395-410.

6) *Vita sancti Mazimini* の序文：*ASOB* Ⅰ, p. 581.

＊6) *Commentaire de la Règle de St Benoît*, ch. 4, éd. Mittermüller, p. 172.

7) Courcelle (431) ; Brunhölzl (201), p. 37 ; Edelstein (204).

8) Leonardi (402).

9) ザンクト・ガレン（*PAC* Ⅳ, 1109），テオドゥルフの館の装飾（*PAC* Ⅰ, 544)．D' Alverny (394).

10) Leonardi (343), p. 484 s. ; Mathon (406), p. 56 s. ; C. E. Lutz, *Johannis Scotti Anotationes in Martianum*, Cambridge, Mass., 1939 ; *Remigii Autissiodorensis Commentum in Martianum Capellum*, Leyden, 1962/65.

11) Gilson (42), p. 201 s. と，G. Schrimpft, dans *Jean Scot* (246), p. 289-305.

12) *Epist.* 133 p. 217 s. このことはすでにアルクィンにおいても見られる (*PL* 101, 850 b) : *Sapientiam tantum modo propter Deum propter puritatem animae propter veritatem cognoscendam etiam et proper seipsam diligatis*（英知は，神のため，魂のため，真理

のために知られるべきであるのみならず，それ自体のためにも愛されるべきである）．

13） Lehmann (210) のほかに，A. Monterverdi, *Il problema ...*, dans *Settimane,* I (11), p. 309-372 参照．また Anagnine (34) ; Heer (186) ; M. Sendlmayer, *Current medieval Thought*, dans *Studies in med. History*, V, Oxford, 1960 ; Von den Steinen (195) ; Folz (4), p. 364-366 ; Wolff (57), p. 82-85 ; Patzelt (190), p. 10 s. 参照．

14） A. G. Jonkers, «Translatio Studii : les avatars d'un thème médiéval», dans *Mélanges Niermeyer*, Groningen, 1967, p. 41-51.

15） Curtius (38), p. 384.

第II部　西方における学校の発展

1） Folz (4), p. 534 s.

10世紀については，カペー朝時代の千年について多くの研究があるが，とくに *Xe siècle. Recherches nouvelles,* Cahier VI, «Centre de Recherches sur l'Antiquité tardive et le Haut Moyen Age», Univ. de Paris X-Nanterre, 1987 p. 5-7 と，P. Riché, *Grandeurs de L'An Mille* (＊271) 参照．

2） Lopez (267) ; Riché (271) ; M. Gibson, «The Continuity of Learning circa 850-1050», dans *Viator* 6, 1975, p. 1-13.

第１章　知的教養の状況

3） D'Haenens, *Les invasions normandes, une catastrophe ?* Paris, 1970 ; Riché (270) ; Wallace-Hadrill (30), p. 217-233.

＊3） ここで著者リシェは，Courcelle (94) を示唆している．

4） Huglo (480), p. 105.

5） Riché (270).

6） L. Gougaud, «Les relations de l'abbaye de Fleury avec la Bretagne armoricaine et les Iles Britanniques X^e-XIe siècles», dans *Mémoires de la Société d'Hist. et d'Archéol. de Bretagne,* IV, 1, 1923, p. 4 s.

7） クリュニーについては，著書，論文とも無数にあるが，Werner (33), I, § 156 と Fleckenstein (3) のほかに，D. logna Prat, *Agni immaculati. Recherches sur les sources hagiographiques relatives à St Mayeul de Cluny,* Paris, 1988 ; *St Mayeul et son temps,* éd. G. Tardivy, Digne-les-Bains, 1977 参照．

8） *RB* 1960（本号全体が Gèrard de Brogne を取り扱っている）参照.

9） A. Vidier, *L'Historiographie à Saint-Benoît-sur-Loire,* Paris, 1965.

10） L. Gougaud, «Les relations ... » ; 前掲注６）参照．

11） Dauphin (283), p. 177-196 ; G. Lanoe, «Approche de quelques évêques-moines en Angleterre au Xe siècle», dans *CCM* 1976, p. 135-150 ; E. John, *Orbis Britanniae,* Leicester, 1966.

12） A. Avril, «Un moine de Fleury aux environs de l'An Mil : Thierry dit d'Amor-

bach», dans *Etudes Ligériennes d'Histoire et d'Archéologie médiévales,* Auxerre, 1975, p. 97-105.

13) Fleckenstein (3).

14) K. Hallinger, *Gorze-Cluny,* Roma, 1950-1951.

15) M. C. Chartier, *Les moines irlandais en Lotharingie aux Xe et XIe siècles,* (Mémoire de maîtrise dactyl. Université de Paris X, 1975) ; L. Weisgerber, «Eine Irenwelle an Maas Mosel und Rhein in ottonischer Zeit», dans *Fest. F. Steinbach,* 1960, p. 737 s.

16) Bezzola (35), Ⅰ, p. 239 s. ; *Wattenbach-Holtzmann* (31), Ⅰ, p. 1 s. と，Ⅲ, p. 1-11 参照.

17) *Deciderat studium veterum/Et vigilancia pene patrum/Caecaque secula barbaries/Saeva premebat et error iners/At tua dextra ubi sceptra tenet/Publica res sibi tuta placet/Exacuit calomos studium/Fertque quod apparat ad solium* （かつての学問は衰え／父祖の関心も無いも同然／無分別な世代は粗野に走り／浅はかな無知は恐るべきものを知らず／しかし王の治世にあっては／国家は安泰に治まり／学問の筆は研ぎすまされ／王座に輝きをもたらす）*PAC* Ⅴ, 377 ; Wattenbach-Holtzmann (31), p. 9-10 ; H.-M. Klinkenberg, «Bruns-Dedikationgedicht als Zeugnis der karolingischen Renovatio».

18) *Vita Mathildis, SS* Ⅹ, p. 575-582.

19) E. R. Labande, «*Mirabilia Mundi,* Essai sur la personnalité d'Otton Ⅲ», dans *CCM* Ⅵ, 1963, p. 297 s., 455 s.

20) Becker (347), n. 45.

オットーの教養については，P. Corbet, *Les Saints Ottoniens,* Sigmaringen, 1986 ; R, McKitterick, «Ottonian intellectual Culture in the tenth Century and the role of Theophano», dans *The Empress Theophanu,* ed. Davids, Cambridge, 1995, p. 169-193.

21) *Wattenbach-Holtzmann* (31), Ⅰ, p. 76-80 ; Ⅲ, p. 32-33.

22) Bezzola (35), p. 282 s.

23) アルヌールは，サロモンの「箴言」を注釈した *Deliciae cleri*（聖職者の歓喜）をかれに送っている．Manitius (51), Ⅱ, 588 ; Williram de Ebersberg は「雅歌」をドイツ語で注釈したものをかれに献呈している．Batts (557), p. 33.

24) Bischoff, «Caesar tantus eras», dans *SM* Ⅱ, p. 169-174.

25) Asser, *De rebus*... 75, p. 58 ; Bullough (282), p. 454-455.

26) Ed. W. J. Sedgefield, *King Alfred's English Version of Boethius' De Consolatione Philosophiae,* Oxford, 1899-1900 ; K. Otten, *König Alfreds Boetius,* Tübingen, 1964.

27) Bullough (282), p. 464.

28) Leach (73), p. 52-53. ウィリアム征服王の敵対者ハラルドは，「ゲルマンの慣習に従って」学校の指導をリエージュのアセラルドに委ねた（*ibid.,* p. 54）.

29) *MGH SS* ⅩⅨ, 512.

30) *Historia Comit. Andegav.*, éd. Marchegray, p. 321.

31) R. Konrad, *De ortu et tempore Antichristi. Antichristvorstellungen und Geschichtsbild des Abtes Adso von Montierender,* München, 1964.

32) Helgaud de Fleury, *Vie de Robert le Pieux,* éd. R. H. Bautier, 1965, p. 61 ; Becker (347), p. 77, 84 ; Ch. Pfister, *Etudes sur le règne de Robert le Pieux* (*996-1031*), Paris, 1885, p. 35-36 参照.

33) C. Sanchez Albornoz, *Una ciutad de la España christiana hace mil anos, Estampas de la vida en Leon,* Madrid, 1924 ; 2e éd., 1966.

34) Bischoff, «Kreuz and Buch im Frühmittelalter», dans *MS* 36, p. 297 s.

35) Diaz y Diaz (261), p. 391.

36) *Id.*, «La Historiografia hispana desde la invasion arabe nasta ano 1000», dans *Settimane*, XVII (24), p. 337-338.

37) Lévi-Provençal (＊537).

38) J. Fontaine, *L'Art pré-roman hispanique,* II, *L'Art mozarabe,* Abbaye de La Pierre-qui-Vire, 1976 ; C. Sanchez Albornoz (538), p. 231 s. ; G. Levi della Vida, «I Mozarabi tra Occidente e Islam», dans *Settimana,* XII (21), p. 667 s.

39) M. Diaz y Diaz (261), p. 220 s.

40) C. Sanchez Albornoz, *Investigationes sobre historiografia hispana Medieval, Siglos VIII al XII,* Buenos-Aires, 1967, p. 303 s.

41) Nicolau d'Olwer, «La littérature latine au Xe siècle», dans *La Catalogne* ... (288), p. 185.

42) Bonnassie (287), p. 340 s.

43) Vernet (539).

44) Millas Vallicrosa (471) ; E. Poulle, «Le traité d'astrolabe de Raymond de Marseille», dans *SM* 1964, p. 870 には10，11世紀の著作のリストがある.

45) M. Nicolau d'Olwer, «Gerbert (Sylvestre II) i la cultura catalana del segle X», dans *Estudis Universitaris Catalans* 1910.

46) M. C. Welborn, «Lotharingie as a centre of Arabic and scientific influence», dans *Isis* 16, 1931, p. 188-198 ; J. W. Thompson, «The introduction of Arabic Science into Lorraine in the tenth Century», dans *Isis* 12, 1929, p. 184-194.

47) この使節については，*Vita Johannis Gorciencis,* éd. *MGH SS* IV, p. 33-335 ; Lévi-Provençal (＊537), p. 50 s.

48) A. C. Vega dans *España Sacrada*, 53-54, 1961, p. 179-220.

49) A. Miquel, «L'Europe Occidentale dans la relation arabe d'Ibrahim ben Yakub au Xe siècle», dans *Annales*, XXI, 1966, p. 1048-1064.

50) U. Rizzitano, «Gli arabi in Italia», dans *Settimana*, XII (21), p. 93.

51) A. Sharf, *The universe of Shabbetai Donnolo*, Warminster, England, 1976 ; Z. Muntner, «Donnolo et la contribution des juifs aux premières oeuvres de la médecine

salernitaine», dans *Revue d'histoire de la médecine hébraïque*, 9, 1956, p. 155-161.

52) アフリカのコンスタンティヌスについては，刊行準備中の Françoise Micheau, Creutz (492) のほかに，Ben Yahia, art. *Encyclopédie de l'Islam*, I, 1965, p. 59 参照．

53) Irigoin (526) ; Devreesse (525).

54) A. Grabar, *Les manuscrits grecs enluminés de provenance italienne* Ⅸ[e]-Ⅺ[e] *siècles*, Paris, 1972.

55) F. Mutherich, dans Grodecki (265), p. 221-226.

56) P. Peeters, «La première traduction latine de Barlaam et Josaphat et son original grec», dans *AB* 1931, p. 276-312.

57) Baader (489).

58) Pertusi (531).

59) *Liudprandi Legatio*, éd. E. Dümmler, Hanover, 1877 ; その仏訳は，E. Pognon, *L'An Mille*, Paris, 1947, p. 7 s.

60) *PL* 133, 879-882 ; Manitius (51), Ⅱ, p. 531-532 参照．

61) Grodecki (265), p. 96. G. Cames, *Byzance et la peinture romane en Germanie*, Paris, 1966 は，たしかに，この分野におけるビザンツの影響を過大評価している．

62) N. Huyghebaert, «Moines grecs et italiens en Lotharingie du Ⅷ[e] au Ⅻ[e] siècle», dans *Miscellanea Tornacensia*, Annales du Congrès archéologique de Tournai, 1949, p. 95-111.

63) *Vita S. Symeonis, AS* juin 1, p. 89.

64) Bischoff (542), p. 237, 239.

Monza の語彙集は，B. Bischoff et H. G. Beck, dans *Festsch. H. Rheinfelder*, München, 1963, p. 49-62 にある．

65) *PAC* Ⅴ, 2, p. 303 ; L. Delisle, *Rouleau des morts*, p. 116 ; M. Lapidge, «L'influence stylistique de la poésie de Jean Scot», dans *Jean Scot* (246), p. 441-451.

66) *Ms*. Angers 477 (461) ; Berne 357 ; Ripoll 74 ; H. Sylvestre, *Un glossaire grec latin au Xe*, dans *ALMA* 1950, p. 159-170.

67) Goertz (410), Ⅲ. 10世紀におけるギリシア語の知識については，P. Riché, *Les grandeurs de L'An Mille* (＊271), p. 192-193. 本書 第Ｉ部 第２章 注41）参照．

68) *Der Alexanderroman des Archipresbyters Leo*, éd. F. Pfister, 1913, p. 45.

第２章　学問の中心としての修道院

1) K. Hallinger, *Gorze-Kluny*, Roma, 1950-1951, p. 1018. かれの主張に対しては，Leclercq, «Cluny fut-il ennemi de la culture ? », dans *Revue Mabillon*, 1957 の反論がある．

2) Raoul Glaber, *Histoires,* Ⅱ, 4 ; Grodecki (265) 参照

3) P. Thomas, «St Odon de Cluny et son oeuvre musicale», dans *A Cluny* (292), p. 171-180.

4) Grodecki (265).

5) Adalbéron, *Carmen ad Rotbertum regem*, éd. et trad. G. Huckek, Paris, 1901. C. Carrozi はその新版を準備中である．Duby (＊2), p. 62 s.

6) J. Laporte, «Saint Odon, disciple de Grégoire le Grand», dans *A Cluny* (292), p. 138-143.

7) Wilmart (302).

8) *Ibid*., p. 522. ギョームの音楽関係の書については，M. Huglo, «Le Sacramentaire de St-Bénigne», dans *Annales de Musicologie*, Ⅳ, 1956.

ラウル・グラベルは再び，歴史学者たちの注目を集めている．E. Ortigues et D. Iogna Prat, «Raoul Glaber et l'historiographie clunisienne», dans *Studi Medievali*, 1985, p. 532-572. G. Cavallo (Milano, 1989), J. France (Oxford, 1989), M. Arnoux (Brepols, 1985)らによるかれの著作の翻訳とその序文を見よ．

F. Dolbeau (＊361), p. 207, n. 86 によると，Rostaing はラテリウスの弟子であったようである．Sens の St Pierre-le-Vif の修道院長 Renard はジェルベールの文通相手 Romnulfus と混同されている．後者は Sens ではなく，Senones の修道院長であったようである．

9) Lesne (366), p. 535-536.

10) G. Vecchi, «Il Planctus di Gudino di Luxeuil», dans *Quadrivium*, Ⅰ, 1956, p. 16-40. コンスタンティウスの署名は，*Ms*. Bern 87, *fol*. 7 にある．

11) Sens の Odorannus については，R. H. Bautier, Paris, 1972 による *Opera omnia* の序文を参照．

12) アッボについては，平凡な P. Cousin, *St-Wandrille*, 1954 のほかに，Van de Vyver (301) 参照．M. Mostert は，アッボ（＊298）とフルーリの図書室（＊＊361）について重要な著作を著した．また R. H. Bautier, G. Labory と A. M. Bautier は，«Sources d'Histoire médiévale» 双書において，アッボの書簡その他の著作の翻訳と刊行を2004年に予定している．

13) A. Guerreau-Jalabert による *Quaestiones* (Paris, 1982) の序文 参照．

14) コンスタンティヌスもジェルベールの弟子であった．本書 182頁 参照．

15) André de Fleury, *Vie de Gauzlin*, abbé de Fleury, éd. R. H. Bautier, Paris, 1969.

16) A. Vidier, *L'historiographie à St-Benoît-sur-Loire et les miracles de saint Benoît*, Paris, 1965 ; R. H. Bautier, «Fleury dans l'historiographie du Ⅹ^{e} au Ⅻ^{e} siècle», dans *Etudes Ligériennes*, Auxerre, 1975, p. 25-33.

17) 本書 158頁．

18) J. P. Bonnes, «Un lettré du Ⅹ^{e} siècle. Introduction au poème de Letald», dans *Revue Mabillon*, 1943, p. 23-47 ; C. E. Lutz, «Letaldus a wit of the tenth Century», dans *Viator*, 1, 1970, p. 97-106.

19) L. Musset, «Le satiriste Garnier de Rouen et son milieu», dans *RMAL* Ⅹ, 1954, p. 237-266 ; M. Lapidge, «Three latin poems from Ethelwold-school at Winchester»,

dans *Anglo-Saxon England*, 1, 1972, p. 85-145.

20) *Epist.* 16 (Lattin 23) と 46 (Lattin 52) ; 45 (Lattin 51).

21) J. Dufour, *La bibliothèque et le Scriptorium de Moissac*, Paris, 1972, p. 1-3.

22) Chailley (475), p. 30 s.

23) E. R. Labande, «L'historiographie de la France de l'Ouest», dans *Settimana*, 24, p. 782 s.

シャバンヌのアデマールの著作については，R. Landes, *Relics Apocalypse and the Deceits of History. Adèmar de Chabannes 989-1034,* Cambridge, Mass. 1996 がある．アデマールの年代記はP. Bourgainにより，*CCL Cont*. CXXIX, 1999 において刊行されている．かれの説教は，1999年，l'Ecole des Chartesにおける論文で取り上げられている．

24) Eudes de St-Maur, *Vie de Bouchard le Vénérable*, Paris, 1892 における Bourel de la Roncière の序文 参照．

25) M. Bourgeois-Le Chartier, «A la recherche du scriptorium de l'abbaye du Mont-St-Michel», dans *Abbaye du Mont-St-Michel*, Paris, 1967, Ⅱ, p. 171.

26) G. Nortier-Marchand, «La bibliothèque à Jumièges au Moyen Age», dans *A Jumièges*, Ⅱ, p. 602 ; «Congrès Scientifique du XIIIe centenaire», Rouen, 1955.

27) J. Leclercq-P. J. Bonnes, *Un maître de la vie spirituelle au XIe siècle, Jean de Fécamp*, Paris, 1956.

28) Grodecki (265), p. 196 s. 参照．

29) Ch. Talbot. «The Liber Confortarius of Goscelin of St Bertin», dans *Studia Anselmiana* 37, 1955, p. 1-117.

30) Robinson (286).

アングロ・サクソンの教養については，*The Anglo Saxons* ed. by J. Campbell, Oxford, 1982, p. 160-191 における E. John の英国内での研究の総括と，J. Leclercq «La réforme bénédictine anglaise vue du Continent», dans *Studia Monastica*, 1981, p. 105-125 参照．また M. Lapidge の論文（**284）のほかに，«Three latin poems from Aethelwold's school at Winchester», dans *Anglo Saxon England*, 1972, p. 85-137 があり，アエルフリク・バタについてのコロキウムは，S. J. Swara, Pontifical Inst., Toronto, 1996 によってその内容が刊行された．その他＊282 と＊284 も参照．

31) Wulfstan, *Vita Aethelwoldi, AS* aug. Ⅰ, p. 91 のほか，本書第Ⅱ部第１章注11にある G. Lanoe の論文 p. 123, n. 11 も参照．

32) Dubois (284), p. 31 s.

33) D. Knowles, *The monastic Order in England*, 2[d] ed., Cambridge, 1963, p. 36.

34) Hugues (173).

35) R. W. Hunt. introd. *Saint Dunstan's Classbook from Glastonbury* (*Umbrae Codicum Occidentalium*, Ⅳ), Amsterdam, 1961 ; Bullough (282), p. 474.

＊35) Gougaud (168), p. 353.

36) F. Wormald, *English Drawnings of the Tenth and Eleventh Century*, London,

1952 ; L. Grodecki (265), p. 227-254.

37) Bullough (282) p. 467 s. ウィンチェスターの学校の詩については，前掲注 19）参照.

38) Parson (285).

39) J. Zupitza, *Aelfrics Grammatic und Glossar*, Berlin, 1880 (H. Gneuss による三版, 1966) 参照.

40) Dubois (284).

41) G. P. Krapp et E. v. K. Dobbie, *The Exeter Book*, N. Y., 1936.

42) Dubois (544), p. 42-44 ; Lares (550), p. 219 s.

43) H. H. Kaminsky, *Studien zur Reichabtei Corbey in der salierzeit*, Köln, 1972, p. 9-17.

44) フロスヴィータについては，H. Von Homeyer, Paderborn, 1970 の序文と，Haigt (310) 参照.

45) K. Schmidt, *Die Klostergemeinschaft von Fulda im früheren Mittelalter*, München, 1978.

46) Bischoff (＊302) ; Lattin (313).

帝国における修道院学校のうちサン・テムランについては，J. L. Kyle, *S. Emmeran as a Center of Culture in the late Tenth Century*, Pittsburgh, 1976, エヒテルナハについては，J. Schroeder, (＊316), フルダについては，*Kloster Fulda in der Welt der Karolinger und Ottoner*, ed. G. Schrimpf, Frankfurt, 1996 ; E. Palazzo, «*Les Sacramentaires de Fulda. Étude sur l'iconographie et la liturgie à l'époque ottonienne*», Münster, 1994, ザンクト・ガレンについては，W. Vogler, *L'abbaye de St Gall. Rayonnement spirituel et culturel*, Lausanne, 1991 参照.

47) Schauwecker (316).

48) Eder (306). Wattenbach-Holtzmann (31), Ⅱ, 277 s. ; K. Strecker, *Die Tegernsee Briefsammlung, MGH Epist. select.* Ⅲ, 1925 ; B. Schmeidler, «Die Briefsammlung Froumunds v. Tegermsee», dans H. J. 62/69, 1969, p. 220 s.

49) Beyerle (225).

50) Oesch (484) ; P. Blanchard, «Oeuvres attribuées à Berno de Reichenau», dans *RB*, 1912, p. 98-108.

51) Cordoliani (466).

52) Manitius (51), Ⅱ, p. 786-787.

53) Ed. *MGH SS* Ⅱ, p. 77-147 ; H. F. Haefele, «Untersuchungen z. Ekkerhardts Ⅳ Casus», dans *DA* 1961, p. 145-190. 教師たちの墓碑銘は *PAC* Ⅳ, p. 548-552 に採録されている.

54) De Rijk (231).

55) K. Manitius, *Gunzo epistola ad Augienses,* München, 1958 *(MGH Quellen z. Geistesgesch.* 2/1)の序文と Wattenbach-Holtzmann (31), Ⅲ, Nachträge, p. 3 参照.

56) Egli (307).

57) Piper (315) ; Manitius (51), Ⅱ, 694.

58) Viscardi (56), p. 139.

59) Becker (347), n. 32.

60) *Chronicon,* éd. Cipolla, dans *Monumenta novalicensia vetustiora* (Fonti per la Storia d'Italia XXXII), Roma, 1898 ; G. Penco, «Tradizione mediolatine et fonti romanze nel Chronicon Novaliciense», dans *Benedictina* 12, 1958, p. 1 s.

61) *Wattenbach-Holtzmann* (31), Ⅰ, 329 ; Ⅲ, 107. コスマス・デ・マテリアによるセネシウスの伝記の訳本の序文 ; 本書 134頁 ; J. Ruysschaert, «Les manuscrits de l'abbaye de Nonantola», dans *Studi e Testi,* 1955, n. 182 ; Billanovich (348).

62) Becker (347), n. 70 ; G. Mercati, «Il catalago della bibliotheca di Pomposa», dans *Studi e Testi,* 1937, 76, p. 358-388.

63) Leclercq (47), p. 142.

64) Bloch (222) s. ; Leccisotti (279).

65) F. L. Newton, «Reconstructing the Monte Cassino Library of the early eleventh century», dans *Year Book of the American Philosophical Society,* 1967, p. 602 s.

66) F. L. Newton, «Tibullus in two grammatical Florilegia of the Middle Ages», dans *Transactions and Proceedings of the American Philological Association,* XCII, 1962, p. 253-286 ; *Id.,* «Lawrence of Amalfi's Mathematical Teaching», dans *Traditio*, XXI, 1965, p. 445-449. ラウレンティウスの著作は，F. L. Newton によって刊行されるはずである．

67) デシデリウスのころの学習については，A. Cantin の刊行によるペトルス・ダミアヌスの «Lettre sur la toute-puissance divine» の序文 (Paris, 1972, p. 49 s.) ; Leccisotti (279) ; Bloch (222), p. 582-599 参照．

モンテ・カッシーノについては，この修道院でもたれた1987年のコロキウム «L'eta dell Abare Desiderio»のほか，H. Bloch (＊275), Roma, 1986 参照．F. L. Newton, «The Desiderian Scriptorium at Monte Cassion», dans *«Dumbarton Oaks Papers»,* 1976, p. 37-54 も参照．なお Ilderic の文法書は，A. Lentini によって刊行されている (Monte-Cassino, 1975).

68) M. A. Linage Conde, *Les Origines del monaccato benedictino*, Leon, 1973.

69) M. Mentré, *La miniatura en Leon y Castilla en la Alta Edad Media,* Leon, 1976 ; J. Fontaine, *L'Art Mozarabe,* Abbaye de La Pierre-qui-Vire, 1977.

70) M. Diaz y Diaz (261) ; C. Sanchez Albornoz, «Notas sobre los libros leidos en el reino de Leon hace hilanos», dans *Cuadernos de Hist. de España,* 1944, p. 22-238.

71) C. Bishko, «Salvus of Albeda and Frontier Monasticism in Tenth-Century Navare», dans *Speculum* XXIII, 1948, p. 55 s.

72) 976年の Sahagun 文書，éd. Escalona, Ⅰ, p. 45 参照．

73) *Chronica General de la Orden de san Benito,* éd. Yepes Irache, 1919. これは Diaz y Diaz (261), p. 390 に引用されている．

74) «*La Catalogne*» (288), p, 182-220 にある N. Nicolau d'Olwer の論文のほかに, De R. Beer, *Die Handschriften des Klosters von Santa Maria de Ripoll,* Wien, I, 1907 ; II, 1908 参照.

9世紀以降のカタルーニャの教養については, A. Mundo の *Cahiers de Saint-Michel de Cuxa* における諸論文を参照. M. Zimmermann の研究も見よ. かれはまた, *Ecrire et lire en Catalogne du IXe au XIIe siècle,* 1992年のトゥールズでの発表論文を刊行準備中. P. Riché, *Gerbert d'Aurillac* (＊299) ; *id.*, «Gerbert et la Catalogne», dans *Actes du Millénaire d'Hugues Capet* 参照.

75) A. M. Mundo, «Oliba et son oeuvre littéraire», dans *Cahiers de St Michel-de-Cuxa,* 1972, p. 73-80 ; A. M. Mundo と E. Junyent はオリヴァの著作の刊行を準備中である.

76) M. Diaz y Diaz, «El Monasterio de Ripoll y la transmission de la cultura clasica», dans *Bolet. d. Instit. de Estudios Helenicos,* II, 1968, p. 5-12.

77) M. H. Angles, *La musica a Catalunya fins al segle XIII,* Barcelona, 1935.

78) E. Junyent, «La biblioteca de la canonica de Vich en los siglos X-XIII», dans *Gesammelte Aufsatze zur Kulturgeschichte Spaniens,* XI, Münster, 1963, p. 136-145.

79) 修道院長ガランについては, Bonassie (287), p. 329-330 参照.

80) *Vie de Gauzlin,* éd. R. H. Bautier Paris, 1969, p. 92, 185. オリヴァによる『死者の巻物』については, J. Dufour, «Les rouleaux et encycliques mortuaires de Catalogne, 1008-1102)», dans *CCM* 1977, p. 13-48 参照.

第3章 都市の学校

1) G. Duby, *Guerriers et Paysans,* Paris, 1973, p. 139 s. ; R. Latouche, *Les origines de l'économie occidentale,* Paris, 1956, p. 271 s.

2) M. Lombard, «La route de la Meuse et les relations lointaines des pays mosans entre le VIIIe et le XIe siècle», dans *L'Art Mosan,* Paris, 1953.

ロータリンギアの教養については, メスでのコロキウムが «La Lotharingie entre Capétiens et Ottoniens» の表題のもとに研究し, 成果はまもなく *CNRS* に発表される予定である. ゴルツェについては, A. Wagner が論文を準備中である.

ロッブについては, F. Dolbeau (＊361)と, A. Dierkens, «La production hagiographique à Lobbes au Xe siècle», dans *Revue Bénédictine,* 1983, p. 245-259 参照. またロッブとヴェローナにおけるラテリウスについては, F. Dolbeau, «Ratheriana II» と «Ratheriana III», dans *Sacris Erudiri,* 1985 (p. 511-556)と 1986 (p. 151-221) 参照. *Religion et culture* ... (＊269), *Lotharingia* ... (＊313) ; P. Riché, (＊271) 参照.

文法教師 Israël については, E. Jeauneau, «Pour le dossier d'Israël Scot», dans *Archives d'histoire doctrinale et littéraire du Moyen Age,* 1985, p. 7-71.

＊2) G. Jeudy, «Israël le Grammairien», dans *SM* 1977, p. 195-248.

3) Grodecki (265), p. 127.

4) Manitius (51), II, p. 420, 456.

5) *Epist.*, 134 (Lattin 142) ; 148 (156) ; 152 (160) ; 162 (170).

6) Ott による *Vita* の新版 (Köln, 1958) の序文参照．なお本書には重要な参考文献がある．

7) A. Auda, «L'école musicale de Liège au Ⅹ^{e} siècle», dans *Mem. Academ. Roy. de Belgique et des Beaux Arts,* 1933, p. 36-41.

8) ラテリウスについては，Manitius (51), Ⅱ, 34-52 ; C. Leonardi (314), *Raterio di Verona,* Convegni del Centro di Studi sulla spiritualita medievale, Ⅹ, Todi, 1973. また L. Génicot et P. Tombeur, *Index Scriptorum operumque Latino-Belgicorum Medii Aevi,* Ⅰ, Bruxelles, 1973, p. 107 s. 参照．

9) W. Stubbs, *Memorial of Saint Dunstan, Rolls Series,* LⅩⅢ, London, 1874, p. 386.

10) Kurth (312), p. 251 s.

11) Bubnov (291), p. 205-221.

12) Lattin (294), p. 299-302.

13) J. Stiennon, «Du Conflent au pays mosan en 1050 ... Une tradition séculaire de relations intellectuelles», dans *Cahiers Saint-Michel de Cuxa,* Ⅱ, 1971, p. 62-75. この論文は，リエージュに居住する聖職者たちの詩を含む，グィフレドの『死者の巻物』をもとに書かれている．

14) Manitius (51), Ⅱ, 353.

15) サン・ヴァンヌのある写字生は，ボエティウスの『算術』の写本を筆写するためロッブに行っている(*Ms* Verdun 24) ; Lesne (366), p. 271 参照．

16) Manitius (51), Ⅱ, 255.

17) Lesne (366), p. 267-268.

18) 語彙集については Manitius (51), Ⅱ, 660-663 を，また目録については Becker (347) no 68, p. 149-154 参照．

19) Ed. K. Strecker, Hanover, 1935. Univ. of North Carolina Press, 1964 による E. H. Zeydel の新版と訳，Kratz (556), p. 213-214 参照.

20) R. Konrad, *De Ortu et tempore Antichristi,* München, 1964 ; M. Rangheri, «La espistola ad Gerbergam reginam de ortu et tempore Antichristi di Adsone di Montierender e le sue fonti», dans *SM* 1973, p. 677-732. A. Vernet はアドソンがランスのリシェールに対してもっている厳しくもやさしい心遣いをもとに，かれの詩を識別している．*Annuaire, Ecole Pratique des Hautes Etudes,* Ⅳ^{e} section, 1967-68, p. 345-346 参照.

21) Blumenkranz (534), p. 220-221.

22) Ed. C. Vogel et R. Elze, dans *Studi e Testi* 226, 227, Roma, 1963.

23) Saint-Alban の写本については，Grodecki (265), p. 116 参照．

24) M. G. Cambier, *Embricon de Mayence, la Vie de Mahomet,* Bruxelles, 1961.

25) Ed. Bulst (304).

26) J. Kempf, *Zur Kulturgeschichte Frankens während der sächsischen und salischen*

Kaiser, mit einem Excurs uber Schulstreit zwischen Würzburg und Worms in 11 Jahrundert (Programm des Kaiserlichen Neuen Gymnasiums, Würzburg, 1914-1915).

27) Manitius (51), Ⅱ, 72.

28) Vossen (321).

29) Manitius (51), Ⅱ, 713.

30) R. Blank, *Weltdarstellung und Weltbild in Würzburg und Bamberg, vom 8 bis zum Ende des 12 Jahrhunderts,* Bamberg, 1968.

31) Erdman (308).

32) Manitius (51), Ⅱ, 592.

33) *Ibid.,* 268.

34) Tchan (320) ; Grodecki (265), p. 108-111.

35) Manitius (51), Ⅱ, 313-318.

*35) Sudendorf (319).

36) N. Daniel, *Handschriften des zehnten Jahr aus der Freisinger Dombibliothek,* München, 1973.

37) *Wattenbach-Holtzmann* (31), Ⅰ, 276-277.

38) Becker (347), n. 28, p. 61-62.

39) *Vita Godehardi* 6, *MGH SS* Ⅺ, 172.

40) Becker (347), n. 34, p. 77.

41) Dummler, «Ein Schreiben Meinzos von Constanz», dans *NA* Ⅴ, p. 202.

42) Lesne (366), p. 703.

43) Manacorda (76) ; Bullogh (223).

44) Gisebrecht, *De litterarum studiis apud Italos primis medii aevi saeculis,* Berlin, 1845 と，これに対する F. Ozanam, «Des écoles et de l'instruction publique en Italie aux temps barbares», dans «*La civilisation chrétienne chez les Francs*», Ⅱ, p. 402, Paris, 1872 の反論を見よ．Riché (*568) 参照．

45) V. Tirelli, «Gli inventari della bibliotheca della cattedrali di Cremona (Ⅹ-Ⅻ) e un frammento di glossario latino del secolo Ⅹ», dans *Italia Medievale,* Ⅶ, 1964, p. 1-76 ; Becker (347), n. 36, p. 79-81.

46) Dresner (278), p. 235 ; Vita Comune ... (273), Ⅱ, 183.

47) Manitius (51), Ⅱ, 27-34 ; S. Wemple, *Atto of Vercelli, Church, State and Society in the* X^{th} *century,* Rome, 1979.

48) *Ibid.,* 511-517.

49) M. Venturini, *Vita e attivita dello scriptorium veronense nel secolo Ⅺ,* Verona, 1930 ; Vita Comune (273), Ⅱ, 36. ヴェローナの学校については，C. Leonardi, «Von Pacificus zur Rather. Zur veroneser Kulturgeschichte im 9 und 10 Jahrhundert», dans *Deutsches Archiv*. 1985, p. 390-417.

50) *PL* 145, 699 ; F. Novati, «Un dotto borgognone del sec. Ⅺ e l'educazione letteraria

di S. Pietro Damiani», dans *Romanische Forschungen,* 23, 1907, p. 993-1001 ; Anselme de Bésate, *Rhetorimachia,* éd. K. Manitius, p. 65, 99, 101, 102, 176, 181.

51) Anselme, *op. cit.*, p. 65 と 102.

52) *Vita Gerardi* 4, éd. S. L. Enlicher, p. 207 (Manitius (51), Ⅱ, 74-81) ; A. Benati, «Pomposa e i primordi dello studio bolognese. Contributi et indicazioni», dans *Atti I Conv. Studi Pomposiani,* Ferrara, 1964, p. 107-128 ; Vita Comune (273), Ⅱ, p. 194.

53) Cantin (276), p. 505.

54) Manacorda (76), Ⅰ, 2, p. 319-320.

55) Gualazzini (507).

56) N. Tamassia, «Lanfranco, arcivesco di Cantorbury e la scuola pavese», dans *Mélanges Fitting,* Montpellier, 1908, p. 189-201.

57) Papias, *Elementarium doctrinae rudimentum,* Venezia, 1491 ; Manitius (51), Ⅱ, 717-724.

58) Vita Comune (273), Ⅱ, 255.

59) Vita Comune (273), Ⅱ, 247. ウォルムスの助祭インモは，1036年にはアレッツオの司教であった（本書 170頁）

60) Manitius (51), Ⅱ, 748-756.

61) Toubert (281), p. 109 s., 1043 s.

62) Bezzola (35), Ⅱ, 1, p. 107 参照.

63) Acocella (275) ; Creutz (491), (493).

64) Richer, *Histoire,* Ⅱ, 59 ; *Gesta ep. Virdun.* 6, *MGH SS* Ⅳ, p. 47.

65) Bonassie (287), p. 500 s.

66) Flodoard, *Hist. Rem, ecclesiae,* IV, 9 : *SS* ⅩⅢ, 57, 4.

67) R. H. Bautier, «L'historiographie en France au Ⅹ^{e} et Ⅺ^{e} siécles», dans *Settimana,* ⅩⅧ (24), p. 815-816 ; D. Muzerelle, «De triumphis Ecclesiae», dans *Positions des thèses de l'Ecole des Chartes,* 1969.

68) Richer, *Histoire,* Ⅲ, 5.

69) Lesne (74), p. 278 s. ; O. G. Darlington, «Gerbert the Teacher», dans *American Historical Review,* 52, 1947, p. 456-476.

70) Lattin (294), p. 3 s.

71) Richer, *op. cit.*, Ⅲ, 43-65 : éd. Latouche, Ⅱ, p. 51-80 ; Gibson (400).

72) この頃のもうひとつの図書目録がある (Becker (347) n. 63). それは，*Ms.* München 14436 を筆写したもので，ランスに由来するものらしい. Lattin (313).

ランスの学校とジェルベールについては，多くの研究がある(＊289 ; ＊292 ; ＊＊292, ＊299). M. Sot, *Un historien et son Eglise, Flodoard de Reims,* Paris 1993. また M. Stramann は *MGH Scriptores,* München, 1998 において，フロドアルドの «l'Histoire de l'Eglise de Reims» を刊行している.

73) Becker (347), p. 144. シャルトルの学校については，シャルトルのコロキウムの記録

Le temps de Fulbert, éd. M. Gazeaux, 1996 参照.

74) MacKinney (497).

75) Behrends (290).

76) Havet (293).

77) *Epist.* 47, 48, 49, éd. Behrends (290), p. 82-85.

78) *De signis et mensibus et diebus et horis compendium computi, ibid.,* p. 256-260.

79) Merlet-Clerval (297).

80) De Montclos (298), p. 32. フュルベールは，書簡 5 (*PL* 141, 196) において教義上の誤謬に対して警告を発しているが，しかしこの書簡はかれ自身のものではないらしい.

81) Silvestre (317) ; Clerval (65).

82) 本書 163 頁 参照.

83) Clerval (65), p. 62-91.

84) Lesne (74), p. 47, 48, 50, 63, 68, 320.

85) De Montclos (298), p. 14, 29, 181.

86) Lesne (74), p. 588-589.

87) Bautier (264).

88) De Montclos (298), p. 33-34.

89) Riché (271).

90) M. Lapidge, «The hermeneutic style in tenth Century Anglo-Latin Literature», dans *Agnlo-Saxon England,* 4, 1975, p. 67-111.

91) しかしながら，カンブレのジェラールがこの小著を書いたのは，アラースの教区会議（1025）後であることを指摘しておこう. *PL* 142, 1271-1312 ; Jean d'Hendecourt, «Gérard de Cambrai et le synode d'Arras», *Mémoire de maîtrise,* Université de Paris Ⅹ, 1978 ; Duby (＊2), p. 42 s. 参照.

第Ⅲ部　学習の手段と方法

第 1 章　学校，教師，生徒

1) B. Steidle, «Dominici scola servitii», dans *Benediktinische Monatschrift,* 1952, p. 391-406 ; Riché (110), p. 282.

＊1) Ed. Mittermüller, p. 64-65.

2) *Publicum gymnasium* (*Vita Maioli, ASOB* Ⅴ, 760) *; publica studia* (*Vita Meinwerci*, 5, 5, Ⅺ, 140).

3) L. Schiaparelli, *Codice diplomatico longobardo,* no 207.

4) Berliére (64) ; Danzen (66).

5) Duft (227) ; Catalogue (179) n. 570.

6) *Miracula S. Othmari* 8: *MGH SS* Ⅱ, 50 ; *Vita Othmari*, 14 : *ibid.,* p. 46. ; Lesne (74), p. 396 参照. ザンクト・ガレンの学校の平面図に似た平面図が，Hamage の大修道院の遺跡から発見された. E. Louis, «Hamage (Nord). Espaces et bâtiments claustraux

...» dans *Actes du colloque de Liessies-Maubeuge,* éd. P. Racinet, 1999, p. 87 参照.

7) *The Cartulary of S. Gregory Canterbury,* ed. Audrey M. Woodcock, London, 1956, p. 1.

8) Riché (110), p. 324-325.

9) *MGH Capit.* Ⅰ. p. 79 ; *Conc.* Ⅰ, 271 : *dignum est ut filios suos donent ad scolam sive ad monasteria sive foras presbyteris*（自分のむすこを修道院学校あるいは外部の司祭学校におくることはふさわしいことである）.

10) Devisse (254), p. 864, 898-899.

11) Toubert (281), p. 868.

12) Leach (73), p. 35.

＊12) Ed. N. Bulst, dans *DA* XXX, 1974, p. 472.

13) Otlhon de St Emmeran, *Vita Wolfgangi : scholae triviales aut privatae: MGH SS* Ⅳ, 527.

14) Kerlouegan (326).

15) *Vita Vulfamni MGH SRM* Ⅴ, 668 ; Bonifacius, *MGH, Epist.* Ⅲ, p. 380 ; Eigil *Vita Sturmi MGH SS* Ⅱ, p. 366.

16) L. Musset, «La pénétration chrétienne dans l'Europe du Nord et son influence sur la civilisation scandinave», dans *Settimana,* XIV (22), p. 294.

17) Lesne (74), p. 459-460.

18) «Philogrammus», dans *Mabillon, Annales,* Ⅲ, 537 ; «Rabbi», dans *Colloque* d'Aelfric Bata (82), p. 17.

19) Gualazzini (507) p. 55. *Liber Pontificalis,* Ⅱ, 246.

20) Lorcin (175), p. 225 ; Kerlouegan (326), p. 102-107.

21) *Institutio canonicorum* 135, *MGH Conc.* Ⅰ, 413. Leclercq (327), p. 289. *Nutrire et erudire* については，Illmer (72), p. 22-23 における参考文献を見よ.

22) 本書 163 頁参照.

23) *Ms.* San Cugat n. 46, fol. 150 : *De officio precentoris. Ad officium precentoris pertinet quod in psalmos in choro intonet. Ipse vero in propria persona debet pueris hostendere qualiter cantent, qualiter legant et qualiter se habeant. Ad officium magistri scholae pertinet quod cum pueris assidue sedeat ... qualiter cum humilitate ambulantes caput teneant inclinatum, et qualiter cum humilitate loquantur ... ipse etiam debet pueris parvis panem escare et ne si aliquid defraudentur.*（先唱者（praecentor）の役目について．聖歌隊において詩編を先唱するのは先唱者の務めである．かれは子どもたちに対し，どのように歌うべきか，どのように朗唱すべきか，またどのように身を持すべきか，自ら教えなければならない．また，絶えず，子どもたちとともに居て，歩くときにはどのように謙遜に頭を垂れるべきか，また謙遜をもって，どのように話すべきかを教えるのも，教師（magister scholae）の務めである……また，かれは自ら，小さい子どもたちにパンを食べさせねばならず，何も欠如することのない

ように〔配慮すべきである〕).

24) L. Schiaparelli, «Il codice 490 della Bibliotheca Capitulare di Lucca», dans *ST* 36, 1924.

25) P. Gasnault, «Actes privés de St Martin», dans *BECh* 112, 1954, p. 27 : *Uldericus cancellarius et scolae primus... archisignator et scolae primicerius...*

26) Lesne (74), p. 520-521.

27) *Cod Diplom.,* éd. Gudenus, I, 356, no 129. あるガリアの史料によると，許可なく教えることは禁止されている．Haddan-Stubbs, *Councils,* I, p. 243-244 参照．

28) Théodulf, *Stat.* : *PL* 105, 196 ; Alcuin, *PAC* III. 343.

29) Lesne (74), p. 478.

30) *Praeloquia,* I, 16 : *PL* 136, 178

31) カール禿頭王によって確認された贈与については，diplôme de 844, éd. Giry-Tessier, I, p. 180-183.

32) 本書 153-154 頁参照．

33) Lesne (74), p. 460.

34) Riché (110), p. 499-500.

35) *Ibid.,* p. 151.

36) Lorcin (175), p. 226.

37) Mansi, X, 631 : *Monachum aut paterna devotio aut propria professio facit ... proinde his ad mundum reverti intercludimus aditum et omnen ad saeculum interdicimus regressum*（父親の信心あるいは自分の誓願によって修道者とされるのであるから……われわれはかれらが世俗に戻るのを阻止し，いかなる世俗への退去も許さない）.

38) *Can. hibern.* LXVI, 16 : *De juvenibus vota sua proferre debentibus cum ad annos pubertatis venerint*（若者は思春期に達した年齢で誓願を立てること）.

39) *Petitio novitiorum,* dans *Formul*. de Reichenau (*MGH Formulae* p. 570). Constitutions de Lanfranc, éd. D. Knowles, p. 104 s.

修練者の教育については，Jean de Fruttuaria の書（*PL* 184, 559）を見よ．この書については，R. Anulli (322) の研究がある．

40) Y. Congar, «Ordinations 'invitus coactus' de l'église antique au canon 214», dans *Revue des sciences philosophiques et théologiques,* 1966, p. 181.

41) 子どもの奉献の問題については，Riché (110), p. 508 ; Illmer (72), p. 19 s. ; Enfant (325), XXVI, p. 50 s. 参照．

子どもの奉献については，J. E. Boswell, «Expositio and Oblatio. The abandonnement of children and the ancient and medieval Family», dans *American Historical Review,* 1984, p. 10-33 ; *id., Au bon cœur des inconnus. Les enfants abandonnés de l'Antiquité à la Renaissance,* Paris, 1993 もあるが，Mayke de Jong (＊＊＊325)の方がすぐれている．

42) 2e Concile de Tolède, c. 1と2；Mansi, Ⅷ, 785.

43) 史料11と，ルルあてのカール大帝の書簡（*MGH Epist*. Ⅳ, p. 532）を見よ．

44) Leach (73), p. 52.

45) 本書176頁参照．

46) *Epist.* 13, (Lattin 20).

47) Ed. Stevenson (82), p. 27.

48) *recreare* という語はまれにしか使われない．*Vita Udalrichi, MGH SS* Ⅳ, p. 411参照．

49) *Liber Benedictionum,* éd. Egli (307), p. 385；Bède, *HE* Ⅴ, 6.

50) *Reg. Benedicti,* 36；*Reg. Walberti,* 15；*Reg. Donati*, 12.

51) *Regul. Concordia*, éd. Chambers p. 46.

52) たとえば *Chron. de Ramsey* 64, ed., W. D. Macray, p. 114参照．

53) 手話については，Bède, *De temporum ratione,* ed. Jones, p. 181. E. M. Sanford, «De loquela digitorum», dans *The Classical Journal,* XXIII, 1928, p. 588-593；C. van Rijnberk, *Le langage par signes chez les moines,* Amsterdam, 1954；W. Jarecki, *Signa loquendi* (*Saecularia Spiritualia,* 4) 参照．

54) Leclercq (327), p. 270. 初期中世の子どもについては，このところ多くの研究が出版されている．P. A. Sigal, «L'histoire de l'enfant au Moyen Age. Une recherche en plein essor», dans *Histoire de l'éducation,* 1999, p. 3-21. また参考文献＊＊80と＊325も参照．

55) Riché (110), p. 504-506.

56) Dimier (324).

57) P. Browe, *Beiträge zur Sexualethik des Mittelalters,* Breslau, 1932；Vogel (595), p. 75, 99；Riché (110), p. 507-508. Cummeanの『贖罪規定書』第11章は *ludi pueriles* を取り扱っている．Ed. Bieler, Dublin, 1963, p. 126.

58) Bugge, *Virginitas, An Essay in the history of a Medieval Ideal,* La Haye, 1975.

59) Leclercq (47), p. 115, 155.

60) Riché (110), p. 151, 365, 381, 426, 487.

61) *Puellulas ad discendum cum scholariis suis in scola nequaquam recipiant*（少女たちの学習にあたっては，決して〔男子〕生徒たちと一緒にしてはならない）：(*De Ecclesiis et Capellis,* ed. Gunlach dans *Zeitsch. f. Kirchengeschichte* Ⅹ, 1889, p. 121. この書はヒンクマールのものとされている．

62) *De institutione sanctimonialium,* éd. *MGH Conc.* Ⅰ, p. 444.

63) *Vitae Herlindae et Reinulae,* Ⅰ, 5：*AS* mars Ⅲ, p. 385.

64) B. Bischoff, «Die Kölner Nonnenhandschriften und das Scriptorium von Chelles», dans *MS* 36, Ⅰ, p. 16-33.

65) アルクィンについては，*MGH Epist*. Ⅳ, p. 243, 323, 337, 354, 357. パスカシウス・ラドベルトゥスについては，*PL*. 120, 1362参照．

66) Hugeburc は聖ウィリバルドとウィンネバルドの伝記を書いた. *MSH SS* XV, p. 80 参照. ボニファティウスの教養人の弟子たちについては, Riché (110), p. 487 の参考文献を見よ.

67) 本書 149 頁.

68) Metz, *La consécration des vierges dans l'église romaine,* Paris, 1954 参照.

69) *MGH Capit.* I, p. 63.

70) *De octo vitiis principalibus,* ed. E. Dümmler, dans *Zeitschr. f. deutsch. Altertum* XIII, p. 385-434 ; Manitius (51), II, p. 771-774 参照.

71) サン・タムランのオトロンの *Liber de suis tentationibus* (*PL* 146, 47-50) については, G. Vinary, «Otlone di sant' Emmeran overo l'autobiografia di un nevrotico», dans *Settimana,* XVII (24), p. 15-17 ; Misch, *Geschichte der Autobiographie,* III, 1, 57-107. Guibert de Nogent, *De Vita sua,* éd. Bourgin, Paris, 1907 ; J. F. Benton, *Self and Society in Medieval France : The Memoirs of Guibert Abbot of Nogent,* N.Y., 1970 参照.

72) *MGH Epist.* IV, 193. ランフランクの *Constitutiones*, ed. Knowles, p. 116 では, 若い修道者たちの告白が取り扱われている.

73) Ed. Chambers, p. 7.

74) この詩については多くのことが言われて来た. Ed. L. Trabe, dans *Abandl. d. K. Bayer. Akadem. d. Wissensch. Phil.-Hist. Klasse* XIX, p. 299 s. ; H. Marrou (*RMAL* 1947, p. 88) は, 中世における同性愛の研究を勧めている. 実際, ペトルス・ダミアヌスの *Liber Gomorrhianus* (*PL* 145, 159-190) と *Pénitentiels* (Vogel (612)) を除いて, この問題にふれる文献は少ない.

中世における同性愛について, J. E. Boswell, *Christianity Social Tolerance and Homosexuality. Gay People in Western Europe from the Beginning of Christian Era to the Fourteenth Century*, Chicago, 1980 は少々, 現代のそれに力を入れすぎている. H. J. Kunster et R. J. Cormier, «Old Views and New Trends. Observations on the Problem of Homosexuality in the Middle Ages», dans *Studi Medievali,* 1984, p. 577-610 参照.

75) *Anonymus ad Cummeanum,* fol. 22 は L. Holtz (414), p. 405, n. 50 において引用されている. アルクィンの *De grammatica* は, *PL* 101, 850 にある.

76) *Cod. Ripoll* 225, fol. 98 は Millas Vallicrosa (471), p. 320 に引用されている.

77) ザンクト・ガレンの写本 14, fol. 331 には教師ノートケルのデッサンがある. J. Smits van Waesberghe (487), p. 121 参照.

78) C. Vecchi, «Il Planctus di Gudino di Luxeuil : un ambiente scolastico, un ritmo, una melodia», dans *Quadrivium,* I, 1956, p. 19-40.

79) Lesne (74), p. 546.

80) F. Dolbeau, «Passion de S. Cassien d'Imola composée d'après Prudence par Hucbald de Saint-Amand», dans *RB* LXXXVII, 1977, p. 238-258.

81）Marrou (88), p. 549 s. ; Leclercq (266), p. 2-9 ; «Disciplina», dans *D Sp* Ⅲ, 1956, col. 1291-1302.

82）Lesne (366), p. 74 s. ; Becker (347).

83）Lesne (366), p. 786. 最近では，F. Dolbeau, «*Un nouveau catalogue des manuscrits de Lobbes au* Ⅺ*e et* Ⅻ*e siècles*», dans *Recherches Augustiniennes,* ⅩⅢ, 1978, p. 3-36.

84）*Ibid.,* p. 786.

85）R. W. Hunt, *St Dunstan's Classbook from Glastonbury,* Amsterdam, 1961 ; A. G. Rigg et G. R. Wieland, «A Canterbury Classbook of the mid-eleventh century (the Cambridge song's manuscript)», dans *Anglo-Saxon England,* 4, 1975, p. 113-130.

86）Holtz (401).

87）Bischoff (226).

88）G. I. Lieftinck, *Manuscrits datés conservés dans les Pays Bas*, Amsterdam, 1964, Ⅰ, n. 231 ; J. Vezin, «Un nouveau manuscrit autographe d'Adémar de Chabannes», dans *BSAF* 1965, p. 44-52.

89）セネカの詞華集については，*Ms.* BN 10318 と 4841 を見よ．その他，詞華集については，De Ghellinck (364) ; «Florilèges», dans *DSp* Ⅴ, p. 435 s. ; B. Munk Olsen (＊420). 教師の手帳については，R. McKitterick, «A ninth century Schoolbook from the Loire Valley, Philips *Ms.* 16308», dans *Scriptorium*, 1976, p. 225-231 参照．

90）Sandford (344).

91）*Ms*. BN 17909.

92）Bischoff (249).

93）Lesne (366), p. 356-358 ; Contreni (243) ; Leonardi, Raterio (314) ; Jean Scot (246), p. 47, 89, 95, 171.

94）Vernet (370).

95）F. Y. Yates, *L'art de la mémoire,* Paris, 1975, p. 62.

96）Benkert (334) ; Illmer (72), p. 175.

97）Leclercq (46), p. 72-73.

98）P. Delhaye, «Le curieux florilège de Héric d'Auxerre d'après un manuscrit de Corbie», dans *Corbie* (184), p. 191-210. *Collectanea* は，R. Quadri によって刊行されている．«Spicilegium Friburgense», 11, Fribourg, 1966.

99）*CLA* (49), Ⅱ, 166. *Ms*. Leyden B. P. L. 12 については，Holtz (414), Ⅱ, 1, p. 104 で検討されている．

100）相互教授については，J. Ackstaller (333) に若干の示唆がある．

第 2 章　初歩教育と専門教育

1）Franz (605), Ⅱ, p. 260 参照．

2）Aelfric Bata, *Colloquium* c, 16 ; Stevenson (82), p. 40.

3）後出の注 16）参照．

4) Lesne (74), p. 559 ; Riché (110), p. 511. ザンクト・ガレンの教師たちは，カール大帝が書き方を練習したと思われる象牙製の書き板を遺品として保存していた（*Casus, MGH SS* II, 88）.

5) Lesne (366), p. 371, 372 ; Becker (347), 6, 152, 153 ; 22, 420 ; 33, 45.

6) Paschase Radbert, *PL* 120, 1278 : *Sicut per characteres vel figuras litterarum infantia nostra pertingit gradatim ad lectionem.*（文字のしるしや形を経て〔学んで〕，子どもは読み方に入る）

7) トゥールのグレゴリウスについては，*Vit. Patrum* 12, *MGH, SRM* I, 2, p. 713 ; *HF* VIII, 15, p. 381.

8) Riché (110), p. 514-515.

9) Curtius (38), p. 381 s. *Versus cujusdam scotti de alfabeto* の詩文（Kenney (174), n. 103），また文法教師ヴェルギリウスの *Epitomae*, éd. Tardi, p. 41 参照.

10) *Libellus* は Catalogue (Lesne (366), p. 787) にある. サン・リキエのミコンは *De primis syllabis* を書いた. Manitius (51), I, p. 473-474 参照.

11) Riché (375) ; (110), p. 515-516.

12) *Chronicon S. Huberti,* éd. K. Hanquet, 1906, p. 52.

13) *Vita Rusticulae* 6, *MGH SRM* IV, p. 342 と *Vie d'Oengus* (Kenney (174), n. 263).

14) 初期中世の教養と考え方に対する「詩編」の影響については，まとまった研究はない.

15) E. O. R. Armstrong et R. A. S. Macalister, «Wooden book with leaves intented and waxed found near Springmount Bog Co. Antrim», dans *Journ. Roy. Society Ireland,* 1, 1920, p. 160 ; *CLA* (49), Suppl. 1684.

16) Epinal の語彙集は *Productalis* について，*strumentum infantium in scolis*（子どもの学用品）と説明している (ed. J. H. Hessels, *An eighth century latin anglo-saxon glossary,* Cambridge, 1890, p. 98)

17) ヴォーシェあてのゴッツェキンの書簡：*PL* 143, 889.

18) Bischoff (373).

19) Lesne (366), 339-340.

20) *Statuta Murbacensia* XIV : *MGH, Capit.* I, p. 349. Lesne (74), p. 573-575.

21) *MGH Capit.* I, 121, 325, 363. Mansi, XV, 477, 508.

22) Reginon, *Synod. Causae,* I, 93. *Inquirendum est si presbyter compotum minorem id est epactas, concurrentes, regulares, terminos pascales et reliquos sapiat*. ヴェローナのラテリウスの Synodica にも，同じ文章がある (Mansi, XVIII, 371)

23) Jeldham (460) ; *id.,* «Fraction tables of Hermann Contractus», dans *Speculum,* III, 1928, p. 240-245.

24) Folkerts (455) ; Beaujouan (443). J. F. C. Richards, «A new manuscript of arithmomachia», dans *Scripta mathematica,* IX, 1943, p. 87-99, 169-183, 256-264.

25) Marrou (89), p. 238, 561 ; Riché (110), p. 519 ; Quacquarelli (468) ; Aelfoedi-

Rosenbaum (462).

26) *Ms.* BN Ⅶ 7418 については，A. Cordoliani が *BECh* 103, 1942, p. 62 で検討している．

27) 算盤については，Beaujouan (443), p. 654 と，Lingren (295), p. 19-20 ; Navari (461) ; G. R. Evans, «Difficillima et ardua : Theory and Practice in treatises on the abacus 950-1150», dans *Journal of Medieval History,* Ⅲ, 1977, p. 21-38.

28) ピュイの Nivelelmus の目録には四つの算盤が含まれている．Lesne (366), p. 502 参照．

29) Marrou (89), p. 395.

30) M. Boas, Amsterdam, 1952 の版と，J. W. Duff et A. M. Duff, *Minor Latin Poets* («Loeb Classical Libr.»), 1961, p. 585-639 参照．

31) M. Boas, *Alcuin und Cato,* Leyden, 1937.

32) L. Hervieux (340) ; J. Bastin, *Recueil général des Isopets,* 2 vol. Paris, 1929-1930 ; Engels (336). フルーリの修道院長ゴーズランは，修道院の食堂に寓話を描かせた（*Vie de Gauzlim,* éd. Bautier, p. 128）．それらの絵は，写本の細密画として，またマティルダ王妃の刺繍のデッサンとして用いられている．F. Wormald, *La tapisserie de Bayeux,* Paris, 1957, p. 25.

33) Ed. Voigt, Halle 1889 の序はきわめて有用である．また Manitius (51), Ⅱ, 535-539 参照．

34) Aelfric Bata, *Colloquium*, c. 27 ; Stevenson (82), p. 54-57.

35) Ed. Meyer, dans *Romania,* Ⅰ, 1872, p. 483 ; *PL* Suppl., Ⅳ, p. 917, 978. これらの *joca* については W. Suchier (346) 参照．

36) *De generibus vocuum,* dans *CGL* (410), Ⅰ, 92 参照．

37) Ed. *CGL* (410), Ⅲ, 1892 ; Marrou, (89), p. 386, 595 参照．

38) Stevenson (82), p. 3.

39) Ed. G. W. Garmonsway, London, 1939, 2^d ed., 1947 参照．

40) Stevenson (82), p. 27-66.

41) Ed. J. Schwalin, dans *NA* 1902, p. 742.

42) Bischoff (542), p. 237.

43) Jolivet et Mossé (548), p. 214 s. ; Ker (549).

学校での学習については，M. Lapidge が *Anglo-Saxon England,* 1972, p. 106-223 に発表した «*Altercatio magistri et discipuli*» のほかに，＊373 と本書 147 頁 参照．

44) ドナトゥス文典とその模作に関する研究は多数ある．ここでは，Holtz (414), (415), (416)を参照すれば十分であろう．

45) Ps-Bède, *Cunabula grammaticae artes*: *PL* 90, 613-632. Laon の問答体の文法書（*Ms.* 55, Kenney (174), n. 540）は，アイルランドではなく，大陸で書かれている．

46) Virgile le Grammairien, éd. Tardi, p. 40.

47) Usuard, *Artis grammaticae introductiones*, éd., M. Casas Homs, «Una grammatica

inedita d'Usuard», dans *Miscellania Ansel M. Albareda,* II, Montserrat, 1964, p. 77-129.

48) Dubois (284), Appendice D. p. 370-372.

49) *De ordinatione constructionis* (*Ms.* Orléans, 303), éd. Cuissard, *Inventaire des manuscrits d'Orléans, fonds de Fleury,* Orléans, 1885, p. 226-228 ; Thurot (422), p. 87.

50) *Asper minor,* éd. Hagen, *GL* Suppl. 41-49.

51) Abbon の書については，*PL* 139, 526, 532, 533 ; «*Anecdota helvetica*», éd. Hagen, p. 59, 183 参照.

52) Ed. P. Marchot, Fribourg, 1895 ; Wolff (58), p. 123-124.

53) Ed. J. Zupitza, Berlin, 1880 ; Dubois (284), p. 278 s.

スペインにおける語彙集については，M. Diaz y Diaz, *Las primeras glosas hispanicas,* Barcelona, 1978 ; M. Zimmermann, «La connaissance du grec en Catalogne du IXe au XIe siècles», dans *Haut Moyen Age* (＊＊42), p. 494-515.

54) Roger (111). p. 350 s. Hildemar de Civate, *De recta legendi ratione, PL* 106, 395-398. Micon de St-Riquier, *Opus prosodiacum* : *PAC* III, p. 397-399.

55) Norberg (53), p. 51 ; E. Zaffagno, «La doctrina ortografica di Beda», dans *Romanobarbarica,* I, 1976, p. 325-339.

56) アインハルトあてのルプスの書簡，éd. L. Levillain, I, p. 65-69.

57) Roger (111), p. 43 s.

58) この問題については，De Lubac (518), II, 1, p. 16 s. 参照.

59) Leclercq (419) と (46), p. 48. スマラグドゥスの *Liber in partibus Donati* は，B. Lofstedt と L. Holtz が *Corpus Christianorum C. Medievalis,* LXVIII, 1986 において刊行している.

60) Ker (549). 古いアイルランド語の語彙集は，Stokes et Trachan (558) が蒐集し，古ドイツ語のそれは *Ms.* BN 13953 にある．*De Consolatione* については，Kratz (556), p. 184-188 参照．大グレゴリウスの著作の語彙集については，M. Gysseling, «Altdeutsches in nordfranzösicher Bibliotheken», dans *Scriptorium,* II, 1948, p. 59. *Summarium Heinrici,* I ; *Textkritische Ausgabe der ersten Fassung Buch* I-X, herausgegeben von R. Hildebrandt, Berlin, 1974.

61) Marrou (89), p. 478, 620 ; Riché (110), p. 164.

62) Banniard (386).

63) たとえばビザンツの孤児院（l'orphanatrophium）がある（*DACL* I, 2034)．このことは，少なくとも10世紀の史料が示唆するところである（Registre de Subiaco, 919 ; *scola cantorum quae appellatur orphanatroprio*)．

64) Adémar de Chabannes, *Chron.,* II, 8, p. 81. Walafrid Strabon, *Libellus de exordiis ... 22* : *MGH Capit.* II, p. 497 は，アンブロシウス式聖歌の存続に注目する．S. J. P. van Dijk, «Papal schola versus Charlemagne», dans *Mélanges J. Smits van Waesberghe,* Amsterdam, 1963, p. 31-30 ; Van Doren (477) 参照.

65) *Regula cononicorum, De cantoribus : PL* 89, 1079. ウルダリクの慣習（*PL* 149, 748-751）は，Guy de Valous, *Le monachisme clunisien des origines au* XVe *siècle,* Paris, 1935, Ⅰ, p. 156-161 において研究されている．また P. Thomas (390) を参照．

66) Concile de Cloveshoe (12), Concile d'Aix (*Concil.* Ⅱ, p. 414). 11世紀については，ペトルス・ダミアヌスについて述べる *PL* 145, 672 を参照．

67) *Canonum prisca collectio,* Ⅱ, 36 (*PL* 138, 398) : *Quod pueros eunuchizari nefarium sit et de cantoribus ecclesiae. Quod laudanda est Ambrosiana melodia et quod per ipsam ad credulitatem multi perveniunt et quod propter ipsam melodiam castrationem ab hominibus fieri abominandum est*（子どもたちを去勢することは恐るべき犯罪である．教会の歌唱者についても同様である．アンブロシウス式の歌唱は称賛されるべきであり，それによって多くの人は信仰につき動かされるが，この歌唱のために，人の手によって去勢が施されるのは呪うべきことである）．この法令集は，*Ms. latin Vaticanus* 1349 に採録されている．*Collectio canonum in* Ⅴ *libris* Ⅲ, 193 : *CCL Cont.* Ⅵ, 1970, p. 403 参照．

68) Roger (111).

69) Chailley (475).

70) S. Corbin, «Les notations neumatiques carolingiennes», dans *RHEF* 1952, p. 225 ; A. M. Bautier-Régnier, «A propos des sens de «neuma» et de «nota» en latin médiéval», dans *Revue Belge de Musicologie*, 1964, p. 1-9 コルヴェーのサン・ミシェル聖堂の壁面にこの記譜法があるのが最近，発見された．F. Kreusch, *Beobachtungen an der Westanlage der Klosterkirche zur Corvey,* Köln, 1963, p. 49 s.

71) J. Froger, «Epître de Notger sur les 'lettres significatives'», dans *Etudes grégoriennes,* Ⅴ, 1962, p. 23-72.

72) Agobard, *Liber de correctione antiphonarii : PL* 104, 325.

73) Huglo (480).

74) Sens の Odorannus の著作については，*Opera omnia*, éd. R. H. Bautier, p. 151-201, 213-214 参照．

75) Oesch (484).

76) J. Perrot, *L'orgue de ses origines hellénistiques à la fin du* XIIIe *siècle*, Paris, 1965, p. 271.

77) Huglo (481).

78) *Ms.* Mont-Cassin n. 318 : *Schemata sunt per quae sine voce magistri per monocordum ignotum cantum discere possis*（スケマによってお前は，教師の説明なしに一絃琴をもって，知らない歌を学ぶことができる）．

79) Smits van Waesberghe (485) ; Oesch (483).

80) *De ignoto cantu : PL* 141, 425.

81) Smits van Waesberghe (487), p. 120-143 と pl. 57-84.

82) Ed. Smits van Waesberghe, *Corpus Script. Music.,* Ⅱ, American Institute of

Musicology, Roma, 1952.

83) Marrou (89), p. 448, 614-615.

84) Lemerle (528), p. 102.

書記については，W. Bergmann, «Fortleben des antiken Notariats im Frühmittelalter», dans *Tradition und Gegenwart,* Karlsruhe, 1982 ; Wolfenbuttel のコロキウムの記録 *Tironische Noten,* ed. Ph. Ganz, Wolfenbütteler Mittelalter Studien, Wiesbaden, 1990 参照.

85) British Museum *Add.* 37518 ; *Catalogue* (179), n. 433.

86) W. Schmitz dans *Beiträge z. lat. Sprache u. Literat.,* Leipzig, 1877 ; Chatelain (380) ; Mentz (382), (383).

87) J. Havet, «La tachygraphie italienne au Xᵉ siècle», dans *ACIB* 1887 ; C. Nordenfalk, «An early medieval shorthand Alphabet», dans *Speculum*, 1939, p. 443 参照.

88) E. Chatelain, «Un manuscrit de Solin révélé par les notations tironiennes», dans *RPh* 1902, p. 39. ヴァランシエンヌの写本 521にあるホミリアについては，本書 336頁参照.

89) Giry (381), p. 479 s. ; De Boüard (377), I, p. 113 s. ; Buchner (503) p. 49 s.

90) Uddholm (385).

91) Lesne (366), p. 405-406 にある参考文献を見よ.

92) *Ibid.,* p. 352. これは *Ms*. Laon n. 26 に含まれるアイルランド語の語彙集から取られている．その他の«marginalia»は Gougaud (168), p. 332 に引用されている.

93) *Ms.* Einsiedeln 365 : Perlecto libro crura frangantur magistro.

94) Lesne (366), p. 308-309, 312, 340.

95) Grodecki (265), p. 211-212.

第3章　中等教育　三学

1) Holtz (414).

2) Roger (111), p. 437 s. ; Manitius (51), I, p. 280-282, 452-458.

3) 文法に関する著作は9世紀に増加する．Jeudy (411), (412), (413) ; Holtz (415), (416), (417).

*3) E. Rand, «A vademecum of Liberal Culture in a ms of Fleury (Berne 207)», dans *Philological Quarterly,* I, 1922, p. 258.

4) Marrou (89), p. 402 s.

文法については，C. Chase, «Alcuin's Grammar verses : Poetry and Truth in Carolingian Pedagogy», dans *Insular Latin Studies* 〔...〕, (*173), p. 135-152.

*4) 学習における古典ラテン語の位置については，*Bibliothèque de l'Ecole des Chartes,* 1980, p. 148-150 における A. Guerreau-Jalabert の本書の書評を見よ．L. Holtz の書 (*414) のほかに，*CCL Cont*. LXVIII, 1986 におけるスマラグドゥスのドナトゥス文典の注釈 参照.

5) これらの語彙集については，E. A. Löwe, *Virgil in South Italy, Fac similes of eight manuscripts of Virgil in Beneventan Script,* dans *SM* 1932, p. 43-51 における模索をもとに大体のことがわかる．

6) Lesne (74), p. 626-628 ; J. N. C. Clark, «The annotations of Ekkehardt Ⅳ, in the Orosius ms S. Gall 621», dans *ALMA* 1932, p. 5 s.

7) Bradley, «The Glosses on Bella Parisiacae Urbis Ⅰ et Ⅱ», dans *Classica and Mediaevalia,* 1969, p. 354.

8) Goertz (410) ; Lindsay (420).

9) Nicolau d'Olwer, «Les Glossaires de Ripoll», dans *ALMA* 1928, p. 137-152 ; A. Fabrega Grau, «Glossaire de S. Pedro de Cardena», dans *ALMA* 1951-52, p. 215-231.

10) 800年にトゥールで筆写された Nonius Marcellus の *De compendiosa doctrina per litteras* には稀出語のリストがある．Catalogue (179), n. 355.

11) A. Quain, «The medieval accessus ad auctores», dans *Traditio,* 1945, p. 215-264.

12) Glauche (337)と(338).

13) Leonardi (402).

14) Courcelle (431), p. 241 s.

15) 吃音者ノートケルはこれらの著作をサロモンに勧めている．Ed. Dummler, *Das Formelbuch des Bischofs Salomon Ⅲ von Konstanz,* 1857, p. 64-78. アラトルは，9世紀には広く読まれた．*MGH PAC* Ⅰ, 392, 204, 543 参照．

16) Curtius (38), p. 59, 316. Orléans の写本 295 (＊248)は，まず古典の文学書を，次にキリスト教徒の書を挙げている．

17) Leclercq (46), p. 108 s., «L'humanisme des moines au Moyen Age», dans *Mélanges G. Ermini*, Spoleto, 1970, p. 69-113.

18) ヒエロニムスの書簡 21, 14 は，コルドバのアルヴァールによって引用されている (Gil (262), p. 177)．

19) M. L. W. Laistner, «Fulgentius in the Carolingian Ages», (43), p. 202-215 ; De Lubac (518), Ⅳ, p. 234 s. フルーリに由来するオルレアンの写本 297 における語彙集は，C. Jeudy, «L'ars de nomine et verbo de Phocas, manuscrits et commentaires médiévaux», dans *Viator*, 1975, p. 117-118 において取り扱われている．

20) Hamilton (339), p. 1-17 ; Engels (336), p. 107.

21) Diaz y Diaz (360) ; Vernet (370) ; Bischoff (355) 参照．

22) De Ghellinck (41), Ⅰ, p. 142. H. Bardon, *La littérature latine inconnue,* Paris, 1952-1956, p. 320.

23) Riché (192).

24) Riché (191).

25) Marrou (89), p. 405 ; (88), p. 115-117.

26) ロルシュの図書室の歴史書の棚（Becker (347), n. 37, 75-89）には，エウセビウス，ヨセフス，オロシウス，ベダの歴史書，歴史三部作，教皇列伝，さらにトゥールのグレ

ゴリウスおよびヨルダーネスの歴史書，トログス・ポンペイウスの古代史概説があった．歴史についてはまた＊422 参照．

27) Viscardi (56), I, 538 は写本 Vatican n. 1974 と n. 1984 に含まれ歴史書の抜粋のリストを挙げている．

28) Lacroix (423), p. 167 s.

29) ある文法教師は，ヘクトールの代わりにクロタリウスを挙げている．Holtz (417), p. 79 参照．

30) M. Zimmerman, «Le monde d'un catalan au Xe siècle. Analyse d'une compilation isidorienne», dans *Le métier d'historien au Moyen Age* (B. Guenée 編), Paris, 1978, p. 45-73.

31) Miller (425).

32) ソリヌスおよび古代地理学者の影響については，Quadri (426) の序文と，F. Staale, «Ostrogothic Geographers at the Court of Theodoric the Great : A Study of some Sources of the Anonymus Cosmographicus of Ravenna», dans *Viator*, 1976, p. 27-58 参照．

33) Löwe (424).

34) Tierney (427).

35) Quadri (426).

地理学については，とくに P. Gautier Dalché, «Tradition et renouvellement dans la représentation de l'espace géographique au IXe siècle», dans *Studi Medievali,* 1983, p. 121-165 ; C. Nicolet et P. Gautier Dalché, «les Quatre Sages de Jules César et la Mesure du monde selon Julius Honorius : réalité antique et tradition médiévale», dans *Journal des Savants,* 1987, p. 157-218 ; P. Gautier Dalché, «Cartes et enseignement de la géographie durant le Haut Moyen Age. L'exemple d'un manuel inédit», dans *Mélanges Vernet,* «Bibliologia» 18, Brepols, 1999, p. 49-56 参照．なお歴史については（＊422）参照．

36) これについては，古典的な研究書である Murphy (429)と Curtius (38), p. 78 s., 179 s. 参照．

37) Quadlbauer (430). アルクィンの修辞学の典拠については，De Bruyne (37), I, p. 216 s.

38) Onulf, *Rhetorici colores,* éd. Wattenbach, Berlin, 1884 ; Manitius (51), II, 715-716 ; Anselme de Besate, Ed. K. Manitius, Weimar, 1958.

39) Fontaine (136), p. 211 s.

＊39) Victorinus の *Ms.* BN 7749 に描かれた形象を参照．

40) Curtius (38), p. 99 s., 179 s.

＊40) Egli (307).

41) Radbod d'Utrecht によるつばめの賞賛については *PAC* IV, 172, Alcuin によるナイチンゲールの賞賛については *ibid.*, I, 274, Théodulf による春の賞賛については *ibid.*,

Ⅰ, 484; Curtius (38), p. 196, 237 参照.

42) *Carmina Cantabrigensia*, éd. Strecker, 1926 ; Wareman (59).

43) Riché (110), p. 80.

44) この著作については，L. L. W. Daly, *Altercation Hadriani Augusti et Epicteti philosophi,* Urbana (Illinois), 1939 参照.

45) J. Leclercq, «Le genre épistolaire au Moyen Age», dans *RMAL* 1946, p. 63-70 と，(46), p. 170 s. ; C. Danalanham, *Salutatio-Formulies in latin letters to 1200,* München, 1975 ; H. Silvestre, «Comment on rédigeait une lettre au Ⅹ[e] siècle. L'épître d'Eracle de Liège à Rathier de Vérone», dans *MA* 1952, p. 1-30.

46) Ed. Zeumer, *MGH Formulae* ; Bischoff (199) ; 修辞学における書式集の利用については，Murphy (429), p. 199 s. 参照.

47) Contreni (244) et H. Fichtenau, *Rhetorische Elemente in der ottonisch-salischen Herrscherurkunde, MIOG* 1960, p. 39-62.

48) Ed. M. D. Inguanez, Mt-Cassin, 1938. *Ars dictaminis* については Murphy (429), p. 203 s. 参照.

49) ペトルス・ダミアヌスの書簡作成法については，Cantin (276), p. 291 s. ; I. S. Robinson, «The colores Rhetorici in the Investitor Context», dans *Traditio*, 1976, p. 207-238.

50) De Bruyne (37), Ⅰ, p. 108 s.

51) F. Weigle, «Die Briefe Rathers von Verona», dans *DA* Ⅰ, 1937, p. 147-194.

52) Riché (110), p. 112-115.

53) Riché (509).

54) P. D. King, *Law and Society in the visigothic Kingdom,* Cambridge, 1972 ; Gibert (506).

55) G. Mengozzi, *La scuola di Pavia nell alto medio evo,* Pavia, 1935 ; U. Gualazzini, «La scuola pavese con particolare riguardo all'insegnamento del diritto», dans *Atti del* Ⅳ *Cong. Inter. d. Studi sull'alto Medioevo,* Spoleto, 1969 と(506).

56) Gaudemet (505) ; Riché (110), p. 287.

57) *Notae juris,* éd., Keil, *GL* Ⅳ, p. 285. J. Tardif, *Histoire des sources du droit français,* Paris, 1890, p. 188 ; F. L. Ganshof, «Droit romain dans les Capitulaires», dans *IRMA* Ⅰ, 2 b, Milano, 1969 ; Bibl. (508) 参照.

58) Amann (178), p. 346-366 ; H. Fuhrmann, «Einfluss und Verbreitung der pseudoisidorischen Fälschungen», dans *MGH Schriften,* XXⅣ, 1-3, 1972.

59) J. Devisse, *Hincmar et la loi,* Dakar, 1962 ; (253), p. 1397 s.

60) Haenel が公刊した書式集については，*Lex romana wisigothorum*, Berlin, 1849, p. 459 s. 参照.

61) Tardif (510).

62) F. Beyerle, «Das frühmittelalterliche Schulheft vom Amterwesen», dans *Zeitsch.*

der Savigny-Stiftung f. Rechtsgesch. Germ. 69, 1952, p. 1-23 ; Buchner (503), p. 60.

63) Fournier-Le Bras I (504), p. 320 s.

64) Toubert (281), II, p. 1129 および p. 1194 s. におけるローマの司法制度の説明は興味深い。

65) F. Calasso, *Medio Evo del diritto,* I, *Le fonti,* 2 ed. Milano, 1970, p. 280 s.

66) Cantin (276), p. 505 s.

67) R. Foreville, «Aux origines de la renaissance juridique. Concepts juridiques et influences romanisantes chez Guillaume de Poitiers, biographe du Conquérant», dans *MA* 58. 1952, p. 195-219 ; A. Fliniaux, «Le manuscrit 141 de la bibliothèque municipale d'Avranches et le problème de l'introduction en France au Moyen Age des compilations de Justinien», dans *Att. Cong. int. dir. romano,* I, Pavie, 1934, p. 315-327.

68) Van de Vyver (442) ; Minuo-Paluello (438).

弁証法については，ジェルベールに関する研究（＊289，＊293）と Marenbon の書（＊437，＊＊437）のほか，O. Lewry, «Boethian Logic in the medieval West», dans M. Gibson (＊＊120) et M. Gibson, «Boethius in Carolingian Schools», dans *Transaction of Royal Histor. Society,* 1982, p. 43 s. また J. Marenbon (＊437) 参照。

69) Isaac (434).

70) Riché (110), p. 439.

71) ひとつの *corpus* が，レイドラドのころリヨンで編纂され（*CLA* IV, 417），いまひとつの corpus がヴェルチェッリに保存されている（*Ms.* n. 138) ; Schrimpf (441).

72) Courcelle (431).

73) Ed. C. Gennaro, *Fridugiso di Tours e il «De substantia nihil et tenebrarum»,* Padova, 1963.

74) Jolivet (258).

75) Bouhot (250).

76) Ph. Delhaye, *Une controverse sur l'âme universelle au IXe siècle,* Namur, 1950.

77) Cappuyns (245).

78) Jeauneau (237), p. 509 s.

79) *Parisianus* 12949 の写本は19世紀から学者たちの注目を集めて来た。B. Haureau, *Histoire de la philosophie scholastique,* I, Paris, 1872, p. 184-196. この写本については，*Aristoteles latinus,* I, 1-5, éd. Minuo-Paluello, Bruges, 1961 参照。

80) Courcelle (431).

81) Huyghens (433).

82) B. Bischoff, «Zu Plautus und Festus», dans *MS* (36), I, p. 141-144.

83) Mariétan (404) ; Marrou (405) ; Diaz y Diaz (398) ; Bischoff (397) ; Lutz (403).

84) Raban Maur, *De clericorum institutione,* III, 16 : *PL* 107, 392-394.

85) Gibson (400).

86） A. Olleris が刊行した «Œuvres de Gerbert» (Clermont-Ferrand, 1867 p. 299-310), は，Picavet (299) が研究している．

87） Minuo-Paluello (438), p. 750 s. と L. Obertello 版（Brescia, 1969）の序文，p. 156-165 参照．

88） Van de Vyver (301) ; R. Raes, *Abbonis Floriacensis opera inedita : Syllogismorum Categoricum et Hypotheticorum Ennodatio*, Bruges, 1960.

89） Merlet-Clerval (297). この写本は，他の多くの写本とともに1944年に焼失した．

90） Cantin (276), p. 151 s.

第4章　中等教育　四科

1） Klinkenberg (444). 四科については，A. White, «Boethius in the Medieval Quadrivium», dans M. Gibson (＊＊120) p. 162-205 と W. Bergmann, *Innovationen im quadrivium des 10 und 11 Jahrh. Studien zur Einführung von Astrolab und abacus im lateinischen Mittelalter,* Sudhoffs Archiv, Beihefte 26, Stuttgart, 1985 参照．

＊1） Reindel (445).

2） Fontaine (136), p. 349.

＊2） Curtius (38), p. 610 s.

3） Riché (110), p. 97, 304-305. シセブートの天文詩については，本書 17頁 参照．

4） *MGH Epist.* Ⅳ, p. 185, 224, 228, 231, 237, 249, 263, 278, 281, 284. 王に献呈された *De saltu lunae* (*PL* 101, 979) も参照．

5） *Catalogue* (179), 479, 480, 455.

6） Grodecki (265), p. 269-270.

7） V. Mortet, «Un formulaire du Ⅷ^{e} siècle pour les fondations d'édifices et de ponts d'après des sources d'origine antique», dans *Bulletin Monumental* LXXI, 1907, p. 3-35. *Mappae Claviculae* は，B. Bischoff の論文 «Die Uberlieferung der technischen Literatur», dans *Settimana*, XVIII, Spoleto, 1971, p. 272 s. にある．また C. Stanley Smith-J. G. Hawthorne, *Mappae claviculae,* N.Y., 1974 も参照．

8） C. Heitz, «Vitruve et l'architecture du Haut Moyen Age», dans *Settimana*, XXII (27), p. 726-757.

9） C. Heitz, *op. cit.*, p. 748. もうひとつの凱旋門の形をした聖遺物箱は，マーストリヒトのため，アインハルトの求めに応じて作られた．K. Hauck, Das Einhardkreuz, dans *Abhandlungen der Akad. der Wissensch. in Göttingen,* 87, 1974 ; Hubert (183), p. 34-35 参照．

10） Heitz (453).

11） Millas-Vallicrosa (471), p. 150, 215. ジェルベールの幾何学については，Lindgren (295), p. 24 s. 参照．

12） Bubnov (291), p. 472, 487, 556 ; P. Tannery, «Gerbert et les agrimensores romains», dans *Mémoires Scientifiques,* Ⅴ, 94.

13) Tannery (＊300).

14) Ed. Winterberg dans *Zeits. f. Mathem. u. Phys.*, XXVII, 1882, suppl. ; Manitius (51), 781-876 ; P. Tannery, dans *Mémoires* ... V, p. 89 s. 参照.

15) 幾何学については，R. Halleux, «Les géomètres mosans des Xe et XIe siècles et leurs modèles antiques», dans *Annales du XLIVe Congrès de Huy,* 1976, p. 565-570 参照．Folkerts (456). *Ms,* BN 13020 と 13955 には幾何学に関する問題集がある．

16) 本書 234 頁 参照．

17) Lindgren (295), p. 13 s. ; Frova (457).

18) これらすべての史料については，Bubnov (291) 参照．リエージュのノートケルのものとされてきた著作は，おそらくジェルベールのものである．*Ibid.*, p. 297-299 参照．ベルネリウスについてはp. 383，ヘリゲルについてはp. 207, *de divisione numerorum* については p. XLII，算盤については l'abaque, p. 262 参照．

19) 算定法の専門家の著作については，Cordoliani (463), (465) ; Meersman (467) 参照．Fulbert が書いた算定法の詩は éd. Behrends (290), n. 147 ; *PAC* IV, 657 : *versus quem scolarii comitatu explicatum ante diem paschae feria IV in scola canunt*（聖歌隊員は，宮廷で説明されたこの唱句を復活祭前の水曜日に聖歌隊席で歌う）．

20) Ch. W. Jones, «An early medieval licensing examination», dans *History of Education Quarterly,* III, 1963, p. 19-29.

21) Van de Vyver (301).

22) *Epistola ad Hugonem, MGH SS* 21, 310. 待降節の日付をめぐるヘリゲルとアダルボルトの対話は散逸した．Manitius (51), II, 228 参照．

23) Ed. S. J. Crawford, London, 1929.

24) Fontaine (136), p. 457. この書の第四部全体がイシドルスの天文学を取り上げている．天文学については，A. Borst, *Astrolab und Klosterreform an der Jahrtausende,* Heidelberg, 1989 参照．

25) Kenney (174), n. 345, 353, 525 ; J. Fontaine «La diffusion carolingienne du *De natura rerum* d'Isidore de Séville d'après les manuscrits conservés en Italie», dans *SM*, VII, 1966, p. 1-20 ; M. Th. d'Alverny, «Les Solutiones ad Chosroem» de Priscianus Lydus et Jean Scot», dans *Jean Scot* (246), p. 145-160.

26) *Catalogue* (179), n. 443, 485, 496.

27) *Ms.* München 14436 の写本は Lattin (313)によって研究されている．BN n. 1615, 5543, 5329, 8663 も参照．

28) Van de Vyver (540) ; Millas-Vallicrosa (471), p. 150-211.

29) M. Destombes は，«Un astrolabe carolingien et l'origine de nos chiffres arabes», dans *Archives int. d'Histoire des Sciences,* 15, 1962, p. 345 で，10世紀末のアストロラーベについて述べているが，その正銘性は確実なものではない．Beaujouan (443), p. 660-661 参照．

30) Poulle (474) ; *id.*, «Le traité d'astrolabe de Raymond de Marseille», dans *SM* 1964,

p. 870 では，1500年より以前のアストロラーベに関する書のリストを挙げ，*Ms.* 7412のデッサンを模写している．紀元1000年ごろのものと思われる Destombes のアストロラーベについては，*Physis*（1995）（＊473）に，その研究が載せられている．

31) Tannery (＊300), p. 240.

＊31) Behrends (290), p. 260 ; Van de Vyver (540), p. 287 参照．

32) M. C. Welborn, «Lotharingia as center of Arabic and scientific influence in the 11th Century», dans *Isis,* 1931, p. 188-198.

33) 天文学に関するジェルベールの知識については，Lindgren (295), p. 28-39 参照．

34) Bubnov (291), p. 25 ; Lattin (294), ép. 2, p. 36. 視覚用の筒については，H. Michel, «Les tubes optiques avant le télescope», dans *Ciel et Terre,* LXX, 1954, p. 175-180.

35) S. Corbin, «Musique spéculative et cantus pratique», dans *CCM* 1962, p. 1-12.

36) De Bruyne (37), p. 306 s. ; C. Munxelhaus, «Aspekte der «Musica Disciplina» bei Eriugena», dans *Jean Scot*, p. 253-262. 音楽の起源については，モサラベの著者不明の書がある．Ed. Gil (262), p. 693 参照．

音楽については Michel Huglo, «Gerbert of Reims», dans *New Grove's Dictionary,* 1980, Ⅶ, p. 250 と *Gerbert l'Européen* (＊＊292), p. 183-191 における C. Meyer の論文，さらに«Revue de Musicologie» における Michel Huglo の諸論文と，Royaumont のコロキウムにおけるかれの発表を含む *L'enseignement de la musique au Moyen Age et à la Renaissance,* Royaumont, 1987 参照．また R. Jonsson と G. Iversen が率いるスウェーデンの研究グループ *Corpus Troporum* の業績に注目すること．

37) Hroswitha, «Paphnuce», ed. Homeyer, Paderborn, 1970, p. 328.

38) Huglo (479) ; Smits van Waesberghe (486).

39) Ed. L. Gushee, dans *Corpus Scriptorum de Musica,* 19, Roma, 1975.

40) Chailley (476).

41) *PL* 132, 905.

42) *PL* 132, 483-502 ; *GS* (＊478), Ⅰ.

43) Huglo (479), p. 143 s. 参照．

44) A. Auda, *Etienne de Liège,* Bruxelles, 1923.

45) Lindgren (295), p. 21-24 ; Bubnov (291), p. 23 s.

46) M. Huglo, art. *Gerbert,* dans *Grove's Dictionary of Music and Musicians,* 6th ed. London, 1979.

47) Havet (293) ; Y. Delaporte, «Fulbert de Chartres et l'école de Chant liturgique au Ⅺe siècle», dans *Etudes Grégoriennes,* Ⅱ, 1957, p. 51-82.

48) Manitius, Ⅱ, 774-776 ; Oesh (484).

49) Ed. Gerbert (＊478), Ⅰ, p. 252 ; M. Huglo, «L'auteur du Dialogue sur la musique attribué à Odon», dans *Revue de Musicologie,* LV, 1969, p. 119-171.

50) F. A. Gallo (478) ; Oesch (483) ; Smits van Waesberghe (485).

51) Baader (489).

52) *PAC* Ⅰ, 408 ; *PL* 83, 93 ; Martin de Laon, *Ms.* Laon, 468, fol. 92.
医学については，1988年のサレルノのコロキウムの研究内容が近日中に刊行される．また *Gerbert l'Européen*, p. 218-244 における D. Jacquart と M. E. Vasquez Bujan, «Problemas generales de las antiguas traducciones medicas latinas», dans *Studi Medievali*, 1984, p. 641-680 を参照．

53) F. Vercauteren, «Les médecins dans les principautés de la Belgique et du Nord de la France du Ⅶ^e au ⅩⅢ^e siècles», dans *MA* 1951, p. 61-92 ; Lesne (74), p. 684 s.

54) P. Courcelle (523), p. 382-388.

55) Beccaria (490) ; Wickersheimer (499).

56) J. J. Contreni, «The study and practice of medecine in northern France during the reign of Charles the Bald», dans *Studies in medieval culture*, Ⅵ, 1975, p. 43-54. ザンクト・ガレンの医師ノートケルについては Duft (494) 参照．

57) Ch. Cailhol, «Les drogues médicinales à Jumièges au Ⅹ^e siècle», dans *A Jumièges ... Congrès 1955*, p. 703-720.

58) E. Wickersheimer, «Textes médicaux chartrains des Ⅸ^e, Ⅹ^e et Ⅺ^e siècles», dans *Mélanges Ch. Singer,* London, 1953, Ⅰ, p. 164-176 ; McKinney (497)は，J. Tribalet, *Histoire médicale de Chartres jusqu'au Ⅻ^e siècle,* Paris, 1936 よりもすぐれている．

59) Lawn (496) ; A. Pazzini, «La scuola vescovile di Salerno origine della scuola medica», dans *Salerno*, Ⅱ, 1968.

60) B. ben Yahia, «Constantin», dans *Encyclopédie de l'Islam*, Ⅰ, 1965, p. 59 ; Creutz (492) 参照．

61) *Ms.* Poitiers 184 ; *Ms.* BN 7027 ; Wickersheimer (499), pl. Ⅹ.

62) Wickersheimer, *op. cit.,* p. 114, 116, 117 ; McKinney, «Medical Ethics and etiquette in the Early Middle Ages. The persistance of Hippocratique ideals», dans *Bull. of the history of medecine,* 1952, p. 1-31.

63) *Ms.* Orléans 184, *Morborum nomenclatio rytmica,* éd. E. Wickersheimer (499), p. 49.

64) *CGL* (410), Ⅰ, p. 113.

65) J. Verdon, «La gynécologie et l'obstétrique au Ⅸ^e et Ⅹ^e siècle», dans *Revue Française de Gynécologie,* 1976, p. 39-47.

66) Wickersheimer, *op. cit.,* p. 85, 117. フィレンツェの写本（Bibliot. Laurenziana, *Plut.* 73, 41）のうち fol. 122-129 には，外科手術を示すデッサンがある．Tabanelli (498) 参照．

67) BN lat. 6862, fol. 18. Wickersheimer (499), pl. Ⅲ と，上述したフィレンツェの写本（*Catalogue* (179), n. 465）参照．

68) Ed. O. Cockaine, *Leechdoms. Wortcunning and Starcraft*, London, 1864, Ⅰ, p. 2-80.

69) Ed. E. Liechtenhan, Berlin, 1963. C. Deroux はその翻訳を，Bruxelles は刊行準備中．ポワティエの写本 n. 184 は fol. 70 において，グリマルドゥスによる食餌療法の書

Bajuli et comitis sacri palatii を挙げているが，これはカール王のために書かれたものである．食事療法の暦は，その大部分が Wickersheimer (499), p. 24, 35, 33, 39, 40, 41, 47, 48 などに示されている．

70) *Ibid.,* p. 57, 74, 110.

71) *Ibid.,* p. 40, 51, 53, 57, 58 などで，「エジプトの日」は詩文化されている（p. 139）.

72) Riché (592), p. 128, 136 ; E. Wickersheimer, «Figures médico-astrologiques des Ⅸ[e] Ⅹ[e] et Ⅺ[e] siècles», dans *Janus,* 1914, p. 168-170 ; J. H. Grattan et Ch. Singer, *Anglo-saxon Magic and Medecine,* Oxford, 1952, p. 199.

73) Jolivet (258), p. 72. 聖書注解については，P. Riché (＊519) のほかに，C. Cremascoli et C. Leonardi, *La Bibbia nel Medio Evo,* Bologna, 1996 参照．

74) De Lubac (518), Ⅰ, p. 94.

75) Fischer (516), (517).

76) De Lubac (518), Ⅱ, p. 264-265.

77) I. Opelt, «Materialen zur Nachwirkung von Augustinusschrift de Doctrina christiana», dans *Das Jahrbuch f. Antike und Christentum,* 1974, p. 64-73.

78) Leclercq (46), p. 76 s. ; Smalley (520) ; Spicq (＊520).

79) Marrou (88), p. 261 ; De Lubac (518), Ⅳ, p. 10 ; Grossman (458).

80) De Lubac (518), Ⅰ, 307 s.

81) アウグスティヌスの詞華集は *Ms.* BN 13381 に含まれている．

82) R. Wasselinck, «Les compilations des «Moralia in Job» du Ⅶ[e] au Ⅻ[e] siècle», dans *RTAM* ⅩⅨ. 1962, p. 7-32.

83) *PL* 118, 875-958. G. Morin, «L'écrivain carolingien Hemmon et sa collection d' extraits pour S. Guillaume de Gellone», dans *Revue Charlemagne,* 1913, p. 116-126 参照．

84) De Lubac (518).

85) P. Cazier, «Le Livre de règles de Tychonius. Sa transmission du «De doctrina christiana» aux Sentences d'Isidore de Séville», dans *REAug.* ⅩⅨ, 1973, p. 241-261.

86) Blic (515). ノートケルはサロモンに，ラバヌス・マウルスの *Glossulae in totam scripturam divinam* を求めている．Raban Maur (*PL* 131, 998).

87) Bardy (512).

88) Agobard, *PL* 104, 159 ; Othlon, *Dialogus de tribus quaestionibus : PL* 146, 59-93 参照．

89) «Homélie sur le Prologue de Jean», Sources chrétiennes, n. 151, Paris, 1969 参照．

90) De Lubac (518), Ⅲ, p. 210-214.

第IV部　俗人の教育と教養

1) Congar (564). «Règle du Maître», 89, éd. De Vogué, p. 351 参照．

第1章　貴族の教育と教養

1)　Riché (110), p. 227-310 と本書 14-18 頁参照.

2)　Chélini (562) ; Toubert (571).

3)　Marrou (89), p. 25 ; Riché (583), p. 12-13 ; Hadot (577), p. 619 s.

4)　Smith (587) et B. C. William, *Gnomic Poetry in anglo-saxon,* N.Y, 1914 ; *Exeter Book*, ed. Thorpe, p. 300.

5)　Suchier (346).

6)　N. Hugede, *Les métaphores du miroir dans les Epîtres de St Paul aux Corinthiens,* Neuchâtel, 1957.

7)　本書 17-18頁 参照.

8)　Alcuin, *Epist.* n. 18, 61, 108, 123, 188, 217, 229, 241.

9)　Alcuin, *Liber de virtutibus et vitiis : PL* 100, 613 ; Wallach (220) 参照.

10)　Smaragde, *Via Regia : PL* 102, 935-970 ; tr. fr. W. Witters, La Pierre-qui-Vire (刊行年不詳) ; Raban Maur, *MHG Epist.* Ⅴ, p. 403, 415.

11)　Ermold le Noir, éd. E. Faral, p. 219-233 ; Jonas, *Liber ... : PL* 106, 279-306 ; Boussel (574) 参照.

12)　Devisse (254), p. 526, 679, 686.

13)　*Ibid.,* p. 983.

14)　*PL* 103, 291-331 ; éd. S. Hellman, *Sedulius Scottus,* 1906, p. 20-91.

15)　Anton (572).

16)　*PL* 106, 121-278 ; Chélini (563), Ⅱ ; Toubert (571) 参照.

17)　Chélini (563), Ⅱ.

18)　Riché (583).

19)　Chélini (562) ; Toubert (571). J. Le Goff, «Note sur la société tripartite, idéologie monarchique et renouveau économique dans la Chrétienté du Ⅸ[e] au Ⅻ[e] siècles», dans *L'Europe des Ⅸ[e]-Ⅺ[e] siècles : aux origines des Etats nationaux,* éd. T. Manteuffel et A. Gieysztor, Warszawa, 1968, p. 63-71 ; J. Batany, «Abbon de Fleury et les théories des structures sociales vers l'An Mil», dans *Etudes d'Histoire et d'archéologie médiévales,* éd. R. Louis, Auxerre, 1975, p. 9-18. 最近のものとしては Duby (＊2) 参照.

20)　*Vita Landerici*, *AS* avril, Ⅱ, 489 ; *Vita Clodulfi, ASOB* Ⅱ, 10 ; *Vita Pauli, AS* fev. Ⅱ, 175 ; *Vita Geraldi, SS* Ⅷ, 643 ; *Vita Popponis, SS* Ⅺ, 293.

君主や俗人の『鑑』について，サン・ミイエルのスマラグドゥスの *Via regia* は A. Eberhardt, (München, 1977) によって刊行されている. またオルレアンのヨナスの *De institutione laicali* については，A. Dubreucq, *Edition et traduction commentée du livre Ⅱ chapitres 1 à 16,* Thèse de Ⅲ[e] cycle, Lille, 1986 参照. オットー期の鑑については，P. Corbett, *Les saints ottoniens,* Sigmaringen, 1986 を見よ. その他 A. Dubreucq (＊576) のほか，L. Davies, «Sedulius Scottus, *De Rectoribus christianis.* A carolingian or Hibernian Mirror for Princes ? », dans *Studia Celtica,* 1991, p. 34-50

参照.

21) *Vita Geraldi, PL* 133, 645 ; *Vita Bernardi, AS* juin, Ⅲ, 1074 ; *Vita Johannis, SS* Ⅳ, 340 ; *Vita Theodorici, SS* XIII, 39. Guibert de Nogent の自叙伝は，E. R. Labande が新版を出し翻訳している（Paris, 1986).

22) Hartmann von Aue は，*Gregorius* (v. 1547), ed. F. Neumann, Wiesbaden, 1958 において再び取り上げている.

23) *Vita Geraldi : PL* 133, 646 ; *Vita Odonis : PL,* 133, 16.

24) Guibert de Nogent, *De vita sua,* éd. Bourguin, p. 12-13 ; Riché (79).

25) Kerlouegan (326).

26) Riché (110), p. 370.

27) *Vita Hugonis,* éd. J. Van der Straeten dans *AB* 87 (1969), p. 233.

28) Lesne (74), p. 435-436 ; Riché (110), p. 178.

29) J. Gaudemet, «Le pseudo-Concile de Nantes», dans *Rev. de Droit Canonique* XXV, 1975, p. 54.

30) Toubert (571), p. 258-259.

31) Becker (347).

32) Bezzola (35), I, p. 249-255, 271-273.

33) Bonassie (287), 509 ; J. Verdon, «La femme et la politique en France au Xe siècle», dans *Mélanges Perroy,* Paris, 1973, p. 108-119.

女子の教育については，Stoeckle (569) と J. Verdon, *La femme dans la société française aux Xe et XIe siècles* (Thèse dactyl., Université de Paris X, 1974).

34) Riché (110), p. 280 s.

35) *MGH Capi.* Ⅱ, 436 c.

36) Riché (110), p. 283.

37) Lesne (74), p. 35 s.

38) Riché (375).

39) Bonassie (287), p. 505.

40) Riché (110), p. 273-274.

41) De Boüard (377), Ⅱ, p. 89 s.

42) Petrucci (368), p. 323 s.

43) P. Gasnault, «Les Actes privés de l'abbaye de Saint-Martin de Tours du VIIIe au XIIe siècle», dans *BECh* CXII, 1954, p. 34.

44) Bonassie (287), p. 503-505.

45) Lopez (579).

46) Riché (583), p. 38 s.

47) Lesne (366), p. 426, 452 ; Riché (110), p. 492, n. 541.

48) Lesne (366), p. 497.

49) *Ibid.,* p. 622.

50) Riché (583), p. 33.

51) G. Morin, «L'écrivain carolingien Hemmon et sa collection d'extraits des Pères pour saint Guillaume de Gellone», dans *Revue Charlemagne,* II, 1912, p. 116-126.

52) Riché (581).

53) M. Prou et A. Vidier, *Recueil des chartes de l'abbaye de St-Benoît-sur-Loire,* I, Paris, 1907, p. 59 参照.

54) Riché (581). Barbier de Montaule, «Inventaire des trésors de Monza», dans *Bulletin monumental,* 1880, p. 313 s.

55) Bezzola (35), II, 1, p. 93.

56) Manitius (51), I, p. 309-310.

57) *Ibid.,* p. 667-668.

58) Riché (110), p. 235-236.

59) Ed. L. Campbell, Oxford, 1962.

60) Dudon de St-Quentin, éd. Lair, Caen, 1865. E. Labande, «L'historiographie de la France de l'Ouest aux Xe et XIe siècles», dans *Settimana,* XVII (24), p. 759 参照. スペインについては, Diaz y Diaz, *ibid*., p. 325 s. 参照.

61) G. Duby, «Remarques sur la littérature généalogique en France aux XIe et XIIe siècles», dans *Hommes et Structures du Moyen Age,* Paris, 1973, p. 287 s.

62) Ed. A. Wilmart, «Lettres de l'époque carolingienne», dans *RB* 34, 1932, p. 238-242.

63) *Hist. Comit. Andeg.,* éd. Marchegray, Paris, 1856, I, p. 321 ; Helgaud, *Vie de Robert le Pieux,* ch. 20, éd. Bautier, Paris, 1965, p. 101.

64) Chazelas (575) ; Leclercq (47), p. 95, 114 ; Salmon (585).

65) H. Stevenson, *Codices Palatini latini Bibl. Vat.,* I., p. 1, n. 14.

66) Hubert (188), p. 143 s. ; Grodecki (265), p. 232. アカデウス伯の詩編集は *Ms.* Cambridge, *CC*, 272にあり, エーベルハルトの詩編集については A. Wilmart, «Le Psautier de la Reine», dans *RB* 1911, p. 365 参照. M. H. Malewicz, «Un livre de prières d'une princesse polonaise au XIe siècle», dans *Scriptorium,* 1977, p. 248-254. Emmaの詩編集については, W. Cahn, dans *Cahiers Archéologiques,* 1985を, Gertrude（9世紀のポーランドの王女）のそれ（Codex Gertrudianus）については, J. Kloczowski, *Histoire religieuse de la Pologne,* Paris, 1987, p. 74を, Venceslas（聖人）の教育については, P. Spunar «La plus ancienne école en Bohême», dans *Cahiers de Civilisation médiévale,* 1974, p. 125-128を参照.

67) Riché (583), p. 375-382.

68) Manitius (51), II, p. 422-424. 徳育に関する著作について, アルフレッド大王の格言集はArngart (Lund 1978)が刊行している. Ruodliebはハインリヒ3世治下の1040年から1050年頃のものであろう.

69) Grundmann (566) ; Congar (564).

70) Wolff (58).

71) Lot (100) ; Norberg (104) ; Van Uytfanghe (112).

72) Riché (110), p. 240.

*72) *Epistola Gunzonis,* éd. K. Manitius, 1958, p. 27.

73) C. Dionisotti et C. Grayson, *Early Italian Texts,* 2 ed., Oxford, 1972.

74) R. Medendez-Pidal, *El Idioma español en sus primeros tiempos,* 3 éd., Buenos-Aires, 1945.

75) Wolff (58).

76) Lot, «Quels sont les dialectes romans que connaissaient les Carolingiens», dans *Romania,* LXIV, 1938, p. 433-453.

77) E. Martin, «Heimat der altdeutschen Gespräch», dans *Zeitsch. f. deutsch. Altertum,* 39, 1995.

78) Duchesne, éd. *Liber Pontificalis,* Ⅱ, p. 262 ; Toubert (281), p. 1006 s. 参照.

79) K. F. Werner, «Les nations et le sentiment national dans l'Europe médiévale», dans *RH* 1970, p. 285-304.

80) Marx (552) ; Vendryes, *La poésie de cour en Irlande et en Galles,* Paris, 1932.

81) Myles Dillon, *Early Irish Literature,* Chicago, 1948.

82) Heusler (547).

83) Dubois (544).

84) Mossé (553), p. 273.

85) Musset (555), p. 46-52.

86) Batts (557).

87) Jolivet-Mossé (548), p. 229 ; Kratz (556), p. 156-159 ; Zink (559).

88) R. Lejeune, «Le Poète Saxon et les chants épiques français», dans *MA* 1961, p. 136-147 ; R. Louis, «L'épopée française est carolingienne», dans *Coloquios de Roncesvalies,* 1955 (Publ. de la Facultad de Filosofia y Letras, Ⅱ, 18), Saragoza, 1956, p. 327-460.

89) Bostock (543), p. 203 s. ; Kratz (556), p. 193 ; Mossé (553), p. 344.

90) Jolivet-Mossé (548), p. 213 ; Bostock (543), p. 168, 2 ed. W. Kleiber, München, 1971.

91) Jolivet-Mossé (548), p. 287, 293.

92) *Ibid.,* p. 315 ; Kratz (556), p. 156-159.

93) Kratz (556), p. 183-184 ; Manitius (51), Ⅱ, p. 566.

94) Bostock (543), p. 225-244 ; Fuchs (546), p. 39, 41.

K. F. Werner の説によると，*Waltharius* は，黒人エルモルドの手になるものである．K. F. Werner, «Hludovicus Augustus. Gouverner l'Empire chrétien. Idées et réalités», dans *Charlemagne's Heir,* ed. P. Godman et R. Collins, Oxford, 1990, p. 3-123 参照．

95) I. Erdmann, «Fabulae Curiales», dans *Zeits. f. deutsch. Altertum,* 73 (1936), p. 87 ; Batts (557), p. 33.

96) R. Bossuat, *Manuel bibliographique de la littérature française du Moyen Age,*

Paris, 1951, p. 6. Supplément, éd. J. Monfrin, 1955, p. 19.

97) Dubois (544), p. 117 ; Lares (550), p. 51 s.

98) Dubois (544) ; M. D. Cherniss, *Ingeld and Christ. Heroic concepts and values in old english poetry,* La Haye, 1972.

99) Mossé (553), p. 320 ; E. V. Gordon, *The battle of Maldon,* London, 1957.

第 2 章　民衆のキリスト教的宗教教育

1) Alonso (597) ; Beck (599) ; Netzler (611).

2) Vykoukal (197), p. 84-86.

3) J. Gaudemet, «Les statuts synodaux de la première décade du Ⅸe siècle», dans *Proceedings of the fourth International Congress of Medieval Canon Law (Monum. Juris. Canonici ser.* C. V), Cité du Vatican, 1976, 303-349 ; Devailly (604).

4) Devisse (254), p. 864-866 ; Reginon, *De synodalibus causis* (613).

5) Bède, *Ep. ad Egbertum,* ed. C. Plummer, 1896, Ⅰ, p. 405-423.

6) U. Berlière, «L'exercice du ministère paroissial par les moines dans le Haut Moyen Age», dans *RB* 1927, p. 227-250.

*6) Lemarignier (609).

7) Riché (110), p. 532.

8) Chélini (563), Ⅰ, p. 22 s. 洗礼については，M. Rubellin, «Entrée dans la vie, entrée dans la chrétienté, entrée dans la société : autour du baptême à l'époque carolingienne», dans *Les entrées dans la vie. Annales de l'Est,* 1982, p. 31-52 参照．A. Keefe は洗礼に関するカール大帝の質問状に寄せられた回答について研究している(*Revue bénédictine,* 1986, p. 48-97)

9) Heer (607).

10) P. Sprockhoff, *Althochdeutsche Katechetik,* Diss., Berlin, 1912. 司祭に対する質問集については，G. De Smet, «Zur Wissenburgen Katechismus», dans *Mélanges De Boor,* München, 1971, p. 39-53 参照．

11) Ed. Sirmond, *Conc. ant. Galliae,* Ⅲ, p. 534. この文書は O. Guillot が研究に取り組んでいる．

12) L. Musset, «La pénétration chrétienne dans l'Europe du Nord et son influence sur la civilisation scandinave», dans *Settimane,* ⅩⅣ (22), p. 263-325.

13) Riché (110), 133. 説教については，T. L. Amos (*597) 参照．なお J. Cross は *Medieval Studies* (1987) において，アングロ・サクソンの説教者たちが利用したカロリング期の一説教について研究している．その他，M. Lauwers, «Parole d'église et ordre social. La prédication au Ⅷe-Ⅺe siècles», éd. F. Bougard, Paris, 1997, p. 86-107 ; R. Etaix, *Homéliaires patristiques latins,* Paris, 1994 参照．

14) Riché (110), 536.

15) Concile de Vaison c. 2 : 本書の史料 69, 1 参照．

＊15） Serm. 86 ; Riché (79), p. 79-80.
16） M. J. Delage, introd. à éd. des Sermons de Césaire, Ⅰ, p. 65 s., Paris, Sources Chrétiennes, n. 175, Paris, 1971.
17） Marrou (88), p. 505 s. ; Dagens (131), p. 312 s. ; Riché (79), p. 81-84.
18） De Clercq (180). 初期中世における説教については，Albert (596) を越えうる，まとまった研究が欲しいところである．
19） Riché (110), p. 537.
20） Bischoff (349), p. 225.
21） M. Richter, «Kommunicationsprobleme im lateinischen Mittelalter», dans *HZ* 1976, p. 43-80.
22） Lares (550), p. 219 s. ; D. Bethurum, *The Homelies of Wulfstan,* Oxford, 1957.
23） M. Zink, *La prédication en langue romane avant 1300,* Paris, 1976.
24） G. de Poerck, «Le sermon bilingue sur Jonas», dans *Romanica Gandensia,* Ⅳ, 1955, p. 31-66.
25） Barré (598) ; P. Mercier, éd. *XIV homélies du IXᵉ siècle,* Sources Chrétiennes, n. 161, Paris, 1970.
26） Riché (110), p. 541.
＊26） Jonas, *De institutione laicali,* Ⅰ, 18.
27） Riché (110), 542. 聖画像と関連して，*Das Frankfurter Konzil von 794* (＊205)と *Nicée Ⅱ 787-1987* のなかに，*Libri Carolini* に関する多くの研究がある．また *Douze siècles d'images religieuses,* éd. F. Boespflug et N. Lovsky, Paris, 1987 も参照．
28） *Libri Carolini* については，Dalhaus-Berg (203), p. 169-216 ; De Bruyne (37), p. 261 s. 参照．
29） Haendler (259).
30） Hubert (188), p. 23 s. ; Grodecki (265), p. 119.
31） Hubert (188), p. 266.
32） Bernard, *Miracles de Sainte Foy,* Ⅰ, 13, éd. Bouillet, Paris, 1897.
33） カロリング以前の時代については Riché (110), p. 543-544を，カロリング期に続く時代については，Reginon, *De synod,* Ⅱ, ch., Ⅴ, 44, 55, 87 ; (613) ; Conc. Mayence (813年) ; Conc. Rome (826 年) を参照．
34） E. E. Metzner, *Zur frühesten Geschichte der Europäischen Balladendichtung. Die Tanz in Kölbijk,* Frankfurt, 1972.
35） Gerbert (＊478), I, 213.
36） E. Faral, *Les jongleurs en France au Moyen Age,* Paris, 1910, p. 10-19.
37） Alcuin, *Epist.* 124, 244, 281 ; Hincmar : *PL* 125, 776.
38） *Vita Mathildis,* Ⅰ, 10 : *SS* Ⅻ, 368 ; Bezzola (35), Ⅰ, p. 291.
39） M. Meslin, *La fête des kalendes de janvier, étude d'un rituel du Nouvel An,* Coll. Latomus, 115, Bruxelles, 1970.

40) Raban Maur, *Serm.* 42 : *PL* 110, 78.

41) P. Riché, *La vie quotidienne dans l'empire carolingien,* Paris, 1973, p. 325-327.

42) Gougaud (606) ; J. Chailley, «La danse religieuse au Moyen Age», dans *Arts Libéraux* (396), p. 357-380.

43) K. Young, *The Drama of the Medieval Church,* 2 ed. Oxford, 1951 ; C. Heitz, «Architecture et liturgie processionnelle à l'époque préromane», dans *Revue de l'Art,* 1974, p. 30-47.

44) F. Dvornik, *Les Slaves, Byzance et Rome au IXe siècle,* Paris, 1926.

45) Riché (110), p. 544-545.

46) Lares (550), p. 179.

47) Riché (110), p. 546 ; Corbin (387), p. 134-135 ; Agobard, *Liber de divina psalmodia : PL* 104, 325 ; Ps-Angelramne, *PL* 96, 1042. 典礼については，Ph. Bernard (＊386) のほかに，K. Levy, *Gregorian chant and the Carolingian,* Princeton, 1998 参照.

48) Vogel (595), (612).

49) Franz (605).

50) Wickersheimer (499) ; Riché (592).

51) J. Delumeau, *Le Catholicisme entre Luther et Voltaire,* Paris, 1971, p. 243 s.

52) P. Riché, «Le mythe des terreurs de l'An Mille», dans *Les terreurs de l'An 2000,* Paris, 1976, p. 21-30.

53) J. Le Goff の指導による Royaumont のコロキウム（1962）の記録，*Hérésies et sociétés dans l'Europe pré-industrielle, XIe-XVIIIe siècles*, Paris, 1968.

結　び

1) Le Goff, *Le Moyen Age* (1060-1130), Paris, 1971, p. 7 s. ; Lopez (6). 11世紀における知的生活については，A. Cantin, *Foi et dialectique au XIe siècle,* Paris, 1997 と，*Lanfranco di Pavia* (＊278) 参照.

＊1) R. Foreville による，*Guillaume de Poitiers,* Paris, 1952 の序文（p. IX）参照.

2) C. Morris, *The Discovery of the Individual (1050-1200)*, London, 1972.

＊2) Riché (79), p. 108-109.

3) 本書 334 頁 注 53）; Duby (＊2), p. 163 s. 参照.

4) Bautier (264).

5) De Montclos (298).

6) Manitius (51), II, p. 593.

7) G. Morin, «Un théologien ignoré du XIe siècle», dans *RB* 27, 1910, p. 516.

8) Leclercq (280) ; Cantin (276).

9) Leclercq (47), p. 144.

10) Fournier-Le Bras (504) ; Zimmerman (511).

11) De Ghellinck (432) ; Cantin (276), p. 375 s. 公開討論については，A. Cantin «Sur

quelques aspects des disputes publiques au XIe siècle latin», dans *Mélanges Labande,* Poitiers, 1974, p. 89-104 参照.

12) De Montclos (298) ; A. Cantin, La «raison», dans le *De Sacra Caena* de Béranger de Tours», dans *Recherches Augustiniennes,* XII, 1977, p. 174-211.

13) *PL* 150, 407-442 ; De Montclos (298), p. 249 s.

岩村 清太（いわむら・きよた）
広島大学大学院教育学研究科博士課程後期中退
大東文化大学名誉教授
〔主要著書〕『アウグスティヌスにおける教育』（創文社，2001年）．『教育原理』（共著，協同出版，1982年）．『教育思想史』（第２巻，共著，東洋館出版社，1984年）．『西洋教育史』（共著，福村出版，1994年）
〔主要訳書〕P. リシェ著『中世における教育・文化』（東洋館出版社，1988年）．P. リシェ著『中世の生活文化誌』（同上，1992年）．H.-I.マルー著『古代教育文化史』（共訳，岩波書店，1985年）

〔ヨーロッパ成立期の学校教育と教養〕 ISBN4-901654-03-9

2002年8月10日 第1刷印刷
2002年8月15日 第1刷発行

訳 者 岩 村 清 太
発行者 小 山 光 夫
印刷者 藤 原 良 成

発行所 〒113-0033 東京都文京区本郷1-13-2
電話(3814)6161 振替 00120-6-117170
http://www.chisen.co.jp
株式会社 知泉書館

Printed in Japan 印刷・製本／藤原印刷